KB187001

백성의 臣
황희와 그 후예들

| 방촌학술총서 제3집 |

백성의 臣 황희와 그 후예들

(사)방촌황희선생사상연구회 편저

방촌기념관 익성공 방촌 황희선생 영정

책미래

발간사

역사란 흘러가버린 시간이 아니라 고여 있는 시간, 그러다가 미래를 향해 흘러내려가는 시간이라 하였습니다. 꼭 기억하고 본받아야 할 역사적인 일들은 반드시 기억하고 본받아서 새로운 세상을 만들어야 하기 때문입니다. (사)방촌 황희선생사상연구회와 그 산하의 방촌황희연구소가 설립된 이유와 의미도 바로 여기에 있습니다. 셰익스피어는 위인에 세 가지 유형이 있다고 하였습니다. 태어날 때부터 위대한 사람, 노력해서 위대한 사람, 그리고 위대한 사람이 될 것을 강요당하여 위대한 사람이 그것입니다. 아마도 방촌선생은 그 위대성에 이 세 가지 유형의 특성을 모두 지닌 것 같습니다.

방촌선생은 여말 선초의 실천하는 유학자로서 성군 세종을 도와, 태평성세를 여는 데 중역을 담당하였습니다. 90평생의 장수를 누리면서, 그 중 거의 대부분인 60여년을 공직생활을 하였고, 세종시대 28년간을 재상의 자리에 있었으며, 18년간 영의정으로 국정을 총괄하였습니다. 이와 같이 방촌선생은 태어날 때부터 청아한 인품과 총명한 재능을 소유하였고, 나라의 일을 맡아서는 그 소임에 따라 최선을 다하였으며, 스스로 하고 싶어서가 아니라 세상이 놓아주지 않아서 국정을 맡은 것이 거의 전부였기 때문입니다.

한동안 방촌 황희선생은 이미 흘러가버린 역사가 되어 아련히 기억된 인물이었습니다. 그래서는 안 될 우리역사 속의 소중한 인물임에도 말입니다. 그러다가 다행히 2013년 사단법인 방촌황희선생사상연구회가 창립되어 방촌선생의 학문과 업적 그리고 삶과 인품을 연구하고, 그 실적으로 방촌학술총서 제2집을 출간하게 되었습니다.

방촌황희사상연구회에서는 더 활발하게 전문적인 학술활동을 위하여, 그 산하에 방촌황희사상연구소를 2018년에 설립하였습니다. 이에 방촌학술총서 제2집에 이어서, 제3집은 방촌황희사상연구소 사업으로 출간하게 되었습니다. 그동안은 제2집 《방촌 황희의 학문과 사상》에서처럼 방촌에 대한 연구에 집중하였습니다. 더 나아가 연구소가 발간한 제3집은 그 반경을 방촌의 후예들에게까지 넓혀 다루었습니다.

제3집 《백성의 臣 황희와 그 후예들》의 출간에 기쁨과 아울러 여러 가지 감회가 새롭습니다. 제1부는 방촌 황희의 학문과 사상, 제2부는 조선통신사 황윤길의 역사적 재조명, 제3부는 민족의 위기와 호남의 충의지사, 제4부는 옥동서원의 역사적 위상과 학풍을 내용으로 하였습니다. 본 연구에 참여해주신 모든 교수님들에게 감사와 아울러 존경의 말씀을 드립니다. 그리고 2018년도 네 차례의 학술회의에서 발표된 논문이 자못 방대합니다. 총서의 체제에 맞추어 일부 논문은 제4집에 게재하기로 결정하였음을 밝혀드립니다.

그동안의 학술회의와 총서출간에 물심양면으로 뒷받침해주신 방촌황희선생사상연구회 황의동 이사장님 외 모든 회원님들, 그리고 장수황씨 대종회 황주연 회장님과 여러 소종회 회장님들을 비롯하여, 모든 문중 제위님들께 심심한 감사를 드립니다. 아울러 연구에 참여해주신 모든 교수님들께 다시 한 번 진심으로 감사를 드립니다.

2018년 12월 27일

방촌황희연구소장 최영찬

| 차 례 |

제1부. 방촌 황희의 학문과 위상

제2부. 조선통신사 황윤길의 역사적 재조명

제3부. 민족의 위기와 호남의 충의지사

제4부. 옥동서원의 역사적 위상과 학풍

제1부

방촌 황희의 학문과 위상

파주시 문산읍 사목리 방촌 영당

오늘의 한국사회와 방촌 황희[1)]

최영찬[2)]

1. 서언(序言)

"실천하고 여력이 있으면 글을 배워라." 공자의 가르침이다. 무엇을 실천하라는 것인가? 그것은 곧 집에서는 효도하고 나가서는 공손하며, 행

1) 이 글은 (사)방촌황희선생사상연구소 주최, 방촌황희연구소 주관한 2018 제4회 방촌황희선생 정기학술대회(〈오늘의 한국과 방촌 황희〉, 성균관 유림회관, 2018.11.09.)에서 발표한 논문이다.

2) 전북대학교 명예교수

실을 삼가고 말을 성실하게 하며, 널리 사람을 사랑하되 어진 사람을 친근히 하는 것이다.[3] 글을 공부하는 일은 행하고 난 다음의 일이다. 인간의 삶에서 우선적이고 시급한 일은 자기의 인격을 닦아 덕행을 실천하는 수기치인(修己治人)의 일이다.

유학에서 가르침의 궁극 목적은 실천하는 데 있다. 그리고 그 구체적인 실천은 결국 세상을 경영하고 백성을 평안하게 하는 경세제민(經世濟民)이며, 나라를 잘 경영하고 세상을 구제하는 경국제세(經國濟世)라고 할 것이다. 더불어 살아가며 타인을 사랑하고, 나라의 화평과 백성들의 평안을 도모하는 도덕의 실천이 경세(經世)이고, 경세에 대한 체계적인 사유가 경세사상이다. 그러므로 경세사상은 바로 유학의 본령(本領)이라고 할 수 있다.

방촌(厖村) 황희(黃喜)선생은 실천하는 유학자이며 경세의 모범이시다. 신숙주가 쓴 방촌의 묘지명(墓誌銘)에서 실천하는 유학자 방촌을 잘 소개해주고 있다. "공은 천성이 관인(寬仁)하고 침중(沈重)하며 도량(度量)이 있고, 말과 웃음이 적으며, 기쁘고 노함이 표정에 나타나지 않았고, 부모에 효도하고, 아랫사람들에게 지성으로 대우하였다. 일가 중에 외롭거나 가난하여 생계를 유지할 수 없는 이가 있으면 자재를 털어 구조하였고, 집에서는 청렴 검소하여 수상으로 있으면서도 가세가 쓸쓸하여 벼슬이 없는 선비의 살림과 같았다. 나라의 벼슬을 한 지 24년 동안에 조종(祖宗)의 법도를 준수할 뿐 뜯어고치기를 좋아하지 않았으며, 일을 사리에 따라 처리하되 그 규모가 원대하여 그물의 벼릿줄만 들면 그물이 저절로

3) 《論語》, 〈學而〉, 子曰 弟子入則孝 出則弟 謹而信 汎愛衆而親仁 行有餘力 則以學文

펼쳐지듯 모든 일이 다스려졌다."[4] 방촌의 경세적인 인품을 계략적이지만 비교적 생생하게 그려 밝혀놓은 글이다.

본 논고에서 주로 관심을 갖고 다룬 문제는 방촌의 경세사상이다. 방촌의 생애는 바로 방촌의 경세사상을 입증하는 배경임과 동시에 경세사상이 펼쳐진 현장이다. 그렇기 때문에 먼저 방촌의 생애를 간략하게 살펴보고 경세사상을 논해보기로 한다.

2. 생애

가르침에는 글로 하는 가르침과 몸으로 하는 가르침이 있고, 배움에도 글로 배우는 것과 몸으로 배우는 것이 있다. 곧 아는 공부와 행하는 공부가 그것이다. 글로 하면 실천에 미치지 못하는 경우가 있을 수 있고, 몸으로 하면 정밀하지 못하여 설득력이 떨어진 경우가 있을 수 있다. 유학에서 가장 이상적으로 여긴 공부는 아는 것과 행하는 것이 일치하는 지행합일(知行合一)이다. 그러나 그것은 결코 쉬운 일은 아니다. 그럴 경우 유학에서는 아는 것보다 행하는 것을 더 소중하게 여긴다.

부득이 행하는 공부에 치중할 수밖에 없는 경우, 거기에는 그럴 만한 사정이 있다. 방촌은 실천하는 유학자다. 방촌에게는 그럴 수밖에 없는 환경 즉 생의 역정이 있었기 때문이다. 그렇기 때문에 방촌의 생애를 알아볼 필요가 있다. 간략하게 살펴보기로 한다.

방촌은 1363년 고려 말 공민왕 12년에 태어나서 조선 초기 문종 2년

---

4) 《방촌황희선생문집》, 권13.

인 1452년에 사망하였다. 고려왕조가 무너지고 조선왕조가 새로 시작된 격동기에 그는 90년의 생애를 살았다. 그리고 조선왕조의 기틀이 확고하게 자리 잡히던 태종과 세종대 50여 년간 가장 중요한 관직을 맡았다. 이와 같이 방촌은 생애의 대부분을 현실정치의 현장에서 명재상으로 보냈기 때문에 아는 것을 직접 현실정책에 반영하는 실천하는 유학자일 수밖에 없었다. 그렇다고 그는 오로지 실천만 하고 글공부는 하지 않는 것은 아니다. 그는 모든 경전을 두루 섭렵하였고, 평생 동안 글을 읽기 위하여 눈을 한쪽씩 번갈아 감았다는 일화가 전해올 만큼 글공부에도 열정을 다 바쳤다고 한다.

방촌은 비교적 안정된 집안에서 태어나 성장한 것 같다. 그의 부친이 판강릉부사(判江陵府使)의 관직에 있었으며, 음서제(蔭敍制)의 혜택을 받아 고려 우왕 2년 1376년 14세의 나이에 복안궁(福安宮)의 녹사(錄事)가 되었기 때문이다. 방촌은 어려서부터 밤낮으로 책을 읽어 유교경전과 역사에 통달했다고 한다.

부친의 강권으로 21세 우왕 9년(1383)에 사마시에 급제하고, 2년 뒤 다시 진사시에 급제하였다. 그리고 27세 공양왕 원년(1389)에 문과에 급제하였다. 이때는 고려왕조가 기울어지던 때이다. 그렇기 때문에 방촌은 고려시대에서는 별 다른 역할을 할 기회가 없었다. 그리고 조선 초 태조 7년(1398)에 우습유(右拾遺)가 되었지만, 방촌은 40이 다 될 때까지 능력 발휘의 기회를 얻지 못했다.

방촌은 태종의 신임을 받으면서 그 재능의 빛을 발휘하기 시작했다. 왕은 부친의 상중에 있는 방촌을 특별히 승추부(承樞府)의 경력으로 임명하였다. 그리고 태종 4년에 우사간대부(右司諫大夫)로 승진되고, 이어 태종 5년에 지신사로 발탁되었다.[5] 이때 방촌은 원로대신들의 권한을 견제하면서 인사행정에 깊이 관여했는데, 이것은 방촌이 태종의 절대 신임을 받고 있다는 증거이다.[6]

왕위계승 문제에서 드러난 민무구 사건이 종결된 다음 태종의 신임은 더욱 두터워졌다. 태종 9년에 형조판서, 10년 2월에 지의정부사(知議政府事), 7월에는 사헌부 대사헌을 역임하였고, 이어 예조판서를 지냈다. 그리고 태종 14년에 이조판서, 15년 11월에 의정부참찬, 12월에는 호조판서가 되었다. 46세 때인 태종 5년 지신사로 발탁 된지 10년 만에 6조 판서를 두루 역임하면서 드디어 의정부의 제상으로 승진하였다.

태종과 방촌의 관계는 양녕대군의 폐세자 문제로 위기를 맞이한다. 태종은 양녕대군을 세자의 자리에서 폐하고 뒷날 세종이 되는 충녕대군을 봉하려 하였다. 이때 방촌은 원칙을 강조하며 양녕대군을 옹호하고 나섰던 것이다. 이러한 방촌에 대하여 태종은 분노를 참지 못하고 마침내 방촌을 경기도 교하로 유배시키고, 얼마 있다가 다시 그의 본향인 남원으로 유배 조치를 내렸다.

태종 18년 결국 양녕대군을 세자 자리에서 폐하고, 세종을 그 후계자로 정한 다음 곧이어 왕위를 양위하였다. 그러나 태종은 병권과 인사권 등 나라의 중대사를 직접 관장 하였다. 그러던 얼마 후 태종은 나라의 기반을 다질 수 있고 진실하게 세종을 보필할 수 있는 인재가 바로 방촌이라고 판단하여 세종에게 방촌을 중용하도록 하였다.

그때 방촌은 남원에서 극히 조심하고 근신하였다. 방촌은 문을 걸어

---

5) 《태종실록》, 권10, 〈태종 5년 12월〉

6) 《문종실록》, 권12, 〈문종 12년 2월〉

잠그고 사람을 일체 만나지 않았으며, 친구가 찾아와도 만나기를 거절했다고 한다. 마침내 태종은 남원에 있는 방촌을 불러들여 세종을 보필하도록 하였다. 세종 4년 2월에 방촌은 서울로 왔다. 세종은 60세가 된 방촌에게 의정부참찬의 재상 직으로 복직시켰다.

방촌이 세종에게 절대적인 신임을 받기 시작한 것은 세종 5년 7월 강원도 지방을 휩쓴 혹심한 기근에 빠진 백성들의 어려움을 잘 해결하고 난 뒤부터였다. 방촌의 능력을 확인한 세종은 방촌이 죽는 날까지 신임이 흔들리지 않았다. 세종 8년 2월에 이조판서, 5월에 의정부우의정, 그 이듬해는 의정부좌의정으로 계속 승진하였다. 세종은 좌의정 방촌을 세자(문종)의 스승으로까지 삼았던 것이다. 그리고 세종은 방촌을 69세 되던 해에 영의정으로 임명하였다.

이렇게 세종은 방촌을 지극히 신임하며 나라의 정사를 함께하다가, 승하하기 불과 몇 달 전인 세종 31년 1월에 방촌에게 물러나도 좋다고 허락한다. 이렇게 하여 실천하는 유학자 방촌의 기나긴 경세현장이 막을 내리게 된다. 이때 방촌의 나이 87세였다.7)

이와 같이 방촌은 전 생애에서 일할 수 있는 거의 전부의 세월을 정치현장에서 살았고, 국가와 백성을 위하여 몸으로 유학을 실천하면서 경세의 모범을 보였다. 그러나 방촌은 글로 논구하는 유학자는 아니라 할지라도 늙은 나이가 될 때까지 책을 놓지 않았으며, 항상 한쪽 눈을 감고 생활하면서 시력을 보호하였다. 그래서 아무리 작은 글씨라도 읽지 못한

7) 정두희, 〈조선 초기 황희의 정치적 역할〉, 《방촌 황희의 학문과 사상》, 방촌황희선생사상연구회 편저. 책미래, 2017, 9쪽 참조.

글자가 없었다고 한다.[8] 그렇기 때문에 우리 모두는 방촌선생을 '현명한 재상'이라고 칭송하고 있다.

3. 유학의 경세사상

유학에서 지향하는 공부의 요점은 인간의 내면과 외면을 잘 아우르는 수기치인(修己治人)의 인생수업과, 내성외왕(內聖外王)의 인간상을 성취하는 데 있다. 수기치인은 자기 자신의 인격을 닦아 국가와 사회에 참여하는 것이며, 내성외왕은 개인적으로 인격을 완성하고 정치 사회적으로 완성된 인격을 실천하는 것이다.

수기치인을 공자는 수기이안백성(修己以安百姓),[9] 《중용(中庸)》에서는 성기성물(成己成物)[10]이라고 했으며, 《대학(大學)》에서는 수제치평(修齊治平)[11]이라고 하였다. 수기이안백성은 자기의 인격을 닦아 백성들을 편안하게 하는 데 기여하는 것이며, 성기성물은 자기를 이루어 남도 이루도록 힘쓰는 것이다. 그리고 수제치평은 수신·제가·치국·평천하이다. 이 모두의 내용은 자기 자신의 인격을 닦아 가정을 다스리고, 나라의 평안과 세계의 평화에 힘쓰는 일이다. 이것으로 보면, 공자의 수업영역 전체가 내성외왕이며, 또 유학의 공부영역 전체가 수기치인으로 집약되고 있음을 확인할 수 있다.

---

8) 《세종실록》, 권12, 〈황희의 졸년 수기〉

9) 《論語》, 〈憲問〉, 子曰 修己以安百姓 修己以安百姓 堯舜其病諸

10) 《中庸》, 25章, 誠者 非自成己而已也 所以成物也 成己仁也 成物知也

11) 《大學》, 2章, 修身而后齊家 齊家而后治國 治國而后天下平

수기(修己)는 개인의 인격을 닦는 것이고, 치인(治人)은 사회에 참여하여 아름다운 세상을 가꾸는 데 기여하는 것이다. 즉 나 개인의 인격을 부단히 닦아가면서 국가 사회에 동참하는 인생수업을 수기치인으로 말한 것이다. 그리고 성인은 내적인 인격의 완성자이고, 왕은 외적인 국가 사회적인 완성자이다. 그러므로 성인의 인격은 왕의 현실참여에 반드시 수반되어야 하는 필요조건이 된다. 그러나 내성외왕은 실제로 왕의 지위에 오른다는 것을 의미한 말이 아니다. 그 인격의 지극한 덕성이 국가 사회에 깊고 넓게 미쳐서, 백성들과 전 인류의 평화롭고 풍요로운 삶에 기여한다는 것을 의미한 말이다. 유학사상에서 왕은 힘의 지배자가 아니라 덕의 지도자이기 때문이다. 공자가 실제 왕의 자리에는 오르지 않았지만, 그 덕이 깊고 넓게 전 인류사회에 미쳤기 때문에 소왕(素王)으로 칭송받고 있는 것과 같다.

요컨대 수기치인의 인생수업을 통하여 내성외왕의 인간상을 국가 사회에 실현하자는 것이 유학사상의 이상이고 목표라고 할 수 있다. 그리고 이것이 바로 유학에서 말하는 경세사상(經世思想)의 철학적 바탕이라고 할 수 있다.

경세사상은 국가 사회를 올바르게 경영하기 위해서 제시된 정치, 경제, 사회, 문화 등 제 방면에 걸친 체계적인 사유나 의식이다. 일반적으로 유학의 경세사상은 백성의 이용(利用) 후생(厚生)문제에 중점을 두고 있으며, 아울러 윤리 도덕적 사유로 그 중요한 측면을 구성하고 있다.

유학사상의 본질적인 내용이 수기치인에 있는 만큼, 이론에 집착하였던 철학적 논쟁들의 궁극 목적도 역시 경세에 있었다고 할 수 있다. 유학의 경세사상은 백성의 복리증진을 위한 경세적인 시책의 제시와 그것을 뒷받침하는 이론의 구축, 그리고 경세를 가능하게 하는 인륜질서의 확립을 위하여 발전해왔다고 볼 수 있다.

유학사상에서 학문의 실제적인 이념이나 정치적 사회적 실천의 궁극 목표가 수기치인에 있다고 할 때, 경세의 실제 의미는 치인 방면에 해당하는 것으로 경세제민(經世濟民) 즉 "세상을 경영하여 백성을 구제한다."라는 뜻이다. 민심의 향배가 정권의 영락(榮落)을 결정해왔다고 보는 유학사상의 정치적 의식이나 '나라의 근본'으로서의 민(民)을 기초로 하지 않고서는 어떠한 정치적 권력도 유지할 수 없다는 역사적 사실에서 형성된 것이라고 이해된다.

유학사상에서는 제민(濟民)을 경세(經世)의 궁극적인 목표로 설정해 왔는데, 유학에서 가장 오래된 《서경(書經)》에서는 보민(保民)의 개념으로 나타났다. 공자도 역시 이러한 정신을 계승하여 "백성을 부릴 때는 큰 제사를 받들 듯이 하라."[12]라고 하여 백성의 보호를 역설하였다. 맹자도 이러한 사상을 보다 발전시켜 그 구체적인 실현 방법으로 항산론(恒產論)이나 정전법(井田法)을 제시하였으며, "백성이 가장 귀하다."[13]는 이론을 제시하여 나라의 도덕적 질서를 위하여 혁명론(革命論)까지 주장하였다.

경세제민의 이념은 유학의 민본주의(民本主義)나 위민의식(爲民意識)과 밀접한 관련을 가진다. 이러한 경세제민의 이념을 실현하는 현실적인 영역을 크게 정치적 영역, 경제적 영역, 사회적 영역으로 구분해볼 수 있다. 이러한 구분은 각각 유학의 정치사상, 경제사상, 사회사상과도 일치된다. 그 실천에 있어서, 유학사상에서는 일반적으로 정치적 영역에서는 왕도

12) 《論語》, 〈顏淵〉

13) 《孟子》, 〈盡心下〉

(王道)의 제창, 경제적 영역에서는 양민(養民)과 절용(節用)의 표방, 사회적 영역에서는 각 개인의 도덕적 자각을 통한 애민(愛民)과 기강(紀綱)의 확립으로 요약할 수 있다.14)

4. 방촌 황희(黃喜)의 경세사상과 실천

방촌은 공직생활을 이미 고려 말에 시작하였고, 조선조 태종 때에는 국왕의 최측근인 지신사(知申事, 후기의 승지와 같은 지위)를 거쳐, 세종시기에 이르기까지 대사헌과 육조판서 등을 두루 역임한 대신이었다. 특히 세종 때에는 영상을 무려 18년이나 맡아 일하면서 세종을 최고의 자리에서 보필하였다. 이와 같이 그는 거의 현직관리로 일생을 보내면서, 경세의 문제들을 학문적인 논구를 통하여 이론적으로 밝힌 것이 아니라, 당면한 문제들을 현실에서 실천으로 보여주었던 경세가였다. 그러므로 방촌의 경세사상은 현장 속에서 시행된 업적들을 통해서 파악할 수밖에 없다. 그렇다고 학문적 이론적인 지식과 거리가 먼, 전적으로 경험에 의거한 경세사상이라는 것은 아니다. 다만 학문과 이론을 통하여 논구된 경세사상이 아니라는 것이다. 그러나 방촌은 소년기에서부터 독서와 학문을 좋아했다고 한다. 그러므로 방촌은 몸으로 쓴 경세사상가라고 은유해볼 수 있다. 다음으로 방촌의 경세사상과 실천을 정치적 영역, 경제적 영역, 사회 문화적 영역으로 나누어 살펴보기로 한다.

14) 《儒教大事典》, 儒教事典編纂委員會 참조.

1) 정치적 영역

(1) 유교나라 건설

조선조 태조 이성계는 첫 시정교서에서[15] 도성 안과 밖의 국학(國學)과 향교(鄕校)에서 인제육성을 위하여 유교강학에 힘쓸 것, 관혼상제의 법령을 만들어 인륜을 도탑게 하고 풍속을 바로 잡을 것, 왕도정치의 인정(仁政)을 베풀어 충신 효자와 의부(義夫) 절부(節婦)를 장려하고, 홀아비, 과부, 고아, 늙어서 자식이 없는 독거노인(獨居老人)들을 구제할 것 등을 제시하여 새로운 유교국가 건설의 이정표를 분명하게 세웠다.

이러한 이정표에 따라, 태종 때에는 임금 스스로가 유교의례를 중요시하면서 의례상정소(儀禮詳定所)를 운용하여 국가적 행사의례를 정립하기 시작했다. 세종 때에는 덕행이 뛰어난 자를 찾아 표창하면서 유교의 덕문화를 적극 장려하여 유교국가의 터전을 확고하게 구축하였다.[16]

방촌은 이러한 유교나라 건설에 직접 참여하면서, 유교 최상의 덕행인 효행과 충성을 몸소 실천하여 모범을 보였다. 모친상을 당한 방촌은 기복(起復)을 요청한 세종과의 심각한 논란에서 자신의 확고한 유교에 대한 신념을 잘 드러내고 있다.

> "모친상을 당한 지 겨우 세 달을 넘기는데, 갑자기 기복의 명을 받으니 내심 부끄럽고 두려움이 그지없습니다. 사람의 정을 빼앗으며 관직에 복귀시키는 탈정기복(奪情起復)은 진실로 좋은 법은 아닙니다. 전쟁으로

---

15) 《태조실록》, 〈태조 원년 7월 28일〉

16) 조남욱, 〈방촌 황희의 경세사상〉, 《옥동서원과 상주유교문화》, 방촌황희선생사상연구회 2017, 참조.

위급하고 어려운 때엔 직무에 따라 임시로 그렇게 할 수는 있겠지만, 태평한 지금 권도(權道)로 부족한 저에게 적용하여 큰 법을 무너지게 할 수 있겠습니까? 지금 임금님의 부름을 따라 상복을 벗고 길복을 입는다면, 이는 도리의 궁행을 먼저 허물고 염치도 다 잃어버려 명분과 교화에 죄를 짓고 공로에 나무람을 받게 될 것입니다."[17)]

세자의 명나라 방문길에 동행해야 할 대신의 보좌역 준비를 위해 세종이 기복을 요청한 일에 대한 방촌의 반응이었다. 여기에서 효도와 충성의 중대성과 상관관계, 권도와 명교에 대한 방촌의 확고한 입장을 파악할 수 있다. 그리고 방촌의 유교에 대한 학문적인 경지와 신념의 각별함을 통하여 유교국가 건설의 주역임을 충분히 엿볼 수 있다.

방촌은 충성보다 효도가 우선적인 큰 법임을 강조한다. 그렇기 때문에 특별한 상황이 아닌 당시에 기복을 요청한 세종의 의견과 입장을 달리했던 것이다. 이것은 "효도와 우애가 어짊을 실천하는 근본이다."[18)]라고 한 공자사상에 철저하게 근거하고 있으며, 효도를 모든 덕행의 근본으로 보고 있는 유교의 입장을 충실하게 따른 것이다. 그리고 권도는 상황윤리이다. 어찌할 수 없는 어려운 상황에 따라서 덕행을 융통하는 것이 권도인 것이지, 기본적이고 원리적인 경도(經道)를 어길 수 있는 것이 권도가 아니라는 주장이다. 그러므로 경도와 권도를 조화롭게 운용하여 경도를 거스르지 않으면서 상황에 따른 권도를 실천해야 한다는 것이 방촌의 주장이다. 그리고 또 방촌은 타고난 도덕적인 명분(名分)의 가르침인

17) 《세종실록》, 〈세종 9년 10월 8일〉

18) 《論語》, 〈學而〉, 孝弟也者 其爲仁之本與

경도야말로 유교의 분명한 가르침이라는 확고한 신념을 밝힌 것이다. 명교(名教)가 바로 "임금은 임금다워야 하고, 신하는 신하다워야 하며, 아버지는 아버지다워야 하고, 자식은 자식다워야 한다."[19]는 유교의 가르침이기 때문이다.

(2) 불교배척

조선조 건국 이후 정책적 측면에서 가장 혁신적인 조치는, 성리학을 통치의 기본으로 삼았던 만큼, 고려조의 국교였던 불교를 배척하는 정책의 시행이다. 이러한 시책의 일환으로 조선정부는 1410년에 의례상정소를 설치한다. 이것은 정부 차원에서 정주(程朱) 성리학적 의례사상을 적극 보급하고 실천하도록 하기 위한 조치였다. 그리고 또한 '성리학적 예치'의 공식적 출범의 신호라 할 만한 일이었다.

성리학적 예제 가운데서도 특히 주희(朱熹)의 〈가례(家禮)〉를 준용하는 것이 국가차원에서 더욱 철저히 촉진하게 되었다. 정주 성리학은 공맹유교와 근본적으로 다른 학문이고 사상이 아니다. 공맹유교의 덕론을 리기(理氣) 심성(心性)의 철학체계 위에서 다시 정리하고, 의미를 새롭게 하여 심도를 더하고 있는 발전된 유교이다.

방촌이 시행했던 불교배척의 몇몇 사례들을 가지고 방촌의 경세사상을 들여다보자. 태종은 생모 신의왕후한씨(神懿王后韓氏)를 모신 인소전(仁昭殿)을 다시 짓는 과정에서 불당을 함께 짓도록 했다. 이때 지신사(知申事) 방촌은 완강하게 반대하면서 "불당(佛堂) 하나를 경영하는 것은 비

19) 《論語》, 〈顔淵〉, 君君 臣臣 父父 子子

록 폐가 없다고 이를 수 있겠지만, 후세에 본받는 바로 된다면 옳지 못합니다."[20]라고 진언했다.

그리고 또 방촌은 세종 때 흥천사의 경찬회(慶讚會)에 대하여 강하게 반대하면서 이의를 제기하였다.

> "불교가 흥하고 폐하는 기틀은 바로 이 일에서 일어난 것입니다. 또 후세에는 아비도 없애고 임금도 없애는 가르침을 열어서 함께 이적(夷狄)과 금수(禽獸)가 되게 할 것입니다. 하는 일은 비록 작으나 해가 되는 것은 많으니, 국가만세(國家萬世)를 위하여 거듭 염려하지 않을 수 없습니다."[21]

방촌은 불교야말로 유교에서 중요시 하는 효도와 충성의 인륜을 약화시키고 아비도 없고 인군도 없는(無父無君) 야만적인 종교라고 혹독한 비판을 서슴지 않았다. 마치도 맹자가 양주(楊朱)와 묵적(墨翟)을 야만적인 사상이라고 강하게 비판한 것과 같다.

세종은 죽은 뒤 혼령을 위한 종교적인 입장에서는 잠재적으로 불교를 인정하고 있었던 것 같다. 그리하여 세종 2년(1420)에 모후의 능소(陵所) 곁에 승사(僧舍)를 지어 위로해 드리고 싶어 했다. 그리고 세종 28년(1446) 부인 소헌왕후심씨(昭憲王后沈氏)와 사별하고 왕자들의 모후 위안을 위한 사경(寫經)사업을 옹호하는 입장을 보였다. 마침내 세종은 내불당(內佛堂) 복원을 추진하게 된다. 이러한 일은 그동안 견지해온 억불정

20) 《태종실록》, 〈6년 5월 27일〉

21) 《세종실록》, 〈23년 윤11월 23일〉

책의 기반이 흔들릴 수 있는 위험한 일이었다. 그렇기 때문에 조정의 대소 신료들은 상소를 올리고, 성균관 유생들은 수업을 거부하면서까지 강력하게 반대하는 시위를 벌였다.

이때 방촌은 영의정으로서 단독으로 상소를 올린다. 그 상소문에서는 "부처의 말은 백성들에게 해로움만 있고 국가의 이익이 없다는 것은 임금께서 잘 알고 계시는 바입니다. …… 요즈음 임금께서 국가도성에 절을 지어서 후세에 끝없는 피해를 열어두시고 부처에 아첨하는 구실을 조성하니, 최근 정부 각 기관에서부터 유생들에 이르기까지 그 옳지 못함을 상소하고 있습니다."라고 하였다.

방촌은 유교국가에서 지금 불당건립이란 이해할 수 없을 뿐만 아니라, 있을 수 없는 일이라는 것을 지적한 것이다. 이러한 억불정책의 경세사상은 흔히 유교국가 건설과 같은 맥락으로 이해할 수 있다. 그러나 불교배척의 정책은 종교에 관한 것으로 차원을 다르게 이해해야 한다.

(3) 애민(愛民)정신과 인권존중

경세란 '세상을 경영하여 백성을 구제한다'는 경세제민(經世濟民)의 의미이며, '세상과 국가를 경륜한다'는 경국제세(經國濟世)의 의미인 만큼, 정치, 경제, 사회, 교육, 국방, 법 등 여러 분야에서 이루어지는 광의의 정치를 말한다. 따라서 경세의 내용에는 많은 분야가 망라됨은 물론이다.[22] 이러한 모든 경세의 분야에는 공통적으로 애민(愛民)과 민본(民本)의 정신이 그 바탕을 이루고 있다. 역사적으로 보면, 방촌의 민본정신은

22) 황의동, 〈율곡 경세사상의 철학적 배경〉, 《인문학연구》, 제21호, 충남대학교 인문학 연구소, 1994, 208쪽

특별하며 애민사상도 크고 깊음을 확인할 수 있다.

방촌은 본래 평등주의자다. 방촌이 예조판서로 있으면서 계(啓)하여, 왕께서 전지를 내렸다. 그 내용을 보면 만민 평등사상이 그대로 드러나 있다.

"모든 생민(生民)은 본래부터 미천한 사람이 없는 법이다."23)

이 말은 방촌의 만민 평등사상의 선언임과 동시에 애민의식의 표출이라고 할 수 있다. 무엇보다도 방촌은 사람을 대함에 있어 신분을 초월하여 어짊(仁)을 실천하였다. 이러한 의식의 기저에는 집에서 부리는 노복도 역시 하늘이 보낸 사람이고 귀중한 백성이라는 애민의식에서 비롯된 것이다.

그 실례의 하나를 보면, 방촌이 예조판서로 있으면서 "백정만 도적질하는 것이 아니고 평안한 직업으로 평민과 같이 사는 자들도 도적질하는 자가 자못 많다."24)라는 계를 올려 백정이라는 신분 때문에 죄 없이 가혹하고 부당한 조치를 받지 않도록 하였다.

방촌은 신분에 관계없이 인격을 존중하는 애민사상을 정책에 반영하는 후덕한 경세가였다. 그 실례의 하나가 죄의 무거움보다 죄인의 인격을 먼저 생각하여 근본적으로 형을 무겁게 주는 것에 반대하였다. "죄를 조금 경하게 다스릴지언정 형을 잘못하여 중히 주어서는 안 된다."25)고 하

23) 《태종실록》, 〈14년 6월 27일.〉

24) 《세종실록》, 〈17년 8월 2일.〉

25) 《방촌황희선생문집》, 〈본전〉 4쪽

였다. 인권존중에 관한 방촌의 사상은 다음의 장계에서 더욱 자세하게 드러나고 있다.

> "근년에 외방의 옥수들이 잇달아 사망하니, 생각해본즉 전수(典守)하는 관리들의 승진하고 파출하는 법이 서지 않았으므로 그 임무에 태만하여 그러한 듯합니다. 원컨대 지금부터 만약 옥수의 죽은 자가 있으면 감사가 정밀히 안검(按檢)하여 혹 고문이 혹독했거나 기색이 절박했거나 치료에 등한시하여 죽는 데 이르게 한 자는 그 수령을 즉시 죄에 처단하여 파출할 것이요, 만약 죄상이 애매하여 결안(決案)을 내리지 못한 미결수에 대하여 1년에 2인 이상 죽게 한 자는 전최(殿最)할 때에 이를 참작하여 시행할 것입니다."[26]

방촌은 죄수라 할지라도 제대로 먹고 건강을 유지할 최소한의 인권이 있음을 명시하고, 죄수를 죽게 하는 관리는 죄가 있는 죄수보다 더 엄벌해야 함을 주장하였다.

방촌은 이 이외에도 애민정신과 인권존중사상을 바탕으로 하여 실천하는 유학자의 모습을 십분 발휘하였다. 방촌은 죄인과 특정 관계에 있는 사람에게 연대책임을 묻는 연좌제(緣坐制)의 금지나, 능력 있는 자라면 비록 천인이나 장애인이라 할지라도 기회를 균등하게 주어야 한다는 등의 인권평등의 시책을 실천하였다.

그리고 치안과 국방은 물론 국가의 기강확립을 위하여 행정조직의 개

26) 《방촌황희선생문집》, 권4, 〈별집2〉

편에 각별한 관심을 보이고 있는 것도[27] 모두 방촌의 애민과 인권존중사상의 일환으로 전개된 경세의 치적이라 할 수 있다. 방촌의 이러한 애민정신과 인권존중사상은 "백성이 제일로 중요하고 사직이 다음이고 인군은 대단치 않다."[28]는 맹자의 민본사상을 철저하게 실천하는 유학자상을 잘 보여주고 있다 할 것이다. 그리고 방촌에게는 무엇보다도 애민과 인권존중사상이 기본적인 삶의 좌표요 경세사상의 기반을 이루고 있는 실천의 중핵이라고 할 수 있다.

2) 경제적 영역

국정운영에서 방촌이 견지한 가장 기본적인 태도는 무엇보다도 민생안정 이었다. 고려 말 권문세족의 권력농단과 부의 독점으로 야기된 민생파탄을 직접 목격했던 방촌으로서는 민생안정을 가장 중요한 현안으로 인식했을 것이다.[29] 방촌은 특히 농업정책에 유의하여 뽕나무 심기를 권장하고, 양을 기르고, 곡식 종자의 배급 등 농민보호와 농업장려에 앞장섰다.

그리고 흉년이나 재해 때의 이재민과 빈민의 구제책, 또는 조세나 공물(貢物)의 감면, 의탁할 곳이 없는 사람이나 노인 걸인 등에 대한 구호책, 관청의 창고관리, 굶주린 백성의 구제에 등한시한 지방관의 문책, 천민혹사문제 등 농민과 빈민 또는 천민에 대한 보호책이나 그에 대한 규

27) 《방촌황희선생문집》, 권3, 〈별집1〉

28) 《孟子》, 〈盡心下〉, 民爲貴 社稷次之 君爲輕

29) 김경수, 〈방촌 황희의 생애와 경세관〉, 《방촌 황희선생의 재조명》, 제3회방촌학술대회 자료집, 방촌황희선생사상연구회. 2017.

정 등 여러 가지의 시책을 경제시책과 아울러 앞장서서 시행하였다.

세종 5년 6월 강원도에 큰 흉년이 들었는데, 관찰사 이덕명이 굶주린 백성을 구하지 못하므로, 방촌을 강원도 관찰사로 임명하여 백성들을 무사히 구했다고 한다. 그 뒤 방촌이 관찰사직을 마치자, 그곳 백성들이 방촌의 은덕을 기리기 위하여, 그와 연고 있는 곳에 대(臺)를 짓고 그 이름을 소공대(召公臺)라고 불렀다고 한다.30) 무엇보다도 당시 민생을 가장 피폐하게 만든 것은 지나친 조세제도였다. 이에 대하여 방촌은 백성의 입장에서 조세제도 개혁을 통하여 백성들의 고통과 불편을 해소해주고자 하였다. 그 몇 가지 사례를 보자.

> "지금 충청 전라 경상도와 경기좌도의 여러 고을은 가뭄으로 인하여 모든 곡식이 타서 가을 추수의 희망이 없으니 민생문제가 크게 염려됩니다. 따라서 근년에 납부할 재목(材木)을 모두 탕감하여주고, 또 전에는 가을철이면 충청도의 쌀을 배로 운반하여 백관들의 정월녹봉을 주었습니다만, 금년에는 가을부터 백성들의 식량이 절핍(絶乏)되었으니. 양곡의 상납을 중지시키고, 명년 정월의 관리 녹봉을 적당히 감하여야 합니다. 라고 하니, 왕께서 윤허하셨다."31)

방촌은 흉년이 들어 어려움에 처한 백성들의 고통을 해결해주기 위하여 세금의 절감을 강력 주장하였다. 그리고 흉년에 따른 민생문제에 특별히 관심을 갖고, 백성들의 안정에 만전을 기하는 방촌의 모습도 보이고

30) 《세종실록》, 〈5년 6월〉

31) 《세종실록》, 〈18년 7월 8일〉

있다.

"지금 충청, 전라, 경상의 3도에 큰 흉년이 들어 민생문제가 심히 어려우니, 이제 파견하는 경차관(敬差官)은 각 고을을 순행하고 사찰하여, 만약 굶주려 부황난 백성이 있으면, 그 고을 수령 3품 이상은 장계를 올려 죄를 처하고, 4품 이하는 법에 의하여 즉시 처단하도록 해야 합니다."[32]

유학의 보민사상이 방촌에서 절실하게 드러나, 경제난에 시달린 백성을 보호하고 구제하기 위하여 세금의 절감 이외의 특별한 보호책을 강력하게 제시하고 있다. 이 또한 방촌의 애민의식에 따른 경세사상의 실천이 아닐 수 없다. 이러한 애민적인 경제시책은 방촌의 경세사상에서 중요한 내용의 일면을 이루고 있다. 방촌은 크고 작은 일에 백성을 위해서는 주저 없이 시책을 내리고 있다.

> "전라, 경상, 충청 3도에 노루와 사슴이 거의 멸종되어 조포(條哺)와 편포(片哺)도 만들어 바치기가 쉽지 않다기에, 하는 수 없이 모든 진속군관(鎭屬軍官)과 각 고을에 분담시켜 잡아 바치도록 했으나, 그 폐단이 백성들에게까지 미치게 되니 매우 딱합니다. 따라서 주장관(主掌官)에게 이 장록포(漿鹿哺) 수를 훨씬 줄여서 받도록 해야겠습니다."[33]

특히 조세문제에 대해서, 방촌은 언제나 백성들의 입장에서 상황을 충분히 파악하고 능력을 철저히 고려하여 부과하는 정책을 시행하였다. 이 역시 애민하는 경세사상의 발로라 하겠다. 방촌은 이러한 조세정책의

32) 《세종실록》, 〈18년 10월 13일〉

33) 《세종실록》, 〈16년 7월 26일〉

실천과 아울러 백성들의 생활안정에도 각별한 관심을 보이고 있다.

> "굶주린 백성들을 구제하기 위하여 각 지방에 경차관을 보내어 순행하며 살피도록 하였으나, 각 고을의 수령들이 굶주린 백성들의 구제에 힘쓰지 않고 있다가 경차관이 그 지방에 이르면 사방에 사람을 보내어 효유(曉諭)하여 비록 부황이 나고 굶어 죽는 사람이 있더라도 서로 숨기니 적발할 도리가 없습니다. 따라서 수령들이 두려워하지 않고 태만하니, 지금부터는 경차관으로 하여금 남모르게 갑자기 나가 마을을 순행하고 엄밀히 살펴, 만약 수령이 태만하여 굶어 죽는 자가 있으면 3품 이상은 장계를 올려 죄에 처할 것이요 4품 이하는 공신(功臣)이나 그 자손임을 불문하고 모두 죄의 경중에 따라 치죄한다."[34]

이와 같이 방촌은 경제적으로 힘든 백성들에게 조세감면정책을 시행하고, 그에 더하여 혹시 굶주려 백성들이 죽을까 정책적으로 보호책을 강구하여 최선을 다하여 실천하였다. 이 역시 투철한 애민정신의 발로이니, 방촌의 후덕을 우러를 수밖에 없다.

마침내 방촌의 애민과 인권존중의 경세사상은 세법개정론으로 구체화 된다. 세종이 왕위에 오른 지 10년이 될 무렵인 세종 9년(1427) 3월에 조세정책을 개선하려 하였다. 호조의 개선안 골자는, 전답 기준 10분의 1을 거두는 공법(貢法)을 확대 시행하되, 매년 현장을 조사하여 그 소출의 정도에 따라 조세기준을 조정하는 답험손실법(踏驗損失法)은 폐지하

34) 《세종실록》, 〈19년 1월 13일〉

자는 내용이다. 그 폐단의 이유는 토지의 차이와 풍년과 흉년에 따른 해마다의 기준설정이 용이하지 않다는 점, 그리고 현장조사관들의 자질과 능력 부족으로 말미암아 그 정확성 추구에 많은 문제점이 발견된다는 데에 있었다.

이러한 세종의 통치철학을 가장 잘 지적해 낸 자가 바로 좌의정 방촌이었다. 즉 그는 우의정 맹사성, 찬성 허조 등과 함께 호조가 제시한 개정안에 동의하지 않으면서 기존의 공법과 답험법을 병존하여 계속 시행할 것을 주장하였다. 그 이유는 개정안을 따르면 전체적인 세수가 줄어들어서 안정적인 국가경영이 어렵게 될 것이라는 우려와 더불어 개정의 수혜가 부강한 자들에 편중되어 서민들이 더 어렵게 될 것이라는 점을 주목하는 데에 있었다. 고도의 애국애민정신이 작동하고 있었던 것이다.

동시에 방촌은 개국 초에 제정 시행해온 소출이 줄어든 것에 따라 조세를 덜어주는 법인 수손급손법(隨損給損法)의 장점, 즉 당해 년도 소출의 변화현상을 적절히 반영하여 조세의 공정성을 확보할 수 있다는 사실을 재확인하면서 그 철저한 시행을 강조하였다.[35] 그런데 여기에도 조사관들의 자질부족으로 현실파악에 정확성을 기하기 어렵고, 또 뇌물수수 등의 부정행위로 그 실효성을 담보하기가 쉽지 않다는 난제가 있었다. 이러한 문제를 직시한 방촌은 그러한 적폐를 차단시키기 위하여 중앙의 관련부처와 지방의 수령업무 및 조사관으로서의 요건 강화 등의 시행방법 개선에 대한 소견을 상세히 밝히고 있었다. 여기에도 빈부 양극화 현상의 과제를 해결하여 민본의 경세를 펼치려는 방촌의 고결한 뜻을

35) 《세종실록》, 〈12년 8월 10일〉

찾아볼 수 있다.36)

이상과 같이 방촌은 민생의 안정을 위해서 백성의 삶을 궁핍하게 하는 조세제도의 개혁에 무엇보다도 먼저 관심을 집중하였다. 백성들에게는 경제적인 안정이 제일 중요하다는 방촌의 생각 역시 애민과 민본사상에 기초한 것임은 두말할 필요가 없다. 이러한 방촌의 사상은 그 근원이 애민사상과 백성을 위한 경제정책을 중시한 맹자의 경세사상에 있다고 할 것이다. 맹자는 "백성들의 사는 방도란, 일정한 경제적 근거가 있는 사람이 일정한 도덕적인 마음을 지니게 되고, 일정한 경제적 근거가 없는 사람은 일정한 도덕적인 마음을 가질 수가 없다. 진실로 일정한 도덕적인 마음이 없게 되면, 방탕, 편벽, 사악, 사치 등 못할 짓이 없게 된다. 이렇게 하다가 죄에 빠지게 된 연후에 따라가서 처벌한다면 그것은 백성들을 그물질하는 것과 다름이 없다."37)라고 하였다. 위민(爲民)과 애민(愛民)의 실천은 왕도정치의 기본이고, 왕도정치의 성공은 백성들의 경제적인 안정에서 이루어진다는 맹자사상은 방촌의 경제적인 경세사상의 궁극적인 근거임을 보여주고 있다.

3) 사회문화적 영역

사회문화문제는 인간의 질적인 삶에 관한 문제이다. 그러므로 인간 삶의 의미와 가치의 문제는 백성들의 삶을 풍요롭게 하는 절실한 문제이기

---

36) 조남욱, 〈방촌 황희의 경세사상〉, 《옥동서원과 상주유교문화》, 방촌황희선생사상연구회 2017, 참조.

37) 《孟子》, 〈滕文公 上〉, 民之爲道也 有恒產者 有恒心 無恒產者 無恒心 苟無恒心 放僻邪侈 無不爲已 及陷乎罪 然後 從而刑之 是罔民也.

도 한다. 정치와 경제의 문제는 국가 사회적 기본권과 생명가치에 관한 최소한의 인권의 문제라면, 사회와 문화의 문제는 삶의 질과 행복추구에 관한 정신적인 삶의 문제이다.

방촌은 경세사상의 기본으로 만민평등의 신념을 갖고 있었다. "모든 생민(生民)은 본래 미천한 사람이 없는 법이다."라는 신념을 갖고 경세를 펼쳤던 실천하는 유학자였다. 방촌이 예조판서로 있으면서 계를 올려, "천첩(賤妾)에게서 태어난 아들에게 방역(放役)하는 법은 아버지가 양민(良民)일 경우 아들도 그 아비에 따라 양민으로 보아 주어야 옳습니다." 라고 하니 왕께서 "경의 말이 옳다." 하면서 전지를 내렸다.

"모든 생민은 본래 미천한 사람이 없는 법인데, 고려 때 노비제도를 마련한 후로 양민과 천첩이 서로 혼인하게 되자 대게 아비에 따르는 자가 적고 어미에게 붙이는 자가 많았기 때문에 천민이 날로 많아지고 양민이 줄어들었다. 지금부터는 공사(公私) 비자(婢子)를 막론하고 양민에게 시집가서 낳은 아들은 모두 그 아비에 따라 양민이 되도록 하고, 고려에서 만든 판정백성법(判定百姓法)에 의해 제대로 속적(屬籍)시켜 시행하도록 하라."[38] 이처럼 방촌은 천민에 대한 보호책을 마련하고 있음을 알 수 있다.

당시까지만 해도 집에서 부리는 종을 주인이 때리거나 심지어 죽이는 일까지 있었다. 그래도 그것은 법을 어기는 일이 아니어서 주인은 아무런 벌도 받지 않았다. 방촌은 이와 같은 잘못된 관행을 없애버렸다. 종들도 죄를 지으면 그 죄에 맞게 벌을 받도록 법을 새로 만들었던 것이다.

---

38) 《태종실록》, 〈태종 14년, 6월 27일〉

이로부터 종을 함부로 때리거나 죽이는 풍습이 사라지게 되었다.[39] 그리고 매로 죄인을 다스리는 것을 태형(笞刑)이라 하고, 그 가운데서 태배법(笞背法) 즉 매로 등을 치는 법이 있는데 방촌은 그 법을 없애버렸다. 매로 등을 칠 경우 장기가 다치기 쉽기 때문이다. 그래서 그것을 엉덩이를 치는 태둔법(笞臀法)으로 바꿨다. 이와 같이 방촌은 애민을 바탕으로 한 만민평등의 경세정책을 실천했던 것이다.

해동야언을 통해서 보면, 변방의 백성들이 야인(野人)들에게 약탈당할 때의 구제책을 방촌이 세워 의정(議定)하였다. "황희 등이 조세(租稅)와 부역(負役)을 30년 동안 탕감하고, 부모가 없는 아이들에게는 관에서 옷과 식량을 주며, 친척으로 하여금 그들을 보호하여 기르게 하고, 만일 친척이 없는 경우에는 집안이 넉넉한 이웃으로 하여금 구휼하게 함이 마땅하다고 하여, 그대로 시행하도록 하였다."[40] 백성사랑의 지극함을 볼 수 있다. 이러한 애민사상은 빈부와 귀천을 가리지 않고 평등하게 베풀어졌다. 방촌은 또 유리걸식(遊離乞食)하는 백성들을 구제하여 일정한 곳으로 돌려보내는 계책도 마련하였다. 이러한 정책을 이민책(移民策)이라고 하는데 세종 23년 5월 18일 기록에서 찾아볼 수 있다.[41]

방촌은 교육문화정책에도 지대한 관심을 보였다. 학문장려책, 학당개수문제, 인제양성문제, 사직(社稷)제도, 경제육전(經濟六典)을 현실에 맞도록 개편하는 일, 음악제도 등 방촌의 장계가 많았는데 거의 윤허되어 그

39) 《태종실록》, 〈태종 14년 6월 27일〉

40) 《해동야언》

41) 오병무, 〈조선조 명재상 방촌 황희의 생애와 사상〉, 《방촌 황희의 학문과 사상》, 방촌황희사상연구회 편저, 책미래, 2017, 78쪽 참조.

대로 시행되었다. 특히 방촌은 경전 등 중요한 서적들의 판본이 없기 때문에 독자들이 필사하여 사용하므로 주자소(鑄字所)로 하여금 활자를 만들어 인쇄간행하도록 계를 올려 활자 인쇄 시작에 공을 세웠다.

방촌은 또 국가 발전의 원동력이 되는 인재양성을 매우 중요시하였다. "옛날에 공경, 대부, 원사(元仕)의 적자를 모두 대학에 입학시킨 것은 가르치고 키워 인재를 길러 뒷날의 쓰임에 대비하고자 함이었다. 지금 조관(朝官)의 자손을 모두 학교에 입학시켜, 그 학문이 우수해지고 나이가 25세에 이르기를 기다려 벼슬하게 하고, 유음자손(有蔭子孫)으로 나이가 15세 이상이 된 자는 오부학당(五部學堂에 승보(升補)된 자를 제외하고 모두 성균관에 입학하게 하여 경서를 연구하고 예도(禮道)를 배우게 할 것입니다."[42] 이와 같이 훗날의 나라를 위하여 인재교육과 학문진흥에 힘쓸 것을 장려하였다. 특히 경서공부를 강조하였다.

방촌은 인재양성을 위하여 학교설립도 중요시하였다. "함길도에 새로 설치된 회령, 중성, 공성 등 고을에 학교를 설치하지 않는 것은 참으로 좋지 않는 일이옵니다. 중성과 공성에는 우선 도내에 학문 있는 자를 택하여 학장(學長)을 차정(差定)할 것이요, 회령부는 큰 고을이니 경원부의 예에 의하여 교도(敎導)를 차정하옵소서."[43]라고 하였다.

한편 학교설립도 중요하지만 스승의 선택을 더 중요시하였다. "현명한 인재의 배출은 모두가 학교에서 말미암는 것이고, 학교를 일으키는 데에는 스승을 선택하는 것보다 앞서는 것이 없습니다. 스승이 될 만한 사람을 얻게 되면 어린이들의 교양이 바루어져서 풍속이 아름다울 것이요,

42) 《세종실록》, 〈세종 11년 1월 3일〉

43) 《방촌황희선생문집》, 권4, 〈별집2〉

스승이 될 만한 사람을 얻지 못하면 어린이들의 교양이 바르지 못하여 풍속이 불미할 것이니, 인재의 현, 부와 풍속의 미, 악은 모두 이에서 관계되는 것입니다."[44] 인재양성과 미풍양속을 위하여 스승의 중요성을 강조하였다. 교육자의 능력과 자질에 관한 문제는 오늘날도 역시 중대한 문제가 아닐 수 없다. 방촌은 특히 교육문제에 있어 스승의 능력과 자질을 강조한 것도 역시 애민정신에 근거한 것이라고 할 수 있다.

세종시대에 방촌의 문화사업 중에 주목해야 할 사업은 예제(禮制)의 정비사업이다. 조선은 유교의 나라이고, 유교는 수기치인을 학문과 경세의 기초로 삼기 때문에 예(禮)의 중요성은 당연히 요청된 문제이다. 수기치인의 드러난 격식이 예이고, 예에 따른 경세가 예치(禮治)이며, 그것이 바로 공자와 맹자가 주장한 민본의 인치(仁治)이고 덕치(德治)이기 때문이다. 조선시대는 예치의 기초를 구축해가는 시기이고, 특히 방촌은 세종과 함께 예제 정비사업의 최고 지도자였다.

예학사적인 입장에서 방촌의 예제 정비사업이 돋보이는 점은 대개 두 가지이다. 하나는, 방촌이 세종 대의 예제정비운동에서 보인 왕성한 활략상이다. 그는 세종 9년부터 17년까지 8년간 의례상정소의 최고위급 제조로 활략(좌의정 때 4회, 영의정 때 10회 참여)하였고, 이 기간 중에 오례의 정비는 물론, 상정소의 제조로서 경제속육전을 찬진하였으며, 의례상정소가 폐지되고 집현전이 그 일을 계승했을 때에도 예제정비를 위한 자문에 꾸준히 참여하여 80여 건에 달하는 예제를 제안하는 등 왕성한 활동을 전개한 점이다.

---

44) 《세종실록》, 〈세종 21년 2월〉

다른 하나는, 예제정비 과정에서 방촌이 남긴 예학적 공적이다. 그는 특히 삼년통상(三年通喪)에 대한 확고한 신념을 가지고, 이에 반하는 기복(起復)에 반대하였다. 그는 또 기복이나 심상(心喪) 그리고 부재위모기년(父在爲母期年)이라는 권도(權道)의 장치들이 모두 삼년통상의 정신으로 귀일될 수 있도록 하는 데 핵심적인 역할을 하였다. 효와 직결되는 삼년통상의 예제를 심상으로 보완하여, 그것을 주자의 종법정신과 일치시키면서 삼년상제를 제도화시킨 것은 방촌의 공적이다. 방촌이 세종과 맞서서 상제에서의 기복을 반대하며, 주자가례에 바탕한 종법적 사고와 삼년상제를 수용한 것은 당시 유교의 나라로 변화하는 데 긍정적인 대응이라 할 수 있다.45)

방촌은 억불숭유정신에 따라 특히 주자가례를 중시하면서 유교나라의 면모를 새롭게 하는 데 투철한 의지를 드러내 보였다. 자손에게 했던 유언을 보면 알 수 있다. "내가 죽은 후에 상제에 대한 예절은 모두 주자가례에 따르되, 만약 우리나라에서 행하기 어려운 일을 억지로 따를 필요는 없을 것이다. 힘과 분수에 맞추어서 가세 유, 무에 따라 시행할 것이고 허례허식하는 일은 일체 행하지 말라. …이미 전해온 가법에 따라 행하고 불교에서 행하는 짓은 전혀 하지 말라."46)

방촌은 상제(喪祭)에 있어 불교의식을 절대 배척하고 주자가례를 준수할 것을 유언하였다. 그러면서도 분수나 형편과 관계없이 무조건 따를 것을 요구하지도 않았다. 오히려 허례허식을 반대하고 검소함을 강조하였

---

45) 한기범, 〈방촌 황희의 예인식과 현대사회〉, 《방촌 황희선생의 재조명》, 제3회방촌학술대회자료집, 방촌황희선생사상연구회, 2017.

46) 《방촌황희선생문집》, 권2, 〈원집하〉

다. 이와 같은 방촌의 경세사상에는 "예(禮)는 사치하느니보다는 차라리 검소하게 치르는 것이 낫고, 상례는 이것저것 형식적으로 갖추는 것보다는 차라리 슬퍼하는 것이 좋다."47)라고 한 공자의 가르침을 철저하게 따르는 실천하는 유학자의 모습을 잘 보이고 있는 것 같다.

5. 결언(結言)

유학에서 가르침의 궁극 목적은 실천하는 데 있다. 그리고 그 구체적인 실천은 세상을 잘 경영하고 백성을 평안하게 하는 경세제민(經世濟民)이라 할 것이다. 나라의 화평과 백성들의 평안을 도모하는 도덕의 실천이 경세이고, 경세에 대한 체계적인 사유가 경세사상이다. 그러므로 경세사상은 바로 유학의 본령이라 할 수 있다.

방촌 황희선생은 실천하는 유학자이며 경세의 모범이시다. 조선왕조의 기틀이 확고하게 자리 잡히던 태종과 세종대 50여 년간을 가장 중요한 관직을 맡았다. 이와 같이 방촌은 생애 대부분을 현실정치의 현장에서 명 제상으로 보냈기 때문에, 아는 것을 직접 현실정책에 반영하는 실천하는 유학자일 수밖에 없었다.

유학사상에서 학문의 실제적인 이념이나 정치적 사회적 실천의 궁극목표가 수기치인에 있다고 할 때, 경세의 실제 의미는 치인방면에 해당하는 것으로, 세상을 경영하여 백성을 구제한다는 경세제민이라는 뜻이다. 이것은 바로 공자나 맹자를 비롯한 유학사상의 핵심내용이라고 할 것이다.

---

47) 《論語》, 〈八佾〉, 禮 與其奢也 寧儉 喪 與其易也 寧戚

방촌은 조선조 유교나라 건설에 직접 참여하면서, 유학의 최고 덕행인 효행과 충성을 몸소 실천하였다. 특히 효도를 모든 덕행의 근본으로 강조한 공자사상을 철저하게 따랐다. 그리고 방촌은 맹자가 양주와 묵적을 혹독하게 비판한 것처럼 불교를 철저하게 비판하였으며, 애민과 민본에 기초한 인권을 최우선으로 하는 실천하는 유학자의 모습을 십분 발휘하였다.

백성들에게는 경제적인 안정이 제일 중요하다는 방촌의 생각 역시 애민과 민본사상에 기초한 것임은 두말할 필요가 없다. 이러한 방촌의 사상은 그 근원이 백성을 위한 경제정책을 중시한 맹자의 경세사상에 있다고 할 것이다. 위민과 애민의 실천은 왕도정치의 기본이고, 왕도정치의 성공은 백성들의 경제적인 안정에서 이루어진다는 맹자사상은 방촌의 경제적인 경세사상의 궁극적인 근거임을 보여주고 있다.

세종시대에 방촌의 문화사업 중에 주목해야 할 사업은 예제의 정비사업이다. 조선은 유교나라이고, 유교는 수기치인을 학문과 경세의 기초로 삼기 때문에 예의 중요성은 말할 필요도 없다. 수기치인의 드러난 격식이 예이고, 예에 따른 경세가 예치이다. 공자와 맹자가 주장한 민본의 인치(仁治)와 덕치(德治)가 바로 그것이기 때문이다. 그리고 방촌이 예의 실행에 있어 허례허식을 반대하고 검소함을 강조한 것도 결국 공자의 가르침을 철저하게 따른 실천하는 유학자의 모습이다. 앞으로 방촌사상의 폭넓은 연구와 치밀한 논구를 계획하고 있다.

방촌 황희의 경세사상[1]

지두환[2]

1. 서론

우리나라에서 가장 존경하는 인물을 들라 하면 세종대왕(1397~1450)을 드는 데 주저할 사람은 없다. 그리고 정승 중에서 대표적인 훌륭한 정승으로 황희(黃喜, 1363~1452) 정승을 드는 데 주저할 사람은 없다. 그러나 세종대왕과 황희 정승이 어떠한 사상을 가지고 조선왕조를 세계 최고의 문화국가로 만들었는가 하고 물으면, 거의 대답을 하지 못하고 만다. 그리고 그 사상이 유교인 주자성리학이라고 하면 다들 의아해한다. 이는 그동안 우리가 유교 주자성리학에 대해 부정적으로 생각했기 때문이다.

1) 이 글은 (사)방촌황희선생사상연구소 주최, 방촌황희연구소 주관한 2018 제4회 방촌황희선생 정기학술대회(《오늘의 한국과 방촌 황희》, 성균관 유림회관, 2018.11.09.)에서 발표한 논문이다.

2) 국민대학교 명예교수

우리는 그간 주자성리학을 수준 높은 성리철학으로 생각하지 않고 춘추전국시대 공자, 맹자의 사상인 유교가 그대로 유지되었다고 생각하였으며, 한당의 훈고학과도 구별을 하려고 하지 않았다. 그리고 조선전기의 사상을 신유학이라 하여 북송대 유교 정도로 생각하고, 주자성리학은 조선후기에나 이해된다고 하여 조선이 중국보다 사상 수준이 300년 정도 늦는 나라로 생각해왔다.

본고에서는 중국의 북송대 신유학은 고려전기에 최충 김부식이 받아들여 꽃피웠고, 주자성리학은 조선전기 세종·성종대에 와서 완전히 이해하여 조선전기를 명나라보다 수준 높은 문화국가로 만들었음을 밝히고자 한다. 그리고 이러한 사상의 흐름 속에서 세종대 명재상이었던 황희 정승을 재조명해보려 한다.

2. 시대배경

세계최고 수준의 철학이 세계최고 수준의 문화를 만든다. 중국이 세계최고 수준의 문화를 만들었던 시대가 송·원·명·청이었고 그중에서 명나라가 가장 으뜸이었다. 이 시기를 이끌어간 철학이 성리철학이었고 성리철학을 완성한 학자가 주자(朱子, 1130~1200)였다. 그래서 성리철학을 주자성리학이라고 칭해졌으며, 동양철학의 중심이 되었다.

이러한 흐름에 따라 조선왕조 또한 성리철학을 받아들여 세계최고 수준의 문화국가를 만들어야 하였다. 고려 말 안향(安珦, 1243~1306)부터 도입된 주자성리학은 이제현-이색-정몽주로 이어졌고, 100년 정도 지난 후 조선왕조를 개창하는 근본 철학 이념이 되었다.

이러한 주자성리학을 바탕으로 명나라를 넘어서는 문화국가로 만들어놓은 임금이 세종대왕이다.

그런데 성리학에서는 요·순·우왕·탕왕·문왕·무왕으로 내려가면서 성인(聖人) 군주가 나와 이상사회를 만들어 갈 때 이를 보좌하는 재상이 나오는 것을 강조하였다. 이러한 재상의 대표자가 탕왕(湯王)을 도와 은나라를 건설한 이윤(伊尹)과 무왕(武王)을 도와 주나라를 건설한 주공(周公)이 대표적이다. 따라서 요순(堯舜) 삼대(三代) 같은 이상사회를 세우려면 요순 같은 임금과 이윤이나 주공 같은 재상이 나와야 한다는 것이 성리학의 군신관이다.

이러한 주자성리학의 군신관에 따라 조선왕조가 요순 삼대 같은 이상사회가 되려 하면 세종은 요순 같은 임금이 되어야 하였고 이윤이나 주공 같은 재상을 구해야 했다. 이러한 재상으로서 발탁된 인물이 황희 정승이다.

세종대는 성리학 이념에 입각하여 이끌어가진 시기이다. 그래서 성선설(性善說)에 입각하여 모든 백성이 평등해야 하고, 왕도정치(王道政治)를 해야 하고, 경제정책으로는 정전제(井田制)를 시행해야 했다. 그리고 종법(宗法)을 근본으로 하는 관혼상제가 행해져 농업공동체 사회를 이루어 가야 했다.

이를 위해 집현전에서 길러진 대학자들을 거느리고 이상군주인 세종을 받들어 조선왕조를 세계최고 수준의 문화 국가로 반석 위에 올려놓은 이윤 같은 명재상이 황희 정승이었다.

3. 정치활동

황희 정승의 본관은 장수(長水)이고, 자호(自號)는 방촌(厖村)이다. 고려 공민왕(恭愍王) 12년(1363) 2월 10일에 개성의 가조리(可助里)에서 태어나 조선 문종(文宗) 2년(1452)에 향년 90세로 졸하였다.[3] 황희는 태어날 때부터 총명함이 다른 아이들보다 뛰어나 한번 보면 곧바로 기억하였다 하여, 식자(識者)들이 후일 그가 크게 될 인물인 것을 알았다고 한다. 학문을 좋아하여 밤에도 불을 켜고 공부하였으므로, 경사(經史)에 통달하지 않은 것이 없었다. 그러나 "사장(詞章)은 군자(君子)가 힘쓸 만한 것이 아니다."라고 하여 과거에 응시하지 않았으나 부모의 강권으로 21세가 되는 해인 우왕 9년(1383)에 사마시(司馬試)에 합격하고, 27세인 공양왕(恭讓王) 원년(1389)에 대과(大科)에 급제하였다.

그러나 1392년 고려가 망하자 두문동(杜門洞)에 들어가 은거하였다. 태조 3년(1394) 조정의 요청과 두문동 동료들의 천거로 성균관 학관에 제수되면서 세자우정자(世子右正字)를 겸임하게 되었다.

그러다가 태종 1년(1401) 지신사(知申事) 박석명(朴錫命)의 천거로 도평의사사 경력(都評議使司經歷)에 발탁되었고, 태종 4년 정3품 좌사간대부(左司諫大夫)가 되었다.[4] 태종 5년 12월 6일 승정원 지신사가 되면서 태

3) 오기수, 2017, 《민본 시대를 이끈 행복한 2인자 황희》(고반)에 황희에 대해 자세히 연구 정리되어 있다.
방촌황희선생사상연구연구회, 2017, 《방촌 황희의 학문과 사상》(책미래)에 10편의 논문이 있다.

4) 《太宗實錄》권8 태종 4년 10월 辛卯(23)

종의 절대적인 신임을 받는 핵심이 되었다.[5)]

이러한 신임은 태종 7년 9월 25일 민무구 옥을 다스리면서 황희를 신뢰하고 있는 일화로 나타난다.

> 임금이 지신사(知申事) 황희(黃喜)에게 은밀히 일렀다. "너와 박석명(朴錫命)이 매양 허조(許稠)가 쓸 만하다고 천거하였다. 지금 내가 비록 중궁(中宮)의 친속이라 하여 사은(私恩)에 끌려서 곧 과감하게 결단하지 못하나, 대소 신민(大小臣民)이 분노하여 민무구 등의 불충한 죄를 분주하게 청하는데, 허조는 집의(執義)가 된 지 여러 날이 되었는데도 지금 떠나면서 못 들은 체하고 침묵을 지키며 한마디 말도 하지 않았다. 그 마음에는 반드시 민무구 등의 근거를 뿌리 뽑기 어려우며, 만약 그 죄를 말하였다가는 후환이 있을까 두려워한 것이다. 그 아부하는 것이 분명한데, 이것이 간사(奸邪)한 것이 아니겠는가! 너희들은 허조에게뿐만 아니고, 마땅히 〈다른 사람도〉 그 사람의 충사(忠邪)를 살펴 천거해서 써야 한다. 나는 두렵건대, 당부(黨附)하는 자가 많으면 마침내 민무구 등의 술책에 빠지게 될까 염려된다. 너희들은 마땅히 조심하라."[6)]

이후로 태종 9년 8월 10일 참지의정부사(參知議政府事),[7)] 태종 9년

5)《太宗實錄》권10 태종 5년 12월 戊辰(6)

6)《太宗實錄》권14 태종 7년 9월 乙亥(25)

7)《太宗實錄》권18 태종 9년 8월 己酉(10)

12월 6일 형조판서,[8] 태종 10년 2월 13일 지의정부사(知議政府事),[9] 태종 10년 7월 6일 사헌부 대사헌이 되어 승승장구하였다.[10] 그리고 태종 11년 7월 20일 병조판서,[11] 태종 13년 4월 7일 예조판서가 되었고,[12] 태종 14년 2월 13일 병으로 사직하였을 때는,[13] 임금의 배려로 태종 14년 3월 6일 병을 다 치료하였다.

검교 한성 윤(檢校漢城尹) 양홍달(楊弘達)·판전의감사(判典醫監事) 조청(曹聽)에게 저화(楮貨) 각각 1백 장을 내려주었으니, 그들이 황희(黃喜)의 병을 능히 치료하였기 때문이었다.[14]

그래서 태종 14년 6월 12일 다시 예조판서가 되었고,[15] 태종 15년 5월 17일 이조판서가 되었다.[16] 태종 15년 6월 19일 노비 판결 사건으로 파직되었다가,[17] 한 달도 안 되어 태종 15년 7월 17일 큰 바람이 불고 비가 와서, 숭례문 안의 행랑 등이 무너져 다시 고쳐 짓는데 행랑 도감 제조가 되어 진출하고 있었다.[18]

---

8) 《太宗實錄》권18 태종 9년 12월 癸卯(6)
9) 《太宗實錄》권19 태종 10년 2월 庚戌(13)
10) 《太宗實錄》권20 태종 10년 7월 辛未(6)
11) 《太宗實錄》권22 태종 11년 7월 己卯(20)
12) 《太宗實錄》권25 태종 13년 4월 乙卯(7)
13) 《太宗實錄》권27 태종 14년 2월 丁巳(13)
14) 《太宗實錄》권27 태종 14년 3월 己卯(6)
15) 《太宗實錄》권27 태종 14년 6월 癸丑(12)
16) 《太宗實錄》권29 태종 15년 5월 癸丑(17)
17) 《太宗實錄》권29 태종 15년 6월 甲申(19)
18) 《太宗實錄》권30 태종 15년 7월 壬子(17)

이후 태종 15년 11월 7일 의정부 참찬(議政府參贊)이 되었고,[19] 태종 15년 12월 28일 호조판서,[20] 태종 16년 3월 16일 다시 이조판서가 되었다.[21]

그러다가 태종 16년(1416) 9월 25일에 세자 양녕대군(讓寧大君) 이제(李褆)의 실행(失行)을 옹호하다가 태종의 미움을 사기 시작하였다.[22]

> 구종수(具宗秀)는 장 1백 대를 때려 경성군(鏡城郡)에 귀양 보내고, 이오방(李五方)은 1백 대를 때려 공주(公州) 관노(官奴)에 환속(還屬)시켰다. 임금이 편전에 나아가서 이원(李原)·황희(黃喜)를 인견하고 구종수의 죄악과 세자의 행실을 교유(敎諭)하니, 황희가 대답하기를, "구종수의 한 짓이 응견(鷹犬)의 일에 불과할 따름입니다." 하고, 또 "세자는 연소(年少)합니다. 세자는 연소합니다." 하고, 두 번씩이나 말하였다.

이후 태종 16년 11월 2일 공조판서,[23] 태종 17년 2월 22일 평안도 도순문사 겸 평양 윤(平安道都巡問使兼平壤尹)이 되어 외직으로 밀려나갔다.[24] 태종 17년 12월 3일 형조판서가 되어 중앙정계에 진출하였지만,[25]

---

19) 《太宗實錄》권30 태종 15년 11월 庚子(7)
20) 《太宗實錄》권30 태종 15년 12월 辛卯(28)
21) 《太宗實錄》권31 태종 16년 3월 戊申(16)
22) 《太宗實錄》권32 태종 16년 9월 癸丑(25)
23) 《太宗實錄》권32 태종 16년 11월 己丑(2)
24) 《太宗實錄》권33 태종 17년 2월 己卯(22)
25) 《太宗實錄》권34 태종 17년 12월 甲申(3)

태종 18년 1월 11일 판한성부사(判漢城府事)가 되어 다시 좌천되었다.[26)]

그리고 태종 18년 3월 6일 세자를 옹호했다고 임금에게서 비난을 받았다.

> 유정현·박은 등에게 명하기를, "지난번 간신(奸臣) 구종수(具宗秀)의 사건이 발각되던 날에 나는 우러러 조종(祖宗)의 적루(積累)한 간난(艱難)을 생각하고 어떻게 할 수가 없어서 황희(黃喜)를 불러서 구종수의 죄악과 세자(世子)의 실덕(失德)을 모조리 말하였는데, 황희가 대답하기를, '구종수의 한 짓은 매[鷹]와 개[犬]의 일에 지나지 않고, 세자의 실덕은 나이가 어린 때문입니다. 나이가 어린 때문입니다.' 하고 두 번씩이나 말하였는데, 조금도 다른 말이 없었다. 이제 김한로(金漢老)가 세자의 장인으로서, 사직(社稷)의 대체(大體)를 생각지 아니하고 몰래 간휼(奸譎)한 계책을 꾸며서 어리(於里)를 도로 바치었으니, 이 두 사람의 죄는 마땅히 법대로 처치하여야 한다. 내가 아직도 숨기고 차마 그 일을 드러내지 못하고 세자(世子)가 스스로 새 사람이 되기를 기다리니, 두 경(卿)은 마땅히 누설(漏洩)하지 말도록 하라. 만약 세자가 끝내 잘못을 고치지 않는다면 이것은 그가 자취(自取)하는 것이니, 그 종말이 어찌 되겠는가? 좌의정은 나보다 나이가 적으나. 영의정은 나이가 이미 많다. 그러나, 죽고 사는 것은 나이의 늙고 젊음에 관계 없으니, 두 경(卿)은 마땅히 그리 알라." 하니, 두 사람이 대답하기를, "김한로와 황희의 죄는 숨겨서 참을 수가 없으니, 진실로 밝게 바로잡아서 후래(後來)를 엄하게 하는 것이 마땅

---

26) 《太宗實錄》권35 태종 18년 1월 壬戌(11)

합니다. 하므로 임금이, "우선 서서히 하여서 세자가 스스로 새 사람 되는 날을 기다리는 것이 가(可)하다." 하였다. 27)

다시 세자가 잘못을 저지르자 세자를 옹호했던 황희를 처벌하자고 하였다. 28)

찬성(贊成) 이원(李原)을 불러서 말하였다. "옛날 이무(李茂)를 결죄(決罪)할 때 구종수(具宗秀)가 그때 의금부 도사(義禁府都事)가 되어 공사(公事)를 누설하고, 그 후 궁(宮)의 담장을 뛰어 넘어가서 세자전(世子殿)에 출입하였다. 일이 발각되자 내가 이를 싫어하여 경(卿)과 황희(黃喜)에게 물으니, 경(卿)은 그 죄를 묻자고 청하였으나, 황희는 말하기를, '매[鷹]와 개[犬]의 일에 지나지 않습니다.'고 하고 다시 죄를 청하지 아니하였다. 경(卿)은 그 일을 잊어버렸는가?"

이원이, "신(臣)은 잊지 않았습니다." 하니, 임금이 말하였다. "내가 세자(世子)에게 이와 같이 하는 것은 종사(宗社) 만세(萬世)를 위한 계책이다. 세자의 동모제(同母弟)가 세 사람이었는데, 이제 한 아들은 죽었다. 장자(長子)·장손(長孫)에게 나라를 전하는 것은 고금의 상전(常典)이니, 다시 다른 마음이 없으며, 여기에 의심이 있다면 천감(天鑑)에 합(合)하지 않는 것이다. 마땅히 이 말을 의정(議政)에게 고(告)하라." 박은이 이원과 더불어 청(請)하였다. "황희가 하문(下問)에 대답하는 날을 당하여, '매[鷹]

---

27) 《太宗實錄》권35 태종 18년 3월 丙辰(6)

28) 《太宗實錄》권35 태종 18년 5월 己未(10)

와 개[犬]의 일에 지나지 않습니다.'고 하였으니, 그 마음을 헤아리기가 어렵습니다. 청컨대, 그 까닭을 국문(鞫問)하소서."

임금이 말하였다. "내가 승선(承宣) 출신(出身)인 자를 우대하기를 공신(功臣) 대접하는 것과 같이 하기 때문에, 황희로 하여금 지위가 2품에 이르게 하여 후하게 대접하는 은의(恩誼)를 온 나라가 아는 바이다. 그러나 이 말은 심히 간사하고 왜곡되었으므로 평안도 관찰사(平安道觀察使)로 내쳤다가 지금 또한 판한성부사(判漢城府事)로 삼아 좌천하였는데, 어찌 다시 그 죄를 추문(推問)하겠느냐?"

박은 등이 다시 청하였다. "황희가 주상의 은혜를 받고도 올바르게 대답하지 않고, 그 간사하기가 이와 같았습니다. 그러나 주상이 자비하여 죄를 주지 않는다면 그 밖의 간신(奸臣)을 어찌 징계하겠습니까?" 임금이, "마땅히 나오게 하여 물어보아야 하겠다. 그러나, 항쇄(項鎖) 따위의 일은 없애라." 하고, 이에 의금부 도사(義禁府都事) 김상녕(金尙寧)을 한경(漢京)에 보내어 잡아왔다.

태종 18년 5월 11일 판한성부사 황희에게 명하여 전리로 돌아가게 하였다.[29] 이에 황희는 아래에서 살필 수 있듯이 교하로 가게 되었다.

판한성부사(判漢城府事) 황희(黃喜)에게 명하여 물러가 전리(田里)로 돌

29) 《太宗實錄》권35 태종 18년 5월 庚申(11)

아가게 하였다. 김상녕(金尙寧)이 황희(黃喜)를 예궐(詣闕)시키니, 대언(代言) 등에게 명하여 황희에게 물었다.

"옛날에 내가 김한로(金漢老)의 계문(啓聞)으로 인하여, 구종수(具宗秀)가 월장(越墻)하여 세자전(世子殿)에 들어가서 기이한 잡기(雜技)와 음흉한 계교(計巧)로써 세자의 마음을 방탕하게 하여 국본(國本)을 그르치게 하였음을 알았으나, 내가 종사(宗社)가 중하므로 어찌 할 수가 없었다. 생각해보니, 내가 혼자 알고 있었다면 방(房)에 두고 매를 때려서라도 오히려 제어(制御)할 수가 있었겠지만, 이미 대신(大臣)에게 알려져서 이미 계문(啓聞)을 행하였으니, 비록 이를 덮어두려고 하더라도 그리 할 수가 있었겠는가? 그러므로 이원(李原)과 경(卿)을 불러서 들은 바를 갖추 설명하게 하였더니, 이원이 말하기를, '의당 국문(鞫問)하여야 마땅합니다.'고 하였으나, 경(卿)은 손으로써 수염을 만지작거리면서 말하기를, '구종수(具宗秀)의 한 짓은 매[鷹]와 개[犬]의 일에 지나지 않습니다. 만약 세자의 잘못이라면 나이가 어린 탓입니다. 나이가 어린 탓입니다.'고 하여, 이와 같이 말한 것이 두 번이었다. 세자를 감싸주어 말하기를 꺼리고 사연(辭緣)이 공정(公正)하지 못하고 다시 다른 말이 없었으니, 그것은 필시 지신사(知申事)였을 때 민씨(閔氏)와 원수가 되었으므로, 세자에게 아부하려는 계책을 가졌기 때문일 것이다. 공신(功臣)이 비록 많지만 어찌 사람마다 정사를 의논할 수 있겠으며, 비록 공신(功臣)이 아니더라도 승선(承宣) 출신인 자는 보기를 공신(功臣)과 같이 한다. 경(卿) 같은 자는 다년간 나를 섬겨서 나의 마음을 알 것이다. 나는 항상 나를 위하여 목숨을 바치리라고 생각하였더니, 그 물음에 대답한 것이 정직하지 못하고 이와 같은 것은 무엇인가? 내가 그때 마음이 아파서 듣고서 눈물을 흘렸는데, 경(卿)은 그것을 잊었는가?"

황희가 말하였다. "그때를 당하여 신(臣)이 대답하기를, '세자의 나이가 어린 소치(所致)입니다.'고 하였는데, 이제 성상의 하교(下教)가 이와 같으시니, 신(臣)의 얼굴이 붉어지고 줄줄 눈물이 납니다. 신(臣)의 마음으로는 세자를 위하여 감개(感慨)하여 그리 된 것이라 생각하는데, 이것은 기억할 수 있으나, 그 매[鷹]와 개[犬]의 일은 신(臣)은 능히 기억할 수 없습니다. 신(臣)은 포의(布衣)에서, 성상의 은혜를 입어서 여기에 이르렀는데, 무슨 마음으로 전하를 저버리고 세자에게 아부하겠습니까? 불행하게 신의 말이 성상의 마음에 위배되었습니다." 대언(代言) 등이 이를 듣고 자세히 아뢰었다.

임금이 조말생(趙末生) 등을 인견(引見)하여 친히 말하고, 이어서 황희에게 전지(傳旨)하였다. "인군(人君)이 된 자는 신하와 더불어 변명(辯明)하는 말을 하지 않는다. 그러나 경(卿)이 기억하지 못한다고 대답하니, 내가 이원(李原)으로 증인(證人)을 삼겠다. 경(卿)은 어찌하여 숨기는가? 잘못은 경(卿)에게 있으니, 마땅히 유사(攸司)에 내려서 국문(鞫問)하여야 하나, 나는 인정(人情)을 끊어버릴 수가 없으므로 불러서 묻는 것이다. 당초에 경(卿)의 말을 들은 뒤에 전(殿)에 앉아서 정사를 볼 때 경(卿)이 서쪽에 있었는데, 내가 경(卿)에게 눈짓하여 말하기를, '지금의 인심(人心)은 대저 옛 것을 버리고 새 것을 따르는데, 만약 옛 것을 버리고 새 것을 따른다면 노인(老人)은 생활(生活)하기가 어려울 것이다. 자손(子

孫)을 위한 계책을 누가 하지 않겠는가마는, 그러나 늙은 자를 버리고 돌아보지 않는다면 또한 어찌 옳겠는가?' 하였다. 경(卿)은 그때 반쯤 몸을 굽혀 얼굴을 숙이고 바깥을 향하여 이를 들었다. 내가 그날의 말을 너를 위하여 발설(發說)하는 것이다. 옛날 어떤 대신(大臣)이 너를 가리켜 간사(奸邪)하다고 하였다. 네가 이조판서(吏曹判書)를 거쳐 공조 판서(工曹判書)가 되었다가, 공조 판서를 거쳐 평안도 관찰사로 나간 것은 너의 간사함을 미워하였기 때문이었다. 그 임기가 차자 형조 판서에 임명하였으나, 육조(六曹)는 조계(朝啓)의 임무가 있으므로, 내가 너의 얼굴을 보기를 싫어하여 판한성부사(判漢城府事)에 임명한 것을 너는 어찌 알지 못하는가? 너의 죄를 마땅히 법대로 처치하여야 하나, 내가 오히려 차마 시행하지 못하여 논죄하지 않는 것이다. 너는 전리(田里)로 물러가 살되, 임의대로 거주하여 종신토록 어미를 봉양(奉養)하도록 하라." 황희가 곧 교하(交河)로 돌아갔다.

태종 18년 5월 28일에는 황희(黃喜)를 남원부(南原府)에 옮겨 안치(安置)하였다.[30] 그리고 형조와 대간(臺諫)에서 상소하기를, "충직(忠直)은 인신(人臣)의 큰 절개이니, 남의 신하가 되어서 충직(忠直)한 마음이 없는 자는 하루라도 천지(天地) 사이에 구차스레 용납할 수가 없습니다. 황희가 다행히 성상의 은혜를 받아 지위가 재보(宰輔)에 이르렀으니, 진실로 마음을 다하여 성상의 은혜에 만의 하나라도 보답하기를 생각하여야 마땅합니다. 난적(亂賊) 구종수(具宗秀)는 대저 사람들이 함께 주멸(誅滅)하

30) 《太宗實錄》권35 태종 18년 5월 丁丑(28)

여야 할 바인데, 황희는 이에 가볍게 논하여 상달(上達)하였고, 또 주상이 친문(親問)할 때를 당하여 바른 대로 대답하지 아니하였으니, 그가 충직(忠直)한 마음이 없는 것을 결단코 알 수가 있습니다. 전하가 특별히 차마 죄 주지 못하는 마음으로 다만 직첩(職牒)만을 거두고 폐(廢)하여 서인(庶人)으로 만드니, 그 악을 징계하고 선을 권하는 의리에 있어서 어찌 되겠습니까? 엎드려 바라건대, 전하는 황희의 불충(不忠)하고 곧지 못한 죄를, 명하여 유사(攸司)에 내려 안율(按律)하여 시행하소서." 하였으므로 이러한 명령이 있었다.

이어서 사헌 감찰(司憲監察) 오치선(吳致善)을 보내어 황희에게 선지(宣旨)하기를, "나는 네가 전일에 근신(近臣)이므로 친애(親愛)하던 정(情)을 써서 가까운 땅 교하(交河)에 내쳐서 안치(安置)하였는데, 이제 대간(臺諫)에서 말하기를 그치지 않으니 남원(南原)에 옮긴다. 그러나 사람을 보내어 압령(押領)하여 가지는 않을 것이니, 노모(老母)를 거느리고 스스로 돌아가는 것이 가하다." 하였다. 오치선은 황희의 누이의 아들이었다.

그러다가 태종은 세종 4년(1422) 2월 12일 남원에 있는 황희를 돌아오게 하였고,31) 세종 4년 3월 18일 황희(黃喜)의 과전(科田)을 돌려주도록 명하였다.32)

이어서 세종 4년 4월 11일 태종은 황희를 자기 생전에 불러올리게 하였음이 다음에서 살펴볼 수 있다.

신궁에 문안하였다. 태상왕과 임금이 풍양궁(豐壤宮)에 거둥하였다. 태상

31) 《世宗實錄》권15 세종 4년 2월 己亥(12)

32) 《世宗實錄》권15 세종 4년 3월 乙亥(18)

왕이 병조와 대언사에 이르기를, "이제 도형(徒刑)·유형(流刑)으로 안치(安置)된 사람들은 나의 백년 뒤가 되면, 주상이 반드시 부왕 때의 죄인이라 하여 놓아주지 아니할 것이다. 그러므로 일찍이 황희(黃喜)와 이직(李稷)을 불러 서울로 돌아오게 한 것이다.[33]

세종 4년 10월 13일 경시서 제조(京市署提調)가 되었고,[34] 세종 4년 10월 28일 의정부 참찬이 되었다.[35] 그리고 세종 5년(1423) 5월 27일 예조판서가 되었다.[36]

세종 6년(1424) 2월 5일 강원도 감사로 허위 회계 기록을 한 도내 수령들을 처벌할 것을 청하는 것으로 보아 강원도 감사로 나갔다.[37]

세종 6년(1424) 6월 20일 의정부 찬성이 되었고,[38] 세종 7년 3월 1일 의정부 찬성으로 대사헌을 겸하게 되었다.[39] 세종 8년(1426) 3월 17일 이조판서가 되었다가,[40] 세종 8년 5월 13일 우의정이 되어 정승 반열에 올랐다.[41] 세종 9년(1427) 1월 25일 좌의정이 되었고,[42] 세종 9년 6월 21일

33) 《世宗實錄》권16 세종 4년 4월 丁酉(11)
34) 《世宗實錄》권18 세종 4년 10월 丁酉(13)
35) 《世宗實錄》권18 세종 4년 10월 壬子(28)
36) 《世宗實錄》권20 세종 5년 5월 丙午(27)
37) 《世宗實錄》권23 세종 6년 2월 辛亥(5)
38) 《世宗實錄》권24 세종 6년 6월 癸亥(20)
39) 《世宗實錄》권27 세종 7년 3월 辛未(1)
40) 《世宗實錄》권31 세종 8년 3월 辛亥(17)
41) 《世宗實錄》권32 세종 8년 5월 丙午(13)
42) 《世宗實錄》권35 세종 9년 1월 甲寅(25)

사위 서달의 죄를 감싸주다가 파면되었다가,[43] 세종 9년 7월 4일 다시 좌의정이 되었다.[44] 세종 9년 7월 15일 어머니가 돌아가셔 물러났다가,[45] 세종9년 10월 7일 세종의 간곡한 청으로 기복(起復)하여 좌의정으로 복귀했다.[46]

70세인 세종 14년(1432) 9월 7일 드디어 영의정부사(領議政府事)가 되어,[47] 87세가 되는 세종 31년(1449) 치사(致仕)할 때까지 조선시대 역사상 최장(最長) 기간인 약 18년 동안 영의정을 역임하였다.

황희(黃喜)는 세종조의 상신(相臣)으로 세종 묘정(廟廷)에 배향되었으며, 시호는 익성(翼成)이다. 매사를 신중하게 처리하고 시비(是非)에 있어서는 엄격하여 태종과 세종에게 두터운 신임을 받았다.

4. 정치사상

황희 정승은 성리학 이념에 입각하여 행동하였다.

먼저 고려가 망하자 벼슬을 그만두고 두문동에 들어가 절의를 지켰다. 그러다가 이윤(伊尹) 같은 재상이 되어야 한다고 하여 출사하여, 태종의 절대적인 신임을 받고 성리학 이념에 입각한 정치를 하였다.

다음으로 종법에 따라 적장자가 왕위를 이어야 한다고 양녕대군을 옹

---

43) 《世宗實錄》권36 세종 9년 6월 戊寅(21)
44) 《世宗實錄》권37 세종 9년 7월 庚寅(4)
45) 《世宗實錄》권37 세종 9년 7월 辛丑(15)
46) 《世宗實錄》권38 세종 9년 10월 辛酉(7)
47) 《世宗實錄》권57 세종 14년 9월 壬戌(7)

호하다 유배를 갔다. 그럼에도 세종이 즉위한 뒤에는 태종의 부름을 받고 정계에 진출하는 융통성 있는 정치관을 갖고 있었다.

하위지 과거 시험 답안지에 사리각을 방조한 대간들을 비판하였는데, 정승으로 사리각을 짓는 것을 방조한 자기 책임도 있는데도 그를 장원으로 선발하였다. 그리하여 대간들에 의하여 탄핵을 받게 되자, 사직을 청하였다. 이렇듯 황희는 공정한 인재 선발 안목과 책임감을 갖고 있었다.

그리하여 황희는 세종을 돕는 이윤 같은 재상으로 의정부를 이끌며 세종을 도와 조선왕조를 이상사회로 만들어갔다.

1) 두문동(杜門洞) 문제

고려 공양왕(恭讓王) 원년(1389) 27세에 문과(文科)에 급제하고 성균관학관(成均館學官)의 보직을 받았으며, 이로부터 3년 후인 1392년 이성계의 혁명으로 고려왕조가 몰락하였으므로 벼슬의 뜻을 버리고 개풍현(開豊縣) 광덕산록(光德山麓)으로 소풍영월(嘯風咏月)하면서 고려왕조에 충절을 바치며 수절하는 구조(舊朝)의 선배들과 교유하며 나날을 보냈다.

광덕산이란 개성에서 멀지 않은 산으로서 두문동(杜門洞)이 있어 세칭 두문동 72현(杜門洞七十二賢)이 숨어 살던 곳으로 유명하며, 개성의 부조현(不朝峴)과 더불어 고려의 수절신들의 집단촌이 있었다. 이들은 조선왕조에 신복(臣服)하지 않고 여생을 보냈으며, 그들의 자손들도 거의 대부분이 조선왕조에 출사하지 않아 더욱 유명하였다.

이성계는 무관들로 이루어진 심복만을 데리고는 구세제민(救世齊民)의 선정을 베풀 수 없다고 판단하여 목은 이색의 문하생 정도전(鄭道傳), 하륜(河崙), 포은 정몽주의 문하생 변계량(卞季良) 등을 두문동에 파견하여, 백성들을 위해서 치국의 동량이 될 상재(相材) 세 사람을 하산시켜 줄 것을 설유하였다.

이에 두문동 72현은 협의를 거쳐 중국 고대 은나라의 재상 이윤(伊尹)에 필적할 재상(宰相)이 될 인물을 한 사람만 하산시키기로 타협하였다. 그리고 하산의 대상자로 그때 불과 31세에 불과한 방촌 황희가 지목되었다.

여기서 언급된 은나라의 재상 '이윤'은 유신(有莘)에 머물러 농사하면서 요순의 의와 도를 따르며 정치에 나서지 않고 은거하고 있었다. 은의 탕왕이 폐빙을 가지고 찾아오자 처음에는 거절하였으나, 세 번이나 찾아오자 마음을 바꾸고 탕을 요순 같은 임금으로 만들고, 백성들을 요순시대의 백성으로 만들겠다고 결심하고, 탕왕을 도와 하나를 정벌하고 훌륭한 통치를 하도록 탕왕을 보좌한 인물이다.[48] 《맹자》에서는 이윤을 백이, 유하혜와 마찬가지로 인(仁)을 갖춘 인물로 평하였으며[49], 주자성리학에서 명재상의 대명사로 조선전기의 이상적인 인재상 중 한 명으로 늘 언급된다.

즉, 황희는 이윤처럼 의와 도를 지켜 은거하다가 세상에 나서서 그 임

---

48) 《맹자》만장(萬章) 上 7장

49) 《맹자》고자(告子) 下 26장
순우곤이 말하였다. "명예와 실적을 앞세우는 자는 인민을 위하는 자요, 명예와 실적을 뒤로 하는 자는 자신을 위하는 자이니, 부자께서 삼경에 계시면서 명예와 실적이 상하에 시행되지 못하여 떠나시니, 인자도 진실로 이렇습니까?" 맹자께서 말씀하셨다. "아래 지위에서 현덕으로 불초한 자를 섬기지 않은 이는 백이요, 다섯 번 탕왕에게 나아가며 다섯 번 걸에게 나아간 이는 이윤이요, 비천한 임금을 싫어하지 않으며 작은 관직을 사양치 않은 이는 유하혜이니, 세 분이 방도가 똑같지 않으나 그 취지는 한 가지이니, 한 가지는 무엇인가? 즉 仁이다. 군자는 또한 仁일 따름이니 어찌 반드시 똑같아야 하나?"

금을 잘 인도하여 세상을 태평하게 만들 수 있는 인재로서 두문동의 수절신들에게 천거된 것이다. 실제로 황희는 이러한 기대에 걸맞게 조선 전기를 대표하는 명재상이 되었다.

두문동의 수절신들을 대표하여 하산한 황희는 정변의 풍파에서 방황하는 백성들에게 희망을 주게 하여 나라의 편안함을 꾀했으며, 황희 같은 훌륭한 인재가 조정에 들어감으로 해서 두문동이나 부조현에 숨어사는 수절신들의 안전도 도모하게 되었다.

태조 2년(1393) 황희는 하산하여 세자우정자(世子右正字)에 임명되어 드디어 양조(兩朝)를 섬기는 신하가 되었으니, 조야(朝野)의 환영을 받았으며 태조의 신임이 두터웠다.[50]

32세인 태조 3년(1394) 조정의 요청과 두문동 동료들의 천거로 성균관 학관에 제수되면서 세자 우정자(世子右正字)를 겸임하게 되었다.[51]

2) 양녕대군 문제

황희는 태종 18년 양녕대군을 폐세자(廢世子)하는 것에 반대하였다. 그래서 대간과 대신들이 모두 황희에게 죄를 주자고 청하여 유배를 가게 되었다.

당시 태종은 황희의 생질 오치선(吳致善)을 황희가 있는 교하로 보내어 이르기를,

50) 《장수군지》제8편 인물(人物) 제2장 고장을 빛낸 인물(人物) 제3절 유사이래(有史以來)의 명현상(名賢相) 황희(黃喜)

51) 《太祖實錄》권13 태조 7년 3월 甲寅(7)

"경이 비록 공신은 아니지만 나는 경을 공신으로 대우하여 하루라도 좌우를 떠나지 못하게 하려고 하였다. 그러나 이제 대신과 대간들이 경에게 죄 주기를 청해 마지않으니, 양경(兩京; 개성 서울) 사이에는 둘 수 없다. 경의 본관(장수 長水)에 가까운 남원(南原)으로 옮기게 할 것이니 경은 어머니를 모시고 편하게 같이 가라." 하였고, 또 사헌부에 명하여, "그가 갈 때에 관리가 압송하지 말라." 하였다.52)

이렇듯 황희는 성리학 질서인 종법에 입각해 적장자 양년대군의 폐세자에 반대하였고, 이로 인해 유배를 갔다. 그러나 태종은 그를 위로하고 관리가 압송하지 않도록 할 정도로 신임하고 있었다.

이후, 세종이 왕위에 올랐을 때 태종이 그를 부르자 종법을 중시하여 양녕대군에 폐위를 반대하였던 황희는 기꺼이 정계에 진출하여 세종을 도와 올바른 정치를 이끌어나갔다. 이처럼 황희는 원칙을 매우 중시하되, 도움을 요청하면 최선을 다하여 도와주는 융통성을 갖춘 인물이었다.

3) 하위지 답안지 사건

세종 20년 4월 14일 대간들을 비판한 하위지 답안지를 합격시켰다고 대간들이 황희 자신을 탄핵하자 사직전을 올렸다.53) 이를 살펴보면 다음과 같다.

영의정부사(領議政府事) 황희(黃喜)가 전(箋)을 올려 사직하기를,

52) 《太宗實錄》권35 태종 18년 5월 丁丑(28)

53) 《世宗實錄》권81 세종 20년 4월 丁卯(14)

"성상을 사랑하고 직분을 다해야 한다는 대의(大義)는 비록 마음속에 간절하오나, 힘을 펴 반위(班位)에 나가기 어려운 것이 있어, 감히 예권(睿眷)을 무릅쓰고 방자하게 천신(賤臣)의 회포를 토로하여 다시 한번 높으신 위엄을 범하는 바입니다. 생각하옵건대, 신이 젊어서부터 미약한 자질로 이름이 사적(仕籍)에 오르긴 하였사오나, 오늘날 성조(盛朝)에 즈음하여 참람하옵게도 만인이 우러러보는 높은 지위를 도절(盜竊)할 줄이야 어찌 뜻하였겠습니까. 예문관의 영사(領事)로 경연을 더럽혔고, 춘추직을 겸대하고 세자사(世子師)가 되었으며, 또 서운관의 장관을 겸임하였으니, 이 모두가 사람들의 영예입니다. 복어[鮐]의 등으로 수상직에 머물러 있으매 항시 물의를 일으켰고, 아첨하는 얼굴로 구차히 녹을 탐하오니, 위로 성심에까지 누(累)를 끼치게 된 것입니다. 범연하게 세파를 따라 유유히 시일만을 보내면서 종시 세상에 도움을 줄 술법이 없어, 한갓 국사를 그르친다는 근심만 더할 뿐입니다. 치사(致仕)의 한기가 이미 7년을 넘었사온즉, 물러가 휴양하려는 청원은 진정 중심에서 나온 말씀입니다. …… 하물며 방금 간원에서 진달한 말씀은 직무 유기에 대한 가장 적중된 기자(譏刺)로서, 조용히 생각하옵건대, 직임을 사퇴하는 것이 마땅하옵기로 중심의 지성을 그대로 아뢰오니, 원하는 바에 좇으시는 어지신 덕을 드리워 주옵소서. … 하니,

임금이 윤허하지 아니하고 즉시 근신(近臣)에게 명하여 그의 집으로 전문을 도로 내려 주어 위로하게 하고는, 드디어 형조에 전지하기를,

"전일 사간원에서 거생(擧生) 하위지가 범연하게 대간의 책임을 논했던

것으로 말미암아 직무의 피혐(避嫌)을 청한 것을 내가 모두 윤허하지 않았는데, 사간원에서 또 청하기를, '영의정 황희(黃喜)는 국가와 더불어 휴척(休戚)을 같이할 위치에 있으면서, 사리각(舍利閣) 중수의 공사를 찬성하지 않을 것 같으면 마땅히 진언하여 이를 정지시켰어야 함에도 불구하고, 본시 하등 반박의 논의가 없더니 고시를 관장함에 미쳐서 위지의 대책문에 그릇된 점을 극력 개진함을 보고는, 황희는 이를 잘못으로 생각지 않고 도리어 칭찬하고 상제(上第)에 둔 것은, 그 의중과 처사가 상위한 것이니, 이를 유사(有司)에 회부하여 그 사유를 국문하기 바란다.' 고 했다. 대저 흥천사의 불탑(佛塔)은, 곧 우리 태조께서 창건하신 바이므로 자손과 신민된 자는 마땅히 보호할 곳이다. 그런데 근래에 와서 비가 새고 무너질 염려가 있으므로, 내가 차마 보고만 있을 수 없어서 여러 대신들과 상의한 끝에 승려들을 모아 수리케 한 것이니, 어찌 황희가 속으로는 부당하게 생각하면서도 말하지 않았겠느냐. 또 과거를 설시하여 선비에게 대책을 묻는 것은 장차 바른말을 은휘(隱諱)하지 않는 선비를 구하려는 데 그 목적이 있는 것이니, 비록 과인(寡人)의 과실을 극구 평론했다 하더라도, 그 말이 만약 적당한 것이라면 마땅히 상렬에 놓아야 할 것이다. 어찌 이로써 죄를 주고 취하지 않겠는가. 더욱이 이제 하위지가 설문한 데 강직하게 대답했다 하여 내가 죄를 가하려고 하더라도, 언책을 맡은 자로서 마땅히 신진 인사의 광견(狂狷)한 말이라 이르고 극력 진언하여 구제에 힘씀이 당연하거늘, 간원에서 도리어 이를 잘못으로 돌려 후일의 직언하는 길을 막게 하고, 심지어는 고시를 관장한 대신까지 그 죄를 청하여, 국가에서 선비를 선발하는 공명한 의의까지 모욕함은 간신(諫臣)의 체통에 어긋나는 바이니, 이를 추문(推問) 구명하여 아뢰도록 하라." 하였다.

하위지는 훗날 사육신이 되어 세조 찬탈에 반대하는 인물로, 아주 충실한 성리학자이다. 그런 그가 대책문에서 불교 유적인 사리각을 방조한 대간들을 비판하는 것은 당연한 것이었다. 물론 당시 정승이었던 황희도 이를 방조한 것에 대한 책임 소지가 어느 정도 존재하였다.

그러나 자신도 비판의 대상에 포함되는 내용을 서술했음에도 불구하고 황희는 하위지의 과거 답안지를 장원으로 선발하였다.

이에 사간원에서 황희가 사리각 중수의 부당함을 알면서도 이를 말하지 않았으니 재상의 직임을 다하지 못했다고 하여 그를 탄핵한 것이다.

그러자 황희는 자신의 책임이 있음을 인정하고 사직서를 제출하였으나, 세종은 황희를 변호하면서 이를 허락하지 않았다. 세종은 문제의 중심지였던 흥천사는 태조가 창건한 사찰로 근래에 비가 새고 무너질 위험이 있어 세종 본인이 이를 대신들과 함께 상의하여 수리에 들어갔던 것이며, 하위지의 답안을 뽑은 것에 대해서는 본래 과거가 바른 말을 하는 사람들을 구하는 것이기 때문에 마땅히 잘못을 논한 인물을 선발한 황희의 행동이 옳다고 변호하였다.

이렇게 황희는 자신을 비판한 자를 인재로써 선발할 수 있는 공정한 안목과 자신의 잘못을 인정하고 물러나려고 하는 책임감도 갖추고 있었다.

5. 사회경제사상

황희는 성리학 이념에 입각하여 사회경제정책을 시행해갔다. 대표적인 것으로 노비종부법, 공법, 구휼 정책이 있다.

1) 노비종부법

고려시대에는 부모 어느 한쪽이 노비이면 그 자식은 노비가 되었다. 그래서 양반이 노비 첩을 얻어 나은 자식이라도 노비로 부렸다. 조선왕조에서는 성리학 이념에 따라 아버지가 양인이면 자식은 당연히 양인이 되어야 했다. 그리하여 태종 14년에 황희는 태종과 함께 노비종부법을 시행하여갔다. 이러한 노비 정책은 조선후기에는 어머니가 양인이면 아버지가 노비라도 자식을 양인이 되는 노비종모법으로 발전해나갔다.

태종 14년 6월 27일 노비종부법이 시행되었다. 처음으로 관청 및 개인의 여종이 양인에게 시집가서 낳은 자식을 양인의 신분을 갖도록 하였다. 이때 황희는 예조판서로서 찬성하고 있었다.54) 이에 살펴보면 다음과 같다.

> 처음에 공사 비자(公私婢子)가 양부(良夫)에게 시집가서 낳은 소생(所生)은 아비를 따라서 양인(良人)으로 삼으라고 명하였다. 예조 판서 황희(黃喜)가 아뢰었다. "천첩(賤妾)의 소생(所生)을 방역(放役)하는 법은 따로 다른 의논이 있을 수 없고, 아비가 양인(良人)인 경우에는 아들도 양인

54) 《太祖實錄》권27 태종 14년 6월 戊辰(27)

(良人)이 되는 것이니, 종부법(從夫法)이 가(可)합니다." 임금이, "경의 말이 심히 옳다. 이와 같이 한다면 비록 방역(放役)의 법(法)이 없더라도 자연적으로 역(役)이 없어질 것이다. 재상(宰相)의 골육(骨肉)을 종모법(從母法)에 따라 역사(役使)시키는 것은 심히 미편(未便)하다." 하고, 하지(下旨)하였다. "하늘이 백성을 낼 때에는 본래 천구(賤口)가 없었다. 전조(前朝)의 노비(奴婢)의 법은 양천(良賤)이 서로 혼인하여 천인(賤人)을 (따르는 것을) 매우 우선으로 하여 천자(賤者)는 어미를 따랐기 때문에, 천구(賤口)는 날로 증가하고 양민(良民)은 날로 줄어 들었다. 영락(永樂) 12년 6월 28일 이후 공사 비자(公私婢子)가 양부(良夫)에 시집가서 낳은 소생(所生)은 아울러 모두 종부법(從父法)에 따라 양인(良人)을 만들고, 전조의 판정 백성(判定百姓)의 예에 의하여 속적(屬籍)하여 시행하라." 정부(政府)의 의논을 따른 것이었다.

2) 공법(貢法)

성리학적 이상사회를 이루기 위해서는 맹자에 나오는 정전제를 시행해야 한다. 그래서 조선왕조는 고려 전시과에서 시행하던 관리들이나 군인에게 주어 2분의 1조를 받던 사전(私田)과 관청에 주어 4분의 1조를 받던 공전(公田)을 혁파하고 10분의 1조를 받는 국전(國田)=민전(民田)만을 남기고 10분의 1조를 받는 정전제를 시행해갔다.

이러한 정전제는 조법(助法)에 해당하는 손실답험법으로 시행해갔다. 그러나 이는 답험하는 과정에서 관리의 농간이 심해 세종은 풍흉을 평균해서 정액을 내는 공법(貢法)을 시행하려 하였다.

황희 정승은 정전제의 하나인 공법(貢法)을 시행하는 것을 추진하면서도 거기서 나오는 문제 때문에 계속 반대를 하였다. 흉년이 들면 척박한 땅을 경작하는 민들이 피해를 입는다는 것이었다. 이러한 반대는 면적에 따라 1등전에서 3등전을 나누는 것이 아니라 결국 300두 나는 땅을 1결로 하여 나누는 결부법(結負法)을 시행하게 하였다. 비옥도에 따라 1등전에서 6등전까지 나누는 전분6등법이었다. 그리고 흉년이 들면 불리한 공법의 모순을 해결하기 위해 풍흉에 따라 전세 등급을 달리하는 연분9등법을 추가하게 하였다.

세종 12년 8월 10일 호조에서 공법에 대한 여러 의논을 갖추어 아뢰었다.[55] 이는 다음과 같다.

> 의정부 좌의정 황희(黃喜)·우의정 맹사성(孟思誠)·찬성 허조(許稠)·참찬 오승(吳陞)·이맹균(李孟畇) 등은 아뢰기를, "경전(經傳)에 이르기를, '전지를 다스리는 데는 조법(助法)보다 더 좋은 것이 없으며, 공법보다 더 나쁜 것이 없다.'고 하였사오나, 우리 조선이 개국한 이래 조세(租稅)를 거둘 적에 수손급손법(隨損給損法)을 제정(制定)하니, 이는 실로 고금을 참작한 만대라도 시행할 만한 좋은 법인지라 경솔히 고칠 수 없는 것입니다. 또 전지를 계정(計定)할 때에 모든 창고(倉庫)와 공수(公須)·아록(衙祿)·참역(站驛) 등의 전토를 참작해 헤아려서 숫자를 정한 것이온데, 이제 만약 조세를 감한다면 반드시 그 2배를 더 주어야만 원액(元額)을 충당할 수 있을 것이니, 그렇게 되면 군자전(軍資田)이 아마도 남지 않을 것입니다. 대저 비옥한 전토를 점유하고 있는 자는 거의가 부강(富

---

55) 《世宗實錄》권49 세종 12년 8월 戊寅(10)

強)한 사람들이며, 척박한 전토를 점거하고 있는 자는 거의가 모두 빈한한 사람들이온데, 만약 호조(戶曹)에서 신청한 공법에 의해 시행한다면, 이는 부자에게 행(幸)일 뿐, 가난한 자에게는 불행한 일이 되고 말 것입니다. 더욱이 함길·평안도의 전지의 조세는 다른 도의 수량보다 이미 감한 것인데, 이에서 또 감한다면, 만약 군병의 동원이나 큰 흉년이 있을 경우 이를 감당할 도리가 없을 것입니다. 신 등의 생각으로는 실시하기 어려울 것 같으오니, 조종조(祖宗朝)에 이루어 놓으신 법에 의하여 전대로 시행하는 것이 편하고 유익하지 않을까 하오며, 그 폐단을 구제 방지하는 조건을 아울러 기록하여 아뢰나이다.

1. 손실 경차관(損實敬差官)은 곧 옛날의 군수 찰방(軍須察訪)으로 그의 임무가 심히 중한 것이온데, 근래에 와서는 용렬하고 경험 없는 자를 임명해 보내어 중정(中正)을 잃는 결과를 초래하곤 하니, 실로 온당치 않은 일입니다. 이제부터 대간(臺諫)을 제외하고는 시임(時任)·산직(散職)에 구애 없이 명망(名望) 있는 자를 선택하여 임명해 보내도록 하소서.

1. 경차관을 파견하면 감사(監司)가 자기의 임무가 아니라 해서 혹은 전념해 보지 않고, 경차관을 보내지 않으면 감사는 사무가 번다(煩多)한 탓으로 정밀하게 살펴보지 못하는 실정입니다. 이제부터는 반드시 경차관을 파견하거든 감사와 함께 이를 상의하여 처리하되, 그 손실 답험(損實踏驗)은 번다한 일이 아니오니 각 고을의 수령은 모든 잡무를 없애고 오로지 답험에 힘을 기울이게 하고, 감사와 경차관은 순행하며 이를 고찰하도록 하소서.

1. 손실 위관(損實委官)은 일찍이 현달한 직질[顯秩]을 경력한 자로서 택하여 임명한다고 《육전(六典)》에 실려 있사온데, 근래에 와서는 다만 시골의 미천(微賤)한 무리들로 임명해 충당하기 때문에 일찍이 현달한 직질을 지낸 사람들이 위관되는 것을 수치로 알고 여러 모로 이를 회피하고 있습니다. 이제부터는 그 위관을 답험관(踏驗官)이라 개칭하고 반드시 3품 이하의 현달한 직질을 지낸 자나, 국가 고시에 합격한 자로 선택하여 정하되, 경기(京畿)에는 일찍이 현달한 직질을 지낸 자로 시골에 물러와 사는 자가 희소하오니, 이조(吏曹)에서 성중관(成衆官)이나 수전패(受田牌)로서 감당할 만한 자를 선택하여 임명하도록 하소서."

세종 22년 공법에 대해 논의할 때, 황희는 이전과 마찬가지로 공법을 반대하고 수손급손의 법을 쓰자고 주장하고 있었다. 법을 함부로 바꾸어서 백성들에게 혼란을 초래해서는 안 된다는 것이다.

황희는 세종 22년 7월 13일 공법에 대해서 논의할 때도 반대를 표명하였다.

영의정 황희(黃喜)의 논의는, "공법을 시험한 지도 지금 3년인데, 그 도(道)의 백성으로서 좋아함과 싫어함이 같지 않은 중에도 싫어하는 자가 많은 편이나, 양전(量田)하던 처음에는 길고 짧은 세 가지 척(尺)이 있었던 까닭에 땅도 넓고 좁은 세 가지가 있게 되었고, 넓은 하등 전지로서 좁은 상등 전지와 준(準)하였으므로, 토지 품질은 비록 같지 않아도 곡식의 수출은 매우 틀리지 않았으니, 이것이 국가에서 제도를 정하여 조세를 거두던 본디 뜻이었습니다. 지금 비록 고을마다 전지를 아홉 등급으로 분간하고자 하나, 물(物)이 가지런하지 않은 것은 물의 본정(本情)인 까닭으로 한 고을 안에도 또한 같은 등급으로 하기 어려움이 있으니, 장차 무엇으로써 원망을 없게 할 것이며, 또 전지가 묵고 곡식이 여물지 못한 것을 잘 조사하지 못했다는 원망은 무엇으로써 그치게 하겠습니까. 지금 비록 상등도(上等道)라 하더라도 모두 상등 조세를 거두는 것이 아니며, 각각 3등급으로 조세를 거두고 있는데 땅의 품질이 같지 않다는 말로써 핑계하는 것은, 감히 배척하는 말을 못하는 것뿐이고 바로 공법을 시행하지 않으려는 것입니다. 땅의 품질이 삼등인 삼도(三道)의 백성도 오히려 싫어하니, 하물며 경험하지 못한 경기(京畿)·강원(江原)·황해(黃海)의 백성의 좋아하고 싫어할 것도 알 수 있습니다. 신은 그윽이 생각하건대, 이 법을 마침내는 시행하기가 어려울 것이니, 바라옵건대, 위관(委官)이 손실(損實)을 정확하게 조사하는 제도를 엄하게 하고, 인하여 조종(祖宗) 때부터 마련한 수손 급손(隨損給損)의 성헌(成憲)대로 하는 것이 어떠합니까." 하고,

또 말하기를, "오상(五常)은 예(禮)의 큰 것인데, 신(信)도 그 중의 하나입니다. 성인(聖人)께서 민생을 신(信)으로 다스렸으므로, 노비(奴婢)를 잘못 판결한 것을 고쳐 바루는 것이 타당한가 않은가를 신이 전일에 상세하게 상언(上言)하였습니다마는, 지금 전교를 받들고 되돌려 생각하니, 《육전(六典)》에 기재된 것이 아주 엄밀한데 경솔하게 고쳐서 신의(信義)를 잃는 것은 불가합니다. …… 신이 선유 호일계(胡一桂)가 저술한 《고금통요(古今通要)》를 보니, 역대 제왕을 논하면서 '삼대(三代) 이하에 와

서는 한 사람도 온전한 어진 이가 없다가, 송(宋)나라 인종(仁宗)에 와서는 어진 임금임을 내가 조금도 의심하지 않는다.' 하였는데, 인종의 사적을 살펴보니, 차라리 천천히 늦추는 형세로써 처리할지언정 감히 엄하고 각박(刻薄)한 정사가 없었으며, 차라리 변경하라는 청을 거절할지언정 감히 조종 때부터 쌓아온 법을 허물지 않았습니다. 이런 까닭으로 법이 서지 못하고 영(令)이 시행되지 않으니, 당시 대신(大臣)으로서 옛 법을 깨끗이 없애자는 청이 있었으나, 인종은 다스림의 전통(傳統)을 생각하여 일체 그대로 두어서 힘껏 지키고 나라를 창건한 그 규모를 변경하지 않아서, 비록 안정(安定)한 데에 지나쳤다 하나 경우(景祐) 연간은 훌륭한 다스림에 해가 되지 않았으니, 선유가 나무랄 만한 틈이 없었음도 당연합니다.

신은 그윽이 생각하건대, 동쪽의 왜적(倭賊)과 북쪽의 오랑캐를 경계하는 변경 방비 같은 것은, 비록 법을 변경해서 백성을 시끄럽게 하는 폐단이 있다 하더라도, 불에 타는 것을 구원하듯 물에 빠진 것을 건지듯 급급하여 생각할 여가도 없지마는 전지(田地) 또는 백성에 대한 일 같은 것과 제도의 문물(文物) 같은 것은, 《육전(六典)》에 기재된 법이 해와 별처럼 밝게 있고 조종 때에는 백성이 반석같이 편하였는데, 어찌 시끄럽게 고쳐서 일이 많아지게 할 것입니까. 신은 원컨대, 무릇 시행하는 바는 한결같이 《육전》을 따라서 백성에게 신의(信義)를 보이고, 안정한 다스림을 시행하여 백성의 뜻을 진정하면 다스림의 도리에 매우 다행이겠습니다. 옛날에 고려 왕씨가, 조정공사(朝廷公事) 3일이라는 나무람을 면치 못하였음은 법을 경솔하게 변경한 때문인데, 신의 소견이 이와 같기에

천위(天威)를 무릅쓰고 다시 말씀드리오니 황공하기 그지없습니다." 하였다.56)

세종 25년 7월 15일 다시 공법의 실행 여부를 논의할 때, 황희는 공법을 혁파하고 세를 받는 액수를 지금 거두는 액수만큼으로 정하자고 주장하였다. 세종도 이 견해를 받아들였고, 다음과 같이 다시 논의하라고 하교하였다.

임금이 승정원에 이르기를, "공법(貢法)을 설정한 것은 백성에게 편하게 하려 함이었는데, 황희(黃喜)는 혁파하기를 청하고, 신개(申槩)는 실행하기를 청한다. 희(喜)는 말하기를, '신에게 말하는 자는 다 공법이 불편하다고 말합니다.' 하고, 개(槩)는 말하기를, '신과 말하는 자는 다 공법이 편하다고 말합니다.' 하니, 내가 생각하건대, 공법을 혁파하고자 하는 것은 희(喜)의 뜻인 고로, 희(喜)에게 말하는 자는 다 불가하다고 한 것이요, 공법을 실행하고자 하는 것은 개(槩)의 뜻인 고로, 개(概)에게 말하는 자는 다 가히 행할 것이라 하는 것이다. 희(喜)와 개(槩)의 두 의논이 같지 아니하므로 좇을 바를 알지 못하여, 나도 역시 결단(決斷)할 것을 알지 못하겠다. 희(喜)가 공법을 혁파하고 세(稅) 받는 액수를 지금의 거두는 액수만큼 정하자고 하면서 말하기를, '고려(高麗) 때에는 사전(私田)에 세납(稅納)을 받아도 백성이 오히려 견디었으니, 그것으로 족히 백성에게 편할 수 있다.' 하였으니, 나도 그러하다고 생각한다. 공법을 실행하

56) 《世宗實錄》권90 세종 22년 7월 癸丑(13)

는 것은 개(槩)의 본의(本意)인데, 오늘에 이르러서 또 조세의 액수를 감하자고 의논하고, 또 이보흠(李甫欽)이 안평대군(安平大君)에게 말하기를, '일찍이 군위현(軍威縣)의 수령이 되었었는데, 이 앞서 손실법(損實法)을 실행할 때에는 다만 세납 70 석을 받던 땅이 이제는 세납 7백 석을 받는다.'고 하였으니, 과연 그러하다면 본디 백성에게 편하도록 하려던 것이 도리어 백성에게 병이 된 것이다. 부득이하여서 공법을 실행하려면 그 조세를 감(減)하여야 백성에게 편할 것이다. 너희들은 다 근신(近臣)이다. 이미 그 의논의 본말(本末)을 알았을 것이니, 그 소견(所見)을 구애하지 말고 허심(虛心)으로 힘써 생각하고 다 말하라." 하니,

조서강(趙瑞康)·이승손(李承孫) 등이 아뢰기를, "공법에 조세를 감액하고 다시 수년간 시험하는 것이 옳을 것이옵니다." 하므로, 임금이 동궁(東宮)에게 명하기를, "서강과 승손 등을 인견하고 다시 의논하라." 하였다.57)

3) 구휼

황희는 구휼에도 힘썼다. 세종 5년 6월 10일 고향현의 노비와 어린아이가 굶주리는 것을 보고 백성을 굶어 죽게 한 현감 김자경을 처벌하였음을 다음에서 찾아볼 수 있다.

예조판서 황희(黃喜)가 계하기를, "고양현(高陽縣)에 굶어 죽은 사람이

57)《世宗實錄》권101 세종 25년 7월 戊辰(15)

있다고 하여 승정원 주서(承政院注書) 이극복(李克復)을 명하여 가서 살펴보게 하였더니, 사비(私婢) 모란[牧丹]의 모자(母子) 세 사람이 굶주리어 부종(浮腫)이 났고, 소동(小童) 1명은 굶어 죽었다 합니다." 하니, 의금부(義禁府)에 명하여 현감(縣監) 김자경(金資敬)을 추핵(推劾)하니, 곤장 80대에 좌죄(坐罪)하였다.58)

세종 18년에는 정인지가 평조·상평·의창·사창의 제도를 세워 해마다 토지 10결당 돈이나 베를 거두어 쌀을 사들이고, 이를 통해 백성들을 구휼할 것을 주장하였다. 이에 황희는 우리나라의 산천과 토지는 험난하여 조세가 매우 적게 걷히므로, 구휼을 위한 비축으로써 두 배로 징수하는 것은 시행하기 어렵다는 점을 지적하였다.

6. 결론

성리학에서는 요·순·우왕·탕왕·문왕·무왕으로 내려가면서 성인이 나와 이상사회를 만들어갈 때 이를 보좌하는 재상이 나오는 것을 강조하였다. 이러한 재상의 대표자가 탕왕을 도와 은나라를 건설한 이윤과 무왕을 도와 주나라를 건설한 주공이 대표적이다. 따라서 요순 삼대 같은 이상사회를 세우려면 요순 같은 임금과 이윤이나 주공 같은 재상이 나와야 한다는 것이 성리학의 군신관이다.

이러한 주자성리학의 군신관에 따라 조선왕조가 요순 삼대 같은 이상

58) 《世宗實錄》권20 세종 5년 6월 己未(10)

사회가 되려 하면 세종은 요순 같은 임금이 되어야 하였고, 이윤이나 주공 같은 재상을 구해야 했다. 이러한 재상으로서 발탁된 인물이 황희 정승이다.

황희는 성리학의 원칙을 지키며 융통성을 가지는 학자이자 정치가였다.

역성혁명이 일어나자 원칙을 지켜 두문동에 들어갔다. 그러나 은나라 이윤(伊尹)처럼 재상이 되어 나라를 바로 개혁한다하여 출사를 하였다.

종법에 따라 양녕대군이 왕위를 이어야 한다고 세자 폐위를 반대하였다. 그러나 세종이 즉위하고 4년 만에 세종을 위해 정계에 나왔다. 그리고 20년 재상을 역임하며 이상사회를 만들어갔다.

태종 14년에는 예조판서로서 노비종부법을 시행하였다. 정전제 하나인 공법을 시행하는데 흉년에 불리한 공법을 시행하는 것을 반대하였다. 그러나 전분6등 연분9등이라는 융통성을 가지는 공법에는 찬동을 하고 나왔다.

경세가(經世家) 방촌 황희

-백성을 위한 왕실제사의 소선(素膳)-[1]

오기수[2]

1. 서론

세종은 황희를 "묘당에 의심나는 일이 있을 때이면 경은 곧 시귀(蓍龜)이었고, 정사와 형벌을 의논할 때이면 경은 곧 권형(權衡)이었으니, 모든

1) 이 글은 (사)방촌황희선생사상연구소 주최, 방촌황희연구소 주관한 2018 제4회 방촌황희선생 정기학술대회(〈오늘의 한국과 방촌 황희〉, 성균관 유림회관, 2018.11.09.)에서 발표한 논문이다.

2) 김포대학교 세무회계정보과 교수

그때그때의 시책은 다 경의 보필에 의지하였도다."[3]라고 하였다. 조선의 위대한 성군 세종이 황희가 초고의 경세가(經世家)였음 말해준 것이다. 세종은 재위 4년에 자신의 세자 책봉을 반대한 황희를 60세의 늙은 나이에 불러 중용하고, 재임 기간 동안 18년을 영의정 자리에 있게 하였다. 이것은 황희가 늘 세종의 뜻을 쫓아 정치를 처리하였기 때문만은 아니다. 오히려 황희는 그 반대로 세종의 정치적 의지를 가로막는 일이 많았다. 그중에서 황희가 백성을 위해 세종의 뜻을 거스른 두 가지 사건이 있다. 황희가 조선 최고 경세가임을 말할 때 우리가 꼭 알아야 할 이야기이다.

하나는 공법(貢法)의 입법을 17년 동안 반대한 것이다. 황희는 세종이 가장 혼신을 다해 혁신하고자 한 세법인 공법을 처음부터 끝까지 반대하였다. 세종은 공법을 혁신의 대업으로 생각하였다. 그것은 오직 백성들의 넉넉함과 편의를 위해서이다. 하지만 황희는 세종10년부터 세종 26년까지 무려 17년 동안 공법을 반대한 것이다. 그것도 18년 동안이나 일인지하(一人之下) 만인지상(萬人之上)인 영의정 자리에 있으면서 앞장서 반대하였다. 황희가 세종이 대업으로 생각한 공법을 17년 동안이나 반대한 이유는, 공법이 '빈익빈(貧益貧)·부익부(富益富)' 현상을 초래할 수 있었기 때문이다. 반대를 위한 반대가 아니었다. 그 결과 세종은 황희 등과의 소통과 타협으로 그 당시 역사상 가장 민주적이고 과학적이며 공평한 '전분6등 연분9등의 공법'을 제정할 수 있었다. 황희가 자리에 연연하지 않고 오르지 위민(爲民)을 위한 정치를 하였기 때문이다. 민주시대인 지금에도 감히 하기 어려운 해동이다. 왕조시대에 최고의 2인자의 모습과

---

3) 《세종실록》 10년 6월 25일.

정치라 할 수 있다.

다른 하나는 왕실제사를 소선(素膳)으로 올리게 한 일이다. 소선은 고기반찬을 쓰지 않는 제사를 말한다. 현종 즉위년(1659)에 《실록》에는 다음과 같이 기록하고 있다.

> 임금이 이르기를, "제사에 소선을 쓰는 것이 어느 조(朝) 때부터 비롯된 것이며 건백(建白)[4]은 어느 사람이 한 것인가?" 하니, 좌의정 심지원이 아뢰기를, "세종조의 명재상 황희가 정청(廷請)[5]을 하여 정한 제도로서, 국조(國祚, 국운)가 3백 년은 더 연장될 것이라고 하였다는 것입니다. 각릉의 사시제향 때도 모두 소선을 쓰는데 아마 무궁한 국가 장래를 위하여 혹시 국력이 지탱되지 못할까를 염려해서였던 것 같습니다." 하였다.[6]

그 당시 황희는 왕실제사를 놓고 세종과 충돌하였다. 효(孝)를 다하고자 한 세종은 왕실제사에 육선을 올리고자 한 것이다. 부왕 태종은 이미 재위 10년에 "종묘에 이미 희생을 썼으니 마땅히 〈진전(眞殿)과 능침(陵寢)에는〉 소선으로 전(奠; 제물)을 드려라."[7]고 정하였다. 하지만 세종은 재위 2년 10월에 "문소전(文昭殿)과 광효전(廣孝殿)의 제사에 소선으로 하는 것이 옳지 못하니, 정부와 육조에 명하여 함께 의논하여 올리

4) 윗사람에게 의견을 드림.

5) 국가에 중대사가 있을 때 세자 또는 의정이 백관을 거느리고 궁정(宮庭)에 이르러서 계(啓)를 올리고 전교를 기다림.

6) 《현종실록》 즉위년 6월 19일.

7) 《태종실록》 10년 12월 16.

라."[8]고 명하였다. 문소전은 태조의 신의왕후 위패를 모신 사당이며, 광효전은 태종의 원경왕후의 원묘로 쓰였던 사당이었다. 그리고 세종은 그해 11월에 예관이 "우리나라에서는 종묘에는 예(禮)에 정한 제수만 진설하고 상시에 쓰던 식품은 진설하지 아니하였으므로, 문소전과 광효전의 대소제향(大小祭享)에만 별도로 상시에 쓰시던 육선을 진설하소서."[9] 하니, 윤허하였다.

이때는 황희가 아직 남원에서 유배 생활을 하고 있었다. 그 후 황희가 조정에 복귀하여 영의정이 된 후에 백관을 거느리고 여러 달을 대궐 뜰에 서서 극력 간하여, 〈문소전과 광효전은〉 초하루와 보름에만 육선(肉膳)으로 하고 다른 날은 소선으로 하도록 하였으며, 왕릉은 모두 소선으로 제사를 올리게 한 것이다. 황희는 왕실제사에 드는 경비와 공물을 줄여 백성을 편히 살게 하려는 것이다. 무궁한 국가 장래를 위하여 혹시 국력이 지탱되지 못할까를 염려해서였다. 백성을 아끼는 위민(爲民) 사상이다. 결국 황희가 강행한 왕실제사의 소선 제도는 조선말까지 지속되며 백성의 고달픔을 덜어주었다.

유교를 국시로 정한 조선에서는 제사가 바로 국가였으며, 왕실제사는 국가의 대사였다. 그래서 "국가의 큰일은 제사와 병융(兵戎)에 있다. 제사는 근본에 보답하고 신명을 섬기는 것이요, 병융은 침모(侵侮)[10]를 막고 국가를 편안히 하는 것이다."[11]라고 하였다. 왕실제사는 유교의 예법과

8) 《세종실록》 2년 10월 12일.

9) 《세종실록》 2년 11월 25일.

10) 침범하여 치욕을 줌.

11) 《태종실록》 9년 7월 10일.

맞물려 최고 권력을 가진 국왕으로서 권위를 세우기 위한 정치적 행위였다. 이는 나라의 의례가 이미 권력을 장악하고 있는 사람의 위치를 재확인시켜줌으로써 다른 사람에게 통치자의 권위가 미치게 해주기 때문이다.[12] 그런데도 불구하고 황희는 이러한 정치적 환경에서 나라의 최고 정치행위인 왕실제사에서 백성을 위하여 육선인 고기를 사용하지 못하게 하고, 채소와 나물 등을 사용하는 소선으로 제향을 드리게 하였다. 쉽지 않은 정치적 결단이다. 조선시대에 어느 신하가 군왕의 눈치를 보지 않고 이렇게 할 수 있겠는가?

본 연구는 황희가 왕실제사를 소선으로 행하게 한 문헌을 고찰하고 그 목적을 구체적으로 확인함으로써, 황희가 경세가로서 백성을 위한 위민정치에 얼마나 헌신적이었는지를 살피고자 한다.

2. 왕실제사와 소선(素膳)의 개념

1) 왕실 제사의 이해

조선의 국가의례는 길례(吉禮), 가례(嘉禮), 빈례(賓禮), 군례(軍禮), 흉례(凶禮)의 오례로 구분되었는데, 이 중에서 가장 중요시되었던 것은 국가의 제사인 길례(吉禮)였다. 제사는 중요도에 따라서 대사(大祀)·중사(中祀)·소사(小祀)로 구분하여 국가의 사전(祀典)에 기록하였는데, 그 내용들은 바로 《세종실록》의 〈오례(五禮)〉와 《국조오례의(國朝五禮儀)》[13]에

12) 하워드 J. 웨슬러 저, 임대희 역, 〈단같고 주옥같은 정치〉, 고즈윈, 2005, p.76.

13) 성종 5년에 신숙주·정척(鄭陟) 등이 왕명을 받아 오례의 예법과 절차 등을 그림을 곁들여 편찬한 책이다.

상세히 수록되어 있다. 그리고 조선시대에 행해진 제사는 종묘·사직 등 국가제례 성격의 '정제(正祭)'와, 조선에서 자신의 전통을 따른 왕실제례 성격의 '속제(俗祭)'로 구분되었다.14) 조선의 왕을 모신 종묘와 영녕전, 그리고 장헌세자(사도세자)와 세자빈 혜빈홍씨를 모신 경모궁은 정제의 대상이고, 이를 제외한 나머지 부분을 나누어보면 진전 5개소, 궁묘 10개소, 능 47개소, 원 10개소가 있다.15)

효(孝)를 가장 중시하는 전통시대 유교문화권에서 효를 실천하는 방법 중의 하나인 조상에 대한 제사는 매우 중요한 의례였다. 따라서 조선시대 왕실에서도 종묘(宗廟)와 영녕전(永寧殿), 문소전(文昭殿)과 의묘(懿廟), 제릉(諸陵), 진전(眞殿) 등의 장소에서 조상제사를 행하였다. 이때 조선의 국가이념인 유교와 그 예제를 바탕으로 의주(儀註)16)를 제정하여 《세종실록》의 〈오례〉와 《국조오례의》의 〈길례〉와 〈서례(序例)〉부분에 수록하고 이에 근거하여 제사를 지냈다.

그런데 조선에서는 주자학의 예에 따라 묘에서 제사를 지내는 것을 우선시하여 《국조오례의》에 종묘와 영녕전에서의 제사를 대사(大祀)로 하였으며, 문소전17) 이하 의묘(懿廟), 제릉(諸陵), 진전(眞殿)은 속제로 구별하였다. 즉, 속제의 대상은 왕실의 사당과 묘소(墓所)인데, 왕실의 사당

14) 김해인, 〈《대한예전》 찬실준뢰도설 연구〉, 한국학중앙연구원 한국학대학원, 석사학위논문, 2016.

15) 김해인, "조선시대 한양의 국가제례 준비 공간과 시행 공간", 〈서울민속학〉 제3호, 2016.12. p.62.

16) 여러 가지 의식의 상세한 절차.

17) 조선 태조의 비 신의왕후 한씨(韓氏)를 모신 사당이다. 1396년(태조 5)에 건립하여 인소전(仁昭殿)이라고 하였으며, 1408년(태종 8)에 문소전(文昭殿)으로 고쳤다. 1433년(세종 15)에 태조와 태종의 위패를 모셨다.

과 묘소는 그 성격 및 등급에 따라 진전(眞殿), 궁(宮), 묘(廟), 능(陵), 원(園), 묘(墓)로 세분할 수 있다. 진전은 어진(御眞), 즉 왕의 초상화를 봉안한 곳으로, 어진은 왕과 같은 권위가 인정되었기 때문에 진전은 국왕의 친부모(私親)에 대한 정을 표현하는 곳이며, 종묘와는 별도의 제향이 이루어지는 사당이었다. 보통의 사당은 묘(廟)라고 칭했고 신주를 모셨다. 묘(廟)의 지위를 격상시키고자 할 때 궁(宮)의 칭호를 내리기도 했다. 즉 묘(廟)와 궁(宮)은 모두 왕실의 사당이지만 궁(宮)이 한 단계 더 승격된 묘(廟)인 것이다. 다음으로 능(陵)·원(園)·묘(墓)는 모두 왕실의 무덤으로 조선왕조에서 왕과 왕비의 무덤은 능, 왕의 사친(私親)과 세자·세자빈의 무덤은 원(園), 대군·공주·옹주·후궁 등의 무덤은 묘(墓)로 대략적으로 구별된다.

문소전은 애초에 태조비 신의왕후의 진영(鎭營)을 모시던 진전이었다. 처음 전호는 인소전이었는데 태조 사후 그의 혼전으로 사용되면서 문소전으로 이름을 바뀌었다. 이후 종묘에 태조를 부묘(祔廟)[18] 한 후에는 이곳에 태조의 어진을 모시고 원묘로 삼았다. 그리고 1420년(세종 2)에 승하한 태종비 원경왕후의 혼전으로 건립된 광효전은 태종 사후에 그의 혼전으로 사용되다가 부묘 후 폐지되지 않고 원묘로 지속되었다. 그러나 진영을 모셨던 문소전과 달리 광효전에는 위판(位版; 위패)[19]을 봉안 하였다. 이렇게 원묘는 세종 대에 화상을 위판으로 대체하면서 점차 유교적인 모습으로 변하였다.[20] 1432년(세종 14)에 원묘는 또 다시 이전과는 전

18) 삼년상을 마치고 신주를 사당으로 옮겨 모시는 일.

19) 위패(位牌), 단(壇), 묘(廟), 원(院), 절 따위에 모시는 신주.

20) 이욱, 〈조선 왕실의 제향 공간〉, 한국학중앙연구원 출판부, 2015, p.267.

혀 다른 모습으로 바뀌었다. 세종이 종묘와 원묘를 다음과 같이 구별하였기 때문이다.

> 부모의 은혜를 보답하고 제사를 지내는 것은 예경(禮經)의 떳떳한 일이며, 죽은 이를 산 사람같이 섬기는 것은 지극한 효성인 것이다. 그러므로 역대의 제왕이 이미 종묘를 세워서 태고(太古)의 예(禮)로 숭상하는 것을 신성히 여기는 까닭이며, 또 원묘(原廟)를 설치하여 평상시와 같이 섬기는 것은 친근하게 하는 까닭이다. 내가 조종(祖宗)의 유업을 잇고, 무궁한 큰 명을 받아서 유업을 계속하기에 오직 부지런히 일하고 있으나, 조종을 추모하는 일에는 망극하기 그지없다. 사시마다 음식을 올려 제사를 지내는데, 극히 정결하게 하여 효도하는 생각을 펴고 있다.21)

세종은 종묘와 원묘를 '부모의 은혜를 보답하는 것'과 '죽은 이를 산 사람같이 섬기는 것'으로 대비시켰다. 원묘를 설치하는 것은 대를 이은 임금이 돌아간 이를 생존 시에 섬기던 것같이 섬기려고 하므로, 모든 천향(薦享)을 한결같이 생존시와 똑같이 하여 종묘의 제사와 구별하기 위한 것이다.

왕릉제사는 산릉이라 하여 속제에 속한다. 하지만 속제(俗祭)로 구분되었던 왕릉제사 역시 속제 관련 의주와 제반 사항들을 제정하고 이에 의거하여 국왕이 친히 시행하였던 의례였다.22) 왕릉제사가 속제로 구분

21) 《세종실록》 15년 5월 3일.

22) 남보람, 〈조선 초기 왕릉제사 의례의 정비과정 연구〉, 고려대학교 대학원, 석사학위논문, 2012, p.1~2.

되었음에도 대사(大祀)와 같은 수준으로 구성하여 운영된 것이다. 왕릉제사는 조선시대 이전의 사전(祀典)에서 찾아볼 수 없는 범주이다. 속제는 경전에 근거한 고례(古禮)가 아니므로 '바른 예가 아니다'라는 함의를 지녔기 때문이다. 그러나 속제는 시속(時俗)과 인정(人情)을 통해서 의례의 정당성을 가졌다.[23] 왕릉제사의 각종 규례들은 세종 사후 편찬된 《세종실록》 〈오례〉에 편입되지 않고, 이후 왕릉제사 의주와 함께 《국조오례의》의 서례에 등장하게 된다. 그래서 의례 진행에 있어서 필요한 제반 규정사항들에 《국조오례의(國朝五禮儀)》에는 먼저 〈오례(五禮)〉의 의식이 서술되고 그 뒷부분에 서례(序例)가 기재되어 있다.

《국조오례의》의 서례를 살펴보면 왕릉제사에 일정한 날이 정해져 있는 것은 사시(四時), 삭망(朔望)과 속절(俗節)에 지낸 제사였다. 여기서 사시제는 네 계절의 첫 달에 거행하는 제행으로 대향(大享)이라 불리기도 하였다. 사시제는 경전에 나타나는 조상 제사로 가장 중요한 것이었다. 그리고 삭망은 초하루와 보름, 속절은 정조(正朝; 설)·한식·단오·추석·동지·납일에 묘소를 찾아가 제사하는 것이 관행이었다. 속절은 명절에 거행하는 제사로 명일제(名日祭)라고 하였으며, 한식과 추석이 가장 성대하였다.[24]

조선전기에 왕릉의 제향은 사시제와 속절제, 삭망제가 있었는데, 임진왜란을 겪으면서 크게 변하였다. 임진왜란 이후 왕릉제사 중 오향대제(五享大祭)는 폐지되었다. 오향대제는 사시제와 납향(臘享)[25]을 통칭하는

23) 전게서, 이욱, p.179~180.

24) 남보람, 전게서, p.18~19.

25) 납일(臘日)에 신에게 고하는 제사로, 태조 이후부터 동지 후 셋째 미일(未日)로 정하

말이다. 임진왜란 이후 왕릉에서는 사시제가 폐지되고 기신제(忌晨祭)가 새로 등장하였다. 기신제는 고인이 사망한 날, 곧 기일(忌日)에 지내는 제사이다. 조선전기 선왕과 선후의 기신제는 원묘인 문소전에서 거행하였다. 그러나 문소전은 임진왜란으로 소실된 이후 다시 복원되지 못하였다. 그래서 문소전에서 거행된 기신제가 왕릉으로 옮겨진 것이다.[26] 따라서 조선전기의 왕릉제 중에서 후기에 거행한 것은 속절제 뿐이었다.[27]

조선왕조는 1392년 개국 이래 왕조(1897~1910, 대한제국 포함)의 문을 닫는 1910년까지 519년의 세월을 이어오면서 27대에 걸쳐 왕과 왕비를 배출하였다. 왕조의 역사가 길어질수록 종묘의 신실은 늘어나고 왕릉의 수도 급증하였다. 따라서 시간이 흐르면서 조선시대 왕실제사의 대상은 계속 늘어났다. 이 왕실제사는 신과 인간의 만남으로 신에 대한 감사와 봉헌이 국가의 복록으로 이어질 것이라는 기대를 담고 있었다. 정조 대에 편찬된 《사전사례편람(祀典事例便覽)》에 따르면 당시 1년에 거행하는 제사가 347건이나 되었다. 이 중 속제(俗祭)는 225건으로 과반수가 넘는 65%에 달했다. 속제 중 왕릉제의 거행 횟수는 165건으로 속제의 73%, 전체 국가 제사의 47%를 차지했다.[28] 하루 0.95번꼴로 제사를 치른 셈이다. 여기에는 함경도에 있는 목조, 익조[29], 도조, 환조의 능과 강원도

여 종묘와 사직에서 대제(大祭)를 지냈다.

26) 이욱, 전게서, p.199.

27) 이욱, 전게서, p.210.

28) 이욱, 전게서, p.225~226.

29) 익조(翼祖는 조선의 추존왕으로, 도조(度祖)의 아버지, 환조(桓祖)의 조부, 태조(太祖)의 증조부이다.

장릉, 개성의 제릉[30]과 후릉[31]은 제외한 것이다. 이들 제사는 해당 지방에서 담당했기 때문에 포함하지 않았다. 또한 정조 이후 고종까지 5대가 이어지면서 왕과 왕후의 무덤인 왕릉의 숫자는 42기에 달했고, 이에 따른 제사는 훨씬 더 증가하였다. 조선의 왕릉은 목조의 덕릉(德陵)부터 순종의 유릉(裕陵)까지 전체 51기에 이른다. 국왕은 종묘보다 왕릉으로 행차하여 제사를 지내는 횟수가 훨씬 많았다[32] 그리고 왕릉제사는 별도로 정해진 의주와 제반 규정에 따라 진행되었다.[33]

2) 소선(素膳) 제사의 의미

제사에서 가장 중요한 것은 제물이다. 제사의 전반적인 과정이 음식과 연관되어 있기 때문이다. 그래서 제물의 종류도 일정한 규정이 마련되어 시행되었다. 중국에서는 황릉(皇陵)제사 시에 희생(犧牲)을 사용하여 설행(設行)하였는데, 이때 소·양·돼지가 사용되었다. 이러한 사실은《대당개원례(大唐開元禮)》에서 찾아볼 수 있는데, 당나라에서는 태뢰(太牢)라고 하여 제사 이틀 전에 소, 양, 돼지를 준비하여 제사를 지냈다. 또한 송나라에서도 이를 좇아 소뢰(小牢)라고 하여 태뢰를 대신하여 제사를 지냈다. 우리나라의 경우 종묘와 원묘(原廟) 및 왕릉의 왕실제사는 같은 대

---

30) 조선 제6대왕 단종의 능.

31) 제릉(齊陵)은 태조의 첫 번째 왕비인 신의고황후 한씨의 무덤이며, 후릉(厚陵) 정종과 정안왕후 김씨의 무덤이다.

32) 종묘 친제는 태조 4년에서부터 성종 25년까지 총 41회가 시행되었고, 문소전 친제는 태종 10년에서부터 성종 25년까지 총 99회가 실시되었다. 왕릉제사는 당시 대사(大祀)로 구분되었던 종묘친제의 횟수보다 약 4배 이상 많은 횟수로 이루어졌다.

33) 남보람, 전게서, p.5.

상에게 지내는 제향임에도 불구하고 차이를 보이는데, 그중에서도 두드러진 것이 제물이다. 왕실제사는 제물의 종류에 따라 혈식(血食), 소선(素膳), 상식(常食)으로 나눌 수 있다. 혈식은 희생(짐승)을 도살하여 바치는 희생제를 가리키며, 소선은 고기의 사용하지 않는 제물로 제사를 올리는 것이다. 그리고 상식은 살아 계신 부모를 공경하듯이 고기반찬을 비롯하여 생전에 좋아하던 맛있는 음식을 바치는 것이다. 왕실제사 중 종묘에서는 혈식을 바치고, 왕릉에서는 소선을 차렸으며, 문소전에서는 상식을 올렸다.

종묘 제향에 등장하는 제물은 희생과 그 밖의 찬물(饌物)로 구분할 수 있다. 희생은 제사를 위해 일정 기간 키운 가축을 제삿날에 맞춰 도살하는 제물이다. 희생은 보궤(簠簋)나 변두(籩豆)에 담긴 곡류나 젓갈, 포 같은 저장식품과 구별된다. 희생의 의미를 더욱 살린다면 도축한 고기를 요리하지 않고 날고기 그대로, 또는 태워서 신에게 바쳐야 한다. 한자 '祭'는 피가 흐르는 고깃덩어리를 손에 잡고 제단에 올리는 모습을 형상화한 것이다. 이렇게 희생을 바치는 제사를 혈식이라 하였다.[34]

조선시대 국가 제례에 사용한 희생은 소·양·돼지의 세 종류였다. 《국조오례서례》에 따르면 대사는 소·양·돼지 세 가지를 모두 갖춘 제사이며, 중사(中祀)는 양·돼지 두 가지를 갖춘 제사이다. 소사는 돼지만을 희생으로 사용하였다. 물론 국왕의 친행일 경우에는 소를 추가하였다. 원묘에는 평소 즐기던 고기반찬을 올리는 반면, 소선을 올리기도 하였다. 이때 원묘에 적용한 생시의 일상적인 음식을 상식(常食)이라 한다. 상식의

34) 이욱, 전게서, p.110.

제공은 부모를 죽은 자로 여기고 단절시키는 것이 아니라, 살았을 때와 마찬가지로 섬기는 것을 보여준 것이다. 다음과 같이 음식을 통해 유교의 효(孝) 이념을 실천한 것이다.[35]

> 문소전 조석 상식상(上食床)에는 9접(楪)을 쓰고 찬은 5기(器)를 쓰며, 계성전·문소전의 사시 대향(大享)·유명일 별제(別祭)·섭행(攝行)에는 유밀과 사주상(四注床), 찬 9기(器)를 쓰소서.[36]

그런데 왕릉 제향의 가장 큰 특징은 소선의 제물 구성에 있다. 소선(素膳)의 사전적 정의는 음식에 고기를 쓰지 아니하는 일을 뜻하는 素(소)와, 반찬을 뜻하는 膳(선)이 결합되어 고기나 생선이 들어있지 않는 반찬을 말한다.[37] 더구나 소선에서는 희생뿐만 아니라 포(脯)와 젓갈류도 사용하지 않았다. 그래서 조선시대 속제의 진설은 기본적으로 고기가 들어가지 않은 유밀과 탕, 떡 등 곡류를 주원료로 만든 것들이다. 그런 의미에서 속제는 소선의 전통이 강하다. 희생을 중심으로 구성된 종묘와 대비된다.[38] 특히 왕릉제사에서는 희생 없이 소선을 사용하여 제사를 지냈다. 왕릉제사에서 소선을 사용하는 모습은 《국조오례의》의 〈서례〉에 실려 있는 찬실존뢰도설(饌實尊罍圖說)로 확인할 수 있다. 이 도설을 살펴보면 제사에 사용되는 제물들은 대체로 청주, 과일, 나물, 병(餠), 탕

35) 이욱, 전게서, p.274.

36) 《태종실록》 15년 9월 3일.

37) 오은미, 〈조선시대 素膳(소선)에 관한 문헌적 연구〉, 동국대학교 대학원, 석사학위논문, 2016, p.7.

38) 이욱, 전게서, p.190.

(湯), 갱(羹) 등이며 육류는 사용되지 않고 있음이 확인된다. 제수 가운데에 청주·탕·갱은 유교화된 부분이며, 약과·과일·나물·떡 등은 고려왕조의 조상제사 시 유밀과·차·향 등을 주요 제물로 하여 차리는 형태에서부터 이어 내려져온 것이라 할 수 있다. 유밀과는 밀가루나 쌀가루 같은 곡류에 꿀을 섞어 반죽하여 기름에 튀긴 것이다.

[그림 1] 현대 조선왕릉 제사의 진설도

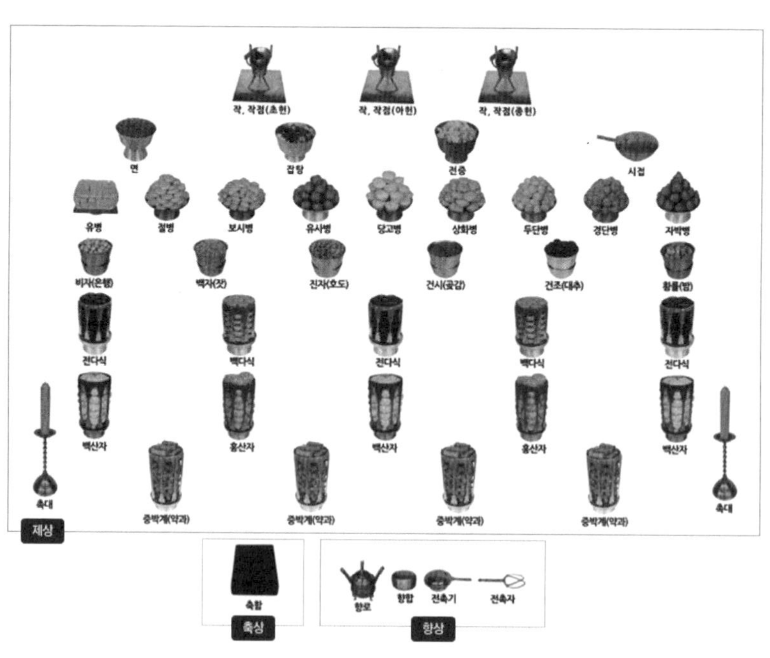

〈출처 : 문화재청 조선왕릉 http://royaltombs.cha.go.kr/〉

3. 황희가 강행한 왕실 제사의 소선

1) 조선초 왕실 제사의 소선과 육선

조선 초기에 진전과 왕릉제사의 규례는 확정되지 못하였다. 정종은 제릉에 제사할 때 다음과 같이 희생만을 없애고 종묘의 제사와 같게 하였다.

> 임금이 "제릉(齊陵)의 제사도 마땅히 종묘의 향례(享禮)와 같게 하라." 하니, 예조에서 아뢰었다. "능에 제사하는 것은 옛 제도가 아닙니다. 우제(虞祭)를 지내서 신명을 편안하게 하고, 죽은 뒤에 섬기기를 생존하였을 때에 섬기는 것 같이 하는 것은 효도의 지극한 것입니다. 신의왕후는 비록 부묘(祔廟)는 하지 않았으나, 이미 원묘를 세우고 사시제를 행하오니, 능에 제사할 것이 없습니다." 임금이 윤허하지 아니하고, 다만 희생(犧牲)만 없애게 하였다.39)

예조에서는 왕릉제사를 지내는 것이 예가 아니라고 하자, 정종은 제사를 지내되 희생만 올리지 말라 했다. 그러나 태종 때에는 다음과 같이 오히려 예조에서 왕릉제사에 육선을 올리자고 하자, 태종은 소선으로 올리도록 하였다.

> 예조에서 아뢰기를, "여러 진전과 능침에 마땅히 육선을 써야 합니다." 하

39) 《정종실록》 정종 1년 4월 1일.

니, 임금이 말하였다. "종묘(宗廟)에 이미 희생을 썼으니, 마땅히 소선으로 전(奠)드리고, 계성전(啓聖殿)·문소전(文昭殿)·건원릉(健元陵)·제릉(齊陵)에는 사시 대향(四時大享)과 유명일(有名日)·삭망(朔望)40)의 제사만 행하고, 그 나머지 능침에는 명일(名日)41)과 삭망(朔望)의 제사만 행하라."42)

태종은 고제에 따라 육선을 사용하여야 한다는 예조의 주장에도 불구하고 종묘 제사에 희생을 썼으니, 왕릉제사에서는 소선으로 할 것을 명하였다. 그런데 세종대에 들어와서 진전의 제향에 육선이 다시 포함된다. 태종비 원경왕후의 장사를 마친 지 얼마 되지 않은 1420년(세종 2) 11월에 세종은 다음과 같이 예관에게 원묘의 육선 진설을 문의하였고, 이에 예관이 긍정적으로 호응하였기 때문이다.

임금이 예관에게 이르기를, "종묘의 제수를 예문에 제정된 외에 다른 물건을 섞어서 올릴 수는 없는 것이고, 원묘(原廟)에는 이미 속례(俗禮)를 따라 하고 있으니, 육선을 가설하는 것이 어떠하냐." 하였다. 예관이 계하기를, (중략) "우리나라에서는 종묘에는 예에 정한 제수만 진설하고, 상시에 쓰던 식품은 진설하지 아니하였으므로, 문소전과 광효전의 대소 제향에만 별도로 상시에 쓰시던 육선을 진설하소서." 하니, 그대로 따랐다.43)

40) 음력 초하루와 보름.

41) 민속으로 해마다 일정하게 지키는 설·단오·동지·납일(臘日) 등.

42) 《태종실록》 10년 12월 16일.

하지만 세종이 '왕릉의 제향을 육선으로 하게 했다'는 구체적인 문헌은 확인할 수 없다. 다만, 황희가 정청하여 '왕실제사를 소선으로 하였다'고 한 것을 미루어본다면, 그 전까지는 육선과 소선의 제사는 오락가락했다고 본다. 그리고 왕릉제사의 소선은 《국조오례의》에 규정되어 규례가 되었다.

황희가 세종 4년 조정에 돌아온 이후에는 그나마 왕실제사의 소선과 육선에 대한 기사는 한두 건에 불과하다. 세종은 재위 2년에 "문소전과 광효전의 제사에 소선으로 하는 것이 옳지 못하니, 정부와 육조에 명하여 함께 의논하여 올리라."[44]고 명하였다. 그리고 얼마 후 세종은 "광효·문소 두 전(殿)의 제사에 육선을 쓸 것인지 쓰지 않을 것인지를 옛날 법제를 상고하여 계(啓)하라."[45]고 다시 명하였다. 세종은 원묘인 문소전과 광효전의 제사에 소선으로 하는 것을 못마땅하게 여긴 것이다. 하지만 조정에서 아무런 대답이 없자 세종은 예관에게 "종묘의 제수를 예문에 제정된 외에 다른 물건을 섞어서 올릴 수는 없는 것이고, 원묘에는 이미 속례(俗禮)를 따라 하고 있으니 육선을 가설하는 것이 어떠하냐?"고 또다시 물었다. 이에 예관은 "우리나라에서는 종묘에는 예(禮)에 정한 제수만 진설하고 상시에 쓰던 식품은 진설하지 아니하였으므로, 문소전과 광효전의 대소제향에만 별도로 상시에 쓰시던 육선을 진설하소서."[46] 하니, 윤허하였다.

---

43) 《세종실록》 2년 11월 25일.

44) 《세종실록》 2년 10월 12일.

45) 《세종실록》 2년 11월 7일.

46) 《세종실록》 2년 11월 25일.

그리고 세종은 재위 4년에 "문소·광효전에 공상(供上)하던 육선을 여러 도에서 절기를 따라 사옹방(司饔房)에 올리라."고 명하였다.47) 이를 보면 문소전과 광효전의 제사에 육선을 사용한 것이 분명하다. 태종이 진전에 소선으로 한 것을 고친 것이다. 하지만 이때도 황희가 조정에 돌아오기 전이다. 황희는 세종 4년에 유배에서 풀려나고, 그 해 10월 의정부 참찬에 제수되었다. 그리고 황희가 좌의정에 있을 때인 재위 10년 세종은 다음과 같이 명했다.

> 문소전·광효전·건원릉·헌릉의 명절의 별제에 예전에는 사행탁(四行卓)과 좌우 협탁을 사용하였는데, 무술년(태종 18)에 허조가 예조 판서로 있을 때 의정부와 더불어 의논하여 아뢰기를, "태종께서 말씀하시기를 '예는 정성과 공경을 주로 하는 것인데, 예가 번거로우면 반드시 정결하지 못한 것이다.'고 하셨습니다."고 하여, 다만 사행탁·좌우 찬탁(饌卓)만을 사용하게 되었다. 내가 지금 생각하니 죽은 이를 산 이와 같이 섬기고, 없는 이를 있는 이와 같이 섬기는 것인데, 사신(使臣)을 위하여 연회할 때에도 오히려 좌우 협탁을 사용하면서 어찌 능과 전(殿)에는 그렇게 하지 않는단 말인가? 예조와 상정소와 더불어 다시 의논하여 계하라.48)

세종은 좌우 협탁을 사용하지 않아, 능과 전에 올리는 제사의 찬품이 적고 풍성하지 못하여 마음에 들지 않은 것이다. 그러나 상왕인 태종은 "좌우 협탁을 없애려는 것은 인색한 것이 아니라, 산릉과 원묘 및 헌수례

47) 《세종실록》 4년 9월 18일.

48) 《세종실록》 10년 6월 4일.

(獻壽禮)에 이미 상세하게 정하였으니, 모두 이와 같이 하라." 명하였다. 그러나 두 달 후 예조에서 다음과 같이 능과 전에서도 좌우 협탁을 쓰며, 원묘에서는 육선으로 하기를 주청하였다.

> 신 등이 삼가 고전을 상고하건대, 원묘의 설치는 〈살아 계실 때의〉 평상시와 같게 하는 것이므로, 문소전과 광효전의 제수는 모두 속례대로 하는 것이 진실로 죽은 이를 살아 있는 이와 같이 받드는 뜻에 합당할 것입니다. 바라옵건대 문소전·광효전·건원릉·제릉·헌릉의 사시대향과 유명일의 별제에는 모두 좌우 협탁을 쓰도록 하되, 원묘에는 찬품 가운데에 평상시에 공진(供進)하던 각 색의 떡과 고기 음식도 함께 쓰도록 할 것이고, 평상시에 올리지 않던 잡선(雜膳)은 일절 제거할 것입니다. 산릉은 본래 신도(神道)로써 섬기는 것이오니, 찬품은 예전에 쓰던 대로 하소서.49)

문소전과 광효전의 제수는 고기 음식을 올리는 육선으로 한 것이다. 그러나 산릉의 경우에는 확실치 않다. '산릉은 본래 신도(神道)로써 섬기는 것이오니, 찬품은 예전에 쓰던 대로 하소서.'라 말에서, 예전에 쓰던 찬품을 구체적으로 확인할 수 없기 때문이다. 그러나 태종 15년의 '종묘는 신도(神道)로 섬기므로' 50)란 기사와 세종 11년 '종묘에는 신도로써 섬기고, 원묘는 생시를 상징하는 것이다.' 51)란 말에서, 신도로 섬긴다는

49) 《세종실록》 10년 8월 7일.

50) 《태종실록》 15년 8월 10일.

51) 《세종실록》 11년 3월 20일.

뜻은 '살아 있는 조재가 아님'으로 종묘처럼 제사한다고 볼 수 있다. 종묘에는 희생으로 제사하는 것이 특징이기 때문에 혹시 그 당시에는 산릉의 제사에 고기를 올리지 않았나 생각해 볼 수 있다.[52)]

태종 10년에 예조에서 "여러 진전과 능침에 마땅히 육선을 써야 합니다."라고 하였지만, 태종은 "종묘에 이미 희생을 썼으니, 마땅히 소선으로 전을 드려라."[53)]고 하였다. 그리고 세종 1년 상왕인 태종은 변계량이 '대행 상왕의 엄광전(掩壙奠)은 옛 예식에 의거하여 큰 탁자 좌우에 협탁(俠卓)을 성대하게 차려서 장례의 후한 뜻을 표시할 것'을 청할 때, "좌우 협탁을 없애려는 것은 인색한 것이 아니라, 산릉과 원묘 및 헌수례(獻壽禮)에 이미 상세하게 정하였으니, 모두 이와 같이 하라."[54)]고 말했다.

좌우 협탁을 허락하지 않은 것은 능침의 제사에 소선으로 하게 했다고 볼 수 있다. 때문에 태종 때에는 왕릉제사에 소선을 쓴 것이 분명하지만, 세종은 문소전 등에 육선으로 제사를 올리게 한 것을 보아, 산릉에도 육선을 올리게 하였으리라 본다. 세종은 왕실제사를 통해 단순한 제향을 넘어서 일상적인 효를 실천하고자 하였다. 그래서 세종은 언제부터인지는 모르지만 산릉의 제사에도 좌우 협탁을 사용하게 하였다. 좌의 협탁을 사용했다는 것은 찬물에 육선이 있었다고 볼 수 있다.

재위 41년(1765)에 영조가 "대저 국조(國朝)에서 제향하는 것은 태실(太室)과 능침뿐이었다. 옛날은 능침이 모두 육선이었는데, 옛 정승 황희

52) 강제훈은 "이런 점에서 산릉은 신도를 따른다는 것은 상식의 육선을 추가하지 않고, 기존의 제수 구성을 따른다는 의미로 한정해야 한다."고 하였다.(강제훈, "조선 초기 俗祭 祭祀床의 구성과 그 특징", 〈한국사학보〉 (60), 고려사학회. p.218)

53) 《태종실록》 10년 12월 16일.

54) 《세종실록》 1년 12월 18일.

가 건의하여 소선으로 대신하기를 청했다."[55]라는 말에서 이를 확인할 수 있다. 의정부에서는 세종 29년에, "여러 산릉의 사시대향과 속절 별제(別祭)는 문소전의 예에 따라 좌우 양쪽의 협탁을 제거하게 하소서."[56] 하여 시행하게 하였다. 산릉의 제사에 좌우 협탁을 제거한 것이다. 협탁을 제거했다는 말 역시 찬물을 줄이도록 하여 제사 비용을 줄이고자 한 것이다. 육선을 소선으로 하게 하는 의미와 같다.

그리고 태종 때에는 진전과 왕릉에서 소선으로 제사하였지만, 세종 때에는 진전이자 원묘인 문소전과 원묘인 광효전에 육선을 사용하였다. 이 무렵부터 진전과 산릉의 제사에 육선과 소선의 문제로 세종과 황희가 대립하였다고 본다. 그러나 세종 29년 황희가 영의정으로 있을 때 의정부에서는 다음과 같이 여러 산릉과 진전의 제품(祭品)를 정했다. 이때 찬물에는 고기가 들어가지 않은 소선으로 구성되어 있다.

> 건원릉 이하 여러 산릉의 사시대향과 정조(正朝)·한식·단오·추석·동지·납향(臘享) 여섯 별제에 제탁(祭卓)에 화초가 있고, 첫째 줄에는 중박계(中朴桂; 유밀과) 네 그릇, 둘째 줄에는 붉고 흰 산자 다섯 그릇, 셋째 줄에는 다식 다섯 그릇, 넷째 줄에는 실과 여섯 그릇이고, 면협탁에는 화초가 없고, 첫째 줄에는 각색의 떡 여섯 그릇, 둘째 줄에는 잡탕·세면 등 여섯 그릇, 셋째 줄에는 작(爵)이 셋이고, 건원릉 이하 여러 산릉·현덕빈(顯德嬪)[57] 묘소의 삭망제·선고사유제(先告事由祭)·이안제(移安

55) 《증보문헌비고》 제59권/ 예고 6/ 영전/ 조선/ 영희전.

56) 《세종실록》 29년 7월 3일.

57) 문종 비. 세자인 단종을 낳고 2일 만에 승하함.

祭)[58] · 환안제(還安祭)[59]와 함길도의 여러 산릉의 선고사유제 · 이안제 · 환안제는 제탁에 화초가 없고, 첫째 줄에는 약과 네 그릇, 둘째 줄에는 실과 · 잡채 다섯 그릇, 셋째 줄에는 떡 · 면 다섯 그릇, 넷째 줄에는 메 · 시접(匙楪) · 장 · 국 · 적(炙) 여섯 그릇, 다섯째 줄에는 작(爵)이 셋입니다.[60]

예조에서 산릉과 진전에 대한 제품의 결정이 어떻게 이루어졌는지는 알 수 없지만, 영의정으로 있는 황희가 그 결정에 참여했음을 알 수 있다. 그리고 《세종실록》의 〈오례〉에서 '흉례 의식' 중 '산릉의 사시 및 납일 · 정월 · 동지 · 속절의 제사 의식'에서는 예찬(禮饌)의 진설을 다음과 같이 규정하였다. 모두 소선으로 제사하게 한 것이다.

사시 및 납일 · 정월 · 동지 · 속절에는 유밀과 14그릇, 실과 6그릇으로 무릇 4줄인데 화초면(花草麪) · 화초병 · 화초탕 등 12미(味)가 있다. 삭망 제사에는 유밀과 14그릇, 실과 6그릇으로 무릇 4줄인데, 대향에 비해서 조금 낮다. 면(麪) · 병(餠) · 탕(湯) 등 9미(味)가 있다.[61]

2) 황희가 정청한 왕실제사의 소선

세종 때 황희와 왕실제사의 소선에 관한 문헌이나 기록은 하나도 없

58) 사당에서 신주를 옮겨 모실 때에 지내는 간단한 제사.

59) 사당 건물의 수리를 끝내고 다른 장소에 옮겨 놓았던 위패를 다시 옮겨와서 행하는 제사.

60) 《세종실록》 29년 11월 2일.

61) 《세종실록》 〈오례〉 흉례 의식/ 산릉의 사시 및 납일 · 정월 · 동지 · 속절의 제사 의식.

다. 물론 《세종실록》에 왕실제사에 관한 기록 역시 많지 않으며, 그 중에서 제사를 육선으로 드리는 문제에 대해 몇 건 있으나 모두 황희가 유배에서 돌아오기 전의 이야기이다. 앞에서 살펴본 것처럼 세종 말년에는 왕릉과 진전(眞殿)의 제사가 소선으로 정해진 것은 분명하다. 황희가 왕실제사에서 소선(素膳)을 사용하도록 했다는 《세종실록》의 기록은 없다. 하지만 해당 기사는 다음과 같이 선조 7년(1574)에 유희춘이가 한 말에서 확인할 수 있다. 이후 《실록》에는 황희가 제향에 소선을 사용하게 했다는 기록을 여러 차례 볼 수 있다.

> 우리나라 세종께서 조상 받들기를 지나치게 후하게 하여 문소전을 창건하고 하루에 서너 때를 생시의 공양처럼 했었습니다. 이는 진실로 예가 아닌 예인 데다가 온 나라의 물력(物力)이 또한 지탱하기 어려웠기 때문에, 그 때의 명정승 황희가 백관을 거느리고 여러 달을 대궐 뜰에 서서 극력 간했지만 되지 않았습니다. 그리하여 초하루 보름에만 육선으로 하고 다른 날은 소선으로 하자는 논을 했었습니다. 또, 중국 조정에서는 종묘에는 단지 사시(四時)의 대제(大祭)만 거행하고 능침에는 단지 속절의 제사만 거행하며, 문선왕묘(文宣王廟)[62]에는 단지 봄과 가을의 석전(釋奠)[63]만 거행하는데, 우리나라는 그렇지 않아 종묘나 능침이나 공자사당에 전부 초하루와 보름에 제사를 거행하니 이는 모두 너무나 남용

62) 공자의 위패를 모신 사당.

63) 석전의 석(釋)은 《예기(禮記)》의 왕제(王制) 중 문왕세자편(文王世子篇)에 나오는 석(釋)이고, 석전의 전(奠)은 놓는다의 뜻이므로, 석전은 채소를 간단하게 차려놓고 지내는 제사를 말한다.

한 일입니다. 비록 뒤를 이은 임금으로서는 더하거나 덜할 수 없는 일이기는 합니다마는 그러나 또한 이런 뜻을 알고 있지 않아선 안 됩니다.[64)]

유희춘은 선조가 왕위에 오르기 전에 가르친 스승이었는데, 그래서 선조는 항상 "내가 공부를 하게 된 것은 희춘에게 힘입은 바가 크다."고 하였다 한다. 선조 7년은 임진왜란이 일어나기 훨씬 전이므로 유희춘이 선조에게 말한 이러한 근거와 기록이 확실히 남아 있었다고 본다. 이때에는 전란으로 인해 재정이 궁핍한 때가 아니므로 유희춘이 근거 없는 말을 임금에게 하지 않았다고 생각한다. 그리고 유희춘이 한 이 말은 거의 100년이 지난 현종 즉위년(1659)에 '황희가 왕실제사를 소선으로 하게 했다.'는 것에 대해 다음과 같이 《실록》에 다시 거론되었다. 현종이 산릉제사를 육선으로 하기를 원했기 때문이다.

임금이 송시열에게 "경이 지난날 제사에 소선을 쓴 데 대하여 말했는데, 내 생각은 절반은 육선(肉膳)을 썼으면 좋겠다. 어떤가?" 하니, 송시열이 "경모전(敬慕殿)[65)] 제물을 밖[산릉]에서는 소선을 준비하고 안[내전]에서는 육선을 준비한다고 하셨는데, 안과 밖에서 준비하는 제물이 다르다는 것이 신으로서는 미안하게 여겨집니다." 하였고, 좌의정 심지원은 아뢰기를, "조종조에서 그렇게 정한 것이 틀림없이 깊은 뜻이 있을 것인데, 그것을 하루아침에 바꾼다는 것은 온당치 못한 일 같습니다." 하였다.

---

64) 《선조실록》 7년 4월 28일.

65) 효종의 혼전(魂殿).

임금이 이르기를, "제사에 소선을 쓰는 것이 어느 조(朝) 때부터 비롯된 것이며 건백(建白)은 어느 사람이 한 것인가?" 하니, 심지원이 아뢰기를, "세종조의 명재상 황희가 정청(廷請)을 하여 정한 제도로서, 국조(國祚; 국운)가 3백 년은 더 연장될 것이라고 하였다는 것입니다. 각릉의 사시제향 때도 모두 소선을 쓰는데 아마 무궁한 국가 장래를 위하여 혹시 국력이 지탱되지 못할까를 염려해서였던 것 같습니다. 지금 만약 그 정해진 제도를 고친다고 하면 어떻게 3년 제사에만 육선을 쓸 것입니까? 반드시 각릉의 제사에도 다 써야 할 것이니 그 매우 난처한 일입니다." 하였다.66)

현종은 효종의 왕릉제사에 육선으로 올리고자 했지만, 좌의정 심재원 등의 반대로 실행하지 못했다. 그 후 좌참찬 송준길은 이러한 현종을 부추기면서 현종 10년(1669)에 "국조(國朝)의 제향에 고 상신 황희가 소선을 쓰도록 정한 것이 비록 깊은 뜻이 있기는 하나 간략하게 네다섯 그릇에 두부, 김, 떡만을 쓸 뿐이니, 사리를 가지고 논해보면 매우 의심스럽습니다. 그리고 신이 산릉의 제향 때 사용하는 초를 보건대 갈대 몇 개를 종이로 싸고 우지와 들기름 등을 발라서 육촉(六燭)이라 이름하니, 불도 밝지 않고 불을 끈 뒤에는 냄새가 심히 납니다. 오늘날 사부가의 제사에는 반드시 밀초[蠟燭]을 구해 쓰는데, 유독 나라의 제사에만 이런 것을 쓰고 있으니 그 이유를 모르겠습니다."67)라고 하여 비난하였다.《현종실

66) 《현종실록》 즉위년 6월 19일.

67) 《동춘당집》 별집 제6권/ 경연일기(1669, 현종10, 3월 11일).

록》에는 다음과 같이 송준길은 보다 더 노골적으로 황희를 비난한 것을 볼 수 있다.

> 이것은 바로 세종 때의 상신 황희가 백관을 거느리고 3개월을 정청한 것입니다. 옛 사람의 멀리 내다봄으로도 제사 의식이 융성하지 못함이 이러하며, 그중에도 가장 온당치 못한 것으로는 육촉(六燭)입니다.68)

하지만 왕실제사의 소선은 폐지되지 않았다. 조정 대신들 대부분은 황희가 정한 왕실제사의 본의를 확실히 알고 있었기 때문이다. 그 후 경종 즉위년(1720)에 지평 홍현보는 "지금부터 빈전의 조석전(朝夕奠)과 그 나머지 사전(祀典)에 한결같이 예경(禮經)의 뜻을 따라서 육선으로써 설행하고, 각릉의 절사(節祀)와 기신제에도 또한 변통함이 마땅합니다."라고 상소하였다, 그러나 영의정 김창집은 "혼전에 소선을 올리는 것은 진실로 고례에 합당하지 않은 듯하나, 안에서 이미 공상의 어육을 썼으니, 소선을 겸용함이 어찌 큰 해로움에 이르겠습니까? 능침에 소선을 올리는 것은 선신(先臣)들이 일찍이 헌의하여 수백 년 동안 준행하던 예절로서, 하루아침에 변경하기 어렵습니다."69) 하며, 육선을 반대하였다.

그리고 얼마 후 영조 즉위년(1742)에 우의정 이광좌가 백성을 구제할 방책을 논하면서, "대저 나라를 넉넉하게 하는 것은 오로지 용도를 조절하는 데 있는 것입니다. 세종께서는 황희 · 허조와 산릉(山陵)의 제사 때에 소선을 쓰기로 의논하여 정하였으니, 검소하고 간략하게 하려는 뜻이 이

---

68) 《현종실록》 10년 3월 11일.

69) 《경종실록》 즉위년 6월 17일.

와 같았습니다. 원컨대, 전하께서는 크게 조절하고 줄여서 백성을 구제하고 나라를 살리는 방도를 삼으소서."[70]라고 말했다. 그 후 영조는 이광좌의 이 말을 가슴에 세기고 정치를 했었다고 보인다. 다음 기사는 영조 41년(1765)에 임금이 친히 영희전(永禧殿)[71]에 제사지내고 하교한 말이다.

> 대저 국조에서 제향하는 것은 태실과 능침뿐이었고 본전(本殿)은 추후로 세운 것이다. 옛날은 능침이 모두 고기반찬이었는데, 옛 정승 황희가 건의하여 소선으로 대신하기를 청했으니, 이것이야 말로 만세에 전할 대계(大計)이다. 오늘 여기 온 것은 희생을 살피고자 함인데 제물 단자를 가져다 보니 바로 소선이다. 이것은 능히 제사를 따라 제도를 정한 것이다.
>
> 아! 막중한 진전에도 처음에는 단지 세 분만을 봉안하였으니, 육선을 마련하는 데 무슨 어려움이 있어서 그렇게 한 것이겠는가? 더구나 추후에 세운 것이야 말할 것이 있겠는가? 금후로는 궁(宮)과 휘녕전과 종묘의 5향(享)·4중(仲)·삭제(朔祭) 외에는 모두 진전(眞殿)의 예에 의하여 거행하고, 친제 때도 이에 의하여 거행하도록 하라.[72]

영조는 황희가 정한 왕실제사의 소선을 만세에 전할 대계(大計)라고 하며 높이 칭송하면서, 궁(宮)과 휘녕전, 그리고 종묘 이외의 제사는 모두 소선으로 하도록 한 것이다. 그리고 정조는 재위 2년에 이제 막 공조 참

70) 《영조실록》 즉위년 9월 25일.

71) 조선후기 태조 이하 역대 왕들의 어진(초상화)을 모시고 제사 지내던 진전.

72) 《증보문헌비고》 제59권/ 예고 6/ 영전/ 조선/ 영희전.

판에서 승지가 된 김용겸에게 그의 식견을 시험하며, "능침의 소선에 대한 규례는 어떠한가?" 물으니, "이는 고 상신 황희가 만든 것인데, 갑자기 변통하기는 어렵습니다."73)라고 대답하였다. 그만큼 왕실제사의 소선 문제는 황희가 정하여 시행한 지 300년이 훨씬 지났지만, 대대로 조정 대신들은 익히 알고 있었던 것이다. 그러나 황희가 강행한 왕실제사의 소선에 대해 후세에서는 비난하는 소리도 있었다. 다음은 숙종 10년에 장릉(章陵) 참봉 이만형의 상소이다.

> "신이 듣자오니, 유밀과는 정물(正物)이 아닙니다. 예에 이르기를, '기름으로 지진 물건은 바르지 못하며 공경함이 아니다.' 하였으니, 능침의 제사에 유밀과를 감하고 건어·포혜(脯醢)로 대신하면, 이는 실로 간소하고 영구히 전할 수 있는 법입니다. 신이 듣자오니 새 능은 3년 안에 내전에서 따로 육선을 써서 하실(下室)에서 제사를 행한다 하는데, 안과 밖의 제사 반찬이 다른 것은 무엇에 의거한 것입니까. 만약 제사에 소선을 쓰는 것이 예라고 하면 하실(下室)의 육선이 예가 아닐 것이요, 만약 제사에 고기를 쓰는 것이 예라면 능침에 소선만 쓰는 것이 예가 아닐 것입니다." 하니, 임금이 이르기를, "능침 제사에 소선을 쓰는 것이 예에 합당한지는 알지 못하나 열성조에서 수백 년 준행하던 제도를 갑자기 변개함은 실로 어려운 일이니 그대로 두라." 하였다.74)

왕릉제사에 육선을 사용하지 않은 것은 예가 아니라는 주장이다. 그

73) 《정조실록》 2년 10월 30일.

74) 《연려실기술》 별집 제2권/ 사전전고(祀典典故).

러면서 이만형은 다음과 같이 황희가 제사 비용을 줄이기 위해 사전(祀典)을 훼손한 것이라 비난하였다.

> 혹자는 황희의 의도가 날이 지난 후 능침의 공간이 늘어나면 공궤(供饋)할 비용을 감당할 수 없을 것이므로, 이러한 폐단을 줄이는 조치가 이었다고 합니다. 만약 그렇다면 개인의 지혜로써 사전(祀典)을 훼손한 것이니 또한 교체해야 하지 않겠습니까?[75)]

하지만 제사의 예법을 논한다면, 선조 16년(1583)에 이이가 한 다음 말에서 찾아야 할 것이다. 성리학의 대가인 이이는 소선과 육선의 문제를 한 번도 거론하지 않았다.

> 옛날의 성제(聖帝)와 명왕(明王)은 누구이든 대효(大孝)가 아니겠습니까마는, 제사는 번독하지 않는 것으로써 소중히 여겨서 종묘는 월제(月祭)에 지나지 않았으며 원묘도 없었던 것인데, 한나라로부터 비로소 원묘를 설치했으니, 이는 벌써 옛날의 제도가 아니었던 것입니다. 시대가 내려오면서 그릇된 것을 이어 받아 일제(日祭)에 이르게 되었으니, 그 번독함이 심한 편입니다. 국가에서 종묘와 각 능에는 삭망제를 행하고, 문소전과 연은전에는 삼시제(三時祭)를 행하고 있으니, 이것은 진실로 조종의 조선(祖先)을 추념하는 성효(誠孝)에서 나온 것입니다. 그러나 당우(唐虞, 요순을 말함)·삼대(三代 하·은·주)의 성왕의 제도에 비한다면 번란(煩亂)

---

75) 《제등록》(장, K2-2549) 갑자년(1684) 5월 16일), 이욱, 전게서, p.194.

하다는 경계를 피하기가 어려울 것입니다.[76]

3) 황희의 소선 제사와 불교 세습

조선이 건국된 후 국가의 모든 의례는 '유교화'되었다. 유교화란 불교와 도교, 무속 등의 의례를 배제하고 유교의 전례만으로 국가 의례를 운영한다는 의미이다. 따라서 국가의 제사 역시 유교적 규례에 따라 거행하였다. 그리고 유교 제사에서 희생은 신에 대한 공경을 나타내는 고래의 예식이었다. 비단 희생을 사용하지 않더라도 유교 제사에서 육선은 매우 중요한 제물이었다. 육선은 제물을 대신하는 뜻도 있지만 부모를 공경하는 효자의 마음을 드러내기 때문이다. 나이 드신 부모님을 고기반찬으로 봉양하는 것은 효의 실천에 매우 중요한 지침이었다.[77] 그런데도 불구하고 황희는 왕실제사를 소선으로 하도록 하였다. 그중에서도 왕릉의 제사는 철저히 소선으로 제사하도록 한 규례는《국조오례의》에 수록되어 조선말까지 철저히 시행되었다.

따라서 왕실제사의 소선에 대해서 반대하면서 황희를 비난한 사람들도 있었다. 그중 대표적인 사람이 숙종 때 능 참봉(종9품)을 지낸 이만형이다. 그는 숙종 10년(1684)에 "황희가 고려의 더러운 풍속에 젖어서 왕실제사를 소선으로 하게 하였다."고 다음과 같이 비난하면서 육선으로 제사하기를 상소하였다.

능침에 소선으로 제사하는 것은 듣자오니 예전 상신 황희가 비롯한 것

76)《증보문헌비고》제56권/ 예고 3/ 종묘 2/ 제향 1/ 조선.

77) 이욱, 전게서, p.20.

이라 하옵는데, 혹은 이르기를 "그 뜻은 후일에 능침이 여러 곳이 되면 공급할 비용을 감당하지 못할까 해서 이렇게 폐를 더는 일을 한 것이다." 고 합니다. (중략) 우리나라는 어육의 반찬이 산과 바다에서 산출되는 것으로 민간의 하천(下賤)이라도 배불리 먹는데 당당한 천승(千乘) 나라의 360주(州)의 정공(正供)으로서 어찌 능히 능묘의 제물을 갖추지 못하겠습니까? 생각하옵건대 황희가 고려의 더러운 풍속에 젖어서 그러한 것입니다. 만약 경비를 걱정해서라면 제사는 정성에 있을 따름이고, 제물의 풍부함에 있지 않습니다.78)

그러면서 이만형은, "저 고려에서도 축교(竺敎, 불교)를 숭상하여 군신상하가 불공을 드리지 아니함이 없어서 피와 고기를 먹지 않고, 선조를 제향할 때에도 또한 어육을 사용하지 않았습니다. 아조(我朝)에 들어와서도 그 전해오는 풍속이 오히려 남아 있습니다. 황희는 고려 말기의 사람입니다. 필경 그 또한 습속에 젖어서 그릇된 것을 알지 못하여 바로 이교(異敎)로써 우리 열성(列聖)의 능침제사를 받들어, 우리 예의의 나라를 양(梁)의 무제(武帝)와 고려조의 비루한 것으로 돌아가게 하였으니, 황희는 그 죄에서 벗어날 수 없습니다."79)라고, 황희가 비난하였다. 이만형은 현종 때 송준길이 "희생을 풍부하게 갖출 수는 없다 하더라도, 꿩·닭·어물·생선으로 희생을 대신한다면 상도(常道)에 어긋나는 소선 제향보다

---

78) 《연려실기술》 별집 제2권/ 사전전고(祀典典故).

79) 《제등록(祭謄錄)》(장, K2-2549) 갑자년(1684 5월 16일). 《제등록》은 1637년(인조 15)부터 1727년(영조 3)까지 예조에서 여제 설행과 관련된 계사(啓辭), 서장(書狀), 상소(上疏) 등의 내용을 베껴 기록한 책.(이욱, 전게서, p.193).

는 나을 것이라." 한 말에 영향을 받은 것 같다.[80] 하지만 이틀만에 이만형의 상소는 영의정 김수항을 비롯한 조정대신들에 의해서 다음과 같이 거부되었다. 황희가 왕실제사를 소선으로 하게 한 본의를 충분히 알고 있었기 때문이다.

> 이보다 앞서 참봉 이만형이 상소하여, 능침의 제향에 순전히 소선을 쓰는 것이 예가 아님을 말하고 육선으로 바꾸기를 청하였으므로, 해조에 회부하여 대신과 유신(儒臣)에게 의논하게 하였었다. 영의정 김수항·영중추부사 김수흥·판중추부사 정지화·청성 부원군 김석주·우의정 남구만·부호군(副護軍) 박세채 등이 모두 조종조의 옛 제도로서 수백여 년 동안 준행하던 것을 이제 경솔하게 변경할 수 없다 하여, 정지하고 시행하지 못하였다.[81]

그런데도 10년 동안 참봉인 이만형은 숙종 20년에, "능침 제사에 고기를 쓰지 않음은 고려의 여러 왕들의 예(禮) 아닌 짓을 답습한 것입니다. 고 상신 황희가 실지는 이런 제도를 만들었던 것인데, 황희는 진실로 현명하기는 했지만 학문에 있어서는 들은 것이 없는 사람이니 개정하지 않을 수 없습니다."[82]라고 다시 비난하였다. 심지어 그는 황희의 학문까지 비루하다고 들먹였다. 그야말로 위민이라는 것을 전혀 생각하지 않는 행위이다. 이러한 이만형의 영향 때문인지는 모르겠지만 숙종 45년(1719)

80) 《연려실기술》 별집 제1권/ 사전전고(祀典典故).

81) 《숙종실록》 10년 5월 18일.

82) 《숙종실록》 20년 10월 18일.

장언 홍현보는 다음과 같이 불교의 풍습에서 나온 소선 제사를 육선으로 변통할 것을 상서하였다.

> 소선의 제도를 경전에서 상고하고 사전(祀典)에서 따져보았으나 모두 근거가 없었습니다. 이는 우리나라가 처음 창건하던 초기에 멸망된 고려의 불교를 숭상하던 여습(餘習)**83)**을 인습한 데 지나지 않는데, 막중한 사전을 이 제도로 준용하고 있으니, 어찌 혈식하는 뜻이 있겠습니까? 만약 소선이 예의에 어긋나지 않는다면 태묘(太廟)의 제사도 마땅히 이 제도를 준용해야 할 것인데, 태묘는 삭망제와 대제에 모두 희생을 바치는 제전(祭典)을 쓰고 있으니, 이는 진실로 예제에 없는 예(禮)를 쓰고 있는 것입니다.**84)**

하지만 이 논의는 예조에서 이미 갑자년(숙종 10)에 결정한 사항이라 하여 받아들이지 않았다. 그 후 정조 17년(1793) 예조 좌랑 이복휴는 "기신대제(忌辰大祭)의 제사 음식으로 소선을 쓰는 것은 고 상신 황희가 고려조의 그릇된 관례를 준용한 것이므로, 숙묘조(肅廟朝; 숙종)의 유생 이만형이 약과 1기(器)를 줄이고 소뢰(小牢)로 대신하기를 청하였는데 그 말이 사리에 맞습니다. 널리 여러 사람의 의논을 들어 행하는 것이 좋을 듯하여 감히 이렇게 아룁니다."**85)**고 하여 육선제사를 주청하였다.

이때 정조는 "막중한 전례(典禮)를 경솔히 의논할 수 없다. 그만두라."

---

83) 옛부터 남아 전해 내려온 풍습.

84) 《숙종실록》 45년 4월 30일.

85) 《일성록》 정조 17년 10월 1일.

고 명했으며, 이를 본 승지 정동신은 "이복휴가 사전(祀典)에 대한 일을 소회로 진달하면서 외람된 말을 거론한 것은 온당하지 않다."고 말했다. 이처럼 이만형을 비롯한 홍현보와 이복휴가 소선제사를 불교의 풍습 때문이라고 비판하고 나섰지만, 대부분의 조정 대신들은 동의하지 않았다.

황희가 설행한 왕실제사의 소선이 불교를 숭상하려 한 것이 아니고, 제사의 경비를 줄이고 백서의 공물 부담을 줄이려 했기 때문이다. 오죽하면 현종은 송시열에게 "경이 지난날 제사에 소선을 쓴 데 대하여 말했는데, 내 생각은 절반은 육선을 썼으면 좋겠다. 어떤가?"[86] 했지만, 좌의정 심지원은 "세종조의 명재상 황희가 정청을 하여 정한 제도로서, 국조(國祚; 국운)가 3백 년은 더 연장될 것이라고 하였습니다."라 하며 반대하니, 시행하지 못하였다. 물론 제사에 쓰는 유밀과의 성행은 고려시대 불교와 관련이 있다. 살생을 금지하는 불교 계율이 희생과 고기반찬의 사용을 억제하면서 곡류로 만든 음식이 발달했던 것은 사실이다.[87] 따라서 소선의 제사 제도가 불교에서 유래했음도 부정할 수는 없을 것이다.

다음은 태종 5년의 기사인데, 예조 전서 김첨은 진전에 소선으로 제사하는 것이 불씨(佛氏)와 노자에게서 비롯하였다고 하였다.

> 진영(眞影)을 베푸는 것은 불씨(佛氏)와 노자에게서 비롯하였는데, 한나라 초년에 비로소 시작되었고, 송나라 인종(仁宗)에 이르러 그 제도가 크게 성하여, 집 수천 간을 세워 종묘를 경하게 여기고 진전을 중하게

---

86) 《현종실록》 즉위년 6월 19일.

87) 홍금이, 〈茶食 發達 過程 硏究 : 文獻 中心으로〉, 성신여자대학교대학원, 박사학위논문, 2009, p.15.

> 여기며 모두 소선을 베풀었으니, 불씨의 도에서 연유한 것입니다. 그러니 진전을 세우는 것은 예전 제도가 아닙니다. 3년 후에는 종묘에 부(祔)하여야 하니, 진전은 혁파하여야 하고, 반드시 부득이하여 한다면 마땅히 그 법에 의하여 소선으로 하는 것이 가합니다.88)

진전을 세우고 제사하는 것 자체를 불교의 유습으로 간주한 것이다. 고려시대에는 사찰에 왕의 진전(眞殿)을 세우고 제사하는 경우가 많았는데, 봉은사는 태조 진전를 두고 제사를 지냈었다.89) 따라서 사찰에 있는 진전의 제사에는 고기반찬이 아닌 소선을 쓸 수밖에 없었다. 그래서 김첨은 진전은 예법에 맞지 않으며, 종묘에 조상을 모시면 혁파하는 것이 옳지만 부득이 해야 한다면 불가의 법에 따라 소선을 사용해야 한다고 주장하였다. 하지만 태종은 "만일 불가에 진전을 둔다면 마땅히 소선을 써야 하지만 따로 집을 세웠다면 고기를 쓰는 것이 마땅하다. 따라서 평소에 즐기시던 어육·포해(脯醢) 등으로써 드리라."고 명했다. 진전에 육선을 바치도록 한 것이다. 진전 제사의 소선과 육선의 문제가 불교와 상관이 없음을 강조한 것이다. 하지만 10년이 지나 후 태종도 다음과 같이 문소전에 소선으로 제사할 수밖에 없었다.

> 내가 지난번에 시기에 당하여 얻은 생선으로 문소전에 드리고자 하니, 모두 말하기를, "원묘에는 고기를 쓰는 것이 마땅치 않습니다." 하므로, 드디어 그만두었다. 이것은 불씨(佛氏)의 법이다. 그 제수는 종묘의 예를

---

88) 《태종실록》 5년 12월 19일.

89) 《고려사절요》 제22권/ 충렬왕 4년(1304),

쓰지 않고 오직 기명(器皿; 그릇)만 종묘에 의하는 것이 어찌 그릇되지 않았느냐?[90]

이에 태종도 원묘에 소선을 쓰는 것은 불씨의 법이라고 불만을 드러냈다. 그러면서도 세종 2년에 상왕으로 있는 태종은 임금에게 "능침 곁에 중의 집을 세우는 것은 고려 태조로부터 시작되어, 우리나라에서도 역시 개경사(開慶寺)·연경사(衍慶寺)가 있으니, 이제 대비의 능침에도 중의 집을 지을는지 그 가부를 의정부와 예조에 문의하라."[91] 하였다. 이처럼 고려시대에는 왕릉 곁에 절을 두어 제사하게 했으니, 당연히 소찬으로 제사하였다. 조선에 들어와서도 흥천사(興天寺; 신덕왕후 정릉 원찰), 연경사(衍慶寺, 신의왕후 제릉 원찰), 개경사(開慶寺, 태도 건원릉 원찰), 흥교사(興教寺, 정종 후릉 원찰) 등과 같이 능을 수호하고 제향을 준비하는 원찰들이 세워졌다. 따라서 불교의 영향 속에 있던 왕릉에서 고기를 포함한 음식을 제물로 올린다는 것은 불경스러운 일로 간주되었다.

또 다른 속제인 문소전과 의묘(懿廟)에서는 육선을 올리는 것으로 규정되었지만 왕릉제사에 사용되는 제수만큼은 고려왕조에서부터 이어져 내려온 불교식 문화가 유교식으로 바뀌지 못한 양면적인 형태를 지니고 있었다.[92] 황희가 왕실제사를 소선으로 하게 한 것은 고려시대처럼 불교의 풍습이나 부처를 숭상하기 위한 것이 아니었다. 이만형과 홍현보 등의 비난은 언어도단이라 할 수 있다. 황희가 왕실제사를 소선으로 하게

---

90) 《태종실록》 15년 8월 10일.

91) 《세종실록》 2년 7월 11일.

92) 남보람, 전게서, p.26~28.

한 진정한 목적을 왜곡시킨 것이다.

현종 즉위년에 송시열이 "소선을 쓰기 시작한 것이 어느 때부터인지는 모르나 혹시 전조(前朝, 고려)에서 불교를 숭상하면서 그 잘못된 전례를 남긴 것은 아닐런지요?" 하자, 송준길은 "신이 듣기로는 고 상신 황희가 백관을 거느리고 정청을 하여 정한 것이라고 하였습니다."93)라고 하였다. 황희가 백관을 거느리고 정청하여 왕실제사를 소선으로 하게 했다는 것은, 유교를 숭배하는 신료들에게 합리적이고 합당한 이유가 있었기 때문이다.

황희는 유교를 숭상하고 불교를 배척한 인물이다. 더구나 황희는 상사(喪事)에 있어서 철저히 불사를 배척하였다. 어머니의 장례에 있어서도 불사를 행하지 않았으며, 〈가례(家禮)〉를 따르도록 했다. 또한 자신의 장례에 대해서도 《가례》를 따르도록 다음과 같이 유언하였다.

> 황희는 어머니 상사(喪事)를 당하여 불사(佛事)를 행하지 않고 한결같이 《가례(家禮)》94)에 따랐다. (중략) 일찍이 유서를 지어 자손들에게 보이기를, "내가 죽은 후에는 상장(喪葬)의 예절은 한결같이 《가례》에 의거하되, 본토(本土)에서 시행하기 어려운 일을 억지로 따라할 필요는 없다. 능력과 분수의 미치는 대로 집의 형세에 따라 알맞게 할 뿐이며, 허식의 일은 일체 행하지 말라. 《가례》의 음식95)에 관한 절차는 질병을 초래

93) 《현종실록》 즉위년 6월 11일.

94) 송나라의 학자 주희가 가정에서 일용하는 예절을 모아 엮은 책.

95) 〈원문〉 護喪送至廳事, 茶湯而退(호상이 전송하여 청사에 이르러 차와 탕을 대접하고 물러난다.)

할까 염려되니, 존장(尊長)의 명령을 기다리지 않고 반드시 죽을 먹도록 하라. 이미 시행한 가법에 따라 불사(佛事)는 행하지 말고, 빈소에 있은 지 7일 동안 요전(澆奠)[96]하는 것은《가례》에 없는 바인데, 부처에게 아첨하는 사람이 꾀를 내어 사사로이 하는 것이니 행할 수 없다." 하였다.[97]

황희는 유서에서 "빈소에 있은 지 7일 동안 요전하는 것은《가례》에 없는 바로, 부처에게 아첨하는 사람이 꾀를 내어 사사로이 하는 것이니 행할 수 없다."라고 할 정도로 불사를 배척하였다. 따라서 황희가 불교의 풍습이나 숭상 때문에 왕실제사를 소선으로 하게 했다는 주장들은 그 본의를 저해시킨 일이다. 더구나 황희는 자신의 장례에서도 "능력과 분수의 미치는 대로 집의 형세에 따라 알맞게 할 뿐이다."고 하면서, "허식의 일은 일체 행하지 말라."고 하였다. 또한 그는 "《가례》의 음식에 관한 절차는 질병을 초래할까 염려되니, 반드시 죽을 먹도록 하라."고 유언하였다. 황희가 장례의 모든 절차를《가례》에 따르도록 하면서도 허례허식적인 절차는 절대적으로 하지 말라고 유언한 것은 왕실제사를 소선으로 하게한 것과 일맥상통한다고 볼 수 있다. 왕실뿐만 아니라 개인적으로도 검소한 장례와 제사를 실천하게 한 것이다.

뿐만 아니라 황희는 불교를 가까이 하려는 세종을 막아서는 경우가 많았다. 황희는 세종 23년에 다음과 같이 홍천사의 경찬회를 폐지하라는 상소를 올렸다. 불교를 허탄하고 망령된 것이라 하며, 부처를 섬길 경

96) 잔 드리고 제향을 올리는 것.

97)《문종실록》2년 2월 8일.

우 이적(夷狄; 오랑캐)과 금수(禽獸)가 될 것이라 하였다.

> 신이 그윽이 생각하옵건대, 불교의 허탄하고 망령됨과 선유(先儒)의 변론을 하늘이 내신 전하의 성학(聖學)으로써 갖추 자세히 강구하사, 백성의 해충(害蟲)이 됨을 밝게 알으실 것이오매, 신이 어찌 쓸데없는 말을 보태오리까. (중략) 신이 그윽이 천의(天意)를 헤아리건대, 반드시 "이 〈흥천사〉 경찬회는 국가의 경비를 쓰지 아니하고 특히 한때의 작은 일인데, 무엇이 치도에 해로움이 있겠느냐."고 할 것이오나, 불교의 흥하고 폐하는 기회가 바로 이 일에 있을 뿐만 아니라, 또 후세에 아비도 없고 임금도 없는 교(敎)를 열어서 함께 이적(夷狄)과 금수(禽獸)가 될 것이오니, 하는 일은 비록 작사오나 해되는 바는 많사오니, 국가 만세를 위하여 거듭 염려하지 않을 수 없습니다.[98]

이처럼 황희는 불교를 유교의 이단으로 매우 냉대하였다. 그래서 세종이 말년에 궁궐 내에 불당을 건립하고 하자, 다음과 같이 반대하는 상소를 올렸다. 불교가 국가에 이익이 없음을 강조하였다.

> 엎드려 생각건대, 석씨(釋氏)의 말은 생민에 해만 있고 국가에 이익이 없는 것은 성상께서도 본래 깊이 아시는 것이니 노신이 어찌 감히 덧붙여 말씀드리겠습니까. (중략) 더욱이 지금 불우(佛宇)를 세우는 것은 실로 나라를 소모하고 백성을 해치는 시초가 되는 것입니다. 신이 일찍이 태

98) 《세종실록》 23년 윤11월 23일.

종을 모시었을 때에 하교하시기를, "불씨의 교가 탄망(誕妄)[99]하여 다스리는 체제에 해가 있으니 심히 불가하다. 내가 장차 그 폐해를 뽑아 버리겠다." 하시었습니다.[100]

이에 중종 11년에 참찬관 신상은 "고려와의 세대가 멀지 않아 폐습이 그대로 있었으므로, 소헌왕후께서 승하하셨을 때에 내불당을 대궐 안에 짓고자 하자, 황희가 백관을 거느리고 중지하라고 간하므로 드디어 불당을 대궐 밖에 지었습니다."[101]라고, 황희가 불교를 배척한 일에 대해 언급하였다. 이러한 모든 사실을 살펴볼 때 황희가 왕실제사를 소선으로 하게 한 것은 절대로 불교 때문이 아니라 국가의 재정을 생각하고, 백성을 아끼는 마음에서 시행한 것이라 할 수 있다.

4. 왕실제사의 소선은 국가의 백년대계

1) 공납(貢納) 감축을 통한 위민정치

황희가 왕실제사를 소선으로 하게 한 가장 큰 목적은 백성들의 공납부담을 줄이는 것이었다. 제사에는 막대한 제물과 비용이 소용되는데, 그 모든 것이 백성으로부터 거두는 것이다. 황희는 후대로 갈수록 왕실제사가 증가하면서 백성들의 공물부담이 급증할 것을 염려하여 미리 왕실의 제향을 소선으로 정한 것이다. 왕실제사는 일정한 한도가 정해진 제향이

---

99) 허탄하고 망령됨.

100) 《세종실록》 30년 7월 22일.

101) 《중종실록》 11년 3월 6일.

아니므로 후대로 갈수록 늘어날 수밖에 없다. 속절제와 기신제(조선후기)가 계속되었기 때문이다. 특히 왕릉이 증가하면 제향은 증가하고, 제향이 늘어나면 국가 재정의 부담도 커지지 않을 수 없었다. 황희가 이 상황을 이미 예견하여 왕릉 제향에 고기를 사용하지 못하게 한 것이다.[102]

선조 7년(1574)에 유희춘은 제사를 지나치게 하면 나라의 물력이 지탱하기 어렵기 때문에, 황희가 왕실제사를 소선으로 하기를 간청했다고 하였다. 황희가 왕실제사를 소선으로 하게한 의도를 확실히 잘 알고 있었다.

> 우리나라 세종께서 조상 받들기를 지나치게 후하게 하여, 문소전을 창건하고 하루에 서너 때를 생시의 공양(供養)처럼 했었습니다. 이는 진실로 예가 아닌 예인 데다가 온 나라의 물력(物力)이 또한 지탱하기 어려웠기 때문에, 그 때의 명정승 황희가 백관을 거느리고 여러 달을 대궐 뜰에 서서 극력 간했지만 되지 않았습니다.[103]

여기서 물력은 곧 공물을 뜻한다. 백성이 바치는 공물이 매우 한정적이란 말이다. 유희춘은 황희가 왕실제사에서 소선으로 한 의도를 적극적으로 지지하면서, "중국 조정에서는 종묘에는 단지 사시의 대제(大祭)만 거행하고, 능침에는 오르지 속절의 제사만 거행하며, 문선왕묘에는 단지 봄과 가을의 석전(釋奠)만 거행하는데, 우리나라는 그렇지 않아 종묘나 능침이나 공자 사당에 전부 초하루와 보름에 제사를 거행하니 이는 모두 너무나 과람한 일입니다."라고 지적하였다.

---

102) 이욱, 전게서, p.194.

103) 《선조실록》 7년 4월 28일, 《미암집》 제17권/ 경연일기.

병좌 좌랑을 지내고 임진왜란이 발발한 그 해에 의병장으로 전투에서 죽은 조헌은 각종 공물의 폐단에 대해 다음과 같이 상소하였다.[104]

> 우리나라의 백성들에게는 경상적인 공물 외에도 또 진상하는 물선을 사서 바치는 고통이 있기 때문에, 백성이 빈궁해지고 원한이 극도에 이르게 되니 국가의 큰 걱정거리로 되는 것이야 이루 다 말할 수 없습니다. (중략) 생선 한 마리 값이 본 고장에서 산다면 쌀 한 되에 불과한 것인데, 먼 곳 사람이 와서 급하게 구하다보니 반드시 4~5두를 써야만 사가지고 오게 됩니다. 그 비용은 품을 팔아서도 부족하면 부득이 밭을 저당 잡혀서 내는 형편입니다. 아무리 토산이라 하지마는 경주의 전어는 명주 1필로써 바꾸고 평양의 동수어(凍秀魚)는 정포 1필로써 바꾸고 있는바, 각 고을에서 진상하는 물건 값으로서 이와 같은 것이 끝없이 많을 것입니다. (중략) 이것을 미루어보면 먼 도에서 진상물로 바치는 생선은 제사(祭祀)에 쓰는 것에만 한하여 받음으로써 굶주리는 백성과 없어지는 역(驛)을 회생시키는 것이 전하의 어진 정치를 실행함에 있어서 마땅히 먼저 할 일입니다.[105]

1624년(인조 2) 정월에 조정은 이괄의 난으로 임금이 공주로 피신하고 궁궐이 불타는 큰 난리를 겪는다. 난이 평정된 후 민심을 안정시키고 정부의 기능을 회복하기 위한 논의에서 사간원에서는, "온갖 용도를 전일과

---

104) 《선조실록》 7년에 중국 사신으로 다녀온 후 올린 상소.

105) 《반계수록》 권지/ 전제 후록 하/ ㄹ. 국조(國朝) 명신들의 정치 폐단에 관한 여러 가지 의견.

한결같이 한다면 살아남은 백성이 결코 지탱할 희망이 없을 것이니, 이제부터 종묘·사직·능침의 제향과 삼전(三殿)의 어공과 진상하는 방물과 아래로 모든 관원의 녹봉을 죄다 줄여서 한결같이 임진년 이후의 전례에 따르소서."[106]라고, 제향에 소용되는 공물을 줄일 것을 주청하였다. 이는 전란과 기근으로 백성이 곤궁하고 물자가 고갈된 상태에서 왕실과 국가의 경비를 줄이려는 첫 번째 조치에 제향의 어공과 진상이 포함되었다. 그 만큼 제사의 부담이 큰 것이다. 그러나 국왕은 종묘와 사직의 제향을 줄이기 어렵다고 거부하였다.

이에 영의정 이원익은 공주에 피난했을 때 검약에 힘써 요역을 줄이겠다고 한 임금의 분부를 상기시키며 다음과 같이 제향의 축소를 주청하였다.[107]

〈이원익〉 "백성이 편안하면 종묘·사직의 혈식(血食)[108]이 영구할 수 있으나 백성이 편안하지 않으면 나라가 따라서 망하게 되어 종묘가 혈식하지 못합니다. 그렇다면 제향의 전례(典禮)를 줄이는 것도 곧 조상을 받들어 효도하기 위한 방도입니다." 〈임금〉 "제향을 줄이는 것은 사체(事體)가 매우 중대하므로 나는 몹시 난처하다. 모르겠다만 재상들의 의사는 어떠한가?" (중략)

〈이원익〉 "공물 바치는 것 가운데에서 구하기 어려운 물건은 장만하기

---

106) 《인조실록》 2년 2월 23일.

107) 이욱, 전게서, p.205.

108) 희생을 바쳐 제사함.

쉬운 것으로 대치하거나 죄다 줄여야 하고, 편포(片脯)[109]는 매우 장만하기 어려우므로 또한 대구어(大口魚)로 대용해야 하겠습니다." 〈임금〉 "사가의 제사에도 포해(脯醢)[110]를 쓰는데 편포는 전폐할 수 없으니, 그 수를 줄여야 한다."[111]

인조는 제향의 쓰이는 제물을 이치와 체면 때문에 축소할 수 없다고 버텼다. 그러나 며칠 후 제향의 축소 논의는 오히려 제향의 정지로 발전하게 되었다. 인조가 영의정 이원익과 대신들의 간청을 꺾지 못하여, 각 릉의 오향대제(五享大祭)와 종묘의 삭망제를 정지한 것이다.[112] 그만큼 왕실제사는 국가의 재정과 백성들에게 큰 부담을 주었다. 황희가 왕실제사를 소선으로 하게 한 이유이다. 제물(祭物)을 줄여서 백성의 부담을 줄이는 것이 목적이었다. 물론 폐지된 왕릉의 오대제향은 6년 후인 1630년(인조 8)에 다시 복원되었다. 그래서 현종 즉위년(1659)에 영의정 정태화는 "황희가 정청(庭請)해 윤허를 받은 뒤에 어떤 이에게 '우리나라가 300년은 보존될 수 있을 것이다.'라고 하였다 합니다."라고 강조하였다. 왕실제사의 소선이 어떤 의미인지를 확실히 말한 것이다. 나라의 국운을 좌우할 만큼 중대한 결단인 것이다.

이처럼 유희춘을 비롯한 후대의 대부분의 조정 신료들은 황희가 왕실제사를 소선으로 한 이유를 명확히 하고 있다. 황희가 제사비용을 줄여

---

109) 잘게 썰어 얇팍하고 둥글납작하게 만들어 말린 고기.

110) 고기를 말려서 만든 포와 삭여서 만든 젓장류.

111) 《인조실록》 2년 2월 24일.

112) 《인조실록》 2년 2월 29일.

국가 재정을 튼튼히 하여 백성을 보존하려 한 것이다. 그것도 제사 비용만 줄이더라도 나라가 300년은 더 유지될 수 있다고 하였다. 이는 곧 제사로 인한 공납(貢納)을 줄여 백성을 편안케 하여 나라를 건실하게 유지하려 한 것이다. 백성을 위한 위민 정치를 강조한 것이다.

그 결과 황희가 왕실제사를 소선으로 하게 한 지 거의 300년이 된 영조 즉위년(1724)에 우의정 이광좌는, 다음과 같이 나라에서 황희가 소선으로 결정한 혜택을 받고 있다고 하였다.

> 나라를 다스리는 방도는 백성을 구휼하는 데 달려 있고 백성을 구휼하는 방도는 소비를 절제하는 데 달려 있습니다. (중략) 우리나라는 씀씀이가 해마다 늘어나서 한 해에 거두어들이는 세금으로는 감당할 수 없으니, 감당할 수 없다면 어느 곳으로부터 충당하였겠습니까? (중략) 나라를 다스리는 근본은 재물을 쓰는 것을 절약하는 데 달려 있습니다. 세종께서 황희·허조(공민왕 18~세종 21)와 함께 의논하여 정하여 제향(祭享)에 소선을 쓰도록 하셨습니다. 선대의 성군과 현상(賢相)이 강론해서 결정한 것으로 지금까지 혜택을 받고 있으니, 검약하는 방도를 이를 미루어 알 수 있습니다. 전하께서 이런 부분에 특별히 힘을 쏟아서 여러 가지 씀씀이를 크게 줄일 수 있다면 이는 백성을 구제하고 나라를 살리는 방도입니다.113)

황희의 소선제사가 백성을 구제하고 나라를 살리는 국가의 '백년대계

---

113) 《승정원일기》 영조 즉위년 9월 25일.

(百年大計)'란 말이다. 《영조실록》에는 "세종께서는 황희·허조와 산릉(山陵)의 제사 때에 소선을 쓰기로 의논하여 정하였으니, 검소하고 간략하게 하려는 뜻이 이와 같았습니다. 원컨대 전하께서는 크게 조절하고 줄여서 백성을 구제하고 나라를 살리는 방도를 삼으소서."114)라고 기록되어 있다. 이광좌는 이제 막 왕에 즉위한 영조에게 황희의 소선제사를 통해 위민정치를 강조한 것이다. 그 후 좌참찬 김재로는 '절손(節損)의 도리'를 말하면서 다음과 같이 제향의 비용을 줄일 것을 주청하였다.

> 예기(禮記)에 "흉년 든 해에는 하생(下牲)으로 제사지낸다"는 조문이 있습니다. 이렇게 큰 흉년이 든 해를 당해서는 비록 제향의 용도를 감쇄(減殺)하더라도 아마 불가함이 없을 듯합니다. 능침과 종묘의 제사는 조종조에 비하여 더 많아졌는데, 이밖에 여러 가지 향사(享祀)들이 거의 빈 날이 없으니, 이로 말미암아 경비가 옛날보다 배나 증가된 것은 본디 그 형세가 그런 것입니다.115)

그래서 조선의 왕으로 가장 오랫동안인 52년을 재임한 영조는 이러한 마음을 가지고 위민정치를 하였다. 영조는 재위 41년에 "능향에 고기를 쓰지 않고 소선을 쓰는 것은 국초에 고 상신 황희가 만세를 염려한 것이다. 휘령전(徽寧殿; 사도세자)의 중삭제(仲朔祭)116) 및 5향(五享) 외의 명절·삭망에는 비록 친히 제사지내더라도 육선을 쓰지 말도록 하

---

114) 《영조실록》 즉위년 9월 25일.

115) 《영조실록》 7년 12월 26일.

116) 음력 2월·5월·8월·11월에 지내는 제사.

라."[117]고 명하였다. 영조는 황희가 정한 소선의 규례를 철저히 이행한 것이다. 제사의 제물이 백성들에게 커다란 부담이 되었기 때문이다.

2) 왕실제사의 공물과 경비 실태

조선시대 제사의 제물들은 백성들에게 고통을 줄 뿐만 아니라 나라의 재정에 가장 큰 부담이었다. 그래서 태종 때에 "진상하는 정향포(丁香脯)[118]는 규모가 너무 커서 주군(州郡)에서 괴롭게 여깁니다. 원컨대 이제부터 민간의 중포(中脯)[119]의 예와 같이 하여 적당하게 수를 정하소서."[120] 할 정도로, 제사에 쓰는 공물과 진상은 백성을 고통스럽게 하였다.

〈육전조례〉[121]에 의하면 선혜청이 1년에 공가로 지급한 것을 쌀로 환산하면 총 246,645석이다. 그중 봉상시에 지급된 공가(貢價)는 쌀 17,395석[122]이며, 전생서(典牲署)[123]의 공가는 쌀 7,283석이다.[124] 두 관서의 공가를 합하면 24,678석에 달한다. 선혜청 수입의 거의 10%가 왕실제사에 사용된 것이다. 조선시대 왕실에 필요한 의복이나 식품 등을 관장한

---

117) 《영조실록》 41년 윤 2월 15일.

118) 나라의 제사에 쓰기 위하여 특별히 건조하여 만든 어육(魚肉)의 포(脯).

119) 민간의 제사에 쓰는 어육의 포.

120) 《태종실록》 12년 5월 19일.

121) 고종 3년(1866) 12월에 완성.

122) 대개 16두의 쌀이면 궁한 백성 8(0.67되)~9(0.59되)명의 1개월간 식량이 되었다.(《반계수록》 권지4/ 전제 후록 하)

123) 전생서는 조선시대 나라의 제사에 쓸 짐승을 기르는 일을 맡아본 관아이다.

124) 김재호, "조선후기 중앙재정의 운영: 《육전조례(六典條例)》의 분석을 중심으로", 〈경제사학〉 43권, 2007 p.28.

관서인 제용감(濟用監)의 공가가 23,127석인 것을 감안하면, 제사에 쓰는 비용이 더 많은 것이다. 여기에 봉상시는 토지 205결, 전생서는 204결을 분급받은 것을 고려한다면 제사의 경비는 더 늘어난다.125)

황희가 왜 그렇게 왕릉제사를 소선으로 하게 했는지 알 수 있다. 왕실제사는 국가재정에 큰 부담이 되었으며, 그로 인한 백성의 공물 부담은 늘어날 수밖에 없기 때문이다. 그래서 숙종 29년에 민진후는 "우리나라 경비의 쓰임은 제향(祭享)과 녹봉이 겨우 3분의 1이 되고, 군병의 늠료(廩料)가 3분의 2가 됩니다."126)라고 하였다. 그리고 숙종 23년(1697)에 우의정 최석정은 "수입을 헤아려 지출하는 것은 나라를 다스리는 공통된 법입니다. 우리나라는 보통 해의 세입은 13만여 석에 불과하지만 1년 경비는 12만 석에 이르는데, 종묘(宗廟)와 백관의 소용이 3분의 1을 차지하고 그 2분은 양병의 수요에 씁니다."127)라고 하였다. 1년에 4만 여석을 제향과 녹봉에 지출하였다고 볼 수 있다. 왕실제사에 드는 경비가 관리들의 녹봉만큼 많은 것이다.

이 때문에 황희가 왕실제사의 소선을 기필코 실현시킨 것이다. 세종은 재위 4년 9월에 "문소전·광효전에 공상하던 육선을 여러 도에서 절기를 따라 사옹방(司饔房)128)에 올리라."129)고 하였는데, 2개월 후에는 "이제 흉년이 들어 백성이 굶주리니 여러 도로 하여금 육선을 진상하지 말게

---

125) 김옥근, 《조선왕조재정사연구》, 일조각, 1988, p.166.

126) 《숙종실록》 29년 1월 10일.

127) 《증보문헌비고》 제155권/ 재용고 2/ 국용 2.

128) 임금의 식사와 대궐 안의 식사 공급에 관한 일을 관장하기 위하여 설치되었던 관서.

129) 《세종실록》 4년 9월 18일.

하고, 또 문소전·광효전 외에 각전(各殿)의 망전(望前)·망후(望後)의 진상도 또한 이를 아직 정지하라."130)고 했다. 문소전과 광효전에 매일 육선으로 제사를 올린 것이다. 문소전과 광효전에는 상식(常食)이라 하여 매일 하루 세끼의 식사를 올렸는데131), 거기에는 노루와 사슴고기가 포함된 육선으로 하였다.

하지만 세종은 그해 12월는 "이후로는 문소전과 광효전에 진상하는 노루·사슴·기러기·오리 등 물건은 모두 바치지 말라."고 명하였다.132) 노루·사슴·기러기·오리 등을 각 고을에서 진상하는 것이 쉽지 않았기 때문이다. 그리고 세종은 "문소·광효 두 전의 삭망제와 별제의 고기는 사복관(司僕官)을 보내어 사냥하여 얻게 하되, 삭제에 쓸 것은 철원에서 잡고, 망제에 쓸 것은 평강에서 잡아 진상하라."고 하였다.133) 그러나 이렇게 사냥한 짐승으로 제사하는 것도 쉽지 않아, 세종은 제위 16년에 "금후로는 문소전에 친히 별제(別祭)를 행할 때에 소를 쓰는 것으로 항식을 삼으라."고 명했다.134) 몇 달 후 황희도 "하삼도의 노루가 거의 다하여 조포(條脯)135)와 편포(片脯)를 갖추어 올리기 어렵게 되었으므로, 부득이 진속(鎭屬) 군관과 각 고을에 분정하여 독촉해 잡게 하므로 폐가 백성에게 미치오니 진실로 불편하옵니다. 주(主)장관으로 하여금 마감하여 수량을

---

130) 《세종실록》 4년 11월 1일.

131) 《성종실록》 1년 6월 24일.(세종께서 따로 문소전을 지은 것은 평상시에 세끼[三時] 수라를 마련하고자 하는 것을 본받은 것이니, 곧 한나라 때 원묘의 유제입니다.)

132) 《세종실록》 4년 12월 25일.

133) 《세종실록》 6년 1월 4일.

134) 《세종실록》 16년 4월 25일.

135) 나라의 제향에 쓰는 편포.

감하게 하옵소서." 하였다. 육선으로 제사를 올리는 것이 쉽지 않은 것이다.

따라서 세종 때에는 1년 동안 제수(祭需)로 소용되는 소는 총 14마리로, 종묘제 때의 검은 송아지 5마리, 영녕전제(永寧殿祭) 때의 검은 송아지 2마리, 사직제 때의 검은 큰 소 3마리, 문선왕 석전제(釋奠祭) 때의 큰 황소 2마리, 문소전 별제(別祭) 때의 누런 송아지 2마리였다.[136] 이에 국초에 전생서를 목멱산(木覓山; 남산) 남쪽에 설치하여 희생 기르는 것을 맡아보게 하고, 황우 3마리·흑우(黑牛) 28마리·양 60마리·염소 14마리·돼지 330마리를 항상 사육하게 하면서, 사료는 호조에서 달마다 매월 황두 150석과 쌀 15석 지급하게 했다.

그러나 조선후기에는 전생서의 원공은 황우 3마리, 흑우(黑牛) 45마리, 양 79마리, 염소 16마리, 돼지 615마리였으며, 1년 제향에 사용하는 수효는 황우 3마리, 흑우 35마리, 양 57마리, 염소 14마리, 돼지 521마리였다. 여기에는 친임하는 대제(大祭)에 더 봉진하는 것과 별제향에 사용하는 것은 포함되지 않았다.[137] 숙종 대의 이형상이 편찬한 《탐라순력도》를 보면 제주도에서 흑우를 총 703마리 기르고 있었으며, 그중에서 매년 20마리를 공물로 바쳤다. 국가 제사에서 흑우의 사용은 조선후기로 갈수록 늘어나 정조 대 이후 제주도와 거제도에서 총 45마리가 매년 공물로 올라오면 호서의 각 읍에서 나누어 기른 후에 전생서로 보냈다.[138]

---

136) 《세종실록》 21년 2월 6일.

137) 《만기요람》 재용편 5/ 희생/ [가축 가격 : 돼지 1마리에 6석, 양 1마리에 20석, 염소 1마리에 7석(石) 황소 1마리에 25석, 흑우(거제와 제주 목장에서 직접 기름), 5월부터 9월까지는 매월에 생풀 값으로 쌀 107석 12두, 10월부터 다음 해 4월까지는 매월에 곡초 값으로 쌀 98석 12두]

그런데 세종 때에는 종묘에 5실에 10위(位), 영녕전 2위 및 선왕과 선후의 5능(7위)이 있었는데, 조선후기의 종묘의 19실의 49위, 영녕전 33위 및 왕릉은 50개소, 원 12, 묘는 42개소로 늘어난 것을 감안하면[139] 제물의 희생이 지나치게 많이 늘어난 것은 아니다. 임진왜란 이후의 조정에서도 제향에 따른 비용을 철저히 감축하려는 노력을 했기 때문이다.

다음 [표 1]은 정조대에 편찬된 《사전사례편람(祀典事例便覽)》에 따른 국가 제사의 거행 건수를 나타낸 것이다. 《세종실록》의 〈오례의〉에 의하면 종묘에 친향할 적에는 소 1마리, 양 5마리, 돼지 5마리를 쓰고, 대리행사할 적에는 소 1마리, 양 1마리, 돼지 5마리를 쓰고, 세시(歲時)와 삭망(朔望)에는 각기 돼지 1마리를 쓰도록 하였다.[140]

[표 1] 조선후기 정조 때 국가 제사의 거행 건수

<table>
<tr><th colspan="2">구분(희생, 마리)</th><th>건수(건)</th><th colspan="2">백분율(%)</th></tr>
<tr><td colspan="2">대사(소1, 양1, 돼지1)</td><td>17</td><td colspan="2">5</td></tr>
<tr><td colspan="2">중사(양1, 돼지1)</td><td>12</td><td colspan="2">3</td></tr>
<tr><td colspan="2">소사(돼지1)</td><td>93</td><td colspan="2">27</td></tr>
<tr><td rowspan="4">속제</td><td>진전</td><td>6</td><td>2</td><td rowspan="4">65</td></tr>
<tr><td>능</td><td>165</td><td>47</td></tr>
<tr><td>궁묘</td><td>30</td><td>9</td></tr>
<tr><td>원묘(園廟)</td><td>24</td><td>7</td></tr>
<tr><td colspan="2">합계</td><td>347</td><td colspan="2">100</td></tr>
</table>

출처 : 《사전사례편람》(이욱 전게서, 226쪽)

138) 이욱, 전게서, p.114~116.

139) 김옥근, 전게서, p.162~163.

140) 《세종실록》 〈오례〉 길례/ 서례/ 생뢰.

나라의 제향에서 대사(大祀)와 속례가 왕실제사라 할 수 있으며, 속례의 경우 거의 희생을 쓰지 않기 때문에 정조 때 흑우가 1년에 45마리 희생으로 받쳐졌다면 대사에서 소용되었다고 볼 수 있다. 그러면 조선후기 종묘 같은 대사에는 거의 2마리의 소가 희생으로 받쳐진 것이다. 선조 40년에 이항복은 다음과 같이 태묘에 올린 소 1마리의 희생이 적다고 2마리씩 올리자고 하였다.

> 지금 태묘의 다섯 향사에 소 한 마리를 잡아 나누어 열 신실에 희생(犧牲)으로 바치니, 5묘(廟) 이상은 각각 머리와 네 다리를 올리고, 6실(室) 이하는 어깨·허리·갈비·등마루를 토막토막 잘라서 바치어 그 모양이 말이 아닙니다. 어찌 종묘 향사의 큰 예절에 있어서 희생을 통째로 올리지 않고 도마에 잘라서 하는 일이 있겠습니까. 생각건대, 우리 태종께서 태묘에 제사 드리면서 희생으로 처음에는 온전한 소를 썼을 것인데, 태종을 부묘한 후에 예관들이 예의 본의를 상고하지 아니하고, 온전한 소를 도마질하여 자른 것이 아닌가 하옵니다. (중략) 지금 전란을 겪고 나서 제사를 예대로 드리지 못할 때를 당하였으니, 신(神)에게 좋은 희생을 통째로 올리는 일을 갑자기 변경하여 행할 수는 없사오나 약간 변경하여 10실에 두 마리를 올리되, 두 머리와 여덟 다리로 나누어 10실에 올린다면 아마도 모양이 과히 어긋나지는 않을까 하옵니다.[141]

문제는 속례에서는 소나 양과 돼지를 제물로 사용하지 않은 것이다.

---

141) 《연려실기술》 별집 제1권/ 사전전고/ 제향(祭享).

만약 속례의 모든 제사에 모두 육선을 사용했다면 제향으로 올려진 가축 수는 기하급수적으로 늘어났을 것이다. 특히 왕실제사 중 거의 50%에 달하는 왕릉제사에 육선을 사용했다면 양과 돼지의 희생은 말할 수 없을 정도로 늘어나, 아마 조선후기에는 적어도 매년 1천 마리 이상의 돼지가 제물이 되었을 것이다.

그래서 이러한 재정적인 부담과 백성의 어려움 때문에 임진왜란 이후 종묘 및 각릉의 삭망제는 정지되고 분향만 하였다.[142] 그리고 왕릉제사 중 오향대제(五享大祭)도 폐지되었다. 임진왜란 중에는 다음과 같이 참화로 돼지와 양이 품귀하여 희생으로 사용할 제물이 없을 정도였다. 선조 33년(1600)에 체찰사 이항복이 올린 차자(箚子)이다.

> 전생서에서 바친 생저(生猪)는 제향에 관계되니, 진실로 의논하기가 어렵겠습니다. 정유년(丁酉年, 선조 30년)의 변고에 살육의 참화는 또한 닭과 개에게도 미치게 되어서, 돼지에 이르러서는 도내의 각 고을에 한 마리도 남아 있는 것이 없으므로, 한 마리의 돼지 값이 곡식 15여 석에 이르게 되니, 은으로 계산해 지불한다면 곧 20냥의 값이 됩니다. 백성들이 이 영(令)을 듣고는 온 고을에서 재물을 기울여 희생에 쓸 소를 사기를 원했으나 주관하는 사람은 머리를 흔들고 있을 뿐입니다. 한 도를 돌아보아도 또 돼지를 기르는 집이 없으므로 뿔 없는 양(羊)을 대신 내도록 했으나, 이것도 준비할 길이 없었습니다.[143]

---

142) 《선조실록》 26년 10월 18일.

143) 《증보문헌비고》 제56권/ 예고 3/ 종묘 2/ 제향 1/ 조선.

하지만 전란이 끝난 이후 조정의 신료 중에는 제향의 축소에 반대하는 경우도 있었다. 다음은 광해군 4년(1612) 사간원이, "국가의 큰일은 제사와 군대인데 왜란을 겪은 이후로 종묘의 삭망제를 폐기한 채 행하지 않고 있으니, 참으로 흠전(欠典)인 것입니다. (중략) 그런데 시종 폐기하고 거행하지 않았으니 매우 경악스러운 일입니다. 신들이 삼가 삭망제의 제수를 살펴보건대, 쌀은 단지 1백 석이고 돼지도 겨우 70마리였습니다."[144]라고, 종묘의 삭망제를 실시하자는 간청이다. 삭망제는 매달 초하룻날과 보름날에 지내는 제사이므로 1달에 두 번, 1년에 24번의 제향이 이루어진다.[145] 종묘의 삭망제에 들어가는 비용을 환산하면 쌀로 520석 정도 들어간다. 이에 인조 21년(1643)에서야 종묘의 삭망제는 예전대로 복원하였다.[146] 그 결과 10년 후인 효종 5년(1654)에 호조는 제향에 쓸 돼지가 남아 있지 않다고 다음과 같이 하소연이다.

> 제향의 돼지로 말하더라도 종묘의 위수는 지금 11실에 이르렀으나 공물은 감면된 수량을 그대로 두고 더 정하지 않았으며, 전에 있던 것을 추이하여 계산한 것은 정축년(丁丑年 1637년 인조 15년) 이후로 삭망제를 임시로 정지한 때문에 자못 남는 저축이 있어서 그러한 것이니, 한 번 계미년(癸未年, 인조 21년)에 삭망제를 복설한 뒤로부터는 약간의 남은 저축은 이미 다 써버렸으므로 다시 잇대어 갈 길이 없습니다.[147]

144) 《광해군일기》 4년 4월 19일.

145) 《증보문헌비고》 제150권/ 전부고 10/ 공제 1/ 조선.

146) 《인조실록》 21년 5월 6일.

147) 《증보문헌비고》 제150권/ 전부고 10/ 공제 1/ 조선.

이것이 왕실제사의 육선의 어려움이다. 때문에 조선 정부는 초기부터 후기까지 제향을 축소와 제사의 희생을 줄이려는 노력을 많이 하였다. 황희가 왕실제사를 소선으로 하게 한 타당성이다. 황희가 왕릉제사를 소선으로 정하기전까지 육선으로 하였다면, 소를 비롯한 돼지 등 가축의 소용은 몇 배는 더 많았을 것이다. 더구나 제사의 제물에 따른 비용은 육선에만 있는 것이 아니다. 고기가 아닌 소선으로 제사하여도 그 비용 또한 백성이 감당하기에는 수많은 고통이 따랐다. 세종 때 국가의 제사를 관장하는 봉상시에서 경기도에서만 거두는 산삼과 길경(苦莄, 도라지) 등의 공납을 쌀로 대납한 것이 172석이나 되었다.[148] 그리고 연산군 3년에는 경기도 봉상시에 납입하는 대추가 20여 말에 달했다.[149] 특히 종묘의 제향에 필요한 공물을 천신(薦新)[150]이라 하여 월령(月令)에 따라 공납하게 하였다. 이 천신 월령은 〈오례의〉에 기록된 것으로 제철에 나는 각종 과일부터 생선에 이르기까지 70여 종에 이른다.[151]

각 고을에게 부과되는 이러한 진상 품목들은 시시때때로 백성의 무거운 부담이었다. 연산군 5년에는 좌의정 한치형 등은, "지금 각도가 다같이 병든 것이 한 가지 있습니다. 봉상시(奉常寺)의 제포(祭脯)는 1년간 수납하는 수량이 총 650접이며, 이는 모두 노루와 사슴이 아니면 만들지 못하는 것들입니다. 대저 노루와 사슴은 생산되는 곳도 있고 생산되지 아니하는 곳도 있으며, 옛날보다 지금이 많을 수도 있고 적을 수도 있는

---

148) 《세종실록》 7년 8월 22일.

149) 《연산군일기》 3년 9월 28일.

150) 새로 나는 물건(物件)을 먼저 신위(神位)에 올리는 일.

151) 《증보문헌비고》 제57권/ 예고 4/ 종묘 3/ 제향 2/ 천신/ 조선.

것입니다."[152]라고 하였으며, 인조 16년(1638)에 비변사에서는, "월령의 천아(天鵝)를 천신하는 것은 민폐가 많으면서도 오히려 얻기가 어렵습니다."[153]라고 하였다.

또한 숙종 7년에 이민서는 "혼전과 같이 여러 궁가에서 진향(進香)할 때 반드시 인삼·정과(正果)[154] 및 용안(龍眼) 등 희귀한 물품을 쓰는데, 그 비용이 백금(百金)[155]을 넘는다고 합니다."[156]라고 하였다.

더구나 제향 공물의 경우 방납 등의 피해가 끝없이 발생하였다. 명종 때 풍덕 군수 이민각은 다음과 같이 방납을 폐단을 혁파하여 흉년에 백성을 구휼하라고 상소하였다.

> 방납을 제거하여 누적된 폐단을 혁파하는 것입니다. 본 고을의 일로써 관찰하면 전생서의 염소·돼지와 사축서(司畜署)의 닭·오리와 봉상시의 소채와 군기시의 우각(牛角)·치우(雉羽)를 들 수 있는데, 이것이 그중에서 심한 것입니다. 10묶음 채소의 값이 쌀 20두에 이르며, 1마리의 돼지 값이 쌀 10여 곡에 이르니, 백성의 생활이 어떻게 곤궁하지 않을 수 있겠습니까?[157]

더구나 이러한 방납의 폐단을 근절하기 위하여 대동법이 시행된 이후

---

152) 《연산군일기》 5년 3월 27일.

153) 《증보문헌비고》 제57권/ 예고 4/ 종묘 3/ 제향 2/ 천신/ 조선.

154) 온갖 과실·새앙·연근·인삼 등을 꿀이나 설탕물에 조리어 만든 과자.

155) 쌀 1석이 금 0.075냥이니 쌀로 환산하면 1,333석 정도이다.

156) 《숙종실록》 7년 5월 22일.

157) 《명종실록》 21년 4월 17일.

에도 이러한 제물의 방납 피해는 근절되지 못했다. 그런데도 영조는 제위 24년(1748) 속절의 제물을 《국조오례의》에 따르게 했다. 하지만 영의정 김재로는 산릉의 사시와 속절의 제물을 《국조오례의》에 맞추어 마련할 경우, 다음과 같이 그동안 거행했던 것보다 훨씬 많은 추가 비용이 들어간다고 반대했다.

> 산릉의 사시·속절의 각종 제물의 가격을 《국조오례의》에 따라 더하여 마련한다면, 1위(位)의 제사에 추가로 지출해야 할 가격이 19석 13두 남짓이므로, 32위의 선왕과 선후에게 명일제를 한 번 지낼 때 추가로 지출해야 할 미가(米價)는 616석 10두 남짓입니다. 그리고 다섯 번의 명일 제사의 제물비용을 더하면 그 수가 3,361석 13두 남짓이 됩니다. 제릉, 후릉, 장릉은 경청(京廳)에 속하지 않으므로 여기에 거할 미는 이 숫자에 포함하지 않았습니다.158)

5. 결론

《예기(禮記)》의 제통(祭統)편에서는 "무릇 사람을 다스리는 도리로서 예(禮)보다 절실한 것이 없고, 예에는 다섯 가지 종류가 있는데 그중에서 제사보다 소중한 것은 없다."라고 하여, 유교적 제사의 중요성을 강조하였다. 이에 조선왕조는 왕권을 강화하고 국가를 안정적으로 통치하기 위해 의례를 정비하고 시행하는 데에 많은 힘을 기울였고, 이에 따라 제례도

158) 《승정원일기》 영조 24년 7월 25일.

중시되어 종묘, 사직을 비롯하여 여러 제단(祭壇), 그리고 왕실의 사당 및 묘소에서 이루어지는 제례는 국가 의례의 큰 한 부분을 차지하였다.159)

세종 때에는 왕릉은 고작 건원릉·제릉(齊陵)·정릉(定陵)·후릉·헌릉 등 5기만 있었고, 돌아가신 선왕과 선비(先妃)도 7위(位)에 불과하였지만, 조선 말에는 44기와 83위의 선왕과 선비로 늘어났다. 여기에는 태조의 4대조의 덕릉·안릉(安陵)·지릉(智陵)·숙릉(淑陵)·의릉·순릉(純陵)·정릉(定陵)·화릉(和陵) 160)등 추존 왕과 비는 빠져 있다.

진정한 경세가 황희는 조선의 초창기에 왕실의 제사가 이처럼 10배 이상으로 늘어날 것을 걱정하여 소선으로 제향하게 하여 백년대계를 세웠다. 황희의 정치적 예지 능력과 백성을 아끼는 위민 사상이 결합된 정치적 결단이라 할 수 있다. 그런 황희정승이었기에 세종은 함께한 지 6년 만에, "경은 세상을 다스려 이끌 만한 재주와 실제 쓸 수 있는 학문을 지니고 있도다. 모책(謀策)은 일만 가지 사무를 종합하기에 넉넉하고, 덕망은 모든 관료의 사표가 되기에 족하도다. 묘당에 의심나는 일이 있을 때이면 경은 곧 시귀(蓍龜)이었고, 정사와 형벌을 의논할 때이면 경은 곧 권형(權衡)이었으니, 모든 그때그때의 시책은 다 경의 보필에 의지하였도다."161)라고 칭송하였다. 그리고 7년 후에는 "〈경은〉 경국(經國)의 모유(謨猷) 162)를 나에게 고하여, 바야흐로 의탁하는 정이 깊었다."163)라고

159) 김해인, "조선시대 한양의 국가제례 준비 공간과 시행 공간", 〈서울민속학〉 제3호, 2016.12. p.52.

160) 《세종실록》 12년 9월 8일.

161) 《세종실록》 10년 6월 25일.

162) 어떠한 일을 이루기 위해 세우는 원대하고 담대한 꾀.

163) 《세종실록》 17년 3월 29일.

하였다.

이 논문을 쓰면서 조금 아쉬운 것은 황희 정승의 한식 묘제사에 소선을 올리지 않는 것이다. 한식 묘제사의 제품을 살펴보니 맨 먼저 과일류로 배, 사과 등 실과와 유과, 약과 등의 조과를 진설하였다. 그 다음 줄에는 포, 해, 나물 반찬류, 간장 등을, 그 뒤에 어육과 무쌈 등을, 그 뒤에는 삼탕(육텅, 어탕, 소탕)을 진설하였다. 그리고 맨 뒷줄에는 매와 갱, 제주를 신위 수만큼을 올렸다. 여기서 포와 해, 어육과 무쌈, 그리고 삼탕에는 고기가 들어간 육선이다.164) 무쌈이란 황희 종가에서만 올리는 특별한 제사 음식으로 두부를 꼭 짜서 돼지고기 다진 것 등을 넣어 만든다고 한다. 황희가 왕릉제사에서 절대로 사용하지 못하게 한 육선이다. 황희가 왕실제사를 소선으로 하게 한 본의를 생각한다면 앞으로 개선해야 할 부분이라고 본다. 지금 시행되고 있는 왕릉제사에서는 황희의 뜻을 받들어 모두 소선으로 올리고 있는 것과 대조적이기 때문이다. 황희정승이 백성을 위해 왕실제사를 소선으로 올리게 했다는 사실은 분명 높게 평가되어야 할 역사적 사건이다.

164) 권효숙, "방촌 황희 선생 묘의 제향의례" 〈방촌 황희 묘역의 문화적 가치〉, (사)방촌황희선생사상연구회 편, 2017년 9월, p.193.

겸선(兼善)의 유자(儒者) 황희(黃喜)[1)]

곽신환[2)]

1. 15세기 조선의 유자(儒者)

조선유학에서 도학(道學)론과 이에 따른 진유(眞儒)론이 학계와 정계의 중심 화두가 된 것은 16세기에 들어서였다. 유자의 양상을 행도(行道)와 수교(垂教)로 구별한다면 행도는 겸선(兼善)으로 수교는 독선(獨善)과 자수(自守)로 연결할 수 있다. 행도 겸선을 삼품(三品)으로 나누면 대신

---

1) 이 글은 (사)방촌황희선생사상연구소 주최, 방촌황희연구소 주관한 2018 제4회 방촌황희선생 정기학술대회(《오늘의 한국과 방촌 황희》, 성균관 유림회관, 2018.11.09.)에서 발표한 논문이다.

2) 숭실대학교 철학과 교수

(大臣), 충신(忠臣), 간신(幹臣)이다. 이 가운데 대신은 도덕이 몸에 배어 있어 자기를 미루어 남에게 미치게 하고, 자기 군주로 하여금 요순(堯舜)이 되게 하며, 자기 백성으로 하여금 요순 시대의 백성이 되게 하려는 목표를 지니고 군주를 섬기는 데나 자기의 몸가짐에 모두 정도(正道)로써 하는 사람이다. 고대의 고(皐) 기(夔) 직(稷) 설(契) 등이 대신으로 분류된다. 자수나 수교를 지향하는 세 품류는 천민(天民), 학자, 은자(隱者)이다.[3)]

황희(1363~1452)는 고려에서 조선으로 왕조가 바뀌는 시기를 살았다. 황희는 초년시절부터 학문을 좋아했다고 한다. 그가 누구에게 배웠는지는 알려져 있지 않다. 그러나 그가 사장(詞章) 곧 문장이 군자가 힘쓸 것이 못된다고 생각했다. 이는 당시 성리학자들이 지닌 일반적 태도였다. 성리학이 고려에 도입되었어도 여전히 많은 학자들은 사장에 종사하고 있었음을 감안하면 황희의 이 발언은 자못 의미있게 볼 부분이다. 그에게 과거를 권유하는 사람들에게 그가 "아직은 성현의 말씀을 제대로 이해하는 수준에 미치지 못했다."고도 하였다. 이는 겸사로 치부할 수도 있지만 자못 성리학자들의 지향이었음도 유념해야 한다. 그러나 그는 사마진사시를 거쳐 1389년 대과에 급제하였으니 결국 과거로 입신하였고, 관료로서의 길을 택하였다. 처음 그에게 주어진 직책은 성균관 학관이었고

---

3) 이이《栗谷全書》卷15, 東湖問答 月課. 이이는 충신과 간신은 다음과 같이 규정하였다. "둘째 항상 나라만 걱정하고 자신을 돌보지 않으며 진심으로 임금을 섬기고 백성을 보호할 수 있다면 쉽고 어렵고를 가리지 않고 정성을 다해 행하여 비록 정도에는 다소간의 차이가 있더라도 끝까지 사직을 편안하게 하려는 자는 忠臣이다. 셋째 그 지위에 있을 때에는 그 職分을 지킬 것을 생각하고, 임무를 맡았을 때에는 능력을 발휘하기를 생각하여, 그릇은 비록 나라를 다스리는 데에 부족하더라도 才幹이 한 자리를 감당할 만한 사람은 幹臣이다."

이어 세자우정자(世子右正字)의 책임을 겸한 것과 예문관, 춘추관, 사헌부 등에 전임된 것은 그의 학문에 대한 주변의 평가가 있었던 것으로 짐작된다.

왕조 교체 때 그는 30세였고, 그 후 60년을 더 살았다. '이립(而立)'의 나이에 이루어진 일이니 시류(時流)에 합류한 것은 그의 의지에 따른 것이라고 아니할 수 없다. 새 왕조는 억불(抑佛)을 표방하였다. 숭유(崇儒)는 성리학이 통치철학임을 선언하는 조치였다. 이 시기 이런 분위기 속에 있는 황희는 성리학적 이론을 다룬 논저를 남기지 않았다. 문인 제자를 양성하는 일에 종사하지도 않았다. 드러나는 학통이나 사승관계를 말하기도 어렵다. 따라서 그를 전문성을 지닌 학자라고 하기 어렵다.

현상윤은 그의 《조선유학사》에서 조선초기의 유학자로 김종직 김굉필 정여창의 세 사람만을 다루고 있다. 물론 이 시기의 거유(巨儒)로 그가 꼽은 것은 변계량4), 윤회(尹淮) 5), 정인지6), 신숙주, 서거정, 양성지를 들면서도 순수유자로 보기 어려운 점이 있다고 하고, 윤상과 김구, 김말, 김반, 김숙자가 모두 경학에 정통하였으나 문헌이 전하지 않아 고찰하기 곤

---

4) 卞季良(1369~1430) 자는 巨卿, 호는 春亭, 시호는 文肅이다. 李穡·權近의 문인이다. 1420년(세종 2) 집현전이 설치된 뒤 그 대제학이 되었고, 문장에 뛰어나 거의 20년 간 대제학을 맡아 외교 문서를 작성하였다. 과거 시관으로 지극히 공정을 기해 고려 말의 폐단을 개혁하였다.

5) 尹淮(1380~1436)의 자는 淸卿, 호는 淸香堂이다. 1422년에 집현전 부제학으로 발탁되어 그곳의 학사들을 이끌었다. 《고려사》를 개정, 《세종실록지리지》 편찬, 《자치통감훈의》를 찬집하였으며, 저서에 《청경집》이 있다.

6) 鄭麟趾(1396~1478)의 자는 伯睢, 호는 學易齋이고 정도전·權遇의 문인이다. 1445년 《치평요람》을 찬진하였다. 1446년 집현전 대제학으로서 훈민정음 창제에 협찬, 훈민정음해례 서문을 지었다. 1451년 金宗瑞 등과 함께 《고려사》를 개찬, 이듬해 김종서 등과 함께 다시 《고려사절요》를 편찬. 1458년 세조의 불서간행을 반대한 일로 세조의 노여움을 사 한 때 告身이 몰수되었다.

란하다고 하였다.[7] 1996년 간행된 《한국인물유학사》에는 모두 120명의 유학자가 선정되어 그 학술 이론과 삶이 소개되었다. 이 책에 그 시대의 인물로는 길재(1353~1419), 김숙자(1389~1456) 두 사람만이 선정되어 있다. 황희는 수록되지 못했다.[8] 배종호의 《한국철학사》에서도 조선초기를 다루면서 황희를 유학자로 자리매김하지는 않았다.[9] 유승국의 《한국유학사》에서는 조선전기의 유학에서 세종시대 문화와 유학사상을 다루면서도 황희에 대한 언급은 없다.[10] 윤사순의 《한국유학사》에서는 제12장 유불 교체기의 성리학 경향, 제13장 불교 배척과 정주학의 통치 이념화, 제14장 성리학의 권선징악적 윤리관 정립이라는 소제목을 달아 이 시기 유학의 경향을 규정하였는데, 여기서도 황희에 대한 언급은 없다.[11]

조선유학의 중심적 인물이라 할 수 있는 학자들의 문집에서도 황희에 관한 언급은 없거나 소략하다. 이황의 문집에서 황희에 대한 언급을 단 한 차례도 볼 수 없다. 이이는 그의 문집에서 단 한 차례 황희를 언급하는데, 류속(流俗)에서 조금 나은 자라 했다. 송시열의 문집에서도 황희에 대한 언급이 없다. 정약용의 그 방대한 문집에서 3차례 언급하고 있다.[12] 조선유학사에서 거봉에 속하는 이황, 이이, 송시열, 정약용 등이 모두 황희를 유학자, 또는 도학자로 자리매김하지 않은 것을 의미한다.

---

7) 현상윤 《조선유학사》 제3장 3절 〈이 시기의 저명한 유학자〉 나남 2008년 3월

8) 《인물한국유학사》 한길사 1996년

9) 배종호 《한국철학사》 연세대출판부 1981년 3판

10) 류승국 《한국유학사》 성균관대학교출판부 2009.02

11) 윤사순 《한국유학사》 상 하, 지식산업사, 2012

12) 두 곳은 강원도의 의창과 관련하여 관찰사를 했던 황희의 일을 말했고, 다른 하나는 알목하(斡木河)에 대하여 세종이 황희 맹사성 등을 불러 논의했다는 것이다.

여말 선초에는 유자에 대한 의식이 강했다. 이는 불자에 대한 구별 때문일 것이다. 정몽주는 경연(經筵)에서 일용평상의 '유자(儒者)의 도'와 친척관계와 남녀관계를 사절하고 홀로 암혈에 앉아 초의목식(草衣木食)하며 관공(觀空) 적멸(寂滅)로 종지를 삼는 불교를 대비하였다.[13] 이는 왕이 승려를 국사로 맞이하려는 것을 막는 과정에서 나온 것이다. 정도전도 불교의 자비(慈悲)와 유학의 인(仁)의 차이를 분명하게 규정하였다.[14] 유자(儒者)의 길과 불자(佛者)의 길이 어떻게 다른지를 분명히 하는 것은 삶의 지향과 양식을 바꾸는 과정에서 필수적 현상이다.

실상 황희의 시기는 아직 한국적 성리학의 태동이나 재해석 또는 창의적 확대 등은 나타나지 않았다. 이이(李珥, 1536~1584)는 우리 역사 속에 단 한 명의 진유가 없다는 인식을 갖고 있다.[15] 그는 세종 때는 비 오고 햇빛 남이 때에 적절하였다고 하며, 숭유(崇儒) 중도(重道)하여 인재

---

13) 정몽주《圃隱集》本傳 圃隱先生本傳 "王御經筵°夢周進言曰°儒者之道°皆日用平常之事°飮食男女°人所同也°至理存焉°堯舜之道亦不外此°動靜語默之得其正°卽是堯舜之道°初非甚高難行°彼佛氏之敎則不然°辭親戚絶男女°獨坐巖穴°草衣木食°觀空寂滅爲宗°是豈平常之道"

14) 정도전《三峯集》卷9, 佛氏雜辨 佛氏慈悲之辨 "吾儒所謂惻隱°佛氏所謂慈悲°皆仁之用也°其立言雖同°而其所施之方則大相遠矣°蓋親與我同氣者也. 人與我同類者也. 物與我同生者也°故仁心之所施°自親而人而物°如水之流盈於第一坎而後達於第二第三之坎°其本深故其及者遠. 擧天下之物, 無一不在吾仁愛之中. 故曰親親而仁民, 仁民而愛物. 此儒者之道, 所以爲一爲實爲連續也"

15) 이이《栗谷全書》卷15, 雜著 二 東湖問答, 月課 그 이유로 이른바 진유라는 것은 나아가면 한 때 도를 행하여 이 백성으로 하여금 熙皞의 즐거움을 갖게 하고 물러서면 만세에 垂敎하여 배우는 사람으로 하여금 큰 잠에서 깨어남을 얻게 하여야 하는데 나아가서 행할 도도 없고 물러서서 드리울 가르침도 없다면 그는 진유가 아니라고 하였다. 즉 기자 이후 더 이상 본받을 만한 선한 치적이 없으니 나아가 도를 행한 것이 없음이며, 우리나라의 사람들 저서에서 의리를 깊이 있게 밝힌 것을 볼 수 없으니 이는 물러서서 가르침을 드리운 것이 없음이라 했다.

를 양육하며 예를 제정하고 음악을 만들어 넉넉히 후세에 드리웠으니 우리나라의 치세가 비로소 성대하였는데 오늘에 이르러 남긴 은택이 아직 사라지지 않았다고 하고, 국가 만세의 근거가 세종 때 열렸다고 하였다. 그러나 요순의 군주가 있을지라도 직과 설의 신하가 없었다고 하면서 허조(許稠)[16], 황희는 모두 유속(流俗) 중의 조금 빼어난[稍秀] 자일 따름이라 하였다.[17] 그는 정몽주에게 다소 유자의 기상이 있었지만 그 학문이 성취되지 못했으며, 그 행사의 자취는 충신에 지나지 않을 따름이라 했다.[18] 허균도 황희를 유자(儒者)가 아니었고 재능 있는 신하도 아니었다고 평한다. 오직 묵직하고 강직한 성품으로 임금이 잘못하는 일에까지 그냥 따르기만 하지는 않는 정도의 사람이었다는 것이다.[19] 그는 황희가 특별히 건의하여 아뢴 것은 없고, 임금이 조금이라도 지나친 거동이 있으면 반드시 굳게 고집하고 따르지 않았을 뿐이었다고 하고 또 관리의 임명을 신중하게 처리하고 제도 변경하는 것을 싫어하였다고 하면서 이를 아쉽게 여겼다.[20]

---

16) 許稠(1369~1439)의 호는 敬菴이고 權近의 문인이다. 1397년 전적이 되어 釋奠의 의식을 개정했다. 서장관으로 명에 다녀오는 길에 곡부의 孔子廟를 본떠 조선의 문묘에서 許衡을 제향하고 揚雄을 출향시켰다. 1411년 사부학당을 신설, 전례와 일반의 喪制를 정하는 데 크게 공헌하였다.

17) 이이《栗谷全書》卷15, 雜著 二 東湖問答 己巳, 月課 "世宗之聖, 前朝所無有也. 嘉靖邦家, 雨暘時若, 崇儒重道, 養育人材, 制禮作樂, 垂裕後昆, 吾東之治, 於斯爲盛. 克至今日, 遺澤未泯, 我國萬祀之祚, 肇基於世宗矣. 獨恨夫上有堯舜之君, 下無稷契之臣, 如許稠, 黃喜, 皆流俗中稍秀者耳. 無一人明先王之道, 以輔聖主"

18) 이이《栗谷全書》卷15, 雜著 二 東湖問答 己巳, 月課 "麗末°鄭夢周稍有儒者氣象°亦未能成就其學°迹其行事°不過爲忠臣而已"

19) 허균《惺所覆瓿稿》권11, 文部8, 政論

20) 허균《惺所覆瓿稿》권23, 說部2 惺翁識小錄中

세종 원년에 《성리대전》, 《오경대전》이 명으로부터 수입되었고, 이를 적극적으로 인쇄 반포하였다. 황희가 이것을 읽었는지는 드러나 있지 않다. 정인지 같은 학자들이 《훈민정음》 창제와 《해례》의 저작 등에 관여하였음과 그 성리학적 이론에 대한 이해가 상당 수준에 있었음을 감안한다면 그 시대의 학술이 아직 성숙하지 않아서가 아니라 황희가 학자의 길을 걸은 것이 아니라는 데에 원인이 있는 것이라고 하겠다. 황희는 학통이라 할 만한 것도 드러나 있지 않다. 자득의 학술적 이론도 없고 저술도 없고 문인 제자도 없다. 그렇다면 전문성 있는 유학자라고 하기 어렵다.

황희의 삶은 겸선(兼善)의 길이었다. 이 길은 모든 유자의 꿈이다. 이 길은 본인의 선택만으로 가능한 것이 아니다. 우(遇) 불우(不遇)는 하늘의 소관 사항이라 한다. 황희는 유자로서 최고의 성취를 이룬 대신에 해당한다. 그는 성리학적 삶의 규범과 양식인 《주자가례》에 따른 삶을 살았다. 그는 불교에 대한 비판 또는 배척을 실행하였고, 정책적으로 이를 관철하려 하였다. 그는 대신의 덕목을 지니고 유교정치의 이상을 구현하려고 하였다.[21)]

이에 주목하여 황희의 유자 면모를 살펴보기로 한다.

2. 《가례(家禮)》에 충실한 삶의 양식

삶에는 양식이 있고, 그 양식에는 일정한 체계가 있게 마련이다. 예는

---

21) 이영자 〈방촌 황희의 경세사상과 그 의의〉 《방촌황희의 학문과 사상》 책미래, 2017년 서울 93쪽

삶의 질서, 의표(儀表)가 되는 규범이기도 하고, 동시에 그것은 공동체의 일체성을 확인하는 징표가 되기도 한다. 관혼상제와 같은 통과의례에 우리가 정성을 쏟는 것이 그러한 예의 실천과 참여가 우리의 삶을 경건하게 하고 또 거룩하게 하기 때문이다. 공자를 예의 관점에서 해석하고 그를 '세속(世俗) 속의 성자(聖者)'로 평가하는 이유가 거기에 있다.[22] 그런데 선초 조정의 주도적 인물들은 숭유억불을 주창했어도 실상 우선 왕실에서부터 불교로부터 철저히 또는 온전히 벗어나지 못했다. 사대부나 일반 가정에서 삶의 의식을 유교식으로 바꾼다고 하는 것은 그리 수월한 결단이 아니다.

조선 초기 억불책은 그것이 국책인만큼 적극성과 강제성이 수반될 수밖에 없다. 그러나 오랜 시간 불교적인 삶의 양식에 젖어 있는 백성들로부터 유교적인 삶의 양식으로 전환하려는 시도는 저항의 극복과 시간의 소요가 필수적이다. 우선 그 가치에 대한 의식의 내재화가 선행되어야 할 것이다. 불교적 가치와 삶의 양식을 바꿀 수 있는 현실적 대안은《주자가례》였다. 문화권마다 있는 통과의례에서 어떤 양식을 취하는가의 문제는 한 사람의 삶을 이해하는 데 있어서 매우 중요한 요소이다. 황희가《주자가례》를 선택한 것은 그가 성리학적 삶의 가치에 합류할 것을 결단한 의미가 있다. 그는 자손에게 유서를 남겨 상장(喪葬)의 예를《가례》로써 따르라고 당부하였다. 그러나 그는 불합리한 것을 따르지 말라고 하였다. 예를 들면 우리나라에서 시행하기 어려운 일을 억지로 따라 할 필요는 없다고 하고, 능력과 분수의 미치는 대로 집의 형편에 따라 알맞게 할

22) Ferbert Fingarette Confucius, Secular as Sacred

뿐이며, 허식(虛飾)의 일은 일체 행하지 말라고 했다. 특히《가례》의 음식에 관한 절차는 그대로 다 지키다보면 질병을 초래할까 염려되니, 존장(尊長)의 명령을 기다리지 말고 억지로 죽을 먹도록 하라고 하였다. 그는 이미 시행한 가법(家法)에 따라 불사(佛事)는 행하지 말고, 빈소(殯所)에 있은 지 7일에 제사상을 차리는[澆奠] 것은《가례》에 없는 것으로 행하지 말라고 하였다.[23] 그의 유훈은 음미할 것이 있다. 후손들에게《가례》에 따라서 상장의 예절을 지키라고 한 것은 그렇지 않을 가능성을 염두에 둔 부탁일 것이다.《가례》가 아니라면 전통적 방식 또는 불교적 양식일 것인데 유학의 나라에서 정승을 지낸 집에서 불교양식을 취할 리는 없을 터이니 자손들이 혹 전통적 방식에 따를 수 있음을 염두에 둔 당부이었을 것이다. 그가 죽은 지 7일째마다 행하는 이른바 49재를 금한 것도 의미있게 볼 부분이다. 상(喪)과 장(葬)의 예는 통상 죽은 자를 중심으로 하는 것이니 한 국가의 영의정 신분에 맞는 상장례가 성리학적 의식의 모범인《가례》에 따라 이행되어야 함을 당부했을 것이다.

예를 행할 때 우리나라에서 시행하기 어려운 조항은 억지로 따라할 필요가 없다고 한 부분은 예의 적용문제에 있어서 상식적으로도 지적되는 부분이다. 16세기의 예서(禮書)라고 하는 이이의《격몽요결》에서도 이

---

23)《문종실록》2년 1452 2월 8일 영의정부사 황희의 졸기 "嘗作遺書, 示子孫曰, 吾死之後, 喪葬之禮, 一依《家禮》, 若本土難行之事, 不必强從. 力分所及, 稱家有無而已, 虛文之事, 一切勿行°《家禮》飮食一節, 恐致疾病, 不待尊長之命, 勉强食粥. 依已行家法, 不作佛事, 在殯七日澆奠,《家禮》所無, 佞佛者用智自私, 不可行" 불교에서는 죽은 지 매 7일마다 7차례 재를 지낸다. 그래서 49재 또는 칠칠재라고도 한다. 인간은 죽은 후 출생의 조건을 만나지 못하면 다시 수차례 죽고 태어나는 식으로 7일을 여러 번 경과하는데, 그 최대기간은 49일이다. 그 사이에 죽은 자의 공덕이 심판을 받고 그에 따라 내세가 확정되므로 더 좋은 내세를 위해 지내는 의식이다.

러한 부분이 보인다. 《가례》에서 제시하는 음식의 문제라는 것도 질병을 초래할까 두렵다는 말을 한 것도 형편에 맞는 것을 택하는 것에 대한 권유이다. 예(禮)에서는 "상황에서의 중절을 이루어내는 의미의 화(和)가 귀하다."고 하는 논어의 정신이 그대로 드러나는 부분이다. 그가 허식은 일체 행하지 말라고 하였는데 구체적으로 무엇을 허식이라고 하였는지는 드러나 있지 아니하다.

이에 앞서 황희는 그 어머니 상(喪)에 당시에 일반적으로 남아 있는 불사(佛事)를 행하지 않고 한결같이 《가례》에 따랐다고 한다.[24] 곧 3년상 참최복을 입었다는 것이다. 그런데 왕이 명(明)에 입조시키려는 세자의 행차를 돕게 하기 위하여 상중에 있는 황희를 조정에 나오라고 하고 좌의정을 제수하였다.[25] 국가의 긴급한 일을 내세워 상복중에 있는 사람을 불러내는 것을 기복(起復)이라 한다. 황희는 기복의 부당함을 들어 사양하였다. 그는 "그윽이 생각하오니, 천자로부터 서인에 이르기까지 부모에게서 태어난 것은 같습니다. 그러므로 성인은 3년의 복(服)을 제정하여 천하의 공통된 상제(喪制)로 한 것입니다. 어진 자는 이를 굽어보아 나아가게 하고, 불초한 자는 우러러보아 미치게 하였으니, 이것은 고금의 중용이 되는 제도요, 제왕의 대전(大典)입니다."라고 하였다.

그는 이전 부친상 때도 탈정(奪情)[26]하여 정무에 종사하게 되었는데 그때에는 사세가 궁박(窮迫)하여 사양하여 피하는 것이 용납되지 않았

---

24) 《문종실록》 2년 1452 2월 8일 영의정부사 황희의 졸기

25) 《세종실록》 9년 1427년 10월 7일 "黃喜를 起復하여 좌의정으로 ……삼았다."

26) 奪情이란 상복을 벗게 함으로써 돌아간 부모에 대한 정을 빼앗는다는 뜻이다. 부모의 상중에 있는 사람에게 관직을 제수하는 것을 가리키는 말이다.

으므로 자식의 직분을 폐지하였으나, 지금 와서 돌이켜 생각하면 슬픈 감정이 마음속에 얽혀 있다고 하고 다시 또 모친상을 당함에 힘써 상제대로 따라 망극한 정을 조금이나마 풀어볼까 생각했는데 겨우 석 달을 넘기자 문득 기복(起復)의 명을 받잡게 되오니 천지에 부끄럽고 두려움이 그지없다고 하면서 기복의 부당성을 진술하였다. 그는 "탈정기복(奪情起復)이란 것은 진실로 좋은 법이 아닙니다. 전쟁으로 위급하고 어려울 때에 국가의 안위를 책임지고 좌우하는 사람이라면 부득이하여 임시로 그렇게 할 수도 있겠으나, 요즈음처럼 무사태평한 때에 어찌 부득이하다 하여 권도로 행하는 제도에다 보잘것없는 몸을 적용하여 고금의 대전(大典)을 무너뜨릴 수 있겠습니까."[27]라고 하였다. 황희는 진정성을 다하여 사양하였지만 세종이 완강히 고집하자 부득이 따라 나섰다. 부친상 때도 기복을 당하여 3년상을 마치지 못한 것이 종내 마음이 불편했던 그였다. 이에 앞서 참찬(參贊) 시절 그는 조부모나 부모의 초상을 만나 장례를 치르지 못한 자에게는 부역을 시키지 말게 하여 효성을 다하게 할 것을 진언하기도 했었다.[28]

황희는 《가례》뿐만 아니라 국가 전례(典禮)에 있어서도 깊은 관심을 가졌다. 그는 의정부 참찬 시절에 제향(祭享)에 쓰는 양이나 돼지는 거세한 것을 미리 기르도록 하자는 예조의 건의에 적극 동의하면서 이를 시

27) 《세종실록》 9년 1427년 10월 8일 '탈정 기복하라는 명에 황희가 사양하는 전을 올리나 이를 돌려보내다'

28) 《세종실록》 5년 1423년 5월 28일 진상품 부과 각도 감사와 수령이 지킬 조령·녹봉의 폐단·세금과 부역 등에 관한 진언문

행토록 하였다.29) 명의 사신이 받들어 가지고 온 태종의 사제(賜祭)30) 희생에 사용된 양과 돼지가 모두 거세된 것이었다. 이때 황희는 "희생을 어찌 거세한 것을 쓰느냐?"고 물었는데 양선이 "숫 짐승은 비리기도 하고 살지거나 크지도 않으므로, 무릇 원구단(圓丘壇)이나 종묘사직의 제사에는 소[牛牲] 외에는 모두 거세한 것을 쓴다."고 말하고는 덧붙여 희생을 선택하여 미리 기르는 법을 자세하게 말한 일이 있었다.31) 그 후에 예조판서 신상(申商)32)이 명에 사신으로 갔다가 예부에 "제사에 거세한 희생을 쓰는 것이 '몸뚱이가 완전한 것을 전(牷)'이라고 한다는 뜻에 어긋나지 않는지를 물었는데, 명 예조의 담당관리는 지체(支體)에 갖추지 못한 것이 있으면 전(牷)이 아니라고 할 수도 있겠지만, 정결하고 살지고 기름지게 하려고 거세하는 것은 혐의할 필요 없다고 하고, 나아가 숫놈 같은 것은 제향이나 왕의 음식에 쓰지 아니할 뿐 아니라, 보통 사람도 역시 먹지 않는다고 하였다. 이후 조선은 명의 제도에 따라 크고 작은 제향에

29) 《세종실록》 6년 1424년 8월 11일 제향에 쓰는 양이나 돼지는 거세한 것을 미리 기르도록 예조에서 계하다

30) 賜祭는 왕이 죽은 臣下에게 祭祀를 내려주는 것을 말하는데, 명 황제가 사신과 제수를 보내 조선의 왕 태종의 제사를 지내주는 것을 또한 사제라고 한 것이다. 이때 사신들은 제문과 함께 희생에 쓸 소 양 돼지 등을 산채로 가져왔다.

31) 《세종실록》 5년 1423년 4월 13일 임금이 사제례 행하고 술과 고기를 금하다. 이 해 명의 內官 劉敬과 禮部郎中 楊善이 사신으로 와서 태종의 靈에 諭祭하였는데 恭定이라는 시호와 함께 牲品과 儀物을 전했다. 이때의 희생의 물건은 羊, 豕, 鷄, 鵝가 각각 두 마리였고 그 밖에 酒麪, 花果, 儀仗, 帛幣, 紙錢 등이었다. 이때 사신들이 黃喜에게 "副牲으로 羊, 豕, 鵝가 각각 한 마리씩 있으니 가져가라 했고 이를 가져다가 羊과 豕는 典廐署에, 唐雁은 禮賓寺에 내려 기르도록 하였다고 한다.

32) 신상(1372~1435)은 1419년에 進賀使로 명에 다녀왔고, 대사헌·이조참판·한성부윤·우군도총제 겸 평안도도관찰출척사 등을 거쳐, 1424년 예조판서로 聖節使가 되어 다시 명에 다녀왔다. 1425년 형조판서를 지내고, 이듬해 다시 예조판서가 되었다. 오랫동안 예조판서로 일처리가 원만하였다고 한다.

쓰는 양이나 돼지는 모두 다 거세한 것을 미리 길러 사용하였다.[33] 이러한 사례는 유교입국이라 하였으나 아직 그 전장제도 또는 의례가 채 갖추어지지 않는 상황이었음을 엿보게 하며, 이때 이것의 온전한 체제 마련에 황희가 크게 기여하였음을 알 수 있다.

또한 그는 아직 정착되지 못한 사대부가의 상례에 대한 논의를 주도하였다. 1428년(세종10년) 명의 수도에 가있는 사은(謝恩)부사 성개(成概)[34]가 모친상을 당했다. 외교의 중책을 수행하는 중에 모친상을 당했으나 이를 어찌 처리할 것인지를 두고 조정에서 대책을 의논하였다. 이때 황희는 성개가 만일 그의 모친상을 듣지 못하였다면, 후발대가 가서 다만 병이 위독하다고 말할 것이고 서거하였다는 말은 하지 말 것이며, 만일 그가 이미 발상(發喪)하였다는 말을 들었다면 그 변고에 대처하는[處變] 일은 옛 제도에 의해서 행하는 것이 옳을 것이라고 하였다. 황희가 말한 옛 제도라 함은《의례경전통해》에 들어 있는 것을 말한다.[35]

사신의 업무수행 중에 발생한 이런 일은 일종의 변례(變禮)에 속하며 이에 대한 규정은 이미 있었다. 그럼에도 이 문제를 조정에서 대신과 왕이 함께 논의한 것을 보면 아직 유교적 규정에 대한 이해가 충분하지 않

---

33)《세종실록》6년 1424 8월 11일. 보다 상세한 논의도 나온다. 이를테면 "그 거세한 불알은《가례》의 楊復의 주석에 '무릇 제사지내는 고기에 오려 내고 그 나머지는 가죽이나 털 같은 것까지도 밟아 더럽혀서 부정하게 하지 말라'는 제도에 따라 즉시 묻어 버리게 하소서"하였다. 제향에서 거세한 짐승을 쓰는 것은 요즘도 민간에서 암퇘지나 암소고기를 좋아하는 것과 연관이 있다.

34) 성개(?_1440)는 예조참의, 호조참의, 이조참의, 황해감사, 同知摠制, 병조참판을 역임하였는데 이해 1428년(세종 10) 左軍同知摠制가 되어 表箋謝恩使로 명에 다녀왔다. 사행중에 모친상이 발생하였던 것이다.

35)《세종실록》1428년 9월 7일 명의 수도에 가 있는 謝恩 부사 성개의 母親喪 대책을 강구하다

은 상황이었음을 보여준다. 어쨌든 이때 황희의 자문은 상황적 적절성과 전문성을 갖는다고 할 수 있다.

3. 척불(斥佛)의 태도

황희의 시대는 척불(斥佛)이 국책이었다. 실제로 척불은 왕조 초기에 대신들에 의하여 특히 세종 때는 조정의 모든 신료들이 강력하게 주창하고 있었다. 황희의 척불사상은 여러 자료에서 확인된다. 그의 척불은 견고하고 일관성이 있다. 이는 그가 유자임을 드러내는 뚜렷한 징표이다. 황희는 유학 이외의 이른바 이단에 관심을 갖거나 선호했다는 어떤 흔적도 찾을 수 없다. 사실 이 당시 왕실도 그러했고 또 일반사대부 가문에서도 그 아녀자들은 은밀하게 불사를 행하고 있었으며, 조정에서는 이를 적극 또는 철저하게 차단하기도 어려웠다.

세종 원년 1418년 태조의 진전(眞殿)[36]을 짓고 그 안에 불당을 두었으며, 이듬해 흥천사에 태조가 보관했던 사리들을 이곳으로 옮겼다. 그리고 금으로 쓴 불경을 배치하였다. 이는 사실상 태종이 주관한 것이다. 세종 5년 1423년에는 여러 신하들을 동원하여 불경을 금으로 써서 문소전(文昭殿)의 불당에 두게 하였는데 이는 세종이 태종을 위하여 복을 빌고자 한 때문이었다.[37] 그런데 세종은 재위 15년 되던 해 1433년에는 문

36) 왕의 御眞을 보관하는 곳을 眞殿이라 한다.

37) 《세종실록》 5년 1423년 9월 21일, "전 판사 柳季聞, 전 사인 權孟孫, 崔興孝, 부교리 安止, 봉상소윤 高得宗에게 명하여 문소전의 불당에 불경을 금으로 쓰게 하였으니, 신녕궁주 辛氏가 태종을 위하여 복을 빌고자 한 때문이었다." 문소전은 조선 태조의 비 신의왕후 한씨를 모신 사당이다. 1396년에 건립하여 인소전이라 하다가 1408년에

소전에 불당을 걷어 없애고 그 불상과 잡물을 모두 흥천사로 옮기게 하였다.[38] 그러나 사리는 궁궐 안에 은밀히 보관하고 있음이 드러났는데 1438년에 사간원에서는 궁궐 안에 은밀히 보관하고 있는 불골 사리를 밖으로 내보내기를 상소하였으나 왕이 듣지 않았다.

1441년 세종은 흥천사의 경찬회(慶讚會)를 베풀겠다는 의사를 밝히자 신하들이 반대하였고 황희도 철회를 요구하고 나섰다. 경찬회란 불상, 경전 등이 새로 완성되거나 절, 탑 등이 낙성되었을 때 이를 경축하고 찬탄하는 의미에서 행하는 불사인데 이때 사리각(舍利閣)이 조성되었기 때문에 세종의 특명으로 행하려 했던 것이다. 황희는 왕이 불교의 교리가 허탄하고 망령됨과 그것이 백성의 해충(害蟲)이 됨을 이미 밝게 알고 있으니 보탤 말이 없지만 왕조 창업 이래 그 폐해를 10에 7, 8을 없앴으니 2제3왕(二帝三王)의 정치가 이루어질 것을 기대했는데 거의 폐한 나머지에 다시 일어날 것은 생각도 못했다고 하였다. 그는 이 일을 철회하지 않으면 후세에 아비도 없고 임금도 없는 가르침을 열어서 더불어 이적과 금수가 될 것이라고 하였다. 당시 이 일로 인하여 의정부로부터 성균관의 학생에 이르기까지 뜻을 모아 파하기를 청하였는데 왕이 받아들이지 않고 시행을 기약하니 백성에게도 이롭지 못하고 나라에 유익한 것이 없으며 풍속에도 통치에도 도움이 되지 못하니 여론(輿論)에 좇아 파하여야 성덕(盛德)이 지극하시고 유도(儒道)의 다행이며 백성의 행복이라고 하였다.[39]

문소전으로 고치고 1433년 세종이 태조와 태종의 위패를 모셨다.

38) 《세종실록》 15년 1433년 1월 30일 문소전에 불당을 걷어 없애기를 명하고, 그 불상과 잡물을 흥천사에 옮기게 하다

그러다 세종 30년 1448년 7월에 왕은 승정원에 글을 내려 문소전 서북에 불당을 설치할 것을 명했다. 이른바 내불당(內佛堂)[40] 사건이 벌어진 것이다. 세종의 생각으로는 불교를 남김없이 버린다면 몰라도 어떤 형태로라도 남겨둔다면 결국 취하는 것인데 재(齋)를 지내는 것, 추천(追薦)하는 것, 여러 절의 세금을 받는 밭 등을 유지하는 것, 개경사(開慶寺), 숭효사(崇孝寺)를 두는 판에 굳이 문소전 불당을 없앨 이유가 없다고 판단하고는 유신들과 맞섰던 것이다. 10년전 불당을 폐한 일이 종내 마음에 편안하지 못했던 것이다. 그러나 세종의 조치에 승정원의 도승지 이사철(李思哲) 이하 모든 승지들이 "불당을 설치하는 것은 진실로 불가하다.," 고 완강히 저항하였지만 왕도 물러서지 않았다.[41] 그러자 의정부, 사헌부, 육조, 집현전, 대간 등이 연명으로 나서서 불가함을 누차 되풀이 진언하였고 왕과의 대치 국면이 이어졌다. 신하들이 명을 듣지 않자 왕은 직접 지시하여 공사를 시작하였다. 그러자 이제 성균관의 유생들도 나서서 철회를 요구하였다. 왕이 불당을 세우는 일은 유자들로서는 한 치도 물러설 수 없는 일이었다.

이런 상황에서 다시 영의정 황희가 나섰다. 그는 불당을 짓는 일은 참

---

39) 《세종실록》 23년 1441년 윤 11월 23일

40) 내불당은 문소전 동쪽에 세운 왕립 사찰이다. 왕실의 불교신앙을 위하여 창건하였다. 태조가 眞身舍利 등을 興天寺 석탑에 안치하였는데, 1418년 세종이 즉위하면서 태조의 초상을 봉안하는 집인 진전을 세웠다. 세종 1년 1419년 5월 22일에 태조 진전을 崇孝寺라 이름하였다. 이해 金字法華經과 사리를 이곳으로 옮겼다. 세종은 이곳에서 대비의 명복을 빌게 하였다. 이후 세조 때는 크게 법회를 열기도 하였고 성종은 내불당 철폐를 주장하는 유생들의 강력한 건의를 물리쳤다. 이후에도 조정신료들의 강력한 저항이 있었으나 유지되다가 임진왜란 이후 없어진 것으로 보인다.

41) 《세종실록》 30년 1448년 7월 17일 '문소전 서북에 불당을 설치할 것을 명하자 이사철, 이의흡 등이 불가함을 아뢰다'

으로 국력을 소모하고 백성을 해치는 시초가 되는 일이라 했다. 태종이 "불씨의 교가 허탄하고 망령되어 다스리는 체제에 해(害)가 있으니 장차 그 폐해를 뽑아 버리겠다."하였는데 이를 완수하지 못한 것이 몹시 안타깝고, 그 가르침이 아직도 양양(洋洋)하게 귀에 차 있다는 것과, 태종이 그의 능실(陵室) 곁에 사찰을 세우지 않은 것이 불교를 배척한 증험이라 하며 선왕의 뜻을 이어가라고 하였다. 새로 사찰을 세우는 것은 후세의 무궁한 해를 열어 놓는 것이며, 부처에 아첨하는 구실을 만든다고 했다. 비록 왕이 효도를 하려는 취지이지만 예로부터 불당을 세워 선조를 받든다는 말은 듣지 못했다고 하였다. 불당을 두는 것이 도리에 맞지 않는 것을 알고 폐철하였던 왕이 이를 다시 설치하고자 하는 것을 비판한 것이다.[42]

황희의 상소에 이어 대신들이 의정부와 육조의 뜻을 모아 불당을 파하기를 청했다. 이때 세종은 어차피 불도를 다 없애지도 못하는 상황에 조종(祖宗)을 위하여 절을 창건하는 것이 오히려 좋을 것이라고 하고, 이미 있던 것을 회복하는 일인데 어떠냐는 태도였고 결연한 의지에 따라 하는 일로 포기할 수 없다고 맞섰다. 그러나 신하들은 물러나지 않았다. 고려 때 불법을 몹시 숭상하여 내원당(內願堂)을 세우고, 정전(正殿)에 도량을 베풀어 수천 명에 이르는 승도를 모이게 함으로써 그 폐단이 이루 말할 수 없었는데 조선에서도 그런 일이 생길 것이 염려된다는 것이다.[43]

황희도 재차 촉구하였다. 왕의 확고불발의 의지를 알면서도 그는 불당

42) 《세종실록》 30년 1448년 7월 22일 영의정 황희가 불당을 설치를 폐할 것을 상소하다

43) 《세종실록》 30년 1448년 7월 23일 정갑손·허후가 정부와 육조의 뜻으로 와서 불당을 파하기를 청하다

의 건립에는 끝까지 동의하지 않은 것이다. 그는 이 일로 왕이 지난 31년 동안 도모한 성덕이 무너질까 두렵다고 했고, 더 이상 오를 곳이 없는 지위에서 나이도 90을 바라보아 해가 서산에 임박한 듯한 처지에서 오직 왕이 잘못하는 일이 없기를 바랄 따름이라 하며, 시급히 명을 거두라는 말씀을 널리 알리시면 처음에 절을 세워 조선(祖先)을 받들려고 하던 지극한 정성과 이치가 마침내는 자기를 버리고 신하들의 간언(諫言)을 받아들이는 미덕이 되어서 더불어 무궁하게 전할 것이라고 하였다.[44] 그러나 왕은 결국 듣지 않았다.

황희의 불교에 대한 배척의 태도는 그가 사후의 장례지침을 가솔들에게 내릴 때에도 드러난다. 즉 이미 시행하고 있는 《가례》에 따라 불사(佛事)는 행하지 말라 하고, 또 빈소에 7일 째 요전(澆奠)하는 것[45] 곧 49재를 지내는 것 역시 《가례》에 없는 것으로서 이 또한 부처에게 아첨하는 사람이 꾀를 내어 사사로이 하는 것이니 행하지 말라고 하였다.[46]

4. 겸선(兼善) 대신(大臣)의 덕목

1) 관(寬) – 집정(執政)의 아량

관(寬)은 공자가 강조한 지도자의 덕목이다. 그는 "남의 위에 있는 사람이 넓고 너그럽지 못하면 그 행위의 득실을 살펴볼 것이 없다."고 하였

44) 《세종실록》 30년 1448년 7월 26일 황희가 불당을 파하자는 대신들의 청에 따라 명령을 회수할 것을 상소하다

45) 澆奠은 산소에 차려 놓은 제물을 말한다

46) 《문종실록》 2년 1452 2월 8일 영의정부사 황희의 졸기

다. 이는 관(寬)을 지도자가 지닐 기본 덕목으로 본 것이다. 그리고 그것은 자기 백성에 대한 사랑이라고 본다.47) 또한 그는 지도자가 세상에 너그러움을 행하여야만 인(仁)을 이룰 수 있다고 하였는데 너그러우면 사람을 많이 얻을 수 있기 때문이다.48) 많은 사람을 얻는다는 것은 그들의 지지를 받는 것이라고 할 수 있다. 너그러워야 사람을 얻을 수 있다는 것은 〈요왈〉편에서도 되풀이 강조한다.49)

어진 사람만이 큰 것으로 작은 것을 섬길 수 있다고 맹자는 말하였는데, 주희는 이것을 풀이하면서 어진 사람의 마음은 넓고 크고 애처롭게 여기는 마음이 있어서 대소(大小)강약(强弱)의 사사로움을 비교 계산하지 않는다고 하였다. 그는 탕왕이나 문왕이 작은 나라를 섬긴 것을 그 예로 들었다.50) 또한 사람이 유하혜의 풍도를 듣게 되면 비부(鄙夫)가 넓고 너그럽게 된다고 하였다. 관(寬)의 상대개념으로 비(鄙)를 말한 것인데, 비부란 도량이 좁고 누추[狹陋]한 자를 뜻한다.51) 《대학》에 "윗사람이 인을 좋아하는데 그 아랫사람이 의를 좋아하지 않음이 없고, 의를 좋아

---

47) 《論語集註》〈八佾〉"子曰 居上不寬, 爲禮不敬, 臨喪不哀, 吾何以觀之哉?" 주희; "居上主於愛人, 故以寬爲本. 爲禮以敬爲本, 臨喪以哀爲本. 旣無其本, 則以何者而觀其所行之得失哉?"

48) 《論語》〈陽貨〉"子張問仁於孔子. 孔子曰, 能行五者於天下, 爲仁矣. 請問之. 曰, 恭·寬·信·敏·惠. 恭則不侮, 寬則得衆, 信則人任焉, 敏則有功, 惠則足以使人"

49) 《論語》〈堯曰〉"寬則得衆, 信則民任焉, 敏則有功, 公則說"

50) 《孟子》〈梁惠王章句下〉"齊宣王問曰, 交鄰國有道乎? 孟子對曰, 有. 惟仁者爲能以大事小, 是故湯事葛, 文王事昆夷; 惟智者爲能以小事大, 故大王事獯鬻, 句踐事吳"

51) 《孟子集註》〈萬章章句下〉 "柳下惠, 不羞汙君, 不辭小官. 進不隱賢, 必以其道. 遺佚而不怨, 阨窮而不憫. 與鄕人處, 由由然不忍去也. '爾爲爾, 我爲我, 雖袒裼裸裎於我側, 爾焉能浼我哉? ' 故聞柳下惠之風者, 鄙夫寬, 薄夫敦"주희 "鄙, 狹陋也. 敦, 厚也"

하는데 그 일을 마치지 못하는 경우가 있지 않다."고 하였다. 그런데 주희는 "윗사람이 인으로 그 아랫사람을 사랑하면, 아랫사람은 의를 좋아하여 충으로써 그 윗사람을 섬긴다. 그러니 일을 반드시 끝을 맺게 되고 국고의 재화가 잘못 반출되는 근심이 없어진다."고 하였다.[52]

《실록》에서 사관은 황희가 관후(寬厚)하고 침착(沈着)하고 진중(珍重)하여 재상의 식견과 도량이 있었으며, 풍후(豐厚)한 자질이 크고 훌륭하며 총명이 남보다 뛰어났다고 하였다. 사관의 관점에서 재상의 식견과 도량으로 관후 침착 진중을 꼽고 있음을 주목할 필요가 있다.[53] 황희의 관후한 태도는 여러 면에서 드러난다. 그리고 후인들은 이와 관련하여 전해지는 이야기에 주의하였다. 앞서 사관은 황희가 관의 덕을 지녔을 보여주는 대표적 사례로 그가 옥사(獄事)를 논의하여 결정할 때 "차라리 형벌을 가볍게 하여 실수할지언정 억울한 형벌을 할 수는 없다." 한 것이 그의 지론이며 주견이었음을 들고 있다. 그가 세자 양녕의 허물을 끝까지 감싼 것도 사람을 아끼고 키우는 관후의 덕이 표현된 것이라고 할 수 있다. 세종이 궁중에 불당을 재건하려는 조치를 철회시키지 못한 것에 화가 난 성균관 유생이 길에서 "네가 정승이 되어 일찍이 군주의 그릇됨을 바로잡지 못한단 말이냐?" 하며 면박을 주었으나, 황희는 전혀 노여워하지 않고 도리어 기뻐하였다고 한다.[54] 또 노비들을 은혜로 대우하여 매를 댄 적이 없으며, 노비들끼리 서로 희롱함이 지나쳐도 웃음으로 대하였

52) 《대학장구집주》 전 10장 "未有上好仁而下不好義者也, 未有好義其事不終者也" 주희;"上好仁以愛其下, 則下好義以忠其上; 所以事必有終, 而府庫之財無悖出之患也"

53) 《문종실록》 2년 1452년 2월 8일 영의정부사 황희의 졸기

54) 《국조보감》 조광조 筵奏

고, 노비들도 하늘 백성이니 함부로 부리지 말라고 자손들에게 훈계했다고 한다.

황희의 성품이 너그러워 남의 뜻을 거스르지 아니함은 여러 일화로 전해진다. 어떤 사람이 "삼각산이 무너졌다."고 말하면, 황희는 다만 "너무 높고 뾰쪽했었다."고 대답하고, 이윽고 또 "무너지지 않았다."고 말하면 "기세가 완전하고 굳건했다."고 했다는 말이 있다 한다. 이 말을 전하는 사람은 황희가 반드시 그랬으리라고 믿어지지는 않지만 그 사람됨이 이와 근사한 점이 있었다고 했다.55)

2) 렴(廉) – 관리(官吏)의 태도

렴(廉)은 그 본뜻이 집의 모퉁이였다. 확대되어 방정(方正), 고결(高潔), 청백(淸白), 검약(儉約), 공평(公平), 불구(不苟), 명찰(明察) 불탐오(不貪汚) 등으로도 쓰인다. 《논어》의 "공작의 욕심내지 않음[公綽之不欲]"이라 했을 때의 욕심 내지 않음을 주희는 렴이라 하고, "렴은 마음을 기를 수 있다."고 하였고56) 또 "분별력이 있어 구차하게 취하지 않는 것"이라고 하였다.57) 맹자는 얼핏 보아 취(取)할 수 있다고 생각하였으나 자세히 살펴

---

55) 이익 《성호사설》 권9, 人事門, 語默

56) 《論語集註》 〈憲問〉 "子路問成人. 子曰 : "若臧武仲之知, 公綽之不欲, 卞莊子之勇, 冉求之藝, 文之以禮樂, 亦可以爲成人矣." "知足以窮理, 廉足以養心, 勇足以力行, 藝足以泛應",

57) 《孟子集註》 〈滕文公章句下〉 "廉, 有分辨, 不苟取也" 〈萬章章句下〉 "孟子曰 伯夷, 目不視惡色, 耳不聽惡聲. 非其君不事, 非其民不使. 治則進, 亂則退. 橫政之所出, 橫民之所止, 不忍居也. 思與鄕人處, 如以朝衣朝冠坐於塗炭也. 當紂之時, 居北海之濱, 以待天下之淸也. 故聞伯夷之風者, 頑夫廉, 懦夫有立志." 주희 "頑者, 無知覺. 廉者, 有分辨"

보고는 취하지 않음이 옳다고 생각될 때에 지나치게 그것을 취하는 것은 렴에 손상이 가는 것이라고 하였다.58) 이 렴(廉)은 관중이 예(禮) 의(義) 치(恥)와 더불어 국가를 지탱하는 네 가지 중의 하나라고 하였다.59)

청백리 안성(安省 1344~1421)60)이 77세의 나이로 임종을 맞이하는 자리에서 황희는 "우리들 죽고 나면, 다만 하나의 렴자를 지킨 것이지[吾儕身後事 只守一廉字]"라고 했다.61) 황희는 안성보다 20세 연하이고, 그보다 30년 더 살았다. 벗이라기보다는 선배라고 할 수 있는데 '오제(吾儕)'라는 표현을 쓴 것은 둘 다 고려에서 태어나 관직에 등용되었다가 조선에서도 다시 관리로 살아온 데서 어떤 동질감이 작용하였을 수 있다. 관리로서 두 사람의 지향적 태도가 같은 렴이었고, 또 주변도 그렇게 인정했으며, 서로가 그 점을 자부해왔고, 후인들이 그들을 평가할 때 이를 꼽을 것이고 아울러 그들도 그것을 들어 지켜야 할 것으로 보려는 듯이 담겨 있다. 황희는 안성의 화상을 두고 "도는 포은 야은과 같고 덕은 기산 영수같네. 한 바구니에서 자유롭게 산다면 렴을 누가 더 무겁다 하랴."라고 하였다.62)

---

58)《孟子集註》離婁章句下 "孟子曰 : "可以取, 可以無取, 取傷廉; 可以與, 可以無與, 與傷惠. 可以死, 可以無死, 死傷勇." 주희 "先言可以者, 略見而自許之辭也, 後言可以無者, 深察而自疑之辭也. 過取固害於廉"

59)《管子》〈牧民〉

60) 安省(1344~1421)의 호는 雪泉·泉谷이다. 보문각직학사를 거쳐 상주판관이 되어 청렴으로 명성이 높았다. 참지의정부사, 강원도도관찰사 역임

61)《방촌선생문집》元集 上 詩 贈訣安公省臨終席 "吾儕身後事 只守一廉字"

62)《방촌선생문집》元集 下 遺書 大司諫安公省畵像贊 "道配圃冶 德合箕潁 一籠自隨 廉歸何重 飄然卓立 鳳乎千仞 淵明去後 復有一人"

황희는 청백리로 알려져 있다.[63] 그의 검소한 삶에 대해서는 많은 일화들이 전해져 온다. 부인[64]이 남편이 죽은 다음의 생계를 걱정하자 황희는 웃으면서, "공작은 거미를 먹고 살아가지 않소?" 하였다고 한다. 황희가 죽은 뒤에 공작 한 쌍이 중국으로부터 왔는데, 주는 먹이를 먹지 않고 죽게 되었다. 마침 문종이 황희의 집에 물었더니 부인이 황희의 말로써 대답하자, 문종은 황희의 청빈함에 감탄하여 넉넉히 베풀어 구휼하였다고 한다.[65] 공작이 거미만 먹고 사는 것은 아닌데 어쩌다 이런 말이 황희에게 전해졌는지 알 수 없다.[66]

그러나 렴을 재물과 관련하여 언급할 것만은 아니다. 인색이 재물 아끼는 것만이 아니라 자신의 허물을 인정하지 않으려는 태도와 관련 있는 것과 같다. 맹자가 말했듯이 취할 수도 있고 취하지 않을 수도 있을 때

63) 그는 세종대에 선정된 15명의 청백리에 들어 있다. 많은 일화가 전해지고 있다. 그러나 다른 관점과 평가도 있다. 《문종실록》 2년 1452 2월 8일. 영의정부사 황희의 졸기에는 다음과 같은 내용이 들어있다. "청렴결백한 지조가 모자라서 政權을 오랫동안 잡고 있었으므로, 자못 청렴하지 못하다[簠簋]는 비난이 있었다." 사관 이호문의 이 기록에 대해서는 당대에도 반론이 있었다. 그의 사초가 편향적이라는 비판이 사관들 사이에서 이미 있었다는 것이다. 이현수의 글 참조.

64) 황희의 첫부인은 최씨이고 둘째부인은 청주 양씨이다. 첫 부인에게서는 딸이 하나 있었다. 1448년에 죽어 조정에서 장사에 쓸 물품을 보낸 일이 있다. 《세종실록》 30년 1448년 3월 28일 영의정 황희의 아내 장사에 물품을 내리다.

65) 朴思浩 《心田稿》 권2, 留館雜錄 留柵錄 《心田稿》는 朴思浩가 순조 연간에 청에 다녀오면서 쓴 使行日記이다. 저자는 1828년 사은겸동지사의 정사 홍기섭 일행을 따라 청에 다녀오면서 그해 10월말부터 이듬해 4월초까지 약 5개월 간의 일기를 기록하였다. 사행 도중에 보고 느낌을 적은 일기, 산천·고적을 읊은 것과 사귐을 가진 청 사대부와 수창한 것, 명·청대의 명사 등에 대한 기이한 이야기, 청의 학자들과 經義를 토론하거나 읊은 시 등을 수록했다.

66) 공작은 밀림 강변 습지에서 살며 벌레나 나무열매 등을 먹고 산다. 꿩과에 속하는 새로 세계적으로 사육되고 있다. 越鳥, 南客, 火離라는 다른 이름이 있다.

군이 취하는 것은 렴에 손상이 간다. 렴도 재물만이 아니라 관직에도 해당한다. 대다수는 관직을 얻기 위하여 또는 승진을 위하여 최선을 다한다. 아니 대다수의 사람들은 이를 위해서는 안하는 짓이 없을 정도이다. 황희는 관직 생활 중에 여러 차례 좌천도 있었고 무고성 탄핵도 당했다. 그런데 그는 관직이 제수될 때 자주 사양하였다. 이 또한 렴에 속하는 태도일 것이다. 물론 이때의 태도는 자신의 무능 때문이라는 것이며 이는 유자들의 상투적인 행위에 속한다고 할 수도 있다. 물론 본인이나 주변의 실수에 연루되어 사직할 수도 있다. 그러나 그렇게만 보기에 황희의 사직은 그 회수도 많고 자못 진지한 태도가 담겨 있다. 자신이 하지 않아도 될 일이라는 사양이 담겨 있기 때문이다. 무고의 경우도 있고 천재지변과 같은 사항과 관련하여 물의가 일어난 것 자체, 또는 누군가는 책임을 져야 하는 필요성이 있는 상황에서 본인 스스로가 나선 것이다. 기복하여 직무에 나오라는 명에 사양하는 편지, 영의정을 사양하는 편지, 좌의정·영의정· 영의정부사를 사양하는 소, 궤장 하사를 사양하는 소, 영의정부사를 사양하는 전 등, 상당수의 사양과 사임의 글이 있다. 그의 렴결을 드러내는 자료가 아닐 수 없다.

3) 익(翼) – 재상(宰相)의 역할

황희에게 주어진 시호는 익성(翼成)이다. 《실록》에서는 "사려(思慮)가 심원(深遠)한 것이 익(翼)이고, 재상(宰相)이 되어 끝까지 잘 마친 것이 성(成)"[67]이라 했다. 왕조에서는 왕 이하의 모든 신민은 돕는 역할을 한다.

---

67) 《문종실록》 2년 1452 2월 8일 영의정부사 황희의 졸기

돕는 자 중에 으뜸이 수상이다. 그들이 돕는 대상은 왕이다. 왕을 돕지 않는 자는 불충으로, 거역하는 자는 역률로 다스린다. 왕을 거스르는 것은 전제군주제국가에서는 가장 큰 형벌로 다스린다. 왕의 자리를 탐하면 대역이라 하여 삼족 또는 구족을 멸하게 되는 형벌이 주어진다.

도움자를 나타낼 때 고굉(股肱)이라는 말을 쓰기도 하고[68] 수족(手足)이라는 말을 쓰기도 한다. 보필(輔弼)이라는 용어도 사용한다.[69] 그런데 돕는다는 뜻을 가진 또 다른 글자가 날개를 뜻하는 익(翼)이다. 새의 날개는 공간 이동이 용이하고 또 적을 공격하거나 방어하는데 매우 유용하다. 그래서 이 글자를 경전을 이해하는 데 도움이 되는 글을 가리키는 데도 사용되었다.《주역》경문에 열 개의 해석 글을 십익(十翼)이라 부른다. 열 개의 날개가《주역》사상을 잘 보호하고 그것이 공간비행을 하게 하여 참으로 넓은 지역, 다양한 분야에서 그 보편적 타당성을 과시하고 수용하게 하는 효과를 거두었다. 황희는 그가 섬기는 왕의 훌륭한 익이 되어 뜻을 잘 펼치고 널리 전하고 타당하게 하여 시행토록 하였으며, 그에 대한 반발을 막았고 보호하여 냈다. 그리하여 그의 몸통 세종으로 하여금 조선왕조 500년 동안 최고의 성군이 될 수 있게 하였던 것이다.

조선 최고의 재상을 꼽을 때 대부분 황희를 포함시킨다.[70] 그런데 황희가 최고의 재상으로 꼽힌 배경이나 이유로 국가가 한창 아름답게 번창

---

68) 股肱은 大腿와 胳膊, 다리와 팔뚝을 가리키는데 군주를 보좌하는 대신을 가리키는 말이 되었다.《尚書》〈夏書〉에 "帝曰, 臣作朕股肱耳目, 予欲左右忧民汝翼"이라 했다.

69) 輔弼은 輔佐, 輔助의 뜻이 있고 또 그 직책을 가리키기도 한다.《国語·吳語》:"昔吾先王, 世有輔弼之臣 , 以能遂疑計恶 , 以不陷於大難"《吕氏春秋·自知》:"故天子立辅弼 , 設師保 , 所以 擧過也"

70) 대체로 황희 이외에 허조, 정광필, 이준경을 꼽는다.

하는 시기였음과, 또 세종이 성덕(聖德)을 지니고 위에 임하고 계셨기에 대체로 순풍에 돛을 단 듯한 형세였다고 본다.[71] 장유는 황희가 때를 잘 만났다고 하고,[72] 황현은 후덕함이 그 바탕[73]이었다고 하였다. 그러나 황희는 무엇보다 사려가 심원했다. 그래서 제대로 도울 수가 있었다. 세종은 황희가 신진 간원에게 탄핵을 당했을 때 옹호하면서 다음과 같이 말하였다.

"황희는 정사를 계획하는 대신"이라고 하였다.[74]

사려가 심원했다는 것과 정사를 계획하는 대신은 서로 잘 맞는 부분이다.

내불당 문제로 신하들이 왕에게 극간(極諫)을 하였음에도 왕이 듣지 않으니 신하들이 정사를 거두고 나타나지 않자, 황희도 조정의 신료들과 같이 지극한 언사를 동원하여 왕의 마음을 돌리려 했으나, 왕이 황희에게 떠나간 신하들의 마음을 풀어달라고 부탁하였고 그 부탁을 받은 황희가 신하들을 찾아 나서기도 하였다. 왕의 마음을 꺾으려고 조정의 신료들과 연좌농성을 할 수도 있는 상황에서, 그는 왕을 위하여 신료들을 찾아나서 그들의 마음을 풀어 왕에게 데려간 것이다. 황희는 그렇게 왕을 섬겼고 도왔다.

---

71) 장유《계곡집》권6, 序 23수 右丞相 玄軒申公 六一歲壽序

72)《松窩雜說》李墍 찬

73) 황현《매천속집》권1, 持慕齋記 1904 中秋節

74)《국조보감》권6, 세종조 2, 13년

익(翼)은 주연(主演)이 아니고 조연(助演)의 덕(德)이다. 그것은 리더의 덕이 아니고 협력자의 역할이다. 그는 세종의 묘정(廟庭)에 배향되었다.[75] 그의 신위(神位)는 세종과 더불어 불천위(不遷位)가 된 것이다.[76] 이는 그가 세종을 잘 도왔다는 것을 드러내는 결정적 증표이다.

4) 성(成) – 신도(臣道)의 목표

황희의 시호 익성(翼成)의 성(成)은 유학의 문화에서 매우 심대한 의미를 갖고 있다. 맹자는 공자를 칭송하여 '집대성자(集大成者)'라고 하였다. 사람들은 이를 그가 이전 성인들의 가르침을 모아 크게 이루어냈다는 뜻으로 풀이한다. 공자를 모신 사당 이름이 대성전(大成殿)이다. 이는 '크게 이룬 분의 묘당'이라는 것이다. 집대성에 대한 풀이를 맹자 스스로 하고 있다. 곧 "집대성이라 함은 쇠로 소리를 울린 다음에 옥으로 거두어들임이다. 쇠로 소리를 울리는 것은 시작하는 조리이고 옥을 흔드는 것은 끝내는 조리이다. 시작하는 조리는 지혜로운 자의 일이고 끝내는 조리는 성인의 일이다."[77]이다. 이 말은 공자가 백이. 숙제, 이윤, 유하혜라고 하는 맑음과 책임과 어울림의 영역에서, 성인의 경지에 오른 분들의 일을 모아 하나의 큰 성인의 일을 하였음을 말한 것이다. 그것은 마치 음악을 만듦에 있어서 뭇소리의 작은 완성을 모아 하나의 큰 완성을 이루는 것

---

75) 《문종실록》 2년 1452년 2월 12일. 황희에게 사제하는 교서 "以休休有容之量, 懷蹇蹇匪躬之忠"

76) 황의동 〈방촌부조묘 영신원의 유래와 그 문화적 가치〉《방촌황희묘역의 문화적 가치》 (사) 방촌황희선생사상연구회, 2017.09 pp119~132

77) 《孟子》〈萬章章句〉下 "集大成者 金聲而玉振之也. 金聲也者, 始條理也. 玉振之也者, 終條理也. 始條理者, 智之事也. 終條理者, 聖之事也"

과 같다. 통상 여기서 이룬다고 한 것은 음악의 하나의 마침이다. 《서경》에서의 "소소구성(簫韶九成)"이 이것이다. 여기서 쇠라고 하는 것은 종(鐘)을 말한다. 종을 쳐서 소리를 내는 것은 죄를 드러내어 징계하자고 하는 것과 같다. 옥(玉)은 경쇠이다. 마치 황하와 바다를 거두되 한 방울도 새나가지 않음과 같다. 이것은 공자가 그 앎이 다하지 않음이 없고 그 덕이 완전하지 않음이 없음을 말한다.[78]

'이룬다'는 의미를 《주역》에서도 심중하게 다룬다. 신하의 도는 땅의 도, 아내의 도와 같다. 신하는 왕의 일을 따라할 때 스스로 나서서 주재하거나 시작하는 것은 아니지만, 이루어 내는 역할을 담당하는 것이다.[79] 이를 〈계사전〉에서는 하늘은 큰 시작을 주재하고, 땅은 만물을 이루어내는 것을 만든다. 하늘은 쉽게 주재하고 땅은 간편하게 해 낸다고 하였다.[80] '곤작성물(坤作成物)'은 '건지대시(乾知大始)'와 짝을 이룬다. 곧 신하는 일을 크게 시작하거나 주재하는 것이 아니다. 그는 왕을 따라 일을 할 때 스스로 이루어내지 않지만, 왕이 시작하고 주재하는 그 일을 이루어낸다. 이는 섬기는 자의 도를 말한 것이다.

그런데 '무성유종(无成有終)'[81]이라는 말도 한다. 아름답고 또 빛나는 덕을 지닌 사람이 남의 눈에 뜨이게 되어 발탁되고 왕을 섬기게 되면, 혹 무엇인가를 이룬 것은 없어도 끝은 있다는 말이다. 또는 세상에 나와 무엇인가 이루어놓고 가지는 못할 지라도, 자기 삶의 단위는 맺을 수 있는

---

78) 주희 《孟子集註》 萬章章句 下

79) 《주역》 坤괘 六三 文言 "陰雖有美, 含之以從王事, 弗敢成也. 地道也, 妻道也, 臣道也. 地道無成而代有終也"

80) 《주역》 〈계사전〉 상1 "乾知大始, 坤作成物. 乾以易知, 坤以簡能"

81) 《주역》 坤괘 六三, "含章可貞, 或從王事, 无成有終"

것을 의미하기도 한다.[82] 대부분의 사람들이 크게 이룬 것 없이 관직을 마치게 마련이며, 퇴임인사를 하게 되면 통상 '대과(大過)없이 마치게 되어 다행'이라고 한다. 자기에게 주어진 단위를 끝내고 새로운 단위를 이루어 갈 수 있는 것을 '끝내니 시작이 있다[終則有始]'라고 한다. 그리고 끝이 있는 것을 아름답다고 한다. 군자에게 주어진 아름다운 칭호가 "끝이 있음[有終]"이다. 군자는 어떤 일을 하든 수고하고 또 겸손하게 되어 끝을 맺는다는 말이다.[83] 끝을 맺으니 이를 귀하고 다행이며 아름답게 여긴다. 그리고 그래야만 새로운 단위가 건강하고 아름답게 시작할 수 있게 된다.

황희는 결국 '이루었다'고 하는 칭호를 들었다. 신하인 그의 시호에 그 용어가 주어졌다. 제대로 신하역할을 수행했다는 것이다. 유교정치체제에서 군주를 도와 이루어야 할 신하의 목표는 말할 나위없는 태평(泰平)이고, 대동(大同)이고, 인수(人壽)이다. 500년 조선정치사에서 우리는 세종을 최고의 성군이라 하고, 그 시대를 태평의 시대라고 하는데 이의를 제기하지 않는다. 그리고 바로 그 때의 최장기 재상이 바로 황희이니 그 공의 상당 부분을 황희에게 줄 수밖에 없다.

---

82) 《周易本義》 坤괘 六三 "六陰三陽, 內含章美, 可貞以守. 然居下之上, 不終含藏, 故或時出, 而從上之事, 則始雖无成, 而後必有終. 爻有此象, 故戒占者有此德, 則如此占也" 빛나는 능력을 지닌 사람이 간혹 때에 따라 나가서 윗사람의 일에 종사한다면 처음에는 비록 이룸이 없겠지만 뒤에는 반드시 끝맺음이 있을 것이라는 뜻이다.

83) 《주역》 謙卦 "勞謙, 君子有終"

5. 어려워도 자신을 돌보지 않은[蹇蹇匪躬] 왕신(王臣)

황희(1363~1452)의 시대는 억불(抑佛)이 국책이었다. 이 시대에 조정에 참여한 자는 극히 일부를 제외하고는 불교를 배척하였다. 황희는 과거로 입신하여 관료로서의 일생을 보냈고 외형적으로도 성공한 관료이다. 그를 학자라고 하기는 어렵다. 그에게 그 시대 주류학문인 성리학적 논제의 글쓰기나 저서는 없다. 예학적 관심이 보일 따름이다. 그는 문인 제자를 양성하는 일에 종사하지도 않았다. 과거로 입신(立身)하였지만 뚜렷하고 의미 있는 사승(師承) 관계도 드러나지 않는다.

그가 유자가 아니라는 비판도 있다. 시각과 수준과 성향에 따라 판단은 다를 것이다. 그는 호학(好學)이었다. 늙어서도 손에서 책을 놓지 않았다고 한다. 안력을 유지하여 독서를 포기하지 않으려 했기에 그 방법으로 늘 한쪽 눈을 감고 있었다고 한다. 작은 글씨도 포기하지 않고 읽어내려 했다고도 한다.84) 그는《주자가례》에 따른 삶을 살았다. 이것은 매우 중요한 부분이다. 실천적 영역에서 그가 유자라는 말이 된다. 여말 선초에 유자는 '일용평상의 도리를 행하는 사람,' '부모사랑에서 이웃 나아가 만물에 대한 사랑으로 확충되고 확대되어가는 체계를 수용하고 실천하는 사람'으로 규정하는데 사실 이 당시 유자의 표상은 대체로 불교 배척에 있었다. 그는 유교이념의 정치적 구현에 주력하였다. 예제를 정립하고 유학을 교과로 하는 학교교육을 정비하였으며, 스스로 유교적 기간 덕목을 몸에 지니고 실천한 사람이다. 그는 재상으로 왕을 도왔고, 왕을 후세

84)《방촌선생문집》본전 38쪽

에 성왕 소리를 듣게 함으로써 그도 이루어냈고, 무엇보다 성자적 청렴의 삶을 살았으며, 정사를 행하고 판단을 할 때에는 상대방에 대한 지극한 배려와 너그러운 포용의 리더십을 갖고 있었다. 이런 점에서 그는 실천적 유교인, 유자라는 소리를 듣기에 전혀 부족하지 않다.

황희는 '자수', '수교'라기보다는, '행도' '겸선'의 부류에 속한다. 사관은 황희를 옛 재상의 풍이 있다고 평하였다. 문종은 황희를 세종묘에 부묘하면서 그 공적과 훈업을 기술하였다. 거기에는 다음과 같은 내용이 담겨 있다.

> 절제사가 되어 이속(吏屬)은 두려워하게 하고 백성은 사랑했다. 판서가 되니 정치는 다스려지고 폐단이 없어졌다. 세종은 심복(心腹)으로 삼았고 사림은 태산북두처럼 우러러 보았다. 큰일과 큰 의논을 결정할 적엔 의심나는 것을 고찰함이 참으로 시귀(蓍龜)와 같았고, 좋은 꾀와 계획을 군주에게 고(告)함이 항상 약석(藥石)보다 먼저 하였고 군주가 과실이 없게 되기를 기필하였다. 백성을 다스리는 데는 요란하게 하지 않는 것으로 목적을 삼았다. 법도는 어지럽게 고치려 하지 않았다. 논의는 충후(忠厚)에 따르기를 힘썼다. 수상이 된 지 24년에 국가의 편안함이 반석(磐石) 같이 견고하게 되었다. 오래도록 군주의 고굉(股肱), 나라의 주석(柱石)이었다.

그의 사람됨에 대해서는 "풍채가 엉기고 우뚝하고[凝峻], 그릇과 틀[器宇]이 크고 깊다. 붙들고 지킴의 견고함은 확고하여 뽑히지 않았고, 학문의 바름은 뛰어나고 매우 높았다. 진퇴가 모두 의리에 합하고, 감정은 얼굴에 나타나지 않았다. 크고 큰 포용으로 어렵고 어려워도 자신을 돌보지 않는[蹇蹇匪躬][85] 충성심을 지녔다."[86]고 하였다. 당시 그리고 후대의 사람들의 평판도 이와 크게 다르지 않다. '조화하되 휩쓸리지 않았다'거나 맑았어도 남과 부딪히지 않았으며, 논의 중 가부를 결단할 때는 깊은 계곡을 달리는 급한 여울과 같았다고 했고,[87] 조정에 있을 때는 현명하고 유능한 사람들에게 직책을 주어 사방에는 우환이 없고 백성들은 생업을 즐겼으며, 물러나 있을 때는 화락하게 갈매기와 함께 어울려 살며 세상의 벼슬을 뜬구름처럼 여겼으니, 참으로 탁월한 대장부였다고 하였고, 그로 인하여 촌부도 그 이름을 기억하며 백대 뒤에도 없어지지 않게 되었다고 하였다.[88] 이 모든 평가는 결국 그가 겸선(兼善)의 대신(大臣)에 속하는 유자(儒者)였음을 증언하는 것에 다름이 아니다.

---

85) 《주역》 蹇卦 六二, "王臣蹇蹇, 匪躬之故"

86) 《문종실록》 2년 1452년 2월 12일. 황희에게 사제하는 교서 "卿風彩凝峻, 器宇宏深° 執守之堅, 確乎不拔, 學問之正, 卓爾甚高° 進退皆合於義, 喜怒不形於色° 以休休有容之量, 懷蹇蹇匪躬之忠"

87) 《방촌선생문집》 묘지명 "和而不流 淸而不激...論斷可否 如湍赴壑" pp1358~1359

88) 허목 《기언》 권13, 棟宇 伴鷗亭記

인간 '황희(黃喜)'[1)]

황의동[2)]

1. 시작하는 말
2. 황희에 대한 평가 －한국의 위인(偉人)－
3. 황희는 어떤 사람인가? －寬厚, 正大, 淸廉, 聰明－
4. 맺는 말 －위인(偉人)의 풍모와 인간적 한계－

1. 시작하는 말

방촌(厖村) 황희(黃喜, 1363, 공민왕 12 ~1452, 문종 2)는 흔히 조선의 명재상으로 '황희정승'이라 불리고 또 '청백리'로 널리 알려져 있다. 이러한 평가는 틀린 것은 아니지만 그에 대한 일면적 평가지 종합적인 평가라고는 할 수 없다.

황희는 조선 왕조의 최장수 영의정으로서 위로는 태종, 세종과 같은 영명한 군주를 모시고 《경국대전(經國大典)》 체제를 마련하는 데 공헌했다. 그는 90세를 살았는데 56년의 관직생활 중 24년간 재상직을 맡았고,

1) 이 글은 (사)방촌황희선생사상연구소 주최, 방촌황희연구소 주관한 2018 제4회 방촌황희선생 정기학술대회(〈오늘의 한국과 방촌 황희〉, 성균관 유림회관, 2018.11.09.)에서 발표한 논문이다.

2) 충남대학교 명예교수

그 가운데 18년 동안 줄곧 영의정 자리를 지킨 유일한 명재상이다.3)

이처럼 황희는 조선왕조 역사상 가장 민감했던 시기에 나라의 가장 중요한 직책에서 가장 오랫동안 있었던 인물임에도 불구하고, 그가 청렴한 관리였다는 사실만이 야사처럼 전해질 뿐 국가의 경영에 미친 그의 정치적 역할은 거의 알려지지 않았다.4)

황희의 관직 경력은 참으로 화려하다. 그는 1363년부터 1452년까지 90세를 살았는데, 1395년부터 1448년까지 56년간 관직생활을 하면서 1423년부터 1448년까지 24년간 재상으로 있었고, 그중 18년을 영의정으로 국정을 이끌었다. 그리고 좌의정 1번, 우의정 1번, 찬성 1번, 참찬 2번, 의정부 지사 1번, 의정부 참지사 1번, 이조판서 3번, 예조판서 3번, 형조판서 2번, 호조판서 1번, 병조판서 2번, 공조판서 1번, 대사헌 3번, 한성부윤 1번 등 요직을 두루 역임했다. 이 때문에 나라의 정책을 수립하는 데 중추적 역할을 했다.5)

황희만큼 관직에 재직하는 가운데 왕이나 동료 백성의 신망이 컸던 사람도 없을 것이다. 죽은 뒤에도 생전의 치적이나 공적, 또는 인간성에 관한 찬사와 일화가 많은 것도 다른 사람에게서 찾아보기 드문 일이다.6)

신숙주가 쓴 황희의 《묘지명》에는 그의 인품과 치적에 대해 다음과

---

3) 이성무, 《방촌 황희 평전》, 〈머리말〉, 민음사, 2014, 5쪽.

4) 정두희, 〈조선 초기 황희의 정치적 역할〉, 《길현익교수정년기념사학논총》, 간행위원회, 1996.

5) 이성무, 위의 책, 449쪽.

6) 오병무, 〈조선조의 명재상 방촌 황희의 생애와 사상〉, 《방촌 황희의 학문과 사상》, 책미래, 2017, 39쪽.

같이 묘사하고 있다.

> 공의 천성이 寬仁하고 沈重하며 度量이 있고 말과 웃음이 적었으며, 기쁘고 노함이 표정에 나타나지 않았고, 부모에 효도하고 아랫사람들을 지성으로 대우하였다. 일가 중 외롭거나 가난하여 생계를 스스로 유지할 수 없는 이가 있으면 자재를 털어 구조하고, 집에 있을 때에는 청렴검소하고, 수상으로 있으면서도 家勢가 쓸쓸하여 벼슬이 없는 선비의 살림과 같았다. 정부에 있은 지 24년 동안에 祖宗의 법도를 준수할 뿐 뜯어고치기를 좋아하지 않았으며, 일을 사리에 따라 처리하되 그 규모가 遠大하여 그물의 벼릿줄만 들면 그물이 저절로 펼쳐지듯 모든 일이 다스려졌다. 6조 판서를 역임할 때는 정사가 닦이고, 弊瘼이 시정되었으며, 재상이 되어서는 세종은 그를 心服처럼 의지했고, 士林은 泰山과 北斗처럼 우러러보았다. 명나라 사신을 전담해 능숙하게 다루었고, 3의정이 되어서는 백관을 잘 지도해 吉凶을 점치는 蓍草와 거북과 같은 역할을 했다. 아홉 번 試官이 되어 인재를 얻었다고 평가받았으며, 4대의 군왕을 모셔 人主의 팔다리가 되고 국가의 棟樑이 되었다.

이와 같이 황희는 인간적으로 훌륭한 인품의 소유자였고, 공인으로서는 '인주(人主)의 팔다리'가 되고 '국가의 동량(棟樑)'이 되었다.

본고는 황희의 인간적인 측면을 검토하는데 목적이 있다. 인간을 평가함에 있어서 그 드러난 업적과 실패의 흠결은 말하기 쉽지만, 그의 내면세계를 이해하고 깊숙이 감추어진 인격을 평가함은 결코 쉬운 일이 아니다. 더욱이 논자는 황희를 직접 대면한 적도 없으려니와 560여 년의 시간적 간극을 지니고 있다. 따라서 그의 인품을 살피는 데 있어서 논자의 자의적인 평가나 서술을 지양하고 가능한 한 객관적 자료, 역사적 자료에 근거해 살펴보고자 한다. 다행히 황희의 경우는 그에 관한 많은 일화와 역사적 평가가 전해지고 있어서 비록 시간적 간극은 크다 하더라도 그의 사람됨을 짐작하는 데는 별 문제가 없어 보인다.

2. 황희에 대한 평가 - 한국의 위인(偉人) -

우리가 어떤 사람의 인품을 평가할 때 그의 주변 사람들이 그를 어떻게 보았는가 하는 것은 매우 중요한 자료가 된다. 결국 인품이란 다양한 인간관계에서 드러나는 것이기 때문이다. 즉 아비로서, 남편으로서, 형제로서, 공직자로서 어떻게 살아왔는가 하는 것이 곧 그의 인품으로 나타난다.

먼저 황희가 태종에게 어떻게 발탁되고 태종은 그를 어떻게 보고 있었는지 검토해보기로 하자. 고려에서 조선으로 넘어가는 왕조교체기에 그는 나이 40이 다 될 때까지 자신의 능력을 발휘할 기회가 없었는데, 태종의 인정을 받으며 빛을 발하기 시작하였다. 지신사(知申事) 박석명(朴錫命)의 추천으로 1405년(태종 5년) 마침내 지신사로 발탁되었는데, 지신사란 임금의 가장 가까운 곁에서 비서 역할을 하는 도승지였다. 태종은 황희를 특별히 신임하여 국가의 긴요한 업무를 그에게 전적으로 맡겼다. 비록 하루 이틀만 보지 못해도 반드시 그를 불러 보았다. 태종이 일찍이 말하기를, "이런 일은 나와 그대만이 알고 있을 뿐이다. 만약 일이 누설된다면 이 책임이 그대 아니면 나에게 있을 것이다."라고 하였다. 그러므로

훈구대신들이 황희를 좋지 않게 생각하여 때로는 그를 모함하는 말을 하였다.[7)]

황희는 세자 양녕대군을 옹호하다 공조판서로 좌천당했다. 1417년 12월 3일 태종은 다시 그를 형조판서로 불러 들여 쓰고, 1418년 1월 11일 다시 판한성부사로 옮겼다가 세자사건으로 평양윤으로 좌천하였다. 5월 11일 태종은 마침내 황희를 파주 교하로 귀양 보내고, 형조와 대간의 상소가 계속되자 다시 남원으로 안치시켰다. 이때 태종은 황희에게 말하기를, "공신이 비록 많지만 어찌 사람마다 정사를 의논할 수 있겠으며, 비록 공신이 아니더라도 承宣(조선의 승지) 출신인 자는 보기를 공신같이 한다. 卿 같은 자는 다년간 나를 섬겨서 나의 마음을 알 것이다. 나는 항상 나를 위해 목숨을 바치리라고 생각했더니, 그 물음에 답한 것이 정직하지 못하고 이와 같은 것은 무엇인가? 내가 그때 마음이 아파서 듣고서 눈물을 흘렸는데 경은 그것을 잊었는가?" 하였다. 이에 대해 황희가 답하기를, "그때를 당하여 신이 대답하기를, '세자의 나이가 어린 소치입니다'라고 했는데, 이제 성상의 하교가 이와 같으시니, 신의 얼굴이 붉어지고 눈물이 줄줄 납니다. 신의 마음으로는 세자를 위해 감개해 그리 된 것이라 생각하는데, 이것은 기억할 수 있으나, 그 매와 개의 일은 신은 능히 기억할 수 없습니다. 신은 布衣에서 성상의 은혜를 입어서 여기에 이르렀는데, 무슨 마음으로 전하를 저버리고 세자에게 아부하겠습니까? 불행하게 신의 말이 성상의 마음에 위배되었습니다." 하였다.

1418년 6월 태종은 양녕대군을 세자에서 폐해 광주로 내치고, 충녕대

---

7) 《문종실록》, 권12, 문종2년 2월 임신 조, 〈황희의 졸년 기사〉.

군 이도(李祹)를 세자로 삼고 8월 10일 근정전에서 즉위해 세종이 되게 했다. 1422년(세종 4) 태종은 죽기 전에 세종에게 "이직(李稷)과 황희는 비록 죄를 범했으나 일에 익숙한 구인(舊人)이므로 버릴 수 없으니, 가히 불러서 쓸만하다."고 아들 세종에게 황희를 추천하였다. 태종은 황희가 양녕대군의 편을 들어 옹호한 것은 잘못이지만, 능력과 인품으로 볼 때 꼭 써야 할 인재라고 추천했던 것이다.

1422년(세종 4년) 세종은 황희를 남원에서 불러 올려 직첩을 돌려주고 과전을 돌려주었다. 이에 대간들의 반발이 매우 컸다. 세종은 그를 평시서제조, 의정부 참찬, 명나라 사신 원접사, 예조판서로 임명하고, 그 이듬해에는 강원감사로 파견하여 기민구제에 큰 공을 세웠다. 세종은 황희에 대해 다음과 같이 평가하였다.

> 황희가 교하 수령 박도에게 토지를 청하고 박도의 아들을 행수로 들여 붙였으며, 또 태석균의 고신에 서경하기를 청했으니 진실로 의롭지 못했으매, 사간원이 청하는 것이 옳았다. 그러나 이미 의정대신이며, 또 태종께서 신임하시던 신하인데, 어찌 이런 일로 영영 끊으리오. 임인년(1422년) 태종께서 소환하시던 날에 내게 이르시기를, "양녕이 세자로 있었을 때 구종수의 무리들이 의탁하고 아부하며 불의한 일을 많이 행해, 양녕으로 하여금 길을 잘못 들게 했다." 하시고, 황희에게 의논하며 "어떻게 처치할까?" 물었더니, 황희가 "세자께서 연세가 적어서 매나 개를 가지고 노는 정도에 불과합니다." 하므로, 당시에 말들을 하기를, "황희는 중립해 일이 되어가는 꼴을 보고만 있다."라고 해 밖에 내쳤는데, 이제 생각하면 황희는 진실로 죄가 없었다. 태종께서 또 漢나라 원제 때의 사단의 사실

을 인용해 말씀하시고 인해 눈물을 흘려 우셨으니, 그 황희의 재주를 사랑하시고 아끼시기를 지극히 하셨는데, 내가 어찌 신진 諫臣의 말에 따라 갑자기 끊을 수 있으랴! 경은 이런 뜻을 간원들에게 갖추어 말하라!

이와 같이 왕의 신임이 두텁고 그의 지위가 너무나 높았기 때문에 황희에 대하여 질시하는 사람이 없을 수 없었다. 그러므로 황희는 대간에 의해 여러 차례 탄핵을 당하기도 하였다. 그러나 세종은 그때마다 "태종도 황희의 재능을 지극히 아꼈는데, 내가 어찌 연소한 대간의 말에 따라 그를 등용치 않을 수 있겠느냐?"고 하며, 그러한 비난을 모두 일축하였다. 그만큼 세종은 황희를 믿고 의지하였다. 황공(黃公)이 일을 처리함에는 사리(事理)에 따랐고, 규모가 원대하여 세종의 예우와 신임이 갈수록 융숭하여, 비록 궁중의 비밀이라도 반드시 공을 불러 의논하면 한마디로 결정지었고, 물러 나와서는 그 일을 일체 입 밖에 내지 않았으므로 그 일이 외부에 알려지지 않았다. 그래서 사람들이 우리나라 어진 재상을 말할 때는 으레 공을 우두머리로 쳤고, 송의 왕문정(王文正)과 한충헌(韓忠獻)에 비하였다.8)

황희가 일찍이 태종대에 평안도 지방을 순시할 때 당시 행대감찰이었던 이장손(李長孫)이 황희를 극렬하게 비난하는 상소를 올린 적이 있었다. 세종대 황희가 좌의정이 되어 인사행정을 장악했을 때, 이장손은 경기도 통진 군수로 있으면서 임기가 다 되어 교체할 때가 되었다. 그러나 황희는 이장손이 직무에 충실했던 사람이라고 평하면서 그를 사간원의

8) 《동국여지승람》, 권39.

헌납(獻納)으로 승진토록 천거하였으며, 이어 의정부의 사인(舍人)으로 발탁하도록 하였다. 그만큼 황희는 자기의 직권을 남용하거나 사적인 감정으로 처리하지 않았던 것이다. 이런 점이 황희에 대한 세종의 신임을 두텁게 하였다. 그리하여 세종은 좌의정 황희를 세자(문종)의 스승으로 삼기까지 하였던 것이다.

1427년(세종 9년) 가을 황희는 어머니가 돌아가시자 관례에 따라 사직하였다. 그러나 세종은 친상을 당하면 관직을 버리고 3년상을 지내야 하는 조선 왕조의 관례를 깨고, 황희를 다시 등용하였다. 그만큼 세종은 황희를 필요로 하였다. 그리고 1431년(세종 13년) 69세가 된 황희를 영의정에 임명하였다. 그 이후 황희는 나이가 많다는 것을 이유로 여러 차례 사직을 원하였지만, 세종은 이를 허락하지 않았다. 황희가 83세가 되던 1445년(세종 27년) 6월에는 매일 출근하지 않고서도 일을 처리하도록 허용할 정도였다. 그리고 그가 물러나도 좋다는 허락을 받은 것은 세종이 승하하기 불과 몇 달 전인 1449년(세종 31년) 9월 이었으며, 이때 황희의 나이는 87세였다. 그러므로 황희는 세종의 전 치세(治世)기간을 왕과 더불어 나라를 이끌어갔던 것이다.

1431년(세종 13년) 9월 세종이 자신의 측근으로 지신사였던 안숭선(安崇善)(1392~1452)과 황희에 대하여 의견을 나눈 적이 있었는데 그 내용을 보기로 하자.

안숭선: "나라의 일을 의논하는 데 있어서 황희처럼 생각이 깊고 먼 앞날을 내다보는 통찰력을 갖춘 사람은 없습니다."

세종: "과연 그대의 말이 옳다. 지금 대신 중에 황희 같은 사람은 많지

않다. 예전의 대신들을 논한다면, 河崙, 박은(朴訔), 李原 같은 사람을 들 수 있으나, 이들은 모두 재산을 탐한다는 평을 듣고 있다. 하륜은 자신의 욕심을 추구하였던 사람이며, 박은은 임금의 뜻에 맞추기만 하는 신하였다. 그리고 이원은 이해관계가 얽히면 의리도 버리는 사람이다."

안숭선: "과연 임금님의 말씀과 같습니다. 당시의 사대부들이 말하기를, 하륜은 평소 가까운 사람들의 이름을 써서 주머니에 넣고 다니며 인사행정을 할 때 이를 이용하였다고 합니다." ……

세종: "그대의 말이 옳다. 태종이 황희를 지신사로 삼으려고 하륜에게 의논하였다. 그때 하륜은 황희는 간사한 소인이니 깊이 믿고 등용하면 안 된다고 답하였다. 태종은 하륜의 말을 듣지 않고 황희를 지신사로 임명하였다. 그래서 하륜이 인사행정을 장악하자 趙末生을 執義에 임명하였다. 그러나 당시 대사헌이었던 황희는 조말생의 告身에 서명하지 않았다. 하륜이 재차 황희의 집에 찾아갔지만 황희는 듣지 않았다. 이후 하륜은 '태종이 황희를 지신사로 임명할 때 나는 반대하였다. 황희가 이 말을 듣고 나서 나의 청을 이처럼 들어주지 않는 것이며, 황희의 실책은 이미 역사책에 기록되어 있다'라고 공언하였다.[9]

여기서 세종과 안숭선은 나라의 일을 의논하는 데 있어서 황희처럼 생각이 깊고 먼 앞날을 내다보는 통찰력을 갖춘 사람은 없다는 데 뜻을 같이 한다. 그러면서 세종은 당시 대표적인 대신으로 하륜(河崙), 박은(朴訔), 이원(李原) 세 사람을 들고, 이들은 모두 재산을 탐한다는 평을 듣고

---

9) 《세종실록》, 권53, 세종 13년 9월 기사 조.

있다고 보았다. 또 하륜은 자신의 욕심을 추구했던 사람이며, 박은은 임금의 뜻에 맞추기만 하는 신하였고, 이원은 이해관계가 얽히면 의리도 버리는 사람이라고 평가하였다. 세종은 하륜이 황희를 미워하고 부정적으로 보는 이유를 잘 알고 있었다.

1432년 4월 20일 황희가 영의정을 사직하고자 하자 세종은 이를 허락하지 않고 다음과 같이 비답하였다.

> 생각하건대 卿은 덕과 그릇은 크고 두터우며, 지식과 局量은 침착하고 깊어 큰일을 잘 결단하며 憲章을 밝게 익혔도다. 마침 國運이 창성한 시기에 재회하였으며, 밝으신 우리 先考(태종)에게 신임을 받아 일찍 喉舌(承旨)의 직에 복무하였고, 곧이어 가장 신임하는 重臣의 위치에 두어졌도다. 아름다운 문채는 국가의 빛이 되었으며, 삼가 三事를 밝히니 진실로 나라를 다스릴 만한 그릇으로써 모든 官員을 마땅하게 바로잡았다. 내가 보잘것없는 몸으로 王業을 이어 받들게 되매, 깊은 못가에 선 것 같고 얕은 얼음을 밟는 것처럼 두려워하며 밤낮으로 오직 삼가니, 마땅히 오로지 대신들에게 맡겨서 前代의 끼치신 功業을 두텁게 하기를 바랄 뿐이다. 돌아보건대 그렇게 많던 대신들이 점점 새벽하늘의 별처럼 드물어지고, 오직 한 사람의 늙은 재상이 의젓이 높은 산처럼 우뚝 솟아 서서 시정을 모아 잡을 만한 人望이 공을 버리고 그 누구이겠는가? 이에 三公의 우두머리에 위치하여 신하와 백성들의 師表가 되게 하였도다. 아름다운 계책으로 임금에게 獻策하여 바야흐로 보살피고 의지하는 정이 깊더니, 몸을 보전하라는데 明哲하여 갑자기 물러가 한가롭게 지내기를 청하는가? 더군다나 卿은 나이가 아직 80, 90에 이르지는 않았으며, 병도 치

료할 수 없을 만큼 固結함에 이르지는 않았으니, 기운과 힘이 오히려 굳세어서 서정을 균평하게 하는 임무를 담당할 수 있겠노라.10)

세종은 황희의 덕과 그릇은 크고 두터우며, 지식과 국량은 침착하고 깊어 큰일을 잘 결단하며 나라의 헌장(憲章)에 대해 밝게 이해하고 있다고 하였다. 마침 태종의 신임을 받아 일찍이 승지의 직책을 맡으며 가장 신임하는 중신이 되었다고 평가하였다. 그의 아름다운 문장은 국가의 빛이 되었으며, 정덕(正德), 이용(利用), 후생(厚生)의 삼사(三事)를 밝히니 진실로 나라를 다스릴 만한 그릇으로써 모든 관원을 마땅하게 바로잡았다고 평가하였다.

세종은 자신이 보잘것없는 몸으로 왕업을 이어 받들게 되매, 깊은 못가에 선 것 같고 얇은 얼음을 밟는 것처럼 두려워하며 밤낮으로 삼가하여, 오로지 대신들에게 맡겨 전대(前代)에 부끄럽지 않기를 바랄 뿐이라 하였다.

그런데 그렇게 많던 대신들이 점점 새벽하늘의 별처럼 드물어지고, 오직 한 사람의 늙은 재상황희만이 의젓이 높은 산처럼 우뚝 솟아 서서 시정을 모아 잡을 만한 인망이 있으므로 삼공(三公)의 우두머리에 위치하여 신하와 백성들의 사표(師表)가 되게 하였다고 하였다. 여기서 세종의 황희에 대한 신망과 기대가 얼마나 큰 것인가를 짐작할 수 있다.

또한 그 해 4월 25일 세종은 사직하려는 황희에게 오히려 궤장(几杖)을 하사하며 다음과 같은 교서를 내렸다. 그 내용을 보면 세종의 황희에

10) 《세종실록》, 권56, 세종 14년 4월 20일 무신.

대한 사랑과 존경이 어떠한지를 잘 수 있다.

> 정승인 신하가 이미 나이가 많고 학문과 덕행이 높으니, 군주는 마땅히 우대하는 은총을 내려야 하는 것이다. 이에 좋은 恩典은 사사로운 은혜는 아니다. 卿은 세상을 도운 큰 재목이며, 나라를 다스리는 큰 그릇이다. 지혜는 일만 가지 정무를 통괄하기에 넉넉하고, 덕은 모든 관료를 진정시키기에 넉넉하도다. 우뚝 높은 지위와 명망, 의젓한 典型은 예스럽다. 몸소 4대의 임금을 섬겨 忠義는 더욱 두텁고, 壽는 70에 이르러 榮達함과 尊貴함이 갖추었으니, 진실로 국가의 주춧돌이며 寡人의 고굉(股肱: 다리와 팔)이로다. 의지하고 의뢰함이 깊음에 어찌 老成의 아름다움을 旌表하지 않을 수 있겠는가? 궤장(几杖)을 내려 일어서고 앉는 것을 온편(穩便)하게 하고자 함이니, 경은 氣體를 보전해 和氣를 기르고, 心力을 다해 정치를 보살피라! **11)**

세종은 황희를 가리켜 '세상을 도운 큰 재목', '나라를 다스리는 큰 그릇'이라 했다. 그리고 그의 지혜는 온갖 정무를 통괄하기에 넉넉하고, 덕은 모든 관료를 진정시키기에 넉넉하다고 했다. 그러기에 그의 모습은 우뚝 높은 지위와 명망, 의젓한 典型이 예스럽다고 묘사하였다. 또한 4대 임금을 섬겨 충의가 두텁고 수는 70에 이르러 영달함과 존귀함을 갖추어 진실로 '국가의 주춧돌'이며 '과인(寡人)의 고굉(股肱, 다리와 팔)'이라고 하였다. 영의정을 사직하는 황희에게 오히려 궤장을 하사하며 내린 세종

11) 《세종실록》, 권56, 세종 14년 4월 25일 계축.

의 이 말은 더 이상 설명이 필요 없는 최상의 예우요 칭찬이다.

1452년(문종 2년) 황희가 90세로 세상을 떠남에 《문종실록》에 실린 그에 관한 〈졸기〉의 내용은 다음과 같다.

> 황희는 寬厚하고 沈重해 재상의 식견과 도량이 있었으며, 자질이 크고 훌륭했으며, 총명이 남보다 뛰어났다. 집을 다스림에는 검소하고, 기쁨과 노여움을 얼굴에 나타내지 않았으며, 일을 의논할 때는 正大해 大體를 보존하는 데 힘쓰고, 번거롭게 변경하는 것을 좋아하지 않았다. 세종이 중년 이후에는 새로운 제도를 많이 제정하니, 황희는 생각하기를, '祖宗의 옛날 제도를 경솔히 변경할 수 없다' 하고, 홀로 반박하는 의견을 올렸으니, 비록 다 따르지 않았으나 중지시켜 막은 바가 많았으므로 옛날 재상의 기풍이 있었다. 獄事를 議定할 때에는 寬容으로써 주견을 삼아서 일찍이 사람들에게 이르기를, '차라리 형벌을 가볍게 해 실수할지언정 억울한 형벌은 할 수 없다'라 했다. 비록 늙었으나 손에서 책을 놓지 않았으며, 항시 한쪽 눈을 번갈아 감아 시력을 기르고, 비록 잔 글자라도 또한 읽기를 꺼리지 않았다. 재상이 된지 24년 동안에 중앙과 지방에서 우러러 바라보면서 모두 말하기를, '어진 재상'이라 했다. 늙었는데도 기력이 강건해 紅顔白髮을 바라다보면 신선과 같았으므로 세상에서 그를 송나라 文潞公 (文彦博)에 비했다.[12)]

이와 같이 황희는 관후(寬厚)하고 심중(沈重)해 재상의 식견과 도량이

12) 《문종실록》, 권12, 문종 2년 2월 임신.

있고 자질이 크고 훌륭했으며, 총명이 남보다 뛰어났다고 평하고 있다. 가정을 다스림에는 검소하고, 기쁨과 노여움을 얼굴에 나타내지 않았으며, 일을 의논할 때는 정대(正大)하여 대체(大體)를 보존하는 데 힘쓰고, 번거롭게 변경하는 것을 좋아하지 않았다고 한다. 재상이 된지 24년 동안에 중앙과 지방에서 우러러 바라보면서 모두가 '어진 재상'이라고 불렀다.

또한 1452년(문종 2년) 2월 12일 별세 후 문종이 내린 사제 교서(賜祭敎書)에도 그의 인품에 대한 평가가 잘 표현되어 있다.

> 경은 風彩가 嚴峻하며, 局量이 크고 깊은데다가 확고한 修行은 도저히 꺾을 수 없고, 正 大한 학문은 너무도 높았도다. 進退가 다 道義에 부합되고, 喜怒는 일체 표정에 나타내지 않았으며, 사람의 재주를 용납할 수 없는 아량에다 어려운 국사에 앞장서는 충성을 지녔으며, 나라가 번창할 시기에 즈음해 마침 태종을 만나 耳目之官(臺諫)이 되어 기강이 바로 잡히고, 喉舌之官(承旨)이 되어 좋은 進言이 많았다. 그 智略은 閔氏(민무구, 민무질) 등의 흉계를 저지시켰는지라 묵연히 왕실의 禍根이 제거되고, 忠直함은 참다운 재상인지라 깊이 明主의 知遇를 받았으며, 2도(평안, 강원)에 나가자 관리는 두려워하고 백성은 그리워했으며, 6조판서가 되자 정사가 닦아지고, 弊瘼이 시정되었도다. 明나라 사신을 전담 해 應對하고, 政堂의 의논에 참여해 도왔으므로 세종은 心服처럼 기대었고, 士林은 泰山北斗처럼 우러러보았다. 1품 품계에 올라 우뚝 軍府에 임해 있고, 3臺(영의정, 좌의정, 우의정)지위에 이르러 엄연히 百官의 지표가 되어 큰일과 큰 의논을 결단하는 데는 진실로 吉凶을 점치는 蓍龜(시초와 거북)와 같았고, 좋은 정책과 좋은 의견을 고하는 데는 언제나 병을 고

치는 藥石(약과 침)보다 나았도다.

임금을 과오 없는 데로 인도하기를 완수하고, 백성들을 안정한 데로 이끌기를 힘썼으며, 祖宗의 법도는 뜯어 고치기를 좋아하지 않고, 평소의 의논은 모쪼록 寬厚함을 힘썼다. 국정을 잡은 지 16년 동안에 인재들이 그 뛰어난 안목에 발탁되고, 수상으로 있은 지 24년 동안에 국사가 단단한 반석처럼 편안했으며, 아홉 번 試官을 맡았으나 번번이 인재를 얻었다는 칭찬을 받았고, 열 번 骸骨을 핑계 대었으나 오히려 임금에게 '나를 도와 달라'는 부탁을 받았으며, 병이 났을 때에는 약과 음식을 보내고, 연세가 높았을 때는 几杖을 하사했다. 몸소 4대를 섬기면서 忠과 義가 더욱 돈독하고, 연세가 아흔에 이르도록 德과 지위가 함께 높았으니, 진실로 人主의 팔과 다리이며, 또한 국가의 기둥과 주추였다.13)

여러 곳의 내용이 중복되는 경우도 있지만 사후 내린 이 교서는 황희에 대한 종합적인 평가를 잘 보여준다. 황희는 풍채가 엄준(嚴峻)하며, 국량이 크고 깊으며 확고한 修行은 도저히 꺾을 수 없고, 정대한 학문은 너무도 높았다고 추모한다. 나아가고 물러섬이 모두 도의(道義)에 부합되고, 기쁨과 노여움 같은 감정상태가 일체 표정에 나타내지 않았으며, 사람의 재주를 용납할 수 없는 아량에다 어려운 국사에 앞장서는 충성을 지녔다고 하였다. 태종을 만나 대간(臺諫)이 되어 기강을 바로잡고, 승지가 되어서는 좋은 진언(進言)을 많이 하였다. 그 지략은 민무구, 민무질

13) 《문종실록》, 권12, 문종 2년 2월 병자.

등의 흉계를 막아 왕실의 화근을 제거하고, 충직함은 참다운 재상인지라 깊이 명주(明主)의 신임을 받았으며, 그가 평안도, 강원도의 지방관으로 나가자 관리들은 두려워하고 백성들은 그리워했으며, 6조판서가 되자 정사가 닦아지고, 온갖 폐정이 시정되었다 한다. 明나라 사신을 전담해 응대하고, 정당의 의논에 참여해 도왔기 때문에 세종은 심복(心服)처럼 그에게 기대었고, 사림(士林)들은 태산북두처럼 우러러보았다고 평가하였다. 1품 품계에 올라 우뚝 군부(軍府)에 임해 있고, 삼대(三臺, 영의정, 좌의정, 우의정)지위에 이르러서는 엄연히 백관의 지표가 되어 큰일과 큰 의논을 결단하는 데 진실로 길흉을 점치는 시초(蓍龜, 거북)와 같았고, 좋은 정책과 좋은 의견을 고하는 데는 언제나 병을 고치는 약석(藥石, 약과 침)보다 나았다고 평하였다.

임금을 과오 없는 데로 인도하기를 완수하고, 백성들을 안정한 데로 이끌기를 힘썼으며, 조종의 법도는 뜯어 고치기를 좋아하지 않고, 평소의 의논은 모쪼록 관후함을 힘썼다고 한다. 국정을 잡은 지 16년 동안에 인재들이 그 뛰어난 안목에 발탁되었고, 수상으로 있은 지 24년 동안에 국사가 단단한 반석처럼 편안했으며, 아홉 번 시관(試官)을 맡았으나 번번이 인재를 얻었다는 칭찬을 받았고, 열 번이나 사임했지만 오히려 임금에게 '나를 도와 달라'는 부탁을 받았으며, 병이 났을 때에는 약과 음식을 보내고, 연세가 높았을 때는 궤장(几杖)을 하사 받았다고 한다. 몸소 4대 임금을 섬기면서 충과 의가 더욱 돈독하고, 나이가 아흔에 이르도록 德과 지위가 함께 높았으니, 진실로 인주(人主)의 팔과 다리이며, 또한 국가의 기둥과 주추였다고 평가하였다.

이를 통해서 볼 때, 황희는 그야말로 행정의 달인이요 경세의 대가라 아니할 수 없다. 그리고 그 인품에 대한 평가 또한 더 이상 보탤 것이 없다. 어떤 사람이 과연 이러한 평가가 가능할까? 아마도 황희에게만 가능한 찬사요 평가라고 생각된다. 이러한 역사적 평가를 고려한 나머지《방촌 황희 평전》을 쓴 역사학자 이성무 교수는 "황희와 같은 인물은 한국의 위인으로 우선 추중(推重)되어야 할 사람이다."라고 평가하였던 것이다.14)

3. 황희는 어떤 사람인가? -寬厚, 正大, 淸廉, 聰明-

황희는 어떤 사람인가? 논자는 그를 직접 본 바도 없고 시간적 간극이 무려 560여 년이나 된다. 당시 사람들의 평가와 얘기들을 통해 짐작해 보는 수밖에 없다. 그리고 그것이 가장 정확할지도 모른다. 소설처럼, 수필처럼 황희를 수사하여 성인화한다거나 조금도 흠결이 없는 신과 같은 인간으로 묘사하는 것은 옳지 못하다. 가능한 한 역사적 자료에 근거하여 그의 인격과 사람됨을 그려보고자 한다. 그런데 오기수 교수가 저서《황희, 민본시대를 이끈 행복한 2인자》15)에서 그를 관후(寬厚), 정대(正大), 청렴(淸廉), 총명(聰明)으로 편을 나누어 서술한 것은 매우 타당해 보인다. 이는 오교수의 자의적인 구별이 아니라 세종의 평가, 그의 사후 문종이 내린 교서, 〈졸기(卒記)〉 등을 종합적으로 검토해볼 때 이러한 결론에 도달하기 때문이다. 물론 황희의 인품에 대한 평가를 다양한 항목으로 나누어 서술할 수 있겠지만, 논자는 오교수의 분류법을 참고로 하

14) 이성무, 위의 책, 7쪽.

15) 오기수,《황희, 민본시대를 이끈 행복한 2인자》, 고반, 2017. 5. 31.

여 서술해보고자 한다.

오교수에 의하면 《조선왕조실록》에 기록된 인물들의 〈졸기〉를 분석해 볼 때 2,186건의 기사중에서 '관후하다'고 평한 사람은 신숙주, 이덕형 등 36명이고, '정대하다'고 평한 사람은 조준, 하륜, 이황 등 불과 7명밖에 안 된다고 한다. 조선왕조 5백년 동안에 218명의 청백리(淸白吏)가 나왔는데, 정승을 지낸 청백리는 황희를 비롯해 맹사성, 이원익, 이항복, 유성룡 등 18명에 불과하다. 또한 '총명하다'고 평한 사람은 〈졸기〉에 30여 명의 인물이 나온다고 하는데, 임금이나 재상이나 모두 총명하다는 평가를 훌륭한 찬사로 여겼다고 한다.[16]

그런데 사람은 '관후하면서도 정대하기'는 참으로 어려운데, '관후하면서도 정대하다'는 평가는 황희가 유일하다고 한다. 그뿐만 아니라 사람은 총명하면서도 관후하기 어렵고 청렴하기도 어려운데, 황희의 경우는 관후, 정대, 총명, 청렴을 모두 갖춘 인물로 평가를 받고 있다.

1) 관후(寬厚)

《연려실기술(燃藜室記術)》에 의하면 "우리 조선의 어진 정승을 논할 때면 반드시 공을 제일로 삼았으며, 공의 훈업(勳業)이나 덕량(德量)을 송나라의 왕문정과 한충헌에 견주었다." 고 기록하고 있다. 이렇게 황희는 조선 역사상 최고의 어진 재상으로 일컬어졌다. 관후란 '마음이 너그럽고 후덕하다'는 뜻이다. 아마도 황희에 관한 인물평이나 일화 속에서 가장 많이 나오는 것이 어질고 너그럽고 넉넉한 인품이다. 우리가 흔히 말하

16) 오기수, 《황희, 민본시대를 이끈 행복한 2인자》, 〈머리말〉, 고반, 2017.

는 '덕이 있다'는 말은 이러한 표현과 상통한다고 볼 수 있다. 남에게 너그럽고 후덕하다는 말은 남을 사랑하고 포용하고 이해하는 폭과 깊이가 넓고 깊음을 말해준다. 즉 사람에 대해 귀천을 따지지 않고 대하고, 호불호를 따지지 않고 대하고, 신분과 직업을 따지지 않고 대하는데서 가능해진다. 이는 달리 말하면 인간에 대한 사랑, 인간생명에 대한 존엄을 근저로 하는 것이다. 소위 유학이 말하는 인인(仁人)이 이에 해당한다. 이제 황희의 생애 속에 나타난 너그럽고 넉넉한 일화를 살펴보기로 하자. 황희는 나이가 들수록 원숙하고 노련해져 형벌을 무겁게 매기지 않고, 특히 백성들의 어려움을 보살펴주는 데 앞장섰다고 한다.[17] 장영실(蔣英實)은 본래 그 아비가 원나라 소주, 항주 사람이고, 어미가 기생이었는데 솜씨가 뛰어나 태종이 보호하고 세종이 아껴 인재로 쓰려고 하니, 이조판서 허조, 병조판서 조말생 등이 반대를 했다. 다시 황희, 맹사성에게 의논하니 기꺼이 찬성하였다. 황희 같은 어진 재상이 있었기에 세종이 신분을 초월한 인사를 할 수 있었던 것이다.

1449년(세종 31년) 10월 황희가 87세에 관직을 물러나게 되었을 때, "황희는 수상의 지위에 20년이나 재직하였다. 항상 그가 논하는 바는 너그럽고 관대하였으며, 소란스럽게 이것저것을 자주 바꾸는 것을 좋아하지 않아서 나라 사람들을 능히 진정시킬 수가 있었다. 그래서 사람들이 황희를 두고 진정한 재상감이라고 칭하였다."[18] 고 기록하고 있다.

또한 《대동야승(大東野乘)》에는 황희의 너그러운 인품과 일화에 대해 다음과 같이 자세히 소개하고 있다.

---

17) 이성무, 위의 책, 6쪽.

18) 《세종실록》, 권126, 세종 31년 10월 5일 임자 조.

익성공 황희는 세종 조 때 수상이 되어 거의 30년이 되었으나 기쁨과 노여움을 말이나 얼굴에 한 번도 나타내지 아니하고, 종들을 대할 때도 사랑을 하여 일찍이 매질을 하지 아니하였다. 사랑하는 侍婢가 어린 종놈과 장난이 너무 심하여도 공은 보고 문득 웃었다. 일찍이 말하기를, "奴僕 또한 하느님께서 내린 백성인데 어찌 포악하게 부리겠느냐?" 하고, 글을 지어 자손에게 끼쳐주었다. 일찍이 홀로 동산을 거닐고 있었는데 이웃집에 철없는 아이들이 한창 무르익은 배에 돌을 던져 땅에 가득히 떨어졌다. 공이 큰 소리로 侍童을 부르니, 아이들은 시동을 부르는 것은 반드시 우리들을 잡아가려는 것이라 하고는 놀래어 모두 달아나 몰래 숨어 엿듣고 있었다. 그런데 시동이 오니 그릇을 가져오라 하여 "떨어진 배를 주워서 이웃집 아이들에게 주라" 하고는 아무 말도 아니하였다.

문강공(文康公) 이석형(李石亨)이 장원급제하여 정언(正言)이 되어 공을 뵈니, 공은《綱目》과《通鑑》을 한 질씩 내놓고 文康에게 제목을 쓰도록 명하였는데, 바로 못된 계집종이 간소한 음식을 차려가지고 공을 기대고 앉아서 문강을 내려다보다가 공에게 말하기를, "술을 드리겠습니다" 하니, 공이 나지막하게 "아직 두어라" 하였다. 계집종이 다시 공의 곁에 한참 서 있다가 성낸 소리로 "어찌 그리 더디시오" 하니, 공은 웃으면서 "가져 오너라" 하였다. 드린 즉 두어 명의 작은 아이들이 모두 떨어진 옷에 맨발로, 어떤 아이는 공의 수염을 잡아당기고, 어떤 아이는 공의 옷을 밟으면서 차려놓은 음식을 모두 퍼먹고 또한 공을 두들기니 공은 "아프다. 아프다 "라고만 하였다. 이 작은 아이들은 모두 노비의 자식들이었다.

황희는 노복들을 하느님께서 내린 백성이라 하고 그들에게 포악하게 매질을 하거나 함부로 대하지 않았다. 종들의 일상을 웃어넘기는 황희, 배를 따는 종들을 나무라지 않고 오히려 나누어주는 마음, 어린 종의 자식들이 손님 앞에서 음식에 손을 대고 자신의 수염을 만지고 옷을 밟아도 아무렇지 않게 대하는 모습에서 그의 너그러운 인품을 볼 수 있다.

徐居正의 《筆苑雜記》에 다음과 같은 일화가 전한다.

> 익성공 황희는 도량이 넓어 대신의 체통이 있었다. 정승의 지위에 있는 지 30년이요, 향년이 90세였다. 국사를 의논하여 결정할 때는 관대히 하도록 힘썼으며, 평소에는 담담하여 비록 兒孫童僕들이라도 좌우에 늘어앉아 울부짖고 또는 껄껄 웃어대며 희롱하여도 꾸지람하거나 금하는 일이 없었다. 혹은 공의 멱살을 잡아당기고 뺨을 쳐도 그들이 하는 대로 따라갈 뿐이었다. 일찍이 각료들과 국사를 의논하며 붓으로 먹을 찍어 막 글씨를 쓰려 할 때 한 童奴가 그 위에 오줌을 쌌으나 공은 아무 노여운 기색도 없이 손수 그것을 훔칠 따름이었으니 德量이 이와 같았다. 일찍이 남원에 귀양살이를 할 때에는 7년간을 閉門端 坐하고 賓客을 접하지 않으며, 다만 손에는 한 질의 詩韻을 들고 정신을 집중하여 주목해 읽을 따름이었다. 뒤에 나이가 많아서도 글 뜻 한 마디 글자 한 획을 백에 하나도 그르친 일이 없었다.

위와 비슷한 내용이지만 다시 인용하였다. 나랏일을 처리할 때는 늘 관대하기를 힘썼고 집안에서는 아이들이나 손자들이 웃거나 장난을 해도 다 용납하였다. 붓으로 글씨를 쓰려하는데 어린 종아이가 그 위에 오줌을 쌌어도 혼내지 않고 걸레로 닦기만 했다 한다. 황희가 살았던 15세기의 역사적 배경을 생각하면 그의 이렇게 너그러운 처세가 얼마나 어려운 일인가를 짐작할 수 있다. 이기(李墍)의 《송와잡기(松窩雜記)》에는 다음과 같은 일화가 전해진다.

黃翼成公 喜는 고려 말에 積城의 訓導로 있었다. 하루는 적성에서 松京으로 가는 길에 한 노인이 검은 소와 누른 소 두 마리로 밭을 갈다가 멍에를 떼어 놓고 나무 밑에서 쉬는 것을 보고 노인에게 묻기를, "소 두 마리 중 어떤 소가 일을 더 잘하느냐?" 하고 물었다. 그러자 노인이 공의 귀에 입을 대고 말하기를, "검은 소가 낫습니다" 하였다. 공이 묻기를, "그 말을 하는데 어찌 귓속말로 하느냐?" 고 하니, 그 농부가 하는 말이 "비록 짐승이라 할지라도 제가 못한다 하면 섭섭하지 않겠습니까?" 하였다. 공의 한평생 겸손하고 仁厚한 덕은 그 노인의 한마디가 귀감이 되었던 것이다.[19)]

이 소에 얽힌 일화는 널리 알려진 것인데, 밭가는 노인에게서 교훈을 얻어 평생 사람을 대함에 仁厚한 德을 실천했다는 것이다. 마찬가지로 이기의 《송와잡기》에는 황희정승의 '네 말도 옳다'는 유명한 일화가 다음과 같이 전해진다.

공은 정사에만 전념할 뿐 집안일에는 무관심하였다. 하루는 계집종 둘이

19) 이 일화가 柳夢寅의 《於于野談》에는 황희가 암행어사로 민정을 살필 때의 일로 장소만 다르게 기록되어 있다.

다투더니 한 종이 공의 앞에 와서 말하기를, "저것이 이러저러했으니 간악한 년"이라 말하니, 공이 "네 말이 옳다" 하였다. 조금 뒤에 이제는 다른 종이 와서 "저년이 이러저러했으니 나쁜 년"이라 하니, 공이 또 "네 말이 옳다" 하였다. 그 말을 공의 조카가 듣고 있다가 공에게 두 사람이 싸웠으면 시비를 가려주어야지 둘 다 네 말이 옳다고만 하시니 그럴 수가 있습니까?" 하니, "네 말도 옳다"고 하며 계속 글만 읽고 있었다.

이 일화는 계집종 두 사람이 서로 다투다가 서로 황희정승에게 자신의 정당성을 일러 바쳤다는 것이다. 그러자 황희정승은 두 계집종에게 '네 말이 옳다'고 각각 얘기해주었다. 이를 옆에서 본 조카가 황희정승에게 시비를 분명히 가려줄 일이지 두 사람에게 '네 말은 옳다' 또 '네 말이 옳다'고 말하는 것은 옳지 않다고 하였다. 그러자 황희정승은 다시 조카에게 '네 말도 옳다'고 했다. 혹자는 이 일화를 황희의 우유부단한 성격과 태도라고 비판하기도 하지만, 여기에는 매우 깊은 논리와 철학이 담겨져 있다. 계집종 A와 B의 말다툼에 대해 황희는 각기 옳은 요소가 있다는 입장에서 '네 말도 옳다'고 했던 것이며, 또한 조카의 말에도 옳은 요소가 있으므로 '네 말도 옳다'고 한 것이다. 이는 서로 대립되는 세 가치를 상보적 관점에서 이해하는 것이다. 황희의 이 일화는 마치 동양철학의 음양묘합(陰陽妙合)의 논리나 원효(元曉)의 화쟁(和諍)의 논리, 그리고 율곡의 '이기지묘(理氣之妙)'의 논리와 상통하는 것이다. 서로의 대립을 지양하여 소통하고 화합하는 민주적 조화의 사상이 내재해 있는 것이다. 나만 옳고 너는 틀렸다고 보는 것이 아니라 나도 틀릴 수 있는 동시에 남도 옳을 수 있다는 것을 전제하는 것이다. 30개의 관현악 합주에서 볼 수 있듯이 저마다의 악기가 각기 자기 소리를 내지만 전체적으로는 하나로 화음(和音)되는 것이다. 황희의 이 일화도 이러한 논리와 정신을 담고 있다는 점에서 높이 평가되는 것이다. 황희가 이러한 너그러움과 남의 주장이나 의견을 포용하는 넉넉함이 있었기 때문에 28년간 재상의 지위에 있으면서 존경을 받고 봉사할 수 있었던 것이다.

또한 임영(林泳)의 《차계록(滄溪錄)》에는 다음과 같은 일화가 전해진다.

> 방촌이 입궐한 뒤 부인이 배 몇 개를 얻어 공에게 드리려고 공의 침소 시렁위에 넣어두고 가까운 친가에 갔는데, 공이 퇴근하여 방에 보니 쥐가 시렁 위에 들락거리면서 배를 물어가려고 애쓰다가 물어갈 수 없자 마침내 다른 쥐 한 마리를 데리고 와서 한 마리는 배를 안고 드러눕고 다른 한 마리는 배를 안고 있는 쥐를 물고 나갔다. 이렇게 몇 번을 들락거리더니 마침내 배를 다 물어갔다. 얼마 후에 부인이 들어와 배를 찾으니 없었다. 공은 무엇을 생각했던지 시치미를 떼고 보지 못했다고 했다. 부인이 집 보던 여종들을 추궁하니 모른다고 하므로 노하여 매를 들고 때리자 겨우 몇 대를 맞고는 제가 먹었다고 거짓 자백했다. 공은 그 일을 보고 크게 탄식하였다. 그 며칠 뒤 공은 조정에서 그 일을 이야기하고, 지금 국내에는 매를 못이겨 애매한 형을 받은 자가 많을 것이라고 했다. 왕이 즉시 行會에 명하니 오랫동안 수감되어 있는 죄수를 석방하라고 하여 경향 각지의 옥이 텅 비었다.

황희는 집 안에서 배를 쥐가 물어갔는데 부인은 집을 보던 종을 의심해 매질을 하여 거짓 자백을 받은 사건을 보면서 깊이 깨달았다는 것이다. 오늘날도 그렇지만 고문과 가혹한 형벌로 거짓 자백을 받는 사법제도의 문제점을 지적한 것이다. 황희는 이 사건을 계기로 조정의 억울한 죄수들을 석방해주고 범죄 조사의 과정에서 가혹한 고문이나 형벌을 배제하도록 노력하였다. 또 이상진(李尙震)의 《만암집(晩庵集)》에는 다음과 같은 일화가 전해진다.

> 黃公이 수상으로 있을 때 무슨 일이 있어 관료 수 십명과 함께 政廳에서 식사를 하게 되었는데, 황공이 밥을 덜어놓으려고 할 때 밥 속에 벌레가 들어 있었다. 그러나 황공은 그 벌레를 덜어놓은 밥 속에 숨겨버리고 아무 말 없이 밥을 먹었다. 관료 중에 그 사실을 안 사람이 있었으나 수상이 그러하므로 그도 아무 말 없이 밥을 먹었다. 만일 그 일이 탄로나면 주방 하인들이 중죄에 걸릴 자가 많을 것이므로 공이 덮어버린 것이다.

요즘도 있을 수 있는 일이지만, 황희가 정승으로 있을 때 정청(政廳)에서 수십 명이 함께 식사를 하는데 밥 속에서 벌레가 발견되었다. 황희는 그 일이 드러나면 음식을 한 여러 명이 다칠 것을 우려해 조용히 밥 속에 묻어 놓고 그냥 식사를 마쳤다. 사소한 일이지만 이러한 일화에서 황희의 남에 대한 배려와 이해 그리고 너그러운 인품을 읽을 수 있다. 이상 여러 가지 일화와 그의 삶 속에서 보통사람이 접하기 어려운 경지의 너그러움과 넉넉함을 볼 수 있었다. 그것은 그의 탁월한 장점이면서 그가 오랜 관직생활을 성공적으로 할 수 있었고, 또 28년 동안 재상으로 봉직하고, 18년 동안 영의정의 자리에 있을 수 있었던 소중한 자산이라고 볼 수 있다.

2) 정대(正大)

정대(正大)란 정사를 처리함에 있어서 바르고 옳아서 사사로움이 없다는 뜻이다. 이 말은 공평무사(公平無私), 공명정대(公明正大)와 같은 말이다. 왕이나 지도자가 갖추어야 할 중요한 조건 중의 하나가 바로 공평무사한 것이다. 최근 박근혜 대통령 사건의 본질도 대통령의 권력을 사사롭게 행사하였다는 점에 있다. 지위가 낮은 공직자도 자신이 가지고 있는 권한을 사사롭게 행사하면 공정성, 공평성이 무너지게 된다. 공정성이 무너지면 권위가 무너지고 공직자로서의 위상에 엄청난 손상이 간다. 그러므로 예부터 유교정치에서는 사심(私心)의 극복이 중요한 화두가 되었고 공정성과 공평성의 확보가 매우 중요했던 것이다. 이런 점에서 황희는 공명정대(公明正大)의 모범적 인물로 묘사되고 있다.

1406년 5월 27일 태종이 창덕궁 안에 불당을 지으려 하자 지신사였던 황희는 "불당 하나를 짓는 것이 비록 폐가 없다고는 하나, 다만 후세에 법을 남기는 것이면 옳지 못합니다." 하고 반대하였다. 그러나 태상왕이 아픈 비상한 때는 권도(權道)로써 불교행사도 시행하도록 했다. 물론 이 문제는 황희가 벽이단(闢異端)의 입장에서 한 것이지만 유교국가라는 측면에서 보면 배불(排佛)도 왕실이 모범을 보여야 한다는 측면에서 바른 소리를 한 것이다.

태종 초기 왕권의 불안이 심각하였다. 왕자의 난이 일어나고 처남인 민무구, 민무질의 횡포가 심해지자, 황희는 세자에게 "오늘 부왕께서 일깨워주신 뜻을 잊지 않으면 실로 조선 만세의 복이 될 것입니다."라고 해 태종이 민무구, 민무질 등 외척을 제거하고 왕권을 강화한 의지를 잘 읽어야 한다고 충고하였다.

황희는 세자 양녕대군을 옹호하다 좌천을 당하였다. 구종수와 이오방이 1416년 세자가 주색에 빠져 밤마다 궁에 들어가 술을 마시며 유희하고 밤에 세자를 제 집으로 맞아 잔치를 베풀고 남모르게 여색을 바치다 발각되었는데, 황희는 이들의 관용을 주장하고 세자는 아직 연소하다고 옹호하였다. 구종수의 한 짓이 매와 개의 일에 불과할 따름입니다 라고 옹호하다 결국 공조판서로 좌천을 당하였다. 1417년 12월 3일 태종은 다시 황희를 형조판서로 불러 들이고, 1418년 1월 11일에는 다시 판한성부사로 옮겨 임명하였다. 그러나 결국 이 세자사건으로 평양윤으로 좌천되었고, 5월 11일에는 파주 교하로 귀양을 갔고, 형조와 대간의 상소가 계속되자 다시 남원으로 안치하였다.

1418년 6월 태종은 양녕대군을 세자에서 폐해 광주로 내치고, 충녕대군 이도(李祹)를 세자로 삼고 8월 10일 근정전에서 즉위식을 올렸으니 그가 바로 세종이다. 황희가 세자 양녕대군을 옹호하다가 엄청난 화를 입었고 또 태종의 미움을 받았지만, 여기서도 태종의 생각과는 달리 자신의 주장을 일관해 지켜나갔던 것이다. 태종의 측근에서 태종의 마음을 누구보다 잘 아는 황희가 왕의 미움과 처벌을 각오하면서까지 자신의 주장을 밀고 나가는데서 그의 강직함이 돋보인다. 또한 태조의 손자 이원생(李元生)이 송유경(宋惟璚), 정천보(鄭千寶)의 술수에 빠져 반역죄에 연루되어 세종이 풀어주고자 하였지만 황희는 이를 반대하였다.

> 이원생의 죄는 진실로 경솔히 논할 수 없습니다. 태조의 손자가 되어 태조의 御諱를 위조했으니, 비록 직접 범한 것은 아니라 하더라도 송유경 등과 공모했아온 즉, 自作之孼이라 아니할 수 없습니다. 이는 귀신과 사

람에게 다 같이 용서받지 못할 일로서 가볍게 그 爵祿을 돌려줄 수 없사오니, 마땅히 한때의 인정을 끊으시고 만대의 大防을 엄하게 하소서.[20]

이와 같이 황희는 이원생이 비록 태조의 손자이지만, 태조의 어휘(御諱)를 위조한 죄는 크기 때문에 정실에 이끌려 작록(爵祿)을 돌려주어서는 안 된다 하였다. 세종으로 하여금 한때의 인정을 끊고 만대를 위한 엄정한 기강을 세울 것을 촉구하였다. 황희가 일찍이 태종대에 평안도 지방을 순시할 때 당시 행대감찰이었던 이장손(李長孫)이 황희를 극렬하게 비난하는 상소를 올린 적이 있었다. 세종대 황희가 좌의정이 되어 인사행정을 장악했을 때, 이장손은 경기도 통진 군수로 있으면서 임기가 다 되어 교체할 때가 되었다. 그러나 황희는 이장손이 직무에 충실했던 사람이라고 평하면서 그를 사간원의 헌납(獻納)으로 승진토록 천거하였으며, 이어 의정부의 사인(舍人)으로 발탁하도록 하였다. 그만큼 황희는 자기의 직권을 남용하거나 사적인 감정으로 처리하지 않았던 것이다. 이런 점이 황희에 대한 세종의 신임을 두텁게 하였다.

또한 세종이 도승지 신인손에게 일러《태종실록》을 보고자 했다. 이에 황희가 불가하다고 간하여 결국 보지 못했다.

태종의 일은 전하께서 친히 보신 바이니 만약 태종의 일을 본으로 삼아 경계하고자 한다면 역대 史記가 갖추어져 있는데 어찌하여 반드시 지금의 실록을 보아야 하겠습니까? 하물며 祖宗의 史記는 비록 당대는 아니

---

20)《세종실록》, 권63, 세종 16년 3월 계사.

나 편수한 신하는 지금도 모두 있는데, 만약 전하께서 실록을 보신다는 것을 들으면 마음이 반드시 편하지 못할 것이며, 신 등도 또한 타당하지 못하다고 여깁니다.[21]

세종은 부왕 태종의 실록을 보고 싶어 하여 도승지에게 부탁을 하였다. 이것을 알게 된 황희는 부당함을 말하여 결국 세종으로 하여금 보지 못하도록 하였다. 그것은 태종의 정치를 교훈삼고자 한다면 이미 자신이 스스로 부왕의 정치를 보아왔기 때문에 필요 없는 일이고, 또 그 실록을 쓴 사람들이 아직 살아있으므로 편치 못할 것이라 하였다.

다음은 김종서(金宗瑞)와 얽힌 일화 속에서 황희의 정대한 처사를 배울 수 있다. 김덕성(金德誠)의 《식소록(識小錄)》에는 다음과 같은 일화가 전한다.

黃翼成公은 집에서는 위엄스럽지 않으나 廟堂에 나아가면 어려 관료들이 감히 고개를 들고 바라보지 못했다. 金宗瑞가 6진을 개척하고 나서 병조판서를 제수 받아 왕의 대우가 융숭하므로 거만스러워져서 방약무인한 태도가 있었다. 어느 날 公會 때 김종서가 술이 거나하여 의자에 비스듬히 앉았으니 공이 小吏에게 넌지시 이르기를, "지금 병조판서의 앉은 의자가 삐뚤어졌으니 의자의 다리를 고치도록 하라." 하니, 김종서가 듣고 황공하여 어쩔 줄을 몰랐다. 김종서가 뒤에 다른 사람에게 말하기를, "내가 육진을 개척할 때에 밤중에 적의 화살이 날아들어 책상머리

---

21) 《세종실록》, 권80, 세종20년 3월 병술.

에 꽂혔어도 놀라지 않았는데, 오늘에는 식은땀을 흘렸다."고 하였다.

황희는 가정에서는 항상 너그러운 인품을 가지고 있었지만 일단 묘당(廟堂)에 나아가면 위엄을 지녀 다른 관료들이 고개를 들고 바라보지 못했다 한다. 어느 날 육진(六鎭)을 개척한 용장(勇將) 김종서가 병조판서에 임명되었는데 공회(公會)에서 술이 거나하게 취해 의자에 비스듬히 앉아 있었다. 이를 본 황희는 소리(小吏)에게 넌지시 말하기를 "지금 병조판서의 앉은 의자가 삐뚤어졌으니 의자의 다리를 고치도록 하라." 하니, 김종서가 이 말을 듣고 황공하여 어쩔 줄을 몰랐다 한다. 김종서가 뒷날 다른 사람에게 말하기를 "내가 육진을 개척할 때에 밤중에 적의 화살이 날아들어 책상머리에 꽂혔어도 놀라지 않았는데, 오늘에는 식은땀이 흘렀다."고 술회했다는 것이다. 당시 육진개척의 공로를 인정받아 임금의 융숭한 대접을 받은 김종서의 거만한 행동을 보고 황희는 간접적으로 질책했던 것이다. 또한《국조보감(國朝寶鑑)》에는 김종서에 관한 다음과 같은 일화가 전해진다.

> 황희가 長生殿에 나갔을 때 공조판서 金宗瑞가 음식상을 걸게 차려 왔다. 황희가 노하여 이 음식이 어디서 나왔느냐고 추궁하자, 김종서가 땅에 엎드려 잘못을 빌고 물러 나와 다른 사람에게 육진 개척 때의 일을 말한 것으로 되어 있다.

이 일화는 김종서가 황희를 생각하여 음식상을 잘 차려 대접을 했는데, 이에 대해 황희가 이 음식이 나오게 된 과정을 캐어 김종서의 잘못을 꾸짖었다는 일화가 전해진다. 공(公)과 사(私)를 구별하지 못한 김종서에 대해 힐책한 것인데, 사실은 김종서의 자질을 아껴 나라의 인재를 만들기 위해 충고한 것이라 전해진다.

이긍익(李肯翊)의 《연려실기술》에는 아들 수신(守身)의 잘못을 가르치는 아비의 교훈적 일화가 다음과 같이 전해진다. 황희의 아들 수신(守身)이 한 기생과 정이 깊어, 공이 늘 엄격하게 나무라면 그 기생과 끊겠다고 하면서도 끝내 끊지 못했다. 어느 날 수신이 외출하였다가 들어오는데 공이 관복을 갖추고 문 밖에 나가 아들을 맞이하였다. 수신이 황공하여 땅에 엎드려 그 까닭을 묻자, 공이 말하기를 "나는 너를 자식으로 대하는데 너는 내 말을 듣지 않으니 그것은 나를 아비로 여기지 않음이다. 그러므로 나도 이제부터는 너를 손님으로 대하는 것이다."라고 했다. 수신은 그 뒤부터 기생과 일체 만나지 않았다고 한다.

이상의 일화와 그의 행적을 통해 공명정대하고 광명정대한 그의 인품을 볼 수 있었다. 그러기에 그가 죽은 후 황희는 최윤덕(崔閏德), 허조(許稠), 신개(申槩), 이수(李隨)와 함께 세종의 묘정(廟廷)에 배향되는데 특히 정대(正大)한 인품에 대해 다음과 같이 평가하고 있다.

> 1452년 4월 10일에는 세종과 昭憲王后의 신주를 文昭殿에 祔廟하고, 翼成公 黃喜와 貞烈公 崔閏德, 文敬公 許稠, 文僖公 申槩, 文靖公 李隨를 묘정에 배향했다. 황희는 세종조에 있어 의정부에 가장 오래 있으면서 大體를 보존하는 데 힘쓰고, 어지럽게 고치는 것을 일삼지 않아 세종이 그의 지론이 正大함을 여러 차례 칭찬했다. 어떤 사람이 일찍이 그가 貪淫한 행실이 있다고 비판했다. 그러나 그 사람이 이런 말을 한 것은 곧

일찍이 황씨의 자제들을 좋아하지 않아서였다. 許稠는 나라를 근심하기를 자기 집과 같이 했고, 진심으로 국가를 위해 심력을 다했으며, 말과 행실이 다 본받을 만했다. 대개 황희의 重厚함은 대체를 얻고 許稠의 忠直함은 법을 지켰으니, 守成의 어진 재상이라 할만하다. 황희는 모양과 태도가 크고 훌륭했으며, 총명이 남보다 월등히 뛰어나고, 인격과 도량이 넓고 깊어 자신이 수상이 된 지 24년 동안에 대체를 보존하는 데 힘쓰고, 어수선하게 바꾸는 것을 일삼지 아니해 나라의 정책을 세우는 데 중추적 역할을 했다.[22)]

그런데 황희의 정대한 기상을 가장 상징적으로 보여주는 사건은 공법(貢法)의 제정이다. 세종은 즉위하면서부터 합리적인 세제(稅制)의 확립에 관심이 컸다. 즉 우리나라 실정에 맞는 공법을 만들고자 하였다. 나라의 재정을 돕고 백성들에게도 도움이 되는 그런 공법을 만들고 싶었다. 그리하여 답험손실법(踏驗損實法)을 중국식 공법으로 바꾸는 혁신을 꾀하고자 했다. 그런데 자신이 가징 믿는 황희가 이를 반대하였다. 세종은 이를 관철하기 위해 다른 재상이나 관료들로 하여금 황희를 설득하게 하였으나 번번이 실패하였다. 이에 세종은 공법에 대한 여론조사를 하여 안을 만들어 시행하고자 했으나 또 황희의 반대에 봉착하였다. 황희가 세종의 공법안에 반대하는 데는 정당한 이유가 있었기에 세종은 이를 무조건 물리칠 수가 없었다. 세종과 황희는 계속 토론하고 수정하고 보완하면서 17년간을 이어갔다. 그리하여 전분육등(田分6等), 연분구등(年

22) 《세종실록》, 권109, 세종 27년 7월 신사 조.

分9等)의 공법을 마침내 확정하였다. 이 과정에서 우리는 세종의 민주적 리더십과 황희의 정대한 공직자의 모습을 배울 수 있다. 임금이 하고자 하는 정책을 반대하는 황희를 17년 동안이나 참을성 있게 설득하며 반대의 의견을 경청해 준 세종의 리더십은 이 시대에도 보기 드문 사례에 속한다. 그래서 우리가 세종을 위대한 임금으로 부르는 것이다. 또한 임금의 정책에 대해 17년 동안이나 나라와 백성을 위하는 마음으로 훌륭한 조세제도의 정립을 위해 임금을 설득하고 때로는 비판을 서슴지 않은 황희의 정대한 태도도 보기 드문 사례에 속한다. 세종시대의 훌륭한 정치라는 것이 이처럼 성군(聖君)과 현신(賢臣)의 정대한 만남에서 비롯됨을 알 수 있다.

이렇게 볼 때, 황희가 56년의 관직생활에서 14년간 재상으로 일하고 또 18년 동안 영의정으로 봉직할 수 있었던 것은 무엇보다 정대한 인품과 처세에 있었던 것이다. 물론 공직자는 총명하기도 해야 하고 관후하기도 해야 하고 청렴하기도 해야 하지만, 그 가운데 가장 중요한 요소가 공명정대한 태도와 처세다. 공적인 일을 처리함에 사적인 이해에 좌우되고, 이 편 저 편으로 기울게 되면 공평성은 무너지고 부정, 부패로 이어지게 된다. 그리고 공정성이 무너지면 백성들의 신뢰와 존경을 받을 수 없고, 그렇게 되면 정치적 권위도 무너져 정사를 시행할 수 없다. 이런 점에서 황희의 처세와 인품이 정대하다고 평가받는 것은 공직자로서 매우 중요한 평가라고 할 수 있다.

3) 청렴(淸廉)

황희는 흔히 맹사성과 함께 조선시대를 대표하는 청백리로 일컬어진다. 이영춘의 연구에 의하면, 그는 조선시대로부터 현대에 이르기까지 청백리의 상징으로 칭송받아왔고 청렴한 공직자의 대명사처럼 여겨져 왔다.[23] 많은 야사(野史)는 물론이려니와 《대동장고(大東掌攷)》의 〈청리고(淸吏攷)〉[24], 《청선고(淸選考)》의 〈청백편(淸白篇)〉[25], 《전고대방(典故大方)》의 〈청백리록(淸白吏錄)〉[26] 등 청백리에 관한 전고(典故) 자료에 공통적으로 그 이름이 등재되어 있다.[27]

방촌 〈졸기(卒記)〉에는 "그가 집을 다스림에 검소하고 기쁨과 노여움을 안색에 나타내지 않았다." 고 적고 있으며, 허조(許稠)의 아들인 허후(許詡)는 말하기를, "나의 선인(先人)께서 매양 황상(黃相)을 칭찬하고 흠모하면서 존경하여 마지않았다. 사람됨이 도량이 매우 넓으며 희노(喜怒)를 나타내지 아니하였다. 수상이 된 지 거의 30년에 진실로 탐오(貪汚)한 이름이 없었다."[28]고 술회하고 있다. 허후가 당시 아버지 허조의 말을 인용해 황희에 대한 평을 하고 있는데 매우 신빙성이 높다 하겠다.

또 성종 때 집의 이칙(李則)은 경연석상에서 "세종조의 황희는 정승직을 30년간이나 하였지만, 가산을 돌보지 아니하여 그 집이 텅 비었습니다."[29]라고 말하고 있으며, 중종 때 대사헌을 지낸 정암 조광조는 "세종

---

23) 이영춘, 〈방촌 황희의 청백리 논란에 대한 재검토〉, 《방촌 황희의 학문과 사상》, 책미래, 2017, 199쪽.

24) 조선후기 순조 연간에 洪敬謨가 우리나라 역사와 고사를 정리한 책.

25) 1906년경에 간행된 편저자 미상의 책.

26) 1924년 강효석(姜斅錫)이 우리나라의 典故를 집대성하여 편찬한 책.

27) 이영춘 위 논문 199쪽.

28) 《단종실록》, 권2, 즉위년 7월 4일 을미.

29) 《성종실록》, 권86, 성종 8년 11월 19일 임오.

께서 일세의 다스림을 이룬 것은 황희와 허조를 정승으로 삼은 때문이다"[30] 라고 하였는데, 이는 황희와 허조의 청렴성을 특별히 높이 평가한 것이라 할 수 있다.

또한 정조 때 사직 윤면동(尹冕東)은 상소에서 "상신(相臣) 황희(黃喜)가 통나무집에 남루한 갓과 실띠를 매었던 검소함을 묘당(廟堂)에서부터 시작할 수는 없겠습니까?"[31]라고 하였다. 말하자면 공직자들의 부정부패를 척결하고 공직사회의 검소한 기풍을 세우기 위해서는 황희 같은 모범이 필요하다는 말이다.

황희의 검소한 생활과 청렴한 인품을 잘 말해주는 것은 신숙주가 쓴 묘지명이라고 할 수 있다. 신숙주는 당시 황희를 곁에서 가까이 모셨던 인물로 그의 죽음을 추모한 글이기 때문이다. 그는 말하기를, "가정생활에서는 청백하고 신중하였으며, 친족 가운데 가난한 여자나 고아 과부가 있으면 반드시 그들을 구제하고서야 그만 두었다."고 한다. 또 "가정생활에서는 청빈하고 검소하게 살면서 스스로 법도를 지켰고, 모든 일에 모범이 되었다. 생업을 일삼지 않아 몸소 수상이 되었으면서도 그 집안의 쓸쓸함이 마치 가난한 서생(書生)과도 같았다."고 적고 있다. 이러한 신숙주의 황희에 대한 평가는 당대는 물론 그 이후에도 황희를 청백리로 보는 데 중요한 근거가 되었다.[32]

또한 황희는 일찍이 유서(遺書)를 지어 자손들에게 경계했다. "내가 죽은 뒤에는 상장(喪葬)의 예절은 한결같이 《가례(家禮)》에 따르되, 본토에

30) 《중종실록》, 권35, 중종 14년 3월 1일 갑오.

31) 《정조실록》, 권6, 정조 2년 7월 20일 정미.

32) 이영춘의 위 논문 223쪽.

서 시행하기 어려운 일을 억지로 따라 할 필요는 없다. 능력과 분수에 맞게 집의 형세에 따라 알맞게 할 것이며, 허식은 일체 행하지 마라. 《가례》의 음식에 관한 절차는 질병을 초래할까 염려되니 존장(尊長)의 명령을 기다리지 않고 억지로 죽을 먹도록 하라. 이미 시행한 가법(家法)에 따라 불사(佛事)는 행하지 말고, 빈소에 있은 지 7일 동안은 산소에 차려놓는 제물은 《가례》에 없는 바인데, 부처에게 아첨하는 사람이 꾀를 내어 사사로이 하는 것이니 행할 수 없다."33)고 하였다. 죽음 이후 검소한 상례를 자손들에게 당부한 내용이다.

이긍익의 《연려실기술》에는 아들 치신(致身)에 얽힌 일화가 다음과 같이 전해지고 있다.

> 공의 아들 致身이 新門 밖에 집을 새로 짓고 낙성식을 할 때 여러 관원이 모여 축하했다. 그때 선생은 정무를 마치고 늦게야 돌아와 집을 둘러보고는 宴席에 참석하지도 않고 떠나 버렸다. 집이 너무 크고 호화스러움을 책망한 것이다. 그래서 치신은 집의 구조를 바꾸었다.

아들 치신이 집을 호화롭게 짓고 화려한 낙성식을 하자 정무를 마치고 돌아온 황희는 집을 둘러보고 연회석에도 참석하지 않고 돌아갔다. 집이 너무 크고 화려함을 책망한 것이다. 이에 치신은 집을 다시 고쳤다는 일화가 전해진다. 마찬가지로 《연려실기술》에는 황희의 천성이 검소하여 재상의 지위에 있은 지 수십 년 동안에 집안이 쓸쓸하여 마치 벼슬

---

33) 《문종실록》, 권12, 문종 2년 2월 임신.

없는 선비의 집과 같았다고 적고 있다. 그리고 언제나 멍석자리에 기거하면서 말하기를, '멍석자리는 가려운 데를 긁기에 매우 좋다'고 하였다 한다. 황희의 검소한 생활과 청빈한 모습을 잘 말해주고 있다.

4) 총명(聰明)

총명이란 슬기롭고 도리에 밝다는 뜻이다. 황희는 〈졸기(卒記)〉에서 '총명절인(聰明絶人)'이라 불렀다. 총명함이 남보다 뛰어났다는 말이다. 우리가 관리가 되고 지도자가 되기 위해서는 총명의 덕목은 매우 중요하다. 관료나 임금은 여러 가지 정책을 계발하기도 해야 하고, 이를 정치에 실현하여 나라를 부강하게 하고 백성을 잘 살게 해야 하기 때문이다. 그리고 복잡한 정책이나 주의, 주장을 분별하여 선택하고 시비를 결단하는 것도 지도자의 몫이다. 그러므로 한 나라의 지도자가 되려는 사람은 반드시 총명해야 하는 것이다. 황희는 타고난 총명도 있었지만 후천적인 노력도 게을리 하지 않았다. 그가 56년간의 관직생활을 하고 24년간 재상의 위치에 있었고 또 18년 동안 영의정으로 국사를 통괄할 수 있었던 것은 그의 총명이 탁월했기 때문이다. 특히 영명(英明)한 군주였던 세종이 황희를 총애하여 오랫동안 재상으로 발탁해 쓴 것은 무엇보다 그의 해박한 지식과 지혜로운 판단력 때문이었다. 더욱이 그는 중견관료로서 다양한 경험을 하였고, 정부의 모든 부서를 관장하는 직책에 있었다. 그러므로 그의 행정에 대한 식견은 타의 추종을 불허하였다. 뿐만 아니라 경사자집(經史子集)에 능통하여 유교적 소양도 풍부하였고, 나라의 법과 제도에 대한 이해도 남달리 출중했던 것으로 전해진다.

황희의 묘비에는 "나이가 90이 되어서도 총명이 조금도 쇠퇴하지 않아 조정의 전장(典章)이나 경사자집에 대해 마치 촛불처럼 환하게 기억하였고, 산수에 있어서는 제아무리 젊은이라도 감히 따르지 못하였다."고 기술하고 있다. 시대적 한계를 감안하면 그 당시 황희가 거의 60세가 되어 본격적으로 관직에 나아가고 87세에 은퇴한 것은 일반적 상식을 뛰어넘는 것이다. 50세만 되어도 노인으로 은퇴해야 할 나이인데 그는 70, 80, 90세가 되도록 국정에 참여하고 경세에 책임자로 충실했다는 것은 참으로 놀랄 만한 일이다. 더욱이 나이 90이 되도록 총명이 조금도 쇠퇴하지 않고 전장이나 경사자집을 환하게 기억하고, 수치에 있어서는 젊은이들도 감히 당할 수 없었다 하니 그의 총명을 가히 짐작할 수 있다.

황희는 어렸을 때부터 학문을 좋아하여 밤에도 불을 켜고 늦도록 공부를 하였으므로, 경사(經史)에 통달하지 않은 것이 없었다. 그는 남원에 유배를 갔을 때에도 운서(韻書)와 벗하며 보냈다. 그래서 늙어서도 글자 한 획도 틀린 적이 없었다. 황희는 늙어서도 책을 벗 삼아 총명을 잃지 않았다. 나이 87세에 비로소 영의정에서 물러났지만, 나라에 큰 일이 있을 때에는 세종은 반드시 그에게 자문한 뒤에 결정하였다.

1432년(세종 14년) 4월 70세가 된 황희가 고령을 이유로 사직을 청하자 세종은 다음과 같은 이유로 허락하지 않았다.

> 卿은 德과 그릇은 크고 두터우며, 지식과 局量은 침착하고 깊어 큰 일을 결단하며 憲章을 밝게 익혔도다....아름다운 문채는 국가의 빛이 되었으며, 삼가 三事를 밝히니 진실로 나라를 다스릴 만한 그릇으로써 모든 관원을 마땅하게 바로잡았도다....아름다운 계책으로 임금에게 獻策하여 바야흐로 보살피고 의지하는 정이 깊더니, 몸을 보전하라는데 明哲하여

> 갑자기 물러가 한가하게 지내기를 청하는가? 더군다나 경은 나이가 아직 80, 90세에 이르지는 않았으며, 병도 치료할 수 없을 만큼 固結함에 이르지는 않았으니, 기운과 힘이 오히려 굳세어서 서정을 균평하게 하는 임무를 담당할 수 있겠노라.34)

70세에 사직을 하는 황희에게 세종은 아직 80세 90세도 아직 안 되었는데 왜 그만두려 하느냐고 묻는다. 또 아직 건강도 나쁘지 않고 기운과 힘이 굳세니 모든 행정을 균평하게 담당하는데 문제가 없다고 보았다. 특히 덕과 그릇이 크고 두터우며 지식과 국량이 침착하고 깊어 큰 일을 잘 결단하며. 정덕(正德), 이용(利用), 후생(厚生)의 삼사(三事)를 밝혀 진실로 나라를 다스릴만한 그릇으로 모든 관리들을 마땅하게 바로잡았다고 평하였다. 아울러 아름다운 계책을 임금에게 수시로 헌책(獻策)하여 나라의 발전에 크게 기여했다는 것이다. 황희의 총명함을 세종은 누구보다 잘 알고 있었고 그는 이를 매우 소중하게 여겼던 것이다.

세종은 회의할 때마다 대체로 "황희정승의 말대로 하라."고 했다. 가장 합당한 의견이었기 때문이다. 황희는 회의에서 절대로 먼저 말하지 않았다. 영의정이 먼저 말하면 다른 사람들은 말을 하지 못하거나 그 말이 옳다고 다투어 아부하기 일쑤다. 황희는 다른 사람들의 말을 두루 듣고, 마지막에 그 총명함으로 적절한 사례를 들어 종합적인 의견을 개진했다. 그리고 지신사(知申事)나 근시직(近侍職)으로 국왕을 지근거리에서 모셨기에 태종과 세종의 총애가 남달랐고, 오랫동안 재상자리에 있다보니 중

---

34) 《세종실록》, 권56, 세종 14년 4월 20일 무신.

요 국사를 소상히 알고 있었다. 그러니 황희는 행정의 달인이요 외교의 사전이었다고 할 수 있다. 누가 그 식견을 당해낼 것인가? 따라서 열 번 영의정 직을 사직해도 왕이 들어줄 리가 없었다.[35]

그러므로 황희는 고려와 중국의 국가 제사 제도를 상고해 조선 고유의 제도를 정착시키는 데 주도적 역할을 했다.[36] 조선을 예치(禮治)주의 국가로 만들기 위해 예조(禮曹)는 집현전(集賢殿)과 함께 독자적인 사례(四禮; 冠, 婚, 喪, 祭)와 오례(五禮; 吉禮, 嘉禮, 賓禮, 軍禮, 凶禮)를 개정하는 데 주력하였다. 황희는 그 한 가운데 있었다.[37]

또한 1428년 세종이 하삼도(下三道)로 옮겼던 과전(科田)을 경기도로 옮기고 공법(貢法)을 실시하면 어떻겠느냐고 하자, 좌의정 황희는 다음과 같이 건의하였다.

> 과전을 경기도로 도로 옮긴다면 경기의 고통이 배나 더하게 될 것이므로, 田主도 또한 하고자 하지 않을 것입니다. 신이 일찍이 趙啓生에게서 들으니, '손해에 따라 손해를 보충해주는 법을 시행하게 되어, 田稅의 輕重高下가 한결같이 委官과 書員의 손에 달렸다면, 대단히 공평하지 못하다'합니다. 신은 원컨대 공법을 본떠서 많고 적은 중간을 비교해, 전지 몇 負에 쌀 몇 말의 수량을 미리 정해 추수기마다 각 도의 각 고을로 하여금 농사의 豊凶을 살펴서 3등으로 나누어 아뢰게 하고, 이에 따라 세를 징수하는 것이 옳을 것입니다.

---

35) 이성무, 위의 책, 6쪽.

36) 이성무, 위의 책, 111쪽.

37) 이성무, 위의 책, 112쪽.

1430년 8월 10일 호조(戶曹)에서 중외의 공법에 대해 가부의 여론을 갖추어 아뢰니, 좌의정 황희, 우의정 맹사성, 찬성 허조 등의 의론에 따르라 했다. 이때 호조에서 공법의 가부를 전국의 관민에게 물으니, 불가(不可)가 9만 8657인이요 가(可)가 7만 4149인이었다. 10월 25일에는 비자(婢子)의 산전(産前) 산후(産後)에 천역(賤役)을 면제해 주는 법을 황희가 제조로 있는 상정소에서 법을 정하니 왕이 이에 따랐다. 이처럼 수많은 정책들이 황희에 의해 계발되었으니 그의 총명의 소산이었다.

논자는 황희의 〈연보(年譜)〉를 정리하는 기회를 가진 적이 있다. 90세의 장수를 하고 공직생활이 길어 연보의 양도 매우 많은 편이었다. 이것을 정리하며 느낀 것은 거의 많은 곳에서 세종은 "황희 의견대로 하라." 고 지시하고 있었다. 세종시대는 조선이 건국 한지 얼마 안 되는 초창기였다. 더욱이 불교시대에서 유교시대로 바뀌는 변혁기에서 모든 법과 제도가 새롭게 만들어지고 변화되는 그러한 시기였다. 이 과정에서 조선의 법과 제도를 만드는 데 중추적 역할을 한 이가 황희라는 것을 새삼 인식하게 되었다. 그리고 그러한 황희의 역할은 그의 탁월한 총명함이 아니고서는 불가능한 일이었다.

4. 맺는 말 -위인(偉人)의 풍모와 인간적 한계-

황희는 어떤 사람이었나? 이제까지 역사적 자료와 문헌을 중심으로 관후(寬厚), 정대(正大), 청렴(淸廉), 총명(聰明)의 네 가지 덕목으로 나누어 검토해 보았다. 인간이 어디까지 온전할 수 있는가? 우리는 성인의 모습을 그려본다. 공자, 석가, 예수, 소크라테스 그리고 그 조금 아래에 맹자, 안연, 알버트 시바이처, 마하트마 간디, 테레사 수녀, 도산 안창호 등 우리들이 존경하고 흠모하는 사람들을 떠올려본다. 종교적 인물의 경우는 후대에 각색이 되고 포장이 된 경우가 매우 많을 것이고, 또 세속의 정치나 사업을 한 경우와는 구별되어야 할 것이다.

방촌 황희는 종교인도 아니고 학자도 아니다. 그는 유교적 경세가라고 규정하는 것이 옳을 것 같다. 고려라는 불교국가에서 조선이라는 유교국가로 이행하는 과정에서 삼봉 정도전이 유교입국(儒敎立國)의 디자인을 했다면, 황희는 세종을 도와 실제로 이를 실천하여 우리 역사상 빛나는 세종시대를 만든 주역의 한 사람이다.

유교에서는 온전한 인간을 가리켜 '군자(君子)' 또는 '인인(仁人)'이라고 한다. 군자란 유교적 이상의 인간이다. 유교가 추구하는 仁이란 여러 가지 의미가 있지만, 인간이 갖추어야 할 모든 덕을 총칭하는 의미가 크다. 그러므로 공자는 인인(仁人; 어진 사람)이라는 것을 쉽게 허락하지 않았다. 오직 안연에게만 하락했을 뿐이다. 그만큼 인인(仁人)은 쉬운 일이 아니다. 그것은 인간이 갖추어야 할 덕이 많기 때문이다. 유교에서는 이러한 덕목을 여러 가지로 표현한다. 《논어(論語)》에서는 인(仁), 의(義), 예(禮), 지(智), 신(信), 충(忠), 효(孝), 성(誠), 경(敬), 용(勇), 정(貞) 등 다양한 덕목으로 설명한다. 일반인들은 어느 한 가지 덕목에 충실해도 존경을 받는다. 여러 가지 덕목을 중첩해 지닌 사람이라면 더욱더 훌륭하다고 할 것이다. 그래서 《논어》에서는 "군자는 그릇과 같은 사람이 되어서는 안 된다."[38]고 하는 것이다. 즉 군자는 어느 일면에만 능한 사람이어서는

38) 《論語》, 〈爲政〉, "子曰 君子不器."

부족하다는 의미다. 오늘날 현대사회는 무엇이든 하나만 잘하면 성공하는 전문인을 요구하지만, 유교적 입장에서는 전인적 인격을 요청한다. 위에 열거한 많은 덕목을 아울러 지닌 인간을 군자요 어진 사람이요 덕이 있는 사람이라고 말한다.

이런 관점에서 보면 황희는 유교적 군자 내지 어진 이에 가까웠던 인물이라고 생각된다. 한 사람이 여러 덕목을 아울러 갖추기란 그리 쉽지 않은 일이다. 예컨대 인간이 너그럽고 인자하다보면 공명정대하게 살기가 쉽지 않은 것이고, 또 총명을 흐리고 개인적 인정에 치우쳐 판단을 그르치기가 십상이다. 또 인간이 한 없이 후덕하다보면 청렴을 지키는 것도 결코 쉽지 않은 일이다. 관후하다는 것은 매우 정적(情的)인 인성이다. 불쌍한 이를 보고 그냥 돌아갈 수 없고, 아픈 것을 보고 눈을 감을 수 없다. 종의 아이들이 수염을 잡고 글씨를 쓰는데 오줌을 싸고 음식상에 손을 먼저 대는 것을 용납한다는 것은 다른 한편 무례(無禮)를 용납하는 것이 되고 질서를 혼동하게 하는 것이 된다. 이러한 덕목간의 상충과 갈등 속에서 유교의 중용의 철학이 나오는 것이다.

공자는 "인품이 온순하면서도 엄하였고, 위엄이 있으면서도 사납지 않았고, 공손하면서도 자연스러웠다."[39]고 전한다. 대개의 사람들은 온순하다보면 위엄이 없고, 위엄이 있다보면 지나쳐 무섭게 보인다. 그런데 공자는 온순하면서도 위엄의 자태를 잃지 않았고, 위엄이 있으면서도 무섭지 않았으며, 공손하고도 자연스런 인품을 지녔다고 한다.

방촌 황희의 인품에서도 공자의 이러한 조화와 균형의 인격이 보인다.

---

39) 《論語》, 〈述而〉, "子溫而厲 威而不猛 恭而安."

즉 황희는 어느 일면에서는 지나칠 만큼 너그러운 사람이었다. 그것은 그에 관련한 수많은 일화와 수많은 사람들의 평가 그리고 졸기나 세종의 평, 문종이 내린 교서 등을 통해서 공통적으로 나타나는 평가다. 이러한 그의 관후한 인품은 그의 오랜 관직생활과 한 나라의 국정을 통괄하는 재상의 자리에 오래 머물게 된 큰 자산이었다. 다양한 사람들을 이해하고 포용하며, 또 다양한 주장과 견해들을 절충하고 판단하고 교통 정리하는데 황희는 탁월한 능력의 소유자였을 것이다. 이 점이 태종이나 세종에게 크게 어필했으리라고 본다.

그런데 그는 한편 공명정대한 인물, 총명한 인물, 청렴한 인물로 묘사되고 있다. 앞에서도 언급한 것처럼 한 인간이 관후하면서도 정대하고 청렴하고 총명하기란 결코 쉽지 않기 때문이다. 그런데 황희는 종합적으로 이러한 평가를 받는다. 이 점에서 황희의 인물됨은 높이 평가되는 것 같다. 방촌 황희의 평전을 쓴 역사학자 이성무 교수는 황희를 '위인(偉人)'으로 평가하고 높여야 한다는 점을 분명히 하였다.

그럼에도 불구하고 황희의 일생에서 그리고 그의 모습에서 작은 흠집은 있어 보인다. 그것은 오히려 황희가 인간적인 인간으로 우리 곁에 가깝게 다가서는 중요한 요소가 된다. 황희는 오랜 관직생활에 그것도 24년간의 재상을 지내다보니 주위의 질시도 많이 받았다. 부정에 연루되었다는 유언비어도 많이 돌았다. 긴 시간 영의정으로서 막강한 권한을 가졌던 황희는 여러 번 뇌물의 유혹에 끌리기도 했고, 실제로 혐의를 받기도 했다.

사실 황희는 평생을 근신하는 태도로 일관하였다. 이는 그가 막중한 국가의 재상직을 수십 년에 걸쳐 수행하였어도, 자신의 세력을 구축하지 않았다는 사실만으로도 알 수가 있다. 그러나 그는 무능하거나 아니면 왕의 뜻에 무조건 따르기만 하는 사람이었다는 것을 의미하지 않는다. 황희와 같은 정치가와 관료가 당시에는 절대적으로 필요하였으며, 황희도 이 점을 깊이 인식하고 있었다.40)

황희는 자신보다는 아들, 사위 등 집안사람들 때문에 많은 어려움이 있었던 같다. 인정이 많고 너그럽다보니 사사로운 정에 이끌려 정대함을 잃은 경우도 없지 않았다. 이러한 황희의 인간적 한계에 대해 다음 〈졸기〉의 평은 매우 적절한 것 같다.

> 성품이 지나치게 관대해 齊家에 단점이 있었으며, 청렴결백한 지조가 모자라 정권을 오랫동안 잡고 있었으므로, 자못 청렴하지 못하다는 비난이 있었다. 처의 형제인 楊修와 楊治가 법에 어긋나 일찍 발각되자, 황희는 이 일이 풍문에서 나왔다고 글을 올려 변명해 구해냈다. 또 그 아들 황치신에게 관청에서 몰수한 과전을 바꾸어 주려고 해 또 글을 올려 청하기도 했다. 또 黃仲生이란 사람을 서자로 삼아서 집안에 드나들게 했다가, 후에 황중생이 죽을 죄를 범하자, 곧 자기 아들이 아니라고 하고는 성을 趙가로 고치니, 애석하게 여기는 사람이 많았다.41)

오늘날 우리는 흑백논리로 인간을 평가하는 위험한 현장을 보고 있다. 친일을 단죄한다고 마구잡이로 사람을 죽인다. 인간의 평가는 균형있게 이루어져야 한다. 작은 흠집과 실수를 가지고 전체를 매도해서는

---

40) 정두희, 위 논문, 32쪽.

41) 《문종실록》, 권12, 문종 2년 2월 임신.

안 된다. 비록 그가 작은 실수를 했어도 다른 측면에서 나라에 기여하고 역사에 끼친 공이 크다면 정당하게 평가해야 하는 것이다. 이런 점에서 황희의 90평생에 보이는 작은 흠결은 결코 문제가 되지 않을 것이다.

> 공의 천성이 寬仁하고 沈重하며 度量이 있고 말과 웃음이 적었으며, 기쁘고 노함이 표정에 나타나지 않았고, 부모에 효도하고 아랫사람들을 지성으로 대우하였다. 일가 중 외롭거나 가난하여 생계를 스스로 유지할 수 없는 이가 있으면 자재를 털어 구조하고, 집에 있을 때에는 청렴검소하고, 수상으로 있으면서도 家勢가 쓸쓸하여 벼슬이 없는 선비의 살림과 같았다. 정부에 있은 지 24년 동안에 祖宗의 법도를 준수할 뿐 뜯어고치기를 좋아하지 않았으며, 일을 사리에 따라 처리하되 그 규모가 遠大하여 그물의 벼릿줄만 들면 그물이 저절로 펼쳐지듯 모든 일이 다스려졌다...6조 판서를 역임할 때는 정사가 닦이고, 弊瘼이 시정 되었으며, 재상이 되어서는 세종은 그를 心服처럼 의지했고, 사림은 泰山과 北斗처럼 우러러보았다. 명나라 사신을 전담해 능숙하게 다루었고, 3의정이 되어서는 백관을 잘 지도해 吉凶을 점치는 蓍草와 거북과 같은 역할을 했다. 아홉 번 試官이 되어 인재를 얻었다고 평가받았으며, 4대의 군왕을 모셔 人主의 팔다리가 되고 국가의 棟樑이 되었다. 〈申叔舟의 《방촌묘지명》에서〉

황희, 그 역사적 평가와 위상에 대한 일고찰(一考察)

-실록(實錄)의 사신평(史臣評)과 관련하여-[1]

최영성[2]

1. 머리말

학술대회 주최 측에서 필자에게 위촉한 주제가 부담스럽다. 황희(黃喜: 1363~1452)의 역사적 위상은 수백 년을 거쳐 오는 과정에서 많은 논의가 있었고, 그렇게 해서 사실상 공론이 형성되었다. 오늘에 와서 한 두 사람이 이의를 제기한다고 해서 흔들릴 것 같지는 않다. 역사적 평가 역시 크게 다를 바 없다고 생각한다. 평가는 시대에 따라 다를 수 있다고 하지만, 큰 틀에서 보면 쉽게 바뀔 것 같다는 생각이 들지 않는다.

---

1) 이 글은 (사)방촌황희선생사상연구소 주최, 방촌황희연구소 주관한 2018 제4회 방촌황희선생 정기학술대회(《오늘의 한국과 방촌 황희》, 성균관 유림회관, 2018.11.09.)에서 발표한 논문이며, 동양고전연구73집 동양고전학회, 2018. 12에 게재한 글이다.

2) 한국전통문화대학교 교수

근자의 현실을 염려스런 관점에서 보면, 문제점이 한둘이 아닌 것 같다. 정치를 하는 위정자들에게 정치 철학을 찾아보기 어렵다. 최고 지도자 역시 크게 다르지 않다. 부드럽고 원만한 지도자, 타협을 아는 '정치력 있는 지도자'가 보이지 않는다. 여야 간에 건전한 경쟁은 실종된 지 이미 오래고 끝없는 증오심만 남아 있다. 현재 공무원이 1백만 명이 넘지만 행정의 난맥상이 심각하다. 국가 행정을 이끌고 부처 간의 업무를 원활하게 조정하는 '행정의 달인'은 역사 속에서나 찾을 수 있다.[3] '총체적 난국'이라는 말이 과언이 아닌 이 시점에서 황희와 같은 명재상을 돌이켜 생각해보는 것은 의미 있는 일이 아닐 수 없다.

황희는 타고난 재상감이었던 것 같다. 그는 전제군주가 지배하던 전근대시기에, 국가의 최고 지도자를 보필하고, 지도자로부터 부여받은 권한을 국가 발전을 위해 잘 행사하였다. 그 결과 세종시대의 찬란한 문화를 이룩할 수 있었다. 이런 명재상감이 두문동(杜門洞)에 은거하다가 현실세계로 다시 나온 것은, 조선의 미래를 위해서도, 새로운 세상을 염원하는 인민을 위해서도 매우 다행스런 일이 아닐 수 없다.

황희는 시대를 잘 타고 났다. 당시 조선은 창업을 한 뒤 한창 번창하는 시기를 맞았고, 그에 걸맞게 세종과 같은 희대의 성군이 출현하여 통치를 하였다. 성군의 명철한 안목 아래 뛰어난 인재들이 발굴되어 자신의 능력을 펼 수 있었다. 이야말로 순풍(順風)에 돛을 단 듯한 형세였다. 이른바 천시(天時)와 인사(人事)가 잘 만난 경우라 할 것이니 '기수소관(氣數所關)'이란 이를 두고 이르는 말인 성싶다.

---

3) 한 예로 국가 백년대계를 책임지어야 할 교육부는 嘲笑와 唾罵의 대상이 된 지 오래다.

일찍이 중국 삼국시대 촉한(蜀漢)의 유비(劉備)는 자신과 제갈량(諸葛亮)의 관계를 빗대서 '수어지교(水魚之交)'를 말하였다. 물과 물고기의 관계처럼 불가분의 관계라는 것이다. 성군(聖君)과 현상(賢相)의 만남을 상징적으로 보여주는 고사라 하겠다. 세종과 황희의 관계 역시 이에 못지않다. 황희의 재능과 역량이 뛰어났다 하더라도 그를 인정해 주는 임금을 만나지 못했다면, 또 세종 같은 성군이라도 다시 보기 어려운 재상의 보필 없이는 세종 시기의 찬란한 문화 위업을 달성하기는 어려웠을 것이다.

나라를 잘 다스리고 왕을 잘 보필한 훌륭한 정승 황희의 면모는 이미 선학들에 의해 자리매김이 되었다.4) 출장입상(出將入相)의 전형, 행정의 달인, 유능한 외교관이라는 평가가 이어져왔다. 동양에서 말하는 전통적인 재상은 '음양을 다스리고 사시를 순조롭게 하는 것'(理陰陽, 順四時)이 주임무다. 주어진 직무가 매우 추상적이다.5) 따라서 자리만 높지 할 일이 별로 없는 최고위 관직이라는 말이 나올 수 있다. 그러나 당태종에게 방현령(房玄齡)·두여회(杜如晦)가 있다면 세종에게는 황희가 있다는 말이 나올 정도로, 황희는 능력을 인정받았고 그 능력을 유감없이 발휘하였다. 그 재능과 역량이란 어떤 것인가. 그 점에 대해 본론에서 고찰해 보기로 한다. 한편으로 청백리 황희의 이모저모를 고찰하기 위해 그의 인간적인 측면을 좀 더 가까이에서 들여다보기로 한다. 《세종실록》을 비롯한 조선왕조실록의 완역을 계기로 널리 알려지게 된 황희의 이면사(裏面

4) '대표적인 청백리'라는 평가는 근자에 와서 약간 시들해진 것 같다.

5) 황희 같은 명재상도 겨울 날씨가 따뜻하고 얼음이 얼지 않거나 천둥이 일어난 변고 때문에 사직을 청한 일이 있었다. 음양을 조화시키는 직책에 면목이 없다는 이유에서였다. 《문종실록》 2년(1452) 2월 8일 壬申條 참조.

史)와, 그로부터 제기된 의문 사항의 일부를 함께 고찰하는 것으로 소임에 갈음하려 한다.

2. 부동(不動)의 위상(位相)

고 이성무(李成茂: 1937~2018) 교수의《방촌 황희 평전》(민음사, 2014)이 나온 지 몇 년이 되었다. 이 책에는 황희의 위상과 역사적 평가에 대한 여러 논의들이 자세히 실려 있다. 이를 간략히 요약하자면 "황희는 조선의 기틀을 다진 탁월한 정치가요 행정가이자 외교가"라고 말할 수 있다. 필자는 이 평을 전적으로 수용한다.

황희의 위상에 대해서는 세종 당시부터 지금까지 논의가 무성하게 이어지고 있지만 크게 흔들림이 없다. 당시는 물론 조선왕조 전 시기를 통해서도 첫손에 꼽을 만한 '명재상'이라는 것이다. 칭송하는 경우가 절대 다수다. 문종이 황희를 종묘에 종사토록 할 때 내린 사제문(賜製文)에서는 황희의 위상에 대해 다음과 같이 말하였다.

> …… 일찍이 황조(皇祖: 태종)를 만나게 되어, 이목(耳目)의 관직이 됨으로써 나라의 기강이 저절로 숙정(肅正)되고, 후설(喉舌)의 임무에 있음으로써 임금을 인도[啓沃]함이 매우 많았었다. 임금을 보좌하여 흉모(凶謀)를 저지함으로써 왕실의 재앙을 조용히 제거하고, 충직(忠直)하여 참 재상으로서 명주(明主)의 지우(知遇)를 깊이 입었었다. 2도(二道)의 절제사(節制使)가 됨으로써 이속(吏屬)은 두려워하게 하고 백성은 사랑했으며, 육부(六部)의 판서(判書)가 됨으로써 정치는 다스려지고 폐단이 없어졌

다. 중국의 사명(辭命)에 전대(專對)하고, 묘당(廟堂)의 논사(論思)에 참찬(參贊)하였다. 소고(昭考: 세종)께서 의지하여 심복(心腹)으로 삼으셨고, 사림(士林)이 우러러보아 태산북두(泰山北斗)처럼 여겼었다. 반열(班列)이 1품에 올랐으니 높다랗게 군부(軍府)의 가운데 거처하였고, 지위가 삼태(三台: 정승)까지 거쳤으니 엄연히 서관(庶官)의 표준이 되었었다.6)

제문의 특성상 칭송 위주일 수밖에 없기는 하지만, 황희의 공적과 위상을 이보다 더 융숭하게 서술할 수는 없을 듯하다. 실로 빠짐이 없는 공적 조서라 하겠다.

돌이켜볼 때 황희에 대한 태종·세종의 우악(優渥)한 예우는 전고(前古)에 보기 드문 일이었다. 졸기에 보면 태종조부터 국가의 기무(機務)를 독당하다시피 하였다고 한다. 태종은 황희에게 "이 일은 나와 경(卿)만 알고 있다. 만약 누설된다면 경이 아니면 곧 내가 한 일이다."고 할 정도였고, 하루 이틀이라도 황희를 보지 않으면 그냥 넘기지 않았다고 한다.7) 또 세종은 황희·허조 같은 재상에게, 대내(大內)는 물론 침전(寢殿)의 출입까지 허용하면서 치도(治道)를 논하게 하였으며, 군신(君臣)의 예절에 구애되지 말고 사지(四肢)를 펴고 앉아 품은 생각을 다 말하도록 했다 한다.8) 실로 '파격' 그 자체라 할 것이다.

황희는 공직에 있을 당시 임금으로부터 가택을 하사받았다.9) 조선왕

6) 《문종실록》, 문종 2년(1452) 2월 12일 丙子條.

7) 《문종실록》 2년(1452) 2월 8일 壬申條.

8) 《중종실록》 8년(1513) 3월 7일 丙子條.

9) 세종 때 황희가, 선조 때 李元翼이, 숙종 때 許穆이 가택을 하사받았다 한다. 李德懋, 《청장관전서》 권49, 〈耳目口心書(二)〉 참조.

조를 통틀어 가택을 하사받은 세 사람 가운데 한 사람이다. 70세에는 궤장(几杖)을 하사받았고 기로소(耆老所)에 들었다. 실로 대단한 예우다. 세상을 떠난 뒤에는 종묘에 배향되었고, 청백리에 녹선(錄選)되었다. 또 팔도 유생이 두 차례나 황희의 문묘종사(文廟從祀)를 조정에 청하였다. 저들은 황희가 《국조오례의(國朝五禮儀)》를 제정하여 문물제도의 기틀을 잡고, 이단을 배척하여 정학(正學)을 숭상하는 기풍을 굳건히 심어, 조선이 유관(儒冠)과 유복(儒服), 유행(儒行)과 유언(儒言)에 힘쓰게 했다는 점을 이유로 들었다.[10]

생전은 물론 몰후의 영광까지도 황희와 겨룰 만한 사람이 없다. 한 예로 종묘 배향의 과정을 살펴보자. 황희가 세상을 떠난 지 4일 뒤 문종은 황희를 세종의 묘정(廟庭)에 배향하는 문제를 의논하였다. 이에 김종서(金宗瑞) 등 조정대신들이 적극 찬성함으로써 곧장 세종의 묘정에 배향되고 '익성(翼成)'이란 시호가 내려졌다.[11] 대개 묘정 배향은 아무리 빨라도 고인의 삼년상이 끝난 뒤라야 가능하다. 그러나 속사정은 있었다. 1450년에 세상을 떠난 세종은 만 27개월 뒤에 종묘에 모셔져야 했고, 공신들 역시 세종의 묘정에 배향될 예정이었다. 그런데 세종의 3년상이 끝나는 1452년에 황희가 세상을 떠났다. 가장 나이가 많고 공이 큰 황희가 수위(首位)에 배향되어야 함은 당연하다.[12] 그러나 황희의 3년상이 끝나

---

10) 《방촌황희선생문집》, 동 간행위원회, 2001, 1581~1582쪽 〈請厖村先生陞廡疏〉 참조.

11) 《문종실록》 2년(1452) 2월 8일 壬申條.

12) 세종의 묘정에는 황희(1363~1452), 許稠(1369~1439), 崔潤德(1376~1445), 申槪(1374~1446), 李隨: 1374~1430)가 배향되는 것으로 결정이 났다. 연령상으로 또 정치 경력 상으로 가장 선배인 황희의 묘정 배향 문제를 조속히 결정을 내야 하는 실정에 있었다.

려면 그만큼 배향이 지연되기 때문에 3년을 기다리지 않고 곧바로 묘정에 배향하는 파격을 선택했던 것이다.

앞서 천시(天時)와 인사(人事)가 잘 만난 경우를 말하였다. 특히 세종 같은 성군이 황희 같은 명상(名相)을 만난 것은 '인사'의 극치라 할 수 있다. 류희춘(柳希春: 1513~1577)의 《국조유선록(國朝儒先錄)》에 나오는 일화 하나를 소개한다. 세종이 어느 날 황희를 불러놓고 유시(諭示)하기를 "집현전의 십팔학사(十八學士)가 내가 간언을 들어주지 않은 것 때문에 사퇴하고 나오지 않으니 어떻게 하면 좋겠는가?" 하니, 황희는 정승임에도 직접 열여덟 사람의 집을 찾아다니며 조정에 나오도록 힘써 권하였다 한다.13) 임금이 격노할 수 있고, 또 재상이 모욕감을 느낄 수 있는 일이 이로써 매끄럽게, 아니 아름답게 마무리되었다. 세종이 아니거나 황희가 없었다면 실로 이루어질 수 없는 광경이라 하겠다.

황희는 일찍이 태종이 양녕대군을 폐세자(廢世子)하려 할 때 극력 반대하다가 귀양을 간 적이 있었다. 태종의 뒤를 이어 임금이 된 세종은 이런 전력이 있는 황희를 신임하고 중용하였다. 세종이 어느 날 황희를 불러 일을 의논하다가, 황희에게 다음과 같은 말을 하였다고 한다. "경이 귀양살이를 할 때 태종께서 나에게 이르시기를 '황희는 곧 한(漢)나라의 사단(史丹)14) 같은 사람이다. 무슨 죄가 있겠는가?'라고 하셨다." 황희가

---

13) 《방촌황희선생문집》, 1406쪽 참조.

14) 중국 전한 때 문신. 자는 君仲이다. 史高의 아들이다. 元帝 때 蔭職으로 駙馬都尉侍中이 되어 태자의 집을 지켰다. 원제가 병에 걸려 태자를 바꾸려고 하자 눈물을 흘리며 충간하여 이를 저지했다. 成帝가 즉위한 뒤 長樂衛尉가 되고 右將軍으로 옮겼으며 關內侯에 봉해졌다. 성격이 사치스러워 童奴가 수백에 이르렀고, 姬妾만도 수십 명이었다 한다.

폐세자를 반대한 것이 공심(公心)에서 나왔음을 의심하지 않았다는 전언이다. 그러나 탐욕스럽다는 비판을 많이 받았던 사단에 비유한 것에 다른 의도가 있었는지는 알기 어렵다.

인간 황희, 명재상 황희에 대한 평으로는 역시 졸기(卒記)가 요령을 얻은 것 같다.

> 황희는 성격이 관후(寬厚), 침중(沈重)하였고 재상의 식견과 도량이 있었다. 체격이 장대하고 훤칠하였며 총명함이 남보다 뛰어났다. 검소함으로써 집안을 다스리고, 희로(喜怒)의 감정을 겉으로 드러내지 않았다. 국사를 논할 적에는 '정대(正大)'로써 하였고 대체(大體: 큰 줄거리)를 남겨놓는 데 힘쓰고 번거롭게 변경하는 것을 좋아하지 않았다. 세종이 중년 이후에는 새로운 제도를 많이 제정하였는데, 황희는 "조종(祖宗)의 예전 제도를 경솔히 변경할 수 없다."고 여기고는 홀로 반박하는 의논을 올렸다. 비록 (임금이) 다 따르지 않았지만 중지시켜 막은 경우가 많았으니 옛날 대신(大臣)의 기풍(氣風)이 있었다. 옥사(獄事)를 처리할 때는 관용(寬容)을 주장하였는데 "형벌을 가볍게 하여 실수할지언정 억울한 형벌은 안 된다."고도 하였다.[15]

함축적인 말이 더러 보이지만, 황희의 인격과 도량이 대체로 잘 담겼다고 하겠다.

---

15) 《문종실록》, 2년(1452) 2월 8일 壬申條 "喜寬厚沈重, 有宰相識度, 豐姿魁偉, 聰明絶人. 治家儉素, 喜怒不形, 論事正大, 務存大體, 不喜煩更. 世宗中年以後, 多立新制, 喜以爲'祖宗舊制, 不可輕變', 獨駁議, 雖不能盡從, 多所止遏, 有古大臣風議. 獄以寬爲主, 嘗謂人曰: '寧失於輕, 不可枉刑'."

황희의 위상을 논함에 가장 먼저 꼽을 수 있는 것이 고금에 그 짝을 찾기 어려운 '명재상'이라는 점이다. 재상의 조건 가운데 가장 중요한 것이 '식대체(識大體)'라 할 수 있다. 세종조의 명재상 가운데 황희는 '식대체'로, 허조는 '정대(正大)'로 평가를 받았다.[16] '식대체'란 국정 전반에 걸쳐 그 대체를 꿰뚫어 아는 것이다. 이것은 '기량(器量)'으로 바꾸어 말할 수 있다.[17] 비유하자면 음식물을 담은 그릇이 크다는 말이다. 이는 후대 사람들이 하나같이 꼽았던 점이다. 조선 초기 문물제도를 정비하고 국정을 안정 궤도에 올려놓는 과정에서 황희와 같은 안목 높고 대체를 아는 명철한 재상을 만났다는 것은 실로 왕조의 행운이다. 황희는 자질구레한 일에 구애 받지 않으면서[不拘細事] 규모가 원대[規模遠大]하였다는 평을 받는다. 원대한 그림과 큰 틀 속에서 국정을 이끌어 나갔고, 혁혁한 공을 세웠다. 황희가 명재상, 왕좌지재(王佐之才)로 평가를 받는 소이가 여기에 있다.

황희의 대표적인 업적으로 《국조오례의》의 제정을 들 수 있다. 《오례의》 제정은 《경국대전》의 완성에 짝하는 것이었다. 전자가 '예'를 대표하는 것이라면 후자는 '법'을 대표하는 것이었다. 이로써 조선왕조의 유교적 문문제도는 사실상 완비된 것이다. 《오례의》는 예의 대체를 아는 사람이 아니고서는 제대로 만들기 어렵다. 이를 보면 '대체를 알았다'는 후인의 지적이 실로 허언이 아님을 알 수 있겠다.

16) 李穆, 《李評事集》 권2, 17b, 〈人才得失策〉 "三十餘年之大平, 莫不以得賢相爲本. 故如許稠之正大, 黃喜之識大體者, 出而爲相. 當是時, 人才之盛, 不容勝言."

17) 許稠, 《敬庵集》, 〈敬庵集序〉(李瀰) "翼成以器量, 文敬以禮行, …… 盖器量之得力於事功者, 顯而易見, 禮行之受效於國家者, 微而難知."

다음으로 꼽을 수 있는 것은, 임금이 펼치는 정책이 잘못되지 않도록 잘 보좌하면서, 국정에 안정감을 심어주었던 점이다. 황희를 기리는 글을 보면 다음과 같은 말들이 눈에 뜨인다.

> "황희와 허조가 명상이 된 것은 구장(舊章)을 고치지 않은 데 있을 뿐이다."[18] "이전의 사례를 잘 지키고 뜯어고치기를 좋아하지 않았다."[19] "조종(祖宗)의 성헌(成憲)을 준수하는 데 힘쓰고 분경(紛更)하기를 좋아하지 않았다."[20]

칭송하는 글임에도 자칫하면 황희가 개혁을 싫어하는 수구파(守舊派)로 비쳐질 수 있는 내용이다. 위에서 말한 '옛 전장(典章)'이란 《주례(周禮)》를 대표로 하는 유교의 문물제도를 가리킨다. '분경'이란 휘저어 어지럽혀 함부로 고치는 것을 말한다. 황희는 조선 초기 문물제도를 정비하는 과정에서 선성현(先聖賢)이 만든 전장을 지키고자 노력하였다. '조선'이라는 특수성이 있었지만, 옛 전장을 준수하는 것을 기본으로 하였다. 뒷날 황희를 문묘에 배향해야 한다고 하는 주장이 나온 것도 이 때문이라고 생각한다.

황희는 창업기를 살면서 수성기(守成期)를 여는 데 진력하였다. 창업기

---

18) 南鶴鳴, 《晦隱集》 권3, 21b, 〈國喪百官制服私議〉 "國朝五禮儀, 雖或有違周禮, 世宗大王以我東天縱之聖, 與名臣碩輔, 講磨而成一代之典, 固不可以一二未備, 强爲穿裂. 黃許之所以爲名相, 只毋改舊章而已."

19) 曺伸, 《謏聞瑣錄》 "善守前規, 不喜改易."

20) 《新增東國輿地勝覽》 권39, 46b, 〈長水縣〉 "在政府凡二十四年, 務遵祖宗成憲, 不喜紛更."

에는 '개혁'을 명분으로 많은 새로운 조치들이 나오게 되고, 그 과정에서 무리하게 밀어붙임으로써 '분경'을 한다는 비판이 제기되기도 한다. 또 새로운 움직임에 따라 불안해하는 세력들이 나오게 마련이다. 이럴 때 안정감을 심어주는 지도자가 필요하다. 황희를 칭송하는 말 가운데 '일을 처리함에 순리를 따랐다'(處事循理)고 한 것은 함축, 시사하는 바가 많다. 임금이 의욕만 앞서 무리하게 일을 처리하는 것에 제동을 걸어 결국 임금과 나라를 위했다는 의미로도 읽힐 수 있기 때문이다. 이런 맥락에서 다음과 같은 지적은 새길 만하다고 하겠다.

> 임금을 과실이 없는 처지에 있기를 기필(期必)하고, 백성을 다스리는 데는 요란하게 하지 않는 것으로 목적을 삼았다. 법도는 분경(紛更)하려고 하지 않았으며, 논의(論議)는 충후(忠厚)에 따르기를 힘썼다. (卒記)

추진력 있는 임금, 안정감 있는 재상이야말로 '이상적인 짝'의 하나라 하겠다.

3. 새겨보는 '대덕불유한(大德不踰閑)'의 의미

명재상, 청백리로서의 황희의 위상과 평가는 오랜 역사 속에서 공론을 얻었기 때문에 본고에서 굳이 재론할 필요성을 느끼지 않는다. 다만, 그동안 제기되어온 일부 견해들을 살펴봄으로써 큰 평가 속에 숨어 있는 작은 평가에 대해서도 주목하고자 한다.

황희는 일생을 관인(官人)의 주목 속에 살다갔다. 칭송만 받았던 것은 아니다. 지위가 높을수록 비판도 따라서 많아지는 것이 세상사다. '위고다비(位高多誹)'란 말은 고금동서가 크게 다를 바 없다고 생각한다. 황희가 오랫동안 고위 관직에 있다 보니 황희를 좋아하지 않는 훈구대신(勳舊大臣)들이 있었고 간혹 그들이 황희의 간사함을 말하기도 하였다 한다. 《실록》에 나오는 기록이다.21)

황희는 선조(宣祖) 즉위 이전, 훈구파가 세력을 얻었던 시절에는 부동의 위상을 굳건하게 유지하였다. 그러다가 사림(士林)이 학계와 정계를 주도해 나가면서 황희에 대한 평가가 이전 같지는 않았다. 황희의 위상에 대해 다소 비판적이고 회의적인 반응을 보인 경우가 있었다. 몇 가지 사례를 보기로 한다.

> 우리 조정의 어진 재상으로서는 황희와 허조를 으뜸으로 삼는다. 세종을 보좌하여 나라를 다스린 업적은 국사에 실려 있어 사람마다 모두 아는 바다. 다만 두 분이 모두 고려조에 등용된 사람이므로, 청의(淸議)를 주장하는 사람들이 이를 단점으로 여겼다.22)

우리나라 명상(名相)은 황·허(황희와 허조)를 제일로 꼽는다. 세상에서는 더러 고려조에 과거에 급제한 것을 단점으로 여기기도 하는데, 과연 그 뒤에는 별로 이름난 사람이 없었다.23)

---

21) 《문종실록》 2년(1452) 2월 8일 壬申條.

22) 任輔臣, 《丙辰丁巳錄》(《대동야승》 所收)

23) 《惺所覆瓿藁》 권26, 부록(一), 〈鶴山樵談〉 "我國名相, 以黃許爲首. 世或以前朝科第病之, 厥後無聞."

사림파 학자들은 의리와 절개를 중시한다. 그들은 역대 인물을 평가할 때 도학적 기준을 적용하는 것이 하나의 상례로 되어 있다. '청의'란 '뜻이 높고 깨끗하고 올바른 의론(議論)'이란 의미다. 중국 후한(A.D. 25~220) 때 명분과 절개[名節]를 중시하는 재야의 유자(儒者)들이 당시 권력을 장악하고 부정부패를 자행하던 외척과 환관들을 비평하는 과정에서 등장한 말이다. 청의를 주장하는 인물군을 '청류(淸流)'라 한다. '청의'에 담긴 기본 정신은 '비판'과 '개혁'이다. '청' 자에는 명분과 절의를 중시했던 유가의 가치관이 배어 있다. 명분과 절의가 살아 숨 쉬는 세상을 가장 이상적인 것으로 보았던 만큼, 이 '청' 자에 이상과 정의 두 개념이 아울러 들어 있다고 해도 과언이 아니다. 청의를 주장하는 학자들 가운데 황희의 경세적 안목, 시대를 구제할 만한 능력을 인정하기 어렵다는 사람들이 있는 것은, 황희가 고려조의 유신(遺臣)이고 조선 창업기의 인물이었기 때문이다.

> 국초(國初)의 이름난 재상으로는 '황·허'를 친다. 언젠가 《세종실록》을 상고해보니 특별히 정책 건의를 한 것은 없었다. 임금에게 조금이라도 지나친 행동이 있으면 반드시 자기주장을 고집하여 따르지 않았을 뿐이었다. 황희는 명기(名器: 관직)를 신중하게 다루었고 (결정된 정책을) 변경하는 것을 싫어하였으며, 허조는 약간 문학(文學)으로 꾸몄지만 조심스럽게 국법을 받들고 정도(正道)를 지켰다. 비록 경세(經世)의 역량이나 시대를 구원할 만한 재주는 아니었지만 역시 현신(賢臣)들이었다.[24]

---

24) 許筠, 《惺所覆瓿藁》 권23, 說部 2, 〈惺翁識小錄 中〉, 〈國初名相黃喜許稠〉 "國初名相, 唯稱黃許, 嘗考世廟朝實錄, 則別無建白. 君上稍有過擧, 則必堅執不從而已. 黃則愼名

21세기에 들어 황희에 대한 평가에 다소 동요가 있었던 것이 사실이다.《실록》 등 비교적 신뢰도가 높은 자료들이 다수 국역(國譯)되어 나온 데 기인한 것이라고 본다. 현재 학계에서는 황희에 대한 종래의 평가에 이의를 제기하는 글들이 이어지고 있고, 인터넷 등에서도 논란이 뜨겁다. 한 예로 청백리의 상징인 황희의 모습과는 다른 면모가 드러나면서 이에 대해 말들이 나오고 있는 것이다. 한 인간에 대한 평가는 시대에 따라 다를 수 있다. 전근대 시기인 조선시대의 가치 기준과 지금이 반드시 같을 수는 없다. 다만 사료(史料)를 잘못 해석하여 그릇된 평가를 내리는 것은 전혀 별개의 문제라 하겠다.

황희는 국가로부터 청백리에 녹선 되었다.[25] 조선왕조 5백년 동안 청백리에 녹선 된 218명 가운데 으뜸으로 여겨져 왔다. 황희가 청렴하게 생활을 했으며 또 그가 국가 기강을 세우기 위해 진력했던 사실은 다음의 고사만으로도 짐작할 수 있다.

> 고(故) 상신(相臣) 황희가 정부(政府)의 모임에 갈 때 탁지관(度支官)이 그가 추울까 걱정하여 율무죽을 드리자, 황희가 말하기를 "탁지(度支)가 어찌 재상의 아문(衙門)에 음식을 지급하는가. 장차 논계(論啓)하여 정배(定配)하겠다." 하였다 한다. 한 그릇 율무죽이 탁지부의 재용(財用)에서

器惡變更, 而許稍以文學飾之, 兢兢奉法守正. 雖非經世之量′捄時之才, 而亦賢臣也已."

25)《연보》를 보면 청백리에 녹선된 연대가 밝혀져 있지 않다. 선발과 관련한 자료도 찾기 어렵다.《淸選考》에는 세종조의 청백리로 등재되어 있다.《芝峯類說》 권15, 性行部, 〈廉潔〉 "夏亭柳政丞寬初名觀, 余外五代祖也. 與黃喜許稠, 並相世宗朝, 以淸白鳴世."

그야말로 있으나 없으나 한 것인데도 이를 물리쳐 거절하는 것으로 부족하여 정배하겠다는 말까지 하였으니, 어찌 보면 지나치게 청렴한 것이고 어찌 보면 너무 편협한 것이라 할 수도 있을 것이다. 그러나 임금을 보좌하여 나라를 경영하는 시초에 그 기강을 세움이 이와 같아야 하는 것이다.26)

이처럼 지나칠 만큼 청렴했던 것으로 알려진 황희가 청백에 문제 있는 사람이라면 후인들이 혼란에 빠질 수밖에 없을 것이다. 우선 문제가 되는 기록을 보자.

(황희는) 성품이 관대(寬大)함에서 지나쳐 제가(齊家)하는 데 단점이 있었으며, 청렴결백한 지조가 모자랐다. 오랫동안 정권(政權)을 잡고 있었으므로, 청렴하지 못하다[簠簋]는 비웃음이 꽤 있었다.27)

졸기(卒記)의 한 대목이다. 대개 어떤 것이든 양면성이 있게 마련이다. 황희의 '관대'한 성격 역시 마냥 좋은 평을 받을 수만 없을 것이다. 때론 관대함이 정도에서 지나칠 수도 있기 때문이다. 필자는 이 '관대함의 지나침' 때문에 황희에 대한 비판이 나왔다고 본다.

삿갓에 도롱이 입고 세우중(細雨中)에 호미 메고

---

26) 《弘齋全書》 권134, 故寔(六), 〈國朝故事〉 참조.

27) 《문종실록》 2년(1452) 2월 8일 壬申條 "性過於寬, 短於齊家, 乏廉介之操, 久典政柄, 頗有簠簋之誚."

산전(山田)을 흩매다가 녹음에 누웠으니

목동이 우양(牛羊)을 몰아다가 잠든 나를 깨와다. (《청구영언》)

위 시조를 읊었던 황희다. 조선조의 대표적인 청백리가 생전에 이미 '청렴하지 못하다'는 비판이 있었던 사실을 어떻게 이해하여야 할까? 청렴에 문제가 있음에도 청백리에 녹선된 것을, 내막을 잘 모른 사람들은 이해하기 어려울 것이다. 그렇다고 '의도적인 청렴'으로 매도하는 것은 지나친 감이 있다.

위의 졸기는 당쟁이 극심한 시기에 나온 실록의 기사가 아니다. 따라서 무턱대고 배척하거나 무시할 이유는 없다. 또 사관도 인간이기 때문에 그의 말을 100% 믿을 것도 아니다. 합리적인 해석은 필수적이라고 본다. 앞 대목의 평은 사관의 의중이 담긴 말이고, 뒤의 말은 당시 일부 여론을 소개한 것이다. 정권의 핵심 인사로 오래 있다 보면 좋은 평가만 받기는 어려울 터이지만, '관대함에서 지나쳤다'는 말은 흘려버릴 내용은 아닌 듯하다.

중국 명나라 때 사람 홍자성(洪自誠)의 《채근담(菜根譚)》에 보면 "남을 대할 때는 춘풍처럼 하고 자기의 몸가짐은 추상 같이 하라"(待人春風, 持己秋霜)는 말이 있다. 남에게는 관대하게 자기에게는 엄격해야 한다는 의미다. 《논어》에 나오는 충서(忠恕)가 바로 그것이다. 자기에게 관대한 사람은 뒷말을 듣게 마련이다. 황희의 경우, 청백리에 녹선될 정도로 공직자로서의 자기 관리에 엄격을 기했지만, 사림(士林)이 요구하는 높은 도덕적 기준에는 다소 못 미치는 것으로 인식되었던 것 같다.

이제 '관대함에서 지나쳐 집안을 다스리는 데 단점이 있었으며, 청렴결백한 지조가 모자랐다'고 한 것에 대한 구체적인 내용을 들어보자. 역시 졸기에 실린 내용이다.

> ① 처(妻)의 형제인 양수(楊修)와 양치(楊治)가 법에 어긋난 일을 하다가 발각되자 황희는 이 일이 풍문에서 나왔다고 글을 올려 변명하여 구(救)하였다. ② 또 그 아들 황치신(黃致身)에게는 관청에서 몰수한 과전(科田)을 바꾸어 주려고 하여 글을 올려 청하기도 하였다. ③ 또 황중생(黃仲生)이란 사람을 서자(庶子)로 삼아서 집안에 드나들게 했다가, 후에 황중생이 죽을 죄를 범하니 곧 자기 아들이 아니라고 하였다. (황중생이) 성을 바꾸어 '조(趙)'라고 하니, 애석하게 여기는 사람이 많았다.28)

만약 이 내용이 사실이라면 황희의 도덕성에 중대한 흠집이 날 수밖에 없다. 그러나 이에 대해서는 의혹 제기는 있었지만 분명하게 확인된 것은 없다. 특히 ①과 ②의 일은 그 내막을 자세하게 알기 어렵다. ②의 경우,《실록》과 다소 차이를 보이는 다른 기록도 있다.

> 어떤 기록에 국초(國初)의 고사로 이런 이야기가 실려 있다. 세종조에 사간원에서 계(啓)를 올려 "영의정 황희가 교하현감(交河縣監)에게 편지를 보내 전답을 사고자 청하였으니, (그런 사람이) 백관의 우두머리에 있어선 안 됩니다"라고 하였는데, 간관(諫官)은 이 일 때문에 죄를 얻은 자가

28)《문종실록》2년(1452) 2월 8일 壬申條 "妻兄弟楊修' 楊治不法事發, 喜以出於風聞, 上書營救. 又欲易其子致身沒官科田, 亦上書請之. 又以黃仲生者爲孽子, 出入於家, 及仲生犯死罪, 乃以爲非己子, 變姓爲趙, 人多惜之."

없었고, 황희 정승도 명재상이 되는 데 지장이 없었다는 내용이었다.29)

관청에서 몰수한 전답이 과전인지, 또 바꾸어주려 한 것인지 정상적인 매매를 하려 했던 것인지 분명하지 않다. 위의 내용만으로는 황희가 남들에게 '합리적 의심'을 받을 말한 것인지 쉽게 판단하기는 어렵다. 다만 당시 영의정이라는 자리에 있었기 때문에, 지위를 이용한 압력이나 청탁으로 오해할 소지는 없지 않다고 생각된다.

③의 경우《세종실록》에 그 전말이 보인다. 그 내용은 첫째, 영의정 황희가 내섬시(內贍寺)의 여종[婢]을 첩으로 삼아 아들 황중생을 낳았다는 것이고, 둘째는 황중생이 동궁(東宮)의 소친시(小親侍)로 궐내에서 급사(給事)로 있으면서 귀중품을 여러 건 훔쳤다는 것이다.30) 첫째 내용이 사실이라면 황희는 자신의 영달을 위해 자식을 버렸다는 오명에서 자유롭지 못할 것이다. 그렇지만 관공서에 매여 있는 여비(女婢)를 고위 공직자가 첩으로 삼았다는 것은 쉽게 납득하기 어렵다. 또 황희가 아들로 인정을 하지 않자 성을 '조'로 바꾸었다는 것도 이해하기 어렵다. 실제 황중생의 본래 성이 '조'씨였을 가능성이 높다고 본다. 즉, 황희가 근본 없이 떠돌던 중생을 거두어주었다가31) 도리어 그에게 당한 사건일 수 있는

---

29) 尹愭,《無名子集》권12, 井上閑話,〈黃喜貽書交河倅請買田〉"有記國初故事云世宗朝, 司諫院啓曰: 領議政黃喜貽書交河倅, 請買田, 不宜在百僚之上. 而諫官不以此而得罪, 黃相亦不失爲名相."

30)《세종실록》, 22년(1440) 10월 12일 辛巳條에 '황희의 아들 황중생의 절도에 대해 국문하다'라는 제목의 기사가 보인다.

31)《연려실기술》에 의하면, 황희는 일찍이 聰氣가 있는 어린 사내종을 알뜰하게 보살폈으며 마침내 면천시켜 뒷날 과거에 급제하도록 했다 한다(《방촌황희선생문집》, 1452쪽 참조). 황중생 사건 역시 이런 맥락에서 보아야 하지 않을까 한다.

것이다. 이 역시 관대함이 지나친 데서 온 불미스러운 일은 아닐까?

이러한 예는 또 있다. 세종 9년(1427) 6월, 형조판서 서선(徐選)의 아우이자 좌의정 황희의 사위인 서달(徐達)이 충청도 신창현(新昌縣) 아전 표운평(表芸平)의 비례를 나무라며 때리다가 과실치사죄를 범하였다. 이때 황희가 신창 사람인 우의정 맹사성에게 부탁하여 화해를 시켜 달라 하였고, 맹사성이 표운평의 형에게 "우리 신창 고을의 풍속을 아름답지 못하게 하지 말라."고 힘써 권하였다. 이에 추관(推官)이 서달의 종을 수범(首犯)으로 하고, 화해하자는 요구를 들어주다가 그 사실이 드러났다. 세종은 전후의 추관과 충청도관찰사를 추고(推考)하게 하고 모두 의금부에 잡아들여 치죄하도록 하였다. 황희와 맹사성 역시 공사(供辭)에 관련되므로 의금부의 옥에 가두었다가 이튿날 놓아주면서 그 관직만을 파하였다. 또 후임을 임명하지 않다가 열흘이 지나서야 다시 임명하였다.[32] 인재를 아끼는 세종의 포용력 때문에 황희는 금방 복직하였지만, 독자인 서달을 교형(絞刑)에서 구해내려는 황희의 사사로운 인정은 사위의 죄악을 은폐하려는 것으로 비쳐졌다. 황희의 청렴에 일루(一累)가 되었음은 분명하다.

황희는 관직에 있는 동안 비리나 부패에 연루되어 비판을 받은 경우가 여러 건 있었다. 주로 가족, 친인척의 비리나 부패. 그리고 그것의 변명과 관련된 경우가 많았다. 이것은 황희의 정치적 약점이 되어 불리하게 작용하였던 것 같다. 일부에서 황희의 청렴함을 의도적인 것으로 해석하는 것도 이 때문이다.

---

32) 《세종실록》, 9년(1427) 6월 21일 戊寅條; 《연려실기술》 별집 권13, 〈政敎典故〉, 〈刑獄〉 참조.

한편,《세종실록》에 전하는 이호문(李好文)의 사신평(史臣評)에도 청백리 황희에 대한 일반의 인식을 의심케 하는 대목이 있다. 긴 사론이기 때문에 요점만 간추리기로 한다.

① 김익정(金益精)과 함께 대사헌직을 교대하면서 둘 다 중 설우(雪牛)의 금을 받았으므로, 당시의 사람들이 '황금 대사헌'이라고 하였다.

② 난신(亂臣) 박포(朴苞: ?~1400)의 아내가 경기도 죽산현(竹山縣)에 살면서 자기의 종과 간통하였는데, 이를 우두머리 종이 알게 되자 그를 죽여 연못 속에 던졌다. 이어 그 정상이 드러날 것을 두려워하여 서울에 있는 황희의 집으로 도망, 마당 북쪽 토굴 속에 숨어 여러 해 동안 살았다. 황희가 이때 간통하였다. 박포는 지난날 황희의 묵은 친구였다.

③ 황희는 정권을 잡은 여러 해 동안에 매관매직하고 형옥(刑獄)을 팔아 뇌물을 받았다.

④ 황희는 겉과 속이 다른 사람이다. 그의 심술(心術)은 바르지 않다. 혹시 자기의 뜻에 거스른 자가 있으면 몰래 중상하였다.[33]

위와 같은 내용이 사실이라면 황희는 뇌물수수 및 매관매직, 간통 및 범죄자 은닉이라는 죄를 범한 것이다. 실로 믿기 어려운 일이다. 다행히도 이에 대해서는《세종실록》을 편찬할 당시 그 사실 여부가 한 번 걸러졌다.[34] 1452년(단종 즉위년)《세종실록》을 편찬할 당시 총재관 정인지가 이호문의 사론에 이의를 제기했던 것이다. 당시 편찬 회의에 참여한 사람은 정인지·황보인·김종서·허후(許詡)·이계전(李季甸)·김조(金銚)·정창손·신석조·최항 등 9명이었다. 이때 정인지는 "일찍이 내가 듣지 못한 내

33)《세종실록》, 10년(1428) 6월 25일 丙午條.

34) 이하《단종실록》, 즉위년(1452) 7월 4일 乙未條 참조.

용이다. 감정에 지나치고 근거가 없는 것 같다. 여러 사람들과 의논하여 정하여야 되겠다."고 말했고, 이 날 모인 사람들은 황희를 일컬어 '황금 대사헌'이라 했다는 소문도, 박포의 아내와 간통했다는 사실도 들어 본 적이 없다 했다. 허후는 이호문에 대해 사람됨이 조급하고 망령된 인물이라고 평하였다.

이때 실록청 관계 인사 대다수가 망자에 대한 '근거 없는 비판'이라고 본 점은 같지만 필(史筆)은 삭제하지 않기로 하였다. 실록의 객관성을 높이기 위해서는 그대로 두는 것이 효과적이라고 판단한 것이다. 대신 다수 사람들이 '근거 없는 비판'이라 여겼다는 점을 함께 기록하여 삭제에 못지않은 효과를 기약하였다. 이때 집현전 출신 소장파 학자로 청의(淸議)를 주도했던 성삼문 역시 이호문 개인의 사감에서 비롯되었음을 강조하였다. 성삼문은 사초(史草)가 오랫동안 먼지에 묻혀 종이 빛깔이 누렇게 변했는데 이호문의 사론이 실린 종이 한 장만이 깨끗하고 흰 것은 사사로운 감정으로 추서(追書)한 것을 증명한다고 하였다. 이로써 황희에 대한 억울한 평판이 어느 정도는 해소되었다고 본다.

사관(史官)이 남의 간섭을 받지 않고 자유롭게 붙인 사평(史評)은 존중을 받아야 하지만, 까다로운 선발 기준을 통과하여 사실상 공론으로 인정을 받은 것은 더욱 인정을 받아야 할 줄 안다. 청백리로 선발될 당시의 사론(士論)은 자하(子夏)의 이른바 "대덕(大德)이 한계를 넘지 않으면 소덕(小德)은 드나들어도 괜찮다."[35]고 한 말과 같았을 것으로 짐작된다. 완인(完人)을 찾거나 완인으로 자처(自處)하기 어려운 현실을 인정하고,

35) 《논어》, 〈子張〉 "子夏曰: 大德不踰閑, 小德出入, 可也."

그 속에서 한 인물의 장점을 찾으려고 노력했던 시대상을 엿볼 수 있게 한다.

《논어》에 보면 공자는 인(仁)을 실천하는 구체적 덕목으로 다섯 가지를 들었다. 공(恭)·관(寬)·신(信)·민(敏)·혜(惠)가 바로 그것이다.[36] 필자는 이 대목이야말로 황희의 인간됨을 고찰함에 하나의 기준이 될 수 있다고 생각한다. 다만 이 가운데 '관'이 가장 절실하게 다가오는 것이 사실이다. 공자는 '관'과 관련하여 '관즉득중(寬則得衆)'이라 하였다. 너그러움, 관용은 포용력이니 리더의 그릇의 크기를 나타낸다. 포용력 있는 리더 아래 사람이 모이는 것은 고금동서가 따로 없는 것 같다. 그러나 너그러움이 지나치면(過於寬) 문제가 된다. 필자는 황희에 대한 비판의 근본 원인이 여기에 있다고 생각한다.[37] '관'과 함께 '율(栗)'의 측면, 즉 엄격함이 조화를 이루었다면 '관율합중(寬栗合中)'의 인간상으로 평가를 받을 수 있었을 것이다.

4. 맺음말

황희는 조선이 배출한 자랑스러운 명재상으로 첫손에 꼽힌다. 임금을 더없이 잘 보좌한 양신(良臣)이요 국가를 위해 평생토록 헌신한 충신(忠臣)이었다. 졸기에서 '군주(君主)의 고굉(股宏)이요 방가(邦家)의 주석(柱

---

36) 《論語》, 〈陽貨〉 "子張問仁於孔子. 孔子曰: 能行五者於天下爲仁矣. 請問之. 曰: 恭·寬·信·敏·惠. 恭則不侮, 寬則得衆, 信則人任焉, 敏則有功, 惠則足以使人." 《논어》, 〈堯曰〉 제1장에도 비슷한 말이 나온다.

37) 때론 엄격함이 지나친 경우도 있어 일률적으로 말할 것은 못 되지만, 관대함이 지나친 경우가 많다고 본다.

石)이었다.'고 한 평은 겉치레의 말이 결코 아니라고 생각한다.

황희는 삼불후(三不朽) 가운데 입공(立功)과 입덕(立德)을 갖추었다. 조선 후기의 학자 금릉(金陵) 남공철(南公轍: 1760~1840)은 "황희와 위징(魏徵) 가운데 누가 더 나을까?"38)라는 질문을 던진 바 있다. 이것은 대개 황희가 낫다는 생각이리라. 황희의 훈업(勳業)과 덕량(德量)에 대해서는 역대 사서(史書)에 무수하게 실려 있다. 중국의 전설적인 명상(名相)에 비하여 손색이 없다고 할 것이다. 《논어》에서 "군자는 작은 일을 맡게 할 수는 없어도 중대한 일은 받게 할 수 있고, 소인은 중대한 일은 받게 할 수 없어도 자잘한 일은 맡게 할 수 있다."39)고 한 말을 연상하게 한다.

황희는 조선조의 대표적 청백리로 널리 알려져 왔다. 그런데 왕조실록을 보면 그가 청렴에 일부 문제가 있는 것으로 기술되어 있다. 이 모순된 사실을 어떻게 이해해야 할 것인가. 어느 한쪽을 따르고 다른 쪽은 버릴 것인가? 현재 학계에서는, 세종이 비리에 관련된 황희의 흠결을 잘 알면서도 그의 탁월한 영도력과 정무적 수완을 높이 평가하여 총애하고 중용하였다고 이해하는 사람들이 많다. 또 황희의 청렴을 '의도된 청렴'으로 보는 사람들도 있다.

황희의 청백은 당시뿐만 아니라 몰후에도 대대로 인구(人口)에 회자되었다. 임진왜란 이전, 붕당이 없었을 때는 청백리를 선정하는 일은 결코 쉽지 않았다. 붕당의 이해관계에 따라 정해지거나 정해지지 못하는 일이 없었다. 청백리에 녹선되는 것을 무척 영광된 것으로 여겼으므로 기준이

38) 남공철, 《金陵集》 권13, 17a, 〈黃翼成公犀帶銘〉 "銘曰: 黃公與魏文貞孰賢? 帶兮笏兮, 可比甘棠而同傳."

39) 《論語》, 〈衛靈公〉 "君子, 不可小知而可大受; 小人, 不可大受而可小知也."

나 선발 과정이 엄정하였다. 황희는 높은 기준과 까다로운 과정을 거쳐 청백리에 녹선 되었다. 이런저런 잡음[小疵]이 그의 대덕(大德)을 덮지는 못하였던 것이다. 녹선 결과는 당시 조정의 공론으로 보아도 좋을 것이다.

노복(奴僕)들까지도 함부로 대하지 않았던 사람이 황희다. "노복 저들도 천민(天民)이다. 잔학(殘虐)하게 부리는 것이 도리에 맞으랴."[40]고 한 말은 그가 인인군자(仁人君子)였음을 단적으로 보여준다. 그에게 제기된 여러 가지 의혹들은 대부분 유언비어, 항간에 떠도는 소문으로 보이지만 몇 가지만큼은 비판을 받을 소지가 있음이 분명하다. 필자는 그 원인을 '과인(過仁)'으로 본다. 인정(人情)이 너무 두터워서 생긴 결과일 것이다. 황희는 그런 비판에 대해 '솔직한 고백'으로 대응하였으며 반성하고 근신하였다. 이점은 인정해야 하지 않을까 한다.

세상에 완벽한 사람은 없다. 《논어》에서는 "한 사람에게 모든 것을 갖추기를 바라지 말라"(無求備於一人)"[41]고 하였다. 또 "사람의 과실에는 저마다의 유형이 있다. 과실을 보면 그 사람의 인덕을 알 수 있다."(人之過也, 各於其黨. 觀過, 斯知仁矣)[42]는 구절도 있다. 여기서 이른바 '관과지인(觀過知仁)'이란 말이 비롯되었다. 군자의 허물은 성품이 후한 데서 오고 소인의 허물은 성품이 박덕한 데서 온다. 허물을 보면 어짊의 정도를 알 수 있다는 이 말이야말로 황희의 경우에 부합한다고 생각한다.

'성과어관(性過於寬)', 사관의 이 평은 황희의 인간됨을 정확히 본 것이라 하겠다.

---

40) 李陸, 《青坡劇談》 "黃翼成公喜, …… 嘗語曰: 奴僕彼亦天民, 豈合虐使之也?"

41) 《논어》, 〈微子〉

42) 《논어》, 〈里仁〉

제2부

조선통신사 황윤길의 **역사적** 재조명

〈진도일기 조선통신사 행렬도〉, 종이에 채색, 1811년 5~7월 초까지 사행을 갔던 조선통신사 일행의 모습. 열여섯 명이 정사가 탄 가마를 메고 가고 있다.

경인 통신사 황윤길(黃允吉)의 역사적 재조명[1]

정구복[2]

1. 머리말
2. 경인통신사 파견의 배경
3. 경인통신사행
4. 황윤길에 대한 자료 검토
5. 실록에 보이는 황윤길의 관료생활
6. 맺음말

1. 머리말

1592년의 임진왜란은 우리 역사에서 중요한 전쟁사일 뿐만 아니라 조선시대를 전후기로 나누는 분수령으로서도 중요한 의미를 가진다. 이는 우리나라에서 치른 국제전쟁으로 일본군의 침입에 명군의 동원되었고, 전후 7년간 연인원 110만여 명이 전쟁에 참여하였고, 그 피해는 우리 측의 것이 가장 컸다. 15만 대군으로 침입한 일본군은 약 보름 만에 서울을 점령하고, 한 달 보름 만에 평안도 평양이 점령되고 7월 초순에는 함경도 최북단까지 점령되었다. 일본군을 막아낼 관군이 무참히 무너졌다. 명군

---

1) 이 글은 (사)방촌황희선생사상연구소 주최, 방촌황희연구소 주관한 학술대회(《조선통신사 우송당 황윤길의 역사적 재조명》, 성균관 유림회관, 2018.09.15.)에서 발표한 논문이다.

2) 한국학중앙연구원 명예교수

의 참전과 의병세력, 이순신의 제해권 장악 등으로 전세는 역전되었다. 이런 미증유의 전란은 10만 명의 포로와, 100만여 명의 아사자와 전사자가 나오고, 농토의 황폐화, 기록문화의 단절 등 엄청난 피해를 준 외침이었다.

이 전쟁이 일어나기 전 조선정부는 일본 측으로부터 풍신수길이 일본 국내통일을 하고 관백에 오른 것을 축하하는 사절단 파견을 1586년부터 여러 차례 요구해왔다. 조선정부는 이를 거부하다가 마지못해 1590년 3월에 정사 황윤길, 부사 김성일을 통신사로 파견하였다. 이를 학계에서는 경인(庚寅)통신사라고 지칭한다.

1591년 2월에 돌아온 경인통신사에 대한 연구는 많이 진척된 듯하면서도 아직도 많은 문제점을 가지고 있다. 정사 황윤길에 대한 연구는 전무하다. 통신사의 정사로 파견된 송당(松堂) 황윤길(1536~1592)은 역사적 인물로 널리 알려진 역사적 인물이다. 그는 조선시대 많은 문무과 급제자를 낸 명문거족 장수황씨로 익성공 방촌 황희의 현손이고 호안공 치신(致身)의 증손이다. 실록 자료에 그가 언급된 횟수는 대단히 많으나 그에 대한 정보는 많지 않으며, 특히 통신사행에 대한 기록은 아주 부실한 편이다. 또한 그에 대한 자료는 그의 문집이 전하지 않기 때문에 아주 불충분하다. 그의 졸년에 대한 기록조차도 아직 학계나 인터넷상에 알려지지 않았다. 이는 그의 묘지명이나 행장 같은 자료가 전혀 없다.

그는 통신사의 부사였던 학봉 김성일(1538~1592)과 얽힌 사연이 아주 특이하다고 할 수 있다. 장수황씨 족보기록에도 황윤길 조에는 김성일의 이야기가 얽혀 있고, 최근에 문중에서 만들어진 그의 비문에서조차 김성일과의 깊은 사연이 실려 있음은 특이한 점이다[3]. 그리고 당대인들의 기록에서도 두 사람의 관계가 얽혀져 나온다. 예컨대 김육(1580~1658)이 지은 《해동명신록》에서 김성일을 다루면서 황윤길을 언급하고 있음을 들 수 있다. 사행 중의 일을 다루었기 때문에 의견이 달랐던 것을 기록함은 당연한 것이지만, 오직 김성일 측의 자료만을 이용하지 않을 수 없었다. 이는 전적으로 황윤길 측의 기록이 없었기 때문이다.

문중에서 개최하는 학술대회이지만 본인은 기존 기록을 뛰어넘는 해석을 하거나 상대방을 폄하하는 논지를 펴지 않겠다. 현재까지의 정보를 자료 중심으로 정리하여 보면서 사림정권에 대한 이해를 돕고자 한다. 지금까지 장수황씨 문중에서는 사행 후 정사의 국왕에 대한 보고가 부사 김성일과 달랐다는 점에만 초점을 맞추었다고 생각한다. 본고에서는 황윤길에 대한 자료의 상호연관성, 신뢰도 등을 살펴 통신사 자료의 계통화(지도)를 그려보고자 한다. 그리고 그의 경력에 대한 연보를 부록으로 첨부하여 후일 이를 보완하기를 바란다,

2. 경인통신사 파견의 배경

15세기 말 서양인들이 인도항로의 발견으로 동양 중국과 일본에 온 것은 16세기 초 중반이었다. 포르트갈 사람들이 마카오에 온 이후 중국의 비단과 도자기를 사가기 위해 멕시코 은을 지불했고, 명은 16세기 중엽 세계 은의 블랙홀이었다. 그 결과 명나라는 은본위 화폐제도를 실시하고 군대도 모병에 의한 급료병 제도로 바뀌었다. 일본에 서양인의 전래

3) 1995년에 방계손 황돈연 씨가 지은 묘비문 참조.《長水黃氏胡安公派譜》2000. 709쪽

는 마카오를 가던 포르투갈 배가 풍랑으로 가고시마에 표류한 것이 계기가 되었고, 새로운 서양식 총포가 전래되어 전국시대의 일본을 통일하는 상황이 벌여졌다.

이처럼 요동치는 세계사의 조류에서 조선왕조는 벗어나 그 정황을 전혀 모르고 명나라에 대한 사대외교와 여진과 왜의 침입을 막기 위한 교린정책을 고수하고 있었다. 이런 서양이란 외부세계와의 접촉이 늦어진 것은 지리적 위치로 인하여 어쩔 수 없다고 하더라도, 당시의 지배층의 학문과 왕조의 정치적 이데올로기였던 성리학은 배타와 독선이란 속성 때문에 외부세계에 개방적이지 못하고 쇄국으로 일관했을 가능성을 충분히 생각할 수 있다.

당시 조선의 실정은 조선 건국이 200년이나 되는 장기간의 평화기간을 거쳐 전쟁에 대한 개념이 거의 전무하였을 뿐만 아니라 농민병이 2~3개월 교대로 근무하는 군사제도는 실제로 유명무실해졌고, 군역을 피하려고 주거지를 이탈하는 경우가 생기면 이를 보충하기 위하여 친척과 이웃사람이 피해를 입자 이들도 또한 도망을 쳐 한 마을이 텅 빌 정도로 군사행정이 극도로 문란해졌다. 또한 농민에게 지방의 특산물을 거둬들이는 공납제도는 가장 무거운 짐이 될 정도로 증액되었거나 이미 특산물이 아닌 경우도 허다했다. 이런 행정의 문란은 행정의 실제 책임자였던 중앙의 서리나 지방의 향리에게 일정한 녹봉이 주어지지 않고 부역으로서 담당하게 하여 부정부패를 국가에서 용인하였거나 방조했다.

지배층은 왕실과 결탁되어 자신의 이권을 추구하던 훈구파를 사(私)보다는 공(公)을 강조하고 체통과 예와 의를 중시하는 성리학의 이념이 16세기에 정착되어갔다. 성리학자들이 정계에 크게 진출한 사림정권이 명종대 이후 형성되었다. 그러나 사림정권은 현실문제의 해결보다는 공론이라는 명분에 잡혀 안일무사의 정치를 지향했다. 공론을 좌지우지함에는 국왕의 결정이 중요했다. 즉 임란 직전의 상황은 중병이 시달리는 중환자와 같았다. 즉 와해직전의 왕조였고, 스스로를 지킬 수 있는 상비군이 없었다. 선조와 지배층은 이런 상황에서 왕조로부터 이탈하는 민심을 가장 염려하지 않을 수 없었다.

일본은 군웅할거의 무장 세력(大名)을 통합 복속시켜 국내를 통일함에 있어서 최후의 승자는 풍신수길이었고, 그는 최고의 군사권과 정치력을 장악하여 관백이란 최고의 지위에 오른 것이 1585년이었다. 조선이 대마도에 복속한 것으로 잘못 안 그는 1586년 조선 국왕이 공물을 가지고 와서 관백 취임을 축하할 것을 대마도주에게 지시했다. 이는 유구 국왕이 복속한 예에 따른 것이었다. 1597년 대마도주를 직접 만난 히데요시는 조선국왕이 입공 알현하지 않으면 응징하겠다는 뜻을 말하였다.[4)]

당시 대마도주는 조선이 자신에게 예속된 국가가 아님을 분명히 밝히지 못하고 중간에서 어중간하게 일본국왕사라는 허위 특사를 보내 히데요시의 전쟁을 막으려 하였다. 그래서 대마도주의 가신(家臣) 다치바나야스히로(橘康廣)을 국왕사라 사칭하여 조선에 보내 통신사 파견을 요청했으나 히데요시가 일본 국내에서 불법으로 지위를 찬탈하였다는 이유로 아예 거절했고, 히데요시는 이를 보고한 그를 사형에 처했다. 두 번째의 요구가 일본 구주(九州)의 성복사(聖福寺) 승 겐소(玄蘇)를 다시 일본국왕사로 부사에 새로 임명한 대마도주 소요시토모(宗義智) 등을 파견하여

4) 민덕기, 〈경인통신사의 활동과 일본의 대응〉, 《한일관계사연구》, 43집, 2012.참조

통신사 파견을 요청했다.

조정에서는 2품 이상 관료의 의견을 수렴한 결과 몇 년 전 전라도 손죽도(損竹島)에 왜구가 침입을 하였을 때 그 안내역을 맡고 일본으로 도망친 사화동(沙火同)을 압송할 것을 요구하기로 하였고, 대마도주가 즉석에서 압송을 약속함에 따라 조정에서는 1589년 11월 18일에 통신사 파견을 결정하고 정사에 황윤길, 부사에 김성일, 서장관에 허성, 제술관 차천로가 임명되었다. 이들은 모두 문장력이 뛰어났다는 공통점을 가지고 있는 것으로 알려졌다.

이들은 다음해 1590년(경인) 3월에 서울을 출발하여 1년 만에 돌아왔다. 그 구체적 내용에 대하여는 하우봉교수의 치밀한 연구가 있으므로[5] 이는 생략하겠다.

3. 경인통신사행

경인통신사 일행은 약 200명으로 알려지고 있고[6], 그중에는 정사와 부사가 스스로 뽑을 수 있는 자제군관 2명씩, 서장관에게는 1명이, 심부름꾼으로 반당 1명씩이 정해진 것으로 판단된다.[7] 이에 글씨를 잘 쓰는 사자관(寫字官)[8], 의료를 담당한 의사,[9] 그리고 치악대 50여 명으로 편

5) 하우봉, 〈김성일의 일본인식과 귀국보고〉, 《한일관계사연구》43. 참조

6) 趙慶男《亂中雜錄》선조 23년 경인 2월 기사 참조.

7) 하우봉, 홍성덕 역, 《국역 증정교린지》 1998. 민족문화추진위원회 간 권5, 통신사행 이에는 경인통신사의 기록이 실려 있으나 그 정원은 후일의 것이지만 이는 경인통신사에도 적용되었을 것으로 생각된다. 자제군관 아래 호위를 위한 군관 12명이 파견되었다.

8) 글씨를 잘 쓰는 사자관 이해룡이 파견되었음을 김성일의 〈海槎錄》에서 확인할 수 있

성된 것으로 이해되고 있다.[10]

이 중 정사 황윤길이 대동한 군관으로는 그의 당질 황즙(黃葺, 1560~1613)과 재당질 황진(黃進, 1550~1593)을 대동했다[11]. 두 군관은 정사의 신변보호를 맡은 중책이었다, 황진은 시호가 무민공(武愍公)으로 임진왜란사에서 잘 알려진 인물로서[12] 통신사 사행 중 돌아올 때 두 자루의 칼을 사 가지고 와서 일본군이 침략해오면 이를 쓰겠다고 하였고, 동복현감으로 있으면서 군사훈련에 혼신의 노력을 했다고 하며 1593년 6월 2차 진주성 전투에서 충청병사로 순직하였다.

군관으로 따라간 황즙은 7살에 부모를 잃어 당숙 송당 황윤길이 거두어 키워서 아버지처럼 여겼던 5촌 조카로서 그는 황윤길이 죽었을 때 시신을 수습하여 장사를 치렀으며 아들이 없는 그의 제사를 받든 분이다. 임진왜란 때에 비인으로 이사를 가서 살았고, 정유재란 때에 총관리(總管使) 한효순(韓孝順)의 청에 응하여 군무담당관으로서 활약하여 달라는 요청을 받고 관직은 맡지 않고 곡식 600석을 주선하여 내어 전라도 순천에 보냈고, 이로 인해 예빈시 직장직을 받았고 광해군 때에 충청도 순찰사 장만(張晩)의 요구에 응해 경복궁을 중건함에 철근 4000근을 바쳤다. 이로 인해 후일 좌승지 겸 경연참찬관에 추증되었다.[13] 그의 호는

다.《국역학봉전집》1998. 1책 권2 참조

9) 國醫 孫文恕가 파견되었다. 上同

10) 홍성덕,《17세기 조,일 외교사행 연구》전북대박사학위논문 1998.

11) 무민공 황진은 족보상에서는 황윤길의 재당질이었지만 그의 아버지 允恭이 愿의 아들로 입양했으므로 생가로 따지면 즙과 같은 당질이었다. 황진은 전북 남원에 살았다.

12) 조원래, 하태규의 논문 2015.《무민공 황진의 임란국활동과 가전문서》전국학술대회 발표문 참조. 및 그에 관한 자료는 2008.《武愍公 黃進將軍》, 전북향토문화연구회 발간 참조할 것

송재(松齋)였다.[14)]

사행 도중 황진과 황즙은 단순히 친족으로서의 정사의 호위 임무만이 아니라 두 사람은 정사의 명을 받아 200명의 사행원의 안전에 힘쓰고, 당시 일본의 정세에 대해 보고 들은 바를 정사에게 보고하는 정보통의 역할을 수행했다고 생각한다. 그리고 그들은 귀국 후 사신들의 귀국보고가 엇갈리자 이를 김성일을 처단할 것을 요구하는 소장과 수군강화를 통한 왜군의 침입을 준비해야 한다는 방책을 건의하려 하였으나, 문중의 만류로 중단한 것으로 확인된다. 이는 무민공의 형 황적(黃迪, 1541~1591)이 왜적의 침입에 대비하지 않게 하는 사람을 아첨하는 신하로서 군주를 속이는 죄(佞臣誣罔之罪)를 다스릴 것을 항소하였다가 전주감옥에 수감되었다가 7월에 화병으로 죽었다는 족보의 기록은 시사하는 바가 크다고 할 수 있다.[15)]

김성일이 사행 중 상사 송당 황윤길의 시에 차운(次韻)한 시가 17수[16)]나《학봉집》에 전하고 있으며 그에 쓴 글(편지) 5통이 전하고 있다. 옛날에 시의 운자를 따서 시를 짓는 차운의 의미는 두 사람의 관계에서 원시를 지은 사람을 존경하거나, 시를 아주 좋아하거나 적어도 친밀한 관계

---

13) 1615년에 이호민이 쓴 송재공묘갈명 서문 및 1994년 14세 후손 黃利淵이 지은 송재공비문 서문 2000.《長水黃氏胡安公派譜》 참조.

14) 李好閔(1553~1634)이 지은 비문,《宣武郎 禮賓寺直長 通政大夫贈承政院左承旨兼經筵參贊官 黃公墓碣文〉《五峯集》 권 1 참조. 송재의 문집이 후손들에 의해 편집되었다. 통신사 군관으로 갔을 때에 지은 시 여러 편이 전하고 있다.

15) 이는 2000,《장수황씨호안공파보》에 실려 있으나 이는 황진에 대한 여러 자료와 겹치므로 그대로 신빙하기 어려우나 이런 항소운동을 두 사람이 함께 했을 가능성도 완전 배제할 수 없다.

16)《鶴峯先生文集 원집 권2에 5수,《鶴峯先生文集逸稿》에 10수,《鶴峯先生文集續集》에 5수 총 17수가 전하고 있다.

임을 뜻한다고 할 수 있다. 정사와 부사, 서장관 그리고 제술관으로 뽑힌 황윤길, 김성일, 허성, 차천로는 당시 문학적 재능이 뛰어난 점이 공통되고 모두 당시 사림의 관료로서 활약하였던 인물들이었다. 《학봉집》에는 정사만이 아니라 서장관 허성, 제술관 차천로의 시에 차운한 시가 수십 편이 전하고 있다. 그리고 《학봉집》에 전하는 5통의 편지를 통해 정사와 부사 사이의 의견대립이 생기는 문제의 계기와 내용을 찾을 수 있다. 의견이 대립한 문제는 대마도 국분사에서 도주 종의지에 대한 문제, 경도에서 악공의 연주요청, 사신단의 음식제공을 받은 것에 대한 문제, 국서전달 때 풍신수길을 국왕으로 인정할 것인가의 문제, 그리고 국서의 내용에 대한 수정 요구의 문제 등이었는데, 그 잘잘못에 대한 평가는 현재 내릴 수 없으나 그런 견해 차이는 학봉의 성리학과 예학의 깊음, 일본의 소국시하고 야만시 하는 관점, 국가체통을 살리고 통신사의 앞으로의 관행을 수립함을 고려한 데 기인하였다고 평가되고 있다.[17] 서장관 허성의 견해는 정사의 견해에 거의 동조하였음을 확인할 수 있다.

정사와 부사가 모두 정몽주와 신숙주의 사행을 흠모하는 시를 지었는데 아마도 황윤길은 그들이 당시 해결하려고 한 점을 강조하였을 것이고, 김성일이 이 시에 차운한 시를 보면 국체를 높인 그들의 공적을 기리고 있다. 아마 정사 황윤길은 당시 국가의 군주에 충성한다는 것보다는 국가적 현실문제의 해결을 중시한 것으로 이해된다. 김성일이 정사 황윤길에게 쓴 서신에서는 의견의 차가 있음을 지적한 것으로 정사의 처사를 잘못된 것으로 써져 있다. 이는 그가 유교국가적 체통이라든가, 국서를

17) 하우봉, 앞의 논문 〈김성일의 일본인식과 귀국보고〉 참조.

아직 바치기 전이라는 의례문제를 중시하지 못한 처사를 비판하고 있다. 김성일의 견해는 외교사절은 상호 교섭이라는 유화적 태도는 보이지 않고, 성리학적 예절론에 경직되어 있음을 확인할 수 있다.

경인 통신사의 목적과 임무에 대하여 다섯 가지가 지적되고 있다.[18) 1)일본의 통일과 관백 즉위에 대한 축하, 2)일본 정세에 대한 파악, 3)국가의 체통과 국왕의 위광의 과시, 4)문화의 전파(교류), 5)피로인 쇄환 등이었다. 이에 한 가지 덧붙인다면 일본과 평화관계를 정착시키려는 교섭의 임무를 수행해야 했다는 점이다. 통신사 일행은 이들의 임무에 어느 것 하나 성공적으로 수행했다고 할 수 없다. 통신사 파견이 대마도주의 중간 조작이었음을 찾아내지 못했다. 즉 조선국왕이 입조하라는 히데요시의 요구를 통일과 관백 취임의 축하사절 파견으로 얼버무렸다. 조선침공에 자신들이 동원될 희생을 줄이기 위해 히데요시의 침략을 늦추거나 막아보려는 계획적인 뜻으로, 대마도주는 일본국왕사라는 허위직의 사신을 파견했다. 이를 통신사 일행은 끝내 알아채지 못했다.

그리고 대마도주를 포함한 사신의 안내역인 선위사의 임무를 맡은 소서행장은 '정명향도(征明嚮導)'하라는 히데요시의 주장을 '정명가도(征明假道)'라고 조작하였다. 통신사가 받아온 일본국서(日本國書)에 이미 명을 치겠다는 뜻이 담겨져 있는데, 그 진위파악을 위한 정보수집에 소홀하고 오직 국가의 체통만을 강조한 것은, 사림정권의 기본철학의 한계점이었다. 그러나 정사와 서장관 허성의 견해는 성리학에 이해가 없는 일본인에게 엄격한 예절의 강요는 외교 교섭상 무리한 것으로 보았다. 퇴계의 학

---

18) 위와 같음

문적 수제자인 김성일은 예학과 성리학 이론에 있어서 정사를 압도했다고 판단된다. 이런 타협을 김성일은 정사 황윤길의 비겁함으로 보았고, 그가 쓴 사행 중의 일기인《해사록》에서 그를 노골적으로 비난했다. 그러나 정사는 일본의 위세가 대단함을 현장에서 목격하고 이를 단순히 대마도주와의 교섭으로 경시할 수 없다고 파악했으며, 그의 임무는 국가의 체통을 위해 주장하는 김성일의 주장을 따르지 않을 수 없었지만, 사신단 전원을 무사히 귀환시켜야 하는 통신사 총책으로서의 책임을 가지고 있었다고 볼 수도 있다.

사행을 마치고 돌아온 황윤길은 부산에서 그 결과를 치계(馳啓)하였고, 국왕의 접견 시에도 일본의 침입 가능성을 말했다. 김성일은 침입할 가능성이 없다고 보고했으며, 서장관 허성은 침략 가능성을 보고했다. 종래 김성일이 반대한 것은 당파가 달라서 그랬다는 설이 있었으나, 같은 동인이었던 허성의 보고가 김성일과 달랐다는 점을 들어 이는 당파가 달랐던 데에서 그런 상반된 보고가 있었다고 해석함은 무리임이 이미 논해지고 있다.

이런 상반된 보고는 그의 학문적 성격, 그리고 민심이 동요될 것을 염려하였다고 하는 이유를 들고 있다. 그러나 이보다는 일본의 사행 중 김성일은 숙소(절)에서 나오지 않고 일본의 실정을 간과한 점에서, 일본의 정보에 대한 이해에 차이가 있다고 판단된다. 그러나 유성룡이 후일 집필한《징비록》에서 김성일에게 일본이 침략해오면 어떻게 하려고 했느냐 물었더니 김성일은, 장담할 수 없으나 황윤길이 일본군이 바로 뒤따라 쳐들어올 것처럼 이야기한 데 대해 한 말이었다고 답했다고 한다. 이는 민심의 동요를 염려한 때문이라면 김성일의 보고가 정직한 보고라고는 할 수 없다.

문제는 김성일의 보고를 정식으로 채택한 선조에게 책임을 묻지 않을 수 없다. 이렇게 보고가 다르면 이 문제를 가지고 충분한 논의를 해야 하나, 당시 정권을 담당한 선조는 무사안일을 원했음이 가장 큰 문제라고 하지 않을 수 없다. 그리고 선조가 히데요시의 인상을 질문한 데 대한 답변이 정사와 부사의 의견이 달랐음을 말해준다. 이런 차이는 보는 사람의 주관이 작용할 수 있기 때문이다. 그리고 사신들의 보고를 들은 선조는 왜 그렇게 보았는가에 대한, 더 진지한 상황파악을 위한 질문과 대화가 없었던 것으로 알려지고 있다.

1년 후 전쟁은 일어나지 않을 수도 있다. 정사 황윤길의 이런 보고를 선견지명(先見之明)으로 치켜세우는 족보의 기록도 온당한 것이라고 할 수 없다. 이는 차라리 정세판단을 정직하게 보고했다고 기술하면 좋을 듯하다. 선조와 당국자들은 침입가능성을 부정하는 쪽으로 결론을 지었다. 그 후 정직한 보고를 한 것이 일본에서 겁을 먹은 정사의 행위를 감추려는 것으로 보고 정국불안을 야기한다는 책임을 물어 황윤길을 삭탈관직하고 허성을 처벌했으며, 김성일은 통정대부 성균관 대사성에 승진시켰다. 그리고 바로 그때 일본국왕사로 온 겐소(玄蘇)를 접대하기 위해 부산에 내려간 오억령이 그로부터 얻은 정보를 그대로 치계하자 그를 좌천시켰다.

학계에서는 사신단의 보고가 있은 후 왜국의 침입을 대비하는 정책을 모두 포기한 것이 아니라고 하였지만,[19] 김성일은 축성을 정지할 것을

19) 김돈, 《선조대 경인통신사의 사행과 조정의 대응방식》, 《역사교육》 144. 2017, 참조

제안한 글이 그의 문집에 전하고 있다.[20] 풍신수길은 조선 사신이 돌아간 후 그해 8월에 조선침략을 위해 나고야성을 쌓고 징집령을 내렸다. 일본군의 침입에 대한 적극적인 준비를 하지 않은 결과가 임진왜란 초기 부산진과 동래성이 몇 시간 만에 함락되고 경상좌도 수군이 물거품처럼 무너졌으며, 경상도가 초토화되고 일본군이 승승장구한 것이라 하지 않을 수 없다. 그래서 엄청난 많은 사람이 피난을 가면서 그 전쟁의 재난에 충격을 크게 입었다.

4. 황윤길에 대한 자료 검토

황윤길에 대한 자료는 사적인 자료와 공적인 자료, 그리고 제3자의 자료 등으로 크게 나누어볼 수 있다. 사찬 자료로는 황윤길 측의 족보자료와 사행록을 남긴 김성일의 《학봉집》 자료를 검토하고, 관찬 자료로는 《선조실록》과 《선조수정실록》을 살펴보고, 제3자의 자료로는 비록 사찬 자료이지만 당시의 역사를 쓴 재야사가들의 기록 등을 중심으로 살펴보겠다.

1) 사찬 자료

족보자료에서, 《장수황씨세보》는 첫 편찬이 1723년(계묘)에 편찬되었다고 하나 이 본을 참조하지 못했고, 이는 1935년(을해)에 편찬되어 석판본으로 간행된 세보에 그 서문이 전한다[21]. 이후 60년 만인 1783년에

20) 학봉집 제3권 箚子 '축성하는 것을 정지하기를 청하고 시폐를 전달하는 차자'

21) 후손 黃爾章이 썼는데 그의 관직은 가선대부 전라도관찰사 겸병마수군절도사 순찰

후 계묘보를 편찬했다는 후손 황경원(보국숭록대부 행지중추부사 겸판의금부사 이조판서 지경연사 홍문관대제학)의 서문이 전하고 있다. 1848년(무신重刊本)에 후손이 보충되었고, 1907년(병오)에 중간되었다고 한다. 그러나 필자는 을해보(1935)를 국립중앙도서관 소장본과 2000년에 출간된 호안공파보를 이용하였다. 호안공은 익성공 황희의 아들 치신(致身)의 시호이고 그의 아들은 9명에 달하였다. 이 가운데 황윤길의 가계를 도표로 표시하면 다음과 같다.

황희(翼成公) –致身(胡安公) – 事孝 – 坦
– 塏 – 允恭 – 迪
– 進
事敬 – 憲
– 愿 – 允恭(당숙 塏에게 立后됨)
– 應 – 允宕 – 葺
– 徵 – 允中
– 允孚
– 允吉

족보자료는 일반적으로 개인적인 자와 호, 생졸연월일 그리고 혈연관계와 과거시험의 급제여부, 최종관직과 묘소, 그리고 배우자에 대한 기록을 담는다. 1935년의 을해보에서 황윤길의 경우 자가 길재(吉哉)와 호가

사 전주부윤이었다.

송당(松堂)22), 딸만 있고 아들이 없으며, 통신사 정사로 가서 일본의 침략을 예견했다고 하여 선견지명을 강조하고 있다. 그의 졸년은 임진년으로 기록하고 있고 병조판서에 발령되었으나 사령장을 받지 못하고 이미 죽었다고 쓰고 있다.

2000년도 호안공파보의 족보에서는 오직 부사 김성일의 보고사항과 유성룡 등 조정에서 그의 보고를 신뢰하여 방어 준비를 모두 중지했고, 황윤길을 파직시켜 서인으로 만들었다는 말이 추가되었다. 그리고 임진왜란이 일어나자 병조판서직을 받았으나 취임 전에 화를 당했다고 기록했다. 그가 파직되었다고 함은 당시 일본의 국왕사 현소의 접대를 담당한 선위사 오억령이 그와 대화하면서 일본이 명을 치겠다고 한 내용을 보고했다고 하여 좌천당한 조처가 있었다는 점23)에 비추어보면, 당시의 정국의 운영상 그랬을 개연성은 있다.

그리고 황진의 형 황적(黃迪, 1541~1591) 족보에는 당시 정국이 아첨하는 신하의 건의에 의해 일본의 침입에 대한 대비책을 폐지하였다 하여 그를 처단해야 한다는 항의 상소(抗訴)를 올려 전주옥에 투옥되었는데, 황진이 급히 달려와 이를 해결하여 석방되었으나 그 화로 인하여 1591년 7월에 사망한 것으로 기술하고 있다.

그들은 사신의 귀국 후 귀국보고가 엇갈리자 이를 규탄하는 항소운

22) 황윤길의 호가 友松堂었다는 기록이 보인다. 조현소(趙見素1611~1677)가 쓴《紀年通攷》권16(장서각 소장)에는 우송당, 국립중앙도서관 소장 〈국조방목》에는 우송으로 되어 있다. 한국학중앙연구원 역대인물종합시스템 사마방목 내용에는 연구자 최진옥 박사가 송당으로 보충했으나 해설에는 우송당으로 기술하였다. 이는 앞으로 더 깊은 연구가 요망되는 사항이다.

23)《선조수정실록》권26, 선조 24년 3월조 참조

동을 벌였음을 시사해주고 있다. 이는 황진의 행장, 신도비문 등에 그가 한 것으로 기록되어 있고, 문중에서 말려서 이를 포기했다고 하였다. 형의 소식을 들은 그는 동복에서 급히 달려와 해명하여 형을 석방시켰다고 했다. 항소는 혼자 하는 것이 아니라 여러 사람이 함께할 수도 있으므로 황적의 족보기록이 황진의 이야기를 옮긴 것인지, 아니면 형의 일을 자기가 하려고 한 것이라고 한 것인지 확인할 길이 없다. 그러나 항소의 움직임이 있었던 것으로 판단된다.

그런데 이 자료는 1652년에 우의정 조익(趙翼, 1579~1655)이 쓴 황적의 동생인 무민공 황진의 행장, 송시열이 1673년에 쓴 시장(諡狀) 등에, 김성일의 목을 베라는 소장을 쓰고 아울러 왜적을 수군으로 방비할 계책을 올리려 하였으나 집안에서 말려 올리지 못했다 한다고 한 내용과 깊은 관련이 있다.[24] 그 행장에는 형이 감사의 막하에 있다가 변을 당하자 동복에서 급히 달려와 구했다고 하고 있다. 이에 관해서는 보다 구체적인 연구가 필요한 부분이다. 이런 족보자료는 무민공의 자료를 그대로 전재한 것으로 짐작되지만, 어떤 근거에 의한 것인지 정확한 근거 자료가 없는 한 이를 역사학계에서 자료로 활용할 수 없다.

황윤길의 죽음에 대한 자료는 통신사행에 자제군관으로 따라갔던 당질 황즙의 묘갈(의정부좌찬성 이호민李好閔, 1553~1534 작)에, 임진년 봄에 죽어 전쟁 중 장사를 지낸 것으로 전하고 있다. 이 비문은 그 안의 서술내용으로 보아, 그가 죽은 직후인 1615년경에 지어졌음을 확인할 수 있다. 정사의 군관으로 통신사행에 동행했던 황즙(黃葺, 1560~1613)의 아들

24) 이는 행장에 두 번이나 거듭 나오고 있다. 전북향토문화연구회, 《武愍公 黃進將軍》, 2008. 44쪽과 57쪽 참조.

연직(廷直)이 아버지 비문을 이호민에게 청하면서 한 이야기를 기술한 것으로 이해된다.[25]

이 황즙의 비문에서 황윤길이 서울 반송방(盤松房)에 살았음을 알려주고 있다. 반송방은 현재 서대문 밖의 천연동 일대로 추정되나, 그 구체적 위치는 확인할 수 없다.[26] 그리고 황윤길의 죽음과 장례에 대한 내용을 다음과 같이 전하고 있다.

> 임진년(1583) 봄에 죽어서 미처 장사를 지내지 않았는데 왜적이 침입해와서 그가 관곽과 의복을 준비하여 사잇길로 몰래 가서 장사를 지냈고 3년간 제사를 지냈다.

여기서 황윤길이 죽은 사실을 정확히 쓰지 않고 있는데, 이는 본인의 비석이 아니기 때문인 것으로 생각된다. 단지 그의 장례를 황즙이 주관하였다는 사실은 황윤길에게는 아들이 없었기 때문으로 이해된다.[27] 그리고 황윤길은 문집을 남기지 못했고, 자신의 묘에 넣은 묘지석이나 비문 등 사망에 대한 기록을 전혀 남기지 못하였다. 어떻든 확실한 것은 그가 죽을 때에 파직되어 관직에 있지 않았다는 사실과 임진왜란 발발

---

25) 이 비문은《장수황씨호안공파파보》에 실려 있으나 1996년 송재집편찬위원회에서 번역한《송재집》에는 이 비문이 실려 있지 않다. 이호민의《五峰集》권 15에 그대로 실려 있고 2005년의 호안공파보에는 실려 있다.

26) 18세기 말의《戶口總數》라는 자료에 西部의 '盤松房'과 그 중 阿峴契 등이 보이며 김정호의《靑丘圖》에서도 찾아진다.

27) 1935년 을해보 장수황씨세보에서는 '無嗣'라고 해서 아들이 없다고 했으나 2000년의 호안공파보에는 강원도에 살고 있는 아들 世憲이 아들로 기록되었으나 그에 대한 생졸년의 기사가 없다.

이전, 즉 1592년 봄에 죽었다는 사실을 전해주고 있다.

그리고 그의 족보에는 임진왜란이 터지자 선조는 다시 그에게 병조판서를 내렸는데 이미 죽어서 이를 받지 못했다고 하였는데,[28] 이는 실록에는 보이지 않는 기록이다. 그의 파직과 죽음에 대하여는 새로운 자료를 찾아내서 다시 검토해야 할 것이다.

사찬자료 중 황윤길에 관련된 내용을 전하는 김성일의 《학봉집》 자료가 있다. 김성일은 사신에서 돌아온 후 자신이 지은 기록으로 통신사행 중의 기록인 《해사록(海槎錄)》을 썼고, 그 발문은 택당 이식(李植, 1564~1647)이 썼다. 이식은 《선조수정실록》의 편찬을 주도했고, 임진왜란까지의 기사를 정리한 서인계 학자였다. 《해사록》은 《학봉전집》에 글의 형태별로 나뉘어 수록되어 있다. 《학봉전집》에는 사행 중 김성일이 상사 송당 황윤길의 시에 차운한 시가 17수[29]나 전하고 있으며, 그에게 쓴 편지 5통이 전하고 있다. 그러나 허성의 문집인 《악록집(岳麓集)》이나 차천로의 문집인 《오산집(五山集)》에는 통신사 사행 중에 쓴 시가 한 편도 전하지 않는다.

옛날에 시의 운(韻)을 따서 시를 짓는 차운(次韻)의 의미는 두 사람의 관계에서 원시를 지은 사람을 존경하거나, 시를 아주 좋아하거나 적어도 친밀한 관계임을 뜻한다고 할 수 있다. 정사와 부사, 서장관 그리고 문한관으로 뽑힌 황윤길, 김성일, 허성, 차천로는 당시 문학적 재능이 뛰어난 점이 공통되고 모두 당시 사림의 관료로서 중요 인물이었다. 차운한 시에

---

28) 을해보에 이 기록이 보이고 파보에도 그대로 쓰고 있다.

29) 《鶴峯先生文集 원집 권2에 5수, 《鶴峯先生文集逸稿》에 10수, 《鶴峯先生文集續集》에 5수 총 17수가 전하고 있다.

서는 황윤길의 원시를 찾을 수 없다.

《학봉집》에는 정사만이 아니라 서장관 허성, 제술관 차천로의 시에 차운한 시가 수십 편이 전하고 있다. 그리고 《학봉집》에 전하는 5통의 글(書)을 통해 정사와 부사 사이의 의견대립이 생긴 문제의 계기와 내용을 찾을 수 있다. 의견이 대립한 문제는 대마도 국분사에서 대마도주 소요시토모(宗義智)에 대한 문제, 경도에서 악공의 연주요청, 수도 경도에 들어갈 때 사신의 복장문제, 국서전달의 문제, 그리고 국서의 내용에 대한 수정 요구 등이었는데, 그 잘잘못에 대한 평가는 현재 내릴 수 없으나 그런 견해 차이는 김성일이 성리학과 예학의 깊은 조예가 있었고, 그는 일본을 소국으로 보았고 야만시 하는 관점을 가지고 있었던 데에 기인한다고 추정된다. 국가체통을 살리고 앞으로의 통신사 관행을 수립함을 고려한 데 기인하였다고 평가되고 있다.[30] 서장관 허성의 견해는 정사의 견해에 거의 동조하였음을 확인할 수 있다. 정사와 부사 모두 정몽주와 신숙주의 사행을 흠모하는 시를 지었는데, 아마도 황윤길은 그들이 당시 해결하려고 한 점을 은유적으로 강조하였을 것이고, 김성일이 이 시에 차운한 시를 보면 국체를 높인 그들의 공적을 기리고 있다. 아마 정사 황윤길은 당시 국가의 군주에 충성한다는 것보다는, 국가적인 현실문제의 해결을 더 중시한 것으로 이해된다. 사행 황윤길에게 쓴 서신에서는 의견의 차가 있음을 지적한 것으로 정사의 처사를 잘못된 것으로 쓰여 있다. 이는 그가 체통이라든가, 국서를 아직 바치기 전이라는 의례문제를 중시하지 못한 처사를 비판하고 있다.

30) 하우봉, 앞의 논문

2) 관찬자료

그에 관한 정보를 주고 있는 자료는 그가 과거에 급제한 방목류의 자료와 그의 관직생활을 기록한 편년체의 실록 자료가 있다. 그가 사마시에 합격하였을 알려주는 《국조방목(國朝榜目)》에는 그의 거주지가 한성 즉 서울이었음과 그의 호가 우송당(友松堂)이었다는 내용을 전하고 있다. 그러나 그의 호가 우송당이었다는 근거는 당시 자료에 송당[31]으로 나오고 있어 두 가지 호가 사용되었는지는 확정할 수 없다.

실록 자료에는 《명종실록》과 광해군 원년(1609)에 총재관 이항복에 의해 편찬되기 시작하여 북인인 기자헌으로 교체된 후 8여 년 만인 광해군 8년(1616) 8월에 완성된 《선조실록》, 그리고 이를 인조 조에 수정한 《선조수정실록》이 있다.

《선조실록》 중 임진왜란이 일어나기 전의 기록은 춘추관에서 준비해놓은 자료가 전란 중 경복궁이 백성에 의해 불 질러질 때 모두 소실되었다. 그래서 실록 편찬 시에 자료를 주어모아 선조 25까지의 기록은, 1년 자료를 1권으로 편찬한 소략한 자료이다.[32] 《선조실록》의 임진왜란 이전의 자료는 사관을 지낸 사람들의 기억이나 자료 수집을 통해 새로이 수집해 보충해놓은 것이다. 이에는 황윤길에 대한 활동에 대해 모든 것이 기록된 것이 아니라, 구할 수 있는 자료가 보충된 것으로 완전한 것이 아니다. 이에 관해서는 뒤에 다루고자 한다. 이들 사료는 귀중한 정보를 보여주고 있지만, 이에는 사실적인 내용과 평가적인 내용이 함께 곁들여 있음에 유의할 필요가 있다.

31) 김성일의 학봉집에 여러 곳에 그의 호가 송당임을 보여주고 있다.

32) 정구복 《임진왜란 사료애 대한사학사적 검토〉, 《전북사학》 35, 2009. 참조

특히 광해군 때 북인 기자헌의 주관으로 편찬된 《선조실록》의 부당성이 곧바로 제기되어 인조반정 후 《선조수정실록》이 편찬되었다. 초기 편찬 책임자는 택당 이식에 의해 이루어지다가, 그가 사망하자 김육에 의하여 편찬이 효종대에 완료되었다. 《선조수정실록》의 편찬 시에는 재야의 기록을 널리 수습하여 기사를 보충했다. 경인 통신사의 기록은 주로 김성일의 《해사록》 자료를 취했음이 그 내용으로 보아 확인된다. 이식이 바로 《해사록》의 발문을 써준 사실은 이미 언급한 바 있다. 더구나 김성일은 임진왜란이 일어나자 경상도 초유사로서 큰 공을 세웠던 인물로 《선조수정실록》에서 그의 자료를 많이 이용하였다.

《선조실록》이 이처럼 당시의 기록을 제대로 정리하지 못하여, 경인년 통신사행에 대한 기록이나 보고사항 등도 추후에 보완되었기 때문에 탈락된 내용이 너무나 많다. 황윤길에 대한 실록기사는 74회 나오고 있으나 거의 대부분 이름만이 나오는 것이고, 사관들이 기억하는 것을 임의로 적은 것이 많다. 그래서 그에게 병조판서직의 발령을 내렸다는 기록은 실록에 전혀 보이지 않는다. 더구나 황윤길이 전쟁이 일어나기 직전에 죽었으므로 그의 졸년 기사도 보이지 않는다.

이에 비하여 김성일은 임진왜란 직전에 경상 우병사에 발령되어 내려가는 도중 선조는 사행 때 보고의 잘못을 추국하라고 명했으나, 유성룡이 그의 충성심은 의심의 여지가 없다는 옹호로 경상도 초유사에 임용되었다. 그는 경상우도에서 전력을 다해 사림을 권유하여 의병을 일으키게 함에 큰 공을 세웠고, 1592년 10월의 김시민의 진주성 고수에도 공을 세웠기 때문에, 그에 대한 기록은 비교적 충실하게 기술되었다. 임진왜란을 겪으면서 그의 공적은 사림의 탄탄한 인정을 받게 되었다. 《선조실록》

에는 그의 졸년 기사가 두 번이나 실리기도 했다.

《선조수정실록》에서 임진왜란까지의 내용은 전국의 재야의 기록을 수집하여 내용을 보충했다. 김성일의 《해사록》 자료와 유성룡의 《징비록》의 자료가 《선조수정실록》 편찬에 참고가 되었다. 따라서 황윤길에 대한 평도 자연히 비판적으로 실리게 되었으며, 서인의 김육에 의해 편찬된 《해동명신록》에서도 김성일의 기록을 중심으로 써진 것임을 확인할 수 있다.

관찬 자료 중에 《경주선생안》에서 황윤길이 통신사로 파견되기 직전, 그가 경주부 부윤으로 1588~1589년 11월까지 재직하였던 사실[33]을 새롭게 발견하여 연보에 추가할 수 있게 되었다.

제3자의 기록은 재야사학자의 기록으로 조경남의 《난중잡록》, 이긍익의 《연려실기술》에 인용된 박동량(朴東亮 1569~1635)의 기재사초,[34] 단실거사의 《임진록》, 신흠의 《상촌집》 등에 단편적인 기록이 있으나 아직 새로운 사실은 찾을 수 없었다.

5. 실록에 보이는 황윤길의 관료생활

《선조실록》의 임진왜란 이전의 자료는 실록편찬을 위해서 전임사관이 그때그때 기록해 놓은 자료를 매년 연말에 연월일로 정리해두었던 시정기 자료로서, 경복궁 안의 춘추관에 보존되었다. 이 모든 자료가 임진왜

33) 53세~54세 경주부윤: 무자(1588선조 21년)11.7일 형조 참의로 와서 기축년 11월 災傷으로 罷去)(《慶州先生案》, 府尹선생안, 242쪽, 아세아문화사 영인본 1982. 그가 통신사 정사로 임명된 것이 그해 11월 18일이다. 《선조실록》에 경주부윤의 임명기사가 누락된 것을 확인할 수 있다.

34) 이는 《대동야승》에도 수록되어 있다. 이는 《기재잡록》이라고도 칭해지고 있다.

란 때에 선조가 임진년 4월 30일 서울 시민을 버리고 몰래 도망치자, 성난 백성들이 경복궁을 불질러 춘추관의 선조 때의 시정기 등이 모두 불타버렸다. 그래서 이항복은 임란이 끝난 직후 사료의 재구성을 위해 사관을 지낸 사람들에게 기억을 통해 실록 편찬 자료를 준비하자고 건의하였으나 선조는 이를 거부했다. 그래서 선조 25년 이전의 자료는 광해군 때에 수습해 모은 불완전한 자료이다.

선조 이전의 《명종실록》은 임진왜란 시 전주사고에 있던 왕조실록 한 부가 다행히 전해져, 광해군 때에 4부를 더 인쇄하여 5부를 갖추어 놓아 우리가 현재 조선 전기의 실록 자료를 이용할 수 있게 되었다. 이에는 황윤길의 활동에 대해 몇 가지 중요한 자료를 제공하고 있다. 이들 자료와 기타의 보충 자료를 합쳐 황윤길의 관료생활을 정리하면 다음과 같다.

1) 《명종실록》의 황윤길 관련 자료

황윤길이 1558년 명종 13년 식년 진사에 합격하고 26세 때(1561)에 문과에 급제하여 사간원 정언(正言)직에 두 번이나 임명되었음을 《명종실록》을 통해서 확인할 수 있다. 그는 1566년에는 강원도의 재난을 당한 농작물 상황 파악을 위해 재상어사(災傷御使)로 파견되었고, 다음해 감찰기구인 사헌부 지평에 승진하였다. 그가 언관직에 임명된 것은 사림의 관료로 활동하였음을 알려주는 것이다. 그는 《명종실록》 편찬 시 기주관으로 참여하였다. 이때 그의 관직이 병조정랑(兵曹正郎)이었다. 이는 선조 때의 관력으로 무관인사에 간여하는 중책이었다.

2) 《선조실록》의 자료

황윤길은 선조 원년에는 명나라 사신을 접대하는 임무를 맡았다. 선조 6년(1573)에는 충청도 해운판관으로서 전라도에서 거둔 세곡을 운반하는 대책을 건의하여 좋은 평을 받았고, 《홍문록》 편찬의 임무를 담당하기도 했다. 50세 때(1585선조18년) 황주 목사로 나갔다가 출근 상태가 좋지 못하고, 부당한 세금을 거둬 백성의 원망을 샀다는 사헌부의 상언으로 파직되었다.

실록에는 기록이 없지만 《경주선생안》을 통해 1588년 경주부윤으로 임명되었다가 농작물 상황 파악의 문제로 다음해 11월 파직되었음을 확인할 수 있다. 11월 18일 통신사 정사로 임명되었고, 일본 사신 겐소(玄蘇)에게 일본에서 사신의 접대 경위와 풍토병을 물었다는 기록이 보인다. 이는 사행의 건강 문제를 염두에 두었음을 말해준다. 통신사 사행 전에 그가 병조참판직을 맡았다는 족보의 자료는, 그가 통신사 정사에 임용되면서 주어진 직책이라고 판단된다.

6. 맺음말

황윤길은 장수황씨로 유명한 방촌 황희의 현손이다. 조선 전기의 명문거족으로 훈구계열이었으나, 명종 때 문과 급제를 통해 언관직에 중용되면서 사림세력으로 전환할 수 있었다. 그의 장기는 시를 잘 짓는 문인이었고, 현실정치를 중시한 관료였음을 확인할 수 있다. 그가 경인통신사 정사로 일본에 200명의 사행단을 이끌고 다녀온 후, 일본의 침입 가능성을 보고했다. 이는 그의 자제 군관으로 따라간 당질 황진과 황즙의 보고를 듣고 내린 결론이었다고 짐작된다. 서장관 허성도 같은 견해였다.

그럼에도 불구하고 무사안일을 좋아하는 선조와 당시 당국자들은 일본의 침입의 가능성을 부정한 부사 김성일의 의견을 정론으로 택해, 민심선동이라는 명목으로 정사는 파직을 시켰고, 김성일은 통정대부 성균관대성으로 승격시켰다. 이에 전주에 살았던 황진과 그의 형 황적은 김성일을 처단하라는 상소운동을 벌리려 하였으나, 당시의 정국의 추세에 밀린다는 주위의 만류로 성사되지 못했다. 선조 때 이런 정국으로 흐른 과정을 실록 자료는 부실하여 정확히 알려주지 못하고 있다. 김성일은 사행 중의 일기를 남겨 이 자료가 이후 사행의 중요 자료로 활용되었고, 이는 《선조수정실록》에 크게 반영되었으며, 경인통신사 자료로 크게 활용되고 있다. 김성일은 성리학 이론과 예절의 문제에서 황윤길을 압도했다고 할 수 있는데, 이후의 사림정권은 이를 숭상하는 방향으로 진행되었다.

임진왜란이 사신이 돌아온 후 1년 만에 터져 엄청난 국가적 국민적 희생을 치렀다. 황윤길은 임진왜란 직전에 사망했고, 김성일은 초유사로 임명되어 경상우도에 내려가 의병세력의 규합과 민심을 안정시킴에 혁혁한 공로를 세우고 전쟁의 상황을 선조에게 보고함으로써, 사행시의 보고의 잘못을 덮을 수 있었다. 또한 황윤길의 군관으로 따라가 정보의 수집이나 사행단의 호위에 기여한 황진은, 동복현감으로 왜군이 전라도로 진입하려는 왜군의 침입을 이치전투, 웅치전투에서 막아내는 수훈을 세웠고, 1593년 4월 중순 서울에서 패퇴하는 일본군을 추격할 때 그는 충청병사였다. 또 황진은 관군을 이끌고 6월 창의사 김천일과 함께 진주성에 들어가 8일간 진주성을 고수하다가 목숨을 바쳤다. 그래서 그는 선무원종 1등 공신에 오름으로써 장수황씨 문중의 위세를 떨치게 되었다.

임진왜란 후 중병을 앓던 조선왕조는 일본침략이 계기가 되어 사림세력이 의병활동을 통해 다시 활력을 찾는 항체 역할을 했다. 당시 성리학은 조선왕조의 통치 이데올로기로 작동하여, 결국 일본의 식민지로 전락하여 사회적 기능을 상실했다.

당시 성리학은 군주와 지배층을 위한 통치이념이었다. 황윤길의 사행의 역할과 관점을 오늘날까지 성리학적 관점에서 논하는 것은 옳지 않다. 황윤길은 국가와 국민을 위해 현실 문제를 해결하여야 한다는 점에서, 율곡 이이의 현실개혁론의 입장이 강했다고 할 수 있다. 그의 군관 황진이 돌아올 때 보검 두 자루를 사가지고 오면서 항쟁의 뜻을 밝힌 사실은 이를 방증하는 예라 할 수 있다.

장수황씨 종중에서 황윤길의 문제를 이제는 김성일과의 관계만으로 보는 좁은 시각에서 벗어나, 당시의 정국을 높은 차원에서 보는 관점이 필요하다. 족보자료나 그에 대한 묘비 문에서 김성일과의 관계를 언급한 태도를 시정하여, 그 본인 중심의 내용을 정리할 필요가 있음을 강조하는 바이다. 그가 자료를 남기지 않은 안타까운 점이 그의 연구에 큰 걸림돌이라 할 수 있다.

【부록】 황윤길 연보(年譜)

1536. 중종31년. 丙申. 출생(2000년도 족보), 자는 吉哉, 호는 松堂(友松, 友松堂), 부 黃懲, 모 韓씨, 처 김씨, 형 允中 1552년 壬子. 생원, 1560 별시문과 군수

23세, 1558. 명종13년. 戊午. 한성거주. 식년 진사

26세, 1561. 명종16년 辛酉. 식년 문과급제

28세~ 31세, 사간원 正言

31세, 1566. 12. 07. 강원도 災傷御使

32세, 1567. 03. 04. 사헌부지평. 이상(《명종실록》)
《명종실록》 편찬에 記注官(통덕랑 병조정랑)으로 참가

33세, 1568. 06. 13. 선조1년, 예조정랑으로 명나라 사신 접대를 위한 假館官 12명 중 1명

38세, 1573. 04. 27, 선조6년, 충청도해운판관, 전라도 곡식을 운반하는 계책을 냄. 〈해운 판관(海運判官) 황윤길(黃允吉)이 조군(漕軍)을 구제할 계책을 강구하여, 충청도의 병선(兵船)에 실을 세미(稅米)를 호남(湖南)의 창고에서 차차로 옮기고, 또 염세포(鹽稅布)·재상 수속(災傷收贖)·노비공포(奴婢貢布)를 쌀로 바꾼 것 따위는 사선(私船)을 삯내어 날라서 모자라는 것을 채우자고 하였다. 그 계책이 매우 좋으므로 삼공(三公)과 판부사(判府事) 이공(李公) 에게 두루 알리니, 다들 좋겠다고 하였다. 황윤길이 글로 답하여 알리기를 '조정(朝廷)의 첨의(僉議)를 얻어 조졸(漕卒)이 소생할 길을 얻는다면, 어찌 비직(卑職)이 터럭만한 책무를 조금 잘한 것일 뿐이겠는가. 실로 국가 백년의 이익이다.' 하였다.〉

40세, 1575. 12. 22. 선조8년, 홍문록 간택의 임무를 맡음 (3권을 9명이 맡음)

50세, 1585. 윤9월 11. 선조18년, 戊申, 황주목사에서 파직됨

〈사헌부가 아뢰기를, "안동 부사(安東府使) 유대수(兪大修)는 형벌이 잔혹하여 장하(杖下)에 죽는 사람이 잇따르고 있으니, 하루라도 관에 두어 백성들에게 해독을 끼치게 해서는 안 되겠습니다. 파직시키소서. 황주 목사(黃州牧使) 황윤길(黃允吉)은 관사(官事)를 다스리지 않고 관아에 좌기하는 날이 매우 드문데다가 백성에게 부당한 세금을 징렴(徵斂)하여 원망이 길에 가득하니, 파직시키소서." 하니, 모두 아뢴 대로 하라고 답하였다.〉

53세~54세, 1588. 11. 07. 선조 21년, 戊子. 경주부윤. 〈형조 참의로 와서 기축년 11월 災傷으로 파거〉(《경주선생안》, 府尹선생안, 아세아문화사, 영인본 1982. 242쪽.)

54세, 1589. 11. 18. 壬子, 일본통신사 정사에 임명.

〈1589년 선조 22년 12월 3일 병자 현소와의 대화함 통신사(通信使) 황윤길(黃允吉)이 아뢰기를, "신이 객사(客使)를 만나 묻기를 '우리 나라가 귀국에 통신사를 보내지 못한 지가 이미 오래이다. 첫째는 파도의 험난함을 두려워서이고, 둘째는 해적의 환(患)을 염려해서인데, 지금 우리 전하께서 귀국 신왕(新王)의 신의를 중하게 여기고 객사의 정성을 가상하게 여기어 특별히 통신사를 보내 백년 동안 폐지되었던 의례(儀禮)를 다시 행하려 하시니, 이는 성대한 행사이다. 우리가 귀국에 도착하면 반드시 국왕(國王)의 접대하는 의례가 있을 것인데, 그 절차를 우선 자세히 들을 수 있겠는가? 또한 팔방에 풍기(風氣)가 한결같지 아니하며 각기 쉽게 발생하는 병이 있을 것이므로 우리가 처음 귀지(貴地)에 도착하여 수토(水土)에 맞지 않으면 반드시 병을 얻을 것인데, 귀지의 풍기(風氣)에 의해 쉬 얻어지는 병이 무엇인가? 미리 약품을 준비하여 일행의 위급을 구제하려 한다.' 하였더니, 현소(玄蘇)가 대답하기를 '폐방(弊邦)의 접대하는 의례를 지금 내가 정하기 어려우니 폐방에 도착한 뒤에

고하겠으며, 우리 나라의 풍기는 사람을 별로 크게 상하는 바가 없고 병의 발생이야 어찌 귀방(貴邦)과 다르겠습니까.' 하였고, 부관(副官) 종의지(宗義智)가 통역을 불러 신에게 말하기를 '이번에 국왕(國王)이 보내 주신 물건이 비록 두 가지이나 국왕이 말[馬]과 매[鷹]를 좋아하니 이 물건을 얻어 국왕에게 드리고 싶다.' 하고, 또 말하기를 '선조(先朝) 때 일본에 봉명(奉命)한 사신이 으레 당시 문사(文辭)에 능한 선비를 대동하여 어무적(魚無迹)·조신(曹伸) 등이 왕래하였다.' 하므로 이번에 차천로(車天輅)를 대동할까 하여 감히 아뢉니다." 하니, 답하기를, "아뢴 대로 하라. 그대는 국사를 위하여 해외에 파견되었으므로 내가 진념(軫念)하는 바이니 잘 다녀오도록 하라. 또한 지금 일행 중에 아뢸 사람이 있으면 거리낌 없이 아뢰고, 친계(親啓)할 일이 있으면 면대(面對)를 청하여도 좋다." 하였다.〉

55세, 1590. 03. 06. 통신사 정사로 200명을 이끌고 부산항에서 출발.

1591년 2월 귀환[35] 풍신수길의 침략 가능성을 진언.

57세, 1592. 壬辰年 春, 卒.

묘소가 호안공 묘소 아래서 최근에 찾아짐.

1998. 그의 묘비문이 새로 지어짐.

35) 3월 귀환설도 있으나 정확한 날짜는 추후 연구가 필요함

기해사행(己亥使行) 통신부사(通信副使) 황선(黃璿)의 관직생활[1)]

임선빈[2)]

1. 머리말

황선(黃璿, 1682~1728)은 장수황씨로 조선초기 명재상으로 알려져 있는 황희(黃喜, 1363~1452)의 13대손이다.[3)] 자는 성재(聖在)이고, 호는 노정(鷺汀)이며, 시호는 충렬(忠烈)이다. 황선의 조카 황경원(黃景源, 1709~

---

1) 이 글은 (사)방촌황희선생사상연구소 주최, 방촌황희연구소 주관한 학술대회(〈조선통신사 우송당 황윤길의 역사적 재조명〉, 성균관 유림회관, 2018.09.15.)에서 필자가 발표한 〈通信副使 黃璿의 仕宦과 業績〉(발표문)을 수정·보완하여, 《민족문화연구》 81(2018. 11. 30, 고려대학교 민족문화연구원)에 게재한 논문 〈己亥使行 通信副使 黃璿의 관직생활〉을 한글전용[한자병기] 등 본 논총의 성격에 맞추어 손질한 후 재수록한 것이다.

2) 한국학중앙연구원 장서각 선임연구원.

3) 황희 이후 황선까지의 계보는 黃喜-黃致身(1397~1484)-黃事長-黃蟾-黃起峻(1470~1544)-黃悅(1501~1575)-黃廷彧(1532~1607)-黃赫(1551~1612)-黃坤厚-黃裳(1591~1612)-黃爾徵(1609~1650)-黃瑊-黃處信(1658~1724)-黃璿으로 이어진다.

1787)이 지은 황선의 행장과 묘표에서는 황선에 대해 대제학을 지낸 황정욱의 7세손으로, 증조 황이징은 정산현감을 지내고 사헌부 집의에 추증되었으며, 조부 황성은 이조참의에 추증되었고, 부친 황처신은 호조정랑을 지내고 이조판서에 추증되었다고 기록하고 있다.[4]

황경원은 황선의 선조 가운데 황희 이후 가장 주목되는 인물로 황정욱(黃廷彧)을 꼽은 것이다. 황정욱은 종계변무의 주청사로 명나라에 다녀온 공으로 광국공신 1등에 녹훈되었고 장계부원군(長溪府院君)이라는 봉호를 받았으며, 사후에는 문정(文貞)이라는 시호도 받았다. 그러나 황정욱 이후 황선까지는 두드러진 사환을 하지 못하고 있다. 오히려 황정욱의 증손이며 황선의 고조부인 황상이 1612년(광해군 4)에 일어난 김직재 옥사에서 역모죄로 몰려 22세의 나이에 할아버지 황혁과 함께 처형당하면서 가문은 한때 위기에 처해진다. 당시 황상의 어린 아들 황이징은 외숙부인 장유[황상의 처남]의 집에서 성장하였다. 이후 황이징은 정산현감을 지냈고,[5] 그의 아들 황휘(黃暉)[황처신의 생부]는 삼등현령까지 올랐으며,[6] 황이징의 손자로 황선의 부친인 황처신은 음보로 입사하여 마전군수에 이르렀다.[7] 이와 같이 황선의 가까운 선계로 고위직에 오른 인물은

---

4) 黃景源, 〈嘉善大夫慶尙道觀察使兼兵馬水軍節度使巡察使大丘都護府使贈議政府左贊成諡忠烈黃公墓表〉, 《江漢集》 권20 墓表; 〈嘉善大夫慶尙道觀察使兼兵馬水軍節度使巡察使大丘都護府使贈議政府左贊成諡忠烈黃公行狀〉, 《江漢集》 권20 行狀.

5) 《승정원일기》 93책(탈초본 5책) 인조 24년 3월 4일(신해). 이후 《승정원일기》 인용시 탈초본 책수는 '탈초본' 표기 없이 책수만 "( )" 안에 기록한다.

6) 《승정원일기》 263책(13책) 숙종 4년 1월 14일(병술).

7) 《승정원일기》 549책(29책) 경종 3년 1월 8일(무자). "下直, 麻田郡守黃處信." 《승정원일기》에서 확인되는 黃處信의 관직은 戶曹佐郎(숙종 43), 平康縣監(숙종 43), 平市令(경종 11), 麻田郡守(경종 3) 등으로, 황경원이 찬한 황선 행장과는 다르다.

찾을 수 없으나, 사환(仕宦)은 계속 이어지고 있었다. 이러한 상황에서 황선은 숙종 말부터 영조 초까지 관직생활을 했다.

황선의 유년시절과 학문적 수학에 대해서는 자세히 알 수 없다. 그는 29세에 진사시 입격과 문과 급제를 통해 사환의 길을 걷기 시작했다. 비교적 늦은 나이에 벼슬길에 나아갔지만, 40세가 되기 전에 이미 당상관에 오르고, 40대 후반에는 2품의 재상급 관료가 되었다. 일반적으로 알려져 있는 관료들의 관직생활에 비해 고속 승진을 하였다. 그가 비교적 짧은 사환기간에 당상관과 재상급 관료로까지 승진한 계기는 무엇이었을까?

황선은 30대 말에 기해사행의 통신부사로 일본에 다녀왔으며, 47세에 경상감사로 재임 중 경상도의 무신란을 진압하였으나, 감영에서 갑자기 죽었다. 그의 죽음에 대해서 당대는 물론, 후대에도 한동안 의혹의 눈길이 이어졌다. 또한 무신란 진압에서의 공훈에 대해서도 후대인들 사이에서 논란이 분분했다. 본고에서는 이와 같은 황선의 관직생활과 후대의 추숭에 대해 살펴보려고 한다.

황경원이 지은 행장에서는 황선의 문집 5권이 당시 집안에 소장되어 있다고 하였다.[8] 그러나 오늘날에는 확인되지 않는다. 따라서 본고의 작성에 황선의 문집을 활용할 수는 없었다. 황선의 행장과 묘표를 기본 자료로 이용하고, 실록과 《승정원일기》, 《비변사등록》, 기해사행 때 제술관으로 일본에 함께 다녀온 신유한(申維翰)의 기행문 《해유록(海游錄)》 등에 흩어져 있는 관련 자료들을 수합하여 본고를 작성하였다.

---

8) 黃景源, 〈嘉善大夫慶尙道觀察使兼兵馬水軍節度使巡察使大丘都護府使贈議政府左贊成謚忠烈黃公行狀〉, 《江漢集》 권20 行狀. "享年四十七, 有文集五卷, 藏于家."

2. 입사(入仕)와 초기 사환(仕宦)

황선은 29세인 숙종 36년(1710) 진사시에 3등 41위로 입격하고, 한 달도 지나지 않은 같은 해에 실시된 증광문과에서 병과 30위로 급제하였다. 이해의 과거시험은 세자가 바로 전해(1709) 가을에 학질에서 회복되었고, 숙종의 환후도 2월에 완쾌되어 왕실에 거듭된 경사가 있었기 때문에 이를 경하하기 위해 실시된 증광별시였다.[9] 6월 8일 실시된 전시에서는 모두 41명을 뽑았다.[10] 증광시였기 때문에 식년시 정원인 33명보다 8명 더 많은 41명을 선발하였으며, 황선은 41명의 급제자 가운데 40위였다.[11] 급제한 과차가 높은 것은 아니었지만, 진사시에 입격한 직후의 문과 급제였으니 큰 경사였을 것이다.

조선시대에 문과에 급제하면, 실직에 제수된 자를 제외한 급제자들은 모두 재품 등을 평가하여 문한 관서인 홍문관·승문원·성균관·교서관의 임시직인 권지(權知)에 제수하여 실무를 익히도록 하는 것이 원칙이었다. 당시 과거 급제자들이 분관되기를 선호하는 관서는 홍문관·성균관·승문원·교서관의 순이었다. 진사의 전력으로 응시하여 병과로 급제한 황선도 정9품 품계를 받고 4관 중 한 관서인 승문원에 분관되어 권지로 근무하기 시작했다.

그런데 황선은 승문원의 권지로 근무하면서 숙종 36년 6월 21일부터

9) 《숙종실록》 권48 숙종 36년 2월 경술(15일).

10) 《숙종실록》 권48 숙종 36년 6월 임인(8일). 유학 朴徵賓이 장원급제하였고, 무과의 장원은 金重胤이었다.

11) 《국조문과방목》 권13 숙종조 경인(36년) 증광방.

37년 5월까지 1년간은 수시로 승정원의 사변가주서로 차출되어 활동하기도 했다.[12] 가주서는 승정원의 정7품 관직인 주서가 유고할 경우 임시로 차출하여 임명되었다. 이들은 주서의 주요 임무였던 《승정원일기》를 기록·정리하는 일을 대신하였으며, 주서와 함께 조보(朝報)의 발행에도 참여했다. 황선은 이러한 과정을 통해 행정 실무를 서서히 익혀나갔을 것이다.

황선은 1년 후인 숙종 37년 5월에 율봉찰방에 제수되었다.[13] 율봉도는 충청도 지역에 편성되어 있던 역도이다. 율봉찰방은 율봉역·쌍수역·저산역·장양역·태랑역·시화역·증약역·가화역·토파역·순양역·화인역·전민역·덕류역·회동역·신흥역·사림역·원암역 등 17개 속역을 관할하였다.[14] 청주를 중심으로 북쪽으로 진천, 동북쪽으로 청안, 동남쪽으로 보은-회인-상주 방면, 남쪽으로 문의-옥천-영동-황간-추풍령 방면으로 이어지는 역로와, 옥천에서 무주 방면을 연결하는 역로를 관할하였다. 외관직인 율봉찰방은 충청도관찰사의 포폄을 받도록 되어 있었는데, 황선은 숙종 38년(1712)의 추동등(秋冬等) 포폄에서 중을 받았다.[15] 좋은 성적을 받은 것이 아니다. 그리하여 찰방에서 체직된 것으로 추측된다. 중앙으로 돌아온 후에는 다시 가주서로 차출되어 근무하였다.[16]

---

12) 《승정원일기》에서 숙종 36년 6월 21일(을묘)부터 37년 5월 26일(갑인)까지 황선이 사변가주서로 활동하고 있는 것을 30여 회 확인할 수 있다.

13) 《승정원일기》 461책(25책) 숙종 37년 5월 26일(갑인) 除授 7월 2일(기축) 下直.

14) 《경국대전》 권1 이전 외관직 충청도 찰방 율봉도.

15) 《승정원일기》 476책(25책) 숙종 39년 2월 20일(무진).

16) 이 시기 황선의 事變假注書 근무는 《승정원일기》에 숙종 39년 윤5월 13일(기미)부터 시작되어 10월 6일(경진)까지 기록되어 있다.

숙종 40년(1714, 황선 33세) 4월에는 승문원 저작에 제수되었다.[17] 드디어 경관직 실직에 제수된 것이다. 저작은 홍문관·승문원·교서관 등에 속하여 실무를 담당한 정8품 관직이다. 승문원은 이문(吏文)의 교육과 사대문서의 제술 등을 담당한 관서이므로, 황선은 이곳에 근무하면서 외교의 실무를 익혔을 것이다.[18]

그러나 곧 바로 5월에 설서(說書)에 제수되었다.[19] 설서는 왕세자의 교육을 담당하던 세자시강원 소속의 정7품직이다. 세자시강원에서 최하위 직이지만,[20] 관원들이 7품에서 6품으로 올라가는 중요한 자리였다. 황선도 설서에 제수된 지 6개월 만에 정6품직인 성균관 전적(典籍)에 제수되었다가,[21] 다시 세자시강원 사서(司書)로 옮기고 있다.[22] 사서 또한 정6품 관직이다. 황선은 숙종 41년 2월에는 식년문과초시의 시관, 5월에는 의금부 삼성추국(三省推鞫)의 문사낭청(問事郎廳) 명단에 포함되기도 했다.[23]

---

17) 《승정원일기》 483책(26책) 숙종 40년 4월 4일(을해).

18) 승문원의 관원은 판교(정3품, 1명), 참교(종3품, 1명), 교감(종4품, 1명), 교리(종5품, 2명), 교검(정6품, 2명), 박사(정7품, 2명), 저작(정8품, 2명), 정자(정9품, 2명), 부정자(종9품, 2명)로 구성되어 있었다.

19) 《숙종실록》 권55 숙종 40년 5월 계축(13일); 《승정원일기》 483책(26책) 숙종 40년 5월 13일(계축). 說書는 '經書를 설명한다'는 의미이다.

20) 세자시강원 관원은 겸임관원과 전임관원으로 구성되어 있었다. 겸임관원은 의정부와 육조의 2품 이상 관료가 맡는 반면, 전임관원은 종3품(경종 3년에 정3품으로 승자)의 보덕 1명, 정4품의 필선 1명, 정5품의 문학 1명, 정6품의 사서 1명, 정7품의 설서 1명 등 5명으로 이루어졌다.

21) 《승정원일기》 486책(26책) 숙종 40년 11월 5일(계묘).

22) 《숙종실록》 권55 숙종 40년 11월 을묘(17일); 《승정원일기》 486책(26책) 숙종 40년 11월 21일(기미).

23) 《승정원일기》 487책(26책) 숙종 41년 2월 20일(정해); 《승정원일기》 488책(26책) 숙

숙종 41년(1715) 7월에는 지평(持平)에 제수되었다.[24] 지평은 사헌부의 정5품 관직으로 정원은 2명이다. 그러나 황선이 지평에 제배된 지 오래도록 사헌부에는 서경(署經)에 참여할 3원이 갖추어지지 않아 대간의 서경이 이루어지지 않았다. 사헌부에서는 9월에 이르러서야 3원이 갖추어지지 않은 상태에서 서경을 진행했으며,[25] 황선의 지평 직무 수행은 이후에야 가능했다.

숙종 42년(1716) 2월에는 오위(五衛)에 소속된 정5품 서반직인 사직(司直)에 제수되었다가,[26] 다시 7월에는 정언(正言)이 되었다.[27] 정언은 사간원의 정6품 관직이다. 그리고 9월 2일에 부사직으로 옮겼다가,[28] 10월 18일 다시 정언에 제수되었다.[29] 그러나 황선은 패초(牌招)에 나오지 않다가,[30] 11월 2일에 사은하였다.[31] 12월 27일에는 정언에서 체차되고, 다시 부사과에 제수되었다.[32]

숙종 43년(1717) 2월에는 세자시강원 소속의 정5품 관직인 문학(文學)

종 41년 5월 11일(병오).

24) 《숙종실록》 권56 숙종 41년 7월 경자(7일); 《승정원일기》 489책(26책) 숙종 41년 7월 7일(경자).

25) 《승정원일기》 490책(26책) 숙종 41년 9월 6일(무술).

26) 《승정원일기》 492책(26책) 숙종 42년 2월 2일(계해).

27) 《숙종실록》 권58 숙종 42년 7월 임오(25일); 《승정원일기》 497책(26책) 숙종 42년 7월 25일(임오).

28) 《승정원일기》 498책(26책) 숙종 42년 9월 2일(무오).

29) 《숙종실록》 권58, 숙종 42년 10월 갑진(18일); 《승정원일기》 499책(26책) 숙종 42년 10월 18일(갑진).

30) 《승정원일기》 499책(26책) 숙종 42년 10월 19일(을사).

31) 《승정원일기》 499책(26책) 숙종 42년 11월 2일(무오).

32) 《승정원일기》 499책(26책) 숙종 42년 12월 27일(계축).

에 제수되었다.[33] 4월에는 문학에서 체차되고,[34] 다시 지평에 제수되었다.[35] 그리고 8월 8일 병조좌랑,[36] 8월 16일 다시 문학에 제수되었으며,[37] 8월 27일에는 — 문학으로 있으면서 — 문과 초시 시관을 맡기도 했다.[38] 그러나 9월 6일에는 병이 중하여 소대(召對) 등에 참석하지 못했다는 이유로 문학에서 체직되기를 청하는 상서를 올리고 있다.[39] 그리하여 9월 15일에 지평에 제수되어,[40] 11월까지 근무하였다. 그런데 11월 9일 승정원에서 황선을 패초하여 조명겸 등을 처치하게 할 것을 청하는 계를 올렸으며,[41] 이에 따라 황선을 패초하였으나 나아오지 않아 지평에서 파직되었다.[42]

숙종 44년(1718)에는 1월 병조정랑,[43] 2월 문학,[44] 4월 지평에 제수되

33) 《승정원일기》 500책(27책) 숙종 43년 2월 10일(을미) 제수; 《승정원일기》 500책(27책) 숙종 43년 2월 11일(병신) 謝恩.. 文學은 '학문을 빛나게 한다.'는 의미이다. 서연에 참석하여 세자의 학문과 품성을 빛나게 함으로써 세자의 선에 대한 학문적 기초와 실천적 토대를 확립하고자 하였다.

34) 《승정원일기》 501책 (탈초본27책) 숙종 43년 4월 21일(을사).

35) 《숙종실록》 권59 숙종 43년 4월 무신(24일); 《승정원일기》 501책 (27책) 숙종 43년 4월 24일(무신) 제수; 《승정원일기》 502책(27책) 숙종 43년 5월(미상) 기사 사은; 《숙종실록》 권60 숙종 43년 9월 병인(15일); 《숙종실록》 권61 숙종 44년 4월 정해(9일); 《숙종실록》 권62 숙종 44년 7월 경신(13일); 《숙종실록》 권62 숙종 44년 9월 신사(6일).

36) 《승정원일기》 503책(27책) 숙종 43년 8월 8일(기축).

37) 《승정원일기》 503책(27책) 숙종 43년 8월 16일(정유).

38) 《승정원일기》 503책(27책) 숙종 43년 8월 27일(무신).

39) 《승정원일기》 504책(27책) 숙종 43년 9월 6일(정사).

40) 《승정원일기》 504책(27책) 숙종 43년 9월 15일(병인).

41) 《승정원일기》 505책(27책) 숙종 43년 11월 9일(기미).

42) 《승정원일기》 505책(27책) 숙종 43년 11월 9일(기미).

43) 《승정원일기》 506책(27책) 숙종 44년 1월 17일(무인[병인]).

44) 《승정원일기》 507책(27책) 숙종 44년 2월 26일(을사).

었고,[45] 4월 25일에는 세자빈인 단의빈(端懿嬪)의 상장(喪葬) 때에 역사를 감독한 노고에 대한 상사(賞賜)에서, 황선은 만장서사관(輓章書寫官)으로 참여한 공으로 상현궁(上弦弓) 1장을 사급(賜給)받았다.[46] 앞서 2월 7일 왕세자빈이 창덕궁 장춘헌에서 졸서하여 경극당에 빈궁을 마련하였고, 3개월 뒤 4월에 양주에 있는 숭릉의 청룡 밖 유좌묘향 언덕에 장례를 치르고, 반우(返虞)하여 미리 마련한 혼궁에 신주를 봉안하였는데,[47] 이 단의빈 상장에 황선은 만장서사관으로 참여한 것이다. 7월에는 다시 지평에 제수되었고,[48] 9월에도 지평에 제수되었으며,[49] 11월에는 정언에 제수되었고,[50] 12월에는 헌납에 제수되었다.[51]

황선이 문과에 급제한 후, 30대에 근무하고 있던 관서는 주로 세자시강원·사헌부·사간원 등이다. 이러한 부서의 관직은 청요직의 대표관직이다. 한편, 황선이 세자시강원에 근무할 때의 세자는 후에 경종으로 즉위하였는데, 이러한 관직제수와 인연은 40대 이후 황선의 사환에도 영향을 미쳤을 것이다.

---

45) 《승정원일기》 507책(27책) 숙종 44년 4월 9일(정해).

46) 《승정원일기》 508책(27책) 숙종 44년 4월 25일(계묘).

47) 《숙종실록》 권61 숙종 44년 4월 18일(병신).

48) 《승정원일기》 509책(27책) 숙종 44년 7월 13일(경신).

49) 《승정원일기》 510책(27책) 숙종 44년 9월 6일(신사). 실록에 여러 차례 지평 제수 기사가 등장하고 있는 것은 활발한 언론활동으로 파직과 제수가 반복되었을 것으로 추측된다.

50) 《숙종실록》 권62 숙종 44년 11월 병신(22일).

51) 《숙종실록》 권62 숙종 44년 12월 기사(26일); 《승정원일기》 511책(27책) 숙종 44년 12월 27일(경오).

3. 통신부사(通信副使) 직무수행과 가자승서(加資陞敍)

기해 통신사행은 조선후기에 12차례 일본에 보냈던 통신사행 가운데 9차 사행에 해당한다. 이 시기는 동아시아의 국제관계가 비교적 안정된 시기였다. 일본에서는 1716년 4월 30일 일본의 7대장군 도쿠가와 이에쯔구[德川家繼]가 서거하고, 전 기이(紀伊) 번주(藩主)인 도쿠가와 요시무네[德川吉宗]가 8대 장군으로 습직하면서, 노중(老中) 쯔찌야 마사나오[土屋政直]는 대마번(對馬藩)의 소우 요시미찌[宗義方]를 시켜 조선에 고부(告訃)·고경참판사(告慶參判使)를 파견하여 이 사실을 알렸다. 그리고 대마는 다시 1717년 10월 23일에 수빙참판사(修聘參判使)를 보내어 조선이 2년 후에 통신사를 파견해줄 것을 정식으로 요청하였다.52)

52) 이상의 기해통신사 파견 동기에 대해 기해사행의 제술관으로 다녀온 신유한은 '일본 關白 源吉宗이 새로 즉위하여 對馬島太守 平方誠으로 하여금 使者를 보내어 東萊倭館에 와서, 새 임금이 나라를 이어 받았으니 예전처럼 國書를 받들고 와 이웃간의 친목을 표시하기를 청하므로 조정에서 허락하였다.'라고 기록하였다. 申維翰, 《海游錄》 上 肅廟 44년 무술 정월 일. 그동안 기해통신사에 대해서는 주로 신유한의 《해유록》을 활용한 연구가 이루어졌다. 기해통신사와 《해유록》에 대해서는 다음의 논문이 참조된다. 강혜선, 〈신유한의 《해유록》 다시 읽기〉, 《문헌과 해석》 제41호, 태학사, 2007; 고운기, 〈신유한의 해유록 재론·1 : 朝日 필담창수 자료 대비를 중심으로〉, 《열상고전연구》 제34집, 열상고전연구회, 2011; 〈신유한의 해유록 재론·2 : 필담창수집 《桑韓星槎答響》과의 대비를 중심으로〉, 《열상고전연구》 제37집, 열상고전연구회, 2013; 김상조, 〈청천 신유한의 일본 인식과 雨森芳州 이해〉, 《영주어문》 제23집, 영주어문학회, 2012; 박화진, 〈조선통신사의 에도(강호) 입성 과정 : 제9차 통신사행(1719년)을 중심으로〉, 《조선통신사연구》 제4호, 조선통신사학회, 2007; 이재훈, 〈대마도종가문서 壹岐島에서의 기록 : 기해사행의 기록을 《해유록》과 비교하며〉, 《일어일문학연구》 제68집 2권, 한국일어일문학회, 2009a; 〈기해사행의 嚴原에서의 예법논쟁 : 《해유록》과 종가문서를 비교하여〉, 《일어일문학연구》 제71집 2권, 한국일어일문학회, 2009b; 〈기행사행(1719)에서의 말을 둘러싼 분쟁 연구〉, 《열상고전연구》 제63집, 열상고전연구회, 2018; 〈기해사행의 당상역관 : 대마도 종가문서에서 등장양상을 중심으로〉, 《한일관계사연구》 제57집, 한일관계사학회, 2017; 이혜순, 〈신유한 《해유록》〉,

조선 조정에서는 숙종 44년(1718) 초부터 통신사 파견에 대한 논의가 이루어지기 시작했다. 우선 동래부사 조영복이 장계를 올려 통신사를 시기에 맞추어서 차출할 것을 건의했고, 2월 30일에 영의정 김창집은 세자에게 조영복의 장계 내용을 해조에 분부하여 시행하고 아울러 접위관의 보고서를 기다렸다가 사신도 차출하기를 아뢰었다.[53] 당시에는 숙종이 건강이 좋지 않아 왕세자[후의 경종]가 대리청정을 하고 있었기 때문에 정무를 왕세자가 주관하고 있었다.

4월 3일에는 약방에서 입진(入診)하여 침을 놓기를 끝낸 숙종의 어전에서 통신사 차출에 앞선 통신사행의 폐단과 경비 절감에 대한 논의가 이루어졌다. 영의정 김창집은 통신사가 지나가는 연로(沿路)에서 접대하는 것이, 다른 사객(使客)에 비하여 지극히 우대하기 때문에 작은 고을에서 들어가는 경비도 수백 냥에 이르니, 마땅히 감생(減省)하는 방도가 있어야 하겠다고 아뢰었다. 제조 민진후는 통신사가 지나가는 곳은 마치 난리를 겪은 것과 같으니, 지금 경비를 감생하더라도 또한 반드시 풍성하

《한국사시민강좌》 제42집, 일조각, 2008; 〈충격과 조화 : 신유한의 해유록 연구〉, 《동방문학비교연구총서》 2, 한국동방문학비교연구회, 1992; 이효원, 〈1719년 필담창화집 《航海唱酬》에 나타난 일본 지식인의 조선관 : 水足屛山과 荻生徂徠의 대비적 시선에 착안하여〉, 《고전문학연구》 제41집, 한국고전문학회, 2012; 정영문, 〈통신사가 기록한 국내사행노정에서의 전별연〉, 《조선통신사연구》 제7호, 조선통신사학회, 2008; 정은영, 〈신유한의 일본정보 탐색방식 연구〉, 《한민족어문학》 제71집, 한민족어문학회, 2015; 정장식, 〈1719년 신유한이 본 일본〉, 《일본문화학보》 제20집, 한국일본문화학회, 2004; 한승희, 〈기해통신사의 儀式改定에 대한 새로운 검토〉, 《한일관계사연구》 제16집, 한일관계사학회, 2002; 〈기해통신사에 대한 各藩의 御馳走役〉, 《한일관계사연구》 제25집, 한일관계사학회, 2006; 한태문, 〈신유한의 《해유록》 연구〉, 《동양한문학연구》, 제26집, 동양한문학회, 2008; OBATA Michihiro, 〈신유한의 《해유록》에 나타난 일본관과 그 한계〉, 《한일관계사연구》 제19집, 한일관계사학회, 2003.

53) 《숙종실록》 권61 숙종 44년 2월 기유(30일).

고 사치스러워질 것이라고 우려를 표했고, 도제조 이이명은 통신사의 노자(奴子)도 3중(三重)으로 된 자리를 깐다고 하니 그 밖의 것은 미루어 짐작할 수 있다고 하였다. 그러나 숙종은 바다를 건너는 사행(使行)은 실로 사생(死生)과 관계되기 때문에 이처럼 사치스럽게 접대하는 예(禮)가 있는 것이라고 하면서, 신묘년(1711)에 경비를 억제하여 줄이자는 청이 있었으나 끝내 허락을 받지 못했던 것도 이유가 있었기 때문이라고 하였다. 그러나 대신들의 계달이 이와 같으니 경비를 감생하도록 분부하되, 너무 매몰찬 지경에 이르지 말게 하는 것이 마땅하다는 절충안을 지시하였다.54)

조선후기 통신사행의 규모는 100여 명으로 이루어진 전기와는 달리 매우 거창하였다. 정사를 비롯하여 부사·종사관으로 구성되는 삼사(三使), 역관·군관·제술관·양의(良醫)·사자관(寫字官)·의원·화원·서기(書記)·자제군관·별파진(別破陣)·전악(典樂)·이마(理馬)·소동(小童)·노자(奴子), 취수(吹手)와 각종 기수(旗手)를 비롯한 악대 및 의장대 일행, 사공과 격군 등 도합 450명에서 500여 명에 달하는 대규모 사절단으로 편성되었다.

기해사행의 통신 삼사에 해당하는 정사, 부사, 종사관의 인사가 언제 이루어졌는지는 정확히 알 수 없다. 그러나 통신부사로 처음부터 황선이 정해진 것은 아니었다. 처음에는 1718년(숙종 44) 9월 17일 정사효(鄭思孝)를 통신부사로 제수했다.55) 그러나 12월 7일 사헌부에서는 일본에서

---

54) 《숙종실록》 권61 숙종 44년 4월 신사(3일). 직전의 통신사행인 제8차 사행[1711년, 신묘사행]에서 대마도에서 돌아오는 귀국 도중에 비바람에 의하여 부사의 선박이 파손되어 사망자도 생기고 선박들이 뿔뿔이 흩어져 표류하는 상태가 되었다가 겨우 경상 左水營에 도착한 사고도 있었다.

55) 《승정원일기》 510책(27책) 숙종 44년 9월 17일(임진).

전대(專對)하는 임무, 즉 외국에 사신으로 나간 사람이 본국과 상의 없이 임의로 물음에 대답하거나 임시로 일을 처리하던 것은 반드시 한 시대에 가장 뛰어난 인재를 선발해야 하는데, 정사효는 지난 경력이 이미 가벼워 물정에 맞지 않으니 통신부사에서 개차(改差)하기를 청하였다.56) 처음에는 받아들이지 않았으나, 사흘 후에 다시 사헌부에서 통신부사 정사효의 개차를 청하였고,57) 결국 황선으로 바뀌게 되었다. 그렇다면 황선은 정사효를 개차하면서 미흡하다고 언급된 자질인 '전대' 능력을 충분히 갖추고 있었기 때문에 통신부사로 제수되었다고 볼 수 있겠다.58) 당시 황선의 나이는 38세에 불과했다.59)

---

56) 《숙종실록》 62권 숙종 44년 12월 경술(7일); 《승정원일기》 511책(27책) 숙종 44년 12월 7일(경술). 정사효(1665~1730)는 온양정씨로 숙종 15년(1689) 증광시에서 병과로 급제하였으며, 숙종 23년(1697) 중시에서 갑과 1위[8명의 급제자 중에서 장원]로 급제하기도 했다. 정유악의 아들로 예빈시 정(1697), 능주목사(1711), 상주목사(1716) 등을 지냈으며, 1718년 당시 54세로 부사과였다. 이후 강원도관찰사, 승지, 전라도관찰사 등을 거쳤으며, 1728년 무신란에 관련되어 파직당한 후 하옥되어 국문을 받던 중에 장살 당했다. 당색은 남인이다.

57) 《승정원일기》 511책(27책) 숙종 44년 12월 10일(계축).

58) 기해사행에서 통신사의 자질로 '專對'능력이 중요하게 거론된 것은, 직전의 통신사행인 1711년(숙종 37)의 신묘사행에서 발생한 외교마찰 때문이었다. 당시 일본에서 덕천막부 6대 장군 家宣의 侍講이었던 新井白石의 주도로 통신사빙례 개정·개혁이 이루어짐으로써, 통신사행 도중에 日本國王號·犯諱 문제 등 많은 마찰이 발생했다. 신묘통신사는 돌아온 후에 문책을 당하여 삼사는 도성에 들어오자마자 곧바로 구속되어 감금되었다가, 削奪官爵 후 門外黜送되는 엄한 처벌을 받았고, 교섭의 실무를 맡았던 역관들도 流配와 杖刑 등의 처벌을 받았다. 그러나 기해통신사행에서는 이와 같은 일본의 외교의례 개변이 대내외적으로 많은 문제를 일으키자 일본에서 8대 장군 吉宗의 명에 따라 1682년 임술통신사행의 의례로 회귀하였으므로 실제 황선의 '전대'능력이 발휘되지는 않았다. 신묘통신사행의 의례문제에 대해서는 하우봉, 〈조선시대의 통신사외교와 의례문제〉, 《조선시대사학보》 제58집, 조선시대사학회, 2011 참조.

59) 조선후기 통신 삼사의 평균나이는 정사 49세, 부사 47세, 종사관 40세였다. 통신부사만을 비교했을 때, 황선의 38세는 제7차 사행[1682년, 숙종 8년]의 통신부사 이언

통신사 파견이 구체화되자 정책적인 사안이 논의되기 시작했다. 먼저 1719년(숙종 45) 1월 19일 그동안 동래부사로 있던 조영복을 승지로 제수하였다.[60] 또한 1월 25일에는 비변사의 차대(次對) 때 훈련대장 이홍술(李弘述)이 근래에 각궁(角弓)은 종자가 멸절되어 각 군문의 군기(軍器)와 궁자(弓子)를 만들 수가 없으니, 통신사의 행차 때 금령을 늦추어 그들로 하여금 많은 수량을 무역해오기를 청하자, 세자가 이를 허락하였다.[61]

1719년 1월 29일은 종일 바쁜 하루였다. 이날 통신 정사 홍치중, 부사 황선, 종사관 이명언 등이 청대하자, 왕세자가 이들을 불러 보았다. 이 자리에서 황선은 인솔 잡류 가운데 작폐자는 율에 의거 무겁게 다스리고 奴子 등을 거느리고 오는 사람에 대해 각별히 규책(糾責)하는 문제, 궁자 제작에 필요한 흑각의 사무역 문제, 일행 중에 양식과 반찬[糧饌]을 척매(斥賣)하는 자는 잠상률(潛商律)로 논단할 것, 소공물종(所供物種)에 대해 상관(上官) 이상은 일공(日供)하는 문제 등을 아뢰었고 왕세자는 이를 모두 허락했다. 황선이 아뢴 구체적인 내용은 다음과 같다.[62]

• 일행의 상하 원역(員役)이 거의 500명에 달하여 아무리 잘 검칙하여

강의 35세 다음으로 젊은 나이였다.

60) 《숙종실록》 권63 숙종 45년 1월 임진(19일).

61) 《숙종실록》 권63 숙종 45년 1월 무술(25일).

62) 《비변사등록》 72책 숙종 45년 2월 2일. 이 내용은 《승정원일기》에도 비국등록을 인용하여 실려 있다. 《승정원일기》 512책(27책) 숙종 45년 1월 29일(임인). 그러나 《숙종실록》에는 흑각무역에 관한 내용만 실려 있다. 《숙종실록》 권63 숙종 45년 1월 임인(29일). 1월 29일에 아뢴 내용이지만, 《비변사등록》에는 2월 2일자에 수록되어 있으며, 통신정사 홍치중과 종사관 이명언 등이 아뢴 내용[1월 29일]은 2월 1일자와 2월 2일자의 《비변사등록》에 나뉘어 실려 있다.

도 으레 난잡한 폐단이 많았습니다. 이번에 거느리고 가는 잡인들 중 우리나라의 각 역참을 지날 때 뇌물을 요구하며 행패를 부린 자와, 일본에 도착한 뒤 설치된 장막이나 즙물을 몰래 훔치는 자들은 법률대로 엄중히 캐물어야 할 것입니다. 또한 노자(奴子)와 사령 및 격군(格軍)들은 해당 영솔자에게 각별히 책임지우는 것이 어떻겠습니까?

• 요전 비국의 차대 때에 훈련대장 이홍술이 아뢰어, 흑각의 품절로 활을 만들 수 없으니 이번 통신사 행차에 수입을 결정하였습니다. 흑각은 금지하는 물품으로 통신사가 돌아올 때 왜인들은 으레 검사하는 일이 있습니다. 혹 드러나서 붙잡히는 일이 있으면 조정의 명령이라고 말할 것입니까? 매우 방애스런 일로써 결코 시행하기 어려울 것입니다. 또 을미년의 통신사 행차 때 비국에서 수역(首譯)에게 분부하여 초황(硝黃)을 무역해 오도록 하였습니다. 돌아올 때 대마도에 이르러 왜인들이 다른 일로 노하여 초황을 트집 잡았으므로 상당히 난처한 일이 있었습니다. 이번에 개인적으로 흑각을 무역하는 것을 막는 것이 어떻겠습니까?

• 그전 통신사가 갈 때의 등록을 상고하니, 통신사 일행이 일본에 도착하여 체류할 때 조석의 수요를 왜인들이 5일마다 건물(乾物)을 납부하였습니다. 그런데 그 수량이 상당히 넉넉하여 하루의 공궤로 2·3일은 지탱할 수 있었습니다. 그래서 일찍이 병자년[인조 14, 1636]의 통신사 행차 때는 남는 양미(糧米)를 관소(館所)에 두고 왜인들이 금을 바꾸어 보냈습니다. 그러나 이를 가지고 오지 못하고 그 금을 바다에 버렸습니다. 계미년[인조 21, 1643]에는 남는 미곡 840석[俵]을 관반왜(館伴倭)가 금

으로 바꾸어 통신사가 돌아온 뒤에 추후로 보냈습니다. 이를 비국의 회계(回啓)로 인해 예단은자(禮單銀子)의 규례대로 공목(公木)으로 바꾸었습니다. 을미년[효종 6, 1655]에는 조정에서 통신사 일행의 하인들이 찬물(饌物)로 은을 무역하는 일을 각별히 금지시키라는 뜻을 일행에게 신칙하였습니다. 그러나 그때의 소통사(小通事)가 경주(慶州)의 관노(館奴)와 짜고 약간의 양미를 팔았다가 곧장 발각되었습니다. 이에 중한 형장(刑杖)으로 다스리고 목칼[枷]을 씌워 동래로 보내 밀무역의 죄로 논하였으니, 이로써 법령의 지엄했음을 엿볼 수 있습니다. 근래는 따라가는 사람들이 각기 잉여를 취하여 소통사를 시켜 팔도록 하고 은을 받아들입니다. 또한 쌀·간장·어물 등도 가격을 정하지 않은 것이 없으며 조금이라도 결함이 있으면 담당자를 구타하여 시끄러운 단서가 한도가 없다고 합니다. 대체로 찬거리를 파는 것이 얼마나 자질구레한 일인데 사람들은 법을 두려워하지 않고 염치도 잊은 채 공공연히 시장에서 거래하며 작은 이익도 놓치지 않습니다. 이런 때문에 일행이 난잡해지고 체모를 떨어뜨리니 통렬히 금하지 않을 수 없습니다. 이번의 일행 중에 만약 양미나 찬거리를 파는 자가 있으면 한결같이 을미년의 전례대로 밀무역의 죄로 논하여 결단해야 할 것입니다. 공궤하는 물품에 있어서는 그중 상한들이 받아먹는 물건을 일일이 간섭할 수는 없을 것입니다. 그러나 이른바 상관(上官) 이상은 매일 공궤에 소용될 만큼 헤아려 수량을 줄여서 갖다 써야 할 것입니다. 또한 중간에서 속이는 폐단이 없지 않으면 수량대로 다 받아온 뒤, 병자년과 을미년의 전례대로 나머지를 계산해 두었다가 세 사신이 상의해서 처리하여 간교한 습관을 막는 것이 마땅할 듯하여 감히 아룁니다.

앞서 처음에 통신부사로 결정되었던 정사효가 황선으로 바뀐 것은 '전대' 때문이라고 했다. 위 내용을 통해 볼 때, 승문원에 근무했던 경험을 지닌 황선은 외교 사안에 해박하고, 사안의 처리가 매우 주도면밀함을 엿볼 수 있다.

한편, 통신부사로 정해진 황선은 열흘 후인 2월 10일 필선에 제수되었다.[63] 필선은 세자시강원 소속의 정4품 관직이다.[64] 사흘 후인 2월 13일에 필선 황선은 호조판서가 출사하지 않아서 행중원역(行中員役)들에게 은자(銀子)를 아직 출급(出給)하지 못하고 있는데, 행기(行期)가 며칠 남지 않았으므로 다음 당상에게 속히 출급하게 할 것을 청하고 있다.[65] 이제 본격적인 사행준비를 시작한 것이다. 3월 2일에는 황선이 사복시 정에 제수되었다.[66] 사복시 정은 정3품 당하관이다. 3월 11일 다시 헌납에 제수되었으며,[67] 4월 3일에는 집의에서 체차되고, 4월 4일에

---

63) 《승정원일기》 513책(27책) 숙종 45년 2월 10일(계축).

64) 弼善은 '선을 보필한다.'는 의미이다. 조선시대의 세자는 장차 왕이 될 신분이므로 세자의 제왕학 교육 목표 역시 세자 개인의 선뿐만 아니라 궁극적으로 백성들의 선까지도 개발·육성하는 데 있었다. 조선시대에는 필선으로 하여금 세자의 품성과 학문을 인도하게 함으로써, 세자의 선에 대한 학문적 기초와 실천적 토대를 확립하고자 하였던 것이다.

65) 《승정원일기》 513책(27책) 숙종 45년 2월 13일(병진). "弼善黃璿達曰, 臣極爲惶恐, 而旣係見任使事, 且在外使臣, 欲令臣陳稟, 故敢此仰達. 頃日臣等入對時, 因正使洪致中所達, 行中員役等處, 自戶曹給貸銀子三千兩, 俾得治行事, 定奪蒙許矣. 戶曹判書時未出仕, 所貸銀子, 尙不出給云, 目今行期只隔五十餘日, 治裝一事, 萬分迫急, 遷就度日, 事極可慮, 近來地部緊急公事, 則次官擧行, 玆事旣據前例, 又有達下擧條, 則雖靡長官, 可以擧行, 令本曹次堂上, 斯速出給, 以爲及期治行之地, 何如? 令曰, 依爲之."

66) 《승정원일기》 514책(27책) 숙종 45년 3월 2일(갑술[을해]).

67) 《승정원일기》 514책(27책) 숙종 45년 3월 11일(갑신).

보덕에 제수되었다.[68] 보덕은 세자시강원 소속의 종3품 관직이다.[69] 필선 제수부터 보덕 제수에 이르기까지 두 달에 걸친 일련의 관직제수는 통신부사로 가는 황선에게 그에 부합하는 관직을 주기 위한 과정이었다. 드디어 황선은 4월 11일 통신 정사 홍치중, 종사관 이명언과 함께 통신부사로 출거(出去)하였다.[70] 신유한의 《해유록》에는 삼사에 대해 다음과 같이 기술하고 있다.

> 호조참의 홍치중을 통신정사로, 시강원 보덕 황선을 부사로, 병조정랑 이명언을 종사관으로 삼고, 어서(御書)·예물(禮物) 및 사행의 요좌(僚佐)·기인(技人)·역부(役夫) 등 데리고 갈 인원수는 임술년의 전례에 준하도록 하였다. 이 행차에서 세 사신은 각기 군관, 서기, 의원과 특별히 제술관(製述官) 한 사람을 두었다.[71]

정3품 당상관인 호조참의를 정사로 하고, 종3품 당하관인 세자시강원 보덕을 부사로, 정5품 병조정랑을 종사관으로 한 통신사 행렬이 꾸려진

---

68) 《승정원일기》 515책(27책) 숙종 45년 4월 4일(병오).

69) 輔德은 '덕을 보좌한다'는 의미이다. 유교 제왕학은 인간의 내면에 있는 선한 본성을 적극 개발·육성하여 작게는 개인의 선을 완성하고 크게는 천하의 선을 완성하는 데 있었다. 조선시대의 세자는 장차 왕이 될 신분이므로 세자의 제왕학 교육 목표 역시 세자 개인의 선뿐만 아니라 궁극적으로 백성들의 선까지도 개발·육성하는 데 있었다. 조선시대에는 보덕으로 하여금 세자의 덕성과 학문을 보좌하게 함으로써 세자의 선에 대한 학문적 기초와 실천적 토대를 확립하고자 하였던 것이다. 보덕의 품계가 《경국대전》에는 종3품이지만, 경종 3년에 정3품으로 승품되어 《대전통편》에는 정3품으로 수록되어 있다.

70) 《승정원일기》 515책(27책) 숙종 45년 4월 11일(계축).

71) 申維翰, 《海游錄》 上 肅廟 44년 무술(1718) 정월 일.

것이다. 당시 부사 황선이 데리고 간 군관은 홍덕망(洪德望)이었다.72) 임술년의 전례는 숙종 8년(1682) 에도 막부의 제5대 장군 덕천강길(德川綱吉)의 취임을 축하하기 위해 파견한 사행을 일컫는 것으로, 정사 윤지완, 부사 이언강, 종사관 박경후와 함께 다녀온 통신사 일행은 모두 473명이었다.

4월 11일 진시에 통신 삼사 이하가 대궐에 나아가 절하고 하직하였다. 제술관 역관 사자관 외에 군관과 서기는 숙배가 없었다. 왕세자는 존현각에 앉아 맞이하였다. 이 자리에서 홍치중 등은 차왜(差倭)에게 보낼 예조의 서계(書契)를 역관이 받아가는 문제, 왜공미(倭供米)를 수급(輸給)할 때 화수(和水)의 폐단을 신칙(申飭)하는 문제, 왜홍목(倭洪木) 수표(手標)의 매입을 금하는 문제 등에 대해 언급하고 논의하였다.73) 세 사신은

72) 《승정원일기》 512책(27책) 숙종 45년 1월 29일(임인). "致中曰, 副使黃璿軍官, 初欲以洪德望帶去, 旣已擇定, 而再昨日政, 除授楊根郡守矣. 楊根, 以治盜之故, 雖有武弁中擇送之令, 而此則通堂上堂下, 固不患無人, 副使軍官, 則只以堂下中擇人, 故可堪者絶少, 尤難得人, 誠甚可慮. 洪德望, 姑爲改差, 仍任前職, 使之帶去, 何如? 令曰, 仍任前職, 使之帶去, 可也."

73) 《승정원일기》 515책(27책) 숙종 45년 4월 11일(계축). "(…) 令曰, 萬里將遠行. 致中曰, 受國命令, 雖赴湯蹈火, 死且不避, 況此涉海之役, 何敢言哉? 第臣素無才能, 倭人本來狡詐, 方受國重任, 赴萬里絶海, 恐有僨事之慮. 卽今聖候未寧, 未見復常之節, 而方當遠離, 不任區區微誠. 使行凡事, 曾已稟定, 別無可達之事. 而禮曹以我國漂海人, 因便出送後, 勿別送差奴之意, 書契成付於使行事, 達下矣. 蓋書契, 乃禮曹之移于島主者, 則使行之受去, 事體不當. 自[一字缺]曹, 分付譯官, 則所當受去. 而第其書契之事, 如有相較之端, 則未[一字缺]前使行之經發爲難, 欲留亦難, 此甚難便. 今番則書契勿付使行事, [一字缺]成送似宜. 大臣之意亦如此矣. 近來人心不淑, 倭供米輸給之[五行四字缺]者多, 此爲弊端. 今此使行入島, 則島主必以是爲言. 自今申飭萊[三字缺]條未收者, 流伊輸給後, 勿買其手標. 凡干詐僞之事, 亦令痛禁[三字缺]副承旨兪崇曰, 使臣, 以倭洪木手標勿買事陳達, 此後一切嚴禁事, 申飭宜矣. 令曰, 依爲之. 致中曰, 倭人, 本來狡詐, 不分事之是非曲直, 唯以務[一字缺]爲主, 事之有無, 不可懸度, 而或不幸有辱國之事, 臣等雖不肖, 當以死爭之, 似不至辱命. 其外事不大段, 則當以便宜從事矣. 兪崇曰, 使臣受專對之任, 細事不必稟于朝矣. 令曰, 依. 兪崇曰, 使臣處別無分付事乎?

국서(國書)를 받들고 절월(節鉞)을 받아, 숭례문으로 도성을 나왔으며, 관왕묘에 이르러서는 일행이 청포(青袍)로 바꾸어 입었고, 이날 양재역에서 잤다.

이렇게 기해사행의 대장정이 시작되었다. 삼사와 상상관, 제술관 등을 포함한 475명 일행은 4월 11일 한성을 출발하여 5월 13일에 부산에 도착하였고, 6월 6일에 대마로부터 조선의 사신을 호행하는 영빙참판사(迎聘參判使)가 부산에 도착하자, 같은 달 20일에 부산을 출발하여 일본으로 향했다. 그리고 10월 1일에는 에도[江戶]에서 의례를 통해 쇼군[將軍]에게 국서를 전달했다. 《해유록》의 〈사행수륙노정기(使行水陸路程記)〉에 수록되어 있는 에도까지의 통신사행 노정은 다음과 같다.[74]

• 부산[永嘉臺]에서 좌수포(佐須浦)[사스나]까지 4백 80리, 풍기(豐碕)까지 40리, 서박포(西泊浦)까지 30리, 선두포(船頭浦)까지 1백 20리, 마도부중(馬島府中)까지 70리, 마도(馬島)에서 풍본포(風本浦)까지 4백 80리, 남도(藍島)[아니노시마]까지 3백 50리, 적간관(赤間關)[시모노세키]까지 2백 80리, 삼전고(三田尻)까지 1백 80리, 상관(上關)[가미노세키]까지 1백 60리, 겸예(鎌刈)[시모카마가리]까지 2백 리, 도포(韜浦)[도모노우라]까지 2백 리, 우창(牛窓)[우시마도]까지 2백 40리, 실진(室津)[무로쓰]까지 1백 리, 병고(兵庫)[효고]까지 1백 80리, 하구(河口)까지 1백 리.[이상은 바다로 갔다]

令曰, 水路險遠, 無事往返焉. (…)"

74) 申維翰, 〈附 使行水陸路程記〉, 《海游錄》 下.

• 하구에서 대판(大坂)[오사카]까지 30리, 평방(平方)까지 50리, 정성(淀城)까지 40리.[이상은 강으로 갔다]

• 정성에서 왜경(倭京)까지 40리, 대진(大津)까지 30리, 수산(守山)까지 50리, 팔번산(八幡山)까지 60리, 좌화성(佐和城)까지 60리, 금수(今須)까지 40리, 대원(大垣)까지 40리, 우기(于起)까지 50리, 명호옥(名護屋)까지 60리, 명해(鳴海)까지 40리, 강기(岡崎)[오카자키]까지 50리, 적판(赤坂)까지 30리, 길전(吉田)[요시다]까지 40리, 황정(荒井)까지 50리, 빈송(濱松)[하마마쓰]까지 40리, 견부(見付)까지 40리, 현천(懸川)까지 40리, 금곡(金谷)까지 40리, 등지(藤枝)[후지에다]까지 30리, 준하부중(駿河府中)까지 50리, 강고(江尻)[에지리]까지 30리, 길원(吉原)까지 70리, 삼도(三島)[마시마]까지 60리, 소전원(小田原)[오다와라]까지 80리, 대기(大磯)까지 40리, 등택(藤澤)[후지사와]까지 40리, 신내천(神奈川)까지 30리, 품천(品川)[시나가와]까지 50리, 강호(江戶)[에도]까지 30리.[이상은 육로로 갔다]

에도에서는 10월 11일에 일본 관백의 화답 국서를 받았으며, 13일에 관백의 명으로 관반이 베푼 상마연에 참석하고, 15일에 에도를 출발했다. 돌아오는 길은 갔던 길을 그대로 밟아 왔다.[75] 다음 해 1월 6일에는 대마로부터 부산까지 송빙참판사(送聘參判使)의 호위를 받아 귀국한 후, 1월 24일에 한성으로 돌아오면서 사행을 마쳤다.[76] 그런데 통신사 일행

75) 구체적인 사행노정과 행사 및 내용에 대해서는 申維翰의《海游錄》참조.

76) 통신사의 국내사행노정은 갈 때는 좌도를 경유하여 가고, 올 때는 우도를 경유하여 돌아왔다. 좌도는 양재-판교-용인-양지-죽산-무극-숭선-충주-안보-문경-유곡-용

이 서울에 도착하기도 전인 숙종 46년(1720) 1월 21일 이비(吏批)에서 홍치중은 예조참의로, 황선은 장악원 정으로 제수되었다.[77] 23일에 판교에서 자고, 24일에는 아침에 한강을 건넜다. 태상시(太常寺)의 하인 몇 사람이 미리 와서 기다리고 있었다. 세 사신의 행차는 성남 관왕묘에 도착하여 일제히 홍단령(紅團領)으로 갈아 입고 차례로 말을 타고 서울에 들어가서 복명하였다.[78]

다음 날인 1월 25일에 숙종은 일본에 사신으로 다녀온 노고를 치하하여 홍치중·황선 등은 가자(加資)하고 이명언 등은 승진하여 서용하라는 비망기를 내렸다.[79] 조선후기 일본에 다녀오는 통신사행은 중국에 다녀오는 연행사와는 달리 생사를 넘나드는 고역이었다. 때문에 대개 통신사행을 회피하였으며, 주어진 직무를 성공리에 수행하고 돌아왔을 때

궁-예천-풍산-안동-일직-의성-청로-의흥-신령-영천-모량-경주-구어-울산-용당-동래의 경로이다. 한양 유곡 구간은 영남대로와 일치하지만, 경상도에 이르면 안동, 경주 등으로 우회한다. 우도는 유곡에서 직진하여 낙동진을 건너, 대구까지 읍을 지나지 않고 직행하는 영남대로와 달리 문경에서 함창-상주-오리원-선산-인동-송림사-대구-오동원-청도-유천-밀양-무흘-양산을 거쳐서 동래로 가는 경로이다. 국내 사행노정에 대해서는 정영문, 앞의 글, 참조.

77) 《승정원일기》 521책(28책) 숙종 46년 1월 21일(무자). 장악원은 주로 국가와 왕실의 공식적인 행사에서 樂, 歌, 舞를 담당한 예조 소속의 정3품 관서이다.

78) 申維翰, 《海游錄》; 《승정원일기》 521책(28책) 숙종 46년 1월 24일(신묘). "謝恩, 禮曹參議洪致中, 掌樂正黃璿."

79) 《승정원일기》 521책(28책) 숙종 46년 1월 25일(임진). "備忘記, 通信正使禮曹參議洪致中, 副使掌樂正黃璿, 堂上譯官韓後瑗, 上通使韓重億, 竝加資, 從事官司直李明彦, 上通事判官李樟·鄭昌周, 先來軍官崔必蕃·韓世元, 竝陞敍, 堂上譯官嘉善朴再昌·金圖南, 各熟馬一匹賜給, 製述官著作申維翰, 寫字官鄭世榮·金景錫, 竝高品付祿, 押物通使朴春瑞·金震爀, 竝令本衙門準職除授, 次上通使, 丙·壬兩年, 俱無前例, 勿論." 조선시대의 인사는 吏批와 兵批 그리고 왕의 특지나 비망기로 관직을 제수하던 인사관행인 中批가 있었는데, 이러한 중비는 관직을 제수 받는 신료의 입장에서는 영광스러운 제수라고 할 수 있겠다.

에는 통신 삼사와 수행원들에게 공로의 보답으로 포상이 주어졌다. 특히 통신 삼사에게는 관직의 가자나 승서(陞敍)가 이루어졌다. 1607년(선조 40) 제1차 사행을 다녀온 상사(上使) 여우길은 동지중추부사, 부사(副使) 경섬은 승정원 동부승지, 종사관 정호관은 성균관 사예에 승진 제수되었는데, 이는 모두 일본을 왕래한 공로에 대한 보답이었다.[80] 1617년(광해군 9)의 제2차 사행에서도 정사와 부사는 가자하고, 종사관 이하 일행이었던 관원에게는 선조(先朝)의 상을 주었던 규례[先朝施賞規例]에 의하였다.[81] 1624년(인조 2)의 제3차 사행에서는 정사와 부사는 가자하고, 종사관은 승서하였으며, 역관·군관에게는 모두 차등 있게 상을 내렸다.[82] 이후에는 이러한 포상이 관례가 되었다.[83] 이상 조선후기 통신 삼사의 관직 제수를 실록과 승정원일기의 해당기사를 찾아 정리하면 표와 같다.[84]

---

80) 《선조실록》 권215 선조 40년 8월 신유(1일); 계유(13일).

81) 《광해군일기》(정초본) 권122 광해 9년 12월 무오(27일).

82) 《인조실록》 권9 인조 3년 4월 경진(3일).

83) 제3차 사행 이후의 加資·陞敍 근거자료는 다음과 같다. 제4차: 《인조실록》 권34 인조 15년 윤4월 병인(28일); 제5차: 《인조실록》 권45 인조 22년 2월 갑신(25일); 제6차: 《효종실록》 권16 효종 7년 3월 임진(13일); 제7차: 《숙종실록》 권13 숙종 8년 11월 임술(19일); 제9차: 《숙종실록》 권65 숙종 46년 1월 임진(25일); 제10차: 《영조실록》 권68 영조 24년 8월 계묘(21일); 제11차: 《영조실록》 권104 영조 40년 7월 무오(8일); 제12차: 《순조실록》 권14 순조 11년 7월 임인(26일). 제8차 사행은 사행 도중에 國諱 문제와 國書 수정 등의 외교문제가 발생하여 귀국 후 삼사 모두 削奪官爵 門外黜送의 처벌을 받았다. 《숙종실록》 권51 숙종 38년 3월 경술(27일).

84) 사행 직전의 관직은 실록과 《승정원일기》를 참조했다. 근거 註는 번거로움을 피하여 생략한다.

■ 조선후기 통신 삼사의 관직

회차	사행 연도	삼사	성명	생몰	사행직전		사행 직후	주요관직 최종관직
					연령	관직		
제1차	1607년 (선조 40)	정사	呂祐吉	1567 1632	41	僉知(假銜)	同知中 樞府事	공홍도관찰사
		부사	慶暹	1562 1620	46	司䆃寺 正	同副承旨	호조참판
		종사관	丁好寬	1568 1618	40	工曹 佐郎	成均館 司藝	군자감정 (파직)
제2차	1617년 (광해 9)	정사	吳允謙	1559 1636	59	僉知中樞府事	加資	좌의정
		부사	朴榟	1564 1622	54	前 典翰	加資	강릉부사
		종사관	李景稷	1577 1640	41	兵曹 正郎	依先朝施 賞規例	강화유수
제3차	1624년 (인조 2)	정사	鄭岦	1574 1629	51	安東府使	加資	공조참판
		부사	姜弘重	1577 1642	48	南陽府使	加資	성천부사
		종사관	辛啓榮	1577 1669	48	正言	陞敍	판중추부사
제4차	1636년 (인조 14)	정사	任絖	1579 1644	58	同副承旨	加資	황해도관찰사 도승지
		부사	金世濂	1593 1646	44	執義	加資	호조판서
		종사관	黃㦿	1604 1656	33	司藝	陞敍	대사성
제5차	1643년 (인조 21)	정사	尹順之	1591 1666	53	兵曹 參知	加資	공조판서 좌참찬
		부사	趙絅	1586 1669	58	典翰	加資	이조 · 형조판서, 판중추부사
		종사관	申濡	1610 1665	34	吏曹 正郎	陞敍	형조 · 호조 · 예조참판
제6차	1655년 (효종 6)	정사	趙珩	1606 1679	50	大司諫	加資	좌참찬, 예조판서
		부사	俞瑒	1614 1690	42	獻納	加資	예조참의, 개성부유수
		종사관	南龍翼	1628 1692	28	校理	賜暇湖堂	형조판서, 좌참찬 · 예문관제학(유배)

第7次	1682년 (숙종 8)	정사	尹趾完	1635 1718	48	兵曹 參知	加資	우의정
		부사	李彦綱	1648 1716	35	修撰	加資	형조판서, 좌참찬
		종사관	朴慶後	1644 1706	39	副司果	陞敍	황해도관찰사, 병조참판
第8次	1711년 (숙종 37)	정사	趙泰億	1675 1728	37	吏曹 參議	削奪官爵 門外黜送	대제학, 좌의정
		부사	任守幹	1665 1721	47	掌樂 正	削奪官爵 門外黜送	승지
		종사관	李邦彦	1675 ?	37	兵曹 正郎	削奪官爵 門外黜送	정언, 설서
第9次	1719 (숙종 45)	정사	洪致中	1667 1732	53	大司成	加資	영의정
		부사	黃璿	1682 1728	38	輔德	加資	대사간, 경상감사
		종사관	李明彦	1674 ?	46	兵曹 正郎	陞敍	대사헌
第10次	1747 (영조 24)	정사	洪啓禧	1703 1771	45	戶曹 參議	加階	이조·예조판서, 판중추부사
		부사	南泰耆	1699 1763	49	弼善	加階	예조판서
		종사관	曹命采	1700 1764	48	副校理	陞敍	대사헌, 예조참판
第11次	1763년 (영조 39)	정사	趙曮	1719 1777	45	吏曹 參議	加資	이조판서, 평안도관찰사
		부사	李仁培	1716 1774	48	校理 → 修撰	加資	예조참의, 대사간
		종사관	金相翊	1721 미상	43	修撰	加資	도승지(유배, 사)
第12次	1811년 (순조 11)	정사	金履喬	1764 1832	48	副提學	加嘉善	우의정
		부사	李勉求	1757 1818	55	副修撰	加通政	대사성
		종사관	–	–	–	–	–	–

그런데 통신부사 황선의 가자 포상에 문제가 생겼다. 황선이 일본에서 돌아온 직후 제수받은 관직은 정3품직인 장악원 정이었으나, 원래 관직이 낮았던 황선은 통신사로 일본에 가기 직전에 관직을 서둘러 승진시켜 보냈기 때문에 비록 장악원 정이 준직(准職)인 정3품 하계에 해당하는 관직이라고 하더라도 아직 품계는 자궁에 미치지 못하였다. 자궁(資窮)이란 조선사회에서 당하관으로서는 더 이상 오를 수 없는 가장 높은 품계인 정3품 하계를 일컫는다. 자궁은 품계를 의미하는 '자(資)'와 끝을 의미하는 '궁(窮)'이 만나서 이루어진 용어로, 과거나 문음을 통해서 관직에 오른 이들이 일상적으로 오를 수 있는 참상관 최상위 품계이다. 동반은 통훈대부, 서반은 어모장군이 여기에 해당한다. 통훈대부까지는 고만(考滿)에 따라서 참하관은 450일, 참상관은 900일을 기준으로 정기적인 평가에 의해서 진급이 가능하였다.[85] 그러나 당하관에서 당상관으로 오르는 것은 근무 일수에 따른 정례적인 진급에 의한 것이 아니었다. 당하관이 당상관에 오르는 것은 왕과 대신의 정치적인 판단에 의한 것이었다. 그러므로 관료들은 정3품 하계인 자궁에 이르면, 더 이상 올라가지 못하고 대기할 수밖에 없었다. 언제 당상관으로 승진할지 알 수 없었다. 심지어 국가적인 큰 경사에 모든 관원에게 자급을 부여하는 경우에도 이들의 경우에는 본인의 품계를 당상으로 올릴 수 없었으므로, 아들 사위 손자 아우 조카[子·壻·孫·弟·姪] 등이 대신 자급을 받도록 하였다.[86] 다만 통례원 통례, 승문원 판교, 봉상시 정, 훈련원 정은 임기가 차면 당상으

85) 《경국대전》 권1 이전 경관직.

86) 李成茂, 《朝鮮初期 兩班硏究》, 일조각, 1980, 155~156면; 최승희, 〈조선시대 양반의 代加制〉, 《진단학보》60, 진단학회, 1985.

로 올리는 것이 상례였다. 그런데 황선의 경우에는 관직은 나흘 전에 정3품직인 장악원 정에 제수되었으나, 품계는 아직 이러한 자궁인 통훈대부에 미치지 못하고 있었다. 그러나 숙종은 황선에게 특별히 가자하도록 명하였다.[87)]

황선은 이제 39세의 젊은 나이에 당상관에 오른 것이다.[88)] 그것도 자궁을 거치지 않은 상태에서 당상관인 통정대부에 오른 것이다. 그리고 2월 3일의 이비에서 국왕을 측근에서 모시는 승지에 제수되었다.[89)] 승지는 품계가 정3품 상계인 통정대부에 해당하는 당상관직이다. 10개월에 걸쳐 일본에 다녀온 황선은 이날 청원서를 제출하고 휴가를 떠났다. 2월 15일까지 승정원에 출근하지 않고 외방에 있었다. 강원도 평강에 다녀온 것이다.[90)] 황선은 2월 16일에 이르러서야 우부승지로 첫 출근을 하고, 임금에게 사은하였다.[91)]

황선은 1710년에 과거에 급제하여 관직생활을 시작한 지 10년 만인 1720년에 당상관에 올랐다. 이렇게 단기간에 당상관직에 오르는 것은 조선시대 관료사회에서 결코 흔한 일이 아니었다. 예컨대 16세기 인물이기는 하지만, 윤복(1512~1577)은 27세에 별시 문과에서 을과 1위[亞元, 15명

---

87) 《승정원일기》 521책(28책) 숙종 46년 1월 27일(갑오). "吏批, (…) 又啓曰, 通信副使掌樂院正黃璿加資事, 命下矣. 雖已准職, 未及資窮, 何以爲之? 敢稟. 傳曰, 特爲加資."

88) 《승정원일기》 521책(28책) 숙종 46년 1월 27일(갑오). "吏批, (…) 參議洪致中, 今加嘉善, 掌樂正黃璿, 今加通政."

89) 《승정원일기》 521책(28책) 숙종 46년 2월 3일(경자). "吏批, 以黃璿爲承旨, 洪致中爲禮曹參判, (…)" 이날 홍치중은 예조참판이 되었다.

90) 《승정원일기》 521책(28책) 숙종 46년 2월 4일(신축). "政院達曰, 新除授同副承旨黃璿, 時在江原道平康地, 斯速乘馹上來事, 下諭, 何如? 令曰, 依."

91) 《승정원일기》 521책(28책) 숙종 46년 2월 16일(계축).

의 합격자 가운데 2위로 급제했음에도 불구하고, 통훈대부가 되기까지 22년이나 걸렸으며, 다시 13년간 통훈대부에 머문 후, 62세가 되어서야 당상관인 통정대부가 될 수 있었다.92) 35년이나 걸린 것이다. 그러나 황선의 당상관 승진은 10년밖에 걸리지 않았다. 그것도 자궁에 해당하는 통훈대부를 거치지 않고 국왕의 특지를 통해 곧바로 당상관 통정대부에 제수되었다. 여기에는 통신부사로 일본에 다녀온 기유사행이 결정적인 계기가 되었다.

4. 무신란(戊申亂) 진압과 후대 추숭(追崇)

당상관에 오르고 승지에 제수된 황선은 석 달 만에 형조참의로 옮겨 제수되었다.93) 그리고 한 달 여 지난 6월 8일 숙종이 승하하고, 경종이 즉위했다. 사실 황선은 경종의 왕세자 시절에 세자시강원의 설서, 사서, 문학, 필선, 보덕 등으로 근무했던 경력이 있었기 때문에 경종과는 각별한 인연을 지니고 있었다. 경종의 즉위와 함께 황선은 중용되었다. 경종은 형조참의로 있던 황선을 석 달 만인 8월 2일 다시 승정원 승지로 임명하였다.94) 국왕의 가장 측근으로 옮긴 것이다. 이후 황선은 우부승지와 좌부승지를 지내고, 12월 10일에는 참지(參知)가 되었다.95) 참지는 병조의 정3품 당상 관직이다. 육조 가운데 국방과 직결된 병조의 업무가

92) 임선빈, 〈16세기 行堂 尹復의 관직생활 : 告身 활용을 위한 제언〉, 《역사민속학》 제54호, 역사민속학회, 2018.

93) 《승정원일기》 522책(28책) 숙종 46년 5월 6일(임신).

94) 《경종실록》 권1 경종 즉위년 8월 병신(2일).

95) 《승정원일기》 528책(28책) 경종 즉위년 12월 임인(10일).

가장 많은 까닭으로 육조의 다른 기관에는 없는 당상관 직책으로 참지 1명을 설치하여 운영하였는데, 여기에 제수된 것이다. 그러나 황선은 숙배를 하지 않았으며, 이후에도 계속 승지로 근무하고 있다. 그러다가 다음 해인 경종 1년(1721) 8월 8일에 판결사에 제수되었다.96) 판결사는 장예원(掌隷院)의 장관으로, 정3품 당상관이다. 장예원에서 담당한 노비 관련 송사를 낭청(郎廳)인 사의·사평과 함께 의논하여 판결하였다. 당시 노비는 중요한 재산이었기 때문에 노비 관련 송사를 담당한 판결사는 그 임무가 매우 중요하여 엄격히 가려서 임명되었다. 바로 이러한 자리에 황선이 임명된 것이다. 그러나 이즈음 황선은 곤액(困厄)에 처하게 된다.

일찍이 숙종이 세상을 떠나고 경종이 즉위하자 유학(幼學) 조중우(趙重遇)가 장희빈을 추존해야 한다는 주장을 제기했었다.97) 장희빈은 경종의 친모이다. 그러자 노론 측에서 선왕이 떠난 지 한 달 만에 이러한 의견을 주장하는 것은 옳지 않다며 극렬히 반대했고, 결국 조중우 및 조중우의 의견에 동의한 이들은 유배형에 처해졌는데, 이 과정에서 조중우는 사망하고 말았다.98) 당시 황선은 형조참의였다. 경종은 황선에게 조중우를 심문토록 명했는데, 그가 죽은 것이다. 이로 인해 황선은 상대의 미움을 받게 되었다.

또한 10여 년 전에 이정익(李禎翊)과 김일경(金一鏡) 사이에 논척(論斥)한 적이 있었는데, 경종이 즉위하자 이 문제가 다시 재개되었다. 동부승지 김일경이 올린 상소에 대해 경종이 이정익을 '흉인(兇人)'이라고 지적

96) 《승정원일기》 532책(28책) 경종 1년 8월 병인(8일).

97) 《경종실록》 권1 경종 즉위년 7월 병술(21일).

98) 《경종실록》 권1 경종 즉위년 7월 기축(24일).

하여 말한 바가 있었는데, 황선이 승정원 승지로 있으면서 은밀히 품하여 비답을 개정(改正)하였다는 것이다. 이로 인해 황선은 끝내 김일경에게 미움을 받고 파직되었다.[99] 그리고 한참 뒤에 병조참지에 배수되었는데, 참지 황선은 12월 19일 소를 올려 비지를 개정하도록 청한 일에 대해 다음과 같이 변명하고 있다.

> 일전에 김일경에 대한 소비(疏批)가 정원에 내려왔으므로, 요원(僚員)과 더불어 품백(稟白)할 것을 상의하였는데, 이미 품달하면 회답을 받들기 전에는 조지(朝紙)에 등출(謄出)하지 않는 것이 본래 정원의 정해진 전례이니, 처음 비답을 반시(頒示)하지 못했던 것은 그 형세가 그러했던 것입니다. 비지(批旨)를 개정하여 내림에 미쳐 신이 즉시 하리(下吏)로 하여금 미품(微稟)[간단한 일에 대하여 격식을 갖추지 않고 넌지시 구두로 상주함]한 일과 아울러 써서 김일경에게 보냈으니, 그때의 사정이 이와 같은 것에 지나지 않았습니다. 그런데 송성명(宋成明)의 소에 이르기를, '은밀하게 사알(司謁)을 부르고 몰래 이서(吏胥)에게 경계했다.'고 하며, 마치 신이 한두 명의 사인(私人)과 더불어 으슥하고 은밀한 곳에서 귀를 맞대고 주밀하게 계획을 세워서 고의로 숨기고 비밀로 한 듯이 말했으니, 그 말의 음험함이 어찌 이에 이를 수가 있겠습니까?[100]

이에 대해 경종은 의례적인 비답을 내렸다. 그러나 다시 1년이 지난 경종 1년 12월 12일에 사간 이진유·헌납 이명의 등이 김창집·이의명 등의

99) 《경종실록》 권1 경종 즉위년 8월 갑자(30일).

100) 《경종실록》 권2 경종 즉위년 12월 신해(19일).

죄를 논하면서, 황선에 대해서 "지난해 김일경의 상소에 대한 비답에, '흉인' 두 글자는 이정익을 확실히 지적한 것인데, 승지 황선은 감히 성교(聖敎)를 잘못 생각한 것으로 돌려 사알을 불러 방자하게 고치기를 청하였습니다. 억누르고 우롱하며 기탄하는 바가 없었으니, 청컨대 멀리 귀양보내소서."라고 탄핵하였다. 이에 경종은 윤허하였다.101) 김일경이 용사(用事)를 하게 되자, 황선은 전에 왕지를 고치라고 아뢰었다는 죄로 무장현에 유배된 것이다.102) 이윽고 김일경이 조중우의 아우 조중수를 시켜 상언하여 형을 위해 복수해 달라고 간청하였다. 그러나 경종의 비답이 없어 일이 여기까지 이르지는 않았다.

하지만 황선은 계속 유배생활을 해야만 했다. 3년이 지나 무장에서 양덕현으로 이배되었다.103) 그 다음 해(1724) 친상을 당했음에도 달을 넘기고 나서야 비로소 분상(奔喪)이 허락되었고,104) 장례를 치르고 나서는 다시 양덕현으로 유배되었다.105) 영조 즉위년(1724)에는 평산부로 이배되었고,106) 김일경이 복주되고 나서야 석방되어 돌아올 수 있었다.107)

황선은 영조 2년(1726)에 복을 벗고 5월에 형조참의에 제수되었다가, 6

101) 《경종실록》 권5 경종 1년 12월 무진(12일).

102) 《경종실록》 권5 경종 1년 12월 무진(12일); 《경종수정실록》 권2 경종 1년 12월 무진(12일).

103) 《경종수정실록》 권4 경종 3년 11월 정유(21일).

104) 《승정원일기》 563책(30책) 경종 4년 2월 18일(임술).

105) 《승정원일기》 567책(30책) 경종 4년 윤4월 6일(기묘).

106) 《승정원일기》 576책(31책) 영조 즉위년 10월 19일(기축). 茂長縣은 전라도에 속하고, 陽德縣은 평안도에 속하며, 平山都護府는 황해도에 속한다.

107) 《영조실록》 권3 영조 1년 1월 병오(7일); 신해(12일) 敍用.

월에 승정원 좌승지로 개임되었다.[108] 승지 황선은 참찬관을 겸하였기 때문에 경연에서 영조에게 정책 제언도 자주 하였다. 그리고 10월에 경종의 신주를 태묘(太廟)에 부묘(祔廟)하고, 단의왕후 신주도 함께 부묘할 때에는 제주관(題主官)으로 단의왕후 신주의 묘주(廟主)를 썼다.[109] 영조는 단의왕후 묘주를 쓴 공에 대한 포상으로 10월 16일 비망기를 내려 황선을 가선대부로 가자하였다.[110] 가선대부는 종2품 하계(下階)에 해당한다. 그리고 이틀 후인 10월 18일 종2품 관직인 형조참판에 제수되었다.[111] 황선은 이제 재상급 관료가 된 것이다.

조선시대 2품 이상의 관직자에게는 많은 특전이 부여되었다. 초헌을 탈 수 있었고, 국왕이 부를 때에는 쇄마를 지급받았으며, 병이 심할 때에는 약재를 내려 주었고, 2품 이상 천첩자녀는 자기 비(婢)를 장예원에 바치고 속신할 수 있었다. 죄가 있어도 반드시 국왕에게 보고한 다음에 처결하였으며, 조상 3대를 추증받을 수 있었다.[112] 이제 황선도 그러한 위치에 오른 것이다.

---

108) 《영조실록》 권9 영조 2년 5월 임인(11일); 《영조실록》 권9 영조 2년 6월 을유(24일).

109) 端懿王后는 경종의 첫 번째 비로 靑恩府院君 沈浩의 딸이다. 앞서 살펴보았듯이 황선은 숙종 44년 단의빈 상장 때 만장서사관으로 참여한 적이 있었다. 그런데 1720년(경종 즉위) 경종이 즉위한 뒤 왕후로 추봉되자 단의빈 혼궁을 혼전으로 격상하면서 '영휘전'이라는 혼전명을 붙였다. 그리고 1724년(경종 4) 경종이 승하하자, 그의 혼전을 敬昭殿에 마련하였는데, 이제 경종의 3년 상제가 끝나자 1726년(영조 2) 10월 12일 영조는 경소전에서 告動駕祭를 거행한 다음 날인 10월 13일에 경종의 신주를 옮겨 태묘에 부묘하고, 영휘전에 있던 단의왕후 신주도 함께 부묘하였다. 이때 단의왕후의 신주를 황선이 쓴 것이다.

110) 《승정원일기》 625책(34책) 영조 2년 10월 16일(갑술).

111) 《승정원일기》 625책(34책) 영조 2년 10월 18일(병자).

112) 李成茂, 앞의 책, 93~95면.

영조 3년(1727) 1월에는 대사간에 제수되었으나,[113] 2월초 체직되었고, 5월 29일에는 다시 기용되어 경상도관찰사에 제수되었다.[114] 그러나 황선은 경상감사에 적임자가 아니라는 이유로 체차를 청하고,[115] 부모의 분산(墳山)을 살피기 위해 말미를 청하고,[116] 바로 부임하지 않았다. 도승지 김동필은 황선을 패초하여 속히 부임시킬 것을 거듭 청하였으며,[117] 7월 15일에는 황선에게 경상감사 교서가 내려가고,[118] 16일에는 영조의 인견에 입시하여 알현하였다.[119]

경상감사의 정식 관직명은 '경상도관찰사 겸병마수군절도사 순찰사 대구도호부사'이다. 조선시대의 관찰사는 병마수군절도사직을 당연직으로 겸하였다. 그리고 임란 이후에는 외방사신 업무였던 순찰사도 겸직하였으며, 조선후기에는 관찰사가 감영 고을의 수령직도 겸하는 제도의 시행으로 경상도관찰사는 대구도호부사직도 겸하였다.

그런데 황선이 경상감사로 재위하고 있던 영조 4년(1728)에 무신란이 발발했다.[120] 무신란은 경종의 죽음에 영조가 관련되었다는 의혹을 명분으로 경상도·전라도를 비롯해 기호 지방까지 반란군이 결성되어 활동

---

113) 《승정원일기》 631책(34책) 영조 3년 1월 20일(정미); 《영조실록》 권11 영조 3년 1월 20일(정미).

114) 《영조실록》 권11 영조 3년 5월 갑신(29일).

115) 《승정원일기》 640책(34책) 영조 3년 6월 미상.

116) 《승정원일기》 640책(34책) 영조 3년 6월 22일(정미).

117) 《승정원일기》 641책(35책) 영조 3년 7월 12일(병인); 7월 13일(정묘).

118) 《승정원일기》 641책(35책) 영조 3년 7월 15일(기사).

119) 《승정원일기》 642책(35책) 영조 3년 7월 16일(경오).

120) 이종범, 〈1728년 무신란의 성격〉, 《조선시대 정치사의 재조명》, 이태진 편, 범조사, 1985, 171~234면.

하였으며, 중앙의 금군 별장 남태징과 평안병사 이사성 등도 가담했다. 지방 거병의 총책임자는 이인좌가 맡았고, 그의 주도 아래 경상도는 상주와 안동을 중심으로 정희량(鄭希亮)·김홍수(金弘壽) 등이 세력을 포섭하였다. 영남의 정희량은 할머니의 묘를 옮긴다는 명분을 내걸고 군사를 모았다. 이어 3월 20일 정희량은 이인좌의 동생인 이웅보와 함께 안음에서 반란을 일으켜 거창과 안음을 점령한 뒤 합천에 거주하는 조성좌의 도움으로 합천까지 점령하였다. 이때 거창현감 신정모는 성을 버리고 도망갔고, 안음현감 오수욱 역시 반란군 측에서 보낸 투서에 겁을 먹고 병영으로 도망갔다.[121] 이에 경상감사 황선은 성주목사 이보혁을 우방장으로, 초계군수 정양빈을 좌방장으로 삼아 주변의 관군을 통솔해 토벌하였다.[122] 그러나 황선은 난을 토벌한 직후인 4월 11일 군중에서 갑자기 죽었다.[123] 향년 47세였다. 다음은 《영조실록》에 실려 있는 황선의 졸기이다.

> 경상도관찰사 황선이 졸하였다. 이때 본도에 역란(逆亂)이 막 평정되어 그 남은 무리를 제치(除治)하고 있었다. 황선은 본디 병이 없었으며, 졸한 날에도 또한 일을 보살피고 손님을 접대하며 저녁에 이르기까지도 몸이 좋았는데, 날이 어두운 뒤 된죽을 먹고 나서 조금 있다가 병이 발작하여 갑작스럽게 죽었으며, 죽은 뒤에 중독(中毒)의 증상이 많았으니, 듣는 사람들이 모두 의심하고 두려워하였다. 대신(臺臣)의 말에 따라 본

121) 《영조실록》 권16 영조 4년 3월 정축(27일).

122) 《영조실록》 권16 영조 4년 3월 정축(27일).

123) 《영조실록》 권17 영조 4년 4월 신묘(11일).

영의 다비(茶婢) 및 감선(監膳)하는 아전을 경옥으로 잡아와서 죄를 다스려 고문하였으나 실상을 알아내지 못하였다. 황선은 조정에 있을 때 그다지 이름이 알려지지 않았으나, 일본에 사신으로 가서 신칙(申飭)과 면려(勉勵)로 칭찬을 받았으며, 후에 큰 번병(藩屛)을 맡게 되어 영적(嶺賊)이 갑자기 창궐하였으나, 조치가 마땅함을 얻어 흉추(凶醜)를 쳐 평정하여 변란이 겨우 진정되었는데, 별안간 졸하였다. 사람들이 혹 그가 중독되었는가를 의심하여 안핵 조사했으나, 마침내 실상을 알아내지 못하였다. 좌찬성으로 추증하고 시호를 '충렬(忠烈)'이라 하였다.[124)]

졸기의 황선에 대한 서술은 실록이 편찬될 때 정리된 것이다. 따라서 《영조실록》 황선 졸기의 내용도 실록 편찬이 이루어진 정조 5년(1781) 시점의 기록이다. 이는 황선이 죽은 지 53년이 지난 시기의 정리된 기록이다. 그렇다면 죽은 황선에게 증직이 이루어진 것은 언제일까? 졸서한 황선의 녹훈(錄勳)에 대해서는 조정에서 처음부터 논란이 있었다. 간원에서 고 영남 감사 황선은 공이 있으므로 녹훈해야 한다고 논하였으나, 원훈중신(元勳重臣)은 탑전(榻前)에서 '그가 분발하여 적을 치지 못했다.'고 매우 배척했다고 한다. 영조 4년 5월 2일 황선이 졸서할 때 영남 안무사였던 도승지 박사수는 황선의 녹훈을 적극적으로 주장했으나, 영조의 비답은 중외를 획책한 대신(大臣)도 참여하지 못했는데, 도신(道臣)이 한때 지휘한 것을 어찌 논공까지 하겠느냐고 부정적인 입장이었다.[125)] 그러나

124) 《영조실록》 권17 영조 4년 4월 갑오(14일).

125) 《영조실록》 권18 영조 4년 5월 임자(2일).

1년이 지나자 황선을 증직하고 있다.[126] 그런데 이 증직은 졸기에 기록되어 있는 좌찬성이 아니고, 이조판서였다.

영조 5년(1729) 4월 30일에 예조판서 송인명은 변란이 일어났을 적에 경상 감사 황선의 공이 가장 많았으니 의당 녹훈되었어야 하는데, 지금은 일이 지났다고 아뢰었다. 그러나 영조는 황선은 직분상 해야 할 일을 한 것에 불과하다고 하교하였다.[127] 이 문제는 5월 10일에 다시 거론된다. 호조참판 박사수는 '황선은 직분상 해야 할 일을 한 것에 불과하다는 하교는 전하의 실언'이라고 아뢰었고, 송인명도 '사신은 반드시 영남의 역적은 경상 감사 황선이 토평했다고 쓸 것'이라고 아뢰었다. 그러나 우의정 이태좌는 송인명의 말은 한쪽만 옹호하고 있다고 반박하면서 오명항이 안성·죽산의 싸움에서 승리했기 때문에 영남의 역적이 풍문만 듣고 저절로 무너진 것이라고 주장하였다. 이에 대해 영조는 양쪽의 주장이 모두 흠이 있다고 하면서, 대신이 말한 풍문만 듣고 무너졌다는 이야기도 지나친 것이고, 재신이 영남의 역적은 황선이 토평했다고 한 말도 지나친 것이라고 정리한다.[128] 이후의 관찬 연대기 자료에서 황선의 좌찬성 증직 시기가 확인되지는 않지만, 조카 황경원이 찬한 황선의 행장에서는 졸서한 2년 후(영조 6)에 원종(原從)의 공으로 숭정대부 의정부좌찬성 겸 판의금부사 지경연춘추관성균관사 홍문관대제학 예문관대제학 오위도총부도총관에 가증(加贈)되었다고 기록하고 있다.[129]

---

126)《영조실록》권22 영조 5년 4월 경진(6일).

127)《영조실록》권22 영조 5년 4월 갑진(30일).

128)《영조실록》권22 영조 5년 5월 갑인(10일).

129) 黃景源,〈嘉善大夫慶尙道觀察使兼兵馬水軍節度使巡察使大丘都護府使贈議政府左贊成謚忠烈黃公行狀〉,《江漢集》권20 行狀. "後二年, 以原從功, 加贈崇政大夫議

영조 9년(1733)에는 황선의 증시가 거론된다. 9월 18일 주강에서 지경연사 김재로가 황선의 공훈을 거론하면서 시호 내려주기를 청하였고, 또 그의 노모와 처자가 굶주림과 추위로 떠도는 신세를 면치 못하고 있으니, 아들을 녹용(錄用)하여 그 어미를 봉양하게 하자고 아뢰었다. 그리하여 영조는 훈신(勳臣)의 예에 따라 그 아들을 녹용하라고 명하였다.130) 그러나 이때에는 아직 시호는 내려주지 않았다. 증시는 영조 24년(1748)에 이루어졌으니, 증 찬성 황선에게 '충렬(忠烈)' 시호가 내려졌다.131)

황선의 유족은 처지가 곤궁하였다. 황선이 죽은 지 51년이 지난 정조 3년(1779) 2월 정언 유맹양은 "고(故) 감사 황선은 무신년[1728] 영남에서 세운 공이 혁혁하여 기록할 만한 것이었는데, 중도에 갑자기 죽었는데도[卒逝] 아직 죄인을 잡지 못하고 있습니다. 이제 그의 아내는 나이가 팔순인데 자손이 없다고 하니, 청컨대 식물(食物)을 내려주어[賜給] 공신을 은혜롭게 예우하는 뜻을 보이소서."라고 아뢰었고, 정조는 그대로 따랐다.132)

정조 12년(1788) 3월은 무신란을 진압한 지 60주년이 되는 달이었다. 정조는 영조의 공덕을 추모하여 충신·공신을 추록하고 자손들의 서용과 치제를 명하였다. 이때 황선도 그 대상이었다. 그리하여 "고 영백 황선은 밤낮으로 힘을 다해 마침내 영남을 보전하였다. 그가 죽은 것을 온 나라 사람들이 지금까지 슬퍼하고 있다. 그 후손은 나이 먹기를 기다려

政府左贊成兼判義禁府事知經筵春秋館成均館事弘文館大提學藝文館大提學五衛都摠府都摠管."

130) 《영조실록》 권35 영조 9년 9월 병신(18일).

131) 《영조실록》 권68 영조 24년 10월 갑신(3일).

132) 《정조실록》 권7 정조 3년 2월 계해(8일).

우선적으로 조용(調用)하라."고 명하였다.

한편, 경상도의 사민들은 무신란 직후 공훈이 누락된 고 감사 황선의 훈적(勳籍)을 민충사(愍忠祠)라는 사우를 세워 기리고 있었다. 이 사우에 영조 17년(1741) 경상감사 정익하가 면세지 10결을 지급하여 수호하도록 하자고 상소하였다. 그러나 당시에는 서원의 건립을 금지하고 있으니 사우의 건립도 허락할 수 없다는 논리에 의해 전지의 지급을 허락하지 않았으며, 오히려 사우를 처음 세울 때의 도신(道臣)은 추고하고 수령은 파직하였다.133) 그리고 이때 사우도 훼철된 듯하다. 그러나 철종 5년의 경상좌도 암행어사 박규수의 별단 가운데에는 다음과 같은 조항이 있다.

> 일. 대구에 고 관찰사 황선의 무신년 기공비[故觀察使黃璿戊申紀功之碑]가 있는데, 그 공적이 매몰되어 전해지지 않게 해서는 안 되므로 도신에게 사당을 세워 제향하게 하고 이어서 은액을 하사하는 일입니다. 아름다운 일을 칭송하고 공적을 기리는 것은 원래 이 나라 사람들의 후덕한 풍습입니다. 일을 부지런히 하고 우환을 막은 것이 어찌 《예경(禮經)》에서만 인정하는 것이겠습니까? 개인의 사당이 마구 철폐되어 공의(公議)가 오랫동안 울적해 하고 있으니, 제향을 지내는 은전을 허락하지 않아서는 안 됩니다. 해조에서 품지하여 시행하게 하소서.134)

이 암행어사의 별단에 대해 철종은 윤허한다고 답하였다. 경상도 사민(士民)들이 자발적으로 세운 민충사라는 사우가 영조 17년(1741)에 훼철

133) 《영조실록》 권53 영조 17년 3월 기사(4일).

134) 《비변사등록》 241책 철종 5년 12월 21일.

되었고, 기공비만 남아 있었는데, 철종 5년(1854)에 경상도관찰사에게 명하여 다시 사당을 세워 제향토록 한 것이다.

5. 맺음말

이상 1719년에 기해통신사의 부사로 일본에 다녀온 황선의 관직생활에 대해 살펴보았다. 문집이 남아 있지 않은 상태에서 관찬 연대기자료와 통신사의 제술관으로 함께 다녀온 신유한의 기행문을 주된 사료로 이용하였다. 특히 《승정원일기》를 적극적으로 활용하여 황선의 관직생활을 재구성하고, 사환의 성격을 정리하였다. 이를 요약하면 다음과 같다.

황선은 1710년 29세의 나이에 진사시 입격과 증광문과 급제를 통해 관직에 나아갔다. 처음에는 승문원에 권지로 분관되어 근무하였으며, 수시로 승정원에 사변가주서로 차출되었다. 30대에는 외직인 율봉찰방에 근무하기도 했으나, 대부분을 승문원의 저작, 세자시강원의 설서·사서·문학, 사헌부의 지평, 사간원의 정언·헌납, 병조좌랑 등 주로 중앙부서의 실무직에 근무하였다.

황선의 관직생활에서 결정적인 변화의 계기는 1719년의 기해사행에서 일본통신사의 부사로 참여한 일이다. 황선이 처음부터 통신부사에 선정된 것은 아니고, 그가 지녔을 것으로 여겨지는 '전대(專對)' 능력으로 인해 통신사행에 참여하게 되었다. 그런데 당시 황선은 38세의 젊은 나이였으며, 관직은 통신부사에 부합하지 않는 낮은 직위였으므로, 사행을 떠나기 전 2개월에 걸쳐 여러 차례의 관직 제수를 통해 종3품 관직인 세자시강원 보덕에까지 오르게 되었다. 또한 10개월에 걸친 통신사행을 다녀온 후에는 그 노고에 대한 치하의 의미로 정3품직인 장악원 정에 제수되었고, 다시 나흘 후에는 품계가 자궁(資窮)에 미치지 못했음에도 불구하고 국왕의 특지에 해당하는 비망기(備忘記)를 통해 가자되어 당상관에 오르고, 또 다시 열흘도 지나지 않아 국왕을 측근에서 모시는 승정원 승지에 제수되었다. 보통 20~30년이 걸려도 오르기가 쉽지 않은 당상관직을 황선은 통신부사의 직무수행으로 인해 10년 만에 제수받은 것이다. 그것도 자궁에 해당하는 통훈대부를 거치지도 않고, 곧바로 당상관 통정대부에 오르고 승지에 제수되었다.

당상관이 된 이후의 관직생활에서는 경종과의 인연도 중요했다. 황선은 경종의 왕세자 시절 세자시강원 근무를 통해 경종과 각별한 인연을 맺을 수 있었다. 따라서 경종이 즉위하자 다시 승지가 되어 최측근에서 근무하게 된다. 그러나 승지로 근무할 때의 직무수행으로 인해 3년 이상 유배생활을 해야만 했다. 한편, 일찍이 경종의 세자빈인 단의빈 상장 때 만장서사관으로 참여하여 상현궁을 사급받았던 황선은 영조 2년, 경종을 종묘에 모시면서 단의왕후 신주를 옮겨 함께 모시는 부묘시에 단의왕후 제주관으로 묘주(廟主)를 쓴 공으로 가선대부로 승진했다. 황선은 경종 재위시기보다는 오히려 영조 재위시기의 관직생활이 화려했으니, 45세에 종2품으로 승서되어 재상급 관료가 되었다.

영조 3년 종2품 외직인 경상도관찰사에 제배된 황선은 다음 해에 발발한 무신란에서 경상도 지역의 난을 토벌했다. 그러나 난을 토벌한 직후인 4월 11일 47세의 나이로 갑자기 군중에서 죽었다. 황선의 졸서에 대해서 당대는 물론 후대에도 의혹이 분분했으며, 그의 녹훈에 대해서도 논란이 있었다. 그러나 마침내 황선은 좌찬성에 증직되고, 충렬(忠烈)이라는 시호가 증시되었으며, 후손들도 녹용될 수 있었다. 한편, 경상도 지역민들에 의해 황선의 훈적을 기리는 사우 민충사(愍忠祠)가 세워졌는데, 이 사우는 중앙 조정의 정국동향과 서원정책에 따라 훼철과 복원이 진행되기도 했다.

황선의 관직생활을 사례로 선택하여 자세히 검토해본 결과, 일본통신사의 통신부사 경력이 그의 승진에 큰 도움이 되었으며, 국왕을 측근에서 모신 직무가 관직생활의 진퇴에 어떠한 영향을 미쳤는지 확인할 수 있었다. 또한 조선후기 관원의 관직생활을 재구성할 때, 《승정원일기》가 유용한 자료로 활용될 수 있음을 입증하였다.

제3부

민족의 위기와 호남의 충의지사

무민공(武愍公) 황진(黃進)장군을 추배한 정충사(旌忠祠)
(전북 남원시 주생면 정송리 산7)

무민공(武愍公) 황진(黃進)장군의 생애와 구국활동[1]

하태규[2]

1. 머리말

조선이 건국된 지 200년이 되던 1592년 4월에 일어났던 임진왜란은

1) 이 글은 필자가 일찍이 〈임란 구국의 명장 무민공 황진〉(《임진란위훈록》, 임란정신문화선양회 편, 2016)에서 황진에 대한 전반적인 구국활동을 정리한 바 있고, 2015년 11월 장수황씨 무민공파 종중 후원으로 전북대학교에서 열린《무민공 황진의 임란 구국활동과 가전문서》 전국학술대회에서 〈임란 초기 호남방어와 황진의 역할〉이라는 논고를 발표한 적이 있다. 본고는 앞의 두 논고에서 다루었던 내용을 수정 보완한 것으로 (사)방춘황희선생사상연구소 주최, 방촌황희연구소 주관한 남원학술대회(《이 시대 방촌황희선생을 생각하다》, 2018.10.06.)에서 발표한 글을 재수록한 것임을 밝혀 둔다.

2) 전북대학교 인문대학 사학과 교수

우리 역사상 가장 큰 위기 중의 하나였다. 조선이 임란을 극복하는 데 있어서 이순신(李舜臣), 권율(權慄) 등 영웅 무장들의 역할이 지대하였음은 잘 알려져 있다. 그런데 무민공(武愍公) 황진(黃進) 또한 임란 극복에 있어서 이순신이나 권율 못지않은 역할을 하였던 인물이다.

전라도 남원 출신인 황진은 동복현감으로 임진년 6월에 용인전투에 참전한 바 있고, 이어서 7월에 웅치(熊峙)를 넘은 왜적을 안덕원(安德院)에서 격파하고, 이어 이치전투(梨峙戰鬪)에서 또 한 번 왜군을 물리치고 전라도를 지켜 호남을 국가의 보장으로 만드는 데 결정적인 역할을 하였을 뿐만 아니라, 다음해 6월 충청병사로서 창의사 김천일(金千鎰), 경상우병사 최경회(崔慶會) 등과 함께 순절하면서 왜군의 예봉을 꺾고 조선을 위기에서 벗어나게 하였다.

그러나 이러한 황진의 활동과 역할은 오늘날까지도 제대로 평가 받지 못하고 있는 실정이다. 그러한 이유는 임란 직후 포상이 공정치 못하여 황진이 선무공신(宣武功臣)의 정훈(正勳)에 책봉받지 못하였다는 점도 있으나, 오늘날까지도 황진의 활동에 대한 연구가 제대로 이루어지지 않았기 때문이라고 생각된다.[3)]

이에 본고에서 황진의 가계와 임란 이전의 행적을 살펴본 뒤, 임란 발발 이후 황진의 구국활동을 통하여 황진의 충의정신을 살펴보고자 한다.

---

3) 임진왜란기 황진의 역할에 대하여는 임진왜란기 호남방어와 관련한 논고에서 많이 언급되어 왔으나, 황진을 직접적인 주제로 연구한 논고는 많지 않다.

2. 황진의 가계와 관계 진출

황진은 본관이 장수로 자(字)가 명보(明甫)라고 하였다.4) 그의 선대는 황경(黃瓊)을 시조로 하여 장수에서 세거하다가, 고려 무신 정권기 명종대에 황공유(黃公有)가 벼슬에 올라 전중감(殿中監)이 되었으나 권신 이의방과 틈이 생겨 벼슬을 버리고 고향으로 돌아갔으나, 읍재가 이의방의 뜻에 따라 그를 해치려하자, 남원으로 이거한 후 그 자손이 대대로 남원에서 살아왔다고 한다. 황진의 선대가 다시 중앙의 관직으로 진출한 것은 6대조인 황군서(黃君瑞)로서 정헌대부로 판강릉대도호부사를 지냈으며, 그의 아들이 세종대 영의정을 지낸 명재상이었던 익성공(翼成公) 황희로서 그의 5대조가 된다.

4대조 황치신(黃致身)은 황희의 장남으로 충청병사를 거쳐 숭정대부 판중추부사에 올랐으며, 그의 아들 황사장(黃事長)·황사형(黃事兄)·황사공(黃事恭)·황사경(黃事敬)이 무과에 급제하고, 황사효(黃事孝)는 문과에 급제하여 우의정에 증직되었다.

황진의 조부는 황치신의 말자인 황사경으로 4명의 아들을 두었는데, 둘째인 황원(黃愿)의 아들 황윤공(黃允恭)이 황진의 생부가 되는데, 원래 서울에서 살았다고 한다. 한편 황치신의 제6자인 황사효는 자헌대부 지중추부사에 올랐는데, 그의 아들인 조부 황개(黃塏)는 충무위 부사직을

4) 황진의 생애에 관련된 내용은 황진의 행장(趙翼,《浦渚先生集》卷35,〈忠淸道兵馬節度使黃公行狀〉), 묘비명(張維,《谿谷先生集》권14,〈守折衝將軍守忠淸道兵馬節度使贈崇祿大夫議政府左贊成兼判義禁府事黃公墓碑銘〉) 등에 소상히 기록되어 있다. 본고에서 다루는 내용 중 여기에 의하여 정리된 내용 중 일반적인 사항은 별도의 주석을 달지 않았다.

지냈으나, 연산조의 폭정의 난세를 피하여 관직을 버리고 처가가 있던 남원의 주포로 낙향하여 살았는데, 아들이 없어 조카인 황윤공을 양자로 들이게 되었다. 이에 따라 황진의 부친인 황윤공도 남원으로 내려와 살게 되었고, 봉사(奉事) 남양 방응성(房應星)의 딸과 혼인하였다.

황진은 명종 5년(1550) 10월 8일 남원 도호부 주포방 산내촌(현재 남원군 주생면 영천리)에서 태어났다. 황진은 체구가 장대하고 수염이 아름다웠으며 용기와 힘이 뛰어났고, 성품이 강직하고 굳세고 큰 뜻을 품고 있었다고 한다. 어려서부터 무예가 출중하였는데, 특히 말타기와 활쏘기에 능하여 주위 사람들로부터 칭송을 받았다고 한다. 하루는 황진의 외족숙인 방덕린(房德麟)이 마침 물 말은 밥을 먹다가 그에게 활을 보여주며 말하기를 "내가 이 밥을 다 먹기 전에 용투산 꼭대기를 갔다 오면 이 활을 주겠다."라고 하였는데, 그가 밥을 채 다 먹기도 전에 3, 4리가 되는 용투산까지의 험난한 길을 나는 듯이 다녀와 주위 사람을 놀라게 하였다고 한다.

황진은 선조 9년(1576) 봄에 별시 무과의 병과 제16인으로 급제하였고,[5] 이에 따라 다음해 6월에는 효력부위(効力副尉)의 품계를 받았다.[6] 이후 선조 10년(1577) 훈련원 봉사로 종계변무사 황림(黃琳)을 따라 북경에 다녀오기도 하였다. 선조 13년 선전관이 되었으며, 선조 15년에 거산찰방에 제수되어 북방으로 나가게 되었다. 다음 해인 선조 16년 이탕개의 난을 토벌하는데 공을 세우고 계급이 특진되었다. 이때 황진이 적의 목을 많이 베었는데, 친구인 이첨사(이경록이라고도 함)가 죄를 지어 충군

5) 〈敎旨〉萬曆 4년 10월 일, 황진장군가문의 고문서(2016) 所收

6) 〈敎旨〉萬曆 5년 6월 일, 황진장군가문의 고문서(2016) 所收

되어 있어 전공을 세워야만 돌아갈 수 있는 형편임을 알고 자신이 얻은 전과를 그에게 주어 은사를 입게 하였다는 일화가 전해온다. 선조 17년에는 북병사 이일의 휘하에서 부장으로 활동하였고, 선조 18년에는 안원보 권관에 제수되어 무너진 보의 성첩과 관사를 견고하게 수축하였다.

황진은 북방으로 나간 지 6년 만인 선조 21년(1588)에 다시 선전관에 제수되어 서울로 돌아오게 되었다. 그는 1590년 봄에 당숙인 황윤길(黃允吉)이 통신상사(通信上使)로 일본에 갈 적에 그 군관이 되어 수행하였는데, 사행과정에서 탁월한 활 솜씨로써 일본인을 탄복케 하였다. 사신단이 돌아올 때에 일행이 각종 보화를 사들이는데 반하여, 그는 유독 많은 돈을 주고 보검 한 쌍을 구매하였다. 어떤 사람이 그 까닭을 물으니 그가 말하기를,

> "이 왜적이 머지않아 바다를 건너올 것이니, 내가 그때 가서 이 검을 쓰려고 한다."[7]

라고 하였다고 한다.

황윤길의 통신사 일행은 1591년 1월 일본 사행을 마치고 돌아왔는데, 이때 조정에서는 사변이 있게 될지도 모른다고 생각하여 각 도로 하여금 방비할 기구를 정비하도록 하였다. 그런데 정사 황윤길 등 사행으로 다녀온 사람들 대부분이 왜적이 침입할 것이라고 보고하였으나, 유독 부사(副使)인 김성일(金誠一)만이 왜적이 침범해올 리가 절대로 없다고 주장함

---

7)《宣祖修正實錄》卷27, 선조 26년 6월 1일

으로써 조정에서 적절한 대응을 하지 못하게 되었다.

이때 황진이 분개하여 "우리는 비록 입이 있어도 쇠꼬리나 다름없는 신세이다."라고 한탄하고는, 장차 상소하여 김성일의 목을 베라고 청하고 이와 함께 왜적의 침략을 막을 방책을 진달하려고 하였는데, 종족(宗族)이 예측할 수 없는 화를 당할 것이라고 두려워하여 극력 저지하였으므로 끝내 상소하지 못하였다고 한다. 뒷날 선무공신을 녹훈할 적에 황진이 정훈(正勳)에 포함되는 것이 당연했는데도 오르지 못한 것은 이때의 일을 유감스럽게 생각한 자가 있었기 때문이라고 한다.

3. 동복현감 부임과 임란초기 호남방어 활동

1) 호남 근왕병의 출동과 황진의 활동

일본 사행을 마치고 돌아온 황진은 얼마 후 전일 수행했던 종계변무 사행의 공로로 원공공신에 책봉되고 가자를 받게 되었다. 당시 조선의 숙원이었던 종계변무가 해결되어 변무사행의 공로자에 대한 공신책봉과 포상이 이루어졌는데, 이때 황진은 광국원종공신(光國原從功臣)에 책봉되었고, 선략장군(宣略將軍)에 가자되고 제용감주부(濟用監主簿)에 제수되었다.[8)]

황진은 1591년 7월 조봉대부 동복현감에 임명되고, 이와 함께 당시의 진관체제의 군사조직 편제상의 순천진관 병마절제도위의 군직에 임명되었다.[9)] 이때 조정에서는 전란의 대비책으로 감사와 수령, 군사지휘관을

8) 《宣祖修正實錄》 卷25, 선조 24년 12월 1일

9) 〈敎旨〉萬曆 19년 7월 29일, 황진장군가문의 고문서(2016) 所收

불차채용의 형식으로 임명하였고, 있었다. 그가 맡은 현감직은 자신의 품계보다 낮은 행직(行職)이었다. 그가 장차 부임하려 할 적에 파리하게 야위어서 뼈가 드러난 말 한 마리를 발견하였는데 그 말이 양마임을 알고는 고가로 매입하여 길러서, 관청 일을 마치면 매양 갑옷을 입고 십 수리 길을 말을 달려 그치곤 하였다고 한다. 뒷날 그가 왜적을 격퇴할 때마다 항상 이 말을 타고 다녔다고 한다. 그는 관청 일을 마치면 매양 갑옷을 입고 십수 리 길을 말을 달리며 무예를 닦았고,[10] 관내에 있는 옹산성에 내성을 쌓아 전란에 대비하였다.[11] 황진은 그해 11월 별가에 의해서 조산대부로 관품이 한 단계 올랐다.[12]

황진이 동복현감으로 부임한 다음해 4월에 임진왜란이 일어났다. 일본의 침략에 대비하지 못했던 조선은 왜군에 밀려 일방적인 패배를 당하는 사태가 벌어졌다. 1592년 4월 14일 부산진을 점령한 왜군은 다음날 부사 송상현이 분전한 동래를 거쳐 세 갈래로 길을 나누어 한양을 목표로 파죽의 형세로 북상하기 시작하였다. 결국 5월 3일에 수도 한양이 점령당하고, 개전 2개월 만에 평양성이 적의 수중에 들어가는 참담한 상황이 벌어졌다.

왜군이 부산에 상륙한 뒤 서울로 북상하자, 왜군의 침략에서 벗어나 있던 전라도에서는 전라감사 이광이 4월 29일 전라도 지역 관군을 동원하여 근왕 북상길에 올랐다.[13] 하지만 북상하던 왜군은 충청도 공주에

---

10) 《宣祖修正實錄》 卷27, 선조 26년 6월 1일

11) 《백사집》 卷2, 同福甕城

12) 敎旨〉萬曆 19년 11월 일, 황진장군가문의 고문서(2016) 所收

13) 호남지역의 근왕병의 출동과 용인전투에 대하여는 하태규, 〈임진왜란 초 호남지방의 실정과 관군의 동원실태〉 47~55쪽 ; 이형석, 〈용인부근 전투〉, 《임진전란사》, 1976 참

이르러 임금의 피난과 수도함락의 소식을 접하고 스스로 붕괴되고 말았다. 결국 전라감사 이광은 무너진 산졸들을 수습하여 전주로 돌아오게 되었다.

이광의 공주 회군에 대하여 지역 사민들의 빗발치는 비난이 일어나게 되었고, 여기에 조정으로부터 근왕을 독려하는 교서도 도착하자, 전라감사 이광은 다시 한 번 대대적인 근왕병을 동원하게 되었다. 감사 이광은 도망한 병사 몇 사람을 참하고 다시 크게 군사를 징발하였다.

이때 전라도에서는 근왕병 동원에 반발하는 군인들이 반란을 일으키는 커다란 소요사건이 발생하기도 하였다. 이광은 이러한 군사들의 반란을 진압하고. 드디어 5월 19일 방어사 곽영과 함께 군사를 두 갈래로 나누어 북상하기 시작하였다.[14] 당시 황진은 동복현감으로 순천진관 절제도위에 재임하고 있었기 때문에 전라감사 이광의 지휘 아래 동복지역의 군사를 이끌고 출동하였다. 그러나 그가 어떤 대열의 누구의 휘하에서 얼마의 군사를 지휘하고 있었는지는 사서에 나타나지 않는다.

호남 근왕병은 북상하는 과정에서 경상도 순찰사 김수(金睟)와 충청 순찰사 윤국형(尹國馨)이 거느리는 약간의 군사가 합류하여 병력 규모는 약 6만여 명이 되었고, 이를 속칭 삼도근왕병(三道勤王兵)이라 이름하게 되었다. 삼도근왕병은 5월 26일 진위평에서 합세하여 서울로 북상하던 중 6월 5일과 6일 용인에서 왜장 협판안치(脇坂安治)가 거느리는 왜군 1,500명과 접전을 하게 되었다. 이 전투에서 호남근왕병은 무참한 패배

조

14) 하태규, 임진왜란 초기 호남군병의 난과 운암전투의 실상〉《역사와 담론》56, 2010. 407~421 참조

를 당하고, 공격에 나섰던 전봉장 백광언, 고부군수 이원인, 함열현감 정연, 조방장 이지시 등의 장수와 많은 군사가 전사하고, 나머지는 뿔뿔이 흩어지게 되었다.

이때 황진은 주장의 명에 따라 수원 사교에 군대를 매복하고 있었는데, 대군이 패하여 이미 흩어져 달아난버린 뒤에도 그 사실도 알지 못한 채 사졸을 격려하며 대기하고 있었다. 그러다가 적병이 뒤쫓아오는 것을 보고서야 대장이 이미 퇴각했다는 사실을 비로소 깨닫고는 군대를 거두어 후퇴하였는데, 화살촉 하나 남겨두지 않고 말 한 필도 잃지 않았음은 물론, 제장이 버리고 간 병기까지 모두 수습해서 돌아왔다고 한다.[15]

또한, 당시 남원부사인 윤안성이 좌영장으로 있다가 군대가 모두 흩어져 버렸는데, 황진의 군진이 엄격하게 정돈되고 항오가 매우 엄숙한 것을 보고는 도보로 황진을 찾아와 방책을 묻자, 황진이 즉시 편비로 하여금 도망쳐 숨은 제군에게 두루 유시하게 하고는 나팔을 불어서 모이게 하니 얼마 지나지 않아서 모두 집결하였다고 한다. 이와 같이 여러 수령들이 당시 자신들이 거느린 군사를 잃었다가 황진의 덕분에 되찾은 자들이 많았다고 한다.

결국 용인전투에서 패배한 전라감사 이광은 산졸을 이끌고 철수하여 6월 15경 전주로 돌아오게 되었다.[16] 이에 따라 황진 또한 전라도로 돌아왔던 것으로 보인다.

---

15) 《宣祖修正實錄》 卷27, 선조 26년 6월 1일

16) 하태규, 〈임진왜란 초 호남지방의 실정과 관군의 동원실태〉, 《지방사와 지방문화》 16~2. 2013, 47~55쪽

2) 왜군의 호남침공과 황진의 웅치 · 안덕원 전투

한편, 호남근왕병이 용인에서 패전하고 돌아올 때의 전황은 이미 조선의 7도의 대부분이 적의 수중에 들어가고, 마지막 남은 호남을 점령하기 위하여 왜군이 침공해오는 절박한 상황이었다. 만약 이때 전라도마저도 왜군에게 넘어가게 된다면 조선의 국가 운명은 장담할 수 없었다.

개전 초 북상을 계속하던 왜군은 한양 점령 후 임진강회의를 거쳐 파천한 선조 임금을 뒤쫓아 북상을 계속하는 한편, 그동안 공격에서 벗어나 있던 전라도에 눈을 돌리기 시작하였다. 그것은 그동안 북으로만 진격하던 왜적이 조선을 분할 점령하려는 이른바 분지지계(分地之計)에 의한 것이었다.[17] 이에 따라 침공군의 제6군을 지휘하는 소조천융경(小早川隆景)에게 전라도침공의 명령이 주어졌다. 소조천융경은 모리휘원(毛利輝元) 등과 같이 바다를 건너와 성주, 선산, 김산 등 여러 곳에 그 군사를 주둔케 한 다음 한성에 올라와 있었다.[18]

호남침공의 명령을 받은 그는 한성으로부터 충청도를 거쳐 경상도로 내려와 전라도 금산 방향으로 공격해 들어오는 한편,[19] 창원에 주둔하고 있던 부장(部將) 안국사혜경(安國寺惠瓊)으로 하여금 별군(別軍)을 지휘하여 전라도로 침략케 하였다. 그러나 전라감사를 자칭하며 전라도로 향하던 안국사혜경은 의령에서 의병장 곽재우(郭再祐)의 군사에 의해서

17) 왜장의 조선 8도 분담 내용은 平安道 小西行長, 咸鏡道 加藤淸正, 黃海道 黑田長政, 忠淸道 福田正則 慶尙道 毛利輝元 京畿道 宇喜多秀家, 江原道 毛利吉成 全羅道 小早川隆景이었다.

18) 小早川隆景의 전라도 침략에 관하여는 池內宏, 〈文祿役に於ける小早川隆景の全羅道經略〉, 《東洋學報》 35-2, 1952,참조

19) 池內宏,, 위의 논문 , 100쪽,

그 진로를 저지당하고 성주로 물러났다.

한성을 떠난 소조천융경은 충주를 경유하여 조령을 넘어 6월 9일 선산에 도착하였다. 원래 소조천융경이 거느린 병력은 총 인원 1만 5천 7백 명으로 소조천융경 자신이 1만 명, 입하종무(立花宗茂)가 2천 5백 명, 고교직차(高橋直次)가 8백 명, 축자광문(筑紫廣門)이 9백 명, 모리수포(毛利秀包)가 1천 5백 명을 인솔하고 있었다.[20]

소조천융경은 선산에서 제7군 대장 모리휘원을 만나 협의하고 부대를 정비한 후 부대를 이끌고 김천에서 추풍령을 넘어 충북으로 들어가 황간을 지나 영동, 영산, 순양을 거쳐 무주와 금산으로 침입하였던 것으로 보인다.[21]

왜군이 전라도로 침공해올 때, 당시 전라도의 상황은 용인전투 패전 직후로서, 두 차례의 근왕병 출동의 패배로 인하여 병력이 크게 손실되었을 뿐만 아니라 군사들의 사기가 크게 저하되어 있었다. 또한 전라병사 최원이 2만의 군사를 거느리고 경기도로 근왕의 길을 떠났기 때문에 왜군에 대항할 만한 충분한 병력이 없는 상태였다. 이러한 상태에서 전라감사는 광주목사 권율을 도절제사로 삼아서 전라도 관군의 지휘 체계를 재편성하였던 것으로 보인다. 이것은 전라도의 전임병사의 북상에 따라 전라도 관군을 지휘할 장수가 필요했기 때문으로 보인다. 당시, 광주목사 권율은 전라도의 군사가 용인에서 패하고 돌아온 후 향병 1천 5백 명을 모집하여 남원 장수 지역에서 활동하고 있었다.[22] 전라감사 이광은 광주

20) 최영희, 앞의 논문〈임진왜란사에서의 이치대첩의 의의〉, 12쪽

21) 池內宏, 앞의 논문, 104쪽,

22) 李肯翊,《練藜室記述》卷16,〈宣祖朝 故事本末〉, 權慄幸州之捷

목사 권율에게 전라도 관군의 지휘권을 부여하여 남원지역에 배치하여 경상도로부터 들어올 수 있는 왜군에 대비케 하였던 것이다.[23] 이후 전라도에서 왜군을 막아내기 위한 전투는 권율의 지휘하에 전개되었던 것으로 나타난다.

그런데 왜군의 본격적인 호남 공격은 충청도의 옥천, 영동 등지로부터 금산 방면으로 시작되었다. 이때에 전라감사 이광은 전라도 방어사 곽영(郭榮)을 금산에, 이계정(李繼鄭)을 육십령에, 장의현(張義賢)을 부항에, 김종례(金宗禮)를 동을거지(冬乙巨旨)에 배치하여 진을 치고 방어하게 하였으며, 전 수사 이계정을 기복하여 조방장으로 삼아서 장수현 동쪽 육십령을 지키게 하였다.[24]

이러한 대응에도 불구하고 6월 22일 경에는 무주 율현(栗峴)에 왜적 5, 6인이 비밀히 넘어와 허실을 탐지하는가 하면, 이틀날에는 옥천 땅으로부터 금산으로 쳐들어왔다.[25] 이와 거의 같은 시기인 6월 22일 경에는 왜군이 순양으로부터 금산의 제원으로 쳐들어와 왔다. 이때 금산군수 권종(權悰) 등이 제원의 저곡성(楮谷城)에서 막아 싸웠으나, 패하여 군수 권종이 전사하고, 방어사 곽영은 금산성 안으로 퇴각해 들어가서 감사에게 구원을 요청하였다. 이에 이광이 군사 8백을 내어 장수를 정해서 금산으로 들여보내 주었다.[26] 그러나 금산의 관군은 왜군을 막지 못하고 6

23)《宣祖修正實錄》券26, 宣祖 25年 6月 1日 후속 기사

24) 趙慶男,《亂中雜錄》第1, 宣祖 25年 6月

25) 趙慶男,《亂中雜錄》卷1, 壬辰年6월 23일

26) 趙慶男, 亂中雜錄》卷1, 壬辰年 6월 19일; 吳希文,《鎖尾錄》卷1, 壬辰年 6月 22日

월 23일 금산성이 함락되었고, 방어사 곽영은 고산으로 철수하였다[27] 따라서 이제 금산성이 함락됨으로써 마지막 남은 호남마저 왜군의 직접적 공격의 위협에 직면하게 되었다.

금산을 점령한 왜군은 곧바로 무주, 용담, 진안을 점령하고 웅치를 통하여 전주를 공격하고자 하였다. 당시 금산에서 전주로 들어오는 길은 용담, 진안를 거쳐 웅치를 통하여 오는 길과 금산에서 진산을 지나 이치를 통하여 고산 방면으로 들어오는 두 가지 길이 있었다. 금산에 들어온 소조천융경의 왜군은 금산에 일부 병력을 잔류시키고 용담, 진안을 친 다음 웅치를 넘어서 전주로 들어가려고 하였고, 금산의 잔류 병력은 진산을 치고 이치를 통해서 전주로 가려고 하였던 것으로 보인다. 그리하여 6월 말에는 이미 용담과 진안이 적의 수중에 들어갔던 것으로 보인다. 이러한 사정을 고려해볼 때 진안으로 진출한 왜군의 주장은 소조천융경임을 알 수 있다. [28]

전라감사 이광은 금산으로부터 전주로 들어오는 길목에 해당하는 웅치와 이치의 요해처에 방어사 곽영, 김제군수 정담, 동복현감 황진, 나주판관 이복남을 나누어 배치하여 적의 침입을 방비하게 하였다. 《선조수정실록》에는

"왜군이 금산으로부터 진안을 점령하여 전주부성이 위협을 하게 되자,

---

27) 趙慶男, 《亂中雜錄》第1, 宣祖 25年 6月 23日

28) 이형석, 〈웅치전투〉《임진전란사》에서 웅치를 공격한 적장이 安國寺惠瓊이라고 주장한 이래 전라북도지 등 일부 지방사자료에서는 금산에 주둔하여 진안 웅치를 공격한 왜장이 안국사였다고 서술하고 있으나 이는 잘못된 것으로 보인다.

전라감사 이광은 첩을 올려 광주목사 권율을 도절제사를 삼으니, 권율이 동복현감 황진, 나주판관 이복남과 김제군수 정담 등으로 하여금 웅치와 이치의 관애(關隘)를 지키게 하여 대비하였다"[29]

라고 기록하고 있다. 이것은 광주 목사 권율이 전라감사 이광에 의하여 도절제사에 임명되어 방어사 곽영과 각 군현의 수령 등이 거느리는 것으로 당시 전라도 관군이 형식적으로 권율의 지휘를 받는 것으로 되어 있다. 그렇기 때문에,《선조수정실록》에서 '전라 절제사 권율이 군사를 보내어 왜적을 웅치에서 물리쳤는데 김제 군수 정담이 전사하였다.'라고 하여 웅치전투가 권율이 수행한 전투로 기록하고 있다. 남도의 수령인 황진이나 권율이 북도지역인 웅치 이치에서 군사활동을 하게 된 이유라고 할 것이다. 다시 말해서 웅치에 배치된 호남 관군은 도절제사인 권율의 지휘체계 안에 편성된 병력이었다는 점을 말해준다. 이와 같이 왜군이 금산성을 점령하고 전주부성과 전라도를 위협할 때 황진은 동복현감으로서 전라도 관군의 지휘체계의 의하여 권율의 지휘 아래 웅치에 배치되었다.

웅치에 배치된 동복현감 황진은 김제군수 정담과 더불어 미리 웅치에서 지세와 적정을 살피는 한편 목책을 세우고 진지를 구축하는 등 방어준비를 갖추고 있었다. 물론 김제군수 정담은 황진 보다 직급이 더 높은 장수였다. 이때 황진은 적정을 살피며 파수(把守)하다가 적병을 만나 그를 격파하기도 하였다.[30] 웅치의 수비에 임하고 있던 황진은 군대를 거

29)《宣祖修正實錄》卷26, 선조 25년 7월 1일

30) 李植,《澤堂先生別集》卷8,〈全羅道都巡察使李公行狀〉

느리고 진격하여 금산에 침입한 왜군에 항복하여 향도 노릇을 하던 월웅사의 중을 죽여 머리를 베어오기도 하였다. 황진이 웅치을 파수하면서 활동하였던 내용은 웅치전투에서 순절한 김제군수 정담의 아들인 정승서(鄭承緖)가 올린 상소문에 잘 나타나 있다.[31]

그런데 동복현감 황진이 웅치에 파수하면서 격퇴한 왜군은 웅치를 전면 공격해오던 주력 부대가 아니었다. 황진의 행장에도, 그가 웅치 파수 중에 군대를 끌고 정탐을 나갔다가 격퇴한 왜적이 전의 선봉이었다고 기록하고 있다. 이러한 내용은 비변사의 명으로 전라감사 이정암(李廷馣)이 전란 중에 있었던 충신, 효자, 열녀 등을 조사하여 보고한 문건에도 나타난다.[32] 이 문건은 1593년 12월에 작성되었는데, 황진이 '웅치전투에서 적의 전봉을 꺾었다(熊峙之戰 挫其前鋒)'고 기록하고 있다. 따라서 황진이 웅치에 배속되어 수비태세를 갖추고 있으면서 웅치를 공격해오던 왜군의 선봉 부대를 격파하였다는 것은 사실임을 알 수 있다.

결국 여러 가지 사료를 종합해볼 때, 황진은 7월 8일 김제군수 정담 등이 싸웠던 웅치전투 이전에 웅치에 배치되어 수비에 임하면서 웅치로 침공해 오던 왜군의 선봉부대를 격퇴하였던 것은 분명한 사실로 여겨진다.

그런데 웅치 수비에 임하고 있던 황진은 전라감사의 명령으로 웅치로부터 남원으로 이동하여 왜군의 동향에 대응하게 되었다. 7월 2일 왜군이 용담으로부터 장수 방면으로 향하게 되는데, 조방장 이유의가 군사를 버리고 도망가고, 남원 판관 노종령이 적이 장수를 지났다고 거짓으로

---

31) 鄭承緖, 〈請錄勳宣武原從錄疏〉, 《충열록》

32) 鄭琢, 《龍蛇雜錄》(한국사료총서 제37집), 嘉善大夫全羅道巡察使臣李狀啓 孝烈抄錄

알림으로써 남원 지역에 큰 소동이 벌어지게 되었다.[33] 이때 전라감사 이광은 웅치를 지키고 있던 황진을 남원 경계로 옮겨 지키게 하였다.[34] 이에 따라 황진은 남원으로 이동함으로써 이후 7월 8일에 전개되는 웅치에서의 주전투에는 참여할 수 없게 되었다.

웅치를 파수하던 황진이 전라감사의 명에 의하여 남원으로 이동한 뒤 왜군이 다시 진안에서 웅치를 향해 공격해왔다. 그때 웅치에는 나주판관 이복남, 김제군수 정담 등이 남아 파수하게 되었는데, 그때 전 전주만호 황박(黃璞)도 의병 2백 명을 모아 웅치로 달려가 복병하여 조력하고 있었다. 이 외에도 김제민 등이 거느리는 전라도 지역의 의병들도 웅치의 파수에 임하였던 것으로 보인다.

그런데, 7월 5일 진안으로부터 적병이 전주로 향하여 웅치로 공격을 해오자, 전라감사 이광은 이정란을 시켜 전주부의 각종 군사를 거느리고 성을 지키게 하는 동시에 자신은 각읍의 군졸을 거느리고 남고산성 만경대(萬景臺) 산정으로 나가 진을 쳤다. 이때 전주 성내에서는 도사 최철견이 이정란과 함께 수성의 역할을 하였던 것으로 나타난다. 그리고 남원으로 파견하였던 황진으로 하여금 다시 웅치로 돌아와 막도록 하였다.

그러나 황진이 아직 남원으로부터 돌아오기 전인 7월 8일 새벽부터 진안에 주둔하고 있던 왜적은 웅치 방면으로 대대적인 공격을 개시하였다. 이때 권율은 전라감사 이광의 지시에 따라 남원에서 영남과 호남의 경계를 지키고 있었고, 황진도 전라감사 이광의 명에 따라 남원으로부터 오는 도중에 있었으므로 실제로 웅치에서는 김제군수 정담, 나주판관 이

33) 趙慶男, 《亂中雜錄》 第1, 宣祖 25年 7月 2日 ; 吳希文, 《鎖尾錄》 卷1, 壬辰年 7月 2日
34) 趙翼, 《浦渚先生集》 卷35, 〈忠淸道兵馬節度使黃公行狀〉

복남, 의병장 황박 등이 적을 맞아 싸우게 되었고 여기에 전라감사 이광이 군사를 보내 응원하였다.

웅치에서는 의병장 황박이 최전방에 나가 지키고, 나주 판관 이복남이 제 2선을, 그리고 김제 군수 정담이 정상에서 최후 방어를 담당하여 쳐들어오는 왜군을 막아 싸웠다. 이때의 상황이 《선조실록》이나 조경남의 《난중잡록》에 비교적 자세히 기록되어 있다.[35] 수천 명에 달하는 선봉부대의 공격에 대하여 이복남 등이 결사적으로 싸워 물리쳤으나, 해가 뜬 뒤에 왜군이 전면적인 공격을 가해 오자 웅치수비군들은 하루 종일 오전오각(五戰五却)의 치열한 접전을 전개하였다.

그러나 저녁 무렵 마침내는 힘이 다하고 화살이 떨어져 소란한 틈을 타서 왜군은 다시 전면 공격을 가해왔다. 전세가 불리해지자 이복남과 황박 등은 후퇴하여 안덕원에 주둔하였고, 웅치에서는 김제군수 정담 휘하의 장정들이 끝까지 사투를 전개하였지만, 중과부적으로 김제군수 정담을 위시하여 종사관 이봉·강운 등 많이 장정들이 전사함으로써 왜군이 웅치를 넘게 되었다.[36] 유성룡의 《징비록》에서는 해남현감 변응정(邊應井)도 김제군수 정담과 함께 싸우다가 전사한 것으로 기록하고 있다. 가까스로 웅치를 넘은 왜적은 아군이 무너진 틈을 타서 7월 9일 경 전주 부근으로 진출하여 왔다.

---

35) 李肯翊, 《연려실기술》 권16, 〈宣祖朝故事本末〉, 權慄幸州之勝捷 鄭湛熊嶺戰死附 權慄黃進梨峙之捷附

36) 유성룡의 《징비록》에서는 해남현감 변응정(邊應井)도 김제군수 정담과 함께 싸우다가 전사한 것으로 기록하고 있다. 이때 호남 방어군의 용맹과 분투에 감동한 적군은 전사한 아군의 시체를 모아 길가에 묻고 큰 무덤을 만들고 "조선국의 충성스런 넋을 조상한다(弔朝鮮國忠肝義膽)"이라는 표말을 세우고 지나갔다고 한다.

이상에서 살펴보면, 웅치전투는 김제군수 정담, 나주판관 이복남, 해남 현감 변응정 등이 거느리는 전라도 관군과 의병장 황박과 김제민 등이 거느리는 호남지역의 의병들이 혈투를 벌였지만, 정담을 비롯한 많은 장정들이 전사하고 왜군이 웅치를 넘어 전주 안덕원 부근까지 진출하게 된 패배한 전투였다.

웅치전투에서 김제군수 정담 등의 혈전을 뚫고 왜군은 전주부성 10리 밖의 안덕원 너머까지 쳐들어왔다. 하지만 이들은 전주부성을 점령하지 못하고 진안을 거쳐 금산으로 퇴각하였다. 그런데 왜군이 전주부성을 점령하지 못하고 퇴각한 이유에 대하여 일반적으로 웅치에서 정담 등의 혈전으로 전력을 크게 상실당하고, 전주부성에서 이정란을 중심으로 하는 수비태세가 갖추어져 있었기 때문이라고 인식하고 있다.

웅치전투를 전하는 각종 자료에서는 웅치전투를 '혈전'이라 표현하였지만, 비록 정담의 전공을 높이 평가하더라도 승첩, 또는 대첩이라는 표현을 하지 않았다. 그럼에도 불구하고 그 결과에 대하여는 전주가 완전히 보존된 것은 정담이 힘써 싸워 적을 꺾은 공이 많기 때문이라고 말하고 있다. 이러한 인식은 다시《선조수정실록》에는 권율 군사를 보내어 "웅치에서 왜적을 물리쳤다"고 조금 다르게 표현되어 있음을 볼 수 있다. 이와 같이 '비록 패배한 전투이지만, 그 전공이 높다'라는 인식은 웅치를 넘었던 왜군이 웅치전투에서 정담의 사투로 전력이 크게 약화되어 전주성을 점령하지 못하고 얼마 후 철수한 결과를 놓고 판단한 것이었다.

사실 조선후기 웅치전투의 사실을 기록한 사서들 중에는 웅치를 넘었던 왜군이 스스로 물러났다고 기록하고 있는 사료들이 제법 있다. 먼저《선조수정실록》에는 이정란이 군사를 엄히 단속하며 주성에 웅거하니 왜적이 고군(孤軍)으로 깊이 들어와서 대적하지 못할까 두려워하여 감히 공격하지 못하고 퇴각하였는데, 이로부터 다시 침입하지 못하였다고 기록하고 있다.[37] 《연려실기술》의 웅치전투의 기사 말미에는 "이복남이 등이 물러나와 안덕원에 진을 치니 적이 우리 측에 방비가 있음을 알고 감히 재를 넘지 못하고 멈추었다"라고 기록되어 있다. 이러한 기록은 웅치를 넘은 왜군은 전력이 약화되어 아군의 수비를 두려워하여 스스로 물러났다는 것이다. 이로 보면 웅치를 넘어 안덕원에 이른 왜군이 전주부성을 공격하지 못한 데에는 전주부성의 수비태가 갖추어져 있었기 때문으로 볼 수 있다.

이와는 반대로 《난중잡록》과 《징비록》에는 정담 등에 의하여 전력을 상실한 왜군이 전주부성의 수비가 견고한 것을 보고 공격하지 못하고 있다가, 남고산성 만경대에 진을 치고 있던 감사 이광이 도망하는 바람에 아군이 무너져 달아나는 것을 보고, 그것이 대군이 이른 것으로 착각하여 왜군이 물러났다고 기록하고 있다.[38]

이러한 기사를 종합해보면, 웅치를 넘은 왜군이 정담의 사투와 순절로 그 전력이 크게 상실된 후 전주 부근까지 진출하였으나, 감사 이광과 이정란의 전주부성 수성태세가 견고하고, 많은 군사들이 추격할 것으로 판단하여 스스로 물러났다는 것이다. 여기에서 웅치전투를 김제군수 정담 등이 혈투를 벌이다가 무너졌지만 실질적으로 적의 전력을 무너뜨려 스스로 물러가게 한 승전으로 보는 인식도 생겨나게 되었다. 결국 여기

---

37) 《선조수정실록》 권26, 선조 25년 7월 1일에서 왜군이 이치에서 패배한 뒤 안덕원으로 들어온 것으로 기록되어 있지만, 이는 잘못된 것이다.

38) 趙慶男, 《亂中雜錄》 卷1, 壬辰年 7月 9日

에 '웅치전투는 패했지만, 실질적인 승리'라는 구차하고 옹색한 정의가 나오게 된 것으로 보인다. 이후 웅치전투를 승첩으로 표현하는 기록도 나타난다.

그러나 전라도를 공격 목표로 전주부성을 점령하기 위해 사투를 벌여가며 웅치를 넘어온 왜군이 목표를 바로 눈앞에 두고, 전주부성의 수성태세를 두려워하여 한 번도 싸워보지도 않고 퇴각했다고 하는 것은 쉽게 납득이 가지 않는다. 사실은 웅치를 넘은 왜군이 안덕원에서 스스로 물러난 것이 아니라, 남원에서 웅치로 가기 위해 이동해오던 동복현감 황진에 의해서 격퇴된 것이었다. 앞서 웅치에서 파수하다가 적의 선봉을 격파한 뒤, 감사의 명에 의하여 남원으로 이동했던 황진이 다시 웅치로 가기 위해 급히 전주에 도착했을 때에는 왜군이 이미 웅치를 넘어 안덕원 너머에까지 이르고 있었다.

황진의 행장에 의하면, 황진은 7월 10일경 안덕원에 이르러 웅치를 넘은 적을 요격하여 대파하고 거의 모든 적을 섬멸하였는데, 이 전투에서 왜군의 장수가 화살에 맞아 죽었다고 한다. 황진이 안덕원에서 왜적을 격파한 사실은 그의 행장 외에도 황진의 묘비명, 시장 등의 황진 측의 자료는 물론, 《국조인물지》, 《연려실기술》 등 조선후기의 여러 자료에서 나타나고 있다. 이러한 기록을 통해서 황진이 웅치를 넘은 왜적을 안덕원에서 격파하였음은 역시 사실임을 알 수 있다.

민순지의 《임진록》에는 의하면, 왜군이 웅치의 승세를 타고 전주에 다다르자 감사 이광은 금구로 퇴각하고, 동복현감 황진 홀로 자신의 부대를 거느리고 앞으로 나가 크게 물리치고 적장 1인을 죽였으며, 이정란과 이광이 방어 태세를 갖추었기 때문에 웅치에서 기력을 꺾인 왜군이 감히 공격하지 못하고 물러났다고 기록하고 있다.[39] 같은 내용이 《선묘중흥지》에도 실려 있는데,[40] 여기에서 보면, 이광과 이정란 등의 전주부성 수성 태세와 더불어 황진이 적장 1인을 죽이는 등, 적을 크게 물리쳤다는 내용이 같이 실려 있다.

한편 《호남절의록》의 이정란의 기사에는 전주부성을 수성하던 이정란이 웅치가 무너졌다는 소식을 듣고 전주의 동쪽 소양평으로 군대를 보내 구원하였다고 기록되어 있다.[41] 이정란이 군대를 보내 구원하였다는 소양평은 바로 황진 싸웠다는 안덕원 너머에 해당하는 곳으로, 황진의 안덕원 싸움에 전주성을 지키던 이정란의 군사들 일부가 가세하였을 가능성은 충분히 있다고 생각된다.

따라서 웅치에 김제군수 정담 등의 사투로 전력을 크게 상실한 왜군이 안덕원까지 진출하고 전주부성의 이정란 등의 견고한 수성태세를 보고 공격하지 못하고 있을 때, 남원에서 이동한 황진이 이를 격퇴한 것으로 이해된다. 결국 황진의 안덕원 싸움의 승리는 웅치를 넘어온 왜군을 완전히 격퇴하여 전주와 전라도를 지키게 만든 웅치전투의 마무리였다는 것을 알 수 있다. 그러므로 웅치전투가 임란초기 호남을 지켜낸 승첩으로 이해되기 위해서는 황진의 안덕원 전투까지 포함되어야 한다.

실제 임란 이후 여러 자료에서 황진이 웅치전투에서 왜적을 크게 격파했다고 기록하고 있다. 여기에는 전일 웅치파수에서 적의 선봉을 격퇴한 것을 말하는 것도 있지만, 웅치전투 자체에서 승전한 주역으로까지 기록

39) 閔順之(丹室居士), 《壬辰錄》 卷2, 壬辰, 七月安國寺入熊嶺

40) 《宣廟中興誌》 卷2, 선조 25年 7月

41) 《호남절의록》 卷2, 召募使李公事實

하고 있는 자료들도 있다. 택당 이식이 지은 전라감사 이광의 행장에 의하면, 이광이 권율을 도절제사로 삼은 뒤 황진 등을 보내서 웅치에서 크게 깨뜨렸으며, 왜적들 자신이 조선의 3대전투로 이야기 한다는 것이다.[42] 황진의 행장에 기록된 왜승 화안이 웅치의 패배가 자신들의 패한 전투 중 웅치의 패배가 가장 컸다고 한 내용도 한 예라고 할 수 있다.

따라서 전사적으로 볼 때 웅치전투는 단순히 정담이 싸우다 전몰하고 웅치가 무너진 7월 8일 당일의 전투만을 지칭하는 것이 아니라, 6월 말경 동복현감 황진이 웅치에서 적의 선봉대를 격파한 것으로부터 웅치 수비군이 전몰한 7월 8일의 전투, 그리고 웅치를 넘은 왜군이 안덕원에서 황진에게 패하고 웅치를 넘어 진안으로 철수한 7월 10일 경까지 이어지는 일련의 전투였음을 알 수 있다. 이와 같이 파악해야만 웅치전투는 '패배했지만 실질적 승리'가 아니라, 정당하게 '웅치대첩'으로 정의될 수 있다고 보여진다.

이와 같이 호남을 침공하던 왜군이 웅치전투에서 정담의 사투의 의하여 전력이 약화된 것은 사실이지만, 안덕원까지 진출하여 전주를 위협하던 왜군이 물러나게 된 것은 그들이 스스로 물러난 것이 아니고, 동복현감 황진에 의하여 격퇴된 것이었다. 이로 인하여 웅치전투는 마무리되고 전주부성과 호남지방이 지켜지게 되었다. 따라서 황진의 안덕원 전투는 정담의 웅치 현장에서의 전투를 이은 웅치전투의 마무리 단계였다고 판단된다. 이와 관련하여 볼 때 웅치전투를 승첩으로 인식하는 기록은 대체로 안덕원에서 왜적을 격퇴한 황진이나 그 지휘관인 도절제사 권율에

42) 李植, 《澤堂先生別集》 卷8, 〈全羅道都巡察使李公行狀〉

대한 기록에서 주로 찾아지고 있다는 점이 주목된다.

한편, 웅치에서 안덕원으로 이어지는 전투가 벌어지고 있을 때, 호남의병을 거느리고 진산에 주둔하고 있던 고경명은 7월 9일 금산을 공격하기 시작하여 전투를 벌이다가 다음 날인 7월 10일 순절하였다. 고경명의 금산성 공격은 전주성을 공격하고 있던 왜군의 배후 근거지를 공격한 것으로, 황진에게 패한 왜군이 급히 금산으로 철수하게 만들었던 것으로 평가된다.

이상에서 본 바와 같이 황진은 웅치를 넘어 안덕원으로 진출한 왜군을 직접적으로 격퇴하였다는 점에서 임진왜란 초기 호남방어의 중심에 있었던 인물이라고 평하여도 지나치지 않는다고 생각된다.

3) 황진의 이치대첩

호남방어 과정에서 황진의 역할은 웅치와 안덕원 전투에서 끝난 것이 아니었다. 안덕원에서 황진 등에 의해 격퇴당한 왜군은 진안으로 물러나 얼마간 머물면서 중대사(中臺寺)를 불태우는 등 인근 지역에서 약탈행위를 계속하다가 마침내 금산으로 철수하였다.[43] 또한, 웅치전투가 전개될 때 진산에서 금산의 왜군을 견제하던 고경명 의병이 7월 10일 왜군을 공격하다가 무너져버렸다. 이에 따라 웅치에서 퇴각한 왜군이 금산에 잔류하고 있던 병력과 합세하여 다시 이치를 통하여 호남을 공격해 올 가능성이 있었다.

황진의 행장에 의하면, 안덕원에서 왜군을 격퇴시킨 황진은 금산의 왜

---

43) 鄭慶雲,《孤臺日錄》卷1, 壬辰年 7月 17日

군이 전주로 향할 것이라는 소식을 듣고 7월 10일 경 이치로 달려가 제1선에 진을 치고 공시억, 위대기, 황박 등과 함께 매일 경계에 임하였다고 한다. 이에 의하면 웅치전투 직후 매우 단기간에 황진이 독자적으로 또한 단독으로 군사적 행동을 한 것처럼 오해하기 쉽다. 그러나 이것은 7월 10일 이후 상당기간 동안의 황진의 행적이 압축되어 표현된 것으로 보인다.

7월 15일 경에 나주목사로 승진한 권율이 군사를 거느리고 장수로 향해 오다가,[44] 다시 17일에 태인에 있던 전라감사에게 돌아갔다는 사실이 확인된다. 당시 전라감사는 웅치전투 이후 금구로 퇴각하였다가 태인으로 이동하여 있었다. 아마도 권율은 전라감사 이광에 의하여 태인으로 불려가 진산 이동의 명령을 받았던 것으로 짐작된다. 이때 이광은 권율에게 군사를 나누어 진산의 이치로 옮겨서 동복현감 황진과 더불어 험한 곳에 복병을 설치하도록 하였던 것으로 보인다.[45] 이것을 보면 권율은 적어도 7월 17일 이전에 웅치나 이치 지역으로 이동한 것 같지 않다. 따라서 권율은 황진보다 약 10일 가량 늦은 7월 20일 전후에 이치로 달려가 황진과 같이 주둔하게 되었던 것으로 보인다. 따라서 황진 황진이 웅치전투 이후 이치로 이동한 것은 그 자신의 개인적인 판단에 의한 것이 아니고, 전라도 관군의 지휘체계하에서 이루어진 것임을 알 수 있다.

《난중잡록》이나 《쇄미록》 등의 문헌기록을 살펴보면. 웅치전투가 끝난 뒤, 전라도 각지의 수령들이 거느리는 호남지역의 관군이 동원되어 진산 용담 진안 장수 등지에 분산 배치되어 있었다. 그 상황을 살펴보면 조방

44) 吳希文,《鎖尾錄》卷1, 壬辰年 7月 15日

45) 趙慶男,《亂中雜錄》卷1, 壬辰年 7月 10日

장 이계정, 나주 판관 이복남, 동복현감 황진, 무안현감·해남현감 등이 진산 동원에 주둔하였고, 강진현감은 이치에, 영광군수는 저고리에, 고산현감은 유현에, 부안·함평·무장현감이 송치에, 남평 현감, 순찰사 군관 전몽성, 별장 남응길은 조림원에 주둔하였으며, 장수로부터 무주에 이르는 지경은 순창·보성군수·장수현감이, 탄전·죽치 등지는 임실현감·진안현감 등이 방어하되 형세를 보아 진격하도록 하였다. 그리고 임피현령에게 군사 8백 명을 거느리고 황화정에서 결진하여 성원하도록 하였다.

여기서 보면 이 당시 진산 동원에 황진뿐만 아니라 조방장 이계정, 나주판관 이복남, 무안과 해남현감 등이 진산 동원에 주둔하고 있음을 알 수 있다.[46] 즉, 웅치전투 이후 전라도 관군이 동원되어 금산성의 왜군을 압박하는 가운데, 동복현감 황진은 조방장 이계정, 나주 판관 이복남, 동복현감 황진, 무안현감·해남현감 등과 함께 진산 동원에 배치되 왜적을 방어하면서 금산성을 공격할 준비를 하고 있었음을 알 수 있다.

그런데 웅치전투 이후 금산성의 왜군은 사방으로 흩어져 약탈과 살육을 자행하고 있었고, 특히 70일 경에는 진산을 습격하여 관사를 불태우기도 하였다. 이에 따라 진산의 동원에 주둔하고 있던 황진 등의 전라도 장수들은 이치로 물러나 주둔하였을 것으로 판단된다.

이러한 상황에서 전라도 관군은 8월 7일을 기일로 금산성을 공격할 계획을 세우고 공격 방향을 정하였다.[47] 그러나 전라도 관군이 약속했던 8월 7일의 금산성 공격은 전주에 있던 방어사 곽영이 전령을 보내어 중지시킴으로서 이루어지지 못하였다. 그러나 그 이유가 무엇인지는 알 수

46) 趙慶男,《亂中雜錄》卷1, 壬辰年 7月 20日 ; 오희문, 위의 책, 壬辰年 8月 9日

47) 吳希文,《鎖尾錄》卷 1, 壬辰年 8月 6日

없다. 이에 광주목사 권율은 8월 9일 부안·남평·무장·흥덕·보성·남평현감 등이 거느리는 군사들을 동원하여 용담의 송현에서 왜군을 공격했는데, 보성군수와 남평군수가 군사를 독려하여 먼저 나가다가 왜군의 반격을 받아 패하여 남평현감 한순(韓諄)과 병사 5백여 명 이상이 전사하고 말았다.48)

이와 같이 전라도 관군과 금산의 왜군이 대치하면서 공방전을 벌이고 있을 때 금산의 왜군이 이치를 향해 쳐들어왔다. 왜군이 이치를 본격적으로 공격해 온 날짜는 확실하지 않다. 일부 논자들 중에는 이치전투의 상황을 웅치전투의 같은 날짜에 함께 기록한 《선조수정실록》의 기사에 의거하여 웅치전투와 같은 7월 8일이나 그보다 하루 정도 늦은 날짜로 보는 견해가 있다. 이러한 《선조수정실록》의 기사는 《국조보감》, 이항복 〈유사〉, 《연려실기술》의 기사와 거의 맥락을 같이 한다. 여기에 의하면, 마치 웅치전투와 이치전투가 같은 시기에 전개된 것처럼 보인다. 또한, 조경남의 《난중잡록》의 7월 10일 기사와 황진의 행장에 나타난 안덕원 행적에서 날짜에 근거하여 이치전투의 시기를 7월 10일로 보는 견해도 있다. 이형석은 《임진전란사》에서 아무런 고증 없이 이치전투를 7월 10일에 있었던 것으로 기록하여 현재까지도 많은 사람들이 이를 따르고 있다.

그러나 이치와 금산성의 중간에 위치한 진산에는 이미 7월 2일부터 6천여 명의 호남의병을 거느린 고경명이 주둔하고 있었으며, 고경명이 7월 9일 금산성을 공격하다가 10일 순절하는 전투가 있었기 때문에 7월 10일에 이치전투가 있을 수 없으며, 이러한 사정은 7월 10일경 안덕원에 웅

48) 趙慶男, 위의 책, 8월 9일 : 吳希文, 위의 책, 壬辰年 8月 9日

치를 넘은 왜군을 격파하고 이치전투에 참여한 황진의 행적에 의해서도 명확히 드러난다.

그런데 《난중잡록》의 7월 10일 기사를 분석해 보면, 이치전투는 적어도 7월 20일 이후에 전개되었다는 점이 나타난다. 그런데 오희문이 지은 《쇄미록》에 "이 달(8월) 17일에 왜군이 진산의 이현에 들어왔는데 황진이 물리쳤다는 소식을 들었고, 18일에는 의장 영규와 의병장 조헌이 금산성을 공격하다 패하였다는 소식을 들었다"고 기록되어 있다.[49] 이 기록을 신빙한다면, 이치전투는 상당히 늦은 8월 17일에 있었다고 볼 수 있다.

위와 같이 이치전투의 전개시기에 대하여는 정확한 기록이 없어서 확실히 밝힐 수는 없다.[50] 다만, 이치전투는 7월 10일 이후 왜군이 금산성에서 철수하는 9월 17일 사이에 있었던 호남지역의 관군과 왜군 사이에 전개된 공방전 중의 하나였던 것으로 보인다.

이치전투에 있어서 황진의 활약상은 그의 행장, 난중잡록, 조선왕조실록 등 기사에 잘 나타나 있다. 이치전투에서 황진은 공시억, 위대기 등 장수들과 함께 용전분투하다가 다리에 탄환을 맞아 피가 신발에 흘러 가득하여도 아픔을 잊은 채 싸웠다. 황진이 더욱 급히 활을 쏘는데, 보통 때는 능히 당기지 못하던 활도 약한 활이 되어 계속하여 끊임없이 쏘아대는데 화살을 대주는 자가 서너 명이었으나 오히려 당해내지 못하였다고 한다. 황진은 엄지손가락이 상해 터져도 아픈 줄 모르고 활을 당기

49) 吳希文, 《鎖尾錄》, 임진년 8月 22日

50) 이치전투의 시기문제에 대한 검토는 김상기, 金祥起, 〈壬辰倭亂期 權慄의 梨峙大捷〉《忠南史學》12, 64쪽 주 88) ; 郭鎬濟, 〈壬辰倭亂期 梨峙大捷의 意義와 再檢討〉《忠南史學》12, 148~150 ; 하태규, 〈임진왜란 초기 전라도 관군의 동향과 호남방어〉, 《한일관계사연구》26, 168~172 참조

는데 화살 한 촉이 능히 적 서너 명을 꿰뚫어 화살을 맞은 왜군이 선채로 죽는 등 왜군이 크게 패하여 달아나 엎어진 시체가 몇 리를 이루었는데 죽은 수를 헤아릴 수가 없었으나, 아군 측의 피해는 한 사람도 없었다고 한다.

그러나 최후로 남은 왜군 약간이 아직 물러서지 않고 있어, 황진이 이를 남김없이 죽이고자 선채로 활을 쏘다가 왜적이 쏜 탄환에 이마를 맞고 쓰러져 기절하였다. 왜군이 이틈을 타서 다시 몰려왔으나 권율의 지휘 아래 공시억과 위대기 등이 힘써 싸워 이를 물리쳤다. 여기에서 의병장 황박이 전사하였다. 결국 왜군의 잔병은 금산성으로 도망하여 마침내 전라도 침공을 단념하였다. 그런데 백사 이항복이 쓴 권율의 〈유사〉에 의하면 황진이 쓰러진 뒤 얼마 후에 왜군이 성채로 뛰어들자 권율이 칼을 뽑아 들고 힘차게 독려하여 왜군을 물리쳤다고 한다.

종합적으로 볼 때 이치전투가 시작되어 얼마 되지 않아 분전하던 황진이 총에 다리를 맞고 부상당하였지만, 용전을 전개하여 왜군을 크게 격파하여 전투가 끝날 무렵에 다시 황진이 이마에 조총을 맞고 쓰러짐으로써 전열이 흐트러지고 전세가 불리해지자, 도절제사인 광주목사 권율이 전열을 가다듬어 전투를 마무리 지은 것이라고 보여진다.

결국 이치전투는 웅치에서 패퇴한 적과 금산에 잔류하고 있던 왜적이 합류하여 호남지배를 위하여 재침한 것을 격퇴함으로써 임란 초기 호남을 방어하게 된 또 한 차례의 중요한 된 전투였다고 할 수 있다. 당시의 논자들은 황진을 두고

'배재를 지키며 왜적을 막아 호남 일도를 보전하여 다른 날의 중흥의 근

본이 되고, 또 진주를 지킴으로써 호남 땅으로 적이 쳐들어오지 못하게 막았으니 당의 장순이나 허원과 같은 사람'

이라고 평가하였다고 한다.

이치전투가 끝난 뒤 휘하 사졸들이 부상을 입은 황진을 떠메고 동복으로 돌아가기 위해서 전주를 지나는데 전주의 사녀들이 다투어 호장(壺醬)을 가지고 맞이하여 말 앞에서 절하며 말하기를 "만약 공이 힘써 싸워 왜적을 꺾지 아니했더라면 이 땅의 생령들은 간뇌를 흙에 뭉개며 죽었을 것"이라고 하였다고 한다.

이치전투 후 금산으로 퇴각한 왜군은 이후 조헌 의병과 영규대사의 승군, 이어서 해남현감 변응정 등의 공격을 받으며 금산성을 고수하다가 전황이 불리해지자, 9월 17일 경상도로 철수하였다. 이렇게, 호남지역에서는 관군과 의병이 9월까지 약 3개 월 간에 걸쳐 사투를 전개하여 왜군의 침공을 막아내고 전라도를 보존하게 되었다. 결국 황진은 임란 초기 웅치전투와 안덕원 전투, 이치전투라는 두 차례의 큰 전투에서 호남을 지키는 데 결정적인 역할을 한 인물이었음을 알 수 있다.

돌이켜보건대, 조선이 임진왜란을 극복할 수 있었던 것은 무엇보다도 호남지역으로부터 병력과 물자가 지속적으로 공급됨으로써 가능하였다. 그렇기 때문에 이순신은 "호남은 국가의 보장이므로 만약 호남이 없으면 국가도 없다(湖南國家之保障 若無湖南 是無國家)"라는 유명한 말을 남겼다. 이와 같이 호남으로부터 병력과 물자가 조달되어 임란을 극복할 수 있었던 것은 호남이 지켜졌기 때문이다. 다시 말해서 호남이 지켜졌기 때문에 조선이 임란을 극복할 수 있었던 것이다.

이러한 점에서 볼 때, 황진은 임란 초기 전황이 가장 어려웠던 3개월간에 걸쳐 전개되었던 웅치와 안덕원전투, 그리고 이치전투에서 왜군의 호남침공을 막아내고 호남을 지켜냄으로써 조선을 구해낸 인물이라고 할 것이다.

그러나 당시 이치전투에서 황진의전공은 조정에 제대로 보고되지 못하였던 것으로 나타난다. 이치전투에서 황진의 전공은 훗날에야 인정을 받게 되었다.

4. 황진의 충청병사 승진과 진주성 순절

1) 황진의 익산군수 겸 조방장 승진과 구국활동

임진왜란 초기 조선이 일방적으로 밀리고 있는 가운데, 그해 6월 중순부터 9월 중순까지 3개월 남짓에 걸쳐 호남이 왜군의 공격을 막아내고 버텨줌으로써 점차 전황이 조선에 유리하게 바뀌기 시작하였다. 그동안 제대로 대응하지 못했던 조선의 관군이 대열을 정비하고 본격적인 반격을 가하기 시작하고, 각지에서 일어난 의병이 왜군의 후방을 공격하여 보급로를 차단하기도 하였다. 뿐만 아니라 조선에서 요청한 명의 원군이 움직이기 시작하였다.

반면, 왜군은 장기전에 따라 병력과 물자가 부족하고 계절까지 바뀌면서 전황이 불리하게 되자, 한양과 주요 거점지역에 주둔한 병력을 제외한 나머지 병력을 점차 경상도로 남하시켜 전선을 축소하기 시작하였다. 이에 따라 전라도를 공격하기 위해 금산에 주둔하던 왜군은 9월 17일경 경상도의 성주·개령 등지로 철수하였다.

이후 전라도에서는 병력과 물자를 동원하여 경기도로 북상하여 서울·경기의 왜군을 적극적으로 공격하기 시작하였다. 이치전투 직후 전라도 관찰사 겸 순찰사가 된 권율은 방어사로 하여금 이치 수비를 대신 맡기고, 전주로부터 큰 군사 4, 5만을 거느리고 웅치를 넘어 진안 용담 금산 진산을 거쳐 여러 고을을 거쳐서 바로 서울을 향하여 근왕의 길에 오르게 되었던 것이다.

이치전투 직후 전라감사에 임명된 권율이 전라도 군대를 거느리고 경기도 지역으로 북상하여 수원일대에서 활동하였는데, 이때 황진도 자신의 군사를 이끌고 경기도로 북상하였다. 황진은 그해 9월에 현신교위 훈련원판관으로 임명되고, 동복현감의 직책을 겸하게 되었다.[51] 뒤에 체찰사 정철이 황진의 전공을 탐문하여 승제(承制)로 익산(益山)의 임시 군수(郡守)로 삼았는데,[52] 곧바로 정식으로 익산군수 겸 조방장으로 승진하고 통정대부에 가자되었다. 그리고 12월 8일에는 절충장군 용양위 호군으로 승진되었다.[53] 황진은 조금 뒤 익산군수(益山郡守) 겸 조방장로 체직되어 익산군의 군사를 지휘하게 된 것으로 보인다.[54]

다음 해인 1593년 1월 마침 이여송이 거느리는 명의 구원병이 와서 평양성을 탈환하자, 전라감사 겸 순찰사 권율(權慄)은 전라도 군대를 거느리고 행주산성으로 들어가 명군과 합세하여 한양에 있는 왜군을 공격하고자 하였다. 그러나 행주산성으로 이동하던 이여송의 군대가 벽제관에

51) 〈敎旨〉萬曆 20년 9월 11일, 황진장군가문의 고문서(2016) 所收
52) 〈差貼〉萬曆 20년 11월 4일, 황진장군가문의 고문서(2016) 所收
53) 〈敎旨〉萬曆 20년 12월 8일, 황진장군가문의 고문서(2016) 所收
54) 《선조수정실록》 권26, 선조 25년 8월 1일

서 왜군에게 일격을 당하고 퇴각하자, 행주산성에는 권율의 조선의 군대만이 주둔하게 되었다. 이러한 상황에서 왜군이 2월 10일에 3만의 병력을 동원하여 행주산성을 공격해왔고, 권율이 지휘하는 조선군이 이를 물리치고 승리를 거두었으니 이것이 바로 그 유명한 행주대첩(幸州大捷)이다.

이때 황진은 전라병사 선거이(宣居怡)를 따라 수원의 독성으로 들어가 매일 경성에 있는 왜적의 동태를 탐지하였다. 하루는 사평에 이르러서 왜적과 만나 전투를 벌였는데, 다른 장수들은 모두 퇴각하여 돌아왔으나 황진만이 혼자 포위당한 채 돌아오지 못하였다. 그러나 이틀이 지난 뒤에 황진이 포위망을 뚫고 나오면서 적진에 있던 우리나라의 전마를 끌고 오기까지 하였다.

2) 황진의 충청병사 승진과 진주성 순절

이때에 비로소 이치전투의 전공을 인정받아 절충장군의 품계로 뛰어오르면서 충청도 조방장에 임명되었다. 곧이어 선조 26(1593) 3월에 비변사의 주청에 의하여 충청병사 이옥이 체직되고, 황진이 특명으로 충청 병사에 올라서 본격적으로 충청도 병력을 지휘하게 되었다.[55] 황진이 충청병사로 승진할 수 있었던 전일 그가 호남방어에서 여러 차례 공을 세웠기 때문이었다. 그는 안성 지역으로 진영을 옮겨 죽산성을 지켰는데, 왜적이 패배하여 철수하자 군대를 이끌고 추격하며 왜군의 후미를 공격하였다. 그리하여 상주의 적암에 이르러 왜군과 교전하여 크게 격파하였다.

---

55) 《선조실록》 권35, 선조 26년 2월 30일 ;〈敎旨〉萬曆 21년 3월 1일, 황진장군가문의 고문서(2016) 所收

왜군은 1593년 4월 한성에서 철병하고 경상도로 남하하면서 9만여 명의 병력을 동원하여 진주(晉州) 방면으로 몰려들기 시작하였다. 관군과 명군의 반격에 눌리면서 남하하던 왜적은 제1차 진주성 전투에서 패배한 분을 풀기 위하여 총력을 기울여 진주성을 공격하였다고 하는데, 실상은 전라도로 진출을 모색한 것이었다. 마침내 왜군은 6월 15일경 함안을 점령하고 이어 반성과 정진 부근에서 낙동강을 건너 의령을 점령하고 진주성을 위협하였다.

이에 김천일은 '호남은 국가의 근본이며 진주가 호남의 보장'이라고 주장하고 진주성 사수를 주장하여 왕의 재가를 받았다. 그리하여 조선의 관군과 의병이 진주성을 방어하기 위하여 달려갔지만, 주로 함안 부근과 그 이서지역에 주둔하였다. 김천일은 진주성으로 들어가 사수할 것을 주장하였지만, 여러 장수들은 이에 동의하지 않았다. 진주성이 위기에 처하자 도원수 권율은 운봉으로 해서 남원으로 돌아갔고, 순변사 이빈과 의병장 곽재우는 단성을 거쳐 서쪽 산음으로 돌아갔으며, 전라병사 선거이 등 제장 또한 흩어져버리고 말았다.[56] 또한 명군의 응원부대 마저도 없어, 진주 수성군은 그야말로 고립무원의 상태가 되고 말았다.

황진도 처음에는 진주성으로 들어가기를 꺼려하여 "모든 군사가 다 한 성으로 들어가 포위되어도 외원이 없다면 성은 반드시 위태로운 것이오. 하오니 나는 한 부대를 인솔하여 성 밖에 있다가 안팎이 서로 응하여 적세를 흩어버리고 싶소." 라고 하였으나, 창의사 김천일이 난처하게 여기자 드디어 성안으로 들어가서 사수할 계책을 세웠다. 이에 어떤 사

56) 安邦俊, 《隱峯全書》 卷七, 〈晉州敍事〉

람이 말하기를, "충청 병사(忠淸兵使)는 진주성 수비와 직접 관계가 없으니 밖에서 싸우는 것이 옳겠다." 하니, 황진이 말하기를,

"나는 이미 창의사(倡義使)와 더불어 공약(公約)을 하였으니 저버릴 수 없다."하고 군사 7백 명을을 거느리고 진주성으로 들어갔다.57)

결국, 의병 3백 명을을 거느린 김천일, 군사 7백 명을을 거느린 충청병사 황진, 그리고 경상병사로 임명된 전라우의병장 최경회 등만이 진주성으로 달려가 수성 태세를 갖추었다. 당시 경상도 지역 수령인 진주목사 서례원, 거제 현령 김준민, 김해 부사 이종인이 역시 진주성에서 수성에 임하고 있었다. 진주성전투 직전 김천일이 보고한 바에 의하면 진주성 수성병력은 3천 명에 불과하였다.58)

왜군은 6월 22일부터 진주성을 총공격해 들어왔다. 이에 대항하여 조선의 군관민은 병력과 무기의 열세에도 불구하고 연일 치열한 접전을 전개하였다. 이때 김천일과 최경회가 도절제사가 되고, 황진이 순성장(巡城將)이 되어 방어전에 임하였는데, 최경회는 관군을 총괄하고, 의병은 김천일이 관장하였던 것으로 보인다. 황진은 순성장으로서 군사를 거느리고 위급한 곳마다 왕래하며 전투를 전개하면서 구원하였다.

---

57) 《선조수정실록》 권27, 선조 26년 6월 1일

58) 《宣祖實錄》 卷40, 선조 26년 7월 10일 ; 안방준은 〈晉州敍事〉에서 김천일의 군사 5백, 최경회 군사 6백, 황진 군사 7백, 고종후 군사 4백, 장윤과 이잠의 군사 각각 3백, 이계련, 민여운, 강희보, 강희열 등의 군사가 각 2백 명이었으며, 여러 수령이 거느리는 병사 및 진주의 병사과 주민, 피란 사녀 등을 합하여 무릇 6, 7만 명이었다고 기록하고 있다.

진주성 제2차 전투의 상황과 황진의 활약상에 대하여는《선조실록》,《선조수정실록》을 비롯하여 우산 안방준이 서술한 〈진주서사〉등에 비교적 자세히 설명되어 있다. 6월 21일 진시부터 왜군의 선봉부대가 진주성 부근에 출몰하며 도전해오면서 개경원으로부터 마현에 이르는 지역에 대진 세 곳과 많은 소진을 펼치면서 진주을 포위하기 시작하였다. 22일에 왜군이 본격적인 공격을 시작하여 성 밑까지 육박해와 아침부터 저녁까지 철환을 퍼부으면 공격하였으나 성안의 군대가 힘써 막아냄으로 왜군이 철수하였다. 이때 강희보가 관군의 구원을 요청하기 위하여 막하 임우화를 몰래 보냈으나 왜군에게 붙잡히고 말았다. 이 날 밤 왜군이 또 다시 동문을 공격하여 왔으나 황진 등이 혈전을 전개하여 이를 물리쳤다.

하루는 왜군이 성의 모퉁이로부터 큰 고함을 지르며 달려들자 성가퀴를 지키던 병사들이 달아나고 성이 함락될 지경에 이르자 황진이 칼을 빼며 "오늘에야 내가 죽을 자리를 얻었다."라고 크게 부르짖자 모든 군사들이 다시 모여 항전하여 왜군을 물리쳤다.

또 왜군이 동문 밖에다 몇 길이나 되는 산을 만들고 내려다보며 공격해오자 황진은 또한 이에 맞서 언덕을 쌓은데 몸소 돌을 져 나르자, 성안의 남녀가 모두 감격하여 서로 도와 하루 밤 사이에 일을 마치고, 대포를 쏘아 왜군의 소굴을 부수어버리니 왜군이 물러났다.

또 왜군이 짐승가죽으로 싼 나무궤짝을 만들어 지고 이어 몸을 가리고 성을 헐어내기 시작하자 황진은 큰 돌을 마구 굴려 내려며 포를 함께 쏘아대어 이를 물리쳤다. 왜군이 동문 밖에 큰 나무 두 개를 세우고 그 위에 판옥을 지은 뒤 성안의 집에 불을 질러대자, 황진 또한 반나절 만에 판옥을 짓고 대포로 왜군의 소굴을 부수어버리자 왜군이 물러났다.

그때에 큰 비가 내려 성 한 모퉁이가 무너지자 왜군이 소리치며 공격해 오자 김준민 등이 힘써 싸우다 전사하고 왜군이 물러갔다.

6월 27일 왜군이 항복을 요구하면서 동서 양문 밖에 다섯 언덕을 쌓고 죽책을 설치한 뒤 탄환을 쏘아대자 강희보가 힘써 싸우다가 순절하였다. 이에 황진 등이 불화살을 쏘아 왜군의 죽책을 헐어버리자 왜군이 물러갔다. 또한 왜군들이 큰 궤짝을 만들어 네 바퀴 수레위에 올려놓고 두꺼운 갑옷을 입은 날랜 군졸 수십명을 그 궤짝 속에 숨겨 성 밑으로 바싹 닥쳐와 철추로 성을 헐어대자 황진 등은 기름 묻힌 불 뭉치를 던져 궤짝 속에 든 왜군을 태워 죽여버리니 이에 왜군이 다시 물러났다.

그러던 중 6월 28일에 밤에 진주목사 서례원이 경계를 소홀히 한 틈을 타서 적이 몰래 다가와 성을 뚫었다. 황진이 이를 알아채고는 결사전을 벌인 결과 적장 한 사람을 사살하고 왜병 1천여 명을 죽이는 전과를 올렸다. 황진이 성 위에 올라가 아래를 내려다보며 말하기를 "오늘의 전투에서 적의 시체가 참호에 가득하니 대첩이라고 말할 만하다."라고 하였다. 이때 왜적 하나가 성 아래에 잠복해 있다가 황진을 향하여 위를 올려다보고 총을 쏘았는데, 불행히 황진이 왼쪽 이마에 탄환을 맞고 순절하고 말았다.[59]

황진이 순절한 다음날인 6월 29일에 왜군이 성을 타고 올라오자 제군이 일시에 무너져 흩어지고 진주성이 왜군에게 함락 당하였다. 이 전투에서 창의사 김천일, 전라우병장 최경회, 복수의병대장 고종후, 우의병부장 고득뢰, 전라좌의병 부장 장윤, 태인의병장 민여운, 적개의병부장 이

59) 《선조수정실록》 권27, 선조 26년 6월 1일

잠, 영광의장 심우신, 해남의장 임희진, 도탄의복병장 강희보 등의 전라도 지역의 의병장과 휘하 사졸이 순절하였고, 진주목사 서례원, 김해부사 이종인 등을 포함하여 6만 명의 군관민이 죽었다고 한다. 당시 성안에서 빠져나온 사람들 모두가 말하기를 "황공(黃公)이 만약 살아 있었다면 성이 분명히 함락되는 지경에 이르지는 않았을 것이다."라고 하였다.

진주성이 함락된 뒤 왜군의 일부 병력이 구례, 광양, 순천 지역까지 진출하여 약탈을 자행하다가 남원 지경의 숙성령에서 명장 낙상지, 홍계남 등에 의하여 패하고 경상도로 물러났다.[60] 이로 보면 호남의 길목을 가로막아 다시 보전될 수 있게 한 것은 진주성 전투에서 김천일, 황진, 최경회 등이 사투로서 왜군의 전력을 꺾은 결과라고 할 것이다. 그중에서도 황진의 역할은 가장 크게 평가되어 왔다.

5. 맺음말

황진은 본관이 장수이며, 조선전기의 명재상이었던 황희의 5대손으로, 전라도 남원 출신의 무장이었다. 황진은 임란 발발 직후 극도로 불리했던 임란 초기에 동복현감으로 지역 장정을 거느리고 전라감사 이광을 따라 근왕병을 이끌고 출동하였다가, 용인에서 근왕병이 패산할 때 자신의 군사들을 손실이 없이 돌아왔다.

왜군이 조선 7도를 점령하고 마지막 남은 전라도 한도를 점령하고자 공격해올 때, 동복현감 황진은 웅치를 넘어 전주 부근까지 진출한 왜군

60) 趙慶男,《亂中雜錄》卷3, 계사년, 7월 3일:《宣祖實錄》卷40, 선조 26년 7월 16일

을 안덕원에서 격파하였으며, 이어 진산을 거쳐 호남으로 쳐들어오던 왜군를 이치에서 또 한 번 격퇴함으로써 임란 초기 호남방어의 결정적인 역할을 하였다.

또한, 그는 전라병사 선거이(宣居怡)를 따라 경기도로 북상하여 소사지역 전투에서 전투를 벌여 왜군에 포위되는 위기 상황에서도 많은 왜군을 죽이고 탈출하여 전공을 세웠으며, 충청도 조방장을 거쳐 충청병사에 올라 후퇴하는 왜군을 죽산으로부터 상주까지 추격하여 크게 물리치는 전과를 올렸다.

충청병사 황진은 1593년 6월 7백여 명의 군사를 거느리고 9만여 명의 왜군이 공격하는 진주성에 들어가 순성장으로 역전하다가 6월 28일 적의 탄환에 맞아 순절하였다, 비록 다음날인 6월 29일 진주성이 함락되었지만, 황진 등의 분전으로 적의 주력이 상당한 타격을 입은 왜군은 더 이상 서쪽으로 전라도를 공격하지 못하였고, 이후 전쟁은 소강상태로 접어들게 되었다.

이와 같이 황진은 임진왜란 초기 웅치 및 안덕원 전투와 이치대첩의 주장으로 호남을 지켜내어 전라도를 국가의 근본이 될 수 있게 하였을 뿐만 아니라, 이후 경기도로 북상하여 수차례의 전공을 세우고, 마침내 진주성 전투에서 순절함으로써 조선이 임란을 극복하는 데 있어서 결정적인 역할을 한 구국의 명장이었다.

당촌(塘村) 황위(黃暐)의 생애와 학문[1]

황의열[2]

1. 머리말

당촌(塘村) 황위(黃暐, 1605~1654)는 남원 출신 인사 가운데 특출한 행적을 남긴 사람이다. 문과에 장원급제한 몇 안 되는 인사 가운데 한 사람으로, 적지 않은 분량의 문집이 전해지고 있고, 별도로 《당촌한화》라는 필기를 남겼다. 길지 않았던 관직생활이었지만 당시에 교유한 인물이 매

1) 이 글은 (사)방촌황희선생사상연구소 주최, 방촌황희연구소 주관한 남원학술대회(〈이 시대 방촌황희선생을 생각하다〉, 2018.10.06.)에서 발표한 논문이다.

2) 경상대학교 한문학과 교수

우 많았고, 또 비중 있는 사람들도 많이 있었다. 특히 당촌이 살았던 시기에는 당파 사이에 알력이 있었고, 조정도 불안하였는데, 그러한 사회상을 알아야 당촌을 이해할 수 있는 반면에, 당촌을 통해서 그러한 사회상의 단면을 엿볼 수도 있다. 그러나 아직 당촌에 대한 연구는 그다지 많지 않다.[3] 따라서 이제 당촌 본인에 대한 본격적인 연구가 요구되고 있는 바, 본 연구에서는 작품에 대한 심도 있는 고찰은 남겨두고 우선 작가에 대해 살펴보기로 한다.

2. 당촌의 가계

당촌은 임진란이 끝나고 얼마 지나지 않은 17세기 초에 태어났다. 50년의 생애 중에 계축옥사(1613)와 능창군(綾昌君) 추대사건(1615), 그리고 인조반정(1623)이 있었고, 이어서 정묘호란(1627)과 병자호란(1636)을 겪었다. 광해군 즉위와 함께 북인이 장악했던 정국은 인조반정으로 다시 서인에게 넘어갔다. 두 차례의 호란과 그에 따른 대청 정책으로 인해 국론이 분열되었다. 그런 소용돌이 속에서 당촌의 인생행로에도 뒤틀림이 있었다.

당촌의 조부는 임진왜란 때 진주성에서 순국한 무민공 황진(黃進, 1550~1593)이다. 황진은 조선 초 재상 황희의 5대손으로, 통신사 황윤길(黃允吉)을 따라 일본에 다녀왔다. 왜란이 있을 것이라는 황윤길의 예상

3) 〈당촌 황위와 당촌한화〉, 황의열, 《한문학보》 21호, 우리한문학회, 2009년. 《국역 당촌집》. 안태석·안진회 역, 전북향토문화연구회, 2010년. 《역주 당촌한화》. 황의열 역, 보고사, 2011년. 〈황위의 당촌한화 연구〉, 이은주, 충남대학교 대학원 석사학위논문, 2017년.

과 뜻을 같이 하게 되면서 왜란에 대비해 무예의 단련에 열중하였다. 그리고 1592년 임진란이 일어났을 때는 전주의 안덕원 전투나 이치 전투에 참가해서 공을 세웠다. 이듬해 3월에는 충청도병마절도사가 되어 죽산성 등에서 왜군과 전투를 벌이고, 6월에는 진주성에 들어가 창의사 김천일, 병마절도사 최경회 등과 함께 분전하다가 전사하였다.

당촌의 부친 황정열(黃廷說, 1577~1627)도 어려서부터 활쏘기와 말 타기를 배워 재주가 뛰어났다. 1611년에 선전관에 제수되었고, 이듬해에 거제현령이 되었다. 이때 황정열은 부친의 사당이 가까이에 있는데 자식으로서 누를 끼칠 수 없다는 생각으로 마음을 다잡았다. 1615년 가을에 교동현감에 제수되었는데, 그 해 10월에 능창대군의 옥사가 일어나 능창대군이 교동으로 유배를 가게 되었다. 황정열은 직접 넓은 집을 골라 위리를 설치하고 기다렸는데, 별장 이응성(李應星)과 금부도사 구시백(具時伯) 등이 위리가 너무 넓다고 꾸짖었다. 결국 능창대군을 보호하지 못하게 된 황정열은 그 후로 관직에 뜻이 없이 지내다가 1618년에 안질을 앓고, 중풍까지 생겨 낙향하였다. 1623년 인조반정이 일어나 광해군 때 죄과가 있는 사람을 처벌할 때 황정열은 능창대군의 옥사와 관련이 있었다고 하여 금부에 잡혀갔는데, 이조판서 오윤겸(吳允謙)이 경연 자리에서 당장 장살을 해야 한다고 주장하였다. 그러나 승지 심기원(沈器遠)이 황정열은 단지 별장의 분부를 따랐을 뿐이지 간여한 바는 없었다고 하면서, 만약 그가 왕손을 죽여 광해군의 인정을 받았다면 어찌 낙향하여 살고 있겠느냐고 하여 인조의 마음을 돌렸다. 그 후에 대사성 정엽(鄭曄)이 극력 변호하여 처벌을 면하고 이듬해인 1624년에 방면이 되었다. 1626년에 모친상을 당하고, 그 이듬해 5월에 작고하였다.[4)]

당촌은 1633년에 사마시에 합격하고, 1638년에 정시문과에 장원으로 급제하여 성균관 전적에 보임되었고, 그 해 가을에 예조 정랑을 잠깐 거쳐 사간원 정언이 되었다. 정언이 되자 당촌은 병자호란 당시에 척화론을 주장했던 청음(淸陰) 김상헌(金尙憲, 1570~1652)이 탄핵을 받는 것을 보고 그를 변호하는 계(啓)를 작성하였다. 그런데 그 속에 이조판서 남이공(南以恭)이 전형을 공정하지 않게 하고서 당촌에게 뇌물을 보내 속을 떠보았다는 내용이 들어 있었다. 그러자 남이공을 추종하던 이계(李烓), 신유(申濡), 정지호(鄭之虎) 등이 그 사실을 미리 알고, 능창대군이 억울한 죽음을 당할 때 당촌의 부친이 교동 현감으로 있었다는 점을 들어 탄핵하였다.[5] 그리하여 당촌은 정언이 되자마자 체직되어, 그 후로 11년 동안이나 집에서 지내게 되었다.

당촌의 조부로부터 당촌에 이어지는 이 일련의 사건과 상황은 당촌의 생애에서 큰 의미를 가지며, 그의 학문과 작품세계에도 일정한 영향을 주었을 것으로 생각된다.

당촌의 가계를 보면 7대조 익성공(翼成公) 황희(黃喜)와 6대조 호안공(胡安公) 황치신(黃致身), 그리고 5대조 양정공(良靖公) 황사효(黃事孝)는 모두 문관직을 지냈다. 그러나 양정공의 형제들은 5명이 과거에 급제하였는데, 양정공을 제외하고는 병사공 황사장(黃事長)을 비롯하여 황사형(黃事兄)·황사공(黃事恭)·황사경(黃事敬) 4형제가 모두 무과에 급제하였다. 당촌의 고조부 황개(黃塏)는 무반직인 충무위부사직을 지냈으며, 종고조부 황섬(黃蟾)도 무과에 급제하였다. 조부 황진(黃進)과 종조부 황적(黃

---

4) 〈先考縣令府君家狀〉, 《당촌집》 권5.

5) 《인조실록》 인조 16년 11월 10일 조.

迪), 백부 황정직(黃廷稷)과 부친 황정열(黃廷說)도 모두 무과에 합격하였다. 조부와 재종간인 양건당(兩蹇堂) 황대중(黃大中)은 임진란 때 진주성 싸움에 참가하였고, 정유재란 때는 남원성을 사수하다가 순절하였다. 또 당촌의 당숙인 황정윤(黃廷尹)은 임진란 때 숙부인 황진을 따라 진주로 가서 싸우다가, 숙부가 전사하자 그 시신을 거두어 돌아왔다. 특히 숙부를 존경하여 자신이 죽으면 숙부 곁에 묻어 달라고 가족들에게 당부하였다.[6] 당촌 자신도 문과를 통해 발신하였지만, 문과에 응시하기 전에 병자호란이 일어나자 백부와 함께 남원에서 의병을 일으켰던 전력을 갖고 있다. 이러한 정황들은 당촌의 충의정신(忠義精神)과 무관하지 않은 것으로 보인다. 이제 이러한 배경을 참고하여 당촌의 생애와 학문을 검토해보기로 한다.

3. 당촌의 생애

당촌은 34세인 인조 16년(1638) 정시에 장원으로 뽑혔으나 곧 체직되어 11년 동안 칩거하였다가, 45세가 되던 1649년에 효종이 즉위하게 되면서 다시 관직에 나아갔다. 그러나 다시 부름을 받은 지 5년 만인 1654년에 병으로 세상을 떠났다. 그러니까 그의 생애는 체직 기간을 중심으로 체직 이전, 퇴거 기간, 그리고 칩거를 끝내고 다시 출사한 기간, 이렇게 세 기간으로 나누어볼 수 있다.

6) 《장수황씨호안공파보》 전자족보.

1) 체직 이전

당촌은 8세 때 백부 황정직을 따라 한양으로 가서 유학하였고, 백부가 안동 판관으로 가게 되자 역시 안동으로 따라갔다가, 한 외척을 따라 남원으로 돌아왔다. 이때 당촌은 가까운 곳에 살던 현곡(玄谷) 조위한(趙緯韓 1567~1649)과 기암(畸庵) 정홍명(鄭弘溟 1582~1650)에게 책을 끼고 가서 사사를 받았고, 나중에는 신독재(愼獨齋) 김집(金集 1574~1656)의 문하에 들어갔다. 그리고 29세인 1633년에 사마시에 합격하였다. 당촌은 급제한 후 성균관에서 유학을 하였던 것으로 보이는데, 당시에 고양(高陽)의 선영을 두루 참배하였다. 그 자리에서 당촌은 선대의 사적이 인몰되고, 또 가문이 부흥할 가망이 별로 없음을 생각하여, 선조의 글을 수집하여 후세에 전할 책임이 본인에게 있다고 통감하였다. 당시에 선영들을 배알하면서 양정공 황사효(黃事孝)의 비석을 끝내 찾지 못하자 안타까운 마음을 다음과 같이 토로하기도 하였다.

석양에 눈물 뿌리며 산촌을 나오자니	斜陽揮淚出山村
남은 눈 찬 구름에 온통 넋이 나갔네.	殘雪寒雲捴斷魂
어찌 하면 천금 들여 짧은 비석 세울까	安得千金營短碣
지금까지 끼친 한이 후손들에게 있네.	至今遺恨在兒孫[7]

이에 선조들의 유문과 관련 문자를 모아 1637년(숭정 10)에 《장천세적

7) 〈自金陵齋所 往謁高陽先塋 而大憲祖考墓無表碣 遍山尋之 終不得 感歎有句〉, 《당촌집》 권1.

(長川世蹟)》을 완성하였다.[8]

사마시에 합격한 당촌은 이어서 대과에 응시했을 것이다. 그러나 실제로 정시 장원으로 합격한 해는 1638년이니, 한 차례 낙방을 했을 것임을 알 수 있다. 대과에 낙방한 후 고향으로 돌아오는 심회를 다음과 같이 읊었다.

천리 객지 한 해를 성균관에 머물다가	千里經年滯泮宮
쓸쓸한 행색으로 다시 갈바람을 맞네.	蕭條行色復秋風
추운 옷은 바느질한 실이 벌써 헤지고	寒衣已弊手中線
센 머리는 부질없이 머리 위를 덮었네.	衰髮空添頭上蓬
곤경에 처한 소진(蘇秦) 아내가 무시하고	妻不下機蘇子困
궁색한 사마천(司馬遷)은 알아주는 사람 없네.	士無知己馬遷窮
돌아와 평생 살 계책을 세우자니	歸來計較平生事
지식인 행세하던 당시가 후회되네.	悔作當時解字翁[9]

소진이 유세를 하러 돌아다니다가 곤궁해져서 집에 돌아오자, 베를 짜고 있던 아내가 남편을 무시하여 베틀에서 내려오지도 않았다는 이야기

8) 2권 1책으로 된 《장천세적》은 당촌의 선대 글과 관련 기록을 모아 적어 둔 책이다. 권1에는 익성공의 卒記, 墓誌, 神道碑銘과 각종 가실 서술 기록, 그리고 익성공의 詩篇 등이 모아져 있고, 권2에는 호안공의 신도비명을 비롯해서 각종 서술과 詩稿, 그리고 열성공의 〈광한루기〉 등의 작품과 양정공 무민공의 諡狀 등이 모아져 있다. 《당촌집》에 있는 〈장천세적기〉에는 빠져 있지만 별권으로 전해져 오는 필사본 〈장천세적기〉에는 "崇禎十年季夏下浣 暐 謹識"라는 기록이, 《장천세적》에 실린 〈장천세적기〉에는 "崇禎十年季夏下浣 後孫 生員 黃暐 謹記"라는 기록이 있다.

9) 〈還家日 途中作〉, 《당촌집》 권2.

가 남의 일 같지 않다. 그리고 이릉(李陵)을 변호하다가 궁형을 당한 사마천과 마찬가지로 자신의 진심을 알아주는 이가 없음을 한탄한다. 이어서 당촌은 막상 살아갈 일을 생각하니 막막하기만 하여 지식인 행세를 했던 자신을 뉘우치고 있다. 그러나 소진과 사마천이 결국은 큰 업적을 남겼듯이, 자신도 지금은 불우하지만 그래도 훗날 큰일을 이룰 수도 있을 것이라는 자부심을 은근히 내비치고 있는 것이다.

당촌이 과거에 낙방하고 고향에서 다시 공부를 하고 있을 즈음, 병자호란이 일어났다는 소식을 듣게 되었다. 1636년 12월 9일에 청나라는 압록강을 건너 곧장 도성을 향해 진격해왔고, 인조는 남한산성으로 피신하였다. 이때 당촌의 〈창의일기(倡義日記)〉에 의하면 12월 22일자로 도내에 적을 격퇴시키고 왕을 보호할 병사를 모집하는 격문(檄文)이 발표되었다고 되어 있다. 그런데 《용성지(龍城誌)》에는 12월 25일자로 발표된 〈창의격문(倡義檄文)〉이 실려 있다.[10] 《당촌집》에 실려 있는 〈병자창의격(丙子倡義檄)〉과 《용성지》의 〈창의격문〉은 내용도 다르고 분량도 당촌의 작품이 두 배 이상 많다. 그리고 《용성지》에 실려 있는 격문에는 발의자 31명의 명단이 실려 있는데, 거기에 당촌도 백부 황정직, 처남 방원량(房元亮) 등과 함께 등재되어 있다. 이러한 정황으로 볼 때 당촌은 개인적으로 급하게 〈병자창의격〉을 작성하였으나, 결국 자신의 격문을 버리고 다른 사람이 지은 격문에 이름을 올린 것으로 보인다.

당촌은 백부 황정직과 함께 가동(家僮)과 이웃 마을 장정들을 거느리고 12월 26일에 출발하였다. 가는 길에 곽유번(郭維藩), 김연(金沇), 한황

10) 〈倡義檄文〉, 《龍城誌》 續誌 권4.

(韓晛), 이실(李實), 김감(金鑑), 오찬(吳燦) 등과 합세하니 장정이 도합 1,800명이나 되었다. 28일에 전주에 이르러 향교의 생도 박춘성(朴春成), 박춘근(朴春根) 등이 합류하고, 29일에는 여산(礪山)에 이르렀다. 그 이후에도 전주의 김준업(金峻業), 이흥록(李興祿), 양유의(梁有義) 등이 사람들을 거느리고 당도하고, 남원과 구례, 임실, 곡성 등지에서 사람들이 모여드니, 도합 12,350명이나 되었고, 군량도 3,300석 이상이 모아졌다. 이듬해 정월 초에 소모사(召募使) 정홍명(鄭弘溟)의 부대와 합세하였는데, 이때 당촌은 별장(別將)이 되어 군병을 전담해서 관리하였다. 12일에 과천에 이르러 진을 치고 20일에 남한독전어사(南漢督戰御史) 김경여(金慶餘)를 통해 임금에게 주달하니, 인조가 크게 칭찬하였다. 25일 깊은 밤에 호적(胡賊)을 습격하여 500~600명을 참수하고 전리품을 노획하였다. 그러나 30일에 남한산성에서 화의(和議)가 이루어졌다는 말을 듣고 통곡을 하고는 진영을 해산하고 돌아왔다.[11]

1637년에 인조의 친아버지인 원종(元宗, 인빈 김씨의 셋째 아들 정원군)과 그의 비 인헌왕후(仁獻王后)의 능인 장릉(章陵)의 참봉에 제수되었다. 그리고 그 이듬해인 1638년 여름에 정시(庭試)에서 장원으로 급제하였다.

급제 후 관례에 따라 성균관 전적(典籍)에 보임되고, 가을에 예조 정랑이 되었다가 다시 사간원 정언이 되었다. 이 당시에 조정은 병자호란 이후로 안정을 되찾지 못하고 있었는데, 청음(淸陰) 김상헌(金尙憲)이 화의를 배척하고 출전을 주장했었다는 이유로 탄핵을 당하고 있었다. 당촌은 개연히 탄식을 하고 인조에게 소를 올렸다.

---

11) 〈倡義日記〉, 《당촌집》 권3.

엎드려 아룁니다. 국가가 큰 환난을 겪은 지가 지금 5년이 되었으니, 예전에 잘못된 것을 징계하고 훗날을 도모하며, 쇠한 것을 일으키고 망가진 것을 수리하여, 나라의 형편이 날로 새로워지는 효과를 거두기를 바랍니다. 그런데 지금 조정은 날이 갈수록 더욱 협력하지 않고 백성들은 날이 갈수록 시름과 고통을 겪고 있습니다. 마치 나루가 없는 곳에서 건너려고 하는 것과 같아 어떻게 건너야 할지 알 수 없습니다. 지금이 참으로 어느 때입니까? 그런데 전하 측근에 있는 신하들은 국가가 위급한 것은 모르고 오직 김상헌을 공격하는 일만 능사로 여기는데, 저는 김상헌이 무슨 큰 죄를 지었는지 모르겠습니다. 오늘날 해야 할 일 중에 이보다 더 중요한 것이 과연 없는 것입니까? 이것은 모두 개인적인 일만 챙길 줄 알지 정의를 해치는 것이 얼마나 부끄러운 일인지는 모르는 것입니다.

두려워할 만한 공론은 깊이 책망할 거리가 되지 못합니다만, 전하의 성명(聖明)으로 회복되어가는 국운을 위무하고 기울어지고 막힌 도를 도맡아 다스리는데도, 착한 사람의 일을 막는 참소가 횡행하고 충성을 드러내는 길은 넓지 않으니, 겨우 이어지던 나라의 기맥이 끊어지고 선비들의 기개가 더욱 꺾여버릴 것입니다. 이것이 제가 크게 한숨을 쉬면서 눈물을 흘려도 부족하여 반드시 통곡을 하게 되는 까닭입니다.

저는 본래 초야의 미천한 몸으로, 외람되게 과거에 급제하여 갑자기 언로(言路)에 올랐습니다마는, 만에 하나도 도움이 되지 않는다는 것을 잘 알고 있습니다. 그런데 하물며 지금 대간의 의론이 서로 큰 차이가 있어서 용납할 수가 없는데 있어서이겠습니까? 이조판서 남이공(南以恭)은

> 저와 평소 알지도 못하는데, 탐욕을 부렸는지 스스로 의심하여 저를 탄핵할 생각을 하였습니다. 그리고 그의 첩을 시켜서 혼인관계를 가탁하여 한 소반의 생선을 보내 저의 동정을 살피려 하였습니다. 아! 이런 일이 어찌 있을 수 있겠습니까? 그러나 이것은 모두 제가 못나서 생긴 일이니 간사한 이들이 하는 짓을 탄압할 것도 없습니다. 제가 비록 모나지는 않다고 해도 어찌 이런 큰 욕을 참고 간관의 자리에 있으면서 오명을 뒤집어 쓸 수 있겠습니까?[12)]

정언이 되자마자 올린 이러한 상소는 김상헌을 신구하려는 것이었지만, 남이공의 부적절한 행동을 언급한 것 때문에 오히려 당촌이 궁지에 몰리게 된다. 남이공은 소북(小北)에 속하는 인물로, 인조반정 때 파직을 당했다가 다시 기용되어, 병자호란 때 강화파의 대표적 인물인 최명길의 천거로 이조판서에 올랐다. 따라서 척화를 주장하던 김상헌과는 대립적인 관계에 있을 수밖에 없었다. 소북의 영수였던 남이공을 추종하던 이들이 계속해서 김상헌을 탄핵하니, 인조는 하는 수 없이 김상헌의 관작

12) 〈正言肅謝後, 伸救金淸陰尙憲疏〉, 《당촌집》 권3. “伏以國家自經大患 五載于今 庶幾懲前圖後 興衰補敗 使國勢有日新之效 而目今 朝廷之不協 日以益甚 黎元之愁痛 日以益深 若涉無津 莫知攸濟 此誠何時哉 而 殿下耳目之臣 未嘗知有國家之急 而惟以攻金尙憲爲一大事 臣未敢知尙憲何大罪 而今日之務 果無過於此者乎 然此皆徒知有私 而不知害正之可媿 公議之可畏者 有不足深責 而以 殿下之聖明 撫恢復之運 任傾否之道 而殄行之讒猶行 顯忠之路未恢 國脉將絶於僅續 士氣益摧於旣斬 此臣大息流涕之不足 而必至於痛哭者也 臣本草野微賤之蹤 濫竊科第 驟登言路 固知無補於萬一 而況今臺議 相與逕庭 不可苟容 而且吏曹判書南以恭 與臣素不相知 自疑貪濫之狀 掛臣彈章 使其妾假託連姻 饋之以一盤江鮮 以嘗臣動靜 噫 此物奚宜而至哉 然此莫非臣人微物輕 不足以憚壓奸細之致 臣雖無廉隅 何敢隱忍此大辱 而偃然於臺席之上 重取玷汚名器之譏哉”

을 삭탈하도록 하였다.[13] 그즈음에 위 글에서처럼 당촌이 김상헌을 옹호하면서 남이공을 공격하자, 사헌부 집의 이계(李烓), 지평 신유(申濡), 사간원 정언인 정지호(鄭之虎) 등이 그 사실을 미리 알고 역공을 펼쳤다. 그들은 모두 남이공을 추종하던 이였는데, 능창대군이 강화도에서 억울한 죽음을 당할 때 당촌의 부친이 교동현감으로 있었다는 점을 들어 탄핵하였다. 인조는 결국 김상헌을 파직하고, 당촌을 체차시켰다.[14] 그리하여 당촌은 문과에 장원급제를 하고도 제대로 관직생활을 해보지 못하고 귀향하게 되었다. 다음 시는 이때 당촌이 심회를 읊은 것이다.

세상만사 걸핏하면 잘도 뒤집히는데	萬事人間好覆翻
동서남북 당파싸움 말해서 무엇 하리.	東西南北更何論
새벽하늘 설월이 대낮 같이 밝은데	曉天雪月明如晝
필마 타고 유유히 고향으로 향하네.	匹馬悠悠指故園[15]

당촌은 자신이 탄핵을 당한 것은 결국 당쟁의 산물이었음을 말하고 있다. 그러나 그 복잡한 역학관계에 대해서는 더 이상 말하고 싶지 않았다. 대신에 눈 그치고 달이 휘영청 밝은 밤에 단출한 행색으로 고향 가는 길을 가리키는 자신의 모습을 묘사하고 있다. 겉모습이야 평온하게 말을 타고 가고 있지만, 딱 한 번의 상소로 청운의 꿈을 접어야 하는 당촌의 심정을 온전히 이해하기는 쉽지 않을 것이다.

---

13) 《인조실록》 37권, 인조 16년 11월 3일 기사.

14) 《인조실록》 37권, 인조 16년 11월 10일 기사.

15) 〈重被白簡 南歸途中作〉, 《당촌집》 권1.

세상 인정 더욱 더 가파르고 험악한데	世路人情益巇險
위기에 처한 모습 구절양장 한 가지네.	危機觸處是羊腸
곧은 도로 밝은 임금 섬기려 하였지만	但將直道于明主
어진 이 받드는 게 재앙 될 줄 알았으랴.	豈識尊賢抵大殃
담 떨어져 온어사(溫御史)를 좇지도 못하겠고16)	膽落未追溫御史
시 지어도 도리어 냉조양(冷朝陽)에 부끄럽네.17)	詩成還愧冷朝陽
몇 이랑 밭에서 나는 끝내 늙으리니	湖田數畝吾終老
공부자도 당시에 용사행장(用舍行藏) 하였지.	夫子當年舍則藏18)

이 시도 역시 탄핵을 받아 귀향할 때 쓴 것이다. 자신이 소를 올렸던 행동은 어디까지나 곧은 도로써 임금을 섬기려는 것이었기 때문에 자기가 이렇게 재앙을 당할 줄은 몰랐다고 말하고 있다. 하지만 마지막에 "등용되면 도를 실천하고, 버려지면 도를 간직한다.[用之則行 舍之則藏]"라고 한 공자의 말을 떠올리면서 위안을 삼고 있다. 그렇게 당촌은 관직을 떠나 고향으로 돌아오게 되었다.

---

16) 온 어사는 당나라 溫造를 가리킨다. 당나라 憲宗 때의 무장 李祐가 '칙명을 어기고 馬匹을 진상하였다.'는 이유로 侍御史 온조의 탄핵을 받았을 때, '내가 밤에 蔡州에 들어가 吳元濟를 잡을 때에도 마음이 흔들리지 않았었는데, 오늘은 溫御史에게 담이 떨어졌다.'라고 한《舊唐書》〈溫造傳〉의 내용을 인용한 것이다. 탄핵을 받아 기세가 움츠러든 마음을 그대로 드러낸 것이다.

17) 冷朝陽은 당나라 때 시인으로, 진사에 급제하였으나 벼슬을 기다리지 않고 즉시 강녕으로 귀향하여 어버이를 찾아뵈었는데, 당시의 저명한 시인들이 크게 전별연을 베풀고 시를 지어주었다. 냉조양은 나중에 감찰어사까지 지냈다.

18) 〈重被白簡 浩然南歸 途中有作〉,《당촌집》권2.

2) 퇴거 시기

당촌은 1638년에 체직되었다가 1649년에 다시 관직에 나아가기까지 11년 동안 고향에서 지내게 되었다. 이 기간은 30대 초반에서 40대 초반까지이니, 가장 왕성하게 활동할 나이이다. 따라서 고향으로 돌아와 말년을 보내게 되는 경우와는 사뭇 다르다고 할 수 있다.

당촌은 퇴거 기간 동안 많은 일을 하였던 것으로 보인다. 그 과정에서 적지 않은 분량의 시도 남겼다. 우선 대표적인 저술로는《당촌한화》를 들 수 있다. 물론《당촌한화》가 최종적으로 완성된 시기는 1653년경일 것으로 짐작되지만,[19] 기록된 내용으로 보아 작고하기 직전에 건강도 좋지 않았던 당촌이 그 많은 분량을 한꺼번에 모두 기록하기는 어려웠을 것이다. 만일 틈틈이 기록한 것을 모아두었다가 나중에 한꺼번에 엮었다고 한다면 퇴거시기에 많은 작업이 이루어졌을 것으로 추측할 수 있다.

당촌은 퇴거 기간에 지은 시가 그다지 많은 편이 아니다. 당촌의 일생

---

19) 이에 대한 논의는 〈당촌 황위와 당촌한화〉라는 논문에서 다음과 같이 논증하였다. "《당촌한화》는 대체로 당촌 말년에 씌어진 것으로 보인다. 필사본 33화에 遁谷 金壽賢(1565~1653)에 관한 기사가 나오는데, 김수현을 '四宰'라고 일컫고 있다. 사재란 의정부의 우참찬을 가리키는 말로, 영의정과 좌의정, 우의정에 이어 네 번째 재상이란 뜻이다. 그런데《孝宗實錄》에 의하면 김수현은 1650년에 대사헌이 되었고, 그 이후 벼슬에 대한 얘기가 없다가 1653년에 '우참찬 김수현이 죽었다.'는 기사가 나온다. 만일 우참찬으로서 역할을 했다면 승진이 되었을 때의 기사가 있을 것인데, 그런 기사가 없는 것으로 보아 별세하기 직전에 우참찬이 되었을 가능성이 많다. 그렇다면《당촌한화》는 김수현의 사후에 씌어졌을 가능성이 농후하다. 그런데 당촌도 김수현이 별세한 이듬해에 별세하였기 때문에,《당촌한화》가 그리 오랜 기간에 씌어진 게 아니라면 1653년에서 1654년 사이에 씌어졌을 것으로 짐작해볼 수 있으며, 1654년 정월에 평양서윤을 그만두고 고향에 돌아와 한가히 지내던 시절에 썼을 가능성이 높아 보인다. 그러나 과거를 볼 때의 이야기 등 젊은 시절에 겪은 사건이 자세하게 기록되어 있는 것으로 보아 그때그때 적어둔 것을 상자에 모아두었던 것인지도 알 수 없는 일이다.(황의열,《한문학보》21호, 우리한문학회, 2009. pp,593~594) 참조

을 놓고보면 이 시기는 황금기라고 할 만큼 활발한 활동을 할 시기이지만, 막상 남아 있는 작품들을 보면 기간에 비해 양적으로도 결코 많다고 할 수 없다. 그러나 훨씬 더 많은 시작을 했는데 《당촌집》 편찬 과정에서 제외되었을 수도 있다. 가령 함경도 도사 시절에 지은 시도 《북관일기(北關日記)》에서는 처음 3,4개월 동안 지은 시만 몇 백 수가 된다고 하였는데,[20] 《당촌집》에 실린 시는 함경도와 관련된 시가 50수 정도밖에 되지 않는 것으로 보아, 《당촌집》 편찬 과정에서 상당수의 시편이 산삭되었을 것이라고 짐작할 수 있다. 또 《북관일기》 자체도 전체의 약 3분의 1 분량만 문집에 실린 것에서도 비용 등의 문제로 내용을 최소한으로 산삭했을 가능성을 점칠 수 있다. 따라서 퇴거시기에 지은 작품도 문집에 남아 있는 것보다는 많았을 가능성이 많다. 하지만 다른 시기의 작품 수와 비교해 보아도 퇴거시기의 시작이 상대적으로 그다지 많지 않은 게 사실이다. 이것이 의미하는 것은 무엇인가? 이것은 아마도 당시 당촌의 정신 상태를 나타내는 것이 아닌가 한다. 실의에 빠지기에는 너무나 젊었던 당촌은 음풍영월로 시간을 보내기보다 교육과 학문 탐구에 몰두하였던 것으로 보인다.

설령 네 애비가 벼슬길을 달린대도	設令乃父揚雲路
가문을 잇지 못하면 조상 욕보임이라.	子不承家奈辱先
몇 해 동안 한가하여 네 공부를 이뤘으니	數載得閑成爾學

---

20) 《북관일기》 1649년 10월 23일 조. "遍踏南北關 歸臥空館 默想其形勢 眞男兒壯遊也 計前後馬上詩 各體幾百餘首 胷襟豁然 如有所得 鞍馬之役 雖云苦矣 不可謂無所獲"

가는 곳마다 성은이 하늘처럼 크도다.　　聖恩隨處大如天21)

맏아들 숙구(俶龜)의 학문이 진보하는 것을 기뻐하여 지은 시이다. 당촌이 자식 교육에 몰두했음을 짐작할 수 있으며, 실제로 3남 신구(信龜)는 상당한 수준에 도달해 있었음을 그의 문집을 통해 알 수 있다. 다만 여기에서 자식이 학문적으로 성장할 수 있었던 것도 모두 성은이라는 말은 자조적인 말로 들릴 수도 있겠으나, 다른 곳에서도 일관되게 인조에 대한 연모의 정을 나타내는 것을 보면 진정성이 있는 말이 아닐까 한다.

실제로 당촌은 체직되어 있으면서도 마지막까지 인조를 잊지 못하고 있었다. 인조가 승하한 1649년에 지은 〈기몽시(記夢詩)〉와 그 서문에서 다음과 같이 말하고 있다.

> 기축년(1649) 6월 초열흘 밤 꿈에 송나라 사마속수선생(司馬涑水先生)을 보았다. 선생이 시를 몇 수 지었는데, 꿈속에서는 또렷하였던 것이 깨고 나니 아무 것도 생각이 나지 않았다. 나도 세 수를 지었는데 한 수만 기억이 난다. 그것은 바로 인조대왕을 곡한 시였다. 가만히 생각해 보니, 송나라는 벌써 7백여 년 전이고, 거리도 수만 리나 떨어져 있는데, 단정하고 엄격한 모습이 마치 어제 본 듯하였다. 무언가 감응이 있지 않고서 어찌 이럴 수가 있겠는가? 또 하늘이 우리나라를 도와 속수선생 같은 분을 내려주려고 미리 꿈에 조짐을 보여준 것이 아니겠는가? 알 수 없는 일이다. 아! 알 수 없는 일이다.

---

21) 〈錫兒文藝大造 忻幸成句〉, 《당촌집》 권1.

혁혁하게 빛나는 우리 임금님	赫然我聖上
즉위하신 지 올해 스물일곱 해.	登御卄七霜
머리 흰 신하는 살아남아서	白首小臣在
하늘 끝 멀리에서 눈물 흘리네.	天涯淚滿裳[22]

인조가 1649년 5월 8일에 승하하고 나서 약 한 달 후인 6월 11일에 문상 길을 떠났는데, 이 시는 출발 전날 지은 것이다. 당촌으로서는 자신의 환로를 막아버린 인조에 대해 충성과 원망의 마음이 교차하였을 것인데, 그래도 나라 걱정으로 마음을 졸이는 모습을 보여주고 있다.

이렇게 인조를 애도하였지만, 곧 이어 이 시에 차운하여 지은 시에서는 새로운 희망을 노래하고 있다.

아아! 훌륭하신 새 임금님께서	猗歟新聖王
은혜와 위엄을 아우르셨네.	恩雨倂威霜
사마온공 같은 분의 도움을 얻어	倘得溫公佐
순임금 같은 정사를 펼치시겠지.[23]	從看補舜裳[24]

당촌이 사마광을 꿈에 보았기 때문에, 그런 사람이 나타나 임금을 도

22) 〈記夢詩〉, 《당촌집》 권1.

23) 원문의 '補舜裳'은 杜牧의 장편시 〈郡齋獨酌〉의 "평소에 오색 실로 순임금의 옷을 깁기 바랐네.[平生五色線, 願補舜衣裳.]에서 가져온 말이다. 〈군재독작〉은 두목이 40세 전후하여 지은 시로, 두목이 자기의 반평생의 경력을 총정리한 것으로 평가받는 작품이다.

24) 〈次夢詩〉, 《당촌집》 권1.

와 요순시절 같은 태평성대를 이루기를 희망하는 내용을 담은 것이다. 모친의 병간호를 하고 있던 당촌은 이 시를 지은 직후 국상에 곡을 하러 도성을 향하여 출발하였는데, 가는 도중 충청도 이성현(尼城縣)에서 우연히 지인을 만나 함경도 도사에 제수되었다는 소식을 듣게 되었다. 이튿날 당촌은 다음과 같은 시를 지었다.

12년 동안이나 황 정언이라 불려	十二年稱黃正言
허명으로 사간원을 욕보인 게 부끄러웠네.	虛名每愧忝薇垣
이제야 관직명을 바꾸게 되었으니	如今始得官啣改
재주도 없이 중번을 도울 일이 두렵네.	又恐非才佐重藩[25]

잠깐 정언 직을 지낸 것 때문에 사람들은 황 정언이라고 불러주었을 것인데, 그것이 본인에게는 부담이 되었던 것이다. 이제 함경도 도사가 되었으니 그 호칭을 바꿀 수 있어서 홀가분한 기분이 드는 한편, 갑자기 중요한 변방의 일을 맡아 가는 것에 대해 두려움이 있다는 것을 솔직히 고백하고 있다. 이렇게 하여 당촌은 문상길이 그대로 부임길이 되어버렸다.

3) 복관 이후

당촌이 7월 5일에 한양에 당도하여 국상에 곡을 한 후 가장 먼저 한 일은 선친의 무고함을 변명하는 것이었다. 이계(李烓) 등의 탄핵을 받아 자신이 체차되기에 이르렀지만, 당촌은 자신이 체차되었다는 사실보다

25) 《북관일기》 필사본. 1949년 6월19일 조. 《당촌집》 소재 〈북관일기〉에는 6월 18일 조에 실려 있다.

선친이 모함을 받았다는 것이 가장 큰 아픔이었다. 그것도 자신이 탄핵을 받는 과정에서 선친에게 욕이 돌아갔으니 더욱 견딜 수 없는 노릇이었다. 소를 올리는 시기가 적절치 않다는 의견이 많았지만,[26] 그래도 자식이 아버지 일을 하는데 시기를 가릴 수 없다고 판단하고 곧바로 〈진변선무소(陳辨先誣疏)〉를 올렸다.[27] 이 상소에서 당촌은 부친이 능창군을 죽게 한 것이 아니고, 오히려 보호하기 위해서 얼마나 애를 썼는지를 조목조목 사리를 따져 거론하였다. 그리고 이어서 다음과 같이 자신의 억울함을 피력하였다.

> 돌아가신 부친은 이미 앞 조정에서 온전히 석방해주는 은전을 입었고, 지금의 조정에서도 역시 그 일이 극히 잘못 되었음을 알고 있습니다. 당초에 적신 이계가 일이 해괴하게 벌어진 것을 틈타서 쫓아내려고 꾀한 것에 지나지 않습니다. 그리하여 돌아가신 부친의 그럴듯하지도 않은 얘기로 저를 곤경에 빠뜨릴 자료로 삼았으니, 못난 저 때문에 부친은 석방된 후에 예기치 못한 모함을 듣게 되었던 것입니다. 제가 비록 시골구석에 있으면서도 오히려 낯을 들고 다니면서 사람들 사이에 나란히 있을 수가 없었는데, 하물며 감히 얼굴을 대하여 수치를 당하면서 조정 인사들의 자리 끝에 드나들 수가 있었겠습니까?[28]

---

26) 《북관일기》 필사본. 1949년 7월15일 조. 이 기사에 의하면 閔光勳을 제외한 사람들은 대체로 시기가 좋지 않다는 이유로 만류하였던 것으로 보인다.

27) 〈家狀〉, 《당촌집》 권7.

28) 〈陳辨先誣疏〉, 《당촌집》 권3. "亡父旣蒙 先朝全釋之恩 卽今朝著之間 亦知其極枉矣 當初賊烓之計 不過乘駭機已發之時 謀欲斥逐 至以亡父不近之說 以爲陷臣之資 則緣臣不肖 橫被不測之讒於已釋之後 臣雖於鄕曲閭巷之間 尙不可擧頭開顔 得齒於人士之類 況敢靦面冒恥 出入趨蹌於衣冠之末乎"

이 상소는 승정원으로 올라가고, 승정원에서는 이조로 이송하니, 이조에서는 다음과 같이 회계(回啓)하였다.

본조의 문서가 이미 없어져버렸고, 세월도 많이 지나 자세히 알기 어렵거니와, 대개 능창대군의 원통한 일은 지금까지 듣는 사람들이 모두 슬퍼하고 있습니다. 계해년 반정을 했던 초기에 당시 별장 이응성(李應星)은 추국을 받고 곤장을 맞아 죽었는데, 황모(黃某)는 이응성과 같이 악행을 저질렀다는 이야기가 하나도 없었고, 그가 옥에 갇혔을 때 재상 이하 많은 신하들이 억울한 정상을 아뢰어 대행대왕이 특별히 석방해 주었으며, 관작도 깎으라는 명이 없었습니다. 이로써 보건대 다시 심리를 해야 할 사유가 별로 없거니와, 그 후 대간에서 그 아들을 탄핵한 것은 알 수 없는 점이 있는데, 이제는 이미 관리의 명단에 오르고 임금의 낙점을 받았으니, 어찌 그 일에 연루되어 폐기되었다고 할 수 있겠습니까?29)

이 회계에 의하여 당촌이 탄핵을 당한 것이 타당한 일은 아니었다는 것이 어느 정도 확인되었다고 할 수 있다.

당촌이 인조의 문상을 하고 이어서 대행대왕(大行大王)을 비롯해서 대

---

29) 〈陳辨先誣疏〉, 《당촌집》 권3. "本曹文籍既爲散失 歲月且久 有難詳知是白在果 大槩綾昌大君寃痛之事 至今聞者莫不嗚咽爲白乎矣 癸亥反正之初 其時別將李應星 則卽加推鞫 斃於杖下 而至於黃某 則一無應星援引同惡之說 及其逮獄之時 相臣以下陳啓寃枉之狀 大行大王特垂渙釋 爵名亦無鐫削之命 以此見之 則別無更爲伸理之事是白去乎 厥後臺諫之論劾其子 有未可知 到今既通仕籍 至蒙天點爲白去乎 豈至於連累廢棄之地乎"

전(大殿), 중전(中殿), 대비전(大妃殿), 동궁전(東宮殿)에 차례로 인사를 하였다. 또 도성에서 많은 사람들을 만나고 개인적인 문상도 하고 변무소도 올렸다. 그리고 7월 25일에 동대문을 나서서 함경도로 향하여 8월 3일에 함흥에 당도하였다.

당시에 함경도의 감사는 마침 당촌의 족숙이 되는 지천 황정욱의 외손자 이후원(李厚源 1598~1660)[30]이었다.[31] 이후원은 당촌이 도착한 지 5일 만에 당촌에게 아침 문안인사를 그만두고 아무 때나 와서 보라고 하였다. 그것은 아마도 자기가 지위가 높고 나이가 많지만 촌수는 한 항렬 아래였기 때문이었을 것으로 보인다. 하지만 당촌은 아무리 가까운 사이라 할지라도 상하관계가 분명할 뿐만 아니라, 감영은 아랫사람이 편복을 입고 감사를 개인적으로 만나는 장소가 아니라고 하면서 끝까지 아침 문안인사를 계속하였다.[32] 여기에서 공사를 구분하는 당촌의 모습을 볼 수 있다.

감영에 도착한 지 10여 일 지난 후 8월 16일에 다시 출발하여 함경도

---

30) 이후원(李厚源)의 자는 士晉, 혹은 士深, 호는 迂齋이며, 인조반정 후 靖社功臣 3등으로 完南君에 봉해졌다. 芝川 黃廷彧의 외손자로, 단양군수 시절에 《지천집》을 간행하였고, 〈지천연보〉를 정리하였으며, 황정욱의 사위 홍서봉이 쓴 신도비문을 비에 새겨 세우는 데 비용을 조달하였고, 따로 자신이 직접 지은 〈陰記〉를 새겨 묘 앞에 세웠다. 또 선조가 하사한 어제시를 돌에 새겨 두고, 임종에 즈음해서 宋時烈에게 편지를 보내 묘지명을 지을 때 그 내용을 넣어 달라고 부탁하였다. 벼슬은 충청도 관찰사, 대사간, 대사헌, 형조참판, 예조판서, 이조판서 등을 지냈다.

31) 이후원은 당촌이 도사로 부임하던 1649년 11월 25일에 임기가 만료되었고, 12월 19일에 형조참판에 임명되어 감영을 떠났다. 새로 부임한 관찰사는 鄭世規(1583~1661)였다.(《迂齋集》 부록, 〈家狀〉)

32) 《북관일기》 필사본. 1649년 8월 8일 조. "巡相勸止問安禮 使之不時來見 余意以爲雖相親之間 上下之官 體貌嚴截 且營門非下官便服私覿之所也 況問安之禮 不可廢 朝前陪話 亦未云不足 終始不變所見 巡相頗以爲固"

경내를 순시하고, 9월 21일에 다시 함흥부 감영에 돌아오게 된다. 그러니까 본격적인 근무를 시작하기 전에 먼저 함경도 일대를 시찰한 것이다.[33] 당촌은 함경도 경내를 여행하면서 주민들의 생활고를 목도하였고, 그들에게 민폐가 되는 일을 임금에게 보고하는 소를 올렸다.

> 신이 8월 3일에 감영에 당도하여 열이틀 동안 머물다가 이내 복심(覆審)[34]을 하기 위해 출발하였습니다. 삼수(三水)와 갑산(甲山)을 지나고, 육진(六鎭)을 두루 거쳤는데, 오고 간 거리가 4,100여 리나 됩니다. 바람과 서리, 홍수와 가뭄을 겪은 나머지 흉년과 기근의 참상을 신은 가는 곳마다 목도하고 관찰사에게 보고하였습니다. 관찰사도 이미 자세히 아뢰었으니 신이 다시 덧붙일 필요는 없기에, 일단은 당장 도내에서 벌어지는 절박한 폐단을 다음과 같이 조목조목 나열합니다. 엎드려 바라옵건대 성명(聖明)께서는 사람 때문에 말을 폐하지 마시고, 잘 변통하도록 묘당에 특별히 영을 내리셔서 먼 지방에서 죽어가는 백성들이 죽음의 구렁텅이에서 눈을 비비고 나올 수 있게 해주시면 천만다행이겠습니다.[35]

---

33) 이 시찰 길은 당촌이 줄곧 일기를 썼기 때문에 그 노정을 모두 알 수 있다. 함흥을 출발해서 북청까지 올라간 뒤 내륙으로 방향을 틀어 甲山과 三水까지 올라간 다음, 다시 端川으로 내려와 吉州 明川 鏡城을 지나 富寧을 거쳐 會寧까지 올라갔다가, 慶原 穩城 등 함경도 최북단을 두루 돌아보고, 阿吾地 慶興 등을 거쳐 동해안을 따라 함흥 감영으로 돌아와 여정을 마친다.

34) 복심(覆審) : 심리를 신중하게 하기 위해 한 번 심리가 끝난 것을 다시 심리하는 것을 말함.

35) 〈上咸鏡道民弊疏〉, 《당촌집》 권3. "伏以螻蟻微臣 猥沾殊渥 起廢佐幕 出於望外 感激之至 繼之以泣 絲毫之補 誓不憚身 臣於八月初三日到營 留十二日 卽發覆審之行 出入三甲 遍歷六鎭 往來於四千數百餘里之地 風霜水旱之餘 凶荒饑饉之慘 臣隨卽目見馳報於道臣 道臣亦旣詳悉啓聞 臣不必更贅 姑將道內目前切迫之弊 條列其槩如右 伏願 聖明 勿以人廢言 特令廟堂 善爲變通 使遐方垂死之民 庶及拭目於塡壑之前 千萬

상황을 정확하게 파악하고 일 처리를 신중하게 하기 위하여 직접 현장을 시찰하러 나선 것이다. 그리고 미처 시찰을 마무리하기도 전에 즉시 소를 올려 폐단을 논하였다. 《북관일기》에 의하면 이때 아홉 가지 폐단에 대하여 진술하였는데, 소를 쓰다 밤 이경(二更)의 고각 소리에 놀라 보니 달빛이 창에 가득하였다고 하였다.[36] 오랜 기간 퇴거했다가 다시 백성을 위해 일하게 된 당촌의 열성이 엿보인다.

이듬해인 1650년 2월 11일에 모친을 찾아뵙기 위해 휴가를 얻어 귀갓길에 올라, 2월 25일에 남원에 도착한다. 그리고 약 50일 간의 휴가를 보내는데, 이때는 일기를 쓰지 않았다. 4월 17일에 다시 남원에서 출발하여 5월 3일에 함흥에 당도한다. 《북관일기》는 이 이후로도 꾸준히 씌어져 같은 해 11월 8일 고향으로 돌아오는 날까지 계속된다. 《북관일기》에 관한 자세한 내용은 별도의 연구가 필요하다.

당촌은 함경도에서 돌아오는 길에 양주(楊州)의 석실(石室) 별장으로 김상헌을 찾아뵈었다. 이때 82세의 김상헌은 1651년 5월에 인조의 대상(大祥)에 나아갔다가, 사직서를 올리고 석실로 돌아와 있었다.

적적하고 고요한 깊은 산속에	寂寞深山裏
쓸쓸한 마을에 외나무다리.	荒村獨木橋
조용히 석실에서 모시고 있는데	從容陪石室
여러 가지 생각으로 문소(聞韶)[37]를 얘기하네.	多意說聞韶

幸甚"

36) 《북관일기》 필사본. 1649년 9월 12일 조.

37) 聞韶는 함흥부 객사 이름이다. 본래는 누각의 이름이었던 것이 누각이 허물어지고

외딴 변방은 겨울 지내기 괴롭고　　絶塞經冬苦
빈 서재는 쪽문 닫아 적막하네.　　空齋閉閤寥
곡진하게 다시 가르침을 받드니　　丁寧更承誨
갈 길 먼 것을 깨닫지 못하겠네.　　不覺去途遙[38)]

김상헌은 당촌이 탄핵을 당하게 된 중요 원인이 되었던 인물이다. 그러나 이 시의 어디에서도 그에 대한 원망이나 미련의 흔적을 찾아볼 수 없다. 김상헌은 당촌에게 "문소는 여전하던가?"라 하고, 또 "그대는 외딴 변방에서 해를 넘겼는가?"라 하면서[39)] 다정하게 얘기하였다. 당촌이 함경도 도사가 되어 떠나기 직전에 김상헌은 당촌의 조부 황진을 모신 사당인 정충사 비문을 지어주기도 하였으니,[40)] 그동안에도 교류가 있었음을 알 수 있다.

함경도에서 돌아온 1650년 겨울부터 평양서윤으로 나간 1652년 10월까지 약 2년 동안의 행적은 아들 황숙구(黃俶龜)가 쓴 〈가장〉에도 드러나 있는 것이 없다. 당시 임금 효종은 당촌에 대해 부정적인 인식을 갖고 있었는데, 이조판서 이후원(李厚源)이 적극적으로 변론을 해서 오해를 풀었다.[41)] 그리하여 1652년 10월에 평양서윤으로 부임하게 되었다. 9월에

난 후 객사의 이름이 되었다. (《북관일기》 1649년 8월 3일 조 참조.)

38) 〈歸路 歷拜淸陰 用聞韶館韻 記淸爺說話〉, 《당촌집》 권1.

39) 〈歸路 歷拜淸陰 用聞韶館韻 記淸爺說話〉, 《당촌집》 권1. "石室 卽淸爺山居村名 卽問余曰 聞韶館依舊否 又問曰 君絶塞經歲乎"

40) 《북관일기》 필사본. 1649년 7월 16일 조.

41) 〈家狀〉, 《당촌집》 권7, 부록. "一日於筵席語之曰 日昨魚川之望 予論極擇 如黃暐者 昏朝濁亂之人 以爲曾經臺侍 而擬其首何也 李公厚源爲銓相 對曰 黃暐先朝戊寅 始登第 豈有託跡昏朝之事 名相之後 忠臣之孫 爲人亦佳 曾爲正言 恚之者以其父喬桐時

부임길에 오르면서 당촌은 두 아들에게 판여(板輿)[42]를 모시고 따라오게 하였는데, 각각에게 〈서행창수록(西行唱酬錄)〉이라고 쓴 작은 책자를 하나씩 주고, 가는 길에 지은 시를 적게 하였다.[43] 그리고 자신도 회포를 펼쳤다.

요천수 풍경을 오래 독차지하고	蓼溪風景久能專
갈매기 백로 떼와 십오 년을 지냈네.	鷗鷺爲羣十五年
임금의 은혜 깊어 거듭 등용하시니	聖主恩深重起廢
대동강 경치와도 인연이 있구나.	浿江烟月亦寅緣[44]

평양서윤이 된 당촌은 토호들의 세력다툼을 핵실하는 과정에서 뇌물을 받았다는 모함을 받고 즉시 벼슬을 버리고 돌아갔다. 얼마 지나지 않아 토호들의 잘못이 드러나 모두 붙잡히고, 관찰사가 조정에 계를 올려 임금으로부터 복귀하라는 명이 있었다. 그러나 이미 한양에 도착한 당촌은 하필 그때 배에 종기가 나서 귀임하지 못하고, 1654년 정월에 가마를 타고 고향으로 돌아갔다. 귀향 후 한가하게 지내다가 4월에 갑자기 질병에 걸려 3일 만에 작고하였다.

事誣之 光海旣遣別將 使本縣無所與焉 則有何可罪乎 其事具仁垕實知之 仁垕又繼之曰 其時縣監 初無擧論 而臣以爲事體不可但置云 遂至於拿問 人以爲寃矣 上欣然傾聽 未幾除平壤庶尹"

42) 板輿 : 老母를 편히 모실 수 있는 푹신한 가마를 말한다.

43) 〈西征錄〉,《雲溪集》 권1.

44) 〈十月初四日 發行 -時新除箕城尹 作肅謝行〉,《당촌집》 권1.

4. 당촌의 학문

1) 사승 및 교우관계

당촌은 지금 남원시 주생면 지당리에 살았는데, 가까운 곳에 현곡(玄谷) 조위한(趙緯韓) 기암(畸庵) 정홍명(鄭弘溟)[45] 등이 살고 있어 당촌은 편지를 보내고 교유하였다.《당촌한화》에는 당촌이 아주 어렸을 때 정홍명에게 배웠다고 하는 언급이 있다.[46] 또 정홍명의 제문에서 당촌은 다음과 같이 말하였다.

> 선생은 다른 사람들을 인정해주는 경우가 매우 적었는데, 외람되게도 못난 나를 못났다 하지 않으셨다. 생각해보면 옛날에 조용히 술잔을 나누며 깊은 밤에 시냇가 초당에서 소자가 혼자 모시고 있었는데, 두 번 세 번 돌아보시고 당부하는 말씀이 있었다. 소자가 어찌 감당하리요마는 마음만은 골육지친이나 다름없었다. 이제 와서 생각해보면 슬픔이 가슴을 메운다.[47]

그리고 만년에는 신독재(愼獨齋) 김집(金集, 1574~1656)의 문하에 들어

---

45) 조위한은 계축옥사에 연루되어 벼슬에서 쫓겨난 후 1618년부터는 남원에서 은거하였다. 정홍명도 1616년에 문과에 합격했으나 削榜당하고, 인조반정이 있을 때까지 고향으로 돌아와 있었다.

46)《당촌한화》(황위 저, 황의열 역주, 보고사, 2011) 제65화. p.132. "余最少時, 受業於畸翁."

47) 〈祭畸菴鄭先生文〉,《당촌집》 권5. "先生於人 許可絶少 猥以庸瑣 不謂不肖 念在疇曩 從容杯酒 深夜溪堂 小子獨侍 再三顧眄 云有所託 小子何敢 情則骨肉 及今思之 悲來塡臆"

갔다. 또 운학(雲壑) 조평(趙平 1569~1647)의 문하에도 드나들었던 것으로 보인다. 조평은 경상도 함안(咸安) 출신으로서 한강(寒岡) 정구(鄭逑, 1543~1620)의 문하에서 수업을 하였지만, 24세 때 임란을 피해 전라도로 갔을 때는 사계(沙溪) 김장생(金長生 1548~1631)의 문하에 들어가 공부하였다. 50대 때와 70대 때 임실(任實)에서 살았으니, 당촌이 살던 남원과는 그리 멀지 않았다. 당촌은 문하생들이 공동으로 조평의 제문을 짓는 데에 참여하였고, 당촌의 셋째 아들 운계(雲溪) 황신구(黃信龜)는 조평의 행장을 지었다.[48] 그 외에도 우산(牛山) 안방준(安邦俊, 1573~1654)과 포저(浦渚) 조익(趙翼, 1579~1655) 등에게서 도의로 인정을 받았으며, 문장으로는 석루(石樓) 이경전(李慶全, 1567~1644) 백주(白洲) 이명한(李明漢, 1595~1645) 등의 추대를 받았다. 동향의 양경우(梁慶遇, 1568~?)는 문한으로 자임하였는데, 당촌의 작품을 볼 때마다 자기가 무릎을 꿇어야 되겠다고 하였다고 한다.[49]

《북관일기》는 당촌의 교유 관계를 살펴보는 데 매우 중요한 단서를 제공하고 있다. 당촌이 국상에 곡을 하러 갔을 당시, 7월 3일에 한양에 당도하고, 7월 25일에 함흥을 향해 출발하는데, 그 사이 약 20일 동안 당촌은 수많은 사람들을 만나고 다니고, 또 많은 사람들이 사람을 보내 당촌의 안부를 묻는다. 이들과의 만남을 모두 면밀히 분석하면 당촌의 교유관계를 보다 자세히 밝힐 수 있을 것이다.

당촌의 만시를 지은 인사들 중에는 이름이 널리 알려진 사람이 많다. 위에서 거론한 사람들 외에도, 이후원(李厚源), 이경석(李景奭), 윤선거(尹

48) 〈先考庶尹府君家狀〉, 黃信龜, 《雲溪集》 권9

49) 이상의 내용은 당촌의 아들 黃俶龜가 쓴 〈家狀〉에 들어 있다.

宣擧)·윤원거(尹元擧) 형제, 홍처량(洪處亮)·홍처대(洪處大) 형제, 채유후(蔡裕後), 남노성(南老星), 민광훈(閔光勳), 조복양(趙復陽) 등 제제다사들이 당촌의 만시를 지었다.

당촌의 시에 등장하는 인물들은 거의 90여 명에 달하는데, 이 가운데 실제 교유의 대상이었을 것으로 추정되는 사람이 80명 정도는 된다. 이 또한 당촌의 교유의 폭을 보여준다고 할 수 있을 것이다.

2) 저술 활동

《당촌집》에 실린 글은 평생에 지은 시문을 모아둔 것인데, 개별 작품이 언제 지어졌는지 모두가 확인 가능한 것은 아니다. 먼저 《당촌집》의 구성을 보면 다음과 같다.

권1: 시 166제 195수

권2: 시 85제 104수

권3: 소(疏) 3편, 서(書) 1편, 잡저(雜著) 5편

권4: 서(序) 7편, 기(記) 2편

권5: 발(跋) 2편, 잠(箴) 1편, 상량문(上梁文) 2편, 격(檄) 1편, 제문 2편, 행장 2편

권6(부록): 만시(挽詩) 45편

권7(부록): 가장(家狀)·묘갈명·신도비명·절의록(節義錄)·풍계서원상향축문(楓溪書院常香祝文)·정려기(旌閭記)·증이의회계(贈吏議回啓)·가증이참회계(加贈吏參回啓)·정려회계(旌閭回啓)·예조입안(禮曹立案) 각 1편, 당촌집발(塘村集跋) 3편

《당촌집》 1권에는 오언절구 22수, 칠언절구 100제 118수, 오언율시 44제 55수가 실려 있고, 2권에는 칠언율시 76제 95수, 오언배율 5수, 칠언배율 2수, 칠언고시 2수가 실려 있어, 도합 251제 299수의 시가 전해지고 있다.

각 형식별 작품의 배열순서에 대해서는 별도의 언급이 없다. 하지만 적어도 작시의 시기를 알 수 있는 것은 시간의 순서에 따라 수록한 것으로 보인다.50)

특기할 만한 것은 당촌이 퇴거하고 있었던 기간에 저작활동이 특별히 활발해진 정황을 찾을 수 없다는 것이다. 당촌은 뜻하지 않게 벼슬자리에서 물러나게 됨으로 인해 많은 여가를 얻을 수 있었다.

그러나 그 여가를 음풍영월로 보내기에는 당촌의 나이가 너무나 젊었다. 한창 열정적으로 일을 할 나이에 고향으로 돌아온 당촌이 힘썼던 것은 독서와 교육이었던 것으로 보인다. 《절의록(節義錄)》에서는 당촌이 퇴거한 이후의 삶을 "오로지 성리서(性理書)에 마음을 쏟고, 격물치지(格物

50) 그렇게 판단하는 근거는 다음과 같다. 작품 수가 가장 많은 형식이 칠언절구인데, 거기에 실린 100제의 작품을 보면 함경도의 지명이 드러나 있거나, 함경도를 왕래하는 중간에 소재한 지역명이 드러나 있는 작품이 48번째부터 71번째까지에 모아져 있다. 그 중에는 제목이나 내용으로 보아 작시 지역을 특정할 수 없는 작품이 섞여 있기는 하지만, 다른 지역에서 지은 것이 분명한 작품은 하나도 없다. 다른 형식도 비슷한 양상을 보이고 있는데, 칠언율시 76수 중 58번~65번, 오언율시 44수 중 24번~34번, 오언절구 22수 중 14번~17번의 작품에서 함경도 관련 지명이 나온다. 이것은 각 형식의 작품이 모두 시간의 순서에 따라 편집이 되었을 것임을 짐작하게 하는 것이다. 따라서 함경도에 있을 때 지은 시의 앞쪽에는 상당부분이 퇴거시기에 지은 시들로 채워졌을 것이다. 또 칠언절구 22번째 〈重被白簡 南歸途中作〉이란 시와 칠언율시 31번째 〈重被白簡, 浩然南歸, 途中有作〉이란 시는 탄핵을 받아 집에 돌아갈 때 지은 작품이므로, 그 앞쪽은 체직 이전에 지은 작품이고, 그 뒤쪽은 체직 이후의 작품일 것으로 짐작할 수 있다.

致知)의 공부에 힘을 쏟으니, 문하로 달려오는 사람들이 마치 용문에 오르듯이 하였다."라고 하였다.[51] 당촌의 셋째 아들 황신구의 문집《운계집(雲溪集)》의 내용을 보면 특히 경학 방면에 조예가 깊었던 것을 알 수 있는데,[52] 이 또한 당촌의 영향이 컸을 것으로 짐작된다. 또《용성지》〈효자〉 조에 나오는 장열(張悅)이란 사람은 당촌에게서 배웠으며, 성리학을 궁구한 것으로 기록되어 있다.[53]

《당촌한화》는 1654년 정월에 평양서윤을 그만두고 고향에 돌아와 한가히 지내던 시절에 정리했을 가능성이 높다. 그러나 당시에 당촌의 건강이 그다지 좋지 않았으므로, 적지 않은 분량의 글을 한꺼번에 쓸 수 있었을 지에 대한 의문을 지울 수 없다. 또 과거시험을 볼 때의 이야기 등 젊은 시절에 겪은 사건이 자세하게 기록되어 있는 것으로 보아 그때그때 적어둔 것을 상자에 모아두었을 가능성도 배제할 수 없다.[54] 그렇다면 시간도 많고 건강도 좋았던 시기였을 퇴거 당시에 틈틈이 적어 두었던 것을 모으고, 말년에 몇 가지 내용을 추가하였을 것이라는 추측도 가능하다.

---

51) 〈節義錄〉,《당촌집》 권7, 附錄. "遂退居塘村 專意於性理之書 用力於格致之工 摳衣者若登龍門"

52) 《운계집》 권5의 〈大學箚疑〉와 권6의 〈瑣瑣錄〉, 〈內省錄〉 등은 모두 경학이나 성리학 관련 저술이며, 그 외에도 학술적 성격의 단문이 많이 있다.

53) 《용성지》 권6, 〈효자〉, "張悅……受業於正言黃暐之門, 窮探性理之學"

54) 《당촌한화》는 매우 다양한 내용을 담고 있다. 본인이 보고 들은 경험담, 남에게서 전해들은 이야기, 역사적 사건에 대한 평가 등이 주를 이루고 있다. 그 구체적인 내용을 보면, 잘 알려지지 않은 주변 이야기, 특정 인물의 됨됨이에 대한 이야기, 시와 관련된 이야기, 사물에 관한 이치나 그에 얽힌 일화, 기이하거나 우스운 이야기 등으로 나누어 볼 수 있다. 그 중에는 당촌에 태어나기 전에 있었던 일부터, 당촌이 별세하기 직전 일까지 일정한 기준이 없이 나열되어 있다.

또 한 가지 가능성은 당촌이 《당촌한화》를 엮지는 않았고, 사후에 후손에 의해 정리되었을 수 있다는 것이다. 만일 당촌이 생전에 《당촌한화》를 엮어두었다면 다른 모든 편찬서에서 그랬던 것처럼 서문이나 기문을 남겼을 가능성이 많다. 그런데 《당촌집》에 남아 있는 글에서는 《당촌한화》 관련 언급을 전혀 찾을 수가 없다. 다만 《당촌집》 소재 〈잡지십칙(雜識十則)〉55)의 기사가 《당촌한화》에 모두 실려 있는 글이라는 점만 연관성을 보이고 있다. 따라서 《당촌집》 편찬 과정에서 당촌이 수문수록해두었던 것 가운데 비중이 있다고 판단되는 조목만 골라 실었던 것이 아닐까 하는 추측이 가능하다. 다만 《당촌한화》와는 순서가 완전히 뒤섞여 있고, 어떤 조목은 조목 사이에 글이 넘나들고 있는 것도 있다. 그에 대한 분석은 별도의 작업이 필요할 것으로 보인다.

당촌이 남다르게 기록을 남기려는 의식을 가졌음을 보여주는 것은 《당촌한화》 뿐만이 아니다. 당촌이 남긴 기록물은 《익성공실기(翼成公實記)》, 《장천세적》, 《정충록》, 《충렬록》, 《무민공실기》 등이 있으며, 《북관일기》도 같은 궤적을 보이고 있다. 이미 많이 알려진 것도 있기에 각 책에 대해 간단히 언급하기로 한다.

《익성공실기》는 방촌 황희에 관계된 기록을 모아둔 것인데, 최초에 누가 언제 만든 것인지는 자세하지 않다.56) 당촌은 《익성공실기》를 간직하고 있었으며, 거기에 당촌이 자료를 보충하고 호안공(胡安公)과 열성공

55) 《당촌집》 권3에 실려 있는 〈잡지십칙〉은 잡다한 기록 열 조목이라는 뜻인데, 대체로 당시 세도(世道)에 관한 것이 많다.

56) 현재 전해지고 있는 《방촌선생실기》의 저자는 黃蘭善(1825~1908)으로 되어 있다. 《방촌선생실기》 권4 소재 〈年譜跋〉(黃心顯)과 〈新增實記跋〉(黃贊周)에 의하면 그 이후로 황심현이 기존의 연보에 빠진 것을 보충하였던 것으로 보인다.

(烈成公)의 비지문과 〈장천세적기〉까지 더 기록하여 온전한 책으로 만들어 두었던 것으로 보인다.[57] 이선(李選 1631~1692)[58]이 후손에게서 이것을 얻어 보고 1679년에 발문을 썼다.

《장천세적》 편찬은 전술한 바와 같이 사마시 합격 후 선영들을 참배하면서 마음먹었던 사업이다. 당촌은 〈장천세적기〉에서 다음과 같이 천명하였다.

> 내가 다행히 계유년(1633) 사마시에 합격하여 교하(交河)와 고양(高陽)의 선영을 찾아뵈었는데, 재실에서 이틀을 자면서 산소를 두루 둘러보았다. 많은 무덤들이 연달아 있어 빈틈이 없는데, 시든 풀과 왜소한 비석이 보기에 안타까웠다. 그 후손이 누구인지 물으면 모두 없다고 하고, 제사가 끊긴지도 오래 되었다. 나는 한참동안 서서 머뭇거리는데 목이 메고 눈물이 나서 말했다. "어찌하여 우리 가문은 예전에는 번성하였는데 후에 와서는 이다지도 쇠퇴해버렸는가?" 그러고는 선대의 사적이 이제부터 인멸되고, 우리 가문이 흥기하는 것을 다시 바랄 수도 없으니, 선대의 글을 수집하여 손질하고, 조상의 업적을 계승할 희망이 실로 나에게 달려

---

57) 李選, 〈翼成公實記跋〉, 《芝湖集》 권6. "恭惟我翼成黃公 以江河之量 喬嶽之望 遭際聖時 翊贊皇猷 身致太平 克享富貴 則房杜事業 汾陽福祿 殆異世而同符 其盛德崇功至今赫赫照人耳目 顧無待於文字之記述 然欲知其詳 亦安得不於文字乎有徵也 而公之世 今已遠矣 子姓亦極替矣 其碑志遺文 凡係言行之記 性情之述者 俱散落無存 將無所考信 余常以是恨之 適得公姓孫故正言暐所錄實記一册 仍廣加採摭 頗有所得且附以公子胡安少尹·烈成諸公碑誌遺文及長川世蹟記 然後始爲完書 聊以寓平生景慕之懷 而擬將入梓 以傳於世 蓋選先人忠貞公 於胡安·烈成兩公皆外孫 而先妣貞敬夫人金氏 亦於少尹公爲後裔云 歲己未仲夏 完山李選 謹識于管城之郡齋"

58) 이선(1631~1692)은 이후원의 넷째 아들로, 벼슬은 대사헌, 대사간, 대사성, 이조·예조·공조참판 등을 역임하였다.

있는데, 보잘것없는 내가 어떻게 감당할 수 있을까? 그러나 부족한 힘을 헤아리지 않고 마음을 단단히 먹고 글을 읽으면 이루는 것이 있을 것이다. 다만 시기가 불리하여 이런 어려움을 만났고, 과거에 합격하는 것도 이미 바랄 수 없게 되었다. 선대의 행적을 편찬하겠다는 의지를 완수하지 못하면 내가 죽어서도 눈을 감지 못할 뿐만 아니라, 우리 선대의 혁혁한 자취를 다시는 후세에 전하지 못하게 될 것이니 어찌 근심하고 탄식하지 않을 수 있겠는가?[59]

내용으로 보아 문과에서 낙방을 한 후의 심정을 토로한 것임을 알 수 있다. 당촌은 1638년에 과거에 합격하였는데, 이 서문을 쓴 시기가 숭정 10년, 즉 1637년이므로 처음 사마시에 합격하고 나서 문과에 급제하기 전에 수집 작업을 했을 것이다. 만일 집안에 기록물이 전해 내려오지 않았다면 《장천세적》에 있는 자료를 모으는 일이 쉽지만은 않았을 것으로 보인다. 실제로 양정공의 묘소에 찾아갔을 때 산지기가 묘의 소재를 몰라 비문을 얻지 못하였다고 하면서 큰 불효를 저질렀다고 하였다.[60]

《충렬록》은 임진란 때 남원에서 공을 세운 여덟 사람들에 대한 기록이

59) 〈장천세적기〉, "不肖幸參癸酉司馬之榜 展謁于交河及高陽先墓 仍信宿山齋 遍覽邱隴 衆塚纍纍 未有隙地 衰草短碣 所見慘悽 問其後裔則皆無也 香火之絶久矣 暐佇立俯仰 哽咽揮泣曰 何吾門之盛 極於前而替於後 至於此耶 因竊惟念先世之事蹟 自此湮沒矣 吾門之興起 亦無復可望矣 蒐輯繕修之責 繼繩祖武之望 實在於不肖 而自念無狀 何敢當乎 然而不量疲劣 勵志讀書 庶幾有成 而時又不利 遭此喪亂 科業之就成 固已缺望 纂集先蹟之志 若未及遂 則非但不肖之目 將不瞑於地下 使吾先煇爀之聲 不得復傳於後 豈不憫且歎哉"

60) 〈장천세적기〉, "大憲府君 則不肖於掃謁諸墳之時 在山庄者 不知墓所 故碑文不得傳書 又豈非不孝之大者哉"

다. 당촌이 쓴 〈충렬록발(忠烈錄跋)〉은 1651년에 쓴 것으로, 당촌이 함경도에서 돌아와 쉬고 있던 기간이다. 그런데 발문 끝에 "崇禎紀元後辛卯, 奉正大夫 前行司諫院正言 黃暐 謹書"라고 하여 함경도 도사 직함이 없다.61) 또 함경도 도사는 종5품인데 여기에서는 정4품인 봉정대부라는 품계를 사용하였다. 당촌은 평양서윤으로 있던 1653년 7월에 봉정대부로 품계가 올랐기 때문에 이것도 의아스러운 일이다. 《충렬록》을 1651년에 완성하고, 발문은 1653년 이후에 썼을 가능성도 생각해볼 수 있으나, 그렇다면 왜 평양서윤 직함을 쓰지 않았는지 의문이 남는다.

《정충록》은 임진란 때 전사한 남원 사람들에 대한 기록으로, 진주성 싸움에서 순국한 조부 황진(黃進)과 고득뢰(高得賚), 그리고 금산 싸움에서 순국한 안영(安瑛) 등 세 사람에 대한 기록들이 모아져 있다. 〈정충록 범례〉에 의하면 1653년에 편집된 것이라고 하였으니, 평양서윤으로 재직 중일 때에 해당된다. 당촌의 〈정충록발(旌忠錄跋)〉 말미에 "歲癸巳五月日 孫奉正大夫 行平壤府庶尹 暐 泣書于箕城衙軒"이라고 되어 있어, 이때는 그 당시의 관작을 그대로 사용하고 있는 모습을 볼 수 있다. 특히 고득뢰에 대해서는 당촌이 직접 〈행장〉을 찬술하면서 세 사람을 정충사에 모신 사실을 적시하였다.62)

《무민공실기》는 언제 완성되었는지 정확한 시기를 알기 어렵다. 그러나 무민공 황진에 대한 사료를 최대한 모아둔 것으로, 이를 통해 당촌의 기록 정신을 엿볼 수 있다.

《북관일기》는 《당촌집》에 실려 있는 것 외에 별도의 필사본이 전해지

61) 《충렬록》. 黃暐. 한국학중앙연구원 장서각 전자자료.

62) 〈贈嘉善大夫 漢城府右尹行通訓大夫 平昌郡守高公行狀〉, 《당촌집》 권5.

고 있다. 거기에는 《당촌집》에 실려 있는 것보다 세 배 이상 많은 분량이 남아 있는데, 함경도 도사 당시 당촌의 행적과, 그밖에 여러 관행이나 풍속을 알 수 있는 내용이 풍부하다. 이것은 앞으로 별도의 깊이 있는 연구가 필요한 것으로 보인다.

5. 맺는 말

이상에서 살펴본 바와 같이 당촌은 충의정신이 투철한 가풍을 이어받았으나, 실제로 그것을 펼칠 수 있는 기회를 제대로 얻지 못하였다. 의병을 일으켰을 때도 화의가 성립되는 바람에 중도에 돌아와야 했고, 장원급제를 하고도 몇 달 되지 않아 관직에서 물러나게 되었으며, 나중에 복관이 된 뒤에도 그다지 오래 활동하지 못하고 작고하였다.

그러나 당촌의 생애는 숭조(崇祖)와 충의 정신이 저변에 깔려 있었으며, 그 결과가 문집과 《당촌한화》를 비롯한 여러 책의 편찬으로 나타났다. 《당촌한화》가 학계에 소개된 이후 그에 대한 연구가 진행된 바 있으나 아직 미흡한 상태이고, 문집을 중심으로 한 작가 연구는 전무한 실정이다. 특히 당촌의 교유관계에 대해서는 보다 심도 있는 검토가 필요하며, 새로 발견된 《북관일기》에 대해서는 번역을 비롯한 별도의 작업이 필요할 것으로 보인다.

충의지사(忠義之士) 매천(梅泉) 황현(黃玹)과 석정(石庭) 황석의 생애와 활동[1)]

홍영기[2)]

1. 머리말

19세기 중반 이후 조선은 성리학적 지배체제가 급속히 와해되는 상황에 직면하였다. 1862년에는 정치적 부패와 삼정의 문란으로 인해 삼남지방의 농민들이 봉기하였다. 세도정치 및 토지제도의 모순을 개혁하지 못한 조선은 약 30년 후 더 큰 시련에 봉착하였다. 1894년에 발생한 동학농민혁명이 그것이다. 뿐만 아니라 구미열강의 침탈, 이른바 양요가 발생하여 전국의 민심이 동요했으며, 결국 1876년에 틈새를 엿보던 일본에 의

1) 이 글은 (사)방촌황희선생사상연구소 주최, 방촌황희연구소 주관한 남원학술대회(〈이 시대 방촌황희선생을 생각하다〉, 2018.10.06.)에서 발표한 글을 수정 보완하여 수록한 논문이다.

2) 순천대학교 명예교수

해 강제 개항되었다. 19세기말 조선은 국호를 대한제국으로 바꾸며 국가의 면모를 일신하려 했지만, 10여 년 후인 1910년 8월 일본 제국주의에 의해 병탄을 당하며 나라잃은 비극을 겪어야 했다.

이처럼 내우외환이 겹친 격변의 시기에 살았던 매천 황현(1855~1910)과 석정 황석(1848~1919)의 구국애민의 사상, 바꾸어 말하면 이들의 충의로운 활동을 검토하고자 한다. 이들은 비슷한 시기에 전라도에서 성장한 같은 성씨의 유학자이다. 그리고 이들은 나라가 망하자 이른바 처변삼사(處變三事) 중에서 순의(殉義)를 선택하였다.[3] 다시 말해 유학자로서의 책무를 다하기 위해 순절하신 분들이다. 이에 순절하기까지의 생애와 활동을 통해 우국지사적 면모를 살펴보고자 한다.

널리 알려진 바와 같이 매천 황현은 상당한 저작물을 남겼다. 그는 약 2,000수의 주옥같은 시를 지었는데, 이로써 조선의 대표적인 시인으로 평가되었다. 또한 그가 직접 보고 들은 사실들을 수록한《매천야록(梅泉野錄)》과《오하기문(梧下記聞)》등은 한국근대사의 가장 귀중한 사료로 평가됨으로써 역사가로 회자되고 있다.

이에 비해 석정 황석은 널리 알려진 인물은 아니다. 하지만 황석도 적지 않은 저술을 남겼다. 그의 저술은 해방 후인 1947년에《석정유고(石庭

---

3) 조선의 士林들은 이른바 '處變之道'라 하여, 外侵과 같은 변란을 당하면 어떤 길로 나아 갈 것인가를 결정하였다. 임진왜란과 병자호란 당시 사림들이 의병을 일으킨 경우가 많았는데, 즉 擧義가 당시 사림의 처변지도였음을 의미한다. 조선말 일본이 국권을 침탈하자 유인석은 1895년에 사림의 처변지도를 세 가지로 제시했는데, '擧義掃淸, 去之守舊, 自靖遂志'이다. 그는 이를 '處變三事'라 이름하였다(《毅菴集》상, 경인문화사, 1973, 633쪽). 1904년에 그는 이를 擧義·殉義·守義로 간략히 표현하였다(위의 책, 573쪽). 아울러 그는 이 세 가지 길이 바로 仁을 이루는 일이라 하였다.

遺稿)》로 편찬되었고, 최근에 번역 간행되었다.[4] 이에 이 글에서는 매천과 석정의 생애와 저술을 통해 충의지사(忠義之士)로서의 생애와 활동을 검토보고자 한다. 이로써 이들이 평생 지향했던 삶을 이해하는 데 도움이 되리라 믿는다. 가르침을 바란다.

2. 매천 황현의 생애와 활동

1) 생애와 학문

황현의 본관은 장수(長水), 자는 운경(雲卿), 매천(梅泉)이라 자호하였다.[5] 먼 조상으로는 청백리로 유명한 황희(黃喜) 정승이 있고, 임진왜란 당시 진주성전투에서 순국한 진(進)은 그의 10대조이다. 그의 8대조 위(暐)는 병자호란 당시 남원에서 의병을 일으켰다. 그는 훗날 자신의 가계에 대해 다음과 같이 기록하였다.

---

4) 《石庭遺稿》, 석정유고간행위원회, 2003. 이 유고는 2001년 尹忠鎬 등에 의해 번역되었다(윤충호, 〈석정선생집 번역소감〉, 《석정유고》, 177~179쪽). 그런데 이 책은 약간의 우여곡절을 겪었던 것 같다. 黃義敦의 서문(1947)과 석정의 손자 燦周의 발문(1946)에 의하면, 해방직후 흩어진 유문을 모아 1947년에 간행했으나, 6.25전쟁을 거치면서 대부분의 유고를 분실했던 것 같다. 1997년에 후손들이 유고를 우연히 찾게 되어 松垠 윤충호, 大山 金碩鎭에 의해 번역, 간행되었다는 것이다(《석정유고》, 184~187쪽).

5) 황현의 가계와 활동을 알려주는 주된 전기 자료로는 김택영, 〈(黃玹)本傳〉; 박문호, 〈梅泉黃公墓表〉; 황원, 〈先兄梅泉公事行零錄〉; 김상국, 〈梅泉先生墓誌銘〉 등이 있는데, 이 글은 위의 자료를 참고하여 작성했으므로 굳이 각주를 달지 않을 것이다. 한편, 매천은 만수동에 은거한 후의 그의 호로 잘 알려져 있으나, 그 이전의 호가 무엇이었는지는 잘 알려져 있지 않다. 이와 관련하여 이건창의 교정하고 정만조가 편집한 강위의 시집 〈發弨餘草〉의 제사題詞가 주목된다. 이 글의 말미에 황현은 자신의 호를 養雲이라 표기하였다. 그 시집에 들어 있는 시제에도 양운이라 되어 있는 점으로 보아 만수동 이사 이전에는 양운이라는 호를 썼던 것으로 짐작된다(《姜瑋全集》 1, 32 · 213쪽).

부군의 휘는 직(樴)이고 자는 여화(汝化)이다. 장수(長水)를 본관으로 하는 황씨는 고려 초의 휘 경(瓊)이 시조인데, 그 후손의 경우는 문헌이 부족하여 상세히 알 수 없다. 조선에 들어와 방촌(厖村) 상공(相公)이 처음으로 크게 현달하였고, 그 증손인 휘 개(塏)가 처음으로 남원(南原)에 우거(寓居)하였다. 그 손자 휘 진(進)은 시호가 무민(武愍)이며, 무민의 손자 휘 위(暐)는 정언을 지냈고 호가 당촌(塘村)이다. 당촌의 막내아들 휘 임구(任龜)는 감찰(監察)을 지냈는데, 이 분이 5대조이다. 이 뒤로는 벼슬길에 나아가지 않았다. 고조는 휘가 성(珹)이고 증조는 휘가 석중(錫中)이며, 조부는 휘가 필(鉍)이다. 고(考)는 휘가 윤수(潤洙)이며 비(妣)는 서산유씨(瑞山柳氏)이다.

부군은 만년에 종중(宗中)의 결정으로 삼종숙부(三從叔父)에게 양자로 갔는데, 휘 달수(達洙)와 순천박씨(順天朴氏)·풍천노씨(豐川盧氏)가 바로 양부모이고, 휘 빈(斌), 택중(宅中), 전(銓)이 바로 그 위로 삼대(三代)이다. 부인은 남원윤씨(南原尹氏)이고 아들이 셋 있다. 맏아들은 흠묵(欽默)으로 아들 하나를 두었는데, 이름은 담(壜)이고, 담의 아들은 신현(莘顯)이다. 둘째 아들은 시묵(時默)으로 아들 셋을 두었는데, 현(玹)은 성균 생원이고 그 이후는 련(璉)과 원(瑗)이다. 현(玹)의 아들은 암현(巖顯)과 위현(渭顯)이다. 막내아들은 태묵(泰默)이고 그의 아들은 증(增)이다. 부군은 철종 병진년(1856)에 졸하였으니, 수(壽)는 62세이다.[6]

6) 황현, 〈王考府君墓表〉, 《매천집》 4, 한국고전번역원, 2010, 222~223쪽

황현은 조부의 묘표에 자신의 가계를 상세하게 적고 있다. 그런데 그의 윗대 조상은 전북 남원에 거주해왔으나 5대조 이후 경제적으로 궁핍했던 것 같다. 그러던 중 조부 직(櫶, 1795~1856)은 당시 양반가로서는 부끄러운 일이었지만 10여 년간 장사를 해서 약 1천석의 재산을 축적하여 집안을 일으켰다.7) 상당한 재산을 모은 황직은 1852년에 가족들을 이끌고 남원에서 광양으로 이사하였다. 그가 마련한 전장이 대체로 광양과 순천에 많았고, 다른 곳으로 이사하여 집안 분위기를 일신하고 싶었으리라 짐작된다. 그로부터 3년 뒤에 황현은 전라도 광양현(현재의 전라남도 광양시 봉강면 석사리 서석 마을)에서 아버지 시묵과 어머니 풍천노씨(豊川盧氏) 사이에 장남으로 태어났다.

황현의 조부는 자신이 배우지 못한 것을 가슴 아프게 생각하여 책을 사들이고 선생을 초빙하여 자식은 물론 인근의 가난한 재사(才士)들까지 함께 공부시켰다. 하지만 장남이 일찍 세상을 떠나 실망이 컸던 것으로 보인다. 황직의 둘째아들이었던 그의 부친 역시 자식에 대한 교육열이 대단하였다. 그는 1,000여 권의 서적을 구비하여 황현이 걱정 없이 학문에 정진할 수 있도록 배려하였다. 이처럼 조부와 부친 2대에 걸친 헌신적인 노력과 경제력에 힘입어 황현의 학문이 꽃필 수 있었다.

황현은 어려서부터 총명한데다 공부에 몰두하느라 노는 것조차 잊어버릴 정도였다. 부친은 아들의 교육을 위해 여덟 살짜리인 그를 구례 천변 마을에 살던 형수(兄嫂) 개성왕씨(開城王氏)에게 맡겼다.8) 형수의

7) 황현, 이기찬 옮김, 〈王考手蹟跋〉, 《매천집》 4, 한국고전번역원, 2010, 73~74쪽 ; 임형택, 〈황매천의 시인의식과 시〉, 《창작과 비평》 가을호, 1970, 776쪽.

8) 황현, 이기찬 옮김, 〈祭伯母王孺人文〉, 《매천집》 4, 354~356쪽.

오빠인 왕석보(王錫輔, 1816~1868)의 가르침을 받게 하려는 것이었다. 왕석보는 구례를 비롯한 인근 지역에서 문명을 떨치던 시인이었다.[9] 이보다 앞선 시기에 전북 만경 출신의 해학(海鶴) 이기(李沂, 1848~1909)도 왕석보 문하에서 수학하였다. 이러한 인연으로 이기와 황현은 훗날 구례로 이사하였을 것이다. 시의 대가였던 왕석보는 어린 황현의 시재(詩才)를 칭찬해 마지않았다. 왕석보의 교육이 길지 않았지만, 그가 시인으로 대성할 수 있었던 중요한 배경의 하나로 왕석보의 가르침을 들 수 있다. 이기와 황현이 훗날 크게 문명을 떨친 점만 보더라도 왕석보의 남다른 교수 능력이 짐작된다.

황현은 15세를 전후하여 전라도 향시(鄕試)에 출입하였다. 당시 그가 작성한 답지는 뭇사람들의 아낌없는 찬사를 받았으며, 17세에는 순천에서 실시하는 백일장에 응시하여 이름은 날렸다. 이때부터 신동으로 이름난 그는 호남지역에서 '황초립(黃草笠)'이란 애칭으로 불렸다. 향시에 응시하는 한편 자신의 시재를 닦는 데에도 게을리 하지 않았던 황현은, 스무 살에 근체시(近體詩)를 처음으로 익혀 약 110수를 완성하여 《원초잡화(圓蕉襍畵)》라는 시집으로 묶어 내었다.[10] 당시 지은 시 중에는 사회적 모순을 고발하고 농촌의 처참한 현실을 구체적으로 표현한 것이 적지 않았다.

한편, 그는 1879년에 호남의 대유학자로 손꼽히던 노사(蘆沙) 기정진(奇正鎭, 1798~1879)을 방문하여 가르침을 구하기도 하였다. 황현은 기정

---

9) 황현, 〈川社詩稿序〉, 《매천 황현과 매천집》, 순천대학교 박물관, 2006, 16~17쪽.

10) 기태완, 《黃梅泉詩硏究》, 보고사, 1999, 55쪽.

진의 학문을 훗날 높이 평가[11]하였지만, 도학(道學)의 비현실적 사상에 대해서는 동의하지 않았던 것 같다. 당시 기정진은 돌아가는 황현에게 "지극히 귀한 보배가 오매 잡아두기 어려워라 / 한편 놀랍고 또한 근심스럽네 / 쉬이 얻은 것은 잃기도 쉬운 법 / 바라건대 연잎 위의 이슬을 보게나"라고 자신의 애틋한 심정을 담은 시를 지어주었다. 재주가 출중한 후학인 황현을 놓치고 싶지 않은 노학자의 심정이 잘 배어 있다.[12]

이와 같이 유려한 필치를 꽃피우던 20대 중반의 황현은 자신이 지은 시를 들고 서울로 올라갔다. 향리에서 문명을 날렸다고는 하나, 자신의 실력을 객관적으로 검증받고 싶었기 때문이다. 물론 출세를 열망하는 부모의 기대에 부응하기 위한 과거 준비도 상경 목적에 포함되었을 것이다.[13] 서울에 체류하는 동안 그는 당시 문장가로 유명한 추금(秋琴) 강위(姜瑋, 1820~1884)를 어렵사리 만나 시문을 보여주었다. 이를 계기로 의기투합한 이들은 시문을 주고받으며 함께 지내는 일이 많았다.

추금과의 만남을 계기로 영재(寧齋) 이건창(李建昌, 1852~1898), 창강(滄江) 김택영(金澤榮, 1850~1927) 등으로 교유의 반경을 넓혀갔다. 당시 연로했던 강위와의 만남은 오래 지속되지 못했으나, 그를 애도하는 시를 4수나 지은 점으로 보아 그의 영향이 컸음을 알 수 있다.[14] 혜성처럼 서울에 나타난 황현은 연배가 비슷한 이건창, 김택영과 더불어 허물없이 지내며 서로의 재능을 발휘하자, 사람들은 이들을 '한말삼재(韓末三才)'라

11) 황현, 《매천야록》, 국사편찬위원회, 1955, 12·88~89쪽.

12) 금장태·고광직, 《續儒學近百年》, 여강출판사, 1989, 261쪽.

13) 이이화, 〈황현의 삶과 사상〉, 《매천 황현의 역사의식과 문학》 발표요지, 1999, 8쪽.

14) 황현, 임정기 옮김, 〈哭秋琴先生 四首〉, 《매천집》 1, 115~118쪽.

불렀다. 그의 지기(知己)였던 박문호(朴文鎬)는 이들의 교유를 '신교(神交)'라고 평할 정도로 서로를 아끼며 가까이 지냈다. 그런데 그가 친하게 지낸 인물들의 당색을 살펴보면 대체로 소론이 많았으며, 학문적으로는 양명학 계열이었다. 이로써 미루어보면 황현 역시 양명학의 학문적 성향을 선호하였을 가능성도 없지 않았던 것 같다.[15]

황현은 1870년대 이후 향시를 비롯한 대소과(大小科)에 여러 차례 응시했었다.[16] 하지만 조선후기 과거제도가 더할 나위없는 부패의 온상이었기 때문에 급제를 기대할 수 없는 상황이었다. 그는 훗날 《매천야록》에서 과거 시험의 타락상을 매우 신랄하게 고발하였다.

> 요즘에 이르러 조정의 기강은 날로 문란해지고 과거제도는 날로 해이해져서 과장은 저잣거리를 이뤄 떠들썩하게 뒤섞이고 욕하고 싸움판이 벌어졌다. (중략) 뛰어난 인재나 박식한 학자로서 큰 뜻을 품었다고 자부하는 이들은 일체 과거보기를 포기하는 것을 고상한 태도로 여겼다. (중략) '目不識丁의 고시관이 목불식정의 거자에게 시험을 보여 목불식정의 급제자를 뽑는다'는 말이 나왔다. 매번 향시 합격자의 방을 낼 때마다 시관들은 먼저 팔 값을 정하여 자기 전대를 채웠다.[17]

이처럼 과거제도의 문란으로 말미암아 초시(初試)는 처음에 200~300냥이었으나 500냥으로 올랐으며, 회시(會試)는 대략 1만여 냥이었고, 문

15) 하우봉, 〈황현의 역사인식에 대한 연구〉, 《전북사학》 6, 1982, 118쪽.

16) 황현, 《三峴家史》(乾) 참조.

17) 임형택 외 옮김, 《매천야록》 상, 114~115·123쪽

과는 10여 만 냥이나 되었다는 것이다.[18] 이는 경험에서 우러나온 증언이나 다름없을 것이다.

그렇지만 집안의 기대를 차마 저버리지 못한 채 과거시험을 응시하지 않으면 안 되었다. 그가 응시한 과거시험 중에서 가장 충격적인 사건은 바로 1883년에 치른 대과였다. 박문호는 당시의 상황을 이렇게 전하였다.

> 太皇帝 계미년(1883, 고종 20)에 특별히 保擧科를 설치함에 따라 道臣이 매천에게 應試를 권유했는데, 試場에 들어간 후 3일 동안 응시할 때마다 연달아 합격하였으나 끝내 闕庭의 面試에서 낙제하였다.[19]

당시 시관은 한장석(韓章錫)이었는데, 그의 대책이 워낙 뛰어나 1등으로 뽑았다가 황현이 한미한 시골 선비라는 것을 알고는 2등으로 변경했다가 회시에서 낙방시켰다는 것이다.[20]

그는 당시의 충격을 토로한 시를 남겼다.

> 허무하게 뒤바뀐 희비, 따질 게 뭐 있으랴
> 묵던 여관에 축하의 꽃과 술이 가득했었는데
> 쥐 잡는 재주 없다고 어찌 천리마를 꾸짖으랴
> 갈 길 먼 붕새로서 오히려 곤(鯤)이 되길 기약하네
> 〈백설가(白雪歌)〉를 불러 본들 끝내 누가 화답하리

---

18) 황현 지음, 임형택 외 옮김, 《역주 매천야록》 상, 문학과지성사, 2005, 121·124~125쪽.
19) 박문호, 〈매천황공묘표〉, 《매천집》 1, 53쪽
20) 김택영, 〈본전〉, 《매천집》 1, 2010, 60쪽.

습기 자욱한 무지개가 거꾸로 걷히네
버들 나루 건너올 때가 갑자기 떠오르나니
광양 성곽의 서문에 나와 온 집안이 전송했었지(《매천집》 3, 358~359쪽)

〈성균 회시에서 합격취소를 당하고 짓다(成均會試見罷作)〉라는 제목의 시이다. 그의 초시 합격을 축하하기 위해 지인들이 꽃을 들고 그가 묵던 여관으로 몰려와 술판이 벌어졌는데, 며칠 후 회시에서 낙방했다는 소식은 그야말로 청천벽력과 같았을 것이다. 이로 인해 그는 과거시험을 포기하고 1886년 겨울 광양에서 구례 만수동으로 은거하였다. 하지만 부모의 강력한 요구로 인해 마지못해 다시 시험 준비를 했다는 것이다. 그 이후의 과정을 김택영은 다음과 전해준다.

다시 그로부터 2년 뒤에 鄕貢初試生으로 成均會試 二所의 生員試에 응시했다. 당시 判書 鄭範朝가 試官이었는데, 정범조의 族弟인 主事 鄭萬朝가 평소 이건창으로 인하여 황현을 잘 알고 그의 재주를 매우 중히 여겨 오던 터라, 정범조를 보고 말하기를 "황현이 1등을 차지하지 못하면 이번 시험도 공정한 시험이 되지 못할 것이다." 하였다. 정범조가 그 말을 받아들여 황현을 1등으로 선발하였으니, 成均試에 두 번째 응시하여 비로소 합격이 되었던 것이다.[21]

마침내 1888년에 이르러 성균시에 두 번째 응시하여 장원급제했다는

21) 김택영, 〈본전〉, 《매천집》 1, 60~61쪽

것이다. 그것도 정만조와 정범조가 그의 능력을 인정해준 덕분이었다. 이로써 그는 썩어 문드러진 과거시험에 종지부를 찍었다. 성균생원시에 장원급제한 사실만으로도 지금까지의 부모를 비롯한 집안사람들의 노고에 얼마간 보답이 되었다.

만수동의 담취헌(澹翠軒)에 은거하던 시절, 그의 능력과 재주를 아끼던 서울의 친구들이 함께 일할 것을 종용하였지만, 그는, "그대들은 어찌 나를 귀신나라의 미친 사람들의 무리에 들어가게 해서 귀신이나 미치광이로 만들려고 하느냐"며 단호히 거절하였다. 당시 황현은 조선의 위기가 구미열강과 일본의 침탈에서 비롯된 면도 있지만, 내부적인 요인이 더 크다고 인식하였다. 하지만 조선 정부는 위기를 해결할 만한 능력을 갖추기는커녕 세도가들의 매관매직과 관료들의 부정부패로 인해 내정개혁을 기대할 수 없는 상황이었다. 그래서 황현은 관계 진출을 포기한 것이다.

이후 그는 만수동에 은거해서 구례의 벗들과 함께 시를 짓거나 독서를 하는 한편, 시골 아이들에게 글이나 가르치며 여생을 보낼 심산이었다. 그래서 1890년대에 구안실(苟安室) 및 일립정(一笠亭)을 지어 서재 겸 서당으로 사용하였다.[22] 그러나 마음을 다잡으려는 순간에도 액운이 그를 비켜가지 않았다. 부모님이 1892년과 그 다음 해에 각각 세상을 하직한 것이다. 1,000권의 장서를 구비하는 등 가산을 털어 자신을 공부시킨 부친의 죽음을 매우 슬퍼하였다.[23] 그는 부모상을 당한 이후 3년여 상중에 절필을 하였지만 만수동 시절에 무려 1,160여 수를 지었을 정도로 시

22) 황현, 임정기 옮김, 《매천집》 1, 188~189쪽 ; 이기찬 옮김, 《매천집》 4, 44~47·117쪽.
23) 황현, 이기찬 옮김, 〈先考學生府君行狀〉, 《매천집》 4, 213~217쪽.

작(詩作)에 열중하였다.[24] 뒤에 언급하겠지만 역사서 역시 이곳에서 집중적으로 저술하였다. 구례 만수동에서 황현은 약 16년을 살았다.

만수동 시절을 흔히 은둔시절로 표현하지만, 반드시 그렇게만 볼 수는 없다. 오히려 이 시기에 황현은 문학적으로 더욱 원숙해지고 후진 교육에도 진력하였다.[25] 현실적이고 실용적인 학문을 지향하였던 황현은, 직접 농사를 지으면서 농촌의 상황과 농민이 처한 고달픈 현실을 직시하였다. 그는 "실학이 없으면 농민이 먼저 병들고, 백성의 일을 못 본 척하는 사대부가 어찌 사민(四民)의 으뜸이 되겠는가?"[26]라고 하였다. 이러한 생각은 그의 시에 잘 반영되어 있다.[27] 황현은 음풍농월(吟風弄月)보다는 고금에 절의를 지킨 인물이나 역사적 사실들을 주로 시제(詩題)로 삼았다. 즉 그의 시를 통해 충절의 정신이 반영되어 있는 것이다.

황현은 1902년에 친구인 이기 등의 권유로 백운산 골짜기 만수동에서 지리산에 가까운 광의면 월곡마을로 이사했다.[28] 이후 1910년 순절할 때까지 이 마을에서 살았다. 그의 두 번째 이사는 세상의 변화에 좀더 능동적으로 대처하면서 자신의 역할을 찾으려는 의지의 표현이 아닐까 한다. 월곡마을에 새로 만든 서재에는 성인당(成仁堂) 및 대월헌(待月軒)이라는 편액을 걸어두었는데, 사대부로서 인(仁)을 이루려는 의지와 자연을 벗 삼으려는 당시 그의 심경을 짐작케 한다.

---

24) 김정환, 《梅泉詩派硏究》, 경인문화사, 2007, 12쪽.

25) 김상국, 〈매천선생묘지명〉 ; 최승효 엮음, 《國譯 黃梅泉 및 關聯人士 文墨萃編》 上, 미래문화사, 1985, 146쪽.

26) 황현, 〈重濬白雲渠記〉 ; 최승효 엮음, 위의 책, 52쪽.

27) 林熒澤, 〈黃梅泉의 詩人意識과 詩〉, 《창작과 비평》 겨울호, 1970, 778~779쪽.

28) 황수정, 〈梅泉詩의 이해를 위한 傳記 硏究〉, 《古詩歌硏究》 10, 2002, 281쪽.

그러나 1905년 말 을사조약이 늑결 되었다는 소식에 황현은 망연자실하였다. 나라가 망해가는 슬픔을 달랠 길이 없던 그는 식음을 전폐하고 비분강개하였다. 당시의 심정을 담은 시가 〈문변삼수(聞變 三首)〉와 〈오애시(五哀詩)〉인데, 전자는 나라 잃은 슬픔을, 후자는 을사조약에 반대하며 순국한 조병세(趙秉世)·민영환(閔泳煥)·홍만식(洪萬植) 등을 애도하는 내용이다. 나라가 어지러울수록 절의를 지키기로 굳게 결심한 황현은 중국의 역대 절의지사로 알려진 매복(梅福) 고염무(顧炎武) 등 10명의 초상화에 자작시를 써넣은 10폭짜리 병풍인 〈효효병(嘐嘐屛)〉을 만들어 방에 비치해두고 그들의 뜻을 되새겼다. 이는 난세일수록 몸과 마음을 더욱 바르게 하려는 의지의 소산이라 하겠다.

한편 그는 1908년에 구례 호양학교(壺陽學校)의 건립에 기여하였다.[29] 호양학교를 세우기 위해서는 백척간두에서 진일보하는 노력과 신학문의 필요성을 역설하는 내용의 〈모연소(募捐疏)〉를 지어 돌렸다. 그리하여 호양학교가 건립되었으며, 그의 문인 가운데 박태현 왕수환 왕재소 등은 교사로 참여하여 신학문 교육에 앞장섰다. 지금까지 구학(舊學), 즉 유학을 중시해온 그와 그의 제자들이 신학(新學), 즉 근대적인 학문의 필요성을 강조한 점에서 주목된다. 그런데 조선은 망국의 상황으로 치닫고 있었다. 1909년경 그는 주변 사람들에게 비분강개하며 말하기를 "나는 강자가 약자를 먹는 것을 원망하는 것이 아니라 약자가 강자에게 먹히는 것을 원망한다"라고 하였다. 그의 내수자강론(內修自强論)의 일단을 보여준 것이라 하겠다.

---

29) 황현, 이기찬 옮김, 〈私立壺陽學校募捐疏〉, 《매천집》 4, 234~236쪽.

1910년 8월에 이른바 경술국치(庚戌國恥) 소식이 전해지자 황현은 세 번째 충격을 이기지 못하였다. 식음을 전폐한 그는 주변을 정리한 다음 유서와 절명시 4수를 남기고 자결하였다. 그는 자제들에게 자신이 죽어야 할 명분을 아래와 같이 밝혔다.

> 어느 날 저녁 絶命詩 4장을 짓고, 또 자제들에게 글을 남겨 "내가 꼭 죽어야 할 의무는 없다. 그러나 국가에서 선비를 키운 지 500년이나 되었는데, 나라가 망한 날에도 한 사람도 國難에 죽는 자가 없다면 어찌 통탄스러운 일이 아니겠느냐. 내가 위로는 하늘로부터 타고난 양심을 저버리지 않고 아래로는 평소에 읽은 글을 저버리지 않고 영원이 잠들어 버린다면 참으로 통쾌함을 깨달을 것이니, 너희들은 너무 슬퍼하지 말거라" 하였다.[30]

그는 절명시에서 식자인(識字人)으로서 인(仁)을 이루었다고 자부하였다. 지식인으로서의 양심과 도리를 후세의 귀감으로 보여준 것이다.

한편, 그의 성품에 대해서는 절친한 친구였던 김택영이 다음과 같이 말하였다.

> 사람됨이 호쾌하고 시원하며 방정하고 굳세었다. 나쁜 사람은 원수처럼 미워하고, 기개가 높고 오만하여 남에게 굽혀 따르지 않았으며, 높은 지위에 오른 무리의 교만한 태도를 보면 그 자리에서 면박을 주어 잘잘못

---

30) 김택영, 〈본전〉, 《매천집》 1, 64쪽.

을 따졌다. 그리고 평소에 자기가 좋아하던 이가 유배되었거나 죽었을 경우에는 천릿길을 마다하지 않고 달려가 진심으로 위로하며 조문하였다. 평소에 옛 글을 읽다가 충신이나 志士들이 원통하게 곤액을 당한 사건을 만나면 눈물을 줄줄 흘리지 않은 적이 없었다.[31]

그의 성품이 호방하여 고관대작이라 하더라도 교만하게 굴면 그 자리에서 면박을 줄 정도로 거침없이 행동했다는 것이다. 하지만 평소에 존경하거나 좋아하는 사람들이 유배를 당하면 천릿길을 마다하고 달려가 진심으로 위로하고 조문하였다. 이러한 그를 이건창은 '호걸선비'라 하였고, 박은식은 문장과 기절이 사림 가운데 으뜸이라 평하였다.

2) 충절(忠節)의 활동

충의지사로서의 매천의 활동은 먼저 그의 가풍에서 찾을 수 있는데 다음의 글이 참고 된다.

《春秋傳》에 보면, 길이 남을 세 가지를 거론하고 있다. 예로부터 忠賢과 志士는 그중에 하나만 있어도 모두 세상에 이름을 날릴 수 있었고, 그걸 꼭 겸해야 할 필요는 없었다. 우리 부군(황위-필자주)께서는 布衣의 신분으로 義兵을 일으켜 임금을 감동시켰고, 또 權奸의 뜻을 거슬러 고난을 겪으면서도 후회하지 않았다. 그 큰 절개가 실로 이미 찬란하게 빛나고 있으니, 구구하게 시문을 전하고 전하지 않는 건 그다지 중요하지 않다.

31) 김택영, 〈본전〉, 《매천집》 1, 64~65쪽

> 하지만 가만히 생각해 보면, 우리 집안이 남쪽으로 내려와 10여 대를 살면서 王事에 근로하다가 순국한 武愍公 같은 훌륭한 분도 있었으나, 文學으로 명성을 이룬 것은 부군 때부터 비롯되었다.32)

위와 같이 황현은 자신의 집안이 10여 대 동안 남원에 세거하는 동안 뛰어난 인물로 임진왜란 당시 순국한 진(進)과 함께 병자호란 때 의병을 일으킨 당촌공 위(暐)를 들고 있다. 특히 당촌공은 문학까지 겸비했다는 점을 강조하였다.

물론 황현은 황희로부터 식견을 갖춘 청빈한 관료의 모습을, 전쟁이 터지자 나라를 위해 살신보국(殺身輔國)한 황진의 충의정신을 가풍으로 받아들였을 것이다. 아울러 그는 황위의 문학을 겸비한 거의충절(擧義忠節)을 높이 평가하였다. 이처럼 청백리 재상으로 이름이 높은 황희, 그후 임진왜란 당시 진주성에서 순국한 황진, 병자호란 때 의병을 일으키고 문장이 뛰어난 황위 등은 가문을 빛낸 청빈과 충의의 표상이었다.

그는 20대 이후 시간을 내어 충의사적(忠義史蹟)을 답사하며 시를 남겼다. 특히 그는 왜란과 관련된 시를 많이 남겼다. 이와 관련된 최초의 시는 〈통영충렬사(統營忠烈祠)〉인 것 같다. 그는 1877년에 경남 통영의 충렬사를 방문한 감회를 시로 남겼는데, "장군은 외로운 배 위에서 나라를 지켰건만 / 나그네는 옛 사당 앞에서 노래도 못 하네"라고 하였다. 충렬사(사적 제236호)는 이순신의 위패와 영정을 모신 사당이다. 1년 전 일본과 체결한 강화도조약을 침략의 불씨로 인식하며 국가적 위기를 절감했

---

32) 황현, 〈塘村集跋〉, 《매천집》 4, 79~80쪽

던 것으로 이해된다. 그런 연유로 충렬사를 찾아 이순신을 추모했던 것 같다. 1878년에 지은 〈영규대사비(靈圭大師碑)〉에서도 임진왜란 당시 금산전투에서 조헌(趙憲)과 장렬히 순절한 승장(僧將) 영규대사를 기렸다. 이후 그는 처음으로 서울에 가서 강화도조약 이후의 서울 상황을 목격하였으며, 중국 및 일본을 각각 3~2회씩 다녀온 외교전문가이자 당대를 대표하는 시인인 추금(秋琴) 강위(姜瑋) 등과 만나 견문을 넓혔다. 그는 추금을 스승으로 섬겼으며. 국제정세에도 깊은 영향을 받았다.[33]

매천은 1883년에 우여곡절을 겪으며 과거에 낙방하고서 고향에 돌아와 그 이듬해 여수를 방문하였다. 매영(梅營)이라 불리는 여수 좌수영(左水營)과 장군진(將軍津) 등을 돌아본 소감을 시로 남겼다. 그는 여수의 임진왜란 유적을 특별히 주목했을 뿐만 아니라 〈이충무공귀선가(李忠武公龜船歌)〉를 지어 충무공의 애국충정을 기렸다.

왜병 십만 명이 마구 쳐들어올 제
……
전라 좌수영 남문을 활짝 열어젖히고
둥둥 북을 울리며 거북선을 발진시키니
거북 같으나 거북 아니요 배 같으나 배도 아니요
………
코로는 검은 연기 내뿜고 눈은 붉게 칠하여
펴면 하늘나는 용 같고 움츠리면 거북 같은데

33) 배종석, 〈매천 황현의 이충무공귀선가〉, 《이순신연구논총》 14, 2010, 69~71쪽.

왜적들 하늘만 쳐다보며 통곡하고 애태워라

노량 한산 대첩에서 붉은 피가 넘쳐흘렀지

……

그로부터 200년 지나 지구가 트이더니

화륜선이 동으로 와서 화염이 해를 가렸네

범 같은 놈들이 양 같은 동토를 압박 침략해

화기가 하늘을 찌르며 殺氣를 발하누나

지하의 충무공을 다시 모셔올 수만 있다면

주머니 속에 응당 신묘한 전술이 있을 테니

새로운 지혜로 거북선 만들어 승리하듯 한다면

왜놈들은 목숨 빌고 양놈들은 사라지련만34)

19세기 후반 일본의 침략을 저지할 수 있는 제2의 이순신이 나타나길 간절히 기원하는 내용이다. 이 외에도 그는 임진왜란 당시 왜적과 싸운 조헌(趙憲) 고경명(高敬命) 김덕령(金德齡) 정충신(鄭忠信) 주논개(朱論介) 등을 추모하는 시를 지었다. 또한 치열한 전투 현장이었던 벽파진 진주성 행주산성 남원성 등과 임란에 참여한 의병장이나 의승장을 봉안한 사당인 해남 표충사, 금산의 종용당, 진주의 창렬사 등에 대한 감회를 시로 남겼다.

특히 그는 정유재란 당시 구례의 치열한 전장터였던 석주관(石柱關)에 주목하였다. 석주관은 경남 함양의 황석산성(黃石山城), 전북 진안의 웅치

---

34) 《매천집》 1, 127~129쪽

(熊峙)와 운봉의 팔량치(八良峙)와 함께 영남과 호남을 연결하는 4대 관문(關門)의 하나로서 전략적 요충지였다. 그는 이곳에서 싸우다 순국한 이른바 '7의사(王義成 李廷翼 梁應祿 韓好誠 高貞喆 吳琮 王得仁)'를 기리는 추모 사업에 앞장섰다. 즉, 그는 7의사를 봉안한 칠의각에 대한 왕사춘(王師春)의 원운에 차운하는 한편 상량문과 주련(柱聯)를 지었다. 또한 그의 동학(同學)인 왕사천(王師天), 왕사찬(王師瓚), 구례군수 백낙윤(白樂倫), 그의 벗인 성혜영(成蕙永), 유제석(柳濟陽), 이기(李沂), 홍건(洪楗), 윤종균(尹鍾均), 임현주(林顯周) 등도 차운하는 등 석주관 7의사의 행적을 기리는 활동에 동참하였다.[35] 1901년 그는 7의사의 후손들과 함께 칠의각 건립을 주도하면서 〈칠의각상량문〉(1901)과 주련을 지었고, 면암 최익현에게서 〈칠의각기(七義閣記)〉(1902)를 받도록 주선하였다.

이에 앞서 1895년에 그는 7의사를 조상(弔喪)한 시에서, "지금까지 高·趙·郭에 대해서 언급만 되면 정신이 문득 왕성해지네 / 같은 시대에 호남 영남 사이에선 / 의병 깃발 창도한 이도 많았었지 / 슬픈 것은 인물이 혹 미천한 경우엔 / 일이 오래도록 세상에 알려지지 않아 / 몸을 죽였지만 공신록에 빠지고 / 이름을 바랐지만 야사마저 빠지고 / 전사한 해골만 절로 향기로울 뿐 / 천추만고에 애통하기 그지없구려 / 가련하여라 석주관에는 / 시름겨운 구름이 첩첩 산중에 잠겼네."라고 하였다.

1901년에 지은 시 〈석주칠의각(石柱七義閣)〉에서도 그는, "성난 바위들이 온통 순절비를 이루었고 (중략) 걱정만 한다고 거센 파도 잠재우랴 / 공과 같은 분들이 그리운 지금이네 / (중략) 어지러운 돌 더미 푸른 모래

---

35) 《石柱關七義士詩文》, 구례향토문화연구회, 2008.

속 칼과 창 묻힌 곳에 / 머리 허연 후손들이 누대를 세웠네"라고 하여 수많은 의병들이 순국한 석주관에 칠의각을 건립한 사실을 칭송하였다. 요컨대 임진왜란과 관련된 사적을 통해 그의 충절을 기리는 활동을 확인할 수 있는 것이다.

한편, 그에게 1894년은 도저히 잊을 수 없는 충격적인 해였다. 1894년 봄에 발생한 고부농민항쟁이 전라도 너머까지 걷잡을 수 없이 비화되었기 때문이다. 수백 년 동안 수탈만 당했던 농민들의 처지를 이해하지 못한 것은 아니지만, 조선사회의 근간을 뒤흔들고 외세의 개입까지 초래한 그들의 무장봉기를 수긍할 수 없었다. 따라서 황현은 동학농민군을 매우 부정적으로 인식하였다.

> 아! 재앙과 변괴가 일어나는 것이 어찌 우연한 일이겠는가. 국가 정치의 순탄함이나 혼란에는 나름대로 주어진 운수가 있고, 일이 꼬이거나 풀리는 것은 순환되기 마련이다. 이런 일들이 비록 당시의 운세와 시대적 상황에 따라 어쩔 수 없이 결정된 것이라 바꿀 수 없다고는 하나 더러는 일을 담당한 사람들의 잘잘못에 기인하기도 하는데 아마도 오랫동안 누적된 추세로 그렇게 되는 것이지 일조일석에 조성된 것은 아니다.[36)]

황현은 동학농민군의 봉기를 '재앙과 변괴'로 인식하였으며, 그러한 일이 하루아침에 일어난 것이 아니라 폐정이 오랫동안 누적된 결과로 보았다. 위의 글에 이어서 그는 붕당의 폐단, 노론의 장기집권, 세도가의 부정

---

36) 《오하기문》, 〈수필〉; 《동학농민전쟁사료대계》 1, 여강출판사, 1994, 5쪽.

부패, 외척의 전횡, 왕실의 무능 등에서 농민들이 불만을 폭발시킨 원인을 찾았다. 그는 국가의 멸망 원인을 내부에서 찾았는데, 동학농민봉기 역시 멸망의 큰 징조로 인식했던 것이다.

그런 까닭에 황현은 〈갑오평비책(甲午平匪策)〉을 남겼다. 농민봉기의 사후 수습책을 제시한 것으로, 총 10조목 약 1,700자로 작성되어 있다.[37] 그는 이 글에서 하루속히 호남지역을 안정시켜야 할 대책과 이를 위해 어떠한 개혁이 추진되어야 할 것인지를 피력하였다. 그는 농민군의 처벌, 포상과 민중의 교화, 농민봉기의 발생 요인 제거, 농민봉기가 발생했을 때의 방어대책 등을 제시하였다.[38]

첫째, 농민이 봉기한 원인을 찾아내어 차분하게 대책을 수립할 것을 촉구하였다.

둘째, 동학농민군은 물론이거니와 무능하고 비겁한 정부 관료와 수령, 향리 등 탐관오리들을 모두 철저하게 처벌해야 한다고 주장하였다.

셋째, 지방관의 기강을 바로잡기 위해서는 유교적 윤리강령을 진작시켜야 한다는 것이다. 특히 드러나지 않은 일반 백성들일지라도 충·효·열 삼강의 윤리적 본분을 다했다면 반드시 포상하여 교화의 근본을 배양해야 한다고 하였다.

넷째, 형벌과 포상을 공정하게 시행하여 선을 권장하고 악을 징계하는 정치를 하라고 주문하였다.

다섯째, 이번 농민봉기의 근본적인 근절책을 강조하면서 동학의 지도자는 말할 것도 없고 그것에 동조하는 자들도 강력히 처벌하라는 것이다.

---

37) 김창수, 〈갑오평비책〉에 대하여〉, 《남사정재각박사고희기념 동양학논총》, 1984, 440쪽.

38) 김용섭, 〈황현의 농민전쟁 수습책〉, 《역사와 인간의 대응》, 한울, 1985, 217쪽.

여섯째, 일반 백성 추종자보다는 관리와 양반 계층 중에서 물든 자들을 엄히 다스려 민심을 안정시켜야 한다고 보았다. 아마도 구례에서 목격했던 사례 때문에 더욱 강경한 처벌을 주장한 것으로 보인다.

일곱째, 세금을 감면하여 민생을 안정시켜야 한다고 주장하였다. 도탄에 빠진 백성들을 구하려면 지방관의 가렴주구와 같은 뿌리 깊은 비정(秕政)을 개혁해야 한다는 것이다.

여덟째, 이서(吏胥)의 작폐를 근절시켜 나라의 커다란 좀을 없애야 한다고 주장했다. 특히 전라도 이서의 폐단이 전국에서 가장 심해서 그들이 백성들의 고혈을 빨아먹는 이리와 호랑이 같은 존재라는 것이다. 아울러 그들의 숫자를 대폭 감면하는 관제개혁을 추진하라고 했다.

아홉째, 지방의 군사제도를 개혁해서 일이 발생하면 신속하게 진압할 수 있는 능력을 갖추어야 한다고 주장했다. 끝으로 향약을 적극 시행하여 풍속을 교화함으로써 유교적 신분질서를 유지하기를 기대하였다. 이 글의 말미에서 얻기 어려운 것은 시기이고 잃기 쉬운 것은 기회이므로 지금 즉시 상벌을 공평하게 시행한다면 민심의 안정을 기할 수 있으리라 기대하였다. 이와 같이 그는 유교사회를 유지하기 위한 개혁을 시급히 추진해야 한다고 마무리한 것이다.

그런데 그의 개혁의지는 5년 후에 다시 보완되어 제시되었다. 1899년에 대신 작성한 〈언사소(言事疏)〉가 그것이다.[39] 이 언사소는 매우 긴 글인데, 이를 통해 아홉 가지 조항을 제시하였다. 그는 "1894년 이래 시국이 날로 변하여 화난과 위망의 조짐이 더욱 심해진 것"으로 진단하면서,

39) 황현, 이기찬 옮김, 《매천집》 4, 138~165쪽.

그 원인은 개화정책이 지엽만 추구할 뿐 근본을 외면한 때문으로 파악하였다. 이른바 그는 갑오경장 이후 개화정책이 추진된 것으로 이해했다. 그는 개화란 '문물을 바꾸고 사람을 교화하는 것(開物化民)'으로 인식했는데, 이는 중국의 '치도(治道)'와 다르지 않다고 보았다. 다만 개화의 지엽은 근대식 군사훈련이나 기계의 활용, 통상 등이며 그 근본은 어진 이를 가까이하고 간사한 사람을 멀리하며 백성을 사랑하여 근검절약하는 것, 그리고 상벌을 엄히 집행하는 것으로 인식하였다. 이러한 근본을 추구하기 위한 대책을 제시한 것이다.

첫째 언로(言路)를 개방하여 나라의 명맥을 소통할 것, 둘째 공정하고 일관된 법령으로 민심을 안정시킬 것, 셋째 엄격하게 형벌을 시행하여 법의 기강을 진작시킬 것, 넷째 근검절약하여 재원(財源)을 확보할 것, 다섯째 외척(外戚)을 배제하여 공분(公憤)을 씻어 줄 것, 여섯째 인재를 천거하는 제도를 엄격히 실시하여 능력과 덕을 갖춘 인재를 등용할 것, 일곱째 관직 재임 기간을 보장하여 다스림의 성과를 책임지게 할 것, 여덟째 군제(軍制)를 혁신하여 화난(禍亂)의 원인을 제거할 것, 아홉째 토지대장을 조사하여 나라의 재정을 넉넉하게 할 것 등이다. 그는 토지가 국가경영의 요체이므로 양전을 철저하게 한다면 재정이 넉넉해질 것으로 파악하였다.

이상의 아홉 가지 조목은 사견이 아니라 시대의 공론에 해당된다고 강조하였다. 그의 일관된 입장은 내정을 잘 다스려야 외세에 적절하게 대응할 수 있다고 보았다. 이와 같은 국가적 위기를 극복하는 방안은 내수자강론(內修自强論)이라 할 수 있다. 다만, 그가 주장하는 내수자강론은 전통적 성리학자들이 말하는 그것과는 차이가 있다고 판단된다. 그는

1894년 이후 국가경영은 개화정책으로 추진해야 한다고 인식했다는 점에서 주목된다. 다만, 개화정책의 본질은 바라보는 시각은 전통적 성리학자들의 주장과 크게 다르지 않다는 점이다. 이러한 점에서 볼 때 그는 동도서기론(東道西器論)의 입장에서 구국애민의 충의정신을 피력한 것으로 볼 수 있다.

이제 그가 저술한 《오하기문》과 《매천야록》을 통해 그의 충의정신의 일면을 이해하고자 한다. 이 가운데 《오하기문》은 동학의 창시와 교조신원운동, 고부농민봉기의 배경과 원인, 무장기포 이후의 전개과정, 정부의 대응책과 진압과정 등을 서술한 통사적 성격의 최초의 저술로 평가되었다.[40] 이 책에는 붕당의 폐단, 외척세력의 무능과 부정부패, 고종과 왕비를 비롯한 왕실의 무지와 탐욕 등을 날카롭게 비판하는 내용이 들어 있다. 이와 같이 이 책은 조선왕조의 붕당체제가 갖는 구조적 한계와 모순이 극대화되어 외척세도의 장기 집권과 부정부패가 축적되어왔다는 점을 부각시켰다. 그로 인해 도탄에 빠진 백성들이 요술과 동학에 현혹되어 무장폭동을 일으킴으로써 조선왕조가 망국의 위기에 빠지게 된 과정을 다룬 것이다. 따라서 이 책을 저술한 목적은 조선의 자멸과정을 밝혀 후세의 감계(鑑戒)와 교훈(敎訓)으로 삼기 위한 것이지, 동학농민봉기의 역사를 밝히기 위함이 아니었다는 점이다. 다시 말해서 이 책은 동학농민봉기의 근본 원인을 파악해서 책임 소재를 분명히 밝히고 후세의 교감(敎鑑)으로 삼기 위한 결과물이었다. 그렇다면 《오하기문》(권수)는 유교적 감계주의(鑑戒主義)의 관점에서 저술된 것이라 할 수 있다.

40) 이이화, 〈황현의 《오하기문》에 대한 내용 검토〉, 12·23쪽.

《오하기문》의 집필 과정에서 그는 당대사의 저술이 절실하다고 판단한 것 같다. 이를 위해 그는 《매천야록》41)을 저술하였다. 《매천야록》은 정교의 《대한계년사(大韓季年史)》나, 박은식의 《한국통사(韓國痛史)》와 비교 평가하거나,42) 또는 김윤식의 《음청사(陰晴史)》나 《속음청사(續陰晴史)》와 비교되기도 한다.43) 그것은 서술 방법이나 대상 시기 등이 유사하기 때문이다. 그날그날 직접 체험의 기록이라는 점에서 《매천야록》은 정교와 김윤식의 저술과 견주어볼 수 있으며 체제 등에서 유사성을 찾을 수 있다. 그러나 《매천야록》이 이들 자료와 구별되는 가장 커다란 차이점은 날카로운 비판정신으로 서술되었다는 점이다.

한편, 그는 지식인의 덕목으로 인(仁)을 중시하였다. 황현이 말하는 인은 충절과 책임이 포함된 것이라 할 수 있다. 이러한 관점은 역사서술뿐만 아니라 행동규범에도 영향을 주어 끝내 순절을 선택하였다. "단지 인을 이루었을 뿐 충은 아니다(只是成仁不是忠)"라는 그의 절명시에서 알 수 있듯이, 그는 인을 실천하기 위해 당대사를 저술함으로써 스스로의 충절과 책임을 다했던 것이다.44)

매천이 순절하자, 앞으로 언급할 석정 황석은 그를 기리는 제문을 지었는데, "충의의 분한 마음은 효효병(嘐嘐屛) 10폭에 그렸으며, (중략) 문

---

41) 《매천야록》은 고종이 왕위에 오른 1864년부터 1910년까지의 역사를 다룬 전7책6권으로 구성되어 있다.

42) 洪以燮, 〈黃玹의 歷史意識-梅泉野錄 讀解에의 試論-〉, 《淑大史論》 4, 1969, 115쪽 ; 河宇鳳, 〈黃玹의 歷史意識에 대한 硏究〉, 《全北史學》 6, 1982, 144~161쪽.

43) 임형택, 〈《매천야록》 해제〉, 《역주 매천야록》 상, 12쪽.

44) 1962년에 정부에서는 황현을 독립장에 추서하였다.

장은 절의로 충만하였다"[45]고 추모하였다. 이제 장을 달리하여 황석의 생애와 활동을 살펴보기로 하자.

3. 석정 황석의 생애와 활동

황석은 전북 남원 사매면 월평 출신이다. 그의 초명은 영(瑛), 자는 기보(器寶)이고 본관은 장수이다.[46] 그의 먼 조상은 방촌공 황희이며, 그의 10대조 적(迪)은 무민공 진(進)의 큰형이다. 따라서 매천과 석정은 10대조에서 갈라졌음을 알 수 있다. 그의 부친의 이름은 종묵(宗默), 호는 지은(止隱)으로 학행으로 호조좌랑에 추증되었고, 모친은 성산이씨(星山李氏)이다. 그는 1848(헌종 14)년에 남원 수월리 본가에서 출생하였다. 어려서부터 단정한 모습이 준수하였고 재주가 뛰어났다. 일곱 살에 공부를 시작하여《십구사략(十九史略)》을 매일 100여 행을 외웠을 뿐만 아니라 대의에 통달하고 날카롭게 질문하여 사람들을 놀라게 했다. 이에 그의 부친은 집안을 크게 일으킬 것으로 기대하였다.

열 살 이후 본격적으로 학업에 전념하여 글을 짓는데 익숙했으며, 열다섯 살부터 향시(鄕試)에 참가하여 그 이름을 떨쳤다. 그가 지은 시를 본 사람들은 입과 귀로 서로 전하여 회자하였다. 이로써 보면 그의 행적이 매천과 매우 비슷했음을 알 수 있다. 다만 그의 스승이 누구였는지는 잘 알 수 없다. 그리고 그는 효성이 지극해서 부모로 하여금 근심을 끼친

---

45) 황석, 〈祭族弟雲卿玹文〉, 앞의 책, 133쪽.

46) 석정의 가계와 행적에 대해서는 〈행장〉(安壥 찬, 1932), 〈묘지명 병서〉(崔秉心 찬, 1946)을 토대로 작성하였다.

적이 없었다. 그의 성품은 밖으로는 온화하나 안으로는 강직했으며, 생각은 눈앞에 있지 않고 항상 원대한 계획을 가졌으며, 뜻은 경세제민에 두고서 임금과 나라를 걱정하였다.

그는 경사(經史)에 관심이 깊었던 것 같다.

> 공은 중년부터 오로지 고인의 爲己之學에 뜻을 두어 경전과 제자백가서, 우리 동방 儒賢의 서책에 이르기까지 서로 비교 검토하여 깊이 생각하였다. 그가 주목한 점은 마땅히 할 바를 보고서 그렇게 된 까닭을 깊이 참구하는 데 있었다. (중략) 史略과 같은 역사서의 치란흥망이 있는 책을 읽고서 권모술수에 처신하지 않았다. (중략) 산골의 바위 사이에 의지하며 시냇물을 마시고 살다가 순절하였으니 仁으로 귀일한 것이다.[47]

석정은 위기지학에 뜻을 두고서 경학과 사학을 중시하였고, 자청(自靖)으로 인(仁)을 실천하는 학문을 성취한 것으로 파악하였다.

학문에 전념하던 1888(고종 25)년에 석정은 김종한(金宗漢, 1844~1932)의 추천으로 소경원 수봉관(昭敬園 守奉官)에 임명되었으며, 얼마 후 용양위 부사과(龍驤衛 副司果, 종6품)의 품계를 받았다. 1890년에 중직대부(中直大夫, 종3품) 광릉령(光陵令)에 승품되었다. 얼마 지나지 않아 그는 관직을 사임하고서 귀향하였다. 그가 어떻게 김종한의 추천을 받았는지 그리고 관직을 언제 어떻게 그만 두었는지는 불분명하다.

이후 그는 주로 상소운동을 전개한 듯하다. 그는 송시열을 비판한 소

---

47) 안훈, 〈行狀〉, 《석정유고》, 151~152쪽

론(少論)의 한용필(韓容奭) 등을 처벌해달라는 상소를 주도하였다. 경기도 지평향교(砥平鄕校)의 유생이었던 한용필 등이 1889년에 소론의 입장에서 송시열 등을 비판한 것에 대한 맞대응이었다.48) 성균관 유생들의 권당과 전국의 노론계 유생들의 상소로 한용석 등은 1889년 음력 5월에 원악도(遠惡島)에 정배되었다. 비슷한 시기에 그는 고암서원(考巖書院)의 복설을 요청하는 상소도 올렸다.49) 1695(숙종 21)년 전북 정읍에 건립된 고암서원은 송시열을 추모하는 사액서원으로, 정조 9(1785)년 제자인 권상하(權尙夏)를 배향이었으나 1871년에 훼철되었다. 석정은 1890년경 이 서원을 복설해달라고 상소한 것이다.

한편, 1894년 음력 정월에 발생한 고부농민봉기가 전라도 전체로 확산되었다. 특히 남원은 농민군 3대 지도자의 한 사람인 김개남(金開南, 1853~1895)이 장악한 전라좌도 동학농민군의 근거지였다. 사실 남원은 전라도 최초로 동학(東學)을 접한 고을이었다. 동학의 창시자 최제우(崔濟愚, 1824~1864)는 1861년 음력 6월 경주에서 동학을 포교했는데, 얼마 후 정부의 탄압과 비방하는 사람들로 인해 고향을 떠나게 되었다. 그는 울산-고성-여수-구례를 거쳐 음력 12월 중순경 남원에 도착하였다. 그는 광한루(廣寒樓) 부근에서 약방을 하던 서형칠(徐亨七) 등 남원 사람들의 도움으로 교룡산성(蛟龍山城) 안의 덕밀암(德密庵, 隱蹟庵으로 고쳐 부름)에서 약 6개월 동안 은거하며 동학의 경전을 가다듬었다. 그는 《동경대전》의 〈논학문(論學文)〉(원래는 東學論)과 〈수덕문(修德文)〉, 《용담유사》

48) 《석정유고》, 〈請鞫韓容奭李承喜等疏〉, 60~65쪽 ; 《承政院日記》 高宗 26年 5月 24日·28日·29日 ; 《日省錄》 高宗 26年 5月 24日·28日·29日.

49) 《석정유고》, 〈請復考巖書院疏〉, 52~59쪽.

의 〈교훈가〉 〈몽중노소문답가〉 〈도수사〉 〈권학가〉 〈검가〉 등을 교룡산성에서 지었다.

특히 그가 지은 〈검가(劍歌, 칼노래)〉가 주목된다. "검가를 지으시고 목검(木劍)을 잡고 월명청풍(月明淸風)한 밤을 타서 묘고봉상(妙高峰上)에 독좌(獨座)하여 검가를 노래"했다. 그 내용 중에, "용천검 드는 칼을 아니 쓰고 무엇하리 / 만고명장 어디 있나 장부당전 무장사라 / 좋을시고 좋을시고 이내 신명 좋을시고"라고 하여, 무장봉기를 통한 변혁을 염원하는 내용이 들어 있다. 〈몽중노소문답가〉는 도참사상과 풍수지리설을 원용하여 역사의 변혁을 설명하고 동학이 태평성세를 다시 정해 국태민안이 된다는 희망을 주는 글이다. 다시 말해 개벽을 통한 유토피아의 도래를 예언한 내용인 것이다.

이와 같이 최제우는 남원의 교룡산성에서 지리산을 바라보며, 때를 만나지 못해 아직 뜻을 이루지 못한 교룡(蛟龍)처럼 은거가 아닌 미래를 준비하고 있었다. 그는 시운이 도래할 것을 굳게 믿으며, 그러한 내용을 〈검가〉와 〈몽중노소문답가〉에 응축시켰다. 그의 강력한 변혁의지가 반영된 동학사상과 예언은, 남원의 제자들을 통해 주변으로 퍼져나갔을 것이다. 이른바 최제우의 후천개벽론(後天開闢論)은 기존의 지배질서를 부정하고 새로운 세상을 도모할 수 있으리라는 변혁의 의지를 전라도 남원에 심어주었다.

그런데 고부에서 일어난 농민봉기는 종전의 '민란'과는 다른 특징을 보여 주었다. 봉기 이래 약 두 달 간이나 지속되고 동학의 교단조직을 활용했다는 점이다. 더욱이 안핵사로 파견된 장흥부사 이용태(李容泰)가 동학교인 뿐만 아니라 일반 농민들을 온갖 구실로 탄압하자, 전봉준 등은 음력 3월 재봉기하였다. 이른바 '무장기포(茂長起包)'인데, 이로부터 고부지역의 농민봉기가 전라도 전체로 확산되는 계기가 되었다. 당시 농민군 지도부는 위로는 중앙의 공경대부로부터 아래로는 지방의 수령에 이르기까지, 백성들을 제물로 삼아 가렴주구만을 일삼고 있음을 통렬하게 비판하였다. 그들을 징치하기 위해 잘못되어 가는 나라를 바로잡고 백성들을 편안하게 만들고자 의로운 깃발아래 죽음으로써 맹세했다는 것이다.

그리하여 이들은 전북 백산에서 1만여 명의 농민군을 불러 모아 '호남창의대장소(湖南倡義大將所)'의 이름으로 격문을 발표하였다. 1894년 3월 25일(양 4. 30) 전봉준은 총대장, 손화중·김개남은 총관령(總管領)으로 추대되었다. 이들은 '호남창의(湖南倡義)'를 표방한 지 불과 한 달 만에 전주성을 점령하였다. 1894년 6월 초순 이들은 전주화약을 체결하고서 각자의 고향으로 돌아가 폐정개혁을 실시하기 위한 집강소(執綱所) 활동을 전개하였다. 이 과정에서 전봉준은 전라우도를, 김개남은 전라좌도 지방을 순행하며 폐정개혁운동을 주도하였다. 김개남은 태인과 순창, 곡성 등지를 거쳐 음력 6월 25일(양력 7.27) 남원에 입성하였다. 당시 남원은 전라좌도의 핵심 도시로서 영호남을 왕복하거나 전라도의 남북을 오갈 수 있는 교통의 요지로서 모이거나 흩어지기가 편리한 지역이었다. 또한 읍성 바로 인근에 군사적 요충지인 교룡산성이 위치한데다 정밀한 무기를 대량으로 보유하고 있었다. 더욱이 이들이 남원을 점령할 무렵 남원부사 윤병관(尹秉觀)은 이미 도망을 가버려 관아는 텅 빈 상태나 다름없었다. 따라서 김개남 등은 손쉽게 남원을 점령하였으며, 남원의 동학교인들과 농민들의 환영을 받았다. 이미 앞서 언급했듯이 남원은 이미 1861년부터 최제우에 의해 동학이 포교되어 상당수의 교인이 배출되었다. 김개남이 남원을 점령할 때 남원 출신의 김홍기(金洪基) 김우칙(金禹則) 이춘종(李春宗) 등이 협력하였다. 이때의 상황을 매천은《오하기문》에 다음과 같이 기록하였다.

> 전라좌도의 거의 모든 도적(동학농민군-필자주)이 남원에 모였는데 그 숫자가 대략 7만여 명이었다. (중략) 김개남이 도착하자 도적들은 군복을 입고 나가서 맞이했는데, 깃발을 들고 징을 치며 늘어선 행렬이 80리나 이어졌다. 지방에서 일어난 우리나라 도적떼의 기세가 이처럼 거센 적은 일찍이 없었다.

위의 인용문을 통해 김개남이 이끄는 농민군의 모습을 상상할 수 있다.

김개남의 본명은 김기범(金箕範)이었는데, 그는 태인의 도강김씨로서 세력가였다. 그는 어느 날, "꿈에 신령이 나타나서 손바닥에 개남(開南)이라는 두 글자를 써주어서 호를 개남이라 했다"고 말하였다. 이로써 '남도를 개벽하겠다'는 뜻의 이름으로 바꾸어 자신의 의지를 분명하게 드러낸 것이다. 당시 운봉의 향리 출신인 박문달(朴文達, 일명 朴鳳陽)은 가산을 털어 민보군을 조직하여 남원과 호각지세를 이루며 여러 차례 공방전을 벌였다.

1894년 음력 9월 이후 김개남은 총통(銃筒)으로 무장한 8천여 명을 이끌고 서울의 일본군을 물리치기 위해 청주까지 북상하였다. 북상하던 길에 김개남은 전주에 머물고 있던 신임 남원부사 이용헌(李龍憲)을 체포하여 처형하였다. 이용헌이 정부의 소모사의 직책으로 남원의 봉기를 종용하며 운봉의 박봉양과 협공계획을 세우다 발각되었기 때문이다. 한편, 남원에 잔류한 농민군을 담양의 남응삼, 진안의 이사명, 남원의 김홍기 등이 지휘했는데, 이들은 운봉을 점령하기 위한 공방전에서 막대한 타격을 받았다. 이처럼 김개남의 주력 농민군이 북상하고, 남원에 잔류한 농민군 세력이 약화된 가운데 남원의 유생들이 수성군을 결성했던 것 같다.

석정은 수성군(守城軍)을 결성하여 농민군을 물리치는 활동에 앞장섰다. 먼저 그는 대원군에게 농민군을 진압하기 위한 의병을 일으킬 계획과 도움을 요청하는 서신을 보내었다.50) 이때 남원의 사인(士人) 이종세(李鍾世)와 진사 하찬용(河贊鎔) 등이 석정을 적극 도왔으며, 약 101명의 유림들이 호응했던 것 같다.51) 당시 그는 동학농민군을 진압하자는 통문을 도내에 돌렸다.

> 국가가 위급하여 임금의 큰 근심이 바야흐로 밤낮으로 간절하며 주현이 계속 소란하여 민생의 쇠잔한 목숨이 시시각각 보전하기 어려운 상황입니다. 이는 진실로 충신의사가 왕실을 돕고 백성을 위로할 때입니다. 그럼에도 도내 유림이 관망하며 뒤로 물러나 한 사람도 의병을 먼저 일으키는 사람이 있다는 말을 듣지 못했습니다. (중략) 이에 瑛은 추생이자 부유로서 가슴에는 본래 축적한 일갑도 없고 손에는 익혀 가지고 있는 촌철도 없으나 오직 義 한글자로써 몸을 쏘는 정곡으로 할 따름입니다. 지금 장차 동지를 규합하고 奮忠協力하여 국맥을 붙들고 淫辭를 추방하고자 하오니 오직 원하옵건대 우리 고을 여러 장보는 모월모일 남원향교

50) 《석정유고》, 〈上雲峴宮書〉, 70~72쪽.

51) 위의 책, 〈百一義士吟〉·〈百一義士序〉, 25·111~114쪽.

에 와서 모이어 爛商謀議하여 大事를 같이 도모하시면 다행이겠습니다.[52]

그는 남원향교를 근거지삼아 수성군을 조직하여 농민군을 진압할 계획으로 통문을 돌린 것이다.

석정을 비롯한 남원 유림들은 100석의 군수미를 확보한 후 운봉에서 가져간 총포 500정을 되찾아 수성군을 무장시켰다. 이들은 50방(坊)마다 방수장(防守將)을 임명하고서 별무사 200명을 선발하여 마을과 가옥을 수색하여 농민군을 색출, 처벌하였다.[53] 이들은 약 100여 일 동안 고충혈성(孤忠血誠)으로 활동하여 폐허가 된 남원읍성을 금성탕지로 바꾸어 놓았다. 이로써 남원은 안정을 되찾았으며 전라도 관찰사 이도재(李道宰)로부터 그 노고를 인정받았다. 그리하여 석정은 정부로부터 남원의 농민군을 물리친 공로를 인정받아 이른바 〈갑오군공록(甲午軍功錄)〉에 올랐는데, "남원의 참봉 황영이 군사를 모아 창의해서 비도를 체포하고 섬멸하였다(南原參奉 黃瑛 倡義募軍 勦捕匪徒)"[54]라고 있듯이, 그의 수성군 활동을 확인할 수 있다. 당시 그는 남원에서 유일하게 '군공'을 인정받았다. 이와 같이 석정은 직접 수성군을 조직하여 농민군을 퇴치하는 활동을 벌였다. 이로써 석정의 충절의 면모를 확인할 수 있다. 한편, 그는 운봉에 이속된 영장(營將)을 남원에 설치해달라고 정부에 요청하였다. 1894년 여름 농민군의 공격에 남원부가 쉽게 무너진 이유가 있다는 것이다. 즉, 군

52) 《석정유고》, 〈請剿東匪輪告道內文 丙申〉, 86~87쪽

53) 위의 책, 〈百一義士序〉, 112~113쪽.

54) 《東學亂記錄》 下, 국사편찬위원회, 1971 ; 1985, 717쪽.

영의 근거지가 남원이 아니라 운봉에 있기 때문에 남원부는 그들을 쉽게 제어하지 못했다고 판단하였다. 이러한 건의 역시 석정의 충성심에서 우러나온 것이라 할 수 있다.

다음으로 석정은 한말의병으로 활동하였다. 1895년 10월 일제는 침략의 걸림돌로 지목된 명성황후를 시해하였다. 이어 그들은 을미개혁의 미명하에 단발령을 강요하였다. 유생들이 즉각 단발령을 거부하였으며, 고종은 일제의 위협으로 벗어나고자 러시아공사관으로 피신하였다. 이에 일제의 침략을 저지하고 고종의 환궁을 도모하기 위한 근왕의병이 전국 각지에서 일어났다. 석정은 1894년 말 남원의 수성군을 조직해서 활동한 경험을 되살려 의병을 도모하였다. 전라도에 통문을 돌려 거사하자고 호소했으나 거의 호응을 얻지 못하였다. 이 통문을 통해 그는 임금을 태양과 북극성으로 비유하였으며, 개화와 단발령 반대 그리고 복수토적(復讐討賊) 및 환궁을 주장하였다.[55] 나아가 그는 이른바 '주욕신사(主辱臣死)'의 의리를 강조하였다.

그리고 석정은 남원을 비롯한 인근의 다섯 고을에 통문을 돌려 갑오개혁을 추진한 개화파를 처단해야 한다고 주장하였다.[56] 그는 하늘과 땅 사이에 사람으로서 두 가지 도리가 있는데, 이륜(彝倫)과 예법(禮法)이라 하였다. 이는 두말할 필요없이 성리학적 도덕을 준수해야 한다는 것이다. 이를 위해 전통적인 의복제도와 황이존양(華夷尊攘)의 의리를 강조하

---

55) 《석정유고》, 〈請大駕還宮通告鄉儒文 丙申〉, 88~92쪽.

56) 위의 책, 〈五邑回通文 甲申〉, 92~95쪽. 이 자료의 작성시기가 '甲申'으로 되어 있으나 '丙申'의 오기로 판단된다. 그 내용을 살펴보면 단발령과 을미사변이 언급되어 있는 점에서 그러하다.

였다. 특히, 갑오개혁을 추진하다가 일본으로 망명한 박영효 등 4명과 개혁을 주도한 10명도 엄히 다스려야 한다고 주장하였다. 하지만 그의 호소와 주장에 적극 동조하여 의병에 참여하려는 움직임은 거의 없었다.

마침 장성에서 노사학파를 이끌던 기우만(奇宇萬, 1846~1916)이 장성 의병을 일으켜 나주로 집결하자는 통문을 보내왔다. 이에 석정은 즉시 사생취의하겠다는 내용의 답장으로 보냈다.[57] 그는 국한문의 사용, 의복제도의 변경, 아관파천 등을 강력히 비판하며 의병에 가담할 것임을 천명하였다. 그는 나주로 달려가 기우만이 주도한 호남대의소(湖南大義所)에 참여하였다. 하지만 고종이 해산하라는 조칙을 내리자 고향으로 돌아와 은인자중하였다. 당시 그는 의병들을 칭송하는 시를 남겼다.[58] 을사조약이 강제로 체결되자, 석정은 창평의 고광순(高光洵, 1848~1907), 진안의 이석용(李錫庸, 1878~1914) 등과 의병을 도모했으나 일이 누설되어 뜻을 이루지 못하였다.

석정도 매천과 마찬가지로 임진왜란 당시 금산전투에 참여하여 순절한 의병을 추모하거나,[59] 1906년 음력 섣달그믐 남원에서 의병을 일으켰다가 순국한 양한규(梁漢奎)를 추모하는 만시를 짓기도 하였다.[60] 1909년 10월 이토오 히로부미(伊藤博文)을 처단한 안중근 의병장을 "한 발의 총성이 강산을 숙연하게 하였노라"고 추모하였다.[61]

---

57) 위의 책, 〈長城回通文 丙申〉, 96~100쪽.

58) 위의 책, 〈百一義士吟〉, 24~25쪽.

59) 위의 책, 〈奉和龜窩韓公追贈焚黃韻〉, 25~26쪽.

60) 위의 책, 〈輓梁草溪文贊 漢奎〉, 31~32쪽.

61) 위의 책, 〈輓安義將重根〉, 32쪽.

1910년 8월 일제가 강제로 나라를 병탄하자, 석정은 자제들에게 유서를 남기고 자결하려 하였다. 이때 작성한 유서62)에서 그는 일본의 침략을 받아들인 매국노를 강력히 비판하면서 자신은 춘추대의를 실현하기 위해 자결을 선택했음을 밝혔다. 장자 규현(圭顯)을 비롯한 가족 및 친지들에게 집안의 대소사와 관련된 사항을 남겼다. 하지만 그는 가족들의 호소와 만류로 자진하지 못한 채 마음을 바꾸었다. 고종이 살아 있으므로 희망을 갖고서 새롭게 도모할 수 있는 계기와 기회가 오리라 기대했던 것이다. 그는 집 앞의 무산(舞山)에 축대를 쌓고서 의두대(依斗臺)라 이름하고서 아침저녁으로 망배(望拜)하였다. 이후 그는 와신상담의 심정으로 10년을 하루같이 지냈다. 이러한 소식을 전해들은 기우만은 다음과 같이 그를 격려해주었다.

> 寢郎 황석은 舞山의 정상에 依斗를 臺로 만들었다. (중략) 충의명가의 황씨 집안은 武愍公의 훌륭함은 의논할 일이 없고 다른 분들도 의리에 돌아가신 분이 수십 명이나 된다. 대대로 지켜오는 가풍을 족히 징험할 만하다. 황석의 병신(1896)년의 격문 역시 이전 先烈들이 배태한 것임을 속일 수 없다. 나라가 없어지는 날 한 번 죽음으로 국가에 보답하는 것이 그의 初心이었다. (중략) 의두를 대로 삼음은 실로 草茅에서 임금을 연모하는 마음에서 우러나온 것임을 알아야 한다.63)

칠흑 같은 밤중에 넓은 바다를 항해하는 배가 북두칠성에 의지하는

---

62) 위의 책, 〈遺書 庚戌〉, 101~104쪽.

63) 기우만, 〈依斗臺序〉, 1913 ; 《석정유고》, 169~170쪽.

것처럼 그는 오로지 고종의 살아 있음에 의지하는 염원을 확인할 수 있다. 석정이 근왕적 충의를 중시하였음이 잘 나타나 있다.

그러던 1919년 1월, 고종이 세상을 떠났다는 소식은 그야말로 청천벽력과 같은 충격이었다. 그는 고종의 부음을 전해 듣고서 다음과 같은 글을 남겼다.

> 대장부는 세상에 나와 세상이 잘 다스려지면 힘을 다해 충성하고 우리 임금이 요순처럼 되도록 힘쓰고, 세상이 어지러우면 의리를 행하여 절의에 복종하거라. (중략) 위로는 천지 사이에서 받은 정의를 저버리지 말고 아래로는 성현의 글을 읽고 그 가르침을 저버리지 말라 했는데 불초한 내가 비록 대단한 존재는 아니나 세 번이나 뜻을 이루지 못했으니 지난번 경술년 나라가 망하던 날 어찌 없었겠는가. (중략) 하루를 살면 하루가 욕되고 이틀을 죽지 않으면 이틀이 부끄러울 뿐이다. (중략) 원수의 백성이 되지 않고자 함이니 이것이 어찌 나의 정해진 본분이 아니겠느냐.**64)**

장부가 세상에 나와 충성과 절의를 다해야 한다는 부친의 가르침을 저버린 자신을 자책하였다.**65)** 더욱이 원수의 백성이 되지 않기 위해 순절함은 당연지사이며, 하루를 살면 하루가 욕되고 이틀을 죽지 않으면 이틀이 부끄러울 뿐이라 하였다. 다시 말해서 순절이 곧 충의를 실현하는 길이라 이해하였다. 결국 그는 두 번의 시도 끝에 칼로 목을 찔러 목

64) 《석정유고》, 147~149쪽

65) 이와 비슷한 내용이 《석정유고》의 〈聞國恤自裁時遺書〉(108~110쪽)에 수록되어 있다.

숨을 끊었다.

석정이 남긴 절명시는 다음과 같다.

> 돌아가신 아버님의 유언을 하나도 이루지 못하고
> 불충불효하였으니 어찌 살려고 할 것인가
> 기미년 입춘 이틀 전에
> 호연히 이렇듯 가니 내 마음 상쾌하네[66]

충성과 절의를 지키라는 부친의 유언을 지키지 못했다고 하지만, 그의 순절로써 충절이 이루어졌다고 할 수 있다.[67]

4. 맺음말

매천 황현과 석정 황석은 19세기 후반부터 20세기 초반까지 격변의 시기를 살았던 유학자였다. 두 사람은 전라도 변방에 살면서 시대적 고뇌를 짊어지고 살다가 각각 순절(殉節)하였다. 이들은 조선왕조와 운명을 같이하기 위해 기꺼이 목숨을 내던졌다. 매천의 말처럼 조선왕조가 500년 동안 길러온 수많은 선비로서 책임을 느꼈기 때문이다. 당시 재야의 지식인들은 이른바 처변삼사(處變三事)라 하여 변란에 처했을 때 세 가지 대처방안인 거의(擧義), 수의(守義), 순의(殉義) 중 하나를 선택하는 것을 최고의 덕목으로 인식하였다. 그 중에서 이들은 순의, 즉 순절을 선택

66) 《석정유고》, 〈절명시〉, 51쪽

67) 2002년에 정부에서는 황석을 애국장에 추서하였다.

한 것이었다.

매천과 석정은 사림중심의 성리학적 사회체제를 지향한 조선의 지속성을 위해 구국애민의 충절을 실천하고자 노력하였다. 이들은 조선사회가 19세기 이후 내우외환에 의해 매우 심각한 위기에 처한 것으로 인식하였다. 매천은 특히 일본의 침략을 경계하며 임진왜란의 국난을 극복한 의병장을 추모하고 수많은 전사들의 고혼이 떠도는 전장터를 탐방하며 충절의 각오를 다졌다.

매천과 석정은 전라도에서 전국으로 확산된 동학농민군의 무장봉기를 직접 체험하였다. 매천은 무지한 농민들이 무기를 들고 일어나 순식간에 향촌사회를 장악하는 모습을 보며 전율과 함께 엄청난 충격을 받았다. 조선사회를 일신하기 위한 과감한 개혁의 필요성을 절감하였다. 이에 그는 국가적 위기에 대한 철저한 반성과 책임을 묻고, 후세의 경계로 삼기 위한 역사서 편찬에 온 힘을 기울였다. 그 결과 그는 유교적 감계주의(鑑戒主義)의 관점에서 《매천야록》과 《오하기문》을 저술하였다.

마지막으로 그의 순절이 무엇을 의미하는지 생각해보자. '맑고 굳세다'는 평가를 받는 자신의 시(詩)처럼, 그는 지식인의 덕목으로 인(仁)을 중시하였다. 매천이 지향한 인은 충절과 책임이 포함된 것으로 생각되는데, 이러한 관점은 역사서술뿐만 아니라 행동규범에도 영향을 주어 끝내 순절을 선택하게 만들었다. "단지 인을 이루었을 뿐 충은 아니다(只是成仁不是忠)"라는 그의 절명시에서 알 수 있듯이, 인을 실천하기 위해 자신의 책임을 다함으로써 충절을 지켰다.

석정은 동학농민군이 남원을 장악하자 그들을 물리치기 위해 수성군을 직접 조직하여 남원 경내의 농민군을 진압하였다. 그 결과 남원에서는 유일하게 〈갑오군공록〉에 올랐다. 그의 이러한 활동은 국가와 임금에 대한 충성과 자신이 지켜야 할 절의로 인식하였다. 이러한 충절의 활동은 부친의 가르침에 의한 것이었다. 이어 일제의 침략이 가속화되는 과정에서 명성황후시해사건과 단발령, 아관파천 등이 거듭 발생하자 의병을 일으키기 위해 노력하다가 기우만이 주도한 호남대의소에 가담하였다. 뿐만 아니라 그는 의병을 일으켜 활동하다가 순국한 의병장들을 추모하였다. 한편, 그는 갑오개혁과 같은 개화정책을 반대하며 전통문화를 수호하기 위한 상소운동을 전개하기도 했다.

하지만 1910년 8월 일제가 조선을 병탄하자, 그 역시 순절의 길을 택하였다. 그는 가족들의 간곡한 만류와 고종의 생존에서 한 줄기 희망을 간직하며 와신상담하였다. 1919년에 고종이 세상을 떠나자 그 역시 자청(自靖)을 피할 수 없는 운명으로 받아들였다. 그것만이 충절을 지키는 것이라 인식했기 때문이다.

이와 같이 매천과 석정은 인접한 지리적 공간에서 시간적 시차를 두고서 순절(殉節)의 길을 선택하였다. 매천은 교훈과 경계로서의 역사서의 편찬을 중시한 반면, 석정은 충의정신을 직접 실천하기 위해 노력하였다. 이들이 다른 듯 같은 길로 나아가게 된 배경에는 남원에 세거한 장수황씨의 가풍과 밀접한 관련이 있다고 판단된다.

[관련 연구논저]

기태완, 《黃梅泉詩硏究》, 보고사, 1999.

김정환, 《梅泉詩派 硏究》, 경인문화사, 2007.

하우봉 외, 《매천 황현과 역사서술》, 디자인 흐름, 2010.

이은철, 《매천 황현을 만나다》, 심미안, 2010.

琴章泰·高光稙, 〈梅泉 黃玹〉, 《續 儒學近百年》, 驪江出版社, 1989.

金容燮, 〈黃玹(1855~1910)의 農民戰爭 收拾策〉, 《高炳翊先生回甲紀念史學論叢》, 1984 ; 《歷史와 人間의 對應》(韓國史篇), 한울, 1985.

金昌洙, 〈《甲午平匪策》에 대하여--梅泉 黃玹의 東學認識--〉, 《藍史鄭在覺博士古稀 記念 東洋學論叢》, 고려원, 1984.

김항구, 〈黃玹의 新學問 受容과 壺陽學校 設立〉, 《문화사학》 21, 한국문화사학회, 2004.

배종석, 〈매천 황현의 이충무공귀선가〉, 《이순신연구논총》 14, 2010.

李離和, 〈황현의 삶과 사상〉, 《매천 황현의 역사의식과 문학》 발표요지, 1999.

林熒澤, 〈黃梅泉의 詩人意識과 詩〉, 《창작과 비평》 겨울호, 1970.

홍영기, 〈황현〉, 《한국사 시민강좌》 41, 일조각, 2007 ; 〈한말 한 지식인의 이상과 좌절-梅泉 黃玹을 중심으로-〉, 《지리산과 인문학》, 브레인, 2010.

洪以燮, 〈黃玹의 歷史意識---梅泉野錄 讀解에의 試論---〉, 《淑大史論》 4, 1969.

黃秀貞, 〈梅泉詩의 이해를 위한 傳記 硏究〉, 《古詩歌硏究》 10, 2002.

제4부

옥동서원의 역사적 위상과 학풍

경북 상주시 모동면 수봉리 옥동서원(玉洞書院)

옥동서원(玉洞書院)의 존재의의(存在意義)[1)]

권태을[2)]

1. 머리말

인문(人文)은 천(天)·지(地)·인(人) 삼재(三才)의 조화에서 형성되는 인

---

1) 이 글은 방촌황희연구소 주관, 제2회 옥동서원학술대회(〈옥동서원의 역사와 인물〉, 2018.10.07.)에서 발표한 논문이다.

2) 경북대학교 명예교수

류사 역사적 삶의 모습으로, 옥동서원(玉洞書院) 역시 인문의 결정(結晶)이다.

방촌(厖村) 황희(黃喜·1363~1452)는 송경 가조리(松京可助里 현, 황해도 금천군 토산면 방촌리)에서 태어났다. 23세(우왕11·1385) 진사시에 합격하였으며 27세(공양왕1·1389) 때는 문과에 급제하여 이듬해 성균관 학관에 보직되었다.

1392년 고려가 망하자 두문동으로 들어갔으나 고려조의 구신들이 '창생(蒼生)의 촉망(囑望)'으로써 선생을 천거하여 이에 벼슬길에 나아가니 태조(太祖)가 명경행수지사(明經行修之士)로 세자우정자(世子右正字)를 삼았다.3)

1415년(태종15, 을미·선생53세) 11월 7일에는 의정부 참찬(參贊)에 임명되었다가 12월 28일에는 호조판서에 임명되었다. 이때(12월) 방촌의 제2자 보신(保身·1401~1456)과 상주(尙州) 중모현(中牟縣)에 거주하는 직제학 홍여강(洪汝剛) ·1373~1463)의 딸과 혼약이 성립4)됨으로써 방촌과 상주 중모현 천하리(川下里)와의 지연(地緣)이 맺히게 되었다.(다음 장 상론)

이로써, 천시(天時)를 얻은 방촌이 영남(嶺南) 상주(尙州)와 지연(地緣)·인연(人緣)을 맺게 됨으로써 황희정신(黃喜精神)이 상주에 뿌리내리게 되었다.

본 고는 서원의 본래적 기능이 선현 제향과 학문 연구임을 염두에 두고, 상주를 관점으로 하여 서론적(序論的)인 개관으로서 옥동서원(玉洞

3) 《방촌황희선생문집》(권 9), 〈연보1〉, 조선 태조 개국원년 壬申條

4) 《방촌황희선생문집》(권 9), 〈연보1〉, 1415년(태종15·선생53세) 12월 28일자 기사 참조, 〈送直提洪公汝剛 奉使如明〉 제하에 소윤공(황보신)의 혼사 약정의 시말이 실림.

書院)의 존재 의의(存在意義)를 살피고자 한다.

2. 황희정신(黃喜精神) 발양(發揚)의 요람(搖籃)

1) 장수황씨(長水黃氏·少尹公派) 상주(尙州) 정착

(1) 황보신(黃保身)이 상주 거주 남양홍씨(南陽洪氏) 여강(汝剛)의 딸과 결혼하여 1415년(태종15) 12월, 직제학 홍여강이 명(明) 나라에 사신으로 가게 되었는데 방촌(호조판서)을 찾아와 사정을 호소하였다.

"직제학 홍공 여강을 보내어 사명을 받들고 명나라에 가게 되었다. 홍공이 장차 명나라로 들어갈 때에 선생을 찾아가 말하기를, '지금 사신(使臣)들은 모두 자녀의 결혼을 마친 자로서 보내는데 여강(汝剛)은 미가(未嫁)한 딸이 있어 현재 상주(尙州) 김장군가(金將軍家)[5] 에 머물러 있습니다.'라고 하자 방촌선생이, '이제 나랏일이 급박하여 바꿀 수가 없으니 갔다 오게 하시오. 공(公)의 따님은 내 아들과 결혼하게 하겠소.' 하였으니, 곧 (아들은) 소윤공 보신(少尹公保身)이요 김장군의 이름은 자구(自久)니 홍공의 요서(僚婿)[6]였다."[7]

위의 말을 분석하면, 방촌이 참찬시 홍여강을 사신으로 선발한 것 같

5) 金將軍 自久는 고려말의 대장군으로 상주 중모에 살았다. (商山誌·1832年本)

6) 홍여강과 김장군이 요서(동서)였다 하나 현재 문헌 기록으로는 그 관계를 밝힐 수 없다. 다만, 김장군가에서 홍여강의 딸이 성장한 것은 사실로 보임.(뒤에 상론)

7) 《방촌황희선생문집》(권 9), 〈연보1〉, 1415년 12월 28일 자 기사. 원문은 생략.

고, 필혼(畢婚)한 사람만 선발하였는데 홍여강은 이외다. 혹, 방촌이 홍직제학에게 딸이 있는 줄 알았고, 또 내심으로는 제2자(소윤공 보신)의 배필로 삼고자 했으리란 생각이 든다.

상식적으로, 필혼자만 사신으로 보내는데 잘못하여 미필혼한 자를 선발한 책임을 방촌이 선뜻 아들과의 혼사를 자청하여 무마시킬 수 있으랴. 소윤공의 결혼은 아버지의 깊은 배려에서 성사된 기연이라 할 수 있겠다. 아마도 방촌가(厖村家)와 홍직제학가(洪直提學家)와의 혼사로 맺어진 인연은 기록상 드러난 사실보다는 더 깊은 필연적인 사연이 있었을 것은 확실하다.

소윤공 황보신(1401~1456)과 남양홍씨 여강의 따님(1399~1479)과의 결혼은 홍직제학이 사신의 임무를 마치고 돌아와 복명한 1416년에서 이듬 해(1417) 사이였을 것으로 짐작된다.8)

(2) 장수황씨(長水黃氏) 소윤공파(少尹公波) 상주 세거(世居)

자손이 특정 지역에 정착하는 데는 기회[天時]와 땅[地利]과 사람[人和]의 조화에서 비롯됨은 전술한 바와 같다. 시기적으로 방촌과 홍여강이 한 조정에서 만났고, 자녀의 혼인으로 말미암아 방촌과 소윤공(황보신)이 상주 땅과의 인연도 맺게 되었다.

직제학 홍여강9)은 검교참찬 잠(潛)의 아들이요 대언(代言) 개도(開

---

8) 1418년 5월 10일에는 방촌이 양녕세자 폐위 전에 그를 옹호한 죄로 체포되어, 5월 27일에는 남원부 장수현으로 유배되어 1422년 2월에야 방면되었기 때문이다. 조혼이 추세였을 것을 감안하면 1416년과 1417년 사이에 혼사가 이뤄졌을 것으로 보이나, 단정할 일은 아니다.

9) 《상산지》(창석본·청대본)에 상주 인물로 입전함. 창석본(1617)에서 金居道의 사위를

道)의 손자며, 외조는 고려 문과출신 군기시정(正) 민유(閔愉)며, 처부는 상산김씨 전서공파(典書公派) 전공판서 원리(元理)의 제2자 호부전서 김거도(金居道)이다.

홍여강이 전서공가의 사위가 되어 상주에 살게 되었으며, 방촌이 인정할 정도의 인품을 지닌 분이었음을 알 수 있다.

홍여강이 상산김씨 전서공가의 단단한 재지 기반(在地基盤)의 후원으로 상주 생활이 원활하였을 것은 자명하다. 특히, 홍여강이 자식이 없는 고려 대장군 김자구(金自久)와는 요서간(僚婿間)이어서 딸이 그의 집에서 성장하였고, 소윤공과의 결혼으로 인하여 김장군의 많은 재산을 소윤공이 물려받게 되었다 한다.10)

소윤공(少尹公·黃保身)이 상주 중모를 삶터로 잡음에는, 처외가 상산김씨 전서공가의 재지 기반과 김장군의 많은 유산을 받은 것이 절대적인 힘이 되었을 것이다. 더구나, 당대 황희 정승의 아들이요 현요직에 있는 형과 아우를 서울에 둔 명가의 자제로 상주 중모에 안착함에는 아무런 장애가 있을 수 없었다 하겠다.

특히, 소윤공은 평소 몸이 허약하여 중모(中牟) 천하촌(川下村)은 천혜의 휴양지로서도 최적이었을 것이다. 소윤공의 상주 시거(始居)는 삼재(三才)의 길운을 받은 일로, 그 운은 후손들에게까지 대대로 이어졌다.

소윤공이 상주 중모와 지연을 맺은 것은 1415년(태종15·乙未) 12월, 아

밝힘. 《장수황씨세보》(권 1) 黃保身조 참조.

10) 《방촌선생문집》(권 14), 〈부록下·中山行〉, 소윤공의 사위인 좌의정 金國光의 후손 金相定이 백옥동영당을 참배하고 〈中山行〉을 지으며, 김장군의 수많은 재산을 소윤공이 받게 되어 상주 중모에 삶터를 얻게 되었다 함.

버지 방촌이 홍직제학의 따님과 혼약을 결정한 후부터이나, 정작 이곳에 정착한 것은 1454년(단종2· 甲戌) 2월 8일 아버지의 탈상을 마친 직후라 할 수 있다.

상주 중모현을 새 삶터로 결정한 것은, 앞서 밝힌 바와 같이 생활의 기반이 완전히 조성되었으며, 이곳은 처가곳이요 병약한 소윤공에게는 최적의 휴양지였기 때문이다. 더구나 소윤공은 평소 기미(機微)를 살필 줄 알아 성만(盛滿)의 경계11)를 교훈 삼았고, 단종의 참변을 미연에 피하려 한 때문이기도 하였다.12)

이 항에는 특기할 두 사실이 있어 이에 소개하거니와, 첫째는 방촌 영정(厖村 影幀·원본 1421년 제작) 두 본 중 한 본이 소윤공의 상주 중모 은거로 인하여 이곳에 옮겨진 사실과 둘째는, 소윤공이 상주에 은거할 처음부터 사랑채의 당호(堂號)가 백화당(白華堂)이었다는 사실이다.

① 방촌 영정 상주로 옮겨 모심13)

소윤공(少尹公·黃保身)이 상주 중모로 은거할 때(1454.2.8.직후) 남하하

11) 《新論·誡盈》에, "성인은 꽉 참이 오래 유지되지 못함을 안다."(聖人知盛滿之難持)라고 하였다.

12) 소윤공의 아들 從兄의 신도비명(장수황씨선세보 권 1. 묘비문)에서는, 문호가 성만(盛滿·형 致身은 당시 태종이 특채하여 都鎭撫使요, 아우 守身 역시 태종의 신임을 받는 한성부윤이었다)을 경계하고 단종의 화(1455년 단종 선위)를 예견하였다 하였으며, 소윤공의 손자 관(瓘)의 신도비명(상동)에서는, 소윤공이 端宗二年甲戌(1454) 병으로 벼슬을 버리고 상주 중모의 별업으로 은거하였다 함.

13) 《옥동서원 요람》에서는 1415년 소윤공이 남하하여 비록 영정하에서라도 定省之禮를 행하기 위하여 원본을 모셔왔다 하였다. 또한, 《장수황씨세보《(권 1)의 少尹公派直身條에서는 익성공 영정을 직신이 보성군 대원사에 모셨다가 천하리 소윤공 후손에게 전하였다고 하였으나 《방촌선생문집》(권 14), 〈부록下·遺像〉의 〈前癸卯譜〉 기사 끝에서는, 승도들의 전설은 허문(虛聞)이라 하였다.

여 두 본 중의 한 본을 모시고 왔다함은 정황상으로도 설득력이 높다 하겠다. 더구나, 목재(木齋) 홍여하(洪汝河·1620~1674)는 〈유상찬(遺像贊)〉[14]에서,

"지금 2백 년[15]이 지난 뒤에도 부녀와 어린애까지 다 그 유풍을 그리며 그 성명(姓名)을 외고 있다. 이로써 본다면 그 의표(儀表·모습)를 목도하며 그 이론을 듣고도 오히려 그 지닌 바를 다 알지 못하였거든 하물며 이 한 폭의 영정(影幀)을 보고 그 평생을 어떻게 조금이나마 상상해 내겠는가?"

라고 하였다.

방촌의 유상(초상화)을 찬양하면서도 그 초상화가 방촌의 실체는 아니나 방촌의 실체를 상상할 수 있는 매체로는 초상화만한 것도 없음을 역설적으로 천양하고 있다. 이는, 방촌의 후손 신노(莘老·1755~1852)가 〈서화상찬후(書畫像贊後)[16]에서, "방촌의 넓은 도량과 2·3월의 봄날처럼 온화한 기상(氣像)을 유감없이 표현하였다"라고 한 말로써도 비록 초상화가 실체는 아니나 큰 덕을 헤아리게 하는 매체가 됨을 은유하였다.

목재가 화상찬을 쓴 시기를 명확히 밝히지는 않았으나, 상주에서 2백년 동안 영정을 모시고 보아왔다는 뜻이 절로 함축되었음은 추리할 수

14) 洪汝河,《木齋集》(권 6), 〈贊·黃翼成公遺像贊〉 및 《방촌선생문집》(권 14), 〈부록下·遺像〉.

15) 《목재집》이나 방촌집 原文에 '至今二百載之後'로 되었는데, 방촌집의 번역본에서 '3백년'이라 오타가 났다.

16) 《방촌선생문집》(권 14), 〈부록下·遺像〉조 참조.

있다.

목재는, 《동국통감제강》과 《여사휘찬》을 저술한 사가(史家)로 연대 개념이 투철한 분이었음을 감안할 때 소윤공이 남하(상주 은거)하던 때(1454)에 방촌선생의 영정 한 본이 상주로 모셔진 사실을 간접적으로 증언한 화상찬을 남기었다 하겠다.

② 사랑채(舍廊채)의 당호(堂號)는 백화당(白華堂)

1454년(2월 8일, 방촌 탈상), 소윤공이 상주 중모현 천하촌으로 삶터를 완전 옮겨 생활하며 손님을 접대하던 사랑채[17]의 당호(堂號)는 백화당(白華堂)이라 하였다. 이 당호는, 중모현 소재 백화산(白華山) 밑의 집이란 표면적인 의미를 지니며 나아가 백화(白華)가 지닌 이면적 의미까지를 함축한 당호라 할 수 있다. 〈백화(白華)〉는,

> "《시경(詩經)》 소아(小雅)의 편명(篇名)이다. 현재는 그 제목만 전해지는데, 《詩經》의 서문에 의하면 백화(白華)는 효자(孝子)의 제수를 깨끗하게 하는 것을 노래한 것"

이라 하였다.(白華堂에 대해서는 뒤에 상론함)

이 백화당(白華堂)은, 소윤공이 중모에 시거(始居)할 때부터 존재했던 사랑채로서 내적으로는 독서당의 구실을 겸하고 외적으로는 빈객들과의 화합 장소가 되었을 것이다. 이 당에 방촌 영정(厖村影幀)이 봉안되었을

17) 《한국고전용어사전》(세종대왕기념사업회) 참조. 白華堂을 사랑채로 본 것은 '집당(堂)'자는 사랑채 객실로 쓰던 곳을 가리키기 때문임. 안채는 '집실(室)'자를 사용함.

가능성이 높다. 소윤공(少尹公)이 중모에 산 기간은 짧으나 향토의 문화와 교육상에 끼친 영향은 지대하다.

소윤공이 중모에 은거했을 때 중모와 경계를 짓고 있던 영동(永同)[18]에는 당시 조야에 덕망이 높았던 명유로 풍천당(楓川堂) 김종경(金宗敬·1356~)[19]과 우리나라 3대 악성(嶽城)의 한 분인 난계(蘭溪) 박연(朴堧·1378~1458)[20] 등이 고향에 은퇴하여 있어, 소윤공과는 자주 만났던 것이다.

이들이 서로 왕래하며 시를 주고받으며 천명을 즐기는가 하면, 각기 향약(鄕約)을 실시하여 향풍쇄신에도 솔선하였다.[21] 이로써 보면, 중모현 백화당(白華堂)을 기점으로 한 조선조 초기에 이미 향약이 실시되고 학문과 문학이 활성화될 기틀이 마련된 사실 등은 앞으로의 연구 과제라 할 수 있다.

소윤공에게는, 세조가 왕위에 오름(1455)에 좌익원종공신(佐翼原從功臣)에 녹훈(錄勳)되었는데 1456년 6월 16일에 졸(卒)하자 한성소윤(漢城

---

18) 永同은, 757년(경덕왕16)에 尙州牧 속군으로서 1413년(태종13) 충청도 청주목으로 이속되기 전까지는 상주목의 땅이었다. 특히, 중모와는 경계를 지은 고을로 가장 긴밀히 문화·교육·문학 활동 등이 교류되었으며 조선조 후기(20세기)까지 이 유풍은 이어졌다.

19) 金宗敬(1356~?)은 영산인으로 영동 출신이다. 문과에 급제하여 우찬성에 이른 당대 석덕이었다.

20) 朴堧(1378~1458) 역시 영동 출신으로 문과에 급제하여 예문관 대제학에 이른 명신이요, 고구려 왕산악·신라 우륵과 더불어 조선의 三大樂聖의 한 분이다.

21) 《雄州典故》 永山金氏篇 기사 참조 및 黃蘭善, 《是廬先生文集》(권 7), 〈碑銘·從十一代祖考昭襄公墓碑銘〉, 소양공은 소윤공의 증손자인 孟獻을 가리킴. "曾祖少尹公贈吏曺叅議 諱保身 (중략) 金贊成宗敬 朴蘭溪壖諸君子 嘯傲觴咏 樂天安命 磨鍊鄕約 以正風化 盖鄕約之風 自此始"(出野史).

少尹)이 증직되었다.

2) 황희 정신(黃喜精神) 상주 토착화

방촌(厖村) 황희(黃喜·1363~1452)는 개성 가조리(현 황해도 금천군(金川君) 토산면(兔山面) 방촌리(厖村里))에서 태어나 한성(서울)에서 살다가 별세하여 묘소는 파주(坡州) 탄현(炭峴) 금승리(金蠅里)에 있다.[22]

상주와는 방촌 재세시 중자(仲子·保身)의 혼사로 말미암아 상주 중모현 천하촌에 간간이 방문한 바 있고,

"뒤에는 한양 석정동(石井洞)으로 옮겨 살았는데 이는 가운데 아들 소윤공 보신이 상주 서면(尙州西面) 중모현 천하리에 거주한 까닭에 가끔 왕래하였으며, 후손들이 공의 화상을 영당(影堂)에 봉안하고 봄·가을로 제(祭)를 드린다."[23]

라고, 하였다.

후대로 내리면서 방촌은 흡사 상주 출신인 양 인정받게 되어 정조조의 영의정 채제공(蔡濟恭·1720~1799)의 주도하에 편찬된《영남인물고(嶺南人物考)》[24] 상주편 첫 번째 인물로 방촌이 등재된 사실 하나만으로도 황희 정신의 상주 토착화는 대대로 심도 있게 진행되었음을 알 수 있다.

황희 정신의 상주 토착화가 그 어느 경우보다도 영향력 있게 진행된

---

22)《방촌황희선생문집》(권 9), 〈연보〉 참조.

23)《방촌황희선생문집》(권 13), 〈부록上·舊實記節抄〉.

24) 채제공 주도하에 편찬된 역대 영남의 인물 총집임.

것은 사실이나, '황희 정신'의 실상을 제대로 파악하지 못하고 있음을 먼저 밝혀 둔다. 다만, 후손과 선현들이 파악하고 평가한 몇 사항을 방촌집을 중심으로 살피고자 한다.

(1) 조선조 초기 국기(國基)를 다진 익성공(翼成公)

방촌은, 조선조 태조로부터 세종조에 이르기까지 4조에 걸쳐 건국초의 국기를 다지는데 온갖 지혜와 충성을 바친 명신이다. 그에게 시호를 내리며, "사려가 심원한 것을 익(翼)"思慮深遠曰翼이라 하고, "상신(相臣)이 되어 할 일을 능히 마친 것을 성(成)" 爲相克終曰成이라 한다.[25] 하였다.

나라 걱정하고 위하는 사려심이 심원하여 상신(相臣)으로서 할 수 있는 일을 다 하였기에 익성공(翼成公)의 시호가 내리었다. 실로 방촌은 조선 개국(1392)과 더불어 1449년(12월 5일) 영의정부사로 퇴임할 때까지 정승으로서만 20년 정무를 보아 조선 건국초 국기를 다진 조선조 제1의 현상(賢相)이요 청백리(淸白吏)로 후세에 방명을 남기었으며, 세종묘(世宗廟)에 배향되었다. 요약하면, 시호 익성공(翼成公) 속에 우국 애민의 방촌정신은 다 응축되었다 하겠다.

① 하늘의 뜻을 본받고(體天意) 사물의 기밀을 살핌(察事機)

둔재(遯齋) 김남택(金南澤)에게 준 시(贈金遯齋南澤)의 시[26]에서는,

25) 《방촌황희선생문집》(권 12), 〈연보4〉, 1452년 2월 12일(丙子), 세종묘정에 배향하고 시호를 내림.

26) 《장수황씨세보》(권 1), 〈제6편 詩書啓·翼成公詩〉.

君子體天意 군자는 하늘의 뜻(天意 천명)을 본받고
哲人察事機 철인은 사물의 기밀(事機)을 살피네.
有如時雨化 마치 때 맞추어 오는 비의 혜택에
萬物自生輝 만물이 저절로 빛을 냄과 같구나.

라고, 하였다. 요약하면, 천리에 순응하고 사물이 지닌 미묘한 징후를 잘 살펴 만사에 단비 같은 존재가 됨이 귀함을 노래하였다. 특히, 찰사기(察事機) 정신은 후손에게 크게 영향을 미치어, 아들 소윤공(少尹公)은 단종의 참화를 피해 용퇴(勇退)하여 중모현으로 숨었고, 후손 황계희(黃啓熙)는 호를 심기당(審幾堂)이라 하여 선조의 유훈을 지키었다.

② 청렴사상(淸廉思想)

안성(安省)의 임종하는 자리에서 고별사를 줌이란 시(贈訣安公省臨終席)[27]에서는,

吾儕身後事 우리가 돌아간 뒷 일은
只守一廉字 다만 청렴자(廉) 하나를 지킴일세.

라고 하였다.

이욕(利慾)에 천성을 잃지 않고 마음이 깨끗하기를 바람이 곧 선비의 평생 업이라 하였다. 방촌 스스로가 조선 제1의 청백리(淸白吏)로 남은 것

27) 《장수황씨세보》(권 1), 〈제6편 詩書啓·翼成公詩〉.

도 우연이 아님을 볼 수 있다.

(2) 일상의 말씀과 행동(雅言行)[28]

〈인권(人權)〉 : "인권(人權)은 빈부·귀천을 말할 것도 없이 동등하니, 차별하지 말고 너그럽고 후하게 처하라.[29]

〈국정(國政)〉 : "국사를 늘 공정과 의리와 예로써 다스리고 사람을 대함에는 예(禮)로써 대하며 희노(喜怒)를 얼굴에 드러내지 않고 검약함을 스스로 지키었다."[30]

〈치인(治人)〉 ; "죄를 다스림에 당부하여 말씀하시었다. 차라리 가볍게 하여 실수할지언정 억울한 형벌을 내려서는 안 된다."[31]

〈가훈(家訓)〉 ; "집안의 노복도 또한 하늘이 낸 사람이니 어찌 무리하게 부릴손가. 또 말씀하시기를, 노복도 재능이 있거든 학문을 시켜 (재능을) 발양토록 하라."[32]

위의 아언행(雅言行)은 네 가지이나 인권(人權)·국정(國政)·치인(治人)

28) 위와 같은 곳, 〈雅言行〉.

29) 〈人權〉, "嘗曰人權 無論貪富貴賤而同等 勿爲差別而寬厚處身"

30) 〈國政〉, "國事 當以公正與義禮 治之 接人常以禮遇 喜怒不見於色而常儉約自持"

31) 〈治人〉, "治罪當咐曰 寧失於輕 不可枉刑"

32) 〈家訓〉, "家之奴僕 亦天送之 豈無理使之乎 且言奴僕亦有才者 就其學問而發揚"

의 3조는 선생의 인생관·치국관을 요약한 말이며, 가훈(家訓)은 인권과 결부하여 인간 존엄성을 극대화시킨 유훈이기도 하다. 제도화된 인간 사회에서가 아니라 천리상에서 우리 스스로를 보면 본질적으로 그 존재는 동등하다고 본 방촌의 인권사상은 국정·치인에서만이 아니라 선생의 인생관·세계관의 축을 이루는 사상이기도 함을 알 수 있다.

가훈(家訓)의 경우, 방촌이 참찬시 황해도에서 오씨(吳氏) 성의 10여 세 된 아이종을 데려와 글방 심부름을 시켜 그 재능을 알고는 양인을 만들어 독립시켜 10여 년 뒤에는 문과에 급제하여 끝내는 고관이 되게 한 미담이 있다.[33] 이같은 유풍은 자손에게도 전승되어 심기당(審幾堂)의 아버지(黃道重) 역시 천애고아 김서룡(金瑞龍)을 거두어 기르고 가르쳐 진사시에 합격시키고, 재산을 주어 살림을 꾸리게 함으로써 황도중이 죽자 기년복을 입었다는 미담이 전한다.[34]

(3) 세 가지가 다 옳다(三是言) – 불구소절(不拘小節)

방촌은, 예악(禮樂)을 제작하고 대사(大事·國事)를 논하여 결정함에는 날로 찬양(贊襄)함을 생각하고, 가정의 대소사에는 다 마음을 두지 않았다.

하루는 가비(家婢)가 서로 다투다가 공에게 와서 하소연하기를 상대가 나쁘다고 하자 네 말이 옳다(是)하고, 또 이 가비의 상대가 와서 같은 말을 하자 네 말이 옳다(是) 하였다. 곁에서 조카가 듣고 있다가 둘 중의 하나는 그르고 옳음이 있거늘 다 옳다 하시니 되겠느냐고 따지자 드디

33) 《방촌황희선생문집》(권 13), 〈부록上·野史 燃藜室記述〉 참조.

34) 黃啓熙, 《審幾堂集乾》(권 2), 〈行狀·先府君家狀〉 참조.

어 네 말도 옳다(是)하여, 삼시언(三是言)이란 말이 생겼다.[35]

이는, 대사(大事·國事)를 논하여 처리함에도 벅찬 나날, 가정사의 시비 곡절까지 가리기에는 겨를이 없었던 방촌이다. 더구나, 자질구레한 예절에 얽매여 대사를 그르치는 우(愚)를 경계 삼았던 평소 방촌의 지심(持心)과 매사에 큰 도량(度量)을 베풀었던 선생의 천성을 보임이기도 하다.

① 소(牛)가 못 듣게 귓속말을 한 농부에게 크게 깨우침

어느 날은 방촌이 두 소를 부리는 농부에게, '어느 소가 더 나으냐?'고 묻자 그 농부가 일손을 멈추고 방촌에게 다가와 귀엣말로 어느 소가 낫소 하였다.

방촌이 괴이히 여겨 '무엇을 꺼리어 이같이 속삭이오?' 하자 농부가 답답히 여기고, '말 못하는 짐승이나 자기를 추기고 낮춤에는 기민하니 어찌 말을 못한다고 함부로 다루리오' 라고 하였다.

무식한 농부의 어진 마음이 짐승에게까지 미침을 보고 크게 깨달아 평생의 겸손과 인후(仁厚)한 덕량(德量)은 농부에게서 받은 영향이 컸다 한다.[36]

이 밖에도 문서에 오줌을 싼 아이종을 나무라지 않은 관후(寬厚)함이나 자손에게 임종시, 자신의 사후 주자가례(朱子家禮)를 실시하되 물정에 맞게 응용토록 하거나 불교를 배척하고 가법(家法)을 유학(儒學)에서

35) 《장수황씨세보》(권 1), 〈詩書啓〉 속의 三是言 참조.

36) 《방촌선생문집》(권 13), 〈附錄上·野史〉, 松窩雜記 참조. 같은 내용이 於于野談·芝峰類說에도 전함.

찾을 것 등을 지시한 유훈[37] 등, 방촌의 정신을 밝힐 근거는 얼마든지 있다.

3. 옥동서원(玉洞書院) 약사(略史)

1) 장수황씨 소윤공파가(少尹公派家) 가학전승장(家學傳承場) 백화당(白華堂) 건립(1454)

백화당(白華堂)이란 당호(堂號)가 생긴 유래에 대해서는 후손 백하(白下) 황반로(黃磻老·1766~1840)가 상량문에서 다음과 같이 밝혀놓았다.

> "황씨가(黃氏家)가 '살 만한 곳을 가려 집을 지을 때'로부터 여기에 백화당(白華堂)이란 명칭이 있었는데, 영천자(靈川子·필자주 申潛 상주목사 1522~ 1524)가 문치(文治)를 숭상함이 빈빈(彬彬·문채와 바탕이 갖추어 짐)하여 18개 횡당(黌堂)의 하나로서 건물(집)을 창건하였다."[38]

이 기록은, 장수황씨 소윤공파가 상주에 삶터를 마련할 때부터 백화(白華)란 당호(堂號)가 있었음을 밝혀주었다. 살 만한 집터를 잡아 집을 짓는다는 말로 복축(卜築) 때부터 백화 당호가 있었다 하니, 소윤공이 남양홍씨와 결혼(1416~1417)하여 중모에 별업(別業·別莊)을 두었을 때부터

---

37) 《장수황씨세보》(권 1), 〈詩書啓〉, p.30 참조.

38) 황반로, 《白下先生文集》(권 5), 〈上樑文·白華書堂重修上梁文〉, "粤自黃氏家卜築 爰有白華堂名稱 靈川子之右文彬彬 刱棟宇於十八黌之一"

있었을 가능성도 있으나 정작 가솔을 거느리고 서울에서 남하하여 중모(천하촌)에 은거 정착한 때(1454)에는 별업을 포함하여 안채와 바깥채(사랑채)가 구비되고 백화당(白華堂)은 사랑채로서 건립되었다 하겠다.

당(堂)이란, 집(殿) 당(堂)자로서 사랑채·객실로 주로 쓰이며 일정한 목적이나 활동을 위한 회당(會堂)[39]이나 공당(公堂)으로서 관청·학교를 가리키는 말로 사용되어 왔다.[40]

또한, 백화(白華)란 말은 《시경》의 편명으로서, "효자의 결백함을 노래한 시"[41]의 제목이라 하여 효자가 되어 몸가짐을 더욱 결백히 함을 뜻하는 말로도 씌었음을 알 수 있다. 이같은 의미 외에도 백화(白華)란 옛 상산(商山)의 진산(鎭山) 백화산(白華山)을 의미하니, 백화당(白華堂)은 백화산(白華山) 아래 선 집이란 뜻이기도 하다.

이 당호(堂號)로 보면, 사람은 땅을 만나 삶터를 얻고, 땅은 사람을 만나 그 이름이 빛난단 말이 헛말은 아니란 생각이 든다.

장수황씨(소윤공파)가의 백화당(白華堂)은, 대내적으로는 방촌(厖村) 이래로 형성되어 온 가법(家法)·가풍(家風)의 상주 정착화 과정의 중심축이 되어 다시 장수황씨가 가학(家學) 전승장(傳承場)으로서의 가숙(家塾) 구실을 다하게 되었다.

대외적으로는 빈객을 맞아 담론하고 화합하는 사랑채의 구실을 겸하여 앞에서 언급한 바 있는 영동(永同) 거주의 풍천당 김종경·난계 박연

39) 《大漢韓辭典》(教學社) 참조.

40) 《中文大辭典》(中華學術院印行) 참조.

41) 白華는《시경(詩經)》 소아(小雅) 녹명지십(鹿鳴之什)의 편명인데, 〈詩·小雅 白華序〉에, "白華는 효자의 결백을 노래한 것"(白華 孝子之絜白也)이라 하고, 뜻(義)은 있으나 가사는 실전이라 함.

등과는 소윤공이 교우하며 시를 읊고 향약을 실시했던 공간이 되기도 하였다.

영천(靈川)이 상주목사(1522~1524)가 되어 장수황씨가의 고유(固有) 당호(堂號·白華堂)를 그대로 빌어 백화서원(白華書院·白華書堂;뒤에 상론)을 창설한 사실로도, 장수황씨가의 백화당(白華堂)은 학문·교육과 밀접한 연관을 지었던 건물이었음도 유추할 수 있다.

이 백화당(白華堂)은, 장수황씨(소윤공파)가로서는 기념비적인 집이었다 할 수 있으니, 방촌정신 계승의 현장이요 장수황씨가 가학 전승(家學傳承)의 전당으로서, 장수황씨가의 상주 역사·문화·교육·학문 형성의 구심점이 되었기 때문이다.

첨기 할 사항은, 이 백화당(白華堂)에 소윤공이 모셔온 방촌 영정(厖村影幀)이 봉안되었을 가능성이 크다는 사실이다.

2) 서원 효시(書院嚆矢) 백화횡당(白華黌堂) (1518)

(1) 옥동서원(玉洞書院) 효시(嚆矢)로서의 백화횡당(白華黌堂)

장수황씨(소윤공파)가의 백화당(白華堂)이 학교(黌)·글방으로서 그 기능을 최대한 발휘하여 소윤공의 증손대(孝獻 형제대)에 이르면 그 실효의 명성이 향사(鄕史)에까지 오를 정도가 된다. 먼저 밝혀둘 일은, 학교·글방을 옛날에는 횡당(黌堂) 또는 학당(學堂)이라 하였는데 '횡당'이란 말은 보통명사다. 곧, 상주 중모의 횡당(黌堂)은 그냥 '횡당'이 아니라 '백화횡당(白華黌堂)'이어야 한다. 이는, 전래의 백화당(白華堂)이 학교·글방으로서 크게 부각되기 시작할 때의 고유명사가 되기 때문이다.

소윤공 이래로 백화당(白華堂)은 장수황씨가의 가학 전승장(家學傳承

場)으로서만이 아니라 대외적인 향토문화 창출의 회의장으로서 향약(鄕約)을 실시하는 공간이 되기도 하였다.

소윤공의 아들 설봉(雪峰) 황종형(黃從兄·1428~?)대에 이르면 백화당은 횡당으로서 더욱 활성화되기 시작하였다. 설봉(雪峰)은 조상을 위하는 마음이 지극하고 학문을 좋아하여 청도군수 때는 조부 방촌선생이 남원 유배시에 애독하여 출간하려고 하였던 《예부운략(禮部韻略)》**42)**을 중간하였다.**43)**

설봉(雪峰)이 6남 4녀를 성취시키어 소과(小科) 출신 2명이 배출되었고 다 벼슬에 올랐으며 그 가운데 장남 관(瓘·1450~?)은 16세에 진사시에 합격하고 음사로 김해 도호부사에 이른 선비다. 가법(家法)을 엄수하고 자녀 교육에 남의 모범이 되었고, 특히 부인 진주강씨(晋州姜氏·1451~1535)는 문과급제로 목사에 이른 강미수(姜眉壽)의 따님으로 부덕을 갖춘 현모양처로 부군을 내조하여 가문을 흥기시킨 복노인이 되었다.**44)**

두 분 사이에 5남 1녀를 두어, 아들 맹헌(孟獻·1472~1535, 月軒·文科·예조판서)·윤헌(允獻, 無盡亭·생원 진사·한성참군)·세헌(世獻, 愛日軒·1501년 생원)·여헌(汝獻·1486~1566, 柳村·文科·군수)·효헌(孝獻·1499~1532, 畜翁·文科·이조참의)·여(女, 朴仁範·첨정) 등으로, 당대 상산의 명문가로 크게 부상하였다. 창석(蒼石) 이준(李埈·1560~1635)은 장수황씨가의 인물

42) 《예부운략(禮部韻略)》은, 1037년에 제작된 중국의 운서(韻書)다. 운서란, 한시를 지을 때 서로 압운(押韻)할 수 있는 한자들을 분류하여 엮은 일종의 발음자전(發音字典)으로, 고려조 이래로 과거 보는 이가 가장 애용한 운서의 하나.

43) 《장수황씨세보》(권 1), 〈墓碑文·贈參判繕工監副正諱從兄神道碑銘〉 참조.

44) 《장수황씨세보》(권 1), 〈墓碑文·貞夫人姜氏墓表〉 참조.

번성에 대하여,

> "공(公·필자주 孝獻)의 형제는 5인이요 3인은 문과급제자이고, 문과급제는 아닌 자도 다 사마시(司馬試·진사생원시)에 합격하였으며, 재화(才華·文才)를 갖추어 일가(一家)의 인재가 성함으로 일시에 칭송되었다. 다 중모의 천하촌에서 태어났으니 뛰어난 인물은 영검스러운 땅에서 난다는 말이 근거없는 말은 아니다."[45]

라고 하였다.

'인걸지령(人傑地靈)'이 허언이 아니라 하였다. 실제 중모 천하촌은 현재도 자연 환경으로는 영남 굴지의 명승지라 일컬을 만하다.

5형제 중에서도 유촌 여헌은 1509년 별시문과에 급제하여 저작·박사를 거쳐 1511년(중종6)에는 사가독서(賜暇讀書)하였고, 축옹 효헌은 진사로 1514년 별시문과에 급제하여 홍문관 정자로서 1515년(중종10) 사가독서를 하였다.[46]

두 분 다 사가독서의 은전을 받고도 게다가 재가(在家) 독서의 허락을 받음으로써 황씨가의 백화당(白華堂)은 영남 굴지의 백화횡당(白華黌堂)으로서 그 위상이 크게 높아졌을 것은 자명하다.

또한, 황맹헌·효헌 형제는, 증조 소윤공이 성만(盛滿)의 경계를 지키어

---

45)《長溪二稿·畜翁先生逸稿》,〈事實〉(蒼石本商山誌 소재). "公兄弟五人而三人登第 其未第者 亦皆中司馬 俱有才華 一家人材之盛 稍於一時 皆生於中牟川下村 傑人地靈 非誣也"

46)《민족문화대백과사전》 참조.

단종의 참화를 예견하고 미연에 중모로 은거(1454)한 사실을 그대로 따르려 하였다.

맹헌은 1518년(戊寅) 가을 한성부윤으로서 상주에 계신 연로(67세)한 모친의 봉양을 위해 두 번이나 사직을 청하였으나 허락을 받지 못하였다. 홍문관 수찬으로 있던 아우 효헌이 어머님 봉양을 위해 사직서를 낼 때 형 맹헌도 같이 내어 드디어 왕의 휴가를 얻어 고향으로 돌아갔다.[47]

이때의 일을 입재(立齋) 정종로(鄭宗魯)는 효헌공(孝獻公)의 사직을 기묘사화(己卯士禍·1519)[48]의 기미를 살펴 현명히 처신한 일이라 특기하였다.[49] 이를 요약하면, 중모 백화당(白華堂)은 1511년 여헌의 사가독서, 1515년 효헌의 사가독서당이 되어 저절로 백화횡당(白華黌堂)이란 명예와 더불어 그 위상조차도 크게 높아졌다 할 수 있게 되었다. 더구나 1518년에는 연로한 어머니를 봉양한다는 구실로 기묘사화의 화를 미연에 방지한 황맹헌·황여헌·황효헌 등의 5형제가 일시에 백화당으로 귀향함에 따라 그 학문·교육·도덕적 영향력은 절로 한 지역을 풍동시켰을 것이다.

결론적으로, 백화당(白華堂)은 장수황씨가 고유의 독서당으로서 1510년대 초로부터 1518년에 이르는 사이에는 상주에서 뿐 아니라 다른 지

47) 《장수황씨세보》(권 1), 〈墓碑文·昭襄公孟獻〉 및 《長溪二稿·畜翁先生逸稿》 참조.

48) (己卯士禍·1519)는, 왕도정치 실현을 주장하던 조광조(趙光祖) 일파를 훈구세력이 몰아냄으로써 소장 도학자가 대거 희생된 사화. 1516년(丙子)에는 효헌공이 정부 선발의 儒師로 선정되어 金安國·趙光祖·金淨 등과 절친하였으나 효헌공은 조광조 식의 급진 변혁책에는 태도를 달리 함.

49) 《畜翁逸稿》 속 〈畜翁公神道碑銘〉(鄭宗魯 찬) 참조.

방에서도 상주 중모의 백화횡당(白華黌堂)으로 널리 알려졌다 하겠다.

《옥동서원요람(玉洞書院要覽)》(1977)에서 그 연혁을,

> "중종 무인(中宗戊寅 필자주·1518년 중종13)에 한성부윤 황맹헌, 홍문수찬 황효헌(漢城府尹黃孟獻弘文修撰黃孝獻) 등이 사가독서 함에 방촌영정을 봉안하고 기타 제현(諸賢)으로 강마(磨講 필자주·연구하고 강론함)하니 횡당(黌堂)이라 하였으며 이것이 본 서원의 효시다."

라고, 하였다.

이 기록은, 1518년 황맹헌·황효헌 형제가 백화당(白華堂)에 방촌영정(厖村影幀)을 봉안하고 제현으로 더불어 강마함에 백화횡당(白華黌堂)이라 하였으며, 이것이 옥동서원의 효시라 하였다.

기록상 너무 비약하거나 혼란을 야기시키었으니 첫째, 황맹헌·효헌 형제의 사가독서(1511년과 1515년)기를 어머니 강씨를 봉양하려 귀향했던 1518년에다 잘못 맞추었다. 둘째, 제현과 강마한 곳을 횡당(黌堂)이라 하였다 하였으나 이는 학교·학당이란 보통명사일 뿐 특정한 곳의 고유명사가 아니다.

제현과 강마한 곳은 백화당(白華堂)이었으니 응당 백화횡당(白華黌堂)이라 해야 마땅하다. 셋째 백화횡당(白華黌堂)을 신잠(申潛) 목사가 건립한 백화서원(白華書院) 곧 백화서당(白華書堂)과 동일시함으로써, 옥동서원(玉洞書院) 역사상 직접적 관계가 없는 역사적 사실에 일대 혼란을 야기하고 말았다. 이 점은 바로 뒤에서 밝히며, 지금까지 살핀 바를 요약 정리하면,

〈소윤공 이래의 백화당(白華堂)은 학교·글방의 구실을 충실히 이행하여 1511년에는 여헌의 사가독서당(賜暇讀書堂)이 되고 1515년에는 다시 효헌의 사가독서당이 되어 이곳은 일약 국가가 인정한 유능한 인재의 독서당이 되었고, 나아가 1518년에는 기묘사화의 참변을 피하여 어머니 봉양을 핑계로 맹헌·효헌 5형제가 어머니의 헌수(獻壽)를 축원하며 강마함으로써 백화횡당(白華黌堂)이란 이름이 널리 알려졌고, 이때(1518년) 방촌영정(厖村影幀)을 이곳에 봉안함으로써 서원의 선현 제향과 학문 연구란 기능을 최소한 갖추게 되어 옥동서원(玉洞書院)의 효시(嚆矢)라 한 점은 타당성이 있다.〉

고, 하겠으며 1518년 방촌영정을 봉안하고 강마했던 백화횡당(白華黌堂)이 옥동서원의 효시라 할 수 있다.

(2) 附; 백화서원(白華書院 · 白華書堂)

먼저 밝혀두지만, 옥동서원(玉洞書院) 효시인 백화횡당(白華黌堂)이나 옥동서원 역사상 영천(靈川) 신잠(申潛) 목사(1552~1554)가 건립한 백화서원(白華書院·白華書堂)과는 직접적인 연관성은 전혀 없다.

신영천이 상주에 18개 서원(서당)을 청설할 때 다른 경우와는 다르게 장수황씨(소윤공파)가 고유의 백화당(白華堂)이란 당호(堂號)를 빌어서 서당 건물을 지었던 것이다. 이런 까닭에 장수황씨가로서는 자기들 고유의 당호를 사용하였기에 흡사 황씨가의 서원(서당)같이 느낄 수는 있었으나 백화서원(白華書院·白華書堂)은 엄연히 신영천이 창건한 18개 서원(서당)의 하나임에는 틀림없다. 잠시 밝혀둘 일은, 서원(書院)이란 명칭이다.

서원(書院)의 원(院)은 원원(院)으로 선비가 독서하고 강학함을 가리키는 말로 영천은 상주의 18개 서당의 이름을 처음은 다 서원(書院)으로 썼음을 알 수 있으니, 수선서원(修善書院·修善書堂)·옥성서원(玉成書院·옥성서당)·백화서원(白華書院·白華書堂) 등에서 서당을 서원으로 쓰고 있다.[50] 백화서당(白華書堂) 역시 처음 이름이 백화서원(白華書院) 이었음은 《신덕정사잡영》 제1수가 〈백화서원(白華書院)이었다.[51] 이같이, 서당을 서원으로 호칭하는 일은 정작 서원(書院)이 활성화되면서 그 호칭도 완전 분리되었다.

요약하면, 신영천이 18개 서당의 하나로 백화서원(白華書院·白華書堂)을 창건(1522~1524)할 때 다른 서당의 경우와는 다르게 장수황씨 고유의 백화당(白華堂)의 당호를 빌어 건물을 지었기에 후대에 장수황씨가에서조차 백화서원(白華書院·白華書堂)을 옥동서원(玉洞書院) 역사에 결부시키려는 일이 발생하여, 옥동서원 역사상 혼선을 빚은 사실은 이제 바로 잡아야 한다.

백화서원(白華書院·白華書堂)은 옥동서원(玉洞書院) 역사상에서 언급될 아무런 상관이 없으나, 서당의 이름인 백화(白華)는 장수황씨 고유의 백화당(白華堂)에서 취한 것이란 문화적 연관성은 있다 하겠다.

---

50) 《商山誌·修善書堂記》(李埈纂)과 《洛史彙纂·請書玉成事蹟後》(李鍾麟찬) 등에서는 신영천이 서당을 짓고 당호를 修善書院·玉成書院 四大字로 懸額을 썼다 하였다.

51) 《白下集》(권 5), 〈上梁文·白華書堂重修上梁文〉에서는 柳村 黃汝獻이 〈新德精舍雜詠〉 제1수에서 〈白華書院〉(유촌선생시고)을 읊은 사실을 특기함.

(3) 백옥동 영당(白玉洞影堂) 건립(1580)

① 백옥동(白玉洞) 명칭 유래(필자 추론)

백옥동(白玉洞)은 백화산(白華山)과 옥봉(玉峰)에서 유래하며, 백옥동이란 개념 속에는 주자(朱子)의 백록동서원(白鹿洞書院)을 의식했을 것은 추측이 가능하다. 황희선생 영당이 있는 곳이 백옥동이란 뜻이다.

백화산은 예부터 있었지만 옥봉(玉峰)이 부각된 것은 황씨가(소윤공파)의 세거와 크게 관련성이 있다 하겠다. 이는, 헌수봉(獻壽峰·만경산 정상) 유래와 깊은 연관성이 있다. 1518년, 황맹헌·효헌 형제들이 어머니를 봉양할 때의 일로, 이들 형제들은 연로한 어머니를 모심이 지극하였다.

> "집 뒤에 여러 봉우리가 옥처럼 늘어서 있었는데 매번 술잔을 들어 그 밑에서 헌수(獻壽·장수기원)하니 이로 인하여 이 봉우리를 헌수봉이라 하여 지금까지도 그렇게 일컬어진다."[52]

라고, 하였다.

유촌 황여헌이 〈신덕정사잡영〉[53] 제2수에서 〈수봉춘추(壽峰春秋)〉를 읊었으니 만경산 주봉을 헌수봉으로 명명한 것은 황효헌 형제들이 어머니를 봉양할 때(1518) 전후였음을 알 수 있다. 또한, 헌수봉은 여러 작은 옥봉(玉峰)이 이어져 정상을 이루었는데, 헌수봉을 맺은 최초의 옥봉이

---

52) 《장수황씨세보》(권 1), 〈墓碑文·昭襄公孟獻神道碑銘〉, "居後層峰玉立 每稱觴獻壽於其下 故因謂之獻壽峰 至今稱之"

53) 〈新德精舍雜詠〉의 작품을 남긴 이는 柳村 黃汝獻이요, 新德精舍는 畜翁 黃孝獻의 아들이요 柳村의 조카인 憕(1521~1573)이 세운 정사다.

현재의 옥봉(玉峰)이다. 헌수봉은 옥봉의 주봉이기에 이때부터 옥봉 역시 장수황씨(소윤공파) 후손들에게는 의미로운 곳이 되어 여러 시에는 거의 등장하는 명소며, 이로 인하여 백화산(白華山) 헌수봉(獻壽峰) 아래는 옥봉(玉峰)이 이어져 있어, 이 골(洞)을 백옥동(白玉洞)이라 일컫게 되었다 하겠다.

② 백옥동 영당(白玉洞影堂) 건립(1580)

《옥동서원 요람》(1977)에서는,

"1580년(선조13·庚辰) 선생의 5세손 돈(惇) **54)** 등이 영당(影堂)을 중모현 수봉촌에 건립하고 춘추로 향사(享祀)한다."

라고, 하였다. 이는, 앞의 백화횡당(白華黌堂)이 학문에 무게가 주어졌다면 선현 향사(先賢享祀)에 무게가 주어졌다 할 수 있다. 또한, 영당(影堂)은 가묘(家廟)의 별칭이기도 하니, 이로써 장수황씨(소윤공파)가는 가묘를 설립한 것이 된다. 이같은 사실을 시려(是廬) 황난선(黃蘭善·1825~1908)은 다음과 같이 구체적으로 밝히었다.

"우리 선조 익성공(翼成公) 묘우(廟宇)는 상주 치소 60리 중모현에 있다. 만력 경진(萬曆庚辰·필자주, 1580년 선조13)에 우리 선대의 제 명공(필자주· 惇 등)이 선조가 일찍이 이에서 소요하였으며 유상(遺像)이 숙연(필

54) 돈(惇·1510~?·현감)은 황효헌의 장자요 다음은 기(愭·현감), 다음은 징(憕·1521~1573. 생원·공조좌랑) 등이다.

자주, 고요하고 엄숙한 상태)하고 청분(淸芬 필자주, 맑은 향기 곧 고결한 덕행)이 아직도 그치지 않아 이를 위하여 사당(祠堂)을 지어 조두(俎豆·제사)를 받들었다. 이름을 백옥동 영당(白玉洞影堂)이라 한 것은 백화산(白華山)과 옥봉(玉峯)이 그 곁에 있기 때문이었다."[55]

이로써 보면, 방촌 영당은 방촌이 생전에 소요하던 천하촌(川下村)에 세움이 의미로움을 강조하였는데, 《방촌선생문집》(권 14), 〈연보·1580〉에서도 위와 같은 기사가 실려 있다.

백옥동 영당(白玉洞影堂)은 방촌 영정을 모신 사당(祠堂·家廟)으로서 향사의 공간이 되어 1603년(선조36·癸卯) 11월에는 우복(愚伏) 정경세(鄭經世)가 외후손으로서 제족(諸族)과 더불어 영당에 제향하였다.[56] 이 뒤, 본 영당은 임진·계사년(壬辰·癸巳年 1592~93)에 병화로 완전 소실되었는데 후손 반간(槃澗) 황뉴(黃紐·1578~1626)가 중책을 맡아 1620년 전후[57]에 중건하였으며 영정은 무사하였다.

55) 황난선, 《시려선생문집》(권 5), 〈記·玉洞書院重修記〉, "惟我先祖翼成公院宇 在尙州治六十里 中牟之縣之川下村 萬曆庚辰 吾先世渚名公以先祖嘗杖屨於此而遺像肅然淸芬未沫 爲之刱祠以俎豆之 名之爲白玉洞影堂者 以白華玉峰在其傍也"

56) 정경세, 《우복집 별집》(권 4), 〈연보·1603년조〉, "與諸族 會祭黃翼成(喜)影堂 影堂在中牟縣 先生翼成之外裔也"

57) 황뉴, 《반간집》(권 3), 〈祭文·舊基祭文〉 및 《반간집》(권 4), 〈부록·行狀〉 참조. 반간은 문과급제 후 1615년에 승정원 주서에 제수되었으나 권신의 모해를 입어 벼슬을 버린 뒤 1621년까지 상주에 있었으며, 1622년에는 모친상, 1624년에는 예조좌랑, 1625년에는 사헌부 지평이 되었다가 1626년 서울에서 별세함. 백옥동 영당 중건은 1620년 전후라 할 수 있다.

3) 백옥동 서원(白玉洞書院) 승격(1714)

시려(是廬) 황난선(黃蘭善)의 〈옥동서원 중수기(玉洞書院 重修記)〉에 의하면 백옥동 영당(白玉洞影堂) 건립(1580) 후인,

> "그 뒤 134년이 되는 명릉 갑오(明陵甲午·숙종40·1714)에 이르러 사서선생(沙西先生) 전공(全公)을 배향하였다.이듬해 을미년(1715)에 묘우(廟宇)를 약간 동쪽으로 백여 발자국 거리에 있는 헌수봉(獻壽峰) 아래로 옮기었다."[58]

라고, 하였다. 백옥동 영당 건립(1580) 후 134년 만인 1714년(숙종40)에 향사림(鄕士林)의 공의를 거쳐 백옥동서원(白玉洞書院)으로 승격하며 방촌 황희선생을 주벽으로 하고 사서 전식선생을 배향하였다.

이때까지 백옥동 영당(白玉洞影堂)의 묘우(廟宇)[59]는 천하촌에 있었는데 동쪽 백여 발자국 거리에 있는 헌수봉 아래(필자주·현위치)로 옮기었으니, 이곳 역시 소윤공의 별업(별장)이 있었고 방촌선생이 소요하던 곳이었다. 이때 강당도 중건하였다.

1786년(정조10·丙午)[60]에 방촌선생의 후손인 축옹(畜翁) 황효헌(黃孝獻

---

58) 《시려집》(권 5), 〈記·玉洞書院重修記〉, "其後一百三十四年而至明陵甲午 以沙西先生全公配之 越明年乙未移其廟于稍東百餘步獻壽峰下"

59) 백옥동서원 묘우의 현액은 경덕사(景德祠)다.

60) 이 연대는 立齋先生의 기록을 따른다. 《백옥동요람》(1977)에는 1749년(영조22·丙寅)이라 하였으나, 《입재집》(권 29), 〈記·玉洞書院堂齋及水石命名記〉에서는, "又畜翁槃澗兩賢 俱以先生之孫 躋享於當宁丙午(필자주·1786년 정조10 丙午) 越四年己酉(필자주·1789년 정조13) 士林上章請額"이라 하였다. 또, 입재선생은 《長溪二稿》 소재 畜翁神道碑銘에서도, "畜翁先生黃公以正朝丙午(필자주·1786년 정조10) 配享于其高

·1499~1532)과 반간(槃澗) 황뉴(黃紐·1578~1626) 두 선생을 추배하였다.

4) 옥동서원(玉洞書院) 사액(賜額) (1789)

1789년(정조13·己酉) 1월 3일, 사림에서 청액(請額)을 상소하여 이해 1월 30일에 왕(正祖)이 승지 박천형(朴天衡)을 보내어 치제(致祭)하고, 옥동서원(玉洞書院)으로 사액하였다.(옥동서원요람)

이 뒤, 1795년(정조19·乙卯)에 입재선생이 옥동서원 동주(洞主·원장)가 되었을 때 서원의 유생들이 당(堂)·재(齋) 및 수석(水石)에 이름을 붙여달라 청하여, 서원(書院)과 동(洞)이 다 옥(玉)으로써 그 이름을 삼았기에 옥(玉)이 지닌 의의(意義)를 미루어 건물과 수석에 명명하였다.

그 대표적인 것으로 강당은 온휘당(蘊輝堂), 동서재는 착로재(斲露齋)·탁장재(琢章齋), 문루는 청월루(淸越樓) 등이었다. 명명한 끝에다 고명사의(顧名思義·이름을 보고 그 함축된 뜻을 생각함)하라 경계하였다.61)

사액서원으로서 옥동서원은 1868년(고종5) 대원군의 전국적인 서원철폐에도 전국 47개소의 하나로 훼철되지 않았고, 현재는 사적 532호로 지정된 문화재가 되었다.

祖翼成公廟"라 하였다.

61) 《입재집》(권 29), 〈記·玉洞書院堂齋及水石命名記〉 참조.

4. 옥동서원(玉洞書院) 존재의의(存在意義)

1) 인간정신 계승의 역사적 현장

사람만이 선대의 정신을 잇기에 인문(人文)이 형성된다. 이런 점에서 서원(書院)은 소규모 인문형성의 현장이라 할 수 있으니, 옥동서원(玉洞書院)도 그 가운데 하나다. 그러나 옥동서원에 봉안된 사현(四賢)의 정신을 요약하기란 결코 쉬운 일이 아니다. 본 고는, 네 분 선생의 정신을 국가나 사림에서 천양해놓은 시호(諡號)나 상향축문(常享祝文)을 통하여 그 대강을 엿보는 데 그침을 먼저 밝혀둔다.

방촌(厖村) 황희(黃喜) 선생의 시호(諡號)는 익성(翼成)이다. 사려가 깊고 원대함[思慮深遠]을 도울익(翼)이라 하고, 상신(相臣)이 되어 할 일을 능히 마침[爲相克終]을 이룰성(成)이라 한다 하였다.62)

개인이나 국가사의 모든 면에 여러 가지로 생각하고 염려[思慮]함이 깊고도 원대하였기에 20여 년 동안 국정을 총리하는 의정부의 최고 관직인 영의정부사로서의 임무를 완수하여 세종조(世宗朝) 청백리(淸白吏)의 표본이요 조선조 제1의 현상(賢相)으로서 세종 묘정(世宗廟庭)에 배향되었다. 요약하면, 방촌선생의 위대한 정신은 위국애민(爲國愛民)의 도와서 이루게 함의 익성(翼成)에 있다 하겠다.

방촌(厖村)의 익성정신(翼成精神)은 후손에게 면면히 이어졌는데, 방촌이 참찬 시 황해도에서 데려온 10여 세 된 어린 종이 재능이 있음을 알고, 성취시켜 양인(良人)을 만들어 주고 과거에 급제하여 고관이 될 때까

62) 《방촌선생문집》(권 12), 〈年譜上·문종2년 壬申 선생 90세〉, 1452년조 참조.

지 추호도 내색없이 도와준 음덕이 있었다.[63)]

후손 도중(道中·審幾堂 啓熙의 父)도 김서룡이 어려서 의지할 데 없이 떠돌다 공의 집에 이르자 거두어 양육하되 그 재능에 따라 교육까지 시켜 소년에 진사과에 합격하였고, 공이 결혼을 시켜 살림까지 내어주었다. 뒤에 공이 별세하자 김서룡이 기년복(朞年服)을 입고 애도하였다.[64)]

사서(沙西) 전식(全湜) 선생의 시호(諡號)는 충간(忠簡)이다. 위험에 몸을 내맡기고 임금을 받듦[위신봉상,危身奉上]을 충성 충(忠)이라 하고, 정직하고 편벽됨이 없음[정직무사,正直無邪]을 질박할 간[簡]이라 한다 하였다.[65)] 선생은 실로, 망신 순국지지(忘身殉國之志)[66)]로서 임진왜란(1592·선생30)에는 창의군 좌막으로 의병활동에 앞장섰고, 정묘호란(1627년·선생65세)에는 충주 노동에서 창의하여 왕으로부터, "경이 창의한 사실을 듣고 내가 심히 가상하였소."[67)]라는 말을 듣기도 하였다.

아들 규천(虯川) 전극항(全克恒·1591~1637) 역시 아버지의 충성심을 이어 병자호란에 장렬히 순국하였으니, 가히 그 아버지에 그 아들이란 칭송이 오늘까지도 전해지고 있다.

축옹(畜翁) 황효헌(黃孝獻) 선생의 상향축문(常享祝文)에서는, 빙옥같은 지조[氷玉其操]요 잘 다듬은 문장[追琢其章]이며, 기묘명현(己卯名賢)의 덕행을 온전히 한 사람[己卯完人]으로서 백세에 아름다운 명성을 길

63) 《방촌선생문집》(권 13), 〈부록 上·燃藜室記述〉 참조

64) 黃啓熙, 《審幾堂先生文集》(권 2), 〈行狀·先府君家狀〉 참조.

65) 全湜《沙西先生文集 附錄》(권 1), 李鳳徵찬의 〈神道碑陰跋〉 참조.

66) 《사서선생문 부록》(권 1), 조경(趙絅)찬 〈神道碑銘〉 참조.

67) 《사서선생문 부록》(권 1), 〈神道碑銘〉, "教曰聞卿倡義 予甚嘉尙"

이 전하도다〔百世流芳〕라고 하였다.68) 선생은 기묘명현(己卯名賢;1519년 중종14, 金安國·李耔·金淨·趙光祖·黃孝獻·蘇世讓 등)들과 한때 의정부 간택의 유사(儒師)에 선발(丙子·1516)되기도 하고 성리대전(性理大全)을 경연에서 진강할 강관(講官)으로 선발(己卯·1519)되기도 한 사실을 특기한 상향축문이라 하겠다. 특히 선생이 기묘사화의 참변을 예견하고 명철보신(明哲保身)함으로써 철인 찰사기(哲人察事幾)한 방촌선생의 정신을 다시 후손에게 전승시키었고, 특히 선생의 학문과 문장은 후손들의 모범이 되었다.

반간(槃澗) 황뉴(黃紐) 선생의 상향축문(常享祝文)에서는, "타고난 아름다움[稟受之美]과 연마한 공력(磨礱之功)으로 나아가고 물러섬에 다 사대(進退事大)하니 부조(父祖)와 스승(필자주·愚伏 鄭經世)으로부터 전해온 풍속과 교화[父師餘風]이로다69)" 라고 하였다.

선생은 방촌정신 계승의 제2인자(제1인자 畜翁)요, 나아가 퇴계(退溪)·서애(西厓)·우복(愚伏)으로 전승된 퇴계사상 계승자로서는 당대 영남의 석덕(碩德)이었음을 특기한 상향축문임을 알 수 있다.

옥동서원(玉洞書院)이 인간 정신 계승의 역사적 현장인 사실에 대하여서는 앞으로 상론이 필요하다. 우선은 4현(四賢)의 핵심 정신을 열거함에 그침을 부끄럽게 생각한다. 다만, 특기할 사항은, 상주와 아무런 연고도 없던 방촌선생이 흡사 상주인처럼 여겨지게 된 데는, 그 정신을 상주에서 잇고 있기 때문이란 사실이다.

---

68) 《長溪二稿》(권 F), 《畜翁先生逸稿》. 李光靖 찬, 〈玉洞書院常享祝文〉.

69) 황뉴, 《반간문집》(國譯本) 권 4 참조.

2) 교학(教學)의 현장

가르치고 배움의 과정을 통하여 서로 발전함을 교학상장(教學相長)이라 하였거니와 옥동서원에서 가르치고 배우는 과정을 분리하여 논하기는 쉽지 않다. 다만, 가르침이 강조된 경우와 배움이 강조된 몇 경우를 따로 살피고자 한다.

(1) 교육(教育)의 장(場)

소윤공이 백화당(白華堂)을 개설(1454)한 이래로, 백화횡당(白華黌堂·1518), 백옥동 영당(白玉洞影堂·1580), 백옥동서원(白玉洞書院·1714), 옥동서원(玉洞書院·1789)에 이르는 3백여 년 동안 교육의 장이 되었을 뿐 아니라 나아가 시려(是廬) 황난선(黃蘭善·1825~1908) 등이 활동했던 시기까지 옥동서원은 역대로 교육의 현장이 되어왔을 것은 자명하다. (史的·體系的 교육활동 정리 시급)

이에, 심기당(審幾堂) 황계희(黃啓熙·1727~1785)의 경으로 옥동서원이 교육 현장이었음을 확인하는 데 그친다.

> "일찍이 말하기를, 배워서 적용치 않으면 부유(腐儒)일 뿐이다. (中略) 늘 유풍(儒風)이 떨치지 못함을 한탄하여 상주 옥동서원에 상의하여 재실에 머물며 강학할 장소를 마련하여 어린이가 항상 배워 익힐 과정을 세웠다. 또 유자(儒子)를 인솔하여 향음주례를 배워 익히게 하여 풍속을 돈돈히 하고 교화를 진흥시킬 기반을 삼았다."[70)]

---

70) 황계희, 《審幾堂集》(권 3), 〈부록·行狀(立齋찬)〉, "嘗曰 學而不適於用乃腐儒耳 (중략) 每歎儒風之不振 於州之玉洞書院居齋講學之所 以立虫我子 時述之科 又率章甫習行

(2) 학문(學問)의 장(場)

우선, 〈옥동서원 원생안〉 등을 검토하면 본 서원의 교학(敎學) 실상의 윤곽이 잡히리라 본다. 앞 항에서 언급하였듯이 교학을 완전 분리해 학문의 경우만을 살피기는 어렵지만 편의상 역대의 학문적 성향을 언급하고자 한다.

방촌(厖村)의 학문과 문장을 전수한 소윤공(少尹公·黃保身)의 교학 실상을 알 만한 문헌 자료는 없으나 야사(野史)에 남은 향약(鄕約) 실시는 그 어느 가르침·배움 못잖게 주요한 민심 교화에 큰 몫을 한 경우라 할 수 있다. 소윤공의 아들 종형(從兄)이 방촌이 애독하여 편찬하려 했던 《예부운략(禮部韻略)》을 인간한 일 등도 소윤공가(少尹公家)의 학풍을 엿보게는 한다.

특히, 소윤공의 증손대에 이르면, 아들 다섯이 다 사마시(司馬試)에 합격하고 그 중에 3인은 문과에 급제(黃孟獻·黃汝獻·黃孝獻)에서 현달한 사실 하나만으로도 소윤공가의 가학(家學) 수준을 충분히 짐작할 수 있다 하겠다.

이 가운데 유촌(柳村) 황여헌(黃汝獻)은 중종조에 명필로 이름이 났으며(典故大方), 당대 문장 제일로 꼽히던 호음(湖陰) 정사룡(鄭士龍), 양곡(暘谷) 소세양(蘇世讓)과 더불어 '정·황·소(鄭黃蘇)'로 병칭된 문장가로 그의 〈죽지사(竹枝詞)〉는 중국에까지 널리 알려진 명작으로 알려졌다.

더구나, 축옹(畜翁) 황효헌(黃孝獻)은 기묘명현(己卯名賢;李耔·金安國·趙光祖·金淨·蘇世讓 등)들과 나란히 1516년(중종11)에는 정부·이조·예조

鄕飮酒禮 以爲敦俗興化之資"

·성균에서 왕명을 받들어 유림의 스승이 될 만한 유사(儒師)를 선발할 때 천거되었으며, 1519년(己卯年)에는 조광조 등에 의해 성리대전(性理大全)을 진강할 강관(講官)으로 추천되기도 하였다.

또한 축옹은, 《맹자》를 깊이 애독하여 입직(入直)하는 날이라도 새벽이면 꼭 맹자 1편을 외고 출근하였다 하며, 저술로 《하유(下帷)》·《갈굴(渴掘)》 편이 있었으나 현재는 실전이다.[71]

1500년대 초에 국사적(國士的)인 존재가 상주 중모 소윤공가(少尹公家)에서 배출된 사실만 보더라도 소윤공가의 성리학·예학·문학·서도 등이 광범위한 학문 세계에 이른 가학(家學)으로 그 깊이와 넓이를 한껏 더하고 있었음을 짐작할 수 있다. 이 같은 사실은 옥동서원의 학문 연구와 역대로 밀접한 연관성을 유지할 수 있었을 것이며 나아가 서원에 출입하는 제생의 학문 연구에도 크게 영향을 끼치었을 것이다.

특히, 입재선생(立齋先生)이 옥동서원 동주(洞主·1795)가 되어 당실(堂室)의 이름을 명명하고 학업 분위기를 조성한 뒤로는, "사리에 밝고 견식이 높은 분[哲匠]들이 대대로 나서 강연(講筵)을 때로 개설하여 읍양(揖讓)하고 현송(弦誦)하는 기풍이 한 동안은 끊이지 않았다."[72]라고 하였다. 이는, 조선조 말기까지 옥동서원이 학문하는 서원의 기능을 다하려 했음을 알려주는 기록이기도 하다.

백하(白下) 황반로(黃磻老·1766~1840)의 문집에 의하면 옥동서원에서

---

71) 柳村과 畜翁의 사적은 《長溪二稿》 중의 《柳村先生詩稿》와《畜翁先生逸稿》에서 간추린 것임.

72) 황난선, 《시려집》(권 5), 〈記·玉洞書院重修記〉, "… 哲匠代作 講筵時開 揖讓揖讓之風未嘗不優優"

강론을 파한 뒤 연구시를 지었는데, 지원(芝園)·긍암(兢庵)·강고(江皐)·백하(白下)·수계(修溪)·징가(徵可)(姜世綸·姜世揆·柳尋春·黃磻老·李升培·黃獻老) 등으로 당대는 다 영남의 석학들이었다.

또한 시려(是廬) 황난선(黃蘭善·1825~1908)의 《시려집》에 의하면, 온휘당에서 장원(황원선·1798~1873) 형을 모시고 《소학(小學)》을 강론함(蘊輝堂陪藏園兄講小學), 옥동서원에서 피서하며 공부하는 제군에게 여름 과제(夏課)를 제시함(玉洞示夏課諸君), 청월루에서 임시로 머물며 공부하는 거접(居接) 제생에게 공고함(榜示淸越樓居接諸生) 등은 다 옥동서원의 학문 연구를 엿보게 한 기록들이라 하겠다.

요약하면, 옥동서원의 교학(敎學) 사실은 체계적으로 정리되어야 할 과제임을 환기시며 끝으로 소윤공가에서 배출한 유학자들을 일별하면 황보신(黃保身)·황종형(黃從兄)·황여헌(黃汝獻)·황효헌(黃孝獻)·황뉴(黃紐)·황덕유(黃德柔)·황익재(黃翼再)·황심(黃沈)·황오(黃五)·황반노(黃磻老)·황인노(黃麟老)·황원선(黃源善)·황난선(黃蘭善) 등이 대를 이어나서 장수황씨(소윤공파)가의 학맥(學脈)을 지켜왔다고 할 수 있다.

(3) 인재(人材)의 부고(府庫)

장수황씨(소윤공파)가(家)의 인재 배출은 상주인물사(尙州人物史; 학술·문학·예술 등)에서 특기할 만하다. 이들은 다 백화당(白華堂·1454)으로부터 사액 옥동서원을 거쳐 조선조 말기까지 4백여 년 간 옥동서원이란 정신적 구심점에 의해 배출된 인물들이다.

배출 인물을 일일이 열거할 수는 없으나, 《상산지》(창석본·1617, 청대본·1749, 1832년본, 1928년본 등) 〈인물〉 조에 등재된 황보신(黃保身)을 비롯하여 황난선(黃蘭善) 등에 이르기까지 60여 인에 달한다. 또한, 관직별·과제별(科第別)·학술·문학·예술 등의 각 분야에서도 국사적(國士的) 인물이 많이 배출되어, 명실공히 장수황씨가가 상주에서만 머물지 않고 영남명가(嶺南名家)로 번성했음은 주지의 사실이라 하겠다.

3) 문학(文學)의 현장

(1) 누정문학(樓亭文學)의 선진지

누정문학(樓亭文學)은, 천혜의 산수경관이 빼어난 승경(勝景)을 만나면 사람은 그 아름다움을 나누어 가지려 거기에 누정을 지어 유상함으로써 그 활동은 전개된다. 상주의 명승지로는 교통과 더불어 일찍부터 알려진 낙동강(洛東江) 일원이 그 제일이고, 내륙의 빼어난 산수경관으로는 중모 백화산 일원이 다음이라 할 수 있다.[73)]

옥동서원을 중심으로 한 중모의 자연 승경지는, 백화산(白華山; 신라 이래의 호국 영산), 금돌성(今突城; 삼국통일대업의 전초기지), 임천석대(林千石臺; 신라 또는 고려 악사), 헌수봉(獻壽峰)·옥봉(玉峰;황효헌형제들이 부각시킴), 사담(沙潭), 만경현폭(萬景懸瀑), 난가벽(欄柯壁; 1727 息山命名), 구수천팔절(龜水川八節; 1713 黃翼再命名), 용추(龍湫) 등이 있다.

장수황씨가의 역대 유명한 누정문학의 산실이 된 공간으로는, 백화당(白華堂; 소윤공 소유 1454), 백화횡당(白華黌堂·1518), 풍호정(風乎亭; 黃琬 소유1492년 생원), 애일헌(愛日軒; 黃世獻 소유·1501년 생원), 신덕정사(新德精舍; 黃憕 1521~1573 소유), 중모초당(中牟草堂; 黃紐 1578~1626 소유), 불

73) 권태을, 〈樓亭의 文壇的 機能硏究〉, 《尙州文化硏究》(제1집). 1991 참조.

환정(不換亭; 黃德柔 1596~1659 소유), 우석당(于石堂; 黃霿 1618~1677), 백화재(白華齋; 黃翼再 1682~1447 소유), 청월루(淸越樓; 옥동서원문루·1789) 등이 있다. 이들 누정은 사유 누정이지만 후대로 내리면서는 영남인의 유상처가 된 곳이 많다.

옥동서원 주변의 고찰(古刹)로서는, 용문사(龍門寺)·진불암(眞佛菴)·보문암(普聞菴)·반야사(般若寺) 외 백화산·만경산 일대는 신라 이래로 불당골이라 할 만큼 사찰이 많았음은 아직도 남은 사지만으로도 짐작이 된다.

이에, 반간 황뉴의 〈중모초당기(中牟草堂記)〉 일부를 소개하여 장수황씨가의 후손들이 얼마나 천혜의 혜택을 받는 승경에 살고 있는지를 의식하였던가를 엿보기로 한다.

> 땅은 비록 궁벽지나 실로 동국에서 두 번째 (필자주 첫 번째 嶺東) 가는 영남의 기이함이 되며, 집은 비록 심히 좁으나 오히려 산수의 가멸참과 무궁한 모습이 있은즉 사람들이 그 제도의 좁고 누추한 것으로써 적다고 못할 것이요, 나 또한 어찌 근근히 무릎이나 용납되었다고 스스로 작게 여기랴, 이에 기(記)하노라.[74]

이 기문을 읽으면 산수 자연에 동화된 호연지기(浩然之氣)를 느끼지 않을 수 있다.

---

74) 황뉴, 《반간집》(권 3), 〈記·中牟草堂記〉, "地雖甚僻 實爲東國之亞 嶺南之奇焉 堂雖其矮 尙有山水之富 無窮之態焉 則人固不可以其制狹陋而小之 余亦豈可以僅容膝而自小也 於是乎記"

이에, 누정문학으로 손꼽히는 몇 분의 작품을 소개하면, 황여헌(黃汝獻), 〈신덕정사잡영(新德精舍雜詠)〉(10수), 황익재(黃翼再), 〈백화재기사(白華齋記事)〉(10경), 황반노(黃磻老), 〈옥동서원제영(玉洞書院諸詠)〉, 황원선(黃源善), 〈근차백화재 10경운(謹次白華齋十景韻)〉, 〈영가근 10경(詠家近十景)〉, 황난선(黃蘭善), 〈천하동잡영(川下洞雜詠)〉, 〈백화재 10경(白華齋十景)〉, 〈수하잡영(水下雜詠)〉(10수) 등이 있다. 그 외는 일일이 예거하지 않는다.

결론적으로, 상주 중모는 옥동서원을 중심으로 한 누정문학의 선진지였다는 사실을 록기한다.

(2) 문인(文人) 배출

유촌(柳村) 황여헌(黃汝獻·1486~?)은 당대 문장가로 세상을 울린 호음(湖陰) 정사룡(鄭士龍), 양곡(暘谷) 소세양(蘇世讓)과 더불에 세칭 '정·황·소(鄭黃蘇)'로 일컬어졌으며, 〈죽지사(竹枝詞)〉는 중국에까지 널리 알려진 작품이며 또한 중종조의 명필(名筆)로 남은 분이다.

유촌의 아우 축옹(畜翁) 황효헌(黃孝獻·1490~1532) 역시 문학에 뛰어났으며 저서에 《하유(下惟)》·《갈굴(渴掘)》 편 등이 있다. 이 뒤로도 시문에 능한 분으로 반간(槃澗) 황뉴(黃紐·1578~1626), 만오(晩悟) 황면(黃緬·1600~1670), 화재(華齋) 황익재(黃翼再·1682~1747), 산곡(山谷) 황침(黃沈·1688~1763), 녹차(綠此) 황오(黃五·1816~?) 등이 있다. 특히, 녹차는 기재시인으로 널리 알려져 연구자에 박사 학위자가 났다.

그리고, 영남3문장(谷口 鄭象觀·過庵 姜世誾·雨坪 黃老麟)의 한 분이 있고, 영남4문장에 우평 황인노와 백하(白下) 황반로(黃磻老)가 있다.

또한, 시려(是廬) 황난선(黃蘭善)이 징사(徵士) 박운창(朴芸窓)과의 대화에서 '중산황씨팔노(中山黃氏八老)'[75]를 소개하였기에 이에 소개한다.

〈中山黃氏八老〉

회와(懷窩) 신로(莘老 1755~1852); 謹守家學 文詞簡雅

정재(正齋) 암로(巖老 1759~1812); 律度峻整 經術該暢

백하(白下) 반로(磻老 1766~1890); 文章筆法 從傾一世

성남(城南) 미로(眉老 1760~1835); 歷覽諸集 適用恢恢

치와(恥窩) 헌로(獻老 1777~1837); 才氣敏銳 倚馬立草

의암(義菴) 한로(漢老 1764~1814); 以詞賦魁南省 南人之人多誦其詞者

죽창(竹窓) 숭로(嵩老 1789~1821); 以對策魁東堂 精於籌數 有碁三百解

우평(雨坪) 인로(麟老 1785~1830); 鄭谷口象觀姜過菴世誾과 더불어 嶺下三文章

이 밖에도 장원(藏園) 황원선(黃源善·1798~1873)은 화재 황의재의 5세손이요, 시려(是廬) 황난선(黃蘭善·1835~1908)은 우평 황인로의 아들로 조선말 영남의 석유(碩儒)였고 자초(紫樵) 황필선(黃必善·1874~1945)도 선비도(道)를 지키었다.

75) 黃蘭善,《是廬集》(권 5),〈雜著·三浦鼎話錄〉.

4) 문화의식(文化意識) 고양(高揚)의 현장

(1) 명(名)·자(字)·호(號)에 부여한 인간 정신

사람은 뜻을 지닌 이름(名·字·號)을 받고도 수시로 자신의 이름을 되뇌는 일은 드물다. 그러나 옛 선비는 부모가 물려준 이름을 지키는 데 명예를 걸고, 자호를 지키기에 신명을 다 바치었다.

황희〈黃喜; 懼夫·厖村〉, 보신(保身; 字仲全), 종형(從兄; 義止·雪峰), 관(瓘; 號松岩), 맹헌(孟獻;魯卿·月軒), 윤헌(允獻; 可而·無盡亭), 세헌(世獻; 徵之·愛日軒), 여헌(汝獻; 獻之·柳村), 효헌(孝獻; 叔貢·畜翁), 등이다. 이하는 생략하거니와 오늘날도 우리는 살면서 자신의 이름을 간혹은 되뇌어 볼 일이다.

(2) 건축물에 부여한 인간 정신

백화당(白華堂·黃保身)·백화횡당(白華黌堂·1518)·백옥동영당(白玉洞影堂·1580)·백옥동서원(1714)·옥동서원(玉洞書院·1789) 등과 신덕정사(新德精舍·黃燈), 온휘당(蘊輝堂)·착로재(斲露齋)·탁장재(琢章齋)·회보문(懷寶門)·청월루(淸越樓)·진밀료(縝密寮)·윤택료(潤澤寮;이상 7개 鄭宗魯 命名), 반간재(槃澗齋·黃紐)·불환정(不換亭·黃德柔)·우석당(于石堂·黃霦)·백화재(白華齋·黃翼再)·장암(藏菴·黃翼再) 등을 들 수 있다. 인간 정신이 부여되지 않은 건축물의 이름은 없다.

(3) 자연물에 부여한 인간 정신

헌수봉(獻壽峰·황효헌 형제 명명)·옥봉(玉峰)·옥계(玉溪)·신덕(新德·黃燈)·白玉洞(白玉洞影堂·1580)·사담(沙潭)·팔절명탄(八節鳴灘)·순연(蓴淵)

·소재(蘇堤)·별암(鼈岩·자라바위)·만경현폭(萬景懸瀑)·세심석(洗心石·李栽)·신현강(新見岡)·방류도(方流渡)·장명탄(將鳴灘)·홍기교(虹氣橋)·사마정(沙磨汀)·석공우(石攻塢)·산현벽(山玄壁)·수창암(水蒼巖)·개운평(開雲坪)·생연곡(生烟谷)·비덕촌(比德村)·밀리암(密理庵) 이상 12개 鄭宗魯命名) 등이 있다. 입재선생은 옥동서원의 당재 및 수석에 명명한 뒤에 당부하기를, 고명사의(顧名思義; 이름을 보고 거기 함축된 뜻을 생각함) 하라 하였다.

이름 없는 돌 한 덩이와 이름이 있는 돌 한덩이를 보는 이의 정감은 다르다.

(4) 서원 건축물 보존 정신

백화당(白華堂·1454; 白華堂號 효시), 백화횡당(白華黌堂·1518; 서원효시), 백옥동영당(白玉洞影堂·1580; 白玉洞 명칭 효시), 백옥동서원(白玉洞書院·1714), 옥동서원(玉洞書院·1789; 玉洞 명칭 효시) 등, 각종 건축물의 창건으로부터 중수 중건에 이르는 제 과정에 따른 보존 정신은 오늘의 상주 옥동서원을 보존하게 하였으며, 사적 제532호로 지정받기에 이르렀다. 묘우상량문(李增曄작), 강당상량문(蔡彭胤작), 문루상량문(鄭宗魯작), 중수기(癸丑), 중수기(丁未·1967 張炳達) 등의 글을 통하여도 각종 건축물을 보존하려 했던 인간 정신을 엿볼 수 있다.

(5) 방촌영정(厖村影幀) 보존 정신

① 방촌영정 제작과 모사(模寫)

《방촌선생문집》(권 14), 〈附錄下·遺像〉조의 후손 협(秧)이 지은 〈구실기(舊實記)〉와 상주본 〈구실기 소지(舊實記 小識)〉 등을 참고하여, 방촌영정의 첫 제작과 중모(重模) 및 이동관계 등을 정리한다.

- 1424년(세종6·甲辰 선생62세) 8월에 진영(眞影·畫像)을 제작함(遺像條 부록)
- 1454년(단종2·甲戌), 소윤공이 단종의 참화를 예견하고 벼슬에서 용퇴하여 상주 중모 천하촌으로 은거함. 소윤공이 방촌영정 1본을 상주로 모셔와[76] 백화당(白華堂)에 봉안했을 가능성이 가장 큼[77]
- 1580년(선조13·庚辰) 백옥동영당(白玉洞影堂)에 원본(原本)을 모심.(옥동서원요람)
- 아래는, 후손 협이 지은 〈구실기(舊實記)〉에서 요약함.

  옛날에 두 본(二本)이 있었는데 1본은 상주에서 보존(舊本·原本)하고, 한 본은 교하(交河·금송리 선영 및 영당)에 모심. 교하의 영정은 임진왜란(1592)에 파손됨
- 1632년(인조10·壬申), 현감 수(修)가 상주에서 모사하여 집에 봉안함. 병자호란(1636~1737)에 상주로 옮겨 모셨다가 1856년(철종1) 반구정으로 옮겨 모심.
- 1727년(영조3·丁未), 영남관찰사 선(璿)이 두 본을 모사하여 장수서원과 반구정에 모심. 반구정의 영정은 1748년 분실함.
- 1775년(영조51 乙未), 종손 도원(道源)이 모사하여 집에 봉안함

---

76) 《옥동서원요람》(1977)에는 1415년이라 하였으나 이 해는 소윤공이 남양홍씨와 혼약을 맺은 해이다.

77) 《방촌선생문집》(권 14), 〈附錄下·遺像〉조의 〈前癸卯譜〉에, 直身이 寶城의 大元寺에 방촌영정을 모셨다가 뒤에 천하촌으로 보내었다 하였으나, 승려들의 허문(虛聞)을 신빙할 수 없다 일축한 사실이 있음.

• 1844년(헌종10·甲辰), 상주 종인(宗人)이 1본을 모사함.
• 1867년(고종4·丁卯), 후손 기종(基鍾)이 1본을 모사하여 문경 대도촌 숙청사(肅淸祠)에 봉안함.

② 방촌영정 옥동서원(玉洞書院) 봉안(尙州本·舊實記小識)

옥동서원에서 구본(舊本·原本)을 첩책(帖册)하여 비장함.(현 상주박물관 소장)

• 1775년(영조51·乙未) 본과
• 1844년(헌종10·甲辰) 본은 궤연(几筵)에 보존함.
• 1867년(고종4·丁卯) 본은 현재 영당에 걸림.

이 밖에도 《방촌선생문집》(권 14), 〈遺像·遺物·雜錄〉 등에는, 홍여하(洪汝河·1620~1852)의 〈유상찬(遺像贊)〉, 황신로(黃莘老·1755~1852)의 〈화상찬후(畫像贊後)〉, 황인로(黃麟老·1785~1830)의 〈경서유묵후(敬書遺墨後)〉, 황지희(黃趾熙·1761~1830)의 방촌 유목 구입 경로 및 삼보찬(三寶賛), 황반로(1766~1890)의 〈방촌선조삼보운(厖村先祖三寶韻)〉 및 황오(黃五·1816~?)의 〈제방촌선조유문후(題厖村先祖遺文後)〉 등이 대를 이으며 제작되고 있다.

③ 전신의식(傳神意識)에서 보존된 화상(畫像)

예부터 화상(畫像) 또는 영정(影幀)은 터럭 한 올이라도 닮지 않으면 곧 타인이라는 취지하에 화사(畫師)는 대상인 인물의 핍진(逼眞)을 위하여 화력(畫力)을 기울였지만, 보는이의 감식안(鑑識眼)은 점점 높아져 왔다. 이는 표상(表象)을 통하여 내면의 정신세계를 엿보려 했던 감식인의 의식 속에는 선현(先賢)의 화상은 그 정신세계를 계속 전하고 있다는 전신의식(傳神意識)이 지배적이었다 하겠다.

본고에서 소개하는 모사시(模寫時)의 시(詩)와 서(序)를 통해서도 화상은 폅진을 생명처럼 여기면서도 화상을 통하여 선현의 덕(德)을 흠모함을 볼 수 있으니, 이는 화상에 대한 전신의식 때문이라 할 수 있다. 실제로 화상 앞에 서면 선현의 품성을 감지할 수 있음을 체험할 수 있다.

특히 조선시대에 이르면 서원(書院)이나 사우(祠宇)에 선현의 화상을 봉안하고 대대로 보전함에 온갖 정성을 다 기울였던 것도, 화상은 모습만 그리게 해 주는 매체가 아니라 정신까지를 그리게 해주는 매체가 됨을 향사자(享祀者)들은 다 느꼈기 때문이라 할 수 있다. 이에 화상 모사시의 광경과 감회를 읊은 시와 송별을 쓴 서문(序文) 한 편을 여기에 소개한다.

가. 방촌영정(厖村影幀) 중모일(重模日, 改模日) 감회시(感懷詩) - 만성(晩醒) 김재륜(金載崙)의 시(詩).[78]

방촌 영정은 1424년(세종6, 선생62세)에 진영을 모사(模寫)한 이래 5회에 걸쳐 다시 모사하는 중모(重模)가 있었다. 이 가운데 1844년(헌종 10, 갑진)본과 1867년(고종4, 정묘)본은 그 모사한 화승(畵僧)의 이름을 알 수 있어 문화재지정을 기대하면서 이에 소개한다.

1844년 중모(重摹·또는 改模) 때에는 만성(晩醒) 김재륜(金載崙·1777~1860)이 중모일의 간지(干支·甲辰 1844)를 밝힌 시 두 수를 남기었고 장원(藏園) 황원선(黃源善·1798~1860)이 한 수를 남기었다.

78) 《商山世稿》(木) 소재 金載崙, 〈晩醒遺稿 詩〉.

그리고, 1867년(고종4·丁卯) 중모시는 시려(是廬) 황난선(黃蘭善·1825~1908)이 서문(序文) 한 편을 남기어 이에 차례대로 소개한다.

먼저, 만성(晩醒)이 남긴 〈갑진 정월 방촌선생 개모운 (甲辰) 正月 厖村先生 改模韻〉79)을 보면,

英姿際降聖朝淸 영자가 강림함에 성조(聖朝)가 맑아지니
一畝儒宮護百靈 작은 유궁(儒宮)이 온갖 신령(神靈) 보호하네
經國猷謨天地大 나라 경영할 계책은 천지처럼 크고
留綃精彩日星明 영정에 남겨진 정채(精彩)는 해와 별같이 밝네.
久難諼也生生德 선생의 덕은 오랫동안 잊기 어려우니
弊又改之後輩誠 헤진 영정 다시 모사(模寫)하는 일 후배들의 정성일세
濟濟靑衿將事席 수많은 선비들 자리에 참석하였으니
院花庭草倍新馨 서원 뜰의 꽃과 풀이 새로운 향기 더하네.

라고, 하였다. 방촌영정을 다시 모사하던 1844(헌종10·甲辰) 정월 모일은 축하연이 절로 개최되고 또한 축시도 제작되었음을 알 수 있다. 이같은 일은, 영정 개모일의 작은 풍습도(風習圖)라 일컬을 만하다. 후손 장원(藏園) 황원선(黃源善·1798~1873)도 같은 날 시를 남겼는데 간지는 없으나 압운(押韻)이 같아 1844년 정월의 작품임을 알 수 있어 이에 원문을 소개한다.80) 다음은, 1844년 1월에 방촌영정을 개모한 화승(畫僧)에 관

79) 《商山世稿》(木) 소재 金載崙, 〈晩醒遺稿 詩〉.

80) 황원선, 《장원집》(권 1), 〈詩·先祖翼成公影幀重摹日拈韻〉, 遺像依然展穆淸 滄桑閱刼賴天靈 山溶海度乾坤大 鳳彩鸞章日月明 綃弊百年嫌久計 繪重今日 效微誠 靑衿濟

한 시를 보도록 한다. 시는, 〈증화사포월당(贈畫師抱月堂)〉81)이다.

錫杖西來法手良 석장을 짚고 서쪽에서 온 이 솜씨가 좋아

模新肖舊俾靈揚 옛 영정과 똑같이 새로 묘사하여 영령을 드날리게 하였네.

毛遂自薦休云欿 모수82)가 자천하였으나 부족하다 말하지 마라

麟閣遺圖復有光 기린각83)에 남겨진 그림에 광채가 다시 드네.

儒釋當年分道惜 유자와 석자 당년에 도(道)가 나뉜 것 안타까운데

聲名從此膾人長 명성은 이로부터 길이 사람들에게 회자 되리라.

玆孫盡敬青衿拜 자손들 공경을 다하고 선비들 향기 나네

相賀斯年四八芳 이 해를 서로 경하하니 사방에 향기 나네.

라고, 하여 비록 유자(儒者)와 석자(釋者)의 도(道)는 다르나 포월당(抱月堂)의 재능은 높이 사고 있으며, 자타가 인정할 만한 화승(畫僧)임을 전편에 펼쳐 놓았다. 그러나, 정작 포월당의 인물에 대해서는 언급이 없고, 필자가 소지한 불교대사전(明文堂佛教大辭典, 弘法院佛教大辭典)으로는 포

濟爭來集 ++熱幣焚香報德馨

81) 《晩醒遺稿 詩》참조

82) 원문에 毛錐로 되어있어 毛遂로 고침. 모수는 전국시대 趙나라 사람으로 平原君의 식객이었다. 秦나라가 조나라의 도읍 한단(邯鄲)을 포위하자 평원군에게 자신을 천거하여 그를 따라 楚나라에 가서 초왕을 설득하여 趙楚가 연합하여 진나라를 퇴치한 공로로 平原君의 上客이 됨. 여기서는 화승 포월당이 방촌영정을 개모함에 최상의 실력을 발휘한 사실을 은유함임.

83) 원문에 獜閣으로 되어있어 麟閣으로 고침. 인각은 기린각(麒麟閣)으로 한나라 선제 때 공신 11명의 상(像)을 그려 이 각상에 걸었음. 여기서는 기린각은 옥동서원 영당이지만, 방촌선생의 공훈은 기린각에 그려진 사람들과 다를 바 없음을 암유함.역시, 그림의 광채는 방촌 영정의 광채로 훌륭하게 모사된 사실을 은유함.

월당의 실체를 파악할 수 없어 박고자를 기다린다. 만성이 포월당을 전송하며 준 〈증별(贈別)〉 시[84]를 원문만 밝혀 둔다. 특히, 전별시에는 더욱 포월당이 신공(神工)의 화승(畫僧)임을 거듭 인정하고 있다.

특히, 1844년(헌종10·甲辰) 진안 화산서원에서 옥동서원의 원본을 모사한 황방촌 영정이 전라북도유형문화재 제129호(1987.4.28.)로 지정(假編玉洞書院誌, p.111 강용철, 영정의 史實)된 사실에 비추어보면, 모사자가 화승(畫僧) 포월당(抱月堂)까지 밝혀진 상주본의 문화재적 가치도 재조명할 필요가 있다고 생각된다.

나. 방촌영정 모사자(模寫者) 의운(義雲) 화사(畫師) 송별서(送畫師義雲序)[85] –시려(是廬) 황난선(黃蘭善)의 서(序)

이에, 시려가 쓴 화사 의운을 송별하여 준 서문의 일부를 소개한다. 이는, 1867년(고종4·丁卯) 개모시의 송별서다.

"선종(禪宗)의 의운사(義雲師)[86]는 정신이 완전무결하고 골격이 준수하

84) 《만성유고 시》. 〈贈別〉, "神工做了屬辰良 錫杖蘿衫得意揚 播世休名綃滿馥 反山幽趣月留光 三春物色玉峰暖 一衲行裝錦水長 辭退筵前合掌語 小僧相憶薦芬芳"

85) 황난선, 《시려집》(권 5), 〈잡저·送畫師義雲序〉, 이 서문은 《假編玉洞書院》 p.455에도 소개되었다.

86) 《시려집》에서는 화사(畫師)의 법명을 의운이라 하였다는 대한불교 조계종 제8교구 지깆사 《直指寺末寺篇大乘寺》에서는대승사에 〈義雲堂慈雨之眞影〉이 있다 하여 법명이 음은 같으나 한자어가 다름을 알 수있다. 이에 《불교신문 2484호, 12월 31일자》 기사에서 몇 사실을정리한다. 의운의운당(義雲義雲堂) 자우(慈雨) 화사(畫師)는 불화를 그리는 조선의 대표적 금어(金魚, 불상을 그리는 畫僧)로당대 승직도 '선교양종 대각등계 표충사 수호겸 팔로승품규정 도총섭(禪教 兩宗 大覺登階 表忠寺守護 兼八路僧風糾正 都摠攝)으로 그 활동도 왕성했음을 알게한다. 화사는 1860년 울진 불영사 신중탱과 1862년 영천 은혜사 운부암 원통전 아미타행, 1867년 서울 홍천사 아

며 모습이 고아하고 미목(眉目)이 청수한데 불법을 설하여 보화(寶花)가 정수리에 내리고, 게송을 염하여 명경같은 마음을 비추었다. 일찍이 사문(沙門)에 나아가 오묘한 도를 깨우친 사람이요, 화예(畫藝)에도 두루 통하여 정신을 오로지 하여 그린 지가 또한 수십 년이라 한다. 그 자를 산양(山陽)의 황익주(黃翊周) 등이 맞아들여 옥동서원에 있는 익성공(翼成公; 필자주 황희)의 진영을 공경히 본떠 그림[摹寫]에 임하도록 하였다.

이 지방(필자주; 상주 모동) 사람들도 그가 신묘함을 알고 1본을 더 모사하여 안치해 모실 계획으로 청하였더니 의운사(義雲師)가 분명히 허락하고 삼일만에 두 본을 완성하였다. 선비들이 좌우로 둘러서 기다리던 자들이 너무도 닮았다고 감탄을 하였으니 진실로 최상의 기재(奇才)였다. (中略) 깊은 가을 달이 밝아 내 응당히 배를 타고 영강灝(江)의 안개낀 숲으로 올라 대승사(大乘寺) 동구로 사(師)를 방문한다면, 사(師)는 장차 미간을 떠받치고 눈을 쏘아보며 선 채로 뿌리쳐 대할 것인가? 아니면 장차 선회(善懷)가 회선(懷善)이 된 것[87] 같이 명교(儒敎) 가운데서 한가롭게 놀고자 하겠는가?"[88]

미타행, 1868년 보덕사 석가탱 등의 작품을 남기었다. 의운자우 화사는 문경 대승사에 오래 머물며 사찰 중흥에 기여 하였는데 1859년에는 대승사의 신중탱 조성에 화주로 활약하였고, 1874년 경내 극락전을 중건하였다. 그러나 화사의 생평(生平) 행적을 알 만한 행장은 없다 한다. 대승사에서는 부석사로부터 이안한 목각후불탱(보물 575호) 보존을 위한 쟁송에 수호를 주장하는 대사질(大師秩)에 자우화사가 등재되었다.(출전:《大乘寺誌》, 아세아문화사, 1976) 1844년 1월에 방촌 영정을 모사할 때는 대승사에 주석했음을 알 수 있다.

87) 방촌선생 재세시 선회라는 중이 선생에게 감화되어 儒學을 신봉하게 되면서 스스로의 이름을 선회라고 했다고 함.

88) 《시려집》(권 5), 〈잡저·送畫師義雲序〉."禪宗有義雲師者 神完骨秀 貌雅眉淸 說法而寶

이로써 의운사(義雲師)는 당대에 이미 불화가로 명승이 난 고승이었음을 알 수 있으니, 앞의 1844년 개모본(改摹本)과 뒤의 1867년 개모본은 문화재지정도 가능하리라 본다.

5. 맺는 말

필자는 옥동서원(玉洞書院)의 존재 의의(存在意義)를 황희정신(黃喜精神) 발양의 요람(搖籃)이 된 데 있음을 전제하여 먼저, 장수황씨(소윤공파) 상주 정착과 황희정신의 상주 토착화를 개관하였다. 황희정신은 역대로 본손들이 짚어놓은 몇 사항을 재인하는 데 그쳤음을 밝혀둔다. 이는, 인간정신 문화의 형성 과정을 엿보는 일이기도 하다.

다음은, 황희선생을 주벽으로 모신 옥동서원(玉洞書院)의 내력을, 백화당(白華堂·1454), 백화횡당(白華黌堂·1518), 백옥동영당(白玉洞影堂·1580), 백옥동서원(白玉洞書院·1714), 옥동서원(玉洞書院·1789) 등으로 정리하였다. 옥동서원의 역사는 추호도 혼란이나 오류가 있어서는 안 되니, 서원의 역사가 곧 서원의 진실이기 때문이다. 특히, 신영천(申靈川) 목사(1522~1524)가 상주에 18개 서당(당시 신영천은 書院이라 함)의 하나로 백화서원(白華書院·백화서당)을 창건하였는데, 다른 서당의 경우와 다르게 당호(堂號)를 장수황씨(소윤공파) 가(家) 고유의 백화당(白華堂)에서 따온

花墜頂 念偈而明鏡照心 盖早就 沙門 妙悟其道者也 而旁通畫藝 嘗精遊神 亦數十年云 迺者爲山陽黃翊周等所邀 敬摹我先祖翼成公眞影于玉洞書院中 此方之人 亦知其妙 請加摹一本以爲妥奉之計 師犂 然許之 三日而成兩本 章掖之左右環侍者 咄咄逼眞眞上乘奇才也 (中略) 深秋月白 余當挐舟灝江烟樹之上 訪師於 大乘洞口 師將撑眉努眼 擎擧竪拂以待乎 抑將如善懷之爲懷善 而思欲優遊於名敎之中者乎"

것이다. 이로써, 백화서원(서당)을 흡사 장수황씨가의 서당으로 여기는 일이 생기고, 심지어는 백화횡당을 백화서원과 동일시 하는 혼란이 야기되었다. 필자는, 백화서원(백화서당)이 옥동서원 역사와는 직접적 관계가 없기에 백화횡당조에서 부록으로 처리하여 그 이름은 장수황씨가의 고유당호(堂號)임을 밝히었다.

그 다음은, 옥동서원(玉洞書院)의 존재 의의(存在意義)를 인간 정신 계승의 역사적 현장, 교학(教學)의 현장, 문학(文學)의 현장, 문화의식 고양의 현장, 방촌영정 보존의 현장 등 다섯 분야를 예거하였다. 요약하면, 옥동서원(玉洞書院)의 존재 의의를 인문형성(人文形成)의 역사적 현장임을 부각시키려 하였으나 속을 못 채운 글이 되고 말았다. 대방가의 질정을 기다린다. (2018. 8. 火旺山 禮東房에서)

반간(槃澗) 황뉴(黃紐)의 학문과 사상[1]

성봉현[2]

1. 머리말

반간(槃澗) 황뉴(黃紐; 1578~1626)는 1746년에 증조부 축옹(蓄翁) 황효헌(黃孝獻; 1490~1532)과 함께 상주 모동면 수봉리 옥동마을에 있는 옥동서원(玉洞書院)에 배향되었다.[3] 옥동서원은 1518년(중종 13)년 황맹헌(黃孟獻; 1472~1535)과 황효헌이 백화산 입구의 신덕마을에 고조부인 방촌(厖村) 황희(黃喜; 1363~1452)선생의 영정을 봉안하고 독서하던 백화서

1) 이 글은 방촌황희연구소 주관, 제2회 옥동서원학술대회(〈옥동서원의 역사와 인물〉, 2018.10.07.)에서 발표한 논문이다.

2) 충남대학교 연구교수

3) 황뉴(黃紐)의 '紐' 독음이 본고에서 참고한 《長水黃氏世譜》(2000년, 長水黃氏大宗會, 回想社), 《번역본 槃澗文集》〈墓碣銘並書〉·〈行狀〉 등에는 '유'로 되어 있다. 그러나 《한국민족문화대백과사전》(http://encykorea.aks.ac.kr)과 《문과방목》·《사마방목》 등에는 '황뉴'라고 되어 있다. 필자는 가문에서 '紐'를 '뉴'로 음독하므로 이를 따른다.

당이 효시이다. 1714년(숙종 40) 사서(沙書) 전식(全湜)을 추배하였고, 같은 해에 서원으로 승원하였다. 1715년(숙종 41) 신덕마을에 있던 방촌선생의 묘우(廟宇)를 현 위치인 옥동마을로 이건하였고, 1746년(영조 22)에 황효헌과 황뉴를 추향하여 모두 4현을 배향하였다.[4)]

황뉴는 조선 초기 명재상으로 이름이 났던 황희의 7대손이고, 장수황씨가의 상주 입향조 보신(保身; 1401~1479)의 6대손이며, 증조는 효헌(孝獻; 1490~1532)으로 학문과 문장으로 이름이 높았던 인물이다. 부친은 의령현감을 지낸 준원(俊元; 1548~1608)이었고, 모친은 여흥인으로 사직을 지낸 민사열(閔師說)의 따님이다.[5)]

황뉴는 태어나면서부터 남달리 영특하고 재능이 뛰어났으며, 10세 때에 서애(西厓) 유성룡(柳成龍; 1542~1607) 문하의 대표적인 학자이었던 상주세거 우복(愚伏) 정경세(鄭經世; 1563~1633)에게 수학하였다.

황뉴는 35세 때인 1612년(광해 4) 생원시에 입격하였고, 다음해에 증광시 문과에 급제하였다. 이후 승정원 주서와 사헌부 지평 등을 지냈는데, 지평으로 재임 시에는 뛰어난 문장과 학식으로 지제교와 경연관을 겸임하기도 하였다. 그리고 강직한 언관으로 인조의 아낌을 받는 신료 가운데 한사람이었다. 그러나 뉴의 사환은 10년을 넘지 못하였고, 그것도 모친의 상기를 빼면 8년 정도에 불과하였다.

이처럼 황뉴의 짧은 사환 경력은 한창 의기를 펼치던 소장 관료이었던

---

4) 이순호, 〈慶北 尙州 玉洞書院의 配置와 建物形式에 關한 調査硏究〉,경북대학교 산업대학원 석사논문, 2008.

5) 본고에서 장수황씨가 인물을 언급할 시에는 "同姓不書姓"의 관행에 따라 '姓氏'는 생략하고 기술하기로 한다.

시기에 돌연 병으로 졸서하였기 때문이다. 전도유망하였던 황뉴의 사거는 상주지역 정경세 문하의 학단은 물론 함께 재직하였던 신료들에게 울림은 컸었다. 이러한 사실은 그의 죽음을 애도하는 당대 유명 인사들의 제문과 만시에서 확인할 수 있다.6) 비록 길지 않은 삶을 살았지만 황뉴의 행적과 문장은 선비의 모범으로 옥동서원에 추향되었다.

황뉴가 사후에 옥동서원에 추향되었지만, 그에 대한 전문적인 연구는 전무한 편이다. 이는 황뉴가 늦게 사환을 시작하였을 뿐만 아니라 일찍 졸서하였기 때문으로 보인다. 특히 뛰어난 관료이었으나 재직기간이 짧아《실록》·《승정원일기》 등에도 경세관 등을 충분히 규명할 정도의 글이 남아 있지 않다. 그리고 사후에 편간된《반간문집》·《반간선생별집》도 시문(詩文)과 신후문자(身後文字) 위주이어서 학문과 사상을 검토하기에는 사료가 부족하다. 다만《문집》의 〈잡저〉에는 그의 사상과 학문의 일부를 엿볼 수 있는 내용이 단편적이지만 실려 있다.

따라서 본고에서는 황뉴가 옥동서원에 추향될 수 있었던 행적을 추적해 보려 한다. 먼저 장수황씨가의 상주에 입향과 뉴의 생애를 검토하기로 하겠다. 그리고 제한적이기는 하지만 황뉴의 학문과 성리사상에 대해서도 간략하게 언급하려 한다. 본고가 황뉴의 이해에 조금이라도 폭을 넓히는 계기가 되었으면 한다.

6)《槃澗文集》에는 황뉴의 사후에 지인들이 지은 만사 31편이 수록되어 있다. 이들을 일별하여 보면 李好閔,鄭經世, 李睟光, 李廷龜, 金藎國, 李民宬, 李植, 李埈, 金著國, 李聖求, 李敏求 등으로 당대 최고의 관료요 문사들이었다. 이는 뉴의 교류의 범위가 주목받기 충분하였음을 보여 주는 것이다.

2. 황뉴의 가계와 생애

1) 황뉴의 가계와 상주 입향

장수황씨는 신라 때 경(瓊)을 시조로 하는데, 경은 신라말 경순왕의 옹주와 혼인하였다고 한다.[7] 그 뒤 실전하여 공유(公有), 감평(鑑平) 등의 후손이 있는 것으로 알려졌으나, 구체적인 사적(史蹟)이 전하지는 않는다. 공유에 대해서는 1457년(세조 3)에 황수신(黃守身; 1407~1467)이 작성한 《광한루기(廣寒樓記)》에,

> 저의 원조 휘 공유(公有)는 장수현인이시니 고려 명종을 섬겨 벼슬이 전중감(殿中監)에 이르렀다. 평소 이의방(李義方)과 사이가 좋지 않았던 바 의방이 정권을 쥐고 공을 해치고자 하므로 벼슬을 버리고 관향(貫鄕)으로 돌아 오셨는데 현감이 의방의 뜻을 맞추기 위하여 또한 체포하려고 하여 가족을 거느리시고 이 고을에 이사 하시어 이로부터 이 고을에 세거하게 되었다.[8]

라고 하여 고려 명종때 전중감(殿中監)을 지내다 무인집권자이었던 이의방과 사이가 좋지 않아 낙향하여 남원에 세거하게 되었다고 한다. 그리고 감평에 대하여서는 태학에 유학하였으나 과거에 실패하고, 고향에 돌

---

7) 황뉴의 가계와 가계도에 대해서는《長水黃氏世譜》(2000년, 長水黃氏大宗會, 回想社)와《長水黃氏世牒》(黃蘭善編(1825~1908))을 참고하여 작성하였다. 상기 두 책을 이용한 경우에는 별도의 주석을 표기하지 않았다.

8)《장수황씨세보》권1, 〈광한루기〉 45쪽.

아와 학문연구로 많은 제자를 두었다고 하였다.[9]

그래서 장수황씨가에서는 석부(石富)를 중시조로 삼고 있다. 그러나 석부에 대하여 족보에서는 시조 경의 18대손이나 그 증거를 찾을 수 없고, 배위는 해주최씨로 고려 때 대제학이었던 최홍윤(崔洪胤)의 딸이라고 되어 있다. 그런데 최홍윤은 고려 말 정종에서 고종 때의 인물로 1212년에 정당문학을 지내고,[10] 1229년(고종 2)에 사거(死去)한 인물이다.[11] 이런 사실로 보면, 석부의 생존하였던 시기는 13세기 초·중반이었을 것이다.

2세 균비(均庇)에 대하여는 자(字)도 전하지 않고 생몰년도 알 수 없으나, 추은(推恩)으로 좌참찬에 증직되었다고 한다.[12] 3세는 군서(君瑞; ?~1403)로 1394년(태조2) 충주 절제사(忠州節制使),[13] 1395년(태조4)에 도안무사(都安撫使)[14], 1428년(세종10)에는 판강릉부사(判江陵府使)를 지냈다.[15]

군서는 2명의 아들과 3명의 딸을 두었는데, 첫째 아들이 《장수황씨세보》에는 중수(中粹)라 되어 있으나 정확한 것은 아닌 듯하다.[16] 둘째 아

---

9) 위와 같은 책, 45쪽.

10) 《고려사절요》 14권, 강종원효대왕 임신 원년(1212) 12월.

11) 《고려사절요》 15권 고종 안효대왕 2, 기축 16년(1229) 9월.

12) 〈선조 승좌참찬부군에 대한 행장의 개략(先祖贈左參贊府君狀略)〉(《매천집》 7권, 행장(行狀)).

13) 《태조실록》 태조 3년 4월 17일(병술).

14) 《태조실록》 태조 4년 7월 1일(임진).

15) 《세종실록》 세종 10년 6월 25일(병오).

16) 《장수황씨세보》에는 중수(中粹)의 전기사항에 "구보에는 중수(中壽)라 되어 있으나 강릉공 묘갈(江陵公墓碣)을 따른다"라고 한 것에서 알 수 있는 것처럼 정확한 사적을 알 수 없는 경우라 하겠다.

들이 조선초기의 대표적인 명신이었던 희(喜:1363~1452)이다.17) 희는 고려말 생원·진사 양시에 입격하였고, 창왕 1년(1389)에 실시한 문과에 33명 가운데 14등으로 급제하여 사환하였다. 이후 희는 명신으로 태종·세종·문종 등 3대에 걸처 24년간 재상직에 있었다.《문종실록》 희의 졸기에는,

> 황희는 관후(寬厚)하고 침중(沈重)하여 재상(宰相)의 식견과 도량이 있었으며, 풍후(豊厚)한 자질이 크고 훌륭하며 총명이 남보다 뛰어났다. 집을 다스림에는 검소하고, 기쁨과 노여움을 안색에 나타내지 않으며, 일을 의논할 적엔 정대(正大)하여 대체(大體)를 보존하기에 힘쓰고 번거롭게 변경하는 것을 좋아하지 아니하였다. 세종(世宗)이 중년(中年) 이후에는 새로운 제도를 많이 제정하니, 황희는 생각하기를, ---(중략)--- 재상(宰相)이 된 지 24년 동안에 중앙과 지방에서 우러러 바라보면서 모두 말하기를, 〈어진 재상(宰相)〉이라 하였다.

라고 하여 희의 인품이 매우 뛰어 났으며, 24년간 재상에 있으면서 어

17) 황희에 출생에 대하여 얼자(孽子)(《세종실록》 세종 10년 6월 25일(병오), 혹은 정실의 아들이 아닌 것으로 기록되어 있다(《세종실록》 세종 19년 2월 21일(신사)). 그러나 주지하다시피 황희는 고려시대 우왕 9년(1383)에 생원시, 우왕 11년(1385)에 진사시에 입격하였다. 이어 창왕 1년(1389)에 문과에 33명 가운데 14등으로 급제하였다. 이처럼 황희가 고려시대 과거를 통해 사환하게 된 것을 보면 얼자나 정실의 자식이 아니라는 것이 문제되지 아니하였음을 알 수 있다. 이는 고려시대에는 처첩의 분변이 없었던 사회이었고, 따라서 중혼의 경우에도 1처 혹은 2처로 표현되었고, 아울러 1처의 자식과 2처의 자식에 대하여 차별도 없던 사회이었다. 따라서 황희에 대한 세종대의 기록은 조선 태종대 이후 엄격한 처첩분변(妻妾分辨)을 법제화하였던 후대적 관념에서 기록된 것이라 할 수 있다.

진재상이라는 평을 받았다고 하였다.

희는 치신(致臣)·보신(保身)·수신(守臣)·직신(直臣) 등 4명의 아들과 2명의 딸을 두었다. 첫째 아들 치신(致身: 1397~1484)의 초명은 동(董)이었는데, 이에 대하여,

> 태종(太宗)께서 일찍이 황희더러 물으시기를, '경(卿)의 아들에 벼슬할 만한 자가 있으냐?'고 하니, 대답하기를, '장자(長子)가 바야흐로 학문에 뜻을 두었으니 벼슬을 구할 겨를이 없고, 나머지는 모두 어립니다.' 하니, 태종께서 이르시기를, '동중서(董仲舒)도 하유 독서(下帷讀書)하였으니, 경(卿)의 아들은 이름을 동(董)이라 할 만하다.' 하고, 공안부 부승(恭安府副丞)을 제수하였으며, 뒤에 다시 지금의 이름을 내려주었다. 18)

라고 하여 태종이 희의 장자 이름을 동중서(董仲舒)를 본받아 동(董)이라 하였다가 다시 치신이라는 이름을 내려주었다고 한다.

18) 《성종실록》 성종 15년 2월 1일(무오).

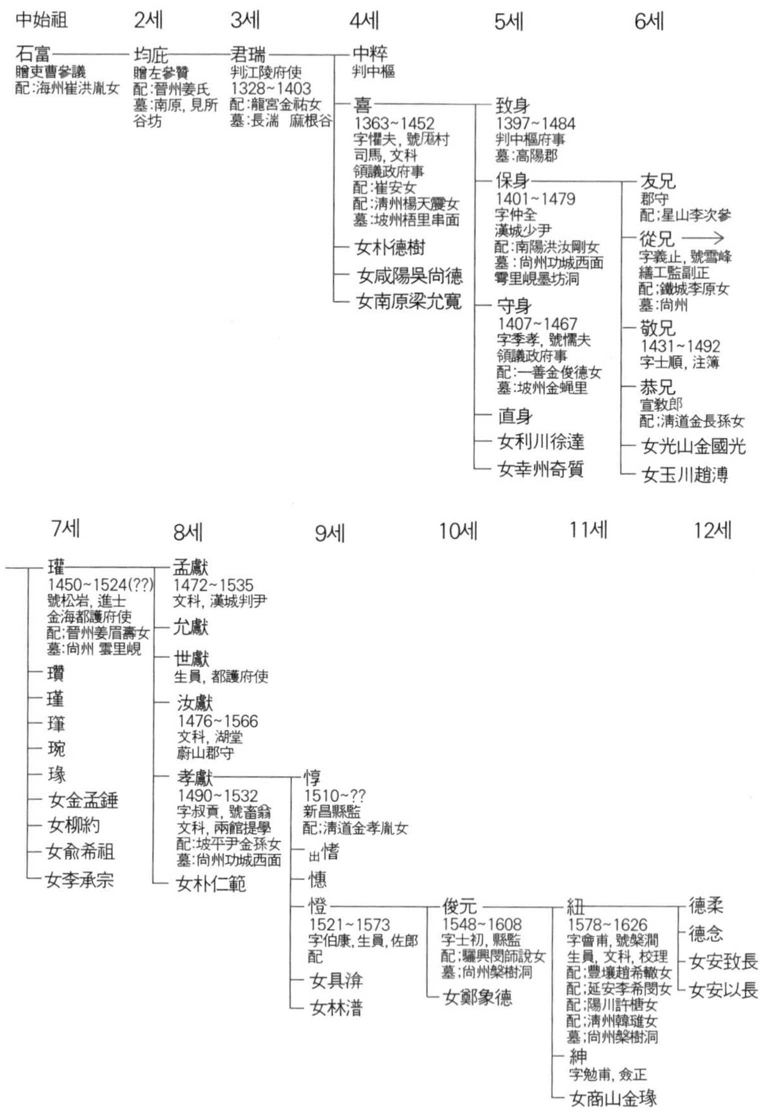

치신은 음보로 사환을 시작하여 벼슬이 판중추부사에 이르렀고, 뒤에 그의 다섯째 아들이 등제(登第)하여 우의정에 추증되었다.19)

19) 《성종실록》 성종 15년 2월 1일(무오).

희 둘째 아들 보신(保身:1401~1479)이 뉴(紐)의 6대조이며, 상주세거 장수황씨가의 입향조이다. 보신의 상주입향은 그의 처(妻)와 관련이 있는데, 이와 관련된 입향설화가《장수황씨세첩》보신의 전기사항에 자세하다. 이를 번역하여 제시하면 아래와 같다.

> 단종 2년(甲戌:1454)에 탈상(脫喪)하고 병이 있어 벼슬을 사직하고 상주(尙州)의 별업(別業)으로 돌아가 은둔하여 고기를 잡고 나무하며 살았다(속담에 전하기를 중모의 한 구역은 모두 김장군가에 오래전부터 대대로 전해오는 곳이었다. 김장군은 자식이 없어 동서(同壻)인 홍직제학의 딸을 길러서 자기의 딸로 삼았다. 이 딸이 소윤공의 부인이다. 마침내 중모의 별업을 모두 전해 받았다. 석당(石堂) 김상정(金相定)의 중산행(中山行)의 서문(序)에 말하기를 "옛부터 전해오길 홍직학(洪直學)이 중국에 사신을 갈 때 미리 익성공(翼成公)에게 가서 스스로 말하기를 금번 사신은 모두 (자식의)혼인을 마친 사람으로 선발하여 보내게 되었다. 그런데 저에게 실은 딸이 있는데 김장군가에서 맡아서 수양합니다. 공(公:황희)이 말하기를 나라일이 또한 기한이 임박하여 순서를 바꾸어서 보낼 수는 없으나 공의 딸을 지금 나의 아들이 취하는 것이 마땅하다하니 곧 소윤공(少尹公)이다. 김장군가는 재물이 거만(鉅萬)이었으나 자식이 없어 모두 소윤공에게 돌아갔다. 이것이 황씨가 중산에 세거하게 된 시초이다"라고 하였다.) 20)

20) 甲戌(단종대왕2년)服闋 以病解歸 尙州中牟別業 爲漁樵隱(諺傳中牟一區 皆金將軍自久舊物 金將軍无育 取養僚壻洪直提學女爲已女 卽少尹公夫人也 遂以中牟之業盡傳云 ○石堂金公相定 中山行序曰 舊傳洪直學將赴京 詣翼成公自陳 今使臣皆以畢婚嫁人差遣 而某實有女 寄養在金將軍家 公曰 王事且期迫 不可易 第往也 公女當今吾子

라고 하여 보신이 1454년에 탈상하고 병이 있어 벼슬을 사직하고, 상주의 별업에 돌아와 은둔하여 살았다는 것이다. 보신이 살았던 상주의 중모(中牟)는 김장군가에서 오래전부터 대대로 세전하였던 곳이었다. 그런데 김장군은 자식이 없어 동서이었던 홍직제학의 딸을 길러서 자기의 딸로 삼았는데, 이 딸을 보신이 취하였다. 이 혼사는 홍직제학이 희에게 자신의 딸을 김장군가에서 맡아서 수양한다고 하면서 혼인을 청했던 것이다. 그래서 보신이 김장군가에서 수양하던 홍직학의 딸을 처로 맞아들이게 되었고, 당시의 상속관행에 따라 김장군의 거만(鉅萬)으로 일컬어지는 많은 재산을 상속받아 장수황씨가 상주 중산(中山)에 세거하는 계기가 되었다고 하였다.

보신은 음사로 출사하여 찰방직에 있을 때 세종의 사냥을 따르던 신하들이 진눈깨비로 얼어 죽게 되자 이를 구호하는 데 힘을 보태었다.[21] 그러나 보신은 각종 사건에 휘말리어 여러 번 처벌을 받게 되었지만, 늙은 대신의 아들이라고 하여 그 고비를 넘길 수 있었다.[22] 그리고 세조 때에는 호군(護軍)으로 원종공신 3등에 녹훈(錄勳)되었다.[23]

희의 셋째 아들인 수신은 문음으로 출사하였으나 학문적 능력과 가문

娶之 卽少尹公也 金將軍家 溫貲鉅萬無子 盡歸之少尹公 此黃氏有中山之始云)甲戌(단종대왕2년)服闋 以病解歸 尙州中牟別業 爲漁樵隱(諺傳中牟一區 皆金將軍自久舊物 金將軍无育 取養僚壻洪直提學女爲已女 卽少尹公夫人也 遂以中牟之業盡傳云 ○石堂金公相定 中山行序曰 舊傳洪直學將赴京 詣翼成公自陳 今使臣皆以畢婚嫁人差遣 而某實有女 寄養在金將軍家 公曰 王事且期迫 不可易 第往也 公女當今吾子娶之 卽少尹公也 金將軍家 溫貲鉅萬無子 盡歸之少尹公 此黃氏有中山之始云)(《長水黃氏世牒》保身傳記, 14쪽).

21) 《세종실록》 세종 13년 2월 20일(을묘).

22) 《문종실록》 문종 1년 2월 3일(임신).

23) 《세조실록》 세조 3년 8월 12일(계묘).

배경으로 여러 관직에 재임하여 능력을 발휘하였다. 수신은 학문적 능력으로 1446년(세종28)에 문과출신이 아니면서 도승지로 제수되었는데, 이에 대하여 《세종실록》에는 "나라 제도에 도승지(都承旨)는 문신(文臣)으로 삼는 것인데, 수신(守身)은 비록 문음(門蔭)으로 말미암았으나 이재(吏才)가 있으므로 특별히 제수한 것이었다."라고 하여 문음으로 출사하였으나 이재(吏才)로 도승지에 올랐다고 하였다.[24] 1455년(세조1)에는 세조의 등극에 공헌하여 추충좌익공신(推忠佐翼功臣) 우참찬(右參贊) 남원군(南原君)에 봉해졌다.[25] 수신은 1464년(세조10)에 우의정,[26] 1466년(세조12) 좌의정에[27] 그리고 10월 달에는 영의정 한명회(韓明澮), 좌의정 심회(沈澮) 등과 함께 문과출신이 아니면서도 예문·춘추관직을 겸대하였고,[28] 1467년(세조13) 영의정에 올랐다.[29]

수신에 대해서는 《세조실록》의 졸기에 "그 사람됨이 골모(骨貌)가 웅위(雄偉)하고, 성자(性資)가 관홍(寬洪)하여, 재상(宰相)의 기도(器度)가 있었으며, 경사(經史)를 조금 섭렵(涉獵)하여 이치(吏治)에 능하였고"라고 평하고 있다.[30]

보신은 우형(友兄)·종형(從兄)·경형(敬兄)·공형(恭兄) 등 4명의 아들과 2명의 딸을 두었는데, 둘째 아들 종형이 뉴의 5대조가 된다. 종형은 문음

24) 《세종실록》 세종 28년 4월 25일(임술).
25) 《세조실록》 세조 1년 9월 20일(임진).
26) 《세조실록》 세조 10년 2월 23일(병오).
27) 《세조실록》 세조 12년 4월 18일(무오).
28) 《세조실록》 세조 12년 10월 19일(정사).
29) 《세조실록》 세조 13년 4월 6일(신축).
30) 《세조실록》 세조 13년 5월 21일(을유).

으로 출사하여 청도군수(淸道郡守)[31] · 함안군수(咸安郡守)[32] · 선공감 부정(繕工監副正)[33]을 지냈다. 뒤에 손자인 맹헌(孟獻)을 출세로 증이조 참판 겸 동지의금부사(贈吏曹參判兼同知義禁府事)로 증직되었다. 종형의 배위는 고려말 선초에 유명한 재상이었던 철성부원군(鐵城府院君) 이원(李原:1368~1430)의 딸이다.

보신의 첫째 딸은 호서의 명문가로 이름이 높았던 광산김씨가의 김국광(金國光:1415~1480)과 혼인하였다. 김국광은 문과 급제 후에 박식한 재능으로 세조의 총애를 받아 출세하였고, 성종때 좌리공신(佐理功臣) 1등에 책록되어 광산부원군(光山府院君)에 봉해졌으며, 《경국대전》 편찬에도 참여하였다.

종형은 관(瓘) · 찬(瓚) · 근(瑾) · 필(琿) · 완(琬) · 전(瑑) 등 6명의 아들과 4명의 딸을 두었다. 이 가운데 장남 관(瓘:1450~1524?)이 뉴의 고조부이다. 관은 1465년에 사마시에 입격하여 진사(進士))가 되었고,[34] 1477년(성종 8)에 군적낭청(軍籍郎廳)에 임명되었고[35], 1506년(중종1)에는 김해부사(金海府使)을 지냈다[36]. 관은 사후에 장자인 맹헌이 정국공신(靖國功臣) 4등

31) 《세조실록》 세조 8년 1월 2일(정유).

32) 《세조실록》 성종 2년 6월 17일(무오).

33) 《사가집(四佳集)》 〈사가문집보유〉 제1권, 비지류(碑誌流), 좌의정 철성부원군 증시강헌이공신도비명병서(左議政鐵城府院君贈諡康憲李公神道碑銘竝書).

34) 《장수황씨세첩》의 관의 전기사항에는 "成化乙酉(1465)中進士試"라 되어 있다. 그러나 《용헌집》 제4권 부록, 〈신도비명〉에는 관이 생원으로 되어 있다. 그런데 《용헌집》의 〈신도비명〉에 종형이 삼남을 두었다든지, 그리고 삼남을 황규(黃珪)라고 한 것으로 보아 《장수황씨세첩》의 기록이 더 온당한 듯 보인다.

35) 《성종실록》 성종 8년 7월 2일(정묘).

36) 《연산군일기》 연산군 12년 6월 21일(기사).

에 책록되어,[37] 증순충보조공신 이조판서 장원군(贈純忠補祚功臣吏曹判書長原君)에 봉해졌다.[38]

관은 맹헌(孟獻)·윤헌(允獻)·세헌(世獻)·여헌(汝獻)·효헌(孝獻) 등 5명의 아들과 딸 하나를 두었다. 장남 맹헌(孟獻)은 문과에 급제후 한성판윤을 지냈고, 넷째 아들 여헌(汝獻)은 문과에 급제한 후 사가독서(賜暇讀書)를 하였으며 뒤에 울산군수를 지냈다. 다섯째 아들 효헌(孝獻)이 뉴의 증조가 된다.

효헌(1490~1532)은 1507년(중종2)에 진사, 1514년(중종9)에 문과에 급제하여 승문원 부정자로 사환을 시작하였고, 1515년(중종10)에 사가독서(賜暇讀書)를 하였다. 1516년에는 홍언필·소세양·조광조·김정 등과 함께 사유(師儒)에 간택(揀擇)되었으며,[39] 같은 해 11월에는 천문이습관(天文肄習官)이 되었다.[40] 1518년(중종13)에는 《성리대전》을 강할 만한 관리 26명을 선발하는 데 뽑히었다.[41] 효헌은 1520년(중종15)에 경연 시독관으로 중종에게 경연의 중요성을 "경연은 학문할 뿐만 아니라 좌우의 대신과 고금을 논란하는 것이 크게 유익하다"[42]라고 아뢰었다. 이처럼 효헌

37) 맹헌은 1506년(중종1) 9월 8일에는 정국공신 3등에 책록되었으나, 공의 대소에 따라 차별을 두자는 의논에 따라 4등이 되었다(《중종실록》 중종 1년 9월 8일(갑신),

38) 1등공신(一等功臣)의 부(父)에게는 순충적덕병의보조공신(純忠積德秉義補祚功臣)을, 2등공신(二等功臣)의 부(父)에게는 순충적덕보조공신(純忠積德補祚功臣)을, 3등공신(三等功臣)의 부(父)에게는 순충보조공신(純忠補祚功臣)을 추증(追贈)하고 모두 군(君)에 봉한다.(《經國大典》 권1, 〈吏典〉).

39) 《중종실록》 중종 11년 6월 19일(기사).

40) 《중종실록》 중종 11년 11월 7일(갑신).

41) 《중종실록》 중종 13년 11월 6일(임인).

42) 《중종실록》 중종 15년 10월 8일(임진).

은 중종 대에 특히 홍문관 관리이면서 경연관으로 학문과 시의(時議)를 논하는 등 크게 활동하였다. 1525년(중종 20)에는 효헌이 승지로 임명하였는데, 직제학은 자급(資級)이 승지로 임명하기에는 자급이 미치지 못하였지만 전에도 직제학은 계급을 뛰어 제수한 일이 있어 임명될 수 있었으며, 홍문관(弘文館)에도 전임케 하였다.[43)]"

효헌에 대하여《중종실록》에 사관은,

> 사신은 논한다. 황효헌(黃孝獻)은 사림(士林)의 명망과 시배(時輩)의 추허(推許)를 한몸에 지닌 채 늘 시종(侍從)으로 있었다. 전에 어버이 때문에 걸군(乞郡)한 적이 있었다. 이는 당시의 의논이 구구하고 시새우는 사람이 많아서 반드시 낭패할 것을 알았으므로 미리 화(禍)를 피할 자리를 만들기 위해 외직에 보임되기를 요구한 것이다. 그 뒤 과연 화를 당하지 않았다. 효헌은 윤금손(尹金孫)의 사위이다. 금손의 아들 자임(自任)도 사위인 기준(奇遵)·효헌과 함께 과거에 급제하여 명망을 드날린 것이 당대 제일이었다. 그러나 기묘사화(己卯士禍) 때 자임과 기준은 함께 낭패했지만 효헌은 끝내 보존되었으므로 금손이 신기하게 여겼다.[44)]

라고 하여 효헌이 사림의 명망과 공경을 받았으며, 윤금손의 사위로 그의 아들 윤자임과 사위인 기준과 함께 명망을 날려 당대 제일이었다고 하였다. 이후 효헌은 1527년(중종22) 성균관대사성에[45)] 임명되었고, 이

---

43)《중종실록》중종 20년 8월 2일(기축).

44)《중종실록》중종 21년 5월 20일(임인).

45)《중종실록》중종 22년 6월 16일(신유).

어 안동부사로 체임되었으나 그곳에서 사거하였다. 황효헌에 대하여《중종실록》의 졸기에는,

> 안동 부사(安東府使) 황효헌(黃孝獻)이 졸(卒)했다. 사신은 논한다.(중략) 황효헌은 사람됨이 담론(談論)을 잘하고 풍의(風儀)가 아름다워 금의공자(錦衣公子)와 같았고 학문을 독실이 좋아하여 문장(文章)도 유명하였다.(하략) **46)**

라고 하여 사람됨이 담론을 잘하고 풍의가 아름다워 금의공자와 같았고, 학문을 독실이 좋아하여 문장으로 유명하였다고 평하였다.

상주에 입향한 장수황씨가는 8세 맹헌·여헌·효헌 등 삼형제가 문과에 급제한 후 크게 출세하여 가문을 일약 유명한 명문가로 성장시키었다. 이러한 사실은,

> 징(憕)이 "저희 아버지는 문행(文行)으로 한세상에 이름을 드러내어 명가(名家)가 되었습니다." **47)**

라고 하여 뉴의 증조인 효헌대에 상주세거 장수황씨가 세상에 이름이 있는 명문가로 성장하였다.

---

46)《중종실록》중종 27년 6월 17일(갑오).

47) 이때 효헌이 문장가로 유명하였음은 정경세가 작성한 〈익위사 위솔(翊衛司衛率) 황공(黃公) 묘갈문(墓碣文) 초기(草記)〉에 징이 "저희 아버지는 문행(文行)으로 한세상에 이름을 드러내어 명가(名家)가 되었습니다."라고 한 것에서도 확인된다.

효헌은 돈(惇)·기(愭)·혜(憓)·징(憕) 등 4명의 아들과 2명의 딸을 두었다. 이 가운데 넷째 아들 징(憕)이 뉴의 조부가 된다. 징은 12세 때에 부친을 잃어 형제들이 어머니의 친정인 윤씨(尹氏)가에서 성장하였다. 1555년(명종10)의 사마시(司馬試)에 입격하였고, 이어 의금부 도사(義禁府都事)에 제수되었다. 1566년(명종 21)에 보은 현감(報恩縣監)에 제수되어[48] 6년 동안 선정(善政)을 펼쳤다. 이후 사도시 주부(司䆃寺主簿), 사복시 판관(司僕寺判官), 성주 판관(星州判官) 등을 역임하였다. 징은 성주판관 재임시에 선정을 베풀어 현민이 팔거현(八莒縣)에 비석을 세워 덕을 칭송하기도 하였다.[49]

징은 아들 준원(俊元:1548~1608)과 딸 하나만을 두었다.[50] 준원은 뉴의 부친으로 문음으로 출사하여 1602년(선조35)에 빙고 별제(氷庫別提), 1603년에 사재감 직장(司宰監直長) 등을 역임하였다. 이어 상휘호도감(上徽號都監)의 낭청(郎廳)으로서 선무 공신(宣武功臣) 원종(原從) 1등에 녹훈(錄勳)되었다. 1604년에 사옹원 주부(司饔院主簿), 1605년에 의령 현감(宜寧縣監)을 지냈다.[51]

48) 《명종실록》 명종 21년 6월 16일(을해).

49) 징에 대한 서술은 정경세의 "익위사 위솔(翊衛司衛率) 황공(黃公) 묘갈문(墓碣文) 초기(草記)(《우복선생별집》 권1, 습유(拾遺))를 참고로 하여 작성하였다.

50) 준원(俊元)의 출생년이 족보에는 "明宗戊申(1548)生"으로 되어 있는데, 정경세가 찬술한 〈通訓大夫行宜寧縣監黃公墓誌銘 幷序〉에는 "가정 정미년(1547, 명종2) 12월 25일(임신)일에 태어났는데, 절기(節氣)로 미루어 보면 바로 무신세(戊申歲)였다."라하여 무신년은 절기로 따진 것이다. 따라서 정미년이 출생년이라 보는 것이 온당하다 생각된다.

51) 준원에 대한 서술은 《우복선생문집》 권19, 묘지, '通訓大夫行宜寧縣監黃公墓誌銘 幷序'를 참고로 하여 작성하였다.

2) 황뉴(黃紐)의 생애

(1) 유년시절

황뉴(黃紐;1578~1626)는 1578년(선조 11)에 부친 준원과 모친 여흥민씨 사이에서 장자로 출생하였다. 태어나면서부터 남달리 영특하였고, 우뚝하여 어른과 같았다고 한다.[52] 10세 때 정경세 문하에 들어가[53] 강목(綱目) 등을 수학하였는데, 하루에 천여 마디의 글을 외울 정도로 영특하였다.[54]

정경세는 황뉴의 제문에 자신의 문하에 들어와 공부하던 시절의 일화를 다음과 같이 기술하였다.

> 예전에 그대가 갈래머리를 땋고 나를 따라 유거(遊居)할 때 그 보는 것은 반드시 아래를 보았고 그 걸음 거리는 반드시 천천히 걸었다. 그 모습은 우뚝 높았고 그 그릇은 응연(凝然) 부동(不動)하였다. 학이 닭의 무리 속에 있음이여! 혹 아무도 어깨를 나란히 할 수 없었고 그대에게 기대하기를 먼 경지에 이르게 될 것이라 하였으며 그 진취(進就)는 아무도 헤아릴 수 없다.[55]

라고 하여 뉴는 행실이 돈독하여 군계일학의 모습이었으며, 장래에 어디까지 발전할 수 있을지 그 진취를 짐작할 수 없었다고 칭찬을 하였다.

---

52) 《槃澗文集》 권4, 〈通訓大夫行司憲府持平 知製教 兼春秋館記注官 校書館校理 槃澗先生 黃公行狀〉 267쪽. 행장에서의 인용은 행장으로 약기한다.

53) 《槃澗文集》 권4, 〈행장〉 267쪽.

54) 위와 같은 책.

55) 《槃澗文集》 정경세 찬 제문, 280쪽.

이는 제문이라 칭상을 한 점이 있다는 것을 감안하더라도, 누가 스승의 이와 같은 신망을 받을 수 있을까? 이처럼 황뉴는 뛰어난 행실과 학문으로 스승의 기대를 한 몸에 받았다.

황뉴는 스승의 기대처럼 젊은 나이에 사마시 초시에 여러 차례 장원으로 합격하여 지역에 소문이 있었다.[56] 그럼에도 황뉴는 좀 늦은 나이인 35세 때인 1612년(광해군 4)에 생원에 입격하였고,[57] 다음해에 증광문과에 급제하였다.[58]

(2) 문과 급제와 출사

황뉴는 36세(1613;광해 5년)에 문과 급제하였고, 1615년(乙卯) 승정원주서에 천거되어 사환을 시작하였다.[59] 이후 1617년 9월까지 승정원 주서에 잉임(仍任)으로 5차례나 제수되었다.[60] 1617년(광해 9) 9월 6일에도 승정원주서로 제수 되었으나 병으로 부임하지 못하였다. 이때 황뉴에 대한 평이,

황뉴(黃紐)를 주서로, 【충성심과 신의가 있고 정의를 지켰다. 병을 칭탁

56) 《槃澗文集》 행장, 268쪽.

57) 《萬曆四十年壬子三月十八日司馬榜目》 임자 식년시 생원 3등 56위(http://people.aks.ac.kr).

58) 《國朝文科榜目》, '광해 5년(1613) 계축 증광시 을과 6위(9/42))(http://people.aks.ac.kr).

59) 〈행장〉에는 을묘년(1615)에 승정원주서 천거된 것으로 되어 있다. 그러나 실록에 첫 승정원주서 임명기록은 1616년 5월 25일의 기사에 나온다. 실록에 모든 관직 제수기록이 있는 것은 아님으로 이는 행장기록이 맞는 것으로 생각된다.

60) 仍任은 지금의 관직을 연장하여 계속적으로 업무를 보는 것을 의미한다.

하고 부임하지 않았다】[61]

라고 하여 뉴는 사환의 초기부터 충성심과 신의가 있었으며, 정의감이 투철한 인물이라는 평을 받았다. 그러나 이후 실록에는 뉴의 사환기록이 사라진다. 이에 대하여 〈연보〉에는,

을묘년(을묘년:1615)에 천거되어 승정원주서에 제수되었으나 정조(鄭造:1559~1623)[62]가 원수로 삼아 밀처 내었다. 그 후에도 두번 승정원에 들어갔으나 곧 교체되었고, 정기승진 때는 서도(西道)[63]로 보내서 한직(閑職)에 배치 당하였다. 이때부터 은거(丘園)하여 고전책을 탐구하고 세간의 명예와 이익에 욕심 없이 지냈다. [64]

라고 하여 1617년 9월 이후에는 평안도와 황해도의 지방관으로 나가 있었던 것으로 보인다. 그러다가 1619년 6월에 대제학 이이첨이 앞으로 자신을 이을 수 있는 당하관(堂下官)을 천거할 시에 뉴도 포함되어 별지

61) 《광해군일기》 광해 9년 9월 6일(무진).

62) 정조(鄭造:1559~1623)는 이이첨(李爾瞻)과 일당으로 인목대비를 서궁(西宮)에 유폐시키는데 적극적으로 가담하였고, 이후 출서를 하여 1622년에는 부제학과 동지의금부사를 지냈다. 그러나 인조반정으로 1623년에 사형에 처해 진 인물이다(《한국민족문화백과사전》).

63) 서도(西道)는 통상 황해도와 평안남도를 지칭한다. 《세조실록》(세조 4년(1458년) 10월 30일)의 기록에 평안도·황해도 도체찰사인 신숙주가 올린 전문에 서도(西道)를 자신이 도체찰사로 있는 곳을 지칭하고 있는 것에도 확인된다. 그리고 《성종실록》(성종 24년 8월 13일)의 기록에는 평안도·영안도(함경도)를 서도로 지칭하고 있다.

64) 〈연보〉, 269쪽.

제교(別知製敎)로 임명되었던 것으로 생각된다.65)

1620년에는 청나라의 천장(天將;中國將軍) 소수분(蘇受賁)이 가도(椵島; 평안북고 철산군 운산면에 있는 섬)에 진을 쳤을 때 문명이 있어 접반관(接伴官)으로 임명되었으나 시골에 있다는 이유로 조정에서 취소되었다.66) 1621년에는 제술관으로 정경세와 함께 부름을 받았으나 사양하고 나아가지 않았다.67)

1622년(광해14)에 모친상을 당하여 1624년(인조2)까지는 상중이었으므로 사환을 하지 않았다.68) 1624년에 예조좌랑에 제수되었으나 부임하지 않았고, 겨울에 성균관전적에 제수되었다가 곧바로 예조정랑에 임명되었다.69)

(3) 언관으로 활동

1625년에 4월에 사헌부 지평에 제수되었고, 잠시 오위의 사직(司直)과 5월 26일에 교서관 교리에 제수되어70) 3개월 정도 재직하였고, 8월 20일에 다시 사헌부지평에 임명되었다.71) 이후 1626년 봄에 경성판관(鏡城判官)으로 임명될 때 까지 약 1년 정도를 사헌부 지평에 재임하였던 것으로 보인다. 이 시기는 황뉴가 사헌부지평 즉 언관으로 인조와 신료들에

65) 《광해군일기(중초본)》 광해군 11년 6월 19일(경오).

66) 〈연보〉, 269쪽.

67) 〈연보〉, 269쪽.

68) 《경국대전》 〈예전〉 '五服'.

69) 〈연보〉.

70) 《승정원일기》 인조 3년 5월 26일(계유).

71) 《승정원일기》 인조 3년 8월 20일(병신).

게 강직한 언론을 펼치던 시기이다.

황뉴는 1625년(인조3) 4월 13일에 사헌부지평으로 제수되었는데 그 감격을,

> "보잘것없는 소신은 지극히 어리석고 비루한 사람입니다만, 천만뜻밖에도 성상의 은혜를 후하게 입어 언관(言官)에 발탁되었기에, 감격스러운 한편으로 걱정과 두려움에 몸 둘 바를 몰랐습니다. 풍헌(風憲)을 담당하는 직임은 책임이 매우 중하므로 지금처럼 새롭게 교화를 펴는 때에는 위력이 있는 사람이 아니면 결코 감당하기 어려운 자리이니, 신처럼 노둔하고 용렬한 자는 전혀 걸맞지가 않습니다.[72]

라고 하여 언관으로 발탁됨을 감격스러워 하면서, 인조가 왕으로 등극한지 얼마 안되는 시기로 언관의 책임이 막중한 시기임을 이유로 사양하였으나 허락되지 않았다. 이후 뉴는 언관으로 여러 정치적 현안에 대하여 간쟁을 하였는데, 그의 재임기간이 비록 오래되지는 않았지만 강직함은 돋보였다. 뉴가 사헌부 지평으로 펼친 대표적인 언론을 살펴보면 아래와 같은 사건이 주목된다.

첫 번째 사건은 1625년(인조3) 4월에 북경에 갔던 사은사 이덕형(李德泂)과 부사 오숙(吳䎘), 서장관 홍습(洪霫) 등이 원역(員役) 30인을 북경에 남겨 두고 온 것이다. 원래 사신으로 가면 사신과 원역(員役))은 질병이 있더라고 남겨두고 올 수 없었다. 그런데 이덕형은 30명이나 되는 원

72) 《승정원일기》 인조 3년 4월 14일(신묘).

역을 남겨놓고 돌아왔는데, 이들이 북경에 남아 제멋대로 행동하였다.[73] 이에 정언 이경용(李景容)과 지평 신계영(辛啓榮) 등 3사의 관원들이 맹렬히 비판하면서 이덕형을 비롯한 사신들을 나국하여 처벌할 것을 주장하였다.

이 사건에 대하여 사헌부 지평이었던 황뉴도 원역(員役)들이 돌아온 뒤에 형율(刑律)대로 죄를 줄 것을 청하였다.[74] 이어서 4월 22일에도 황뉴는 이덕형이 사신 일행 모두를 인솔하여 동시에 출발하지 않고, 원역들을 남겨놓고 출발하였으므로 사은사 이덕형과 부사 오숙 등을 나국(拿鞫)하여 처벌하여야 한다고 주장하였다.[75]

이러한 사실은 황뉴가 사헌부지평으로 당시 대표적인 고위 신료이었던 이덕형 등에 대하여 강직한 언론을 펼치었음을 보여준다.

두 번째 사건으로 황뉴가 사헌부 지평으로 재임하였던 시에 중국에서 대규모의 조사(詔使)가 왔다. 이때 조사의 규모는 두목이 400여 인이 넘었고, 1등 두목의 숫자만도 90인에 이르는 규모이었다.[76] 이렇게 많은 숫자의 중국조사에게 제공할 말을 마련하기 위하여 백성들에게 쇄마가(刷馬價)와 역마가(驛馬價)를 부과하였다. 그러나 쇄마가와 역마가가 너무 과다하였기 때문에 쇄마와 역마를 줄여야 하였으나, 필요한 최소한의 비용이 있어서 쇄마가는 줄였으나 역마가는 줄이지 않았다. 이와 같은 조치가 각도에 잘못 통보되어 역마가를 17필을 납부한 경우도 있고, 12필을

73) 《승정원일기》 인조 3년 4월 19일(병신).

74) 《승정원일기》 인조 3년 4월 21일(무술).

75) 《승정원일기》 인조 3년 4월 22일(기해);《승정원일기》 인조 3년 4월 23일(경자);《승정원일기》 인조 3년 4월 24일(신축).

76) 《승정원일기》 인조 3년 4월25일(임인).

납부한 경우도 있게 되었다. 이는 일관성이 없는 조치라고 해서 병조에서는 다시 통보하여 17필을 거두자고 하였다. 이에 대하여 황뉴는,

> 조사가 나왔을 때 동원할 각 색군(色軍)의 숫자를 줄여 지정(卜定)한 병조의 계목을 신들이 보니, 그 가운데 역마(驛馬)는, 원도(遠道)의 경우에는 1필(匹) 값을 목(木) 12필(疋)로, 근도(近道)의 경우에는 10필로 수량을 줄여 계하하였으므로 이 수량대로 각 도와 각 읍에 통지하고 이 수량대로 상납하도록 하였습니다. 그런데 지금 듣자니, 해조가 거두어들일 때에는 한결같이 줄이기 전에 정한 수량으로 납부하도록 독촉하는 바람에 원방(遠方) 사람들의 원망이 이만저만이 아니라고 합니다. 그래서 신들이 해리(該吏)를 잡아다가 그 경위를 따져 물어본 바에 의하면, 원 규례대로 납부하도록 독촉했을 뿐만 아니라 또 공문을 보내어 다시 독촉함으로써 각 도가 봉행(奉行)하느라 정신이 없게 만들었으니, 이미 잘못된 일입니다. 더구나 이번 조사의 일행 가운데 두목의 수가 이전의 배나 되므로 입파(入把)할 역마 또한 반드시 두서너 배는 되는데, 만약 이런 어려운 상황에서 17필의 수량을 그대로 납부하도록 독촉한다면 곤궁한 백성들의 원망과 고통은 차마 말로 할 수 없는 지경이 될 것이니, 참으로 생각이 없다 하겠습니다. 해조의 당상과 낭청을 모두 추고하도록 명하시고, 한결같이 이전에 계하한 사목대로 시행하소서."하니, 답하기를, "아뢴 대로 하라."77)

---

77) 《승정원일기》 인조 3년 4월 24일(신축).

라고 하여 관청에서 다시 줄이기 전의 수량으로 납부토록 하였기 때문에 백성들의 원망이 많다고 하였다. 특히 황뉴는 이번 조사(詔使)가 평소보다 두서너 배나 되어 역마도 그 만큼 필요하게 되어서 백성들의 부담이 많다고 하였다. 그러니 쇄마가(刷馬價)를 잘못 통보한 병조의 당상과 낭청을 추고하고, 가포(價布)는 이전에 계하(啓下)하였던 사목(事目)대로 시행하자고 인조에게 언간을 하여 윤허를 얻었다. 이어 4월 30일에도 황뉴는 가포를 감액시키었다 다시 더 받아들이라고 하여 독촉하는 것은 조정의 호령(號令)이 백성들에게 신뢰들 잃게 된다고 하였다. 이렇게 되면 득보다 실이 많으니 가포를 줄이지 말라는 명을 도로 거둬 곤궁한 백성들이 힘을 펼 수 있도록 해달라고 간언을 하였다.78)

이처럼 황뉴는 사헌부지평으로 언론을 펼쳐 국가의 기강과 정책의 일관성에 이바지하였고, 아울러 곤궁한 백성들을 위하여 부담을 줄여주는데 노력하였다.79)

세 번째 사건은 과천현감 이정이 탐학한 사건에 대한 뉴의 언론이다. 이 사건은 전 과천현감 이정(李埩)이 탐학을 하였고, 기생을 싣고 다니는 등 백성들에 민폐를 끼친 사건이다. 이에 대하여 황뉴를 비롯한 사헌부 관원들이 의논하여 논계(論啓)하였다. 그런데 연신(筵臣) 들은 이정의 탐학하였다는 사건이 투서에 의한 것이라고 하여 구원하였다. 이렇게 되자 황뉴를 비롯한 사헌부 관리들은 '연신들의 상달이 직접 본 것이 아니면

78) 《승정원일기》 인조 3년 4월 30일(정미).

79) 가포(價布)란 16세기 이후 노동력을 직접 징발하는 신역제(身役制)의 원칙이 무너지면서 신역대신에 납포제(納布制)를 실시한 것이다. 그래서 신역이 있는 각 부분에 가포제가 실시되었는데, 역마(驛馬)에도 가포가 실시되었다.

진실이라 보장할 수 없고, 이는 성상의 간언을 싫어하는 마음을 열어주는 데에 지나지 않는다고 아뢰면서 자신들을 파직시켜 달라고 하였다.80) 이 사건은 1625년, 인조3) 5월 10일에 정언 고부천(高傅川)이 이정이 정사를 제대로 하지 못한 것은 온 나라가 알고 있는 것인데, 훈신(勳臣)들이 구원하려 한 것은 사실과 다른 소문에 의한 것이니 황뉴를 비롯한 사헌부 관리들을 출사토록 명해달라고 하여 일단락 마무리되었다.

네 번째로는 황뉴를 비롯한 사헌부 관리들이 붕당에 관하여 언론을 펼친 일이다. 황뉴를 비롯한 사헌부 관리들은,

> 조정이 수십 년 전부터 서로 붕당(朋黨)을 지어 시비(是非)가 공정하지 못하였는데, 이는 진실로 국가의 큰 병폐입니다. 전하께서 반정(反正)한 후에 이러한 병폐를 깊이 경계하여 인재를 등용할 때 피차(彼此)의 당을 묻지 않고 능력에 적합한 관직을 부여하여 각기 자신의 재능을 발휘하게 하였으니, 비유컨대, 봄기운이 한번 몰려오자 온갖 꽃들이 다 함께 피어나는 것과 같아서 성상의 덕의(德意)를 흠뻑 받아 조야(朝野)가 서로 기뻐하고 있습니다. 근래에 옥당이 남이공을 논핵한 일로 인하여 전하께서는 자신과 생각이 다른 사람을 배척하는 것을 염려하시고 이에 엄한 하교를 내리시기를, '옥당의 관원이 장관과 상의하지도 않고 헌장(憲長)을 저격하였으니 생각이 같은 사람을 편들고 생각이 다른 사람을 공격하는 조짐을 자라나게 해서는 안 된다. 그런데도 대각(臺閣)에서는 조용히 있기만 할 뿐 이를 규탄하여 바로잡는 사람이 하나도 없다.'고 하셨습

80) 《승원일기》 인조 3년 5월 9일(병진).

니다.[81]

라고 하여 인조가 붕당에 구애되지 않고 능력에 적합한 자를 관직에 임명하여서 조야(朝野)가 기뻐하였다고 하였다. 그런데 남이공을 옥당이 논핵한 일로 인조는 자신과 생각이 다른 사람을 배척하는 일이 발생할까 걱정을 하는데도, 대각(臺閣)에서 규탄하여 바로잡는 사람이 없었다고 하였다.

이에 대하여 황뉴를 비롯한 사헌부관리들은 남이공의 행정에 흠이 될 만한 것이 있어, '옥당이 그가 사헌부 관리로 적당하지 않다고 한 것은 일리가 있는 것이어서 서둘러 논박하지 않은 것이다'라고 하였다. 그러면서 이를 바로잡지 못한 자신들의 죄가 크니 파직해 달라고 청하였다. 이에 대하여 바로 다음 날 홍문관 수찬 최연(崔葕) 등은 '이 사건으로 양사의 관리를 체차하는 것은 분란을 만드는 일이므로 사헌부 관리들을 출사하도록 명령해 달라'고 하여 인조의 허락을 얻었다.[82]

이 사건은 남이공에 대한 문제가 아니라 인조와 황뉴를 비롯한 관리들이 붕당의 폐해를 깊이 인식하고 있었으며, 이러한 폐단이 다시 일어날 것을 극히 경계하고 있음을 보여준다.

다섯 번째로 뉴가 사헌부지평으로 있을시 인조의 신임과 강직함을 보여주는 사건이다.

지평 황뉴(黃紐)의 상소에 대해 유마(由馬)를 지급하라고 전교하였다.[83]

81) 《승정원일기》 인조 3년 5월 17일(갑자).

82) 《승정원일기》 인조 3년 5월 18일(을축).

83) 《승정원일기》 인조 3년 10월 9일(갑신).

라고 하여 1625년 10월 9일에 인조가 뉴에게 유마를 지급하라고 한 것이다.[84] 이처럼 황뉴에게 유마를 지급하게 한 것은 삼취인 양천허씨와 혼인을 위해 체직을 요청한 때문이었다.[85] 이에 대하여 황뉴는 법관의 직임을 맡고 있는 상태에서 아내를 맞이하는 경우는 이전에 들어본 적이 없는 일이라고 하여 체직을 청하였던 것이다. 그러나 인조는 오히려 유마를 내려주니 이는 일신의 영광이라고 하였다. 그런데 황뉴가 혼인을 하러 조정을 떠날 때에 신부의 집에 금지된 물건을 사용하지 말라고 하였는데, 막상 도착을 하여보니 노비까지 비단옷을 입는 등 금령을 어겼던 것이다. 그래서 황뉴는 "자신이 막중한 금령을 범하면서 다른 사람들이 금령을 범하는 행위를 다스릴 수 있겠습니까"라고 하여 파직을 요청한 것이다.

이 사건은 인조의 황뉴에 대한 신임을 보여주는 사건이며, 동시에 자신부터 검속(檢束)하는 강직함을 보여주는 사건이라 할 수 있다.[86]

(4) 사후추숭

황뉴는 1626년(丙寅) 1월 12일에 경성판관(鏡城判官)으로 제수되었으나 병이 심하여 부임하지 못하고, 3월 6일에 고종(考終)하였다.[87]

84) 유마(由馬)는 관리가 휴가로 고향으로 갈 때 내어주던 말(馬).

85) 《장수황씨족보》와 《황간선생별집》에 의하면 초취는 풍양인(豐壤人) 조희철(趙希轍)의 딸로 1596년(丙申)에 졸서하였고, 재취는 연안인(延安人) 이희민(李希閔)의 딸로 1623년(癸亥) 7월 21일에 졸서하였다. 삼취는 양천인(陽川人) 허당(許樘)의 딸로 1625년 10월에 혼인하였다. 따라서 《승정원일기》의 혼인기사 양천허씨와의 혼인다.

86) 《승정원일기》 인조 3년 10월 23일(무술).

87) 《槃澗先生別集》 〈年譜〉, 49세.

황뉴는 1613년에 문과에 급제한 후 1615년에서부터 사환을 시작하여 1626년 고종할 때까지, 대략 10년 조금 넘는 길지 않은 기간 동안 사환을 하였다. 그것도 모친의 상기 2년을 제외하면 약 8년여에 불과하였다.

사환하는 동안에 황뉴는 문과 급제자들이 역임하는 승정원 주서와 사헌부 지평 등으로 활동하였다. 그리고 뛰어난 문장가로 사환초기부터 인정을 받아 이이첨에 의하여 앞으로 대제학이 될 재목으로 천거된바 있고, 문명이 있어서 청나라의 장군(將軍) 소수분(蘇受賁)의 접반관(接伴官)에 임명되었으며, 1621년에는 제술관으로 정경세와 함께 부름을 받았다. 이처럼 황뉴는 학문과 문장에 능통한 인물이 담임하였던 지제교(知製敎)와 경연관을 역임하였다.

이러한 사실로 보면 황뉴는 젊은 관료 가운데 문장으로 이름이 높았었음을 알 수 있다. 황뉴의 제술능력은 아마도 뛰어난 문장가로 이름이 났던 증조부 효헌에게서 물려받은 것이 아닌가 한다.[88] 앞에서 소개한바와 같이 황뉴의 증조부 효헌은 이조참판으로 세상에 문장과 절행으로 알려졌던 인물이다.

황뉴가 당시에 대단한 문장가이었음은 비록 만사(挽詞)이지만 여러 사람에 의해 언급되고 있다.

> 문장은 스스로 노성하였다(文章自老成)(李好閔)
>
> 글마당에서 일찌감치 문장의 수완(手腕)을 독차지 하였고(詞場早擅文章手)(李景曾)

---

88) 증조의 휘는 효헌이며 이조참판을 역임하시고, 문장과 절행으로 세상에 알려졌다.(《槃澗文集》, 墓碣銘 並書, 大山 李象靖撰).

문장 시부는 마경처럼 높았네(詞賦馬卿高)(具鳳瑞)

세상을 놀라게 한 문장의 명성 금(金)을 땅에 던지듯 맑은 소리 나왔고 (驚世文聲金擲地)(呂希弼)

문장은 상락의 천년된 봉황새(文章上洛千年鳳)(李元圭)[89]

라고 하여 이호민 등 당시 유명하였던 인물들이 황뉴의 문장이 스스로 노성하였다든지, 수완(手腕)을 독차지 하였든지, 세상을 놀라게 한 문장이라는 소리를 들었다. 이처럼 황뉴는 문장과 학식으로 인정을 받았었다.

그런데 황뉴는 장수하지 못하고 막 의기를 한창 펼칠 시기에 졸서하였다. 그의 죽음은 당시 상주학단은 물론 조정에서 함께하였던 신료들의 안타까움을 샀다. 이러한 사실은 황뉴의 죽음에 만시와 제문을 지은 이호민(李好閔), 정경세(鄭經世), 이수광(李睟光), 이정구(李廷龜), 김신국(金藎國), 이호성(李民宬), 이식(李植), 이준(李埈), 김시국(金蓍國), 이성구(李聖求), 이민구(李敏求) 등 31명의 면면에서 확인된다. 이들은 당시 최고의 학자이면서 관료들로 뉴의 사회적 관계망이 매우 폭이 넓었음을 알 수 있다.

황뉴의 안타까운 졸서에 대하여 스승 정경세는 다음과 같은 만사를 지었다.

지난해는 나의 아들을 잃고 去歲喪吾子

89) 《槃澗文集》, 〈挽詞〉.

올해는 또 그대를 곡한다 今年又哭君

누가 아랴! 짝 잃은 기러기 誰知侶失雁

일찍이 단장(斷腸)의 원숭이임을 曾是斷腸猿

라고 하여 정경세는 사랑하는 아들과 제자를 잃고, 자신을 짝 잃은 기러기와 단장의 원숭이에 비유하였다. 이는 스승이 제자를 얼마나 신뢰하고 사랑하였는지를 보여주는 것이다. 그래서 사람들이 황뉴를 정경세 문하의 제일인자로 일컬었던 것으로 보인다.[90]

황뉴는 사후인 1783년(정조 7)에 상주의 장수황씨가의 문중서원이라 할 수 있는 백화서원에 배향되었는데, 이 서원은 1789년(정조 13)에 1월에 옥동서원으로 사액되었다.[91] 1813년(순조 13)에 안평(安平)의 불오정(不換亭)에서 《반간문집(槃澗文集)》이 인출되었다.[92] 1873년에는 황뉴의

90) 우복선생 문하의 제일인자 愚伏門庭第一人(《槃澗文集》, 李潤雨, 挽詞).

91) 《일성록》에 ○ 상소의 대략에, "고(故) 상신(相臣) 익성공(翼成公) 황희(黃喜)의 나라를 경영한 전장(典章)은 사적(史籍)에 환히 실려 있으므로 번거롭게 기술할 필요가 없을 것입니다. 저 상주 백옥동(白玉洞)은 곧 그의 중자(仲子) 한성 소윤(漢城少尹) 황보신(黃保身)이 살던 곳이고 익성공이 일찍이 왕래했던 곳으로 사우(祠宇)를 지어 제향(祭享)한 지도 이미 오래되었습니다. 다만 상소하여 호소한 일이 없었기 때문에 지금까지 사액(賜額)의 은전을 받지 못하고 있으니, 어찌 성세(聖世)의 흠전(欠典)이 아니겠습니까. 그리고 충간공(忠簡公) 전식(全湜), 고 참판 황효헌(黃孝獻), 고 지평 황뉴(黃紐)의 도학(道學)과 명절(名節)은 모두 유종(儒宗)으로서 한 당(堂)에 배향(配享)하여 영원토록 존모(尊慕)하고 있습니다. 삼가 바라건대, 특별히 사액해주시어 원향(院享)의 예를 빛나게 해주소서." 하였는데, 비답하기를, "참으로 그대들의 말과 같다면 익성공의 훈로(勳勞)로 볼 때 제향하는 곳에 아직까지 사액하지 않고 있는 것은 흠전이라고 할 수 있다. 해조(該曹)로 하여금 본조에 있는 문적(文跡)을 상고하여 품처하게 하겠다."하였다.(《일성록》 정조 13년 기유(1789) 1월 14일(신미)).

92) 《槃澗先生別集》.

저작인 《장계이고(長溪二稿)》가 간행되었다.[93]

3. 학문과 사상

황뉴의 문집인 《반간문집(槃澗文集)》은 대부분 시문과 신후문자(身後文字)로 되어 있다. 따라서 황뉴의 성리사상 내지는 학문의 구체적인 내용을 밝히기에는 매우 부족하다. 다만 《반간문집》의 〈잡저〉에는 단편적이지만 성리사상 등에 대하여 유추해볼 수 있는 기록이 있다. 따라서 《반간문집》의 〈잡저〉에서 찾아지는 성리사상이나 수양론 내지는 교육사상에 대하여 간단히 언급하고자 한다.

1) 《소학(小學)》 교육

황뉴는 자녀에게 글을 가르칠 때 무엇보다도 《소학》을 먼저 배우게 해야 한다고 하였다.

> 아들에게 글을 가르치면서 먼저 《소학》부터 가르치지 아니하는 것은 아들을 사랑하지 않는 사람이다.[94]

---

93) 경북대학 도서관에는 황뉴의 저작으로 되어 있는 《長溪二稿》라는 목판본 책을 소장하고 있다. 서지목록을 간단히 소개하면 다음과 같다. 《長溪二稿 黃紐 編, 木板本, [발행지불명] : [발행처불명], [고종10(1873)序], 2卷 1冊 : 四周雙邊, 19 x 15 cm, 有界, 10行20字, 小字雙行, 上下內向四瓣花紋黑魚尾 ; 32.5 x 20.9 cm.
序 : 古人之兄弟 … 澣普陽鄭宗魯序 卷之一, 柳村先生時稿. -- 卷之二, 畜… 卷之一, 柳村先生時稿. -- 卷之二, 畜翁先生逸稿.

94) 《槃澗文集》 〈雜著〉.

라고 하여 《소학》부터 가르치지 않는 것은 아들을 사랑하지 않은 사람이라고 할 정도로 《소학》을 중시하였다. 이처럼 황뉴가 《소학》을 중시한 까닭은 《소학》은 인간의 도리를 달통하게 하는 것이었기 때문이다.95) 즉 사람은 가르치고 인도하여서 그가 악을 떠나서 선한 일을 하도록 하여야 하는데, 이는 《소학》이 아니면 안 된다고 보았다.96)

이와 같이 황뉴가 초학자에게 《소학》을 공부할 것을 중시한 것은, 조선전기에 권근(權近)의 〈권학사목(勸學事目)〉에서부터 비롯된 것으로 보인다. 즉,

> 《소학(小學)》의 글은 인륜(人倫)과 세도(世道)에 매우 절실한 것인데, 요사이 학자들은 이를 익히지 않고 있으니 매우 불가합니다. 지금부터 서울과 지방의 교수관(敎授官)은 생도(生徒)에게 이 글을 익힌 다음이라야 다른 경서를 배우도록 허락할 것이며, 생원시(生員試)를 거쳐 대학(大學)에 들어가고자 하는 자는 성균정록소(成均正錄所)로 하여금 먼저 이 글의 통부(通否)를 상고케 한 뒤에 부시를 허가할 것을 항식(恒式)으로 삼으소서97)

에서와 같이 권근은 《소학》은 인륜과 세도에 매우 절실한 것이므로 생도들에게 이 글을 익힌 다음에 다른 경서를 배우도록 하여야 한다고

95) 《槃澗文集》〈雜著〉.

96) 《槃澗文集》〈雜著〉.

97) 《국역양촌집》 제31권, 상서류, 문과(文科)를 논하는 서(書). 金駿錫, 〈朝鮮前期의 社會思想-《小學》의 社會的 機能 分析을 중심으로-〉, 《東方學志》, 132쪽.

하였다.

이처럼 황뉴는《소학》에 대하여 조선전기 이래로 주목되었던 주자학의 입문서로서의 기능과 인륜이라는 주자학적 가치관을 실현하는 행동규범의 교과서로서 중요시하였던 것으로 보인다. 이는 17세기 전반 인조반정이후 일어났던 강상(綱常)사건과 시역(弑逆)을 막기 위해서《소학》을 보급하고 윤리교화서로 활용하고자 한 시대적 배경과도 같이하는 것이라 할 수 있다.[98]

2) 주경논(主敬論)

〈잡저〉 수록된 내용 가운데 가장 주목되는 부분이 경(敬)에 대한 것이다. 유학자들은 학문의 과정이니 삶의 과정에서 경(敬)을 공부의 좌우명으로 삼았다. 경을 삶의 양식으로 드러낸 것은 공자의 언급에서 부터이고, 정이를 거쳐서 주자에 의해 정립된 것이다.[99] 이러한 경의 핵심내용을 성리학자들은 4개로 요약하는데,

첫째, 주일무적(主一無適) : 마음을 한 가지에 집중하고 사사로움에 나아가지 않음.
둘째, 정제엄숙(整齊嚴肅) : 몸가짐을 가지런히 하고 태도를 엄숙히 함
셋째, 상성성법(常惺惺法) : 마음이 항상 깨어 있게 하는 법

---

98) 정호훈, 〈조선 후기《小學》간행의 추이와 성격〉,《한국사학보》31, 고려사학회 122~125쪽.

99) 김기현, 〈성리학의 경(敬) 공부가 갖는 특수성에 관하여-현대적 연구의 서설(序說)로서-〉,《도덕윤리과교육》37호, 2012,

넷째, 기심수렴 불용일물(其心收斂 不容一物) : 마음을 수렴하여 조금도 사사로움을 허용하지 않는 것100)

라고 하여 이를 4개조설이라 하였다.

황뉴는 《문집》 〈잡록〉의 얼마 되지 않는 글 중에서 주경에 대하여 여섯 번이나 언급하였다. 이는 황뉴가 경공부를 중요시하였음을 보여준다.

황뉴는 경공부에 대하여,

> 성인의 공경한 마음가짐이란 끊임없이 밝게 공경하는 마음가짐이다(緝熙之敬). 현인(賢人)의 공경한 마음가짐은 〈공경〉을 주체로 삼는 공경하는 마음가짐이다.(主敬之敬)이다. 반드시 〈주경(主敬)〉의 공(功)을 다하여야하며 그런 다음에야 〈집희지경(緝熙之敬)〉을 이룰 수 있다. 공경하는 마음가짐이 〈집희(緝熙)〉의 경지에 이르게 되면 하늘과 사람이 하나가 되는 것이다. 공경한 마음가짐은 성학(聖學)의 처음을 이루고 마지막을 이루는 원인이 된다고 하신 주자(朱子)을 말씀은 지당하신 말씀이다.101)

라고 하여 성인의 공경하는 마음가짐은 곧 끊임없이 밝게 공경하는 마음가짐이고, 현인의 공경하는 마음은 〈공경〉을 주체로 삼는 공경하는 마음가짐이라고 하였다. 그래서 주경을 다하여야 성인의 밝게 공경하는

---

100) 신창호·이동윤·홍기표, 〈退溪의 敬 공부 고찰〉, 《동양고전연구》 39집, 동양고전학회, 2010.

101) 《국역본 槃澗文集》, 〈잡록〉, 254쪽.

마음에 도달할 수 있고, 이렇게 되어야 하늘과 사람이 하나가 되어 천리(天理)를 어기지 않게 된다는 것이다. 따라서 공경한 마음가짐이 성학의 처음이며 끝이라고 하였다. 그리고,

> 오랑캐의 침입을 막으려한다면 날카로운 군대가 아니면 할 수 없듯이 마음의 욕심을 막으려하면 〈主敬〉이 아니면 할 수 없다. 이로서 곧 공경한 마음가짐이란 실로 몸을 보위하는 날카로운 군대임을 알 수 있다. 공경한 마음가짐을 잃고 악의 함정에 떨어지는 것은 그 화(禍)가 전쟁에서 병사를 버리고 자기도 죽는 류에 그치지 아니한다. 어찌 두려워하지 아니할 수 있겠느냐?[102]

에서와 같이 공경을 주체로 하여야 마음의 욕심을 막아 몸을 보위할 수 있다고 보았다. 즉 주경을 사욕을 막아 천리를 실천하여 성인되는 길이라 한 것이다.

그런데 주경에 대해서,

> 움직일 때의 〈主敬(공경한 마음가짐이 주체가 되는 것)〉은 고요할 때의 〈주경(主敬)〉에 비하면 더욱 어렵다.(중략) 산림처사(山林處士)로서 고요한 곳에서 몸을 수양한 사람이라면 마땅히 모두 〈거경(居敬;공경한 마음가짐에 자리잡는 일)〉의 공부(工夫)가 있을 것이라 생각할 수 있는데 막상 그들이 세상이 필요로 하는 인물이 되었을 경우에는 그들의 처신과 하는

102) 《국역본 槃澗文集》, 〈잡록〉, 256쪽.

일이 차이가 나고 오류를 범하는 경우가 많다. 이것으로도 역시 움직일 때의 공경한 마음가짐이 더욱 어렵다는 사실을 볼 수 있다.103)

라고 하여 움직일 때의 주경이 고요할 때의 주경에 비하여 어렵다고 하였다. 그 예로 산림처사는 거경의 공부가 있을 것이나, 그들이 세상에 나와서 하는 처신과 일은 주경과 차이가 있거나 오류가 있게 된다. 이것으로 움직일 때의 공경한 마음을 유지하는 것이 어렵다는 것을 알 수 있다고 하였다. 이처럼 차이가 나는 것은 공경한 마음가짐을 지니는 공부가 중간에 끊어졌기 때문이라 하였다.104)

그래서 군자는 한 끼의 밥을 먹을 때에도 공경한 마음을 가져야 몸가짐이 헷갈리지 않고 예법에 맞는 경지에 들 수 있다고 하였다.105) 또 이러한 경은,

103) 《국역본 槃澗文集》, 〈잡록〉, 256~257쪽.

104) 고요할 때에 공경한 마음가짐을 지니는 것은 비교적 쉬우니 움직일 때에 능히 공경한 마음가짐을 지닌다는 것은 어려운 일이라 처음 학문하는 사람이 쉽게 할 수 있는 일이 아니다. 무릇 사람을 상대하고 사물에 접하게 되면 기(氣)도 따라 움직여서 기가 뜻을 이기게 되어 뜻을 스스로 지키지 못하고 말이 떠들썩하게 어지러워지고 (중략)이는 주경 즉 오로지 공경한 마음가짐을 지니는 공부가 중간에 끊어졌기 때문이다. 이런 때에는 모름지기 한번 크게 힘을 쏟아 공부하게 되면 또한 능히 움직일 때도 오로지 공경한 마음가짐을 지닐 수 있게 된다.(《국역본 槃澗文集》, 〈잡록〉, 257~8쪽).

105) 또 식후에 곧 자리에서 일어서는 것도 역시 빨리 먹어서 쉽게 배부르게 된 소치이다. 반드시 마땅히 천천히 씹어 천천히 삼키고 물에 만 밥을 먹기를 마친 후에 으젓히 편안하게 앉아 조금도 번뇌하는 빛이 없어야 하니 이것도 역시 군자의 몸가짐의 하나다. 이는 비록 사소한 일이지만 오로지 공경한 마음가짐을 지니지 아니하면 할 수 없는 일이다. 능히 마음을 한끼의 밥을 먹는 시간에 집중하여 군자의 몸가짐에 헷갈리지 아니하게 되면 이로써 점차 얼굴을 움직이고 행동하는 사이에서도 예법(禮法)에 맞게되는 경지에 들어갈 수 있게 될 것이다. 하학상달(下學上達)라고 한 말은 이를 두고 한 말이 아니겠는가(《국역본 槃澗文集》, 〈잡록〉, 262쪽).

부형을 대하거나 나이 많은 어른을 접대하거나 사람에 응할 때 오로지 그 일만을 생각하지 아니하고 혹 그밖의 자신과 관련 없는 어지럽고 시끄러운 온갖 가지가지의 두서없는 생각을 하게 되면 비단 부형을 대하고 어른을 접대하고 사물에 응하는 데 그 성심을 다하고 그 도리를 다하지 못할 뿐 아니라 자기 자신의 마음과 정신도 헛된 곳으로 달라고 공중에 날아올라가서 마치 미치고 헷갈리고 상심한 사람과 같은 모습이 있게 된다. 무릇 이것은 〈主一無適〉의 경을 위주로 공부하지 못한 것에 말미암은 결과다. 능히 〈主一無適의 경〉을 위주로 하는 공부를 할 수 있게 되면 부형을 대하였을 때는 마음이 부형을 대하는 일에 모아지고 다른 곳으로 흩어지는 일이 없으며 나이 많은 어른들 접할 때나 사물에 응할 때에도 역시 그러하다. 그 도리를 다하지 아니하면 일상생활의 인륜도덕의 테두리를 넘어서서 점차로 성현의 경지에 나아갈 수 없게 된다.[106]

라고 하여 일상생활의 인륜도덕을 넘어서 성현의 경지에 나아가기 위해선 주일무적(主一無適 : 마음을 한 곳으로 모아 흩어지지 않게 하는 일)의 경을 위주로 공부하여야 한다고 하였다.

3) 수양론(修養論)

수양론은 현재의 실존적 불완전성에서 벗어나서 완전한 존재로 변화하려를 인간의 노력을 일컫는 것이다. 조선 유학자의 수양론에 가장 영향을 미친 것은, 주자(朱子)의 수양론이다. 주자는 수양론의 궁극적인 목

106) 《국역본 槃澗文集》, 〈잡록〉, 258쪽.

표는 기질변화(氣質變化)를 통하여 성인(聖人)이 되는 것이라 하였다. 이는 천리(天理)를 지켜서 인욕(人慾)의 상태를 벗어나는 것을 의미한다.107)

황뉴는 이와 관련하여 학문하는 목적에 대하여,

> 오직 왕이 된 사람만이 왕도와 패도의 구분이 있는 것이 아니라 선비에게도 역시 왕도와 패도의 구분이 있다. 자기도야를 위한 학문은 왕도이며 다른 사람을 위한 학문(과거 문장 등)은 패도의 학문이다.108)

라고 하여 학문하는 목적이 자기의 도야에 있어야지, 과거와 문장 등을 위한 학문은 패도와 가까운 것이라 하였다. 이는 황뉴가 학문은 자기도야에 있는 것이지, 출세를 위한 것이 되어서는 안 된다고 한 것이다. 그래서 황뉴는 출세를 위한 공부의 대표적인 과거를 위한 학문에 대하여, "과거의 학문은 옳은 것 같으면서 옳지 않고, 진실한 것 같으면서 거짓학문이어서 마음과 입이 서로 반대로 움직여 앵무새가 말을 할 수 있는 것과 다를 바가 없다"라고 하였다. 이런 거짓학문으로 관료가 된 사람이 나라를 그르치게 되니 그 재앙이 말로 다할 수 없다고 비판하였다.109)

그러므로 황뉴는,

---

107) 임종진, 〈朱子의 修養論에 대한 檢討〉, 《동서사상》 2, 동서사상연구소논문집, 2007, 1쪽.

108) 《국역본 槃澗文集》, 〈잡록〉, 250쪽.

109) 《국역본 槃澗文集》, 〈잡록〉, 252쪽.

"부자가 되면 어질지 아니하다"는 말로 삼가는 교훈으로 삼을 만하고, "어질게 되면 부자가 되지 못한다"는 말로 행동하는 지침으로 삼을 만하다는 사실이다. (原註;마음을 다스리고 몸을 닦는 일은 이 두 구절에 모두 갖추어져 있다. 무릇 탐욕하고 간사한 무리나 난적(亂賊)의 부류(部類)는 모두가 부자가 되고자 하는 생각이 누(累)가 된 것이다. 학문하는 사람은 이 한마디로 마음을 다스려야 하고 이 한마디로 몸을 닦는다면 사람의 욕망을 막고 천리(天理)를 보존할 수 있을 것이며 죽을 때까지 이를 적용하여도 다 적용하지 못할 것이다.[110]

라고 하여 부자가 되면 어질지 못하고, 어질게 되면 부자가 되지 못한다는 말을 마음에 새겨 몸을 닦는다면 인욕(人慾)을 막고 천리(天理)를 보존하여 성인이 될 수 있을 것이라 하였다.

4) 기타

황뉴의 사유방식 가운데 주경론이나 수양론 외에도 다음이 주목된다.

사람을 성심으로 상대한다는 것은 물론 어려운 일이지만 자기 자신을 성심으로 상대한다는 것은 더욱 어려운 일이다. 사람을 상대하는데 성심으로 상대하여야 하는 것은 반드시 꼭 모든 경우에 그렇게 하지 아니하여도 되지만 자기를 성심으로 상대하여야 한다는 것은 반드시 그렇게 하여야 한다. 자기 자신을 성심으로 상대하게 된 다음에 다른 사람을 성

110) 《국역본 槃澗文集》, 〈잡록〉, 250~256쪽.

심으로 상대할 수 있게 된다.111)

라고 하여 다른 사람을 성심으로 대하는 것도 어렵지만, 자기 자신을 성심으로 대하는 것은 더욱 어렵다고 하였다. 사람은 자신을 성심으로 대하여야 만 다른 사람을 성심으로 대할 수 있다는 것이다. 그래서 자신을 반드시 성심으로 대하여야 한다고 하였다. 이러한 황뉴의 생각은 오늘에도 우리에게 교훈이 되기 충분한 것이고, 매우 교육적인 것이라 생각된다.

4. 맺음말

상주세거 장수황씨가는 조선초기 태종·세종·문종 등 3대에 걸쳐 24년간 재상을 지낸 황희의 후손이다. 장수황씨가 상주로 입향하게 된 것은 희의 둘째 아들인 보신이 홍여하의 딸과 혼인하여 처향에 이거한 경우이다. 그런데 홍여하의 딸은 상주 거만의 부자였던 김장군에게 수양하였는데, 생부가 희에게 혼인을 청하여 이루어졌다. 이러한 혼인으로 보신은 조선전기 상속관행에 의하여 김장군의 거만이나 되는 재산을 상속받아 이후 자손들이 상주에 세거하는 터전이 마련되었다.

상주에 입향한 장수황씨가는 중시조로 부터 8세인 맹헌(孟獻)·여헌(汝獻)·효헌(孝獻) 등 3형제가 과거에 급제하고 크게 출세하여, 가문을 일약 명문가의 반열에 들게 하였다. 특히 황효헌은 황뉴의 증조로 당시에

111) 《국역본 磐澗文集》, 〈잡록〉, 253쪽.

학문과 문장으로 이름을 떨치었다.

황뉴(黃紐;1578~1626)는 의령현감을 지낸 부친 준원(俊元; 1548~1608)과 모친 여흥민씨 사이에서 1578년(선조11)에 태어났다. 황뉴는 어려서부터 남달리 영특하고 재능이 뛰어났었다고 한다. 10세 때에 서애(西厓) 유성룡(柳成龍; 1542~1607) 문하의 대표적인 학자이었던 상주세거 우복(愚伏) 정경세(鄭經世; 1563~1633)에게 수학하였으며, 스승으로부터도 학문적 능력과 품행을 인정받았다.

황뉴는 좀 늦은 나이인 36세 때인 1613년(광해 5)에 중광시 문과에 급제하여 사환하였다. 이후 승정원 주서와 사헌부 지평 등을 지냈는데, 사헌부지평으로 재임시에는 뛰어난 문장으로 지제교와 경연관으로 활동하였다. 그러나 황뉴의 사환은 49세 때인 1626년(인조4)에 졸서하여 10년에 불과하였다. 이처럼 황뉴는 한창 활동하던 시기에 고종하였기 때문이 관직이 높지 않았다. 그럼에도 황뉴는 상주의 장수황씨가 문중서원이라 할 수 있는 옥동서원에 1746년에 증조부 축옹(蓄翁) 황효헌(黃孝獻, 1490~1532))과 함께 배향되었다.

황뉴를 옥동서원에 배향하게 된 배경에는 그가 뛰어난 문장가이었으며, 또한 학문과 품행도 뛰어났기 때문이었을 것이다. 이것으로 황뉴는 정경세 문하의 제일인자로 일컬어지기도 하였다. 황뉴는 사환하는 과정에서도 충성과 신의가 있고 정의를 지킨 인물이라는 평을 들었다. 이와 같은 황뉴의 학문과 행실이 선비들의 모범이 되어 옥동서원에 배향하게 된 것이라 생각된다.

황뉴의 학문과 사상을 밝힐 수 있는 자료가 매우 부족하지만, 《반간문집》 〈잡저〉에 수록된 내용을 검토해보면 성리학에도 매우 조예가 깊은 것으로 보여진다. 황뉴는 아들에게 무엇보다 《소학》을 가장 먼저 가르쳐야 하며, 《소학》을 가르치지 않는 것은 아들을 사랑하지 않은 것이라고까지 하였다. 이처럼 황뉴가 《소학》의 교육을 중요시하였던 것은, 《소학》을 조선전기 이래로 주자학적 가치관을 실현하는 행동규범의 교과서로 여겼던 시대적 배경과 함께하는 것이다.

조선의 유학자들은 학문의 과정이나 삶의 과정에서 경(敬)을 공부의 좌우명으로 삼았다. 특히 황뉴는 경 즉, 경의 실천원리로 주경(主敬)을 강조하였다. 황뉴는 주경을 통해 사욕을 막고, 천리를 실천하는 성인이 될 수 있다고 하였다.

황뉴의 수양론에 대하여서도 단편적인 기록만 있어 정확한 것을 언급할 수는 없다. 그러나 《반간문집》 〈잡저〉에 의하면 황뉴는 선비의 학문은 자기 도야를 위한 것이야 하며, 출세를 위한 것이 되어서는 안 된다고 하였다. 그리고 "부자가 되면 어질지 아니하다"는 말로 삼가는 교훈을 삼아야 하고, "어질게 되면 부자가 되지 못한다"는 말을 행동하는 지침으로 삼아야 한다고 하였다. 즉 학문하는 사람은 이런 것으로 마음을 다스리고 몸을 닦아야 욕망을 막고 천리(天理)를 보존할 수 있다고 하였다.

마지막으로 황뉴는 자기 자신을 성심으로 대하는 사람만이, 다른 사람도 성심으로 대할 수 있다고 하였다. 이와 같이 자신을 성심으로 대하라는 황뉴의 생각은 전통유자의 사유방식 가운데 드문 경우라 할 수 있다.

[참조: 황뉴(黃紐)의 사환]

제수일	관직	전거	비고
1613	승문원권지부정자	년보	
1615	승정정원 주서 겸춘추관기사관	년보	
1616(병진). 5. 25	승정원 주서	실록	
1616. 12. 27	승정원 주서	실록	
1617(정사). 2. 25	승정원 주서	실록	
1617. 5. 11	승정원 주서	실록	
1617 9. 6	승정원 주서	실록	병으로 부임하지 않음
1622			모친상
1624	예조 좌랑	반간문집 행장	부임하지 않음
1624 겨울	성균관 전적	반간문집 행장	
1625. 4. 9	사헌부 지평	실록	지제교겸직(행장)
1625	오위 사직	반간문집 행장	
1625.5.7	사헌부지평 겸경연 참찬관	승정원일기	사헌부지평으로 경연참찬관 겸임
1625. 5. 26	교서관 교리	승정원일기	
1625. 8. 20	사헌부 지평	승정원일기/실록	
1625. 9. 26	사헌부 지평	승정원일기	사직상소
1625. 10. 7	사헌부 지평	승정원일기	피혐으로 물러나 물론 기다림
1625. 10.11	사헌부 지평	승정원일기	특별한 잘못이 없어 출사
1626. 봄	경성판관	반간선생별집	병으로 부임하지 못함

화재 황익재의 삶과 학문경향[1)]

황만기[2)]

1. 머리말

1694년 갑술환국으로 정권을 잡은 노론정권은 국왕 숙종의 비위를 맞춰가며 그들의 체제유지를 위해 경주하였다. 한편 1689년 기사년에 장희빈 세력을 등에 업고 정권을 탈환한 남인정권은 집정 5년 만에 또 다시 정치적으로 타격을 입게 되었다. 정권에서 소외된 남인은 체제에 대한 불만의 연속이었다. 그러던 차에 숙종의 뒤를 이어 경종이 즉위하였

1) 이글은 방촌황희연구소 주관, 제2회 옥동서원학술대회(〈옥동서원의 역사와 인물〉, 2018.10.07.)에서 발표하고, 《한문학논집》51집, 근역한문학회 , 2018.〉에 게재한 논문을 재수록 한 것이다.

2) 안동대 퇴계학연구소 학술연구대우교수 / E-mail: sino5360@hanmail.net

다. 주지하다시피 경종은 장희빈의 아들이다. 남인들은 정권 재창출을 노렸고 노론정권은 경종이 장희빈의 아들이기 때문에 정권에서 배제될 수 있다는 위기감을 휩싸였다. 어려서부터 병약했던 경종은 즉위 4년만인 1724년에 뜻하지 않은 죽음을 맞게 된다. 경종의 갑작스런 죽음으로 자신들의 정치적 지위를 위협받게 된 박필현, 이유익, 심유현 등의 소론 준론이 갑술환국 이후 정권에서 배제된 남인들을 포섭하여 영조와 노론의 제거를 계획하였는데, 이것이 바로 무신란 일명 이인좌의 난인 것이다.[3] 영조는 정권 초기라서 내치와 외치에 있어서 온전한 기반을 마련하지 못한 상태에서 내란을 맞았기 때문에 반란군 진압에 골몰하였다. 그리하여 소론계의 인물로 영남인과의 유대가 많았던 박사수를 안무사로 차출하여 영남을 통치하려고 하였다. 특히 안동을 중심으로 한 영남 좌도의 협조가 절실하였다. 왜냐하면 안동은 퇴계 이황 이후 추로지향으로 불렸으며, 안동선비들은 향촌사회의 질서 유지를 위해 헤게모니를 장악하고 있었기 때문이다. 박사수는 경상안무사로 내려가는 도중에 종성부사에 제수되어 사은숙배하러 가는 화재(華齋) 황익재(黃翼再, 1682~1747)를 양주 지평현(砥平縣)에서 만나 소모사의 임무를 맡아줄 것을 청하였다. 박사수의 요청을 받은 화재는 처음에는 사은숙배를 이유로 사양했다가 조정의 처분이 내려지면 함께하겠다는 뜻을 밝혔다. 이에 박사수의 장계로 인해 소모사의 직책을 부여받은 화재는 민심 수습과 의병 모집의 임무를 담당하게 되었다.[4] 한편 반란의 소식을 접한 안동을 중심으로

3) 이욱(2011), 〈조선 영조대 무신란과 안동 지방의 '의병'〉, 《한국사학보》 제42호, 한국사학회, 144면 참조.

4) 《華齋集》 卷5, 〈戊申日記〉 참조.

한 영남지역 유생들은 제각기 다양한 양상으로 변모되었다. 이를테면 처음부터 반란군에 동조한 이도 있었고, 처음에는 반란군에 가담했다가 승산이 보이지 않음을 간파하고는 다시 관군에게 협조하는 이도 나타나게 되었다. 소모사의 임무를 담당한 화재는 상주향교와 도내 유생들에게 통문을 보내어 의병 거사에 적극적인 참여를 유도하였다. 그의 활약상은 위기에 처한 나라를 구하고자 하는 견위치명(見危致命)의 자세와 멸사봉공과 살신성인의 결과임은 물론이거니와 추로지향과 충의지향의 명예회복에 있었다. 그럼에도 불구하고 아직까지 그에 대한 연구는《화재집》해제 한 편과 권태을이 화재의 시문학에 대해서 편린적으로 소개한 것 이외에는 별다른 연구가 없다.[5] 그리하여 본고에서는 그에 대한 시론적 고찰이라는 측면에서 삶과 교유관계, 그리고 학문경향에 대해서 크게 네 가지로 나누어 살펴보고자 한다.

2. 화재의 삶

황익재는 자가 재수(再叟), 호가 화재(華齋) 또는 백화재(白華齋)이다. 그는 1682년(숙종 8) 1월 28일에 상주 중모리(中牟里) 옛집에서 태어났다. 태어나던 날 저녁에 어머니 상산김씨의 꿈에 익성공(翼成公) 황희(黃喜)가 '아이가 태어났느냐'며 묻기를 잇달아 두 번 했기 때문에 아명(兒名)을 익재(翼再)라 하였는데 성장하였어도 그대로 사용하였다.[6]

---

5) 김태안(2003),《화재집》해제, ≪퇴계학자료총서≫ 제63권, 안동대학교 퇴계학연구소. 권태을(2001),《상주한문학》, 상주문화원,

6) 화재의 上系에 대해서 소개하기로 한다. 始祖는 殿中監인 지낸 公有이고, 翼成公 喜가

화재는 2세에 모친(향년 28세)을 잃었고 7세에 부친(향년 37세)을 여의었다. 양친을 일찍 잃었기 때문에 부모에게 효도할 수 없는 안타까운 마음은 평생 응어리가 되어 회갑을 맞은 날에도 자식들이 마련한 잔칫상을 물리치고 오히려 풍수지탄(風樹之嘆)을 드러낼 정도였다. 그리하여 화재는 그의 나이 37세에 부모의 묘소가 보이는 곳에 '백화재'라는 서재를 지어놓고 부모에 대한 효를 실천하지 못한 애타는 마음을 달래곤 하였다. 백화재 서재의 처음 명칭은 영모재(永慕齋)였다. 백화재로 개명한 까닭은 부모의 묘소가 위치한 뒷산이 속리산 자락의 백화산(白華山)이고, 보다 큰 이유는 《시경》의 〈백화〉 편이 부모에 대한 효를 주제로 담고 있기 때문이다. 이 〈백화〉 편은 《시경》 305편에 들어 있지 않고 6편의 일시(逸詩) 가운데 하나이다. 진(晉)나라 속석(束晳)이 6편의 일시를 연구하고 조명하여 보생시(補笙詩)라 명명한 데서 비롯되었다. 기실 백화재로 개명할 것을 권유하고 직접 이름을 지어준 사람은 한덕사(韓德師, 1675~1727)[7]이다. 백화재 서재에 관한 언급이 한덕사에게 답장한 편지에 자세히 언급되어 있어 옮겨보기로 한다.

齋額을 '永慕' 두 글자로 정함이 저의 고루한 식견임을 잘 알고 있으나,

그의 10대조가 된다. 희의 둘째 아들인 典籤 保身이 尙州 中牟縣에 처음 살게 되었다. 保身의 차남은 從兄으로 繕工監副正을 지냈고, 從兄의 아들 瓘은 金海府使를 지냈으며, 瓘의 아들 孝獻은 문장과 절의로 당시에 이름났는데 화재의 6대조이다. 5대조 惇은 新昌縣監을 지냈고, 高祖 義元은 光州判官을 지냈다. 曾祖 緝은 義州府尹을 지냈고 6道 節度使를 역임하였는데, 族弟 緬의 아들인 통덕랑 載胤을 양자로 삼았으니, 祖父가 된다. 부친은 鎭夏이고, 모친은 商山 金震鈛의 따님이다.

7) 韓德師 : 本貫은 淸州, 字는 士得, 號는 石隱이다. 陵參奉과 奉事, 尙衣院直長을 지냈다.

견문이 얕고 지식이 적은 데다 古文에 어두워 나귀를 타고 있으면서 나귀를 찾는 탄식을 면치 못합니다. 만약 노형의 五總龜[박학다식]가 아니면 어찌 이런 말을 들을 수 있겠습니까. 함께 공부하는 사람이 《古今詩彙》를 가지고 와서 나에게 펼쳐 보여주었는데 곧 晉나라 東廣微의 補笙詩 〈白華〉 였습니다. 생각하건대 노형께서 알려주신 것이 반드시 이 시라고 생각하여 반복해서 읊조리니 구절마다 글자마다 효자의 지극한 행실이 아님이 없었습니다. 어리석은 저의 마음을 깨우쳐주어 저도 모르게 슬프고 두려운 생각이 들었습니다. 산도 이 명칭(필자주: 백화산)을 지니고 있으니 노형께서 지금 이 편액(필자주: 백화재)의 이름을 주시니 어찌 하늘이 성심을 갖도록 인도하여 大方家의 손을 빌려 이 외로운 저에게 슬픈 감정을 감발시켜 조상을 더럽히지 않도록 함이 아니겠습니까. 빨리 옛 편액을 철거하고 새로운 편액으로 바꾸고 그 아래쪽에 〈백화〉 三章을 그대로 적고 말미 두 행에는 '위의 시는 진나라 속석의 보생시이다.[右晉東晳補笙詩]'라고 적을 것입니다. 시의 뜻이 실로 永慕와 꼭 들어맞습니다. 산 이름과 편액으로 스스로를 경계하고자 하는데, 끄트머리에 쓴 이 21자가 雅意에 어떨지 모르겠습니다.8)

백화재 서재에 대한 언급은 화재의 〈백화재기사(白華齋記事)〉에도 구체

8) 《華齋集》 卷3, 〈答韓士得〉, "至於齋額永慕二字, 非不知淺之爲陋見, 而謏聞寡識, 矇於古文, 未免騎驢覓驢之歎. 今承肇錫, 恍然大醒心眼, 若非老兄五總龜, 安得聞此言? 同榻人有携古今詩彙者開卷示我, 卽晉東廣微補笙詩白華也. 想老兄指示, 必謂此詩, 三復諷詠, 句句字字, 無非孝子至行, 警發愚衷, 自不覺有悽愴怵惕之懷也. 山有是名, 老兄今有是賜, 豈天誘其衷, 假手于大方家, 使此孤露餘生, 因此惕然感發, 不陷爲忝先之歸也耶? 方走人亟撤舊扁, 換以新額, 而仍書三章於其左, 末又兩行書曰右晉東晳補笙詩也. 詩意實愜永慕, 因山名扁號以自警, 不審此廿一字尾語, 於雅意亦如何也."

적으로 기술되어 있어 이해를 돕고 있다.[9] 그리고 화재의 효성은 유배지에서도 지속되었는데, 부모의 기일이나 조상의 기일이면 아무것도 하지 않고 앉아서 추모의 시간을 갖기도 하였다.[10]

서두에서 밝혔듯이 화재는 이인좌의 난을 슬기롭게 극복한 인물이다. 화재는 1728년 종성부사에 제수되어 3월 15일 집을 나섰다. 그런데 길을 가던 도중인 17일에 이인좌의 난이 일어났다는 소식을 접하게 되었고 19일 원주에서 안무사(按撫使) 박사수(朴師洙, 1686~1739)를 만나 역도들을 진압하는데 함께하자는 제안을 받게 된다. 그리하여 종성부사 아닌 소모사(召募使)로서 역할을 수행하기에 이른다.[11] 소모사의 임무를 띤 그는 상주향교에 통문을 보내어 병사 모집의 필요성과 적실성을 토변하였다.

> 뜻밖에 安陰·居昌 등지의 역도들이 다시 기승을 부려 고을을 함락하고 수령을 내쫓았다고 합니다. 심한 걱정과 울분으로 곧장 달려가 저들의 살점을 씹어 먹고 저들의 가죽을 깔아 원수를 갚고 싶습니다. 우리 영남은 본디 鄒魯의 고을로 일컬어져 오랫동안 忠義의 명성이 알려졌거늘, 어찌 반역의 무리가 이곳에서 몰래 도발할 줄을 생각했겠습니까. 종묘사직이 묵묵히 돕고 天人이 함께 목을 베니 역도의 기세가 맑아짐을 머지않아 기약할 수 있습니다. 더군다나 기호지방은 이미 안정되었고 역도들의 기세가 크게 꺾이었으며, 삼영에서 거느린 병사와 열읍의 수령들이

9) 《華齋集》 卷6, 〈白華齋記事〉 참조.

10) 《華齋集》 卷6, 〈編管日記〉, "以先考諱辰坐齋, 以先妣諱辰坐齋, 以王考忌祀坐齋."

11) 《華齋集》 卷5, 〈戊申日記〉 참조.

> 거느린 병사를 합쳐 수만의 병사가 지금 막 행군하여 적도를 무찌르고 소탕하려고 하니 王靈이 미치는 곳은 이미 계란을 누르는 형세입니다. 그런데 이렇게 위급한 때를 당해 외람되게도 召募使의 임무를 맡게 되었으니 조정이 영남을 신임함이 진실로 절로 특별합니다. 그러나 저는 재주가 없고 힘이 약해서 중임을 맡긴 것에 부응할 수가 없습니다. 삼가 생각건대 여러 군자들은 삼백 년 간 길러준 두터운 은혜를 입었고 선배들이 남기신 유풍과 공열을 익숙히 들었으니 반드시 창의하는 거사가 있을 것입니다. 이에 감히 먼저 通諭하니 반드시 忠憤을 쇄신하고 시골에서 倡起하여 報國의 처지로 삼으시길 바랍니다. 아울러 회유하는 글을 보내어 상주향교에서 모이기를 기약한다면 마땅히 달려가 상의할 것을 이에 알려드립니다.[12]

소모사의 직무를 띤 화재는 상주향교 이외에 도내에도 통문을 보내어 반란의 정황을 자세히 알리고 예의와 충효의 고장인 영남에서 마땅히 적도들의 반란에 奮義하여 나라를 위해 창의해줄 것을 간절히 희망하였다.[13] 화재의 이 글은 그가 소모사로서의 활약상과 반란을 진압하려는

---

12) 《華齋集》 卷6, 〈通尙州鄕校文〉, "不意安陰居昌等地, 賊勢復熾, 陷沒郡邑, 驅逐守宰, 憂憤之極, 直欲食肉而寢皮. 吾嶺素稱鄒魯之邦, 久著忠義之聲, 豈意一種醜逆, 竊發於此乎? 宗社之所默佑, 天人之所共誅, 賊氛廓淸, 不日可期. 況畿湖已定, 賊勢大挫, 三營將率列邑守, 合數萬之師, 今方行軍, 以爲勦滅蕩掃之地. 王靈所及, 已成壓卵之勢, 而當此危急之日, 當職冒叨召募之任, 朝家之倚仗嶺南, 固自有別. 當職才踈力弱, 無以副委寄之重. 而竊念諸君子沐浴三百年培養之厚澤, 習聞先輩之遺風餘烈, 必有指揮倡動之擧, 玆敢先爲通諭, 幸須激勵忠憤, 倡起鄕邦, 以爲報國之地. 幷賜回諭, 期會於本州鄕校, 則當馳進相議, 玆以通告."

13) 《華齋集》 卷6, 〈通道內文〉 참조.

공로가 담겨 있다. 그럼에도 불구하고 오히려 그가 반란의 무리에 동조했다는 누명을 받아 7년간 귀양을 가게 된다. 화재는 귀양살이의 울적한 심정을 이렇게 표현하였다.

여관에서의 찬 등불이 더욱 외로운데	旅館寒燈影轉孤
나는 무슨 일로 바다 모퉁이에 와 있나	此身何事海之隅
오늘 같은 궁액 모두 운수와 관계되어	如今窮厄渾關數
예부터 고초 겪음은 나뿐만이 아니네	自古橫罹不獨吾
귀양살이에서 매양 새해가 됨에 놀라고	謫裡每驚新歲至
거울 보며 다만 쇠잔해졌음을 깨닫네	鏡中還覺舊容無
숙부께선 서쪽 변방의 해가 저물 때면	亞庭西日餘輝薄
몇 번이나 남쪽 바라보며 탄식을 했던가[14]	幾向南天祝更吁

화재는 49세 되던 1730년 4월 4일부터 8월 4일까지 4개월간 적도들과 내통했다는 누명을 쓰고 의금부에 갇혀 있다가 8월 5일에 석방되었다.[15] 그러나 석방된 지 한 달 만인 9월 9일 대사간 이수항(李壽沆, 1685~?)의 계사로 인해 9월 21일 평안북도 귀성(龜城)으로 정배하라는 관문이 내려졌던 것이다.[16] 머나먼 땅에 귀향을 온 화재는 하늘을 원망하거나 남을 탓하지 않고 현실을 직시하고 모든 것을 운명으로 받아들인다. 다만 해

14) 《華齋集》 卷1, 〈述懷〉.

15) 《華齋集》 卷6, 〈庚戌日記〉, "自初四日至八月初四日, 滯囚義禁府東末間, 八月初五日人定後, 忽被放釋之命."

16) 《華齋集》 卷6, 〈庚戌日記〉, "九月二十一日, 禁府書吏金必昌持定配關文, 忽然來到, 配所卽龜城也. 盖因大司諫李壽沆本月初九日發啓, 初十日引見時連啓蒙允, 有是命."

가 바뀌는 새해가 될 때와 거울 속의 쇠잔한 모습에 놀라움을 감추지 못한다. 동행한 숙부는 고향으로 돌아가기만을 손꼽아 기다리고 있다. 화재는 7년 만인 1736년 55세에 유배지에서 풀려나게 된다. 이후 고향으로 돌아와서 개인수양과 학문증진에 몰두하였다. 그러나 반란군과 내통했다는 꼬리표가 지워지지 않다가 무신란 1주갑인 1788년이 되어서야 호소사 조덕린과 함께 죄명이 탕척되었다.17)

화재는 이인좌의 난이 일어나기 전에 전라도 도사(1709), 무안 현감(1711), 순천 부사(1716) 등 지방관에 제수되었다. 이 시절 빈민을 구제하고 잘못된 폐단을 혁파하는 근본적인 대책은 물론 향림서숙(香林書塾)과 양사재(養士齋) 등의 학교를 지어 인재를 양성하는 등 지방관으로서 직책을 원만히 수행하였다.

3. 화재의 학문경향과 태도

화재는 어려서 병약하여 남들보다 다소 늦은 11세가 되어 중부(仲父)를 따라 충청도 옥천(沃川) 항담(項潭)으로 이거하여 용곡서당(龍谷書堂)에서 《효경》을 수업함으로 인해 본격적인 공부를 시작하였다. 12세에 《효경》을 마치고 《통감절요》를 읽었으며, 또 13세에는 《시전(詩傳)》을 읽었고 14세에는 삼경(三經)을 완독할 정도로 학문적인 성취가 매우 빨랐다. 그런데 화재의 학문적 연원이라 할 수 있는 뚜렷한 사승관계가 보이지 않는다. 굳이 언급하자면 18세 연장자인 식산(息山) 이만부(李萬敷)를

17) 《弘齋全書》 卷43, 〈嶺儒所進戊申倡義錄禮曹收議啓批〉, "故承旨慶尙上道號召使趙德鄰, 故牧使右道召募使黃翼再罪名, 歲抄中, 特爲蕩滌."

꼽을 수 있겠으나 화재의 문집 어디에도 식산에게 수학했다거나 식산을 스승으로 칭한 예는 보이지 않는다.

입재(立齋) 정종로(鄭宗魯, 1738~1816)는 《화재문집》 서문에서 화재가 학문에 독실하여 온전한 재능을 완성하였다고 하였다. 또 그의 뛰어난 자질과 탁월한 식견에 학문의 역량을 더하여서 명석함은 이치를 밝힐 수 있었고, 강직함은 일을 결단할 수 있었으며, 능력은 공로를 세울 수 있었다고 하였다.[18]

1) 근기남인과 영남남인의 통섭적 교류

화재의 교유의 폭은 비교적 넓다. 청대(淸臺) 권상일(權相一, 1679~1759) 등 상주지역 인사뿐만 아니라 이상정, 권구, 권만 등 안동지역 문인들과의 교유도 활발하였다. 그리고 근기남인에서 영남남인으로 전향한 식산(息山) 이만부(李萬敷, 1664~1732)와 성호(星湖) 이익(李瀷, 1681~1763)과 같은 근기(近畿) 남인(南人) 실학자와도 교유가 남달랐다. 이는 화재의 교유가 근기 남인과 영남 남인을 통섭했음을 알 수 있다. 근기남인의 대표적인 인물로는 성호 이익을 들 수 있다.[19] 근기남인의 기원은 한강(寒岡) 정구(鄭逑, 1543~1620)에서 비롯된다. 이후 미수(眉叟) 허목(許穆, 1595~1682)을 거쳐 성호(星湖) 이익(李瀷, 1681~1763)으로 이어지는

---

18) 《華齋集》, 〈華齋先生文集序(鄭宗魯 撰)〉, "公以絶異之資, 特達之識, 加之以學問之力. 明足以燭理, 剛足以決事, 能足以立功."

19) 식산 이만부는 인생의 초년기에는 서울에서 근기남인으로 활동하다가 중년 이후 상주로 이거한 뒤로는 영남남인들과의 교섭이 짙어서 영남남인으로 분류하기도 한다. 김주부(2010), 〈식산 이만부의 산수기행문학 연구 : 《지행록》과 《누항록》을 중심으로〉, 성균관대학교 박사학위논문, 18~19면 참조.

데, 이를 성호학파라고 부르기도 한다. 성호의 학통은 순암(順菴) 안정복(安鼎福, 1712~1791)을 거쳐 성재(惺齋) 허전(許傳, 1797~1886)에게로 그 맥이 닿아 있음은 주지의 사실이다.

《성호전집(星湖全集)》에는 성호가 화재에게 답장한 편지가 2통 실려 있다. 1736년에 보낸 편지에는 《중용》과 《대학》에 관한 언급이 있어 서로 간의 학문적 교유가 깊었음을 알 수 있다. 또한 1741년 화재에게 답장한 편지에는 상례(喪禮)에 대한 물음에 답장한 문목(問目)이 실려 있으며, 이 부분은 《화재집》에도 고스란히 담겨 있다.[20]

〔문〕 근래 상복을 입는 절차가 서울과 지방이 다릅니다. 서울에서는 추포(麤布)로 만든 중단의(中單衣)를 최복(衰服)에 받쳐 입는 옷으로 삼아 출입할 때는 추포로 만든 직령(直領)을 입습니다. 그런데 영남에서는 단지 추포로 만든 심의(深衣)를 최복에 받쳐 입으며, 출입할 때도 별도의 다른 상복이 없습니다. 이 두 가지 가운데 어느 것이 합당합니까? 장사를 치른 후에 혹 포망건(布網巾)을 쓰기도 하는데 이것은 예법상 어떠합니까?[21]

화재는 서울과 영남이 상복을 서로 다르게 입는데 어느 쪽이 옳은지에 대해서 묻고 있다. 이는 영남지방에 거주하고 있는 화재가 영남의 풍

20) 성호는 화재가 부채를 선물해주어 감사의 시를 짓기도 하였다. 《星湖全集》 卷2 〈黃靈光再叟(翼再) 寄扇有詩〉 참조.

21) 《星湖全集》 卷14, 〈答黃再叟問目〉, "近來喪服一節, 京外不同. 洛下則以麤布中單衣爲承衰之服, 出入著麤布直領. 而嶺俗則只以麤布深衣承衰, 出入時亦無佗服. 此兩者誰爲得當? 葬後或有著布網巾者, 此於禮意亦何如?"

속을 무작정 따르는 것이 아니고, 서울과의 비교를 통해서 수용 여부를 결정하겠다는 것이다. 이것은 그의 사상을 엿볼 수 있는 대목으로 매우 흥미롭다. 이 물음에 대해 성호는 다음과 같은 답변을 하였다.

> 출입할 때의 상복에는 묵최(墨衰)의 뜻이 담겨 있으므로 최복에 받쳐 입는 중의(中衣)와는 그 경우가 같지 않습니다. 중의는 옛날에 삼베를 마전하여 분홍색 가선을 댄 것으로 그 위에 묵최를 입을 수가 없습니다. 묵최는 본래 선왕(先王)의 제도가 아니므로 서로 섞어서 입을 수는 없을 듯합니다. 망건은 위모(委貌)와 두수(頭繻) 등으로 미루어 보건대 마땅히 있어야 할 듯합니다. 제가 상중에 있을 때는 단지 집안의 구례(舊例)에 따라 사용하지 않았고 사당에 들어갈 때에만 잠시 착용하였습니다. 하지만 통속(通俗)에 어긋나지 않는다는 것뿐이지 예법에 맞는다고 말하는 것은 아닙니다.22)

성호는 서울의 상복제도에 대해서 긍정적인 입장을 취하였고, 망건은 쓰는 것은 쓰기는 쓰되 예법에 대한 판단은 유보하였다. 문면상으로 화재가 최후 영남의 풍속을 취했는지 서울의 풍속을 취했는지 알 수 없으나, 성호에게 자문을 구한 것으로 보아 서울의 성복제도를 취한 것이 아닌가 한다. 그러나 어느 풍속을 따랐느냐에 대한 중요성보다는 그가 상례나 예법에 대한 문제의식을 가지고 향방을 결정한 점에 대해 일정한

22) 같은글, "出入之服, 卽墨衰之義, 與承衰中衣不同. 中衣古者練而縓緣, 非墨衰所可施, 墨衰則本非先王之制, 恐不可相攙. 網巾則以委貌頭繻 等推之, 恐當有之. 不肖居喪時, 只依家中舊例而不用, 但於入廟時暫著, 然不違於通俗而已, 非以禮言也."

의의를 두어야 할 것으로 보인다.

다음은 식산 이만부와의 학문적 교유를 알아보기로 한다. 화재가 근기남인인 성호와의 연결고리가 어떻게 이어졌는지 알 수 없으나, 여기에는 식산의 역할이 가능성이 매우 높다. 왜냐하면 식산의 선대는 근기남인이었고 그 역시 근기남인에 속하다가 상주에 터전을 마련함으로 인해 영남남인과의 유대관계를 가졌기 때문이다. 이런 측면에서 식산은 화재의 학문형성에 일정한 영향을 끼쳤던 것으로 보인다.

우리 고을 젊은이들에게 말하노니	願言吾黨二三子
최근에 누구와 함께 여기서 만났는가	此會年來孰與儔
만사가 모두 서로 바빠 어긋났으나	萬事皆從忙裡錯
경치 좋은 곳이라 머무르기 알맞네[23]	風光是處合遲留

화재는 늦은 봄날에 식산과 함께 백화산의 반야사(般若寺)를 찾았다. 최근 몇 년 간 일이 바빠 이곳에 들르지 못했다는 변명을 하고 있다. 그래서 선방(禪房)에서 하룻밤 묵으면서 서로 간의 회포를 풀자는 식산의 제안을 흔쾌히 수락하며 깊어가는 봄의 경치를 만끽하였다. 화재와 식산은 며칠간을 상주 중모리에서 영동 황간으로 넘어가는 오도재[吾道峙]를 비롯하여 낙수암(落水庵), 동대(東臺), 사자암(獅子庵) 등 백화산 주변을 유상(遊賞)하며 수창하기도 하였다.

식산은 1728년 종성부사(鍾城府使)로 부임하는 화재에게 증서(贈序)를

23) 《華齋集》 卷1, 〈般若寺 次息山韻〉.

주며 북방 변경지역을 잘 수호하며 목민관으로서 책임을 다할 것을 당부하면서, 조부 이관징(李觀徵, 1618~1695)이 종성도호부사(鍾城都護府使)로 있으면서 법령을 지키며 공명정대한 행정을 베풀어 백성들이 복종한 사례가 있으니 조부의 목민 활동을 잘 헤아리면 사또로서의 역할수행에 보탬이 될 것이라는 조언도 아끼지 않았다.[24] 이관징은 자가 국빈(國賓), 호가 근곡(芹谷)으로, 1669년에 종성도호부사에 제수되었다. 작별하고 나서 종성으로 부임하는 도중에 이인좌의 난이 일어나 의병을 모집하는 소모사의 임무를 띤 화재가 창의를 종용하는 통문을 보냈을 때 식산은 통문을 받고 분연히 떨쳐 일어나 창의를 도왔다.[25] 또 식산이 화재에게 편지를 보내어《기언(記言)》을 빌려달라고 할 정도로 두 사람과의 친분은 남달랐다.[26] 주지하다시피《기언》은 미수(眉叟) 허목(許穆)의 문집이다.

영남남인과의 교유는 동년배인 청대 권상일, 그리고 한 세대 후배격인 대산 이상정을 들 수 있는데, 먼저 청대 권상일과의 교유를 알아보기로 한다.《화재집》에는 청대에게 보낸 편지가 10통 실려 있고,《청대집》에는 청대가 화재에게 보낸 편지가 7통 실려 있다. 또 권상일의《청대일기》에는 화재에게 편지를 받았다는 언급과 함께 화재의 일상생활까지 다루고

---

24)《息山集》卷5,〈送愁州使君黃再叟序〉, "守邊者, 尤宜磨厲謹愼, 以主辱臣死爲心之辰也, 惟再叟勉之. 昔我王大夫致政公, 嘗爲愁州三年, 身不衣北布, 守法奉公, 民夷愛服, 鄰州不敢爲非. 再叟北去, 試登受降樓, 會諸將吏問之, 必有能傳說崇陵八年九年間府中古事者. 考其宜於今者行之, 未必無所補也."

25)《息山集 續集》卷2,〈答召募使黃再叟〉, "竄伏窮巷, 一身單孑, 吟呻罷倦, 頓無人事, 撫枕雪涕, 寢食俱廢. 此中忽承通諭文字, 兼受鄭重之敎, 不覺沉痾去體, 投袂起立."

26)《息山集》卷8,〈答黃再叟〉, "記言書, 前承借示, 未及受來而麾蓋南矣. 幸可遙付宅裏居人, 因便送致邪. 尊欲更印, 亦不難, 一件仍許充鄙架, 尤幸耳."

있어 서로간의 친밀감을 느끼게 한다.

산속 서재는 낮에도 닫혀 고요하고　山齋掩晝靜
막연히 사람에게 경치만 제공하네　杳與人境綿
시렁 위에 고서를 얹혀놓았고　架上藏古書
산 앞의 돌밭을 개간하였네　山前開石田
이에 분분한 생각 사라지니　玆焉息華念
마음이 맑고도 오롯해지네　心源淸且專
내가 와서 멋진 모임 이루었고　我徠得佳晤
마주 앉아 고상한 자리 펼쳤네　促膝坐高筵
함께 아양곡을 연주하다가　共許峩洋曲
애오라지 절차편을 읊조리네　聊吟切磋篇
그윽한 지조를 길이 보존하여　永保幽貞懷
남은 시간을 아끼도록 노력하세나27)　努力惜餘年

위 시는 청대가 장암(藏菴)에 있는 친구 화재(華齋)를 찾아가서 읊은 것이다. 장암은 황익재의 산재(山齋)이다. 이곳은 인적이 없는 산중이라 대낮인데 고요하기만 하다. 보이는 것은 주변의 자연경관뿐이다. 오랜만에 마주한 두 사람은 함께 아양곡을 연주하는가 하면 시경을 외우기도 하면서 친구간의 회포를 풀고 있다. 10구의 절차편은 《시경》 〈기욱편(淇奧篇)〉의 "저 기수(淇水)의 모퉁이를 보니, 푸른 대나무가 무성하도다. 문

27) 《淸臺集》 卷1, 〈訪藏菴留贈黃再叟〉.

채나는 군자여, 절차탁마하는 듯하도다.[瞻彼淇澳 菉竹猗猗 有匪君子 如切如磋 如琢如磨]"라고 한 것을 차용한 것으로, 여기서는 학문과 덕행을 절차탁마하자는 의미이다. 11구의 '유정(幽貞)'은 《주역》〈이괘(履卦) 구이(九二)〉에 "행하는 도가 평탄하니 마음이 조용하고 안정된 사람이라야 곧고 길하리라.[履道坦坦, 幽人貞吉.]"라고 한데서 나온 표현으로, 이는 고결하고 굳센 절조(節操)를 지키는 것을 가리킨다. 청대는 화재에게 얼마 남지 않은 여생이지만, 지금까지 꿋꿋하게 지켜온 선비로서의 지조와 덕행을 지속적으로 유지하면서 부끄럼 없는 삶을 살아가자는 당부를 하고 있다.

청대의 시에 화재는 다음과 같이 화답하고 있다.

풍진 속에서 귀거래사 읊으며	風塵賦歸來
쇠잔한 병으로 서로 신음하였네	衰病相沈綿
띠 풀 베어 그윽한 길 열었고	誅茅闢幽逕
황무지 개간하여 차조 심었네	種秫拓荒田
구차히 졸렬함을 기를 요량으로	區區養拙計
오로지 한 골짝을 넉넉히 얻었네	剩得一壑專
훌륭한 손님이 찾아왔기에	佳客惠然來
짬을 내어 좋은 자리 열었네	暇日開勝筵
침식도 잊은 채 회포를 풀었고	敘懷忘寢食
서로 서책을 질의하고 토론했네	相質討簡編
평소의 의론 깨우쳐줌이 많아	雅論多警發

복응하며 남은 삶을 보전하리라[28] 服膺保殘年

화재는 청대의 주장에 대해 아무런 반박 없이 복응하며 지내기로 마음 먹는다. 왜냐하면 청대의 일언일구가 자신의 행동에 있어 깨우쳐 줌이 많았기 때문이다. 오랜만에 만난 두 사람은 정겨운 회포를 푼다. 그리고 침식도 잊은 채 학문 토론에 열중이다.

한편 18세기 안동의 유학자인 대산(大山) 이상정(李象靖, 1711~1781)이 화재의 서재인 백화재에 들러 자신의 감회를 드러내기도 하였다.

맑은 시내 한 굽이가 깊은 산을 감쌌는데 清溪一曲抱山深
적막한 송항에는 저녁 땅거미가 깔리네 松巷寥寥翳夕陰
문 닫힌 작은 서재에 옥 같은 사람 있어 門掩小齋人似玉
무심히 앉아서 쾌청한 옥봉을 마주하네[29] 玉峯淸對坐無心

대산은 화재보다 한 세대 후배이다. 18세기 안동지역의 대표 유학자인 그가 상주에 위치한 백화재에 들른 것을 보더라도 화재의 인물됨을 짐작하고 남음이 있다. 맑은 시냇가 맑은 서재에는 성품이 해맑은 주인이 쾌청한 옥봉, 즉 백화산을 바라보고 있다. 대산은 저물녘의 백화재 주변의 모습을 문학적 감각으로 아름답게 스케치한 뒤 백화재 주인의 인물됨에 대해서 함축적이고 집약적으로 기술하고 있다. 대산은 이 시 외에 율시

28) 《華齋集》 卷1, 〈次贈權淸臺台仲〉.

29) 《大山集》 卷1, 〈題白華書齋〉.

한 수를 더 지었고,[30] 화재가 진백(陳柏)의 〈숙흥야매잠〉에 '정신을 이완하고 성정을 휴양하라[發舒精神 休養情性]'라는 구절을 경계 삼았으니, 화재의 득력처가 이 구절이 있다고 하였다.[31]

화재는 이들 이외에 병곡(屛谷) 권구(權榘), 강좌(江左) 권만(權萬) 등 영남남인과의 교유가 있었는데, 이들 모두 이인좌 일당과 내통했다는 무함으로 고초를 겪은 공통점이 있다.

2) 퇴계 학문의 수용

화재의 학문적 열정은 유배지에서도 식을 줄 몰랐다. 유배지까지 동행한 아들 종간(宗幹)에게 학문의 단계와 지경(持敬)의 방법에 대해서 가르침을 주었고, 평안북도 귀성(龜城) 지역의 유생(儒生) 위진하(魏震夏)와 《계몽의의(啓蒙疑義)》를 강론하고 유생 계만희(桂萬熙)에게 학문을 가르쳤으며 자신도 《맹자》의 호연지기 장을 읽고 깨달은 바를 얻을 정도로 학문에 대한 열정은 시공간을 초월하였다.[32] 한편 《퇴계집》을 읽고 느낀 점을 서술하거나 퇴계 시에 차운하여 감회를 읊조리는 등 퇴계의 학문을 수용하여 자신의 것으로 승화하였다. 심지어는 퇴계의 편지글을 가져다가 중요한 부분에 주묵(朱墨)으로 표시하여 《퇴도서절요》를 찬술하려는 계획을 세우는 등 퇴계의 학문에 대한 남다른 관심을 보였다.[33] 화재

---

30) 《大山集》 卷1, 〈宿黃令公(翼再)白華齋, 得五言近體奉呈〉 참조.

31) 《華齋集 年譜》 65세조, "二月, 李大山來訪, 與之講論經旨. 大山嘗曰: '華翁晩年眞工, 極其精深.' 後又語人曰: '華翁以夙夜箴發舒精神休養情性一句, 申申勉戒, 其得力處, 在此一句.'"

32) 《華齋集》 卷7, 〈年譜〉 52세조, "正月與魏生震夏, 論啓蒙疑義; 十二月桂生萬熙來學"

33) 《華齋集》 卷7, 〈年譜〉 53세조, "草退陶書節要(就本集, 用朱墨標識, 嫌以撰述自居,

는 귀양지에서 퇴계의 《고경중마방(古鏡重磨方)》을 펼쳐보고 아래와 같이 감회를 읊조렸다.

가련하구나, 상자 속 고경중마방이	可憐古鏡空留匣
몇 년이나 먼지 속에 매몰되었던가	埋沒塵間歲幾更
겹겹의 먼지를 닦아도 지워지지 않으니	遮隔重重磨不盡
어느 때에나 허명한 본체를 회복할까나[34]	何時本體復虛明

《고경중마방》은 퇴계 이황이 은나라 탕왕의 〈반명(盤銘)〉을 비롯해서 77편의 잠(箴), 명(銘), 찬(贊)을 뽑아 엮은 잠언서이다.[35] 서명(書名)은 주자(朱子)의 〈임희지를 전송하며〔送林熙之〕〉라는 시 5수 가운데 마지막 시의 첫째 구 "옛 거울을 거듭 닦으려면 옛 방법이 필요하다네.〔古鏡重磨要古方〕"라는 구절에서 따왔다. 희지(熙之)는 임대춘(林大春)의 자(字)이다. 주자가 말한 고경(古鏡)은 마음을 비유한 말이며 고방(古方)은 경(敬) 공부를 비유한 말이다. 《고경중마방》은 1595년에 월천(月川) 조목(趙穆)이 도산서원에서 처음 발견되었고, 1607년 한강 정구에 의해 목판본으로 간행되어 세상에 널리 유포되었다.[36] 이후 학자들이 이 책을 마음 수양의 수단으로 활용하였으며 영·정조 때에는 궁중에까지 전파되어 애

未克成書)"

34) 《華齋集》 卷1, 〈披見古鏡重磨方有感〉.

35) 韓愈의 五箴과 程頤의 四勿箴, 張載의 東西銘을 각각 5편, 4편, 2편으로 세분하였다. 종류별로 분류하면 箴 19편, 銘 54편, 贊 4편으로 銘이 가장 많다.

36) 서수용(2014), 국역 《고경중마방》, 성균관유도회안동지부, 도서출판 한빛, 5면 참조.

독되는 단계에까지 이르기도 하였다.[37] 화재는 영남학파의 거두이자, 평소 존모하던 퇴계가 편찬한《고경중마방》이 몇 년간 먼지가 수북이 쌓인 채로 방치되고 있음을 탄식하였다. 동시에 학자들이 속세의 이익에만 골몰한 채 마음의 허명한 본체를 회복하지 못하는 현실을 개탄하고 있다.《고경중마방》 편찬자인 퇴계의 인식을 살펴보기로 한다.

옛 거울이 오랫동안 땅속에 매몰되어	古鏡久埋沒
거듭 닦아도 쉬이 빛을 발하지 않네	重磨未易光
허명한 본성이 아직 어둡지 않음은	本明尙不昧
이전의 철인이 남긴 방책이 있었네	往哲有遺方
세상의 늙은이 젊은이 가릴 것 없이	人生無老少
힘써 갈고 닦음을 귀하게 여겨야 하리	此事貴自彊
위 무공은 구십오 세의 나이에도	衛公九十五
억계시를 보옥처럼 간직했다네[38]	懿戒存圭璋

1,2구에서 퇴계는 땅속에 오랫동안 묻힌 거울을 아무리 닦아도 원래의 깨끗한 상태로 복구하기 어렵듯이 한 번 더럽혀진 사람의 마음은 쉬이 밝아지지 않음을 술회하고 있다. 퇴계는 옛 성현들이 남긴 훌륭한 잠언들이 남아 있으므로 잠언들을 거울삼아 부지런히 실천하면 원래의 본성을 회복할 수 있다고 하였다. 그러면서 결론 부분인 7,8구에서 수양 공

37) 김성훈(2009),〈《고경중마방(古鏡重磨方)》과 수양론 - '敬'을 강조한 箴 · 銘 작품을 중심으로〉,《숭실어문》23집, 숭실어문학회, 122면~123면 참조.

38)《退溪集 續集》卷2,〈題古鏡重磨方〉.

부를 실천한 대표적인 예시로 위나라 무공의 사례를 들고 나왔다. 무공은 95세의 노령에도 《시경》〈억(抑)〉편을 지어 스스로를 경계하였다.39) 한편 한강(寒岡) 정구(鄭逑)는 우왕(禹王)과 무왕(武王)이 고령의 나이에도 잠언으로 활용한 사례를 추가로 언급하면서 퇴계의 이 시를 거울을 닦는 지극한 방책이라고 하였다.40) 말하자면 《고경중마방》은 퇴계의 수양 지침서이자 평생의 실천덕목이었던 것이다.

다음은 "우연히 《퇴계집》을 보다가 선생의 '벼슬살이로 서울에 있었는데 3월 3일에 집 뒤 언덕에 오르다'라는 시를 보고 느낌이 들어 차운하다[偶閱退溪集, 見先生從宦在京, 三月三日, 登寓舍後岡賦詩, 有感而次]"라는 시에 대해서 알아보기로 한다.

헛된 명성은 참으로 불행하고	虛名眞不幸
낮은 벼슬로 여생을 그르쳤네	薄宦誤餘生
운명에 맡긴 채 내 졸박함을 지니고	任命存吾拙
변방에 귀양 와서 물정을 보네	投荒見物情
천 리 먼 고향 땅을 생각하고	思鄕千里遠
내 마음 밝혀서 나라에 보답하리	報國一心明

39) 억계(懿戒)는 《시경》〈억(抑)〉을 말한다. 《시경집전》에 의하면 위 무공(衛武公)은 95세가 넘어서도 오히려 이 시를 지어 시종으로 하여금 날마다 곁에서 외우게 해서 스스로를 경계하였다고 한다. 여기서 의(懿)는 억(抑)으로 읽는다. 규장(圭璋)은 보옥(寶玉)으로 《시경(詩經)》〈대아(大雅) 권아(卷阿)〉에 "위의 있고 존엄하며 규와 같고 장과도 같네[顒顒卬卬 如圭如璋]"라고 한 데서 온 말이다.

40) 《寒岡集 別集》 卷2, 〈書古鏡重磨方後〉, "古人之老而不已者, 豈唯武公哉? 大禹受精一之訓, 年七十三歲矣, 武王受敬義之書, 年八十七歲矣. 今人少而自棄者, 固不足云, 老而不力者, 亦已矣夫, 寧不哀哉? 先生之詩, 實亦磨鏡之至方也哉."

걱정인 것은 내가 너무 쇠잔하여　　只恐癃殘極
이 마음 바칠 길이 없을까이네41)　　無緣效此誠

퇴계가 서울에서 벼슬하던 초년기에 고향 후배인 이숙량(李叔樑, 1519~1592)이 퇴계를 찾아갔다. 뜻밖에 고향 후배를 만난 퇴계는 기쁜 마음을 안고 이숙량과 함께 집 뒤 평평한 언덕에 올라 집들이 즐비한 도성 시가지를 바라보며 돌아오기를 잊은 채 상념에 빠지게 된다.42) 화재는 퇴계의 옛일을 떠올리며 현재 귀양살이에 있는 자신의 처지를 '보국(報國)'이라는 원론적인 명제를 도출하여 보국할 기회가 올 것이라는 희망과 쇠잔한 몸 때문에 자칫 보국할 기회를 잃을지 모른다는 염려가 동시에 클로즈업되고 있다.

화재가 유배지 생활을 엮은 〈편관일기(編管日記)〉에는 퇴계시에 차운한 것이 수십 수에 이르고 있으며, 퇴계가 간재 이덕홍에게 한 편지의 내용 등《퇴계집》에 실린 중요내용을 발췌해놓기도 하였다. 이런 일련의 행동들은 그가 퇴계 마니아로서 퇴계의 학문을 그대로 수용한 것으로 볼 수밖에 없는 것이다.

3) 점진적 발전을 도모하는 학문 태도

화재의 학문은 많이 배우는 데에 있지 않고 정밀하고 자세함을 추구하는 데 있다. 이는 집안 대대로 전해지는 종지(宗旨)이다. 한편 학문을 함에 있어 마음에 잊지 않고 조장하지도 않는다는 맹자의 집의(集義)의

41)《華齋集》卷1,〈偶閱退溪集 見先生從宦在京 三月三日 登寓舍後岡賦詩 有感而次〉.
42)《退溪集》卷2,〈三月三日 與李大用上舍 同登寓舍後岡〉참조.

방법을 수용하였다.43) 맹자는 호연지기는 의로운 언행이 많이 모여서 생기게 되는 것이기 때문에 집의(集義)를 강조하였다. 그러면서 이를 농사에 비유하였는데, 마음에 잊는 것은 농부가 아예 밭을 돌보지 않는 것이며, 조장하는 것은 밭에 자라는 곡식을 빨리 자라도록 싹을 뽑아 올리는 알묘(揠苗)와 같다고 하였다. 화재는 또 학문의 단계를 물이 구덩이를 채운 뒤에 흘러가듯이 밤낮 쉬지 않고 끊임없이 노력해야 학문이 진일보하여 날로 새로워지게 되는 단계에 이르게 됨을 역설하고 있다.

또 그는 학문의 성취 단계에 있어 '아침에 도를 들으면 저녁에 죽어도 좋다'는 공자의 말을 학문의 기본으로 인식하고서, 아래로부터 위로 올라가며 가까운 곳에서 먼 곳으로 나아가는 점진적인 학문적 성과를 추구하였다.44)

그리고 공부하는 서목(書目)에 있어서도 일반적인 유학자와 마찬가지로 《논어》·《맹자》·《중용》·《대학》·《근사록》을 우선으로 배운 뒤에, 공부의 최후의 단계로 《춘추》를 배워야 함을 주장하였다.

> 《춘추》를 공부함에 있어 지금 몇 권을 펼쳐보니 정신이 혼란스러워 펼치는 곳마다 놓치기 일수인데, 이는 예부터 공통된 병통이었습니다. 근자에 《朱子書節要》를 펼쳐보았는데 한두 가지 절목들은 우리들이 오늘날 마땅히 체득하고 기억해야 할 것이 있었습니다. (주부자가) 魏元履에서

---

43) 《華齋集》 卷1, 〈書示李仁甫桂萬熙兩君〉, "學貴精詳不貴多, 吾家宗旨本無他. 勿忘勿助盈科進, 會見新工日日加."

44) 《華齋集》 卷1, 〈謹次退溪先生和奇高峯金而精韻, 寄鳳沙松隱淸臺芝陰求和〉, "朝聞夕死可, 惟學是爲本. 自下必升高, 自邇能致遠."

답장한 편지에서 "《춘추》를 배우고자 함은 매우 좋으나 다만 이전의 선배들은 이 책을 학자들의 한 가지 일로 여겼습니다. 대개 스스로 이치에 밝고 뜻에 정밀하지 않으면 得失을 비교하고 同異를 따지다가 마음이 더욱 혼란스럽게 되어 역사서를 읽으면서 古實을 채집하는 것과 다르지 않습니다."라고 하였습니다. 또 柯國材에게 답장한 편지에서 "이 책이 비록 天理에 근본하고 있다고 하지만 실재는 人事를 꿰뚫고 있으므로 만약 사적을 궁구하여 先儒들의 말을 참조하지 않는다면 밝히기가 쉽지 않습니다."라고 운운 하였습니다. 그러니 《춘추》를 어찌 쉽게 읽을 수 있겠습니까. 朱夫子의 큰 안목과 큰 역량으로도 《춘추》를 배우지 않은 것처럼 여기고 학자들이 가장 나중에 배워야 한다고 하셨습니다. …(중략)… 퇴도선생은 한평생 강론함에 언급하지 않은 서책이 없었으나 유독 이 책만은 끝내 친구나 문인들과 문답하며 주고받은 편지에는 나타나지 않으니, 과연 무엇 때문일까요. 어찌 《논어》·《맹자》·《중용》·《대학》·《근사록》 등의 여러 책으로써 학자들이 덕에 들어가고 도에 나아가는 급선무로 삼았으나, 이 책에 대해서는 가장 나중에 하는 공부로 보았기 때문에 晦庵이 말한 의론을 존모하고 한결같이 따르시면서 애초에 이 책에 대해서 말하지 않으시고 학자들이 절차를 무시하고 등급을 건너뛰면서 오로지 口耳의 습속만 숭상하는 것을 방지하기 위함이 아니겠습니까.[45]

45) 《華齋集》 卷3, 〈答鄭伯英〉, "春秋之工, 今閱幾卷, 神精昏耗, 隨手散失, 自是通患. 而近披節要書有一二節目, 在吾輩今日所當體念者. 答魏元履書曰'欲爲春秋學甚善, 但前輩以爲此乃學者一段事. 蓋自非理明義精, 則止是較得失考同異, 心緖轉雜, 與讀史傳, 摭古實, 無以異. (中略) 又答柯國材書曰'此書雖云本根天理°然實與人事貫通, 若不稽考事蹟, 參以先儒之說, 亦未易明也. (中略) 春秋一書°豈易讀哉?以朱夫子大眼目大力

위 인용문은 화재 나이 52세 때인 1739년에 정준(鄭儁)에게 보낸 편지를 축약한 것이다. 화재는 편지에서 《춘추》는 학문의 마지막 단계에서 읽어야 할 책임을 주자와 퇴계의 경우를 빌어와서 설득하고 있다. 편지 내용에서 보듯이 주희가 위원리(魏元履)와 가국재(柯國材)에게 보낸 편지에서 《춘추》는 예전 선배들이 학문의 마지막 단계에서 읽었던 것으로 스스로도 배운 적이 없으며 쉽게 배울 수 있는 책이 아닌 것으로 인식하고 있다. 그리고 퇴계는 친구나 문인들과 주고받은 편지에서 《춘추》에 대한 언급이 없었다. 퇴계가 이렇게 한 이유에 대해서 화재는 퇴계가 주자의 이론을 따르면서 학자들로 하여금 절차를 무시하고 등급을 건너뛰는 학문을 하지 않도록 하기 위함이라고 하였다. 이는 학문을 하는 방법에 있어서 이해가 쉬운 것에서부터 시작하여 점차 어렵고 난해한 것으로 나아가는 점진적인 학문을 추구한 것으로, 곧 엽등하지 말라는 공자의 가르침을 실천한 것이다.

4) 호학(好學)의 학문 태도

화재는 황침(黃沈, 1688~1763), 황만(黃漫, 1684~1759), 황석(黃澺), 황속(黃涑) 등 족질들과 학문적 유대를 돈독히 하였다. 이는 항렬과 나이를 초월한 호학(好學)의 학문자세라 할 수 있다. 황침은 자가 중회(仲晦), 호가 산곡(山谷)으로, 1719년 생원시에 합격하였고 1721년 문과에 급제하였다. 황만은 자가 장언(長彦), 호가 하연(荷淵)으로, 1723년 진사시에 합격

量, 以爲春秋未嘗學, 而爲學者最後一段事. (中略) 退溪先生一生講論, 無書不到, 而獨於此書終不槪見於知舊門人問答往復之際者, 果何故也? 豈不以論孟庸學近思等諸書, 爲學者入德進道之急先務, 而至於此書, 則看作最後工夫, 故尊慕晦庵已成之論, 而一例遵守, 初不論說及此, 以防學者淩節躐等專尙口耳之習也耶?"

하였다. 황속은 황침의 아우로, 자가 경온(景溫), 호가 백해(百海)이다.

> 저는 건강을 돌보면서 대부분 시냇가 서재에서 지내고 있습니다. 長彦과 仲晦가 때마침 와서 함께 했는데, 소매 속에서 《주자서절요》를 꺼내어 놓고 생각대로 강론하다가 의심나는 곳이 있으면 머리를 맞대고 연구하여 반드시 완전히 깨달은 뒤에야 그만두었습니다. 마음에 드는 곳에 이르면 그때마다 서로 펼쳐 보이면서 마치 얻음이 있는 것처럼 기뻐하였습니다. 이렇게 한 것이 닷새나 됩니다. 이렇게 서로 학문을 면려하면 갑자기 신령스런 기운이 생겨남을 느끼게 됩니다.46)

위 인용문에서 살펴보듯이 화재는 족질인 황침, 황만 등과《주자서절요》를 펼쳐놓고 의심나는 곳은 서로 맞대어 풀릴 때까지 학문적 연구를 하였고, 회심처를 만나면 정신적 작용이 서로 연동되어 어려운 수학문제가 풀린 듯이 학문적 기쁨을 누렸다. 학문적 기쁨은 맛있는 고깃점을 뜯거나 새옷으로 갈아입는 기분에 비견할 수 없을 정도로 정신적 카타르시스가 작동하게 된다. 화재는 호학(好學)의 마음가짐으로 족질들을 대하였고, 족질들도 화재의 심오한 학문세계에 맞장구를 쳤던 것이다.

화재는 여섯 살 아래인 황침과의 관계가 특별하였다. 시(詩)로써 수창함은 물론이거니와 숙질간의 관계를 떠나 서책을 연구하고 의리를 변론

46)《華齋集》卷3,〈與鄭伯英〉, "翼再爲便調養, 多棲溪齋. 長彦仲晦適來相守, 抽出朱書, 隨意講論, 有晦疑, 聚首究索, 必通曉而後已. 至於會心處, 輒相披示, 欣然若有得. 如是者, 凡五晝夜. 賴此資益, 神氣頓覺蘓醒."

하며 학문적 발전을 이룩해 나갔다.[47] 황침은 족숙인 화재와 봉사(鳳沙) 정준(鄭儁), 송은(松隱) 강석필(姜碩弼, 1679~1755), 사오(四吾) 황용하(黃龍河, 1682~1756) 등과 함께 연구(聯句) 시를 짓기도 하였다.[48] 다음은 화재가 조카 황침에게 준 시를 살펴보기로 한다.

예전에 내가 봄날에 그대를 만나 대화하다가　我昔乘春造話君
술을 권하니 처마에는 어지러이 꽃이 날렸지　飛花勸酒舞簷紛
술동이 앞 풍모는 붓끝에서 더욱 굳세고　樽前風健毫端勢
벽의 용천검은 칼집 속에서부터 씩씩하였지　壁上龍雄匣裡文
시율은 다만 당송 시대를 추종하였고　詩律直追唐宋際
담론은 장의와 소진도 제압하지 못했지　談鋒難壓儀秦羣
그래도 내 한 몸의 안녕은 이루었으니　一身康濟猶能事
성과 없이 날을 보냈다고 비웃지 마시게[49]　莫笑無成送日曛

위의 시는 모두 12수이다. 위에서 언급했듯이 황침의 자는 중회이고, 호는 산곡이다. 중회는 송나라 유학자인 주희(朱熹)의 자이고, 산곡은 송나라 유학자인 황정견(黃庭堅)의 호이다. 우리는 여기에서 이미 그가 송대 이데올로기인 성리학을 학문적 메커니즘으로 인식하였음을 짐작할 수 있다. 이는 황침의 학문이 주자학에 닿아 있고 화재의 학문 역시 성리

47) 《華齋集》 卷1, 〈次山谷韻〉, "交塵襟懷暢, 聯牀世念空. 圖書研賾穩, 理義辨論同."

48) 《華齋集》 卷1, 〈與諸益口呼聯句〉 참조.

49) 《華齋集》 卷1, 〈山谷適來雨阻, 拈出東溟集中君字韻, 各步十疊. 歸後能記其酒中放筆, 精書送之. 盛意不可孤, 更步八疊, 幷書前四疊以呈〉.

학에 근원한다고 할 수 있다. 화재는 족질인 황침이 강직한 풍모와 씩씩한 기개를 지녔으며, 문학은 당송시대의 시문학을 숭상하였고 언변술은 전국시대 진(秦)나라의 소진(蘇秦)과 장의(張儀)보다 뛰어나다고 하고 있다. 다소 과장적인 측면이 없지 않으나 족질에 대한 존중의 마음을 담았음을 알 수 있다.

4. 맺음말

화재 황익재는 재주와 덕행을 겸비하였으며, 효심과 충성심도 훌륭하였다. 어려서 부모를 여의었기 때문에 평생 부모봉양을 하지 못한 것을 애통하게 여겨 기일에는 반드시 슬퍼하고 생일날 아침에도 주식(酒食)을 물리칠 정도로 풍수지탄의 애한이 늘 가슴속 응어리로 남아 있었다. 그리하여 37세에 부모의 무덤이 바라보이는 백화산 아래 백화재라는 서재를 지어놓고 부모에 대한 효심을 표출하였다. 또 전라도사, 무안현감, 순천부사 시절에는 위정자로서 빈민들을 구휼함은 물론이거니와 훌륭한 교육정책을 펼쳐 관민(官民)으로부터 공통된 칭송을 받았다. 그리고 1728년에 일어난 이인좌의 난에 박사수의 권유로 소모사의 임무를 띠고 상주 일대의 유생들에게 통문을 보내어 창의를 주도하고 반란을 토벌하는데 적극적인 활동을 보여 난이 평정되고 그 공훈을 인정받기도 하였다. 그러나 반란군에 동조했다는 모함을 받아 평안북도 귀성으로 유배를 간 애석한 일을 당하기도 하였다. 귀양 간 지 7년 만에 유배생활을 종식하였으나, 귀향한 이후나 사후에도 반란군과 내통했다는 꼬리표가 완전히 사라지지 않았다. 그러다가 1788년(정조13) 무신란 1주갑에 영남유생들의 소와 정조의 비답(批答)으로 죄명이 탕척되었다.

황익재는 18세기 상주지역에 살았던 학자였다. 상주지역은 서울과의 접근성이 용이하고 노론, 소론, 남인 등 여러 당색이 혼성되어 나타나는 지역이기도 하다. 지역적인 특색은 학문적인 특색으로 연결되는 경우가 많다. 화재 역시 근기남인인 성호 이익과의 학문적 문답을 하는가 하면, 근기남인에서 영남남인으로 전향한 이만부, 그리고 권상일·이상정 등 상주와 안동지역 영남인들과의 교류도 활발하였다. 말하자면 근기남인과 영남남인의 통섭적인 학문자세를 취하였던 것으로 보인다. 화재의 학문을 논함에 있어 빼어놓을 수 없는 것이 퇴계의 학문 수용이다. 어려서부터 퇴계에 대한 존모심이 있었던 그는《퇴계집》탐독을 일상적인 생활로 유지하였다. 이는 귀양지에서조차 부단히 지속되어 퇴계의 시에 차운하거나 퇴계의 편지글을 인용하는 등 퇴계 바라보기는 그의 삶의 일부분이 되었다.

화재는 학문을 함에 있어 점진적인 단계의 학문을 추구하였다. 엽등을 용납하지 않음은 공자의 가르침을 따른 것이고, 영과이후진(盈科而後進)은 맹자의 가르침을 수용한 것이다. 그의 이런 학문관은 아들이나 족질, 그리고 귀양지에서 만난 문생 위진하(魏震夏)와 계만희(桂萬熙) 등에게도 똑같은 형태로 나타나고 있다. 특히 정준에게 보내는 편지에서 학업의 단계에 있어서도《논어》《맹자》등 사서(四書)를 우선적으로 배워야 하며 이해가 어려운《춘추》는 가장 나중에 배워야 한다는 점진적인 학문단계를 강조하기도 하였다. 또 학문을 토론함에 있어서는 신분고하를 막론하고 호학(好學)의 자세로 임하였고 더군다나 나이가 적고 항렬이 낮은 족질과도 배움의 자세로 임하였다. 이는 몇 가지 특징점들이 그가 학자로서 존숭을 받게 된 이유임은 물론이다. 필자가 그의 문집 전체를 살펴보면서 느낀 점은 그가 성리학자이고 시인이었다는 점을 확인하였다. 본고에서는 그의 학문에 대해서 집중적으로 살펴보았으나, 향후 다른 지면을 통해 그의 시세계에 대해서도 다루고자 한다.

부록 1. 방촌황희선생 연보(年譜)

1363년(공민왕 12)

2월 10일 송경(松京) 가조리에서 황군서의 아들로 탄생하다.

1376년(우왕 2년, 14세)

음서로 복안궁(福安宮) 녹사(錄事)에 제수되다.

1379년(우왕 5년, 17세)

판사복시사 최안(崔安)의 딸과 혼인하다.

1383년(우왕 9년, 22세)

사마시에 합격하다.

1385년(우왕 11년, 24세)

진사시에 합격하다.

1386년(우왕 12년, 25세)

최씨 부인이 세상을 떠나다.

1388년(우왕 14년, 27세)

공조 전서 양진의 딸 청주 양씨와 재혼하다.

1389년(공양왕 원년, 28세)

문과 제14인으로 급제하다.

1390년(공양왕 2년, 29세)

성균관 학관에 보임되다.

1392년(태조 1년, 31세)

태조가 경명행수지사(經明行修之士)로서 세자우정자에 임명하다.

1395년(태조 4년, 34세)

직예문 춘추관에서 사헌 감찰, 우습유로 옮겨 가다.

1397년(태조 6년, 36세)

장자 황치신이 태어나다.

11월 29일, 선공감 정란(鄭蘭)의 기복첩에 서경(署經)하지 않다가 습유직을 파면당하다.

1398년(태조 7년, 37세)

3월 7일 정자 우습유(正字 右拾遺)로서 강은(姜隱)과 민안인(閔安仁)을 탄핵해, 이로 인해 7월 5일 경원 교수관으로 좌천되다.

1399년(정종 1년, 38세)

1월 10일, 습유로 불려 올라왔으나 언사(言事)로 우보궐(右補闕)로 옮기다.

1401년(태종 1년, 39세)

차자 황보신이 출생하다.

1402년(태종 2년, 40세)

아버지 판강릉대도호부사 황군서 졸하다. 기복(起復)되어 대호군(大護軍)에 임명되다.

1404년(태종 4년, 42세)

우사간대부, 좌부대언을 역임하다.

1405년(태종 5년, 43세)

승정원 도승지가 됨

12월 6일, 박석명의 추천으로 지신사가 되다.

1406년(태종 6년, 44세)

5월 27일, 내불당 짓는 것을 반대하다.

1407년(태종 7년, 45세)

1월 19일, 삼남 황수신 출생하다.

9월 25일, 밀지를 받아 이숙번·이응·조영무·유량 등과 함께 민무구·민무질을 제거하다.

11월 11일, 하륜에게 전지(傳旨)해 민씨들 직첩을 거두고 목숨만 부지케 하다.

1408년(태종 8년, 46세)

1월 29일, 생원시관(生員試官)이 되다.

12월 5일, 조대림 사건에 걸린 조용을 구제하다.

12월 11일, 대사헌 맹사성, 우정언 박안신을 구원하다.

1409년(태종 9년, 47세)

8월 10일, 참지의정부사가 되다.

12월 6일, 형조판서가 되다.

1410년(태종 10년, 48세)

2월 13일, 지의정(知義政) 겸 대사헌이 되다.

4월 18일, 이천우, 조영무 등과 더불어 오랑캐 침입에 대한 대책을 논의하다.

10월 26일, 종상법(種桑法)을 장려할 것을 청하다.

1411년(태종 11년, 49세)

7월 20일, 병조판서가 되다. 예조판서 역임.

8월 19일, 사은사(謝恩使)로 명나라에 가다.

1412년(태종 12년, 50세)

4월 14일,《경제육전》을 개정해 올리다.

9월 24일, 태종이 황치신의 이름을 동(董)으로 지어 주다.

1413년(태종 13년, 51세)

3월 22일,《고려실록》을 개수할 것을 청하다.

4월 7일, 예조판서가 되다.

1414년(태종 14년, 52세)

2월 13일, 병으로 예조판서직을 사직하다.

3월 6일, 황희의 병을 고쳐 준 내의 양홍달. 조청에게 임금이 저화 각 100 장씩을 주다.

5월 18일, 의정부 찬성사가 되다.

6월 12일, 다시 예조판서가 되다.

8월 7일, 왜를 막을 방책을 의논하다.

1415년(태종 15년, 53세)

5월 17일, 이조판서가 되다.

6월 19일, 이조판서 황희와 호조판서 심온이 벼슬을 파면하다.

11월 7일, 의정부 참찬이 되다.

12월 28일, 호조판서가 되다.

1416년(태종 16년, 54세)

3월 16일, 다시 이조판서가 되다.

11월 2일, 세자의 실덕(失德)을 변호하다가 공조판서로 좌천되다.

1417년(태종 17년, 55세)

2월 22일, 평안도 도순문사 겸 평양윤으로 나가다.

6월 29일, 명사 황엄에게 평양 빈관에서 잔치를 베풀다.

12월 3일, 형조판서로 재임용되다.

1418년(태종 18년, 56세)

1월 11일, 판한성부사가 되다.

5월 10일, 송도 행재소에 붙들려 가서 국문을 받다.

5월 11일, 폐서인 되어 교하로 귀양 가다.

5월 27일, 남원부로 귀양 가다.

1422년(세종 4년, 60세)

2월 19일, 남원에서 서울로 돌아와 직첩을 돌려받다.

3월 18일, 과전을 돌려받다.

10월, 13일, 경시서 제조가 되다.

10월 28일, 의정부 참찬이 되다.

1423년(세종 5년, 61세)

3월 8일, 명나라 사신 유경과 양선을 맞이하는 원접사가 되다.

5월 27일, 다시 예조판서가 되다.

7월 16일, 강원도 도관찰사가 되어 굶주림을 해결해 줘 백성들이 소공대를 쌓았다.

1424년(세종 6년, 62세)

6월 12일, 한양으로 들어와 찬성이 되다.

1425년(세종 7년, 63세)

5월 21일, 의정부 찬성사가 되다.

1426년(세종 8년, 64세)

2월 10일, 다시 이조판서가 되다.

5월 13일, 우의정으로 승진하다.

1427년(세종 9년, 65세)

1월 25일, 좌의정으로 승진하다.

5월 11일, 양녕대군을 불러 보지 말라고 청하다.

6월 17일, 사위 서달이 신창 아전을 죽인 옥사에 연루되다.

6월 21일, 좌의정직에서 파면되다.

7월 4일, 다시 좌의정에 임명되다.

7월 15일, 어머니가 졸하다.

10월 7일, 세자가 명나라에 가는 것을 보좌하기 위해 좌의정으로 기복출사하다.

10월 28일, 세자가 명나라에 가지 않게 되다.

1428년(세종 10년, 66세)

10월 23일, 평안도 도체찰사가 되어 성보(城堡)를 순심(巡審)하다.

11월 29일, 《육전등록(六典謄錄)》을 찬진하다.

1429년(세종 11년, 67세)

9월 11일, 《선원록》을 편찬하도록 왕명을 받다.

9월 24일, 동맹가첩목아가 입조하는 것에 대한 대책을 논의하다.

1430년(세종 12년, 68세)

4월 10일, 조준(趙俊)의 《방언육전(方言六典)》을 택해 쓰도록 건의하다.

4월 25일, 《태종실록》을 감수하다.

8월 10일, 공법에 대한 여론 조사를 실시하다. 가(可) 7만 4149인. 불가(不可) 9만 8657인.

11월 3일, 제주 감목관 태석균이 말을 많이 죽였는데, 황희가 봐주라고 했다고 사헌부에서 파직하라는 상소가 올라왔다. 그러나 세종은 대신을 경솔히 대할 수 없다고 불문에 부쳤다.

11월 24일, 사헌부의 탄핵이 계속되어 좌의정에서 물러나 파주 반구정에서 휴양하다.

1431년(세종 13년, 69세)

9월 3일, 다시 복직되어 영의정으로 승진하다.

1432년(세종 14년, 70세)

3월 6일, 경원성(慶源城)을 옮겨서 설치하는 문제를 의논하다.

4월 12일, 경원, 용성 등에 성 쌓는 일을 건의하다.

4월 25일, 궤장을 받다.

9월 7일, 영의정부사로 승진하다.

9월 17일, 동맹가첩목아 등을 이거하는 문제를 논의하다.

12월 22일, 야인 방어책을 논의하다.

1433년(세종 15년, 71세)

1월 11일, 서북 야인방어책을 논의하다.

1월 15일, 화포 사용법을 건의하다.

7월 12일, 풍수학 도제조를 겸임하다.

9월 16일, 장영실에게 벼슬을 제수하는 일을 의정하다.

함경도도체찰사로서 영변의 약산산성축조를 감독하고 영변대도호부를 설치하게 하다.

1434년(세종 16년, 72세)

1월 6일, 영북진 통치책을 의진(議陳:의논)하다.

6월 1일, 만포성을 쌓는 일과 삭주, 창성의 관을 바꾸는 일을 아뢰다.

8월 5일, 영북, 회령을 서로 바꾸는 계책을 아뢰다. 내이포 거류 왜인 처치책을 상신하다.

8월 26일, 최윤덕을 파송하는 일과 명나라 사람에게 수응하는 계책을 건의하다.

9월 11일, 염초를 무역하는 계책을 계진하다.

12월 15일, 삼수 무로구자에 읍을 설치하고 수령을 두는 문제를 건의하다.

1435년(세종 17년, 73세)

7월 25일, 야인 방어책을 건의하다.

8월 10일, 왜인 만도노 등을 나누어 두는 계책을 건의하다.

11월 19일, 상정소(詳定所)를 없애다.

1436년(세종 18년, 74세)

5월 21일, 공법 실행책을 아뢰다.

7월 21일, 구황평조법을 건의하다.

10월 26일, 세자빈 폐출을 진대하다.

1437년(세종 19년, 75세)

1월 14일, 새 왕세자빈을 책봉하는 의주를 올리다.

4월 1일, 세자 섭정을 반대하다.

4월 13일, 사민의 판적에 대해 의논하다. 종성을 옮겨 설치하지 말기를 아뢰다.

5월 16일, 이만주 토벌책을 건의하다.

1438년(세종 20년, 76세)

3월 2일, 세종이 《태종실록》을 보려고 하는 것을 말리다.

4월 24일, 과거은사(科擧恩賜) 제도를 혁파하다.

9월 12일, 대마도 왜인의 접대 사목을 정하다.

1439년(세종 21년, 77세)

2월 12일, 각 도의 군기를 엄하게 해 왜변을 막을 것을 주장하다.

2월 28일, 향화 야인, 왜인 급료를 주는 대책을 건의하다.

3월 3일, 초헌(軺軒)을 하사받다.

6월 1일, 함길도 도절제사로 김종서 대신 김세형을 추천하다.

벼슬을 사양하고 물러남.

1441년(세종 23년, 79세)

3월 10일, 전지매매법을 계진하다.

5월 18일, 하삼도민 1600호를 함길도로 사민하기를 청하다.

1442년(세종 24년, 80세)

1월 14일, 함길도에 입주한 사람이 도망치는 것을 방지하는 계책을 올리다.

2월 6일, 각 도민 3000호를 평안도로 뽑아 보내 변경을 튼튼히 하자고 건의하다.

5월 3일, 세자가 섭정하지 말기를 청하다.

6월 5일, 야인 망가를 처치하는 방도를 아뢰다.

1445년(세종 27년, 83세)

2월 8일, 대마도 종정성의 무역선 수를 정하기를 청하다.

3월 13일, 압록강 가운데 있는 섬을 경작하는 것을 금하지 말자고 하다.

4월 11일, 왜인과 서로 교역하는 대책을 의논하다.

5월 12일, 승정원이 동궁에 신달(申達)하는 제도를 아뢰다.

1446년(세종 28년, 84세)

3월 30일, 귀화한 왜인을 외방에 분치하기를 청하다.

5월 5일, 영릉(英陵) 수호군을 별도로 두다.

1448년(세종 30년, 86세)

3월 28일, 정경부인 양씨(楊氏)가 졸하다.

7월 22일, 내불당을 세우는 일을 그만두라고 상소하다.

1449년(세종 31년, 87세)

10월 5일, 영의정부사를 내놓고 치사(나이가 많아 벼슬을 사양하고 물러나는 것)하다. 종신토록 2품록을 주다.

1450년(세종 32년, 88세)

2월 세종대왕이 영응대군 집에서 승하하다.

2월 2일, 중자 황철신의 직첩을 돌려받고, 고신도 돌려주다.

1451년(문종 1년, 89세)

2월 7일, 기로소 녹사로 하여금 치사한 대신이 출입할 때 조예(皂隷)를 주라고 전지하다.

1452년(문종 2년, 90세)

2월 8일, 졸하다.

2월 12일, 세종 묘정에 배향하고, 시호를 익성(翼成)으로 정했으며, 승지 강맹경(姜孟卿)을 보내 사당에 제사를 지내다.

부록 2. 방촌황희 학술연구 목록

1. 문집 소재 황희 관련 자료

《松隱先生文集》 권2, 〈附〉, 墓表[黃喜], 建文二年白龍孟夏上澣, 長水黃喜撰

《三峯集》 권14, 〈附錄〉

《浩亭先生文集》 권2, 〈序〉, 禮記淺見錄序, 奉教作, 附錄 摭錄(2)

《春亭先生續集》 권2, 〈附錄〉, 年譜

《李評事集》 권2, 〈策〉, [人才得失] 燕山乙卯

《冲齋先生文集》 권5, 〈日記〉, 十月一日, 至庚午 三月三十日 在堂后時

《靜菴先生文集》 권3, 〈經筵陳啓〉, 侍讀官時啓八, 參贊官時啓二 因論東漢黨錮事進啓, 參贊官時啓三, 筵中記事一, 戊寅 十月五日

《松齋先生文集》 권2, 〈經筵陳啓〉, 參贊官時啓 四

《東皐先生遺稿》 〈附錄〉, 行狀, 李尙書 墍松窩雜記凡五

《忍齋先生文集》 권5, 〈求退錄〉, 辭右議政疏

《河西先生全集》 권12, 〈墓誌銘〉, 貞夫人申氏墓誌銘 幷序

《眉巖先生集》 권17, 〈經筵日記〉, 甲戌 四月 28일

《思菴先生文集》 권7, 〈附錄〉, 諸家記述

《省菴先生遺稿》 권2, 〈策六卿盡職〉

《栗谷先生全書》 권15, 〈雜著 二〉, 東湖問答 己巳 月課

《東岡先生文集》 권7, 〈箚〉, 玉堂請頻接臣僚箚 己卯十月

《晩全先生文集》 권3, 〈疏〉, 賊退後封事 癸巳

《西厓先生文集》 권18, 〈跋〉, 題東國名臣言行錄

《重峯先生文集》 권5, 〈疏〉, 辨師誣兼論學政疏 丙戌十月公州提督時

《梧里先生別集》 권12

《梧里先生續集》 〈附錄〉, 권1, 年譜

《梧里先生續集》 〈附錄〉, 권2, 行狀 行狀[權愈]

《知退堂集》 권6, 〈東閣雜記乾〉, 本朝璿源寶錄 璿系李氏出于全州府 卽百濟時完山郡 [太宗], 本朝璿源寶錄 [世宗]

《於于集後集》 권1, 〈詩〉, 關東錄 關東紀行二百韻 關東錄, 庚寅

《惺所覆瓿稿》 권23, 〈說部二〉, 惺翁識小錄中 [黃喜詰金宗瑞之私饋]

《惺所覆瓿稿》 권23, 〈說部二〉, 惺翁識小錄中 [黃喜玉成金宗瑞]

《隱峯全書》 권11, 〈己卯遺蹟〉, 正言趙光祖特拜弘文館修撰; 隱峯全書 卷十二 己卯遺蹟 典翰趙光祖特拜副提學 辭不許: 隱峯全書 卷十二 己卯遺蹟 副提學趙光祖移拜同副承旨俄還拜副提學: 隱峯全書卷十九 混定編錄前集 宣廟朝: 隱峯全書卷二十二 混定編 錄前集 [宣廟朝]: 龍洲先生遺稿 卷之六 疏 司諫應旨疏

《龍洲先生遺稿》 권6, 〈疏〉, 司諫應旨疏

《記言》 권62, 續集, 〈敍述 五〉, 天地日月星辰三: 記言別集卷之四 疏箚 辭造給居室之命箚[再箚]

《宋子大全 附錄》 권12, 〈年譜〉, 年譜[十一][崇禎百四十九年丙申] 一百四十九年丙申 今上卽位之年 四月

《市南先生文集》 권11, 〈箚〉, 八首 玉堂請還收徐必遠罷職之命箚

《滄洲先生遺稿》 권8, 〈封事〉, 甲午封事

《白湖先生文集 附錄》, 〈年譜〉, 二年丙辰 先生六十歲 正月

《愚潭先生文集》 권2, 〈疏〉, 辭進善兼陳所懷六條疏 庚午九月 呈縣道未達 十二月更呈辛未正月始達

《退憂堂集》 권3, 〈疏箚〉, 辭獻納°仍陳所懷疏: 退憂堂集 卷之三 疏箚 陳時弊疏 辛丑 : 退憂堂集 卷之六 疏箚 陳所懷箚

《藥泉集》 제3, 〈疏箚〉,玉堂陳戒箚 八月四日: 藥泉集 第八 疏箚 因臺啓儒疏辭職再疏 十一月二十六日

《文谷集》 권9, 〈疏箚〉, 二十三首 辭吏曹判書兼陳北路弊瘼疏

《南溪先生朴文純公文正集》 권77, 〈墓誌銘〉, 議政府左議政原平府院君元公墓誌銘 丙辰 六月二十七日 : 南溪先生朴文純公文外集 卷第十五 行狀 知中樞府事玄谷趙公行狀 代趙南平作 癸卯六月二十二日

《芝湖集》 권7, 〈墓誌〉, 自誌補

《水村集》 권11, 〈行狀〉, 先考今是堂府君行狀

《西坡集》 권24, 〈諡狀〉, 右議政晩菴李公諡狀

《睡谷先生集》 권7, 〈疏箚〉, 論臺官徐命遇讒搆諸臣箚: 睡谷先生集卷之十三 行狀 先季父議政府左議政府君行狀 : 睡谷先生集卷之十六 諡狀 原平府院君元公諡狀

《明谷集》 권16, 〈疏箚〉, 辭左議政疏[五疏]: 明谷集卷之十九 疏箚 左相再疏後 更情勢疏 [十三疏]: 明谷集卷之三十四 諡狀 右議政李公諡狀

《瓶窩先生文集》 권3, 〈墓誌〉, 十代祖孝寧大君靖孝公墓誌

《疎齋集》 권17, 〈行狀〉, 左參贊竹泉金公行狀

《竹泉集》 권7, 〈筵奏〉, 同日奏辭: 竹泉集附錄卷之一 [行狀] 行狀[李頤命]

《陶谷集》 권28, 〈雜著〉, 陶峽叢說 一百四則

《陶谷集》 권28, 〈雜著〉, 國朝相臣

《圃巖集》 권22, 〈諡狀〉, 議政府左議政畏齋李公諡狀

《老村集》 권2, 〈疏箚〉, 還鄕後辭職 兼論時事疏

《夢囈集坤》, 〈宜寧南克寬伯居著 雜著〉, 謝施子 百九十二則

《雷淵集》 권26, 〈諡狀〉, 禮曹判書竹泉金公諡狀

《渼湖集》 권16, 〈神道碑銘〉, 原平府院君元公神道碑銘 并序

《素谷先生遺稿》 권12, 〈先蹟記述〉, 先祖昭靖公行狀後記 戊辰 金益熙

《樊巖先生集》 권23, 〈疏箚[四]〉, 翰圈後辨崔景岳疏 仍論朝儀箚

《頤齋遺藁》 권22, 〈行狀〉, 使陽山金公行狀, 頤齋遺藁 卷之二十二 傳 高麗義士朴公 傳: 頤齋遺藁卷之二十六 雜著

《無名子集文稿》 책12, 〈[文] 井上閒話〉, 五十一 下又有十九條 [黃喜貽書交河倅請買田]: 嗣世祖大王 昭憲王后誕生 序居第二

《靑莊館全書》 권49, 〈完山李德懋懋官著男光葵奉杲編輯德水李畹秀蕙隣校訂 耳目口心 書[二]〉: 靑莊館全書卷之五十九 完山李德懋懋官著男光葵奉杲編輯德水李畹秀蕙隣 校訂 盎葉記[六] 國朝名臣言行錄 : 靑莊館全書卷之六十八 完山李德懋懋官著男光 葵奉杲編輯德水李畹秀蕙隣校訂 寒竹堂涉筆[上] 相臣三百一人

《海石遺稿》 권12, 〈諡狀〉, 奉朝賀李公 命植 諡狀

《弘齋全書》 권21, 〈祭文三〉, 翼成公黃喜墓致祭文: 弘齋全書卷二十六 綸音一 先正文正公宋時烈追配孝宗大王室廟庭綸音: 弘齋全書卷百三十四 故寔六 羣書標記一 御定[一] 詩樂和聲十卷 寫本

《屐園遺稿》 권70, 〈玉局集 行狀 健陵行狀〉

《金陵集》 권7, 〈宜寧南公轍元平著 疏箚〉, 辭弘文館副校理兼奎章閣直閣疏

《潁翁續藁》 권2, 〈啓〉, 乞致仕上殿啓

《硏經齋全集》 권58, 〈蘭室史料一 故實考異 金子粹〉, 硏經齋全集外集 卷三十九 傳記類 建州征討錄 : 硏經齋全集外集 卷四十六 地理類 六鎭開拓記: 硏經齋全集外集 卷 五十三 故事類 唐制攷: 第五集政法集 第十二 卷 經世遺表卷十二 地官修制倉廩之 儲一: 第六集地理集第六卷 大東水經 大東水經其二 滿水一

《碩齋稿》 권7, 〈書〉, 答洪和仲 大協

《俛宇先生文集》 卷首, 〈疏〉, 辭賜第疏 九月四日

《梅泉集》 권7, 〈長水黃玹雲卿著 疏〉, 言事疏 代人

《勿齋集》 권2, 〈疏〉, 請勿稱下功臣疏

《西浦先生集》 권7, 〈西浦日錄〉, [詩話]

《悠然堂先生文集》 권2, 〈疏〉, 請恢復救難疏

《林谷先生文集》 권7, 〈行狀〉, 濯溪全公 致遠 行狀

《秋潭集》 卷貞, 〈墓誌銘〉, 行副護軍望岳奉公墓誌銘

《石洞先生遺稿》 권6, 〈雜著〉, 謾記[下]

《損菴集》 권3, 〈書牘〉, 上尤齋先生 丙辰

《儉齋集》 권31, 〈雜著〉, 丁戊瑣錄

《儉齋集》 권32, 〈雜著〉, 己庚瑣錄 己丑庚寅

《晦隱集》 제5, 〈雜說 禮制〉

《朴正字遺稿》 권2, 〈文, 擬上萬言草三〉

《花溪先生文集》 권1, 〈詩〉, 七言絶句

《雲谷先生文集》 권18, 〈國朝故寔〉, 世宗朝深以閭閻侈風,爲憂時,則有若相臣黃喜

2. 역사서 관련 황희 자료

《紀年便攷》 권7, 〈黃喜〉

《大東野乘》 권25, 〈太宗一日召黃喜至政院〉

《國朝人物志》 권1, 〈(世宗朝)黃喜〉

《海東臣鑑》 권1, 〈黃喜〉

《純齋稿》 권6, 〈翼成公黃喜祝孫秼登科後致祭祭文[주:乙酉]〉

《靑野漫集》(李喜謙) 권1, 〈黃喜〉

《大事編年》 권2, 〈召還黃喜〉

《東國名儒錄》 권1, 〈黃喜〉

《厖村先生遺蹟日錄》 권1

《德菴文集》 권2

《東文選》 권22, 〈七言絶句〉, 癸亥元日 會禮宴 [黃喜]

《丙辰丁巳錄》(任輔臣撰)

《海東雜錄》(權鼈) 6, 〈黃喜〉

《惺所覆瓿稿》 권23, 〈國初名相黃喜許稠〉

《經世遺表》 제5집, 〈政法集〉, 제12권, 經世遺表卷十二 地官修制倉廩之儲一

《고식 (故寔)》 〈國朝故事講義〉, 翼成公臣黃喜,

《梅泉野錄》 권1, 〈甲午以前 上〉, 조선 3대 명신

《心山遺稿》 권3, 〈伴鷗亭重建記〉, 厖村 黃喜, 黃義敦

《輿地圖書》 上, 京畿道 交河 塚墓·風俗·古跡: 黃海道, 兎山, 古蹟: 咸鏡道(關北邑誌) 咸鏡北道吉州牧邑誌, 公廨: 慶尙道, 尙州, 壇廟: 慶尙道, 河陽, 人物: 全羅道, 長水, 人物: 咸鏡道(關北邑誌), 咸鏡北道吉州牧邑誌, 公廨: 補遺篇 (全羅道), 完山 誌卷 (下), 樓亭

《龍湖閒錄》(한국사료총서 제25집), 第一册 六五, 柳鼎養雷異疏 : 第六册, 三一六, 太廟配享篇 三一六, 太廟配享篇 : 第二十一册, 一○七五, 額院當存處,

《羅巖隨錄》(한국사료총서 제27집), 羅巖隨錄 第一册 62. 各地祠院撤存表, 翼成 黃喜, 尙州玉洞書院 毁

《東史約》上(한국사료총서 제33집), 紀年東史約卷之十 朝鮮茅亭李源益, 編 本朝紀 丙戌六年, 戊子八年, 庚寅十年, 辛卯十一年, 丁未九年, 己酉十一年, 癸丑十五年, 甲 寅十六年, 丙辰十八年, 戊午二十年, 己未二十一年, 庚午三十二年二月,十七日, 壬 申二年,
《戒逸軒日記》 42집, 導哉日記, 戒逸軒日記, 雜記, 戒逸軒日記, 庚辰

3. 방촌황희 관련 연구서

1) 문집류

《조선왕조실록》,《승정원일기》,《일성록》

《민족문학대계전집》 권13, 한국문화예술진흥원.

《厖村黃喜先生文集》, 황의돈, 厖村黃喜先生文集刊行委員會, 1980.

《영남문집해제:〈방촌집〉》, 민족문화연구소자료총서4, 영남대민족문화연구소, 1988.

《厖村黃喜先生文集》, 방촌 황희선생 문집간행위원회, 長水黃氏大宗會, 2001.

2) 단행본

(1) 연구서

박진아, 박성희 공저,《대화의 달인 황희에게 배우는 소통의 철학》, 학지사, 2015.

이성무,《방촌 황희 평전: 조선의 기틀을 다진 탁월한 행정가이자 외교가》, 민음사, 2014.

조수익,《국조인물고 32 -홍유손부터 황희까지-》, 세종대왕기념사업회, 2006.

황영선,《황희의 생애와 사상》, 국학자료원, 1998.

(사)방촌황희선생사상연구회 편저,《방촌 황희의 학문과 사상》, 방촌학술논총 제3집, 책미래, 2018.

(사)방촌황희선생사상연구회 편저,《방촌 황희의 학문과 사상》, 방촌학술논총 제2집, 책미래, 2017.

(사)방촌황희선생사상연구회 편저,《방촌 황희 묘역의 문화적 가치》, 방촌학술총서 제1집, 보림에스앤피, 2017.

(2) 교양서

강태희, 《황희》, 뉴턴코리아, 2003.

권미자, 《황희》, 훈민출판사, 2007.

권태문, 《(청렴한 정승)황희》, 한국독서지도회, 2002.

고제희, 《한국 36 인물유산 파워스폿(서울 수도권)》, 문예마당, 2012.

과학기술부, 《황희 정승의 후예들》, 과학기술부 감사관실, 2005.

국가기록원, 《역사 속 염근리 이야기》, 국가기록원, 2011.

국가기록원, 《역사 속 염근리 이야기》, 휴먼컬처아리랑, 2015.

경기도사편찬위원회, 《내 고장 경기도의 인물3 -이수록~황희-》, 경기도사편찬위원회, 2005.

계몽사, 《어린이 그림 위인전기 9 -황희-》, 계몽사, 1997.

김국태, 《세종, 황희, 성삼문, 장영실: 정도전 외 13명》, 국민서관, 1976.

김선, 《황희 정승》, 眞華堂, 1993. 교육출판공사, 《한국위인특대전집》 17, 교육출판공사, 1980.

김선, 《황희정승과 청백리》, 빛샘, 1997.

김선태, 《황희》, 리더교육, 2000.

김영이, 《황희, 김시습, 최익현》, 교육문화사, 1993.

김영·이창현·김양숙, 《동아시아식 생활학회 학술발표대회 논문집》 5, 2015

김인호, 《21세기 눈으로 조선시대를 바라 본다》, 경인문화사, 2009.

김종명 외, 《세종과 재상 그들의 리더십》, 서해문집, 2010.

김종성, 《조선왕조의 건국과 양반사회의 성립》, 문예마당, 2004.

김종성, 《조선사 클리닉》, 추수밭, 2008.

김진섭, 《세종시대 재상열전 -朝鮮의 아침을 꿈꾸던 사람들-》, 하우, 2008.

김형광, 《조선인물전(傳)》, 시아출판사, 2007.

김형광, 《이야기 조선야사 -역사 속의 또 다른 역사-》, 시아출판사, 2008.

김형광, 《인물로 보는 조선사》, 시아, 2009.

김형광, 《역사 속의 또 다른 역사 -한국의 야사-》, 시아, 2009.

김형광,《인물로 보는 조선사(보급판)》, 시아출판사, 2011.

노병룡, 〈청백리열전(5)〉,《地方行政》 34~382, 1985.

림청풍, 〈야담: 황희정승과 대추나무〉,《地方行政》 8~75, 1959.

문화공보실,《坡州先賢의 思想과 얼 : 황희정승》, 坡州郡, 1990.

文化體育部 편,《韓國人의 再發見》, 大韓教科書, 1994.

民族文化社,《申崇謙, 文益漸, 黃喜, 李元》 1, 民族文化社, 1987.

박성수,《부패의 역사 -부정부패의 뿌리, 조선을 국문한다-》, 모시는 사람들, 2009.

박성연,《왕의 비선과 책사》, 글로북스, 2015.

박성희,《황희처럼 듣고 서희처럼 말하라》, 이너북스, 2007.

박시백,《박시백의 조선왕조실록 4 - 세종·문종실록 (개정판 -)》, 휴머니스트, 2015.

박시백,《박시백의 조선왕조실록 인물 사전》, 휴머니스트, 2015.

박영규,《세종대왕과 그의 인재들》, 들녘, 2002.

백유선,《한국사 콘서트》, 두리미디어, 2008.

박진아,《대화의 달인 황희에게 배우는 소통의 철학》, 학지사, 2015.

박현모,《세종, 실록 밖으로 행차하다 -조선의 정치가 9인이 본 세종-》, 푸른역사, 2007

삼성당,《세종대왕. 성삼문. 황희》 41, 삼성당, 1981.

서근배,《黃喜政丞 放浪의 巨人/日暈》, 同和出版公社, 1975.

성현,《용재총화》, 서해문집, 2012.

손종흠,《조선남녀상열지사》, 앨피, 2008.

송종호,《황희 : 곧고 깨끗한 조선의 정승》, 한국퍼킨스, 2009.

신동준,《왕의 남자들》, 브리즈, 2009.

신연우 외,《제왕들의 책사 -조선시대편-》, 생각하는 백성, 2001.

信和出版社 편,《歷代人物韓國史》 4, 信和出版社, 1979.

오기수,《백성의 신, 황희》, 어울림, 2018

오기수,《민본시대를 이끈 행복한 2인자 황희》, 고반, 2017.

유인옥,《황희》, 계림문고, 1994.

윤용철, 《살기를 탐하고 죽기를 두려워하며》, 말글빛냄, 2008.
윤재운, 장희흥, 《한국사를 움직인 100인 -단군부터 전태일까지 한국을 바꾼 사람들》, 청아출판사, 2010.
이기, 《간옹우묵》, 한국학중앙연구원, 2010.
이상각, 《이도 세종대왕 -조선의 크리에이터-》, 추수밭, 2008.
이성무, 《재상 열전 -조선을 이끈 사람들-》, 청아출판사, 2010.
이성주, 《발칙한 조선인물 실록 -역사적 인물들, 인간적으로 거들떠보기-》, 추수밭, 2009.
日新閣 편, 《歷史의 人物》 3, 日新閣. 1979.
이영관, 《조선의 리더십을 탐하라》, 이콘, 2012.
이영관, 《조선견문록 - 500년 역사를 둘러보는 시간의 발걸음 -》, 청아출판사, 2006.
이영춘 · 이상태 · 고혜령 · 김용곤 · 박한남 · 고성훈 · 신명호 · 류주희, 《조선의 청백리 -조선시대 대표 청백리 34인-》, 가람기획, 2003.
이원태, 〈2월의 인물〉 영원한 청백리의 표상 황희〉, 《地方行政》 43~484, 1994.
이이화, 《이야기 인물한국사 3 -제왕의 길 치국의 도-》, 한길사, 1993.
이이화, 《이야기 인물한국사 5 -역사상의 라이벌과 동반자-》, 한길사, 1993.
이이화, 《왕의 나라 신하의 나라 -누가 왕이고 누가 신하인가-》, 김영사, 2008.
이청승, 《세종에게 길을 묻다》, 일진사. 2011.
이한, 《나는 조선이다 -조선의 태평성대를 이룩한 대왕 세종-》, 청아출판사, 2007.
이호선, 《왕에게 고하라 -상소문에 비친 조선의 자화상-》, 평단문화사, 2010.
이효성, 《황희》, 견지사, 1995
조풍연, 《황희》 23, 계몽사, 1987.
장수황씨대전연지회, 《황희정승 방촌선생 일화집》, 장수황씨대전연지회, 1994.
전우용, 《오늘 역사가 말하다》, 투비북스, 2012.
전윤호, 〈개혁에 성공한 사람들(2)-황희-〉, 《地方行政》 42~480, 1993.
鄭杜熙, 《朝鮮時代 人物의 再發見》, 일조각, 1997.
정옥자, 《지식기반 문화대국 조선 -조선사에서 법고창신의 길을 찾다-》, 돌베개, 2012.

정진권, 〈한시가 있는 에세이(86): 황희정승의 시-경포대-〉, 《한글한자문화》 86, 2006.
朝鮮日報社 편, 《조선명인전 상 ·하》, 朝鮮日報社, 1988.
조성린, 《조선시대 사관이 쓴 인물평가》, 수서원, 2004.
조성린, 《조선의 청백리 222》, 조은, 2012.
최동군, 《문화재 속 숨어있는 역사》, 담디, 2015.
파주문화원, 《명재상 방촌황희의 삶과 사상》, 2008.
한국어읽기연구회, 《오성과 한음의 용기와 우정, 억울한 홍 부자를 살린 어사 박문수, 존경받은 정승 황희》, 학이시습, 2013.
황광수, 《황희 정승의 후예들》, 새벽, 1997.
황대연, 《(조선왕조실록에서 가려 뽑은) 황희 정승》, 공옥출판사, 2010.
황원갑, 《한국사를 바꾼 리더십》, 황금물고기, 2014.
황진하, 《黃震夏 回顧錄 : 나는 황희 정승 21대손 파주 토박이다》, 연장통, 2012.
《황희 : 이조 이름 높은 재상》, 世明文化社, 1973.

(3) 논문

가. 학위논문 – 석사

김정남, 〈강원 지역 역사인물 설화의 전승양상 연구〉, 한국교원대학교 대학원 석사학위논문, 2015.
박진아, 〈방촌 황희의 소통방식 연구〉, 청주교육대학교 교육대학원 석사학위논문, 2014.
이연재, 〈題詠에 나타난 神仙思想 研究 -東國輿地勝覽의 題詠을 中心으로-〉, 漢陽 大學校 大學院 석사학위논문, 1980.
최종복, 〈坡州 三賢 '얼' 繼承 教育에 대한 研究〉, 고려대 교육대학원 역사교육과 석 사학위논문, 1998.

나. 학위논문 -박사

박천식, 〈朝鮮 建國功臣의 研究 -政治勢力 규명의 일환으로-〉, 전남대학교 대학원 박사학위논문, 1985,

다. 일반논문

곽신환, 〈겸선(兼善)의 유자(儒者) 황희〉, 《백성의 臣 황희와 후예들》, 방촌학술총서 제3집, 책미래, 2018.

권태을, 〈옥동서원의 존재의의〉, 《백성의 臣 황희와 후예들》, 방촌학술총서 제3집, 책미래, 2018.

권효숙, 〈방촌황희선생의 묘의 제향의례〉, 《방촌황희 묘역의 문화적 가치》, 방촌학술총서 제1집, 보림s&p, 2017.

김낙효, 〈황희 설화의 전승양상과 역사적 의미〉, 《비교민속학》14, 비교민속학회, 2000.

림청풍, 〈야담 -황희정승과 대추나무-〉, 《地方行政》8, 대한지방행정공제회, 1959.

성봉현, 〈방촌황희 연구의 동향과 연구자료 검토〉, 《방촌황희 묘역의 문화적 가치》, 방촌학술총서 제1집, 보림s&p, 2017.

성봉현, 〈반간(槃澗)황뉴(黃紐)의 학문과 사상〉, 《백성의 臣 황희와 후예들》, 방촌학술총서 제3집, 책미래, 2018.

소종, 〈朝鮮 太宗代 厖村 黃喜의 정치적 활동〉, 《역사와 세계》47, 효원사학회 2015.

신익철, 〈반구정의 역사와 관련 시문에 대한 고찰〉, 《방촌황희 묘역의 문화적 가치》, 방촌학술총서 제1집, 보림s&p, 2017.

신동욱, 〈한국인의 표정 -황희 정승의 덕-〉, 《北韓》197, 북한연구소, 1988.

申學均, 〈淸白吏의 龜鑑 黃喜〉, 《人物韓國史》3:榮光의 星座, 人物韓國史編纂會, 博友社, 1965.

오기수, 〈경세가 방촌황희-백성을 위한 왕실제사의 소선(素膳)〉, 《백성의 臣 황희와 후예들》, 방촌학술총서 제3집, 책미래, 2018.

오기수, 〈조세의 중립과 공평을 추구한 황희의 위민(爲民) 사상〉, 《조세연구》14, 한국조세연구포럼, 2014.

오병무, 〈朝鮮朝의 名宰相 厖村 黃喜의 生涯와 思想〉, 《全羅文化研究》제10집, 全北 鄕土文化研究會, 1998.

이민우, 〈세종대 공법제정에서 황희의 역할〉, 《방촌황희의 학문과 사상》, 방촌학술총서 제2집, 책미래, 2017.

이민정, 〈조선 세종대 정치문화와 재상 황희의 역할-군신공치론을 중심으로-〉, 《방촌황희의 학문과 사상》, 방촌학술총서 제2집, 책미래, 2017.

이완우, 〈황희 신도비에 대하여〉, 《방촌황희 묘역의 문화적 가치》, 방촌학술총서 제1집, 보림s&p, 2017.

李廷卓, 〈時調史 硏究〈Ⅱ〉 -時調의 발전기를 중심으로-〉, 《論文集》12, 安東大學 校, 1989.

이영자, 〈방촌 황희의 경세사상과 그 의의〉, 《동서철학연구》65, 동서철학학회, 2012.

이영춘, 〈방촌황희의 청백리 논란에 대한 재검토〉, 《방촌황희의 학문과 사상》, 방촌학술총서 제2집, 책미래, 2017.

이윤희, 〈파주와 방촌황희〉, 《방촌황희 묘역의 문화적 가치》, 방촌학술총서 제1집, 보림s&p, 2017.

이현수, 〈방촌황희의 생애와 사상〉, 《방촌황희 묘역의 문화적 가치》, 방촌학술총서 제1집, 보림s&p, 2017.

이형권, 〈황희 정승이 짓고 송강이 보수한 광한루〉, 《한국인》14, 1995.

임선빈, 〈통신부사 황선(黃璿)의 사환(仕宦)과 업적〉, 《백성의 臣 황희와 후예들》, 방촌학술총서 제3집, 책미래, 2018.

임주탁, 〈조선시대 사족층의 시조와 일상성 담론〉, 《한국시가연구》29, 한국시가학회, 2010.

鄭杜熙, 〈朝鮮初期 黃喜의 政治的 役割〉, 《吉玄益敎授停年紀念史學論叢》, 吉玄益敎授停年紀念史學論叢 刊行委員會, 1996.

정구복, 〈경인통신사 황윤길의 역사적 재조명〉, 《백성의 臣 황희와 후예들》, 방촌학술총서 제3집, 책미래, 2018.

정종수, 〈방촌황희 묘제(墓制)의 특성과 문화적 가치〉, 《방촌황희 묘역의 문화적 가치》, 방촌학술총서 제1집, 보림s&p, 2017.

조성래, 〈〈강호사시가〉와 〈사시가〉의 서정양상〉, 《방촌황희의 학문과 사상》, 방촌학술총서 제2집, 책미래, 2017.

지두환, 〈방촌황희의 경세사상〉, 《백성의 臣 황희와 후예들》, 방촌학술총서 제3집, 책미래, 2018.

최래옥, 〈民譚의 사료적 성격과 사회사적 의미〉, 《說話와 歷史》, 集文堂, 2000.

최영성, 〈黃喜, 그 역사적 평가와 위상에 대한 一考察 -실록(實錄)의 사신평(史臣評)과 관련하여-〉, 《동양고전연구》73집, 동양고전학회, 2018.

최영찬, 〈오늘의 한국사회와 방촌 황희〉, 《백성의 臣 황희와 후예들》, 방촌학술총서 제3집, 책미래, 2018.

하태규, 〈무민공 황진(黃進)장군의 생애와 구국활동〉, 《백성의 臣 황희와 후예들》, 방촌학술총서 제3집, 책미래, 2018.

한종만, 〈韓國 淸白吏像 硏究 -李朝의 代表的 淸白吏를 중심으로-〉, 《원광대학교 논문집》 제11집, 인문과학, 원광대학교, 1977.

홍영기, 〈충의지사 매천 황현(黃玹)과 석정(石庭)황석의 생애와 활동〉, 《백성의 臣 황희와 후예들》, 방촌학술총서 제3집, 책미래, 2018.

황만기, 〈화재 황익재(黃翼再)의 삶과 학문경향〉, 《한문학논집》51집, 근역한문학회, 2018.

황의동, 〈방촌 부조묘 영신원의 유래와 그 문화적 가치〉, 《방촌황희 묘역의 문화적 가치》, 방촌학술총서 제1집, 보림s&p, 2017.

황의동, 〈인간 黃喜〉, 《백성의 臣 황희와 후예들》, 방촌학술총서 제3집, 책미래, 2018.

황의열, 〈당촌 황위(黃暐)의 생애와 학문〉, 《백성의 신 황희와 후예들》, 방촌학술총서 제3집, 책미래, 2018.

황의천, 〈長水黃氏 保寧入鄕考〉, 《保寧文化》16, 보령문화연구회, 2007.

지두환, 〈방촌황희의 경세사상〉, 《방촌황희 묘역의 문화적 가치》, 방촌학술총서 제1집, 보림s&p, 2017.

(4) 미디어 자료

'세종대왕, 황희', 삼성당, 1992.

'역사의 라이벌 . 24 , 황희와 맹사성:청백리도 등급이 있소이다!', KBS미디어, 1995.

'역사의 라이벌 27, 황희와 맹사성', 한국방송공사, KBS 미디어, 2005.

'구설수에만 올라도 물어날 줄 아는 선비 : 황희', EBS, 2006.

'역사극장 8 -구설수만 올라도 물러날 줄 아는 선비, 황희-', EBS 교육방송, 2007.

'역사극장 8 -구설수만 올라도 물러날 줄 아는 선비, 황희-', EBS 교육방송, 2011.

'황희와 맹사성', KBS Media, 2007.

(사)방촌황희선생사상연구회
우(03191) 서울특별시 종로구 삼일대로 20길 19(관수동, 서광빌딩) 402호
전화: 02-741-0735 / Fax: 02) 2266-0394
E-mail: bangchonstudy@naver.com

백성의 臣 황희와 그 후예들

발행일 | 1판 1쇄 2018년 12월 31일

편 저 | (사)방촌황희선생사상연구
주 간 | 정재승
편 집 | 김창경
교 정 | 홍영숙
디자인 | 배경태
펴낸이 | 배규호
펴낸곳 | 책미래

출판등록 | 제2010-000289호
주 소 | 서울시 마포구 공덕동 463 현대하이엘 1728호
전 화 | 02-3471-8080
팩 스 | 02-6008-1965
이메일 | liveblue@hanmail.net

ISBN 979-11-85134-52-9 93130

국립중앙도서관 출판시도서목록(CIP)

백성의 臣 황희와 그 후예들 / 편저: 방촌황희선생사상연구회. -- 서울 : 책미래, 2018
p. ; cm. -- (방촌학술총서 ; 제3집)

권말부록: 방촌황희 학술연구목록
"방촌황희 연보(年譜)" 수록
ISBN 979-11-85134-52-9 93130 : ₩25000

황희
경세 사상[經世思想]

990-KDC6
920-DDC23 CIP2018043110